JIANDE YEARBOOK | 2015

《建德年鉴》编纂委员会　编

方志出版社

《建德年鉴》编纂委员会

顾　　问：戴建平

主　　任：童定干

副 主 任：周徐胤　　祝　军

成　　员：黄　炜　　邱韵芬　　夏喜生

蒋　华　　吴岳炎　　吴元标

陈友明　　许维元　　王来生

高建军　　杨福泉　　娄樟锡

周献锦　　郑志华　　包海洋

顾锦杰　　童国方　　吴康福

曹剑波

《建德年鉴》编辑人员

主　　编：吴康福

副 主 编：徐　健　　方建黎

编　　辑：（以姓氏笔划为序）

方建黎　　陆　进　　杨忠平

邹爱民　　何　彬　　吴康福

洪淳生　　徐　健　　黄建生

编　　务：周　琪

中国优秀旅游城市

国家卫生城市

全国首批绿化模范城市

国家级生态示范区

国家园林城市

全国生态文明先进市

全国科普示范市

全国科技进步考核先进市

中国最具影响力旅游名城

中国十佳休闲宜居生态城市

中国最佳旅游休闲胜地

中外优秀旅游胜地

中国优质碳酸钙产业基地

全国首个国家级出口低压电器质量安全示范区

中国草莓之乡

中国有机茶之乡

中国优质柑橘之乡

中国藏红花之乡

◎2014年7月11日，全国政协副主席、民进中央常务副主席罗富和到建德调研（徐月芳供稿）

◎2月7日，省委书记、省人大常委会主任夏宝龙考察梅城防洪大坝工程（市住建局供稿）

◎8月19日，省长李强考察莲花溪整治工程（市五水办供稿）

◎4月15日,省委常委、杭州市委书记龚正考察新安江桥东城市客厅综合体建设(吴峰摄)

◎4月23日，杭州市市长张鸿铭到建德开展蹲点调研(范胜利摄)

◎9月28日，市委书记戴建平调研乾潭镇“五水共治”“三改一拆”等工作（朱永标摄）

◎12月23日，市委副书记、代市长童定干与杭州交通投资集团有限公司就23省道(航头至界头段)改建工程签订合作备忘录(朱永标摄)

◎9月9日，市政府与浙大环境与资源学院签署科技合作框架协议，浙大建德环保科技创新创业中心落户杭州市建德高新技术产业园（高新园供稿）

◎3月26日，市委市政府召开加快高新园建设动员誓师大会（高新园供稿）

◎9月25日，4家企业在上股交报价系统挂牌（市经信局供稿）（范胜利摄）

◎8月21日，市政府与上海股权托管交易中心、上海仟家信资产管理有限公司签订三方战略合作协议，并举办上海股权托管交易中心建德企业挂牌孵化基地授牌仪式（范胜利摄）

建德果蔬乐园
FM93 交通之声
93车友俱乐部

◎2014年，全国首个乡村旅游品牌——“建德果蔬乐园”开园（市农办供稿）

◎2月18日，全市党的群众路线教育实践活动部署会议（范胜利摄）

◎4月15日，中央党的群众路线教育实践活动办公室宣传组到开发区（寿昌镇）专题调研“走村不漏户，户户见干部”做法和经验（朱永标摄）

◎3月27日，杭州市深化走村访户工作现场会在建德召开（市委群众路线教育办供稿）

◎1月25日，建德市召开“五水共治”工作动员(誓师)大会，全面吹响治污水、排涝水、防洪水、保供水、抓节水“五水共治”集结号(朱永标摄)

◎5月16日，建德、兰溪在新叶村举行“五水共治”跨区域大会战启动仪式，并签订《兰溪建德“五水共治”大会战战略合作协议》(范胜利摄)

◎大禹鼎(市五水办供稿)

◎2月25日，建德市召开“三改一拆”暨“无违建市”创建工作动员大会(范胜利摄)

◎4月22日，省示范文明城市创建动员会（范胜利摄）

◎全国文明村——下梓村
（周菲供稿）

◎11月6日，“浙江好腔调”浙江省传统戏剧之乡授牌暨展演晚会在大慈岩镇新叶村举行(范胜利摄)

◎7月1日，全省历史文化村落保护利用工作现场会暨全省促进农民增收工作会议在建德召开(朱永标摄)

◎7月17日，“大美建德”全国摄影大展启动（朱永标摄）

◎7月17日，中国知名高校建德新安江龙舟赛在新安江举行（范胜利摄）

◎10月27日，2014中国（杭州）休闲发展国际论坛在新安江开幕（市风景旅游局供稿）

◎9月27日，浙江省第八届排舞大赛在新安江上演（朱永标摄）

◎5月，湖南卫视《爸爸去哪儿》第二季第二站栏目组到新叶古村拍摄。

建德市地图
甘坪
富山
文昌镇
钱家
浪洞
宋村
左口
西阳
六联
朴树坞
燕坑
金峰
重坑
金家坞
汪家
富文
天井岩
青田
珍坞
淳
安
县
淳安县
前坞
千岛湖
宋家坞
马路
岩下
南山列岛
双目尖
新安江水库
（千岛湖）
界首列岛
青草坞岛
百亩山
蜜山岛
三合
架子岭
里商
棠高
石林镇
千岛湖
塔山
江村
向阳
燕窝
红毛尖
叶家
东源底
千坑头
石门
山
岗
里
千
上方镇
衢江区
龙游县
三门源
杭州市
衢州市
紫高尖（1018.8m）
香山
汪家
和溪
里芳
徐家
杨家
戴家
东坞尖
龙家坞
大坞山
莲花镇
莲花
郭村
昂畈
巧山
屋基畈
高岭
长湾里
黄岩尖
尼姑山
洋溪社区
情人谷
葛岭
明珠社区
岭后社区
新安江水电站
建德市
新安江街道
石壁顶
下坞底
叶家社区
白沙社区
观音尖
淡竹岭
老虎洞
绿荷塘古楠木森林公园
梅坪
七坞口
新蓬
黄泥墩
岩源
更楼街道
五里源
枫树畈
新市
后塘
甘溪
蒋家
绿荷塘
西华
董家
张家
洪宅
马洪坑
中央坞
灵栖
石屏
赤源
灵栖胜景
南屏
田畈村
罗源
东村
周村
余洪
红路
桂花
大塘边
金桥
寿昌镇
八亩丘
航头镇
黄木桥
十八桥
河南里
永嘉桥
南浦
乌石
大慈岩镇
大慈岩
吴山
双泉
陈店
诸葛镇
十里荷花农家乐
乌龙
千源
大店口
彭家
石木岭
毛头山
世外桃源度假村
乌龟岗
玚塘
古塘
水亭畲族乡
衢州市
金华市
山羊坞尖（1157.8m）
毛草坪
万塘坞
遥岭坑
新桥
"建德人"遗址展馆
百箩坪（1024m）
白银珠
卢桐源尖（1226.6m）
沙墩头
新联
李家
诸家
李家镇
黄坪尖
龙桥
石鼓
长林
白马
三溪
牛头坞
青山头
龙门顶
杨家
上马
小溪源
江头
竹源
叶家坪
禹甸
儒博
万兴
溪口
大同镇
田畈
枫树岭
黄茅
胡村源
高桥
潘村
寻芳
芳村
丰畈
黄山头
三村
永盛
徐韩
城山
富塘
盘山
清潭
镇源
朝阳
上东山
七坞尖
马槽山
西源岗
上茶坪山
童源
葛岭
钟形山
管村桥
航景
黄家
航川
洛川
航头
黄岭
下乐
龙游

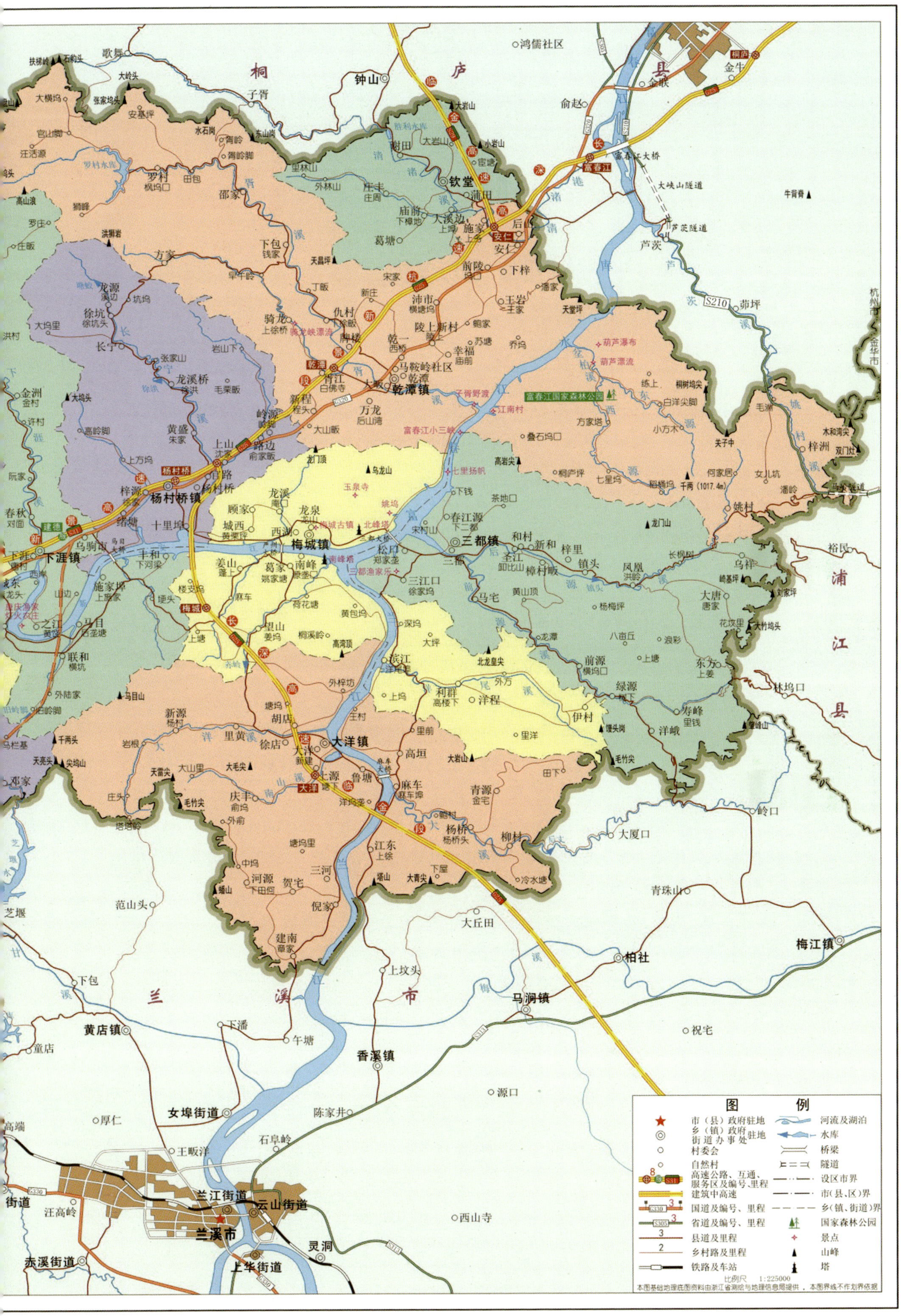

建德市民政局 浙江煤炭测绘院 联合编制 地图审核号：浙S（2014）99号

编辑说明

一、《建德年鉴》是中共建德市委、市人民政府主办的地方综合性年鉴，旨在全面、系统、翔实、连续地记载建德经济建设和社会发展的历史进程，是一部具有权威性、实用性的地方性工具书。

二、《建德年鉴(2015)》是本年鉴自2000年创刊以来连续出版的第16卷。本年鉴以中国特色社会主义理论为指导，认真贯彻党的十八大和建德市委十三届八次全会精神，力求实事求是、全面准确地记载2014年建德市委、市政府积极应对复杂多变的宏观形势，围绕建设“特色经济强市、美丽宜居江城、旅游休闲胜地、幸福和谐家园”目标，在工业强市、项目带动、改革开放、改善民生、加强党建等方面采取的一系列有序有力有效的对策措施，记述在全面打造美丽江城、建设幸福建德进程中取得的成就和经验，更好地为存史、资政、育人服务，为宣传建德服务。

三、本年鉴以文字记述为主，适当辅以图、表。采用分类编辑法，基本结构为类目、分目、条目三个层次，设卷首、百科、卷尾三个基本组成部分，卷首设特载、专记、大事记、概貌；百科设28个类目；卷尾设名录、重要文件选录。为了更形象地反映建德新貌和经济社会发展成就，本年鉴收录随文照片百余张，全彩印刷，采用大16开印刷。

四、特载按原文登录，其余凡涉及建德市国民经济和社会发展的数据均以市统计局提供为准，对比数除特别注明外均为与上年的对比数。统计局未作统计的，由各业务部门提供。少数乡镇(街道)的部分数字据其原稿辑录，请读者使用时注意。

五、本年鉴所采用的稿件、图片，均由建德市各部门、乡镇(街道)和驻建德的国家、省、市(地区)属单位提供。稿件经领导审核，作者署名。本年鉴的编辑工作得到全市各有关单位和广大供稿人的大力支持，在此深表谢意。本书在编印、出版中的疏漏之处，恳请批评指正。

编 者

2015年10月

要 目

Main Contests

目 录

特 载

专 记

大 事 记

概 貌

农业·农村

工 业

商　贸

旅 游

交　通

城乡建设与管理

环保·土管

金　融

财政·税务

经济管理

中共建德市委员会

纪律检查与行政监察

建德市人民代表大会

建德市人民政府

政协建德市委员会

国防建设

民主党派·工商联

群众团体

法 治

人力资源和社会保障

教 育

科技信息

文化·体育

传　媒

卫　生

社　会

乡镇(街道)

人　物

名 录

重要文件选录

索 引

特 载

Special Reports

乘势而上 精准发力 狠抓落实 在加快建德发展的新征程中开拓奋进

——在市委十三届八次全体(扩大)会议上的讲话

(2015年1月5日)

市委书记 戴建平

同志们:

这次市委全体(扩大)会议的主要任务是:深入贯彻党的十八大和十八届三中、四中全会精神,认真总结去年工作,研究部署今年任务,动员全市广大干部群众,坚定信心,乘势而上,精准发力,狠抓落实,在加快建德发展的新征程中开拓奋进。

下面,我代表市委常委会向全会报告工作。

一、积极有为,合力攻坚,2014年经济社会发展取得新业绩

2014年是全面深化改革的开局之年,也是完成"十二五"规划的关键一年。一年来,我们牢记省委夏宝龙书记在建德调研时提出的"七个示范"要求,一手抓经济社会发展,一手抓教育实践活动,切实把党员干部在活动中激发出的热情和干劲,转化为推进建德发展的强大动力和务实举措,全市经济社会发展呈现"稳中向好"的良好势头。预计全年实现生产总值299亿元,同比增长8%,其中第三产业增加值105亿元,增长10%;实现工业销售产值694.4亿元,增长3.1%,其中规模以上工业销售产值439.3亿元,增长7.5%;实现农业总产值46亿元,增长6%;实现财政总收入33.3亿元,其中地方财政收入18.7亿元,分别增长8.5%和8%;实现社会消费品零售总额87.3亿元,增长13%;城镇居民人均可支配收入、农民人均纯收入分别达34948元和16089元,分别增长10%和11%。

回顾一年的奋斗历程,不仅凝聚着全市上下的辛勤付出与不懈努力,更形成了促进建德科学发展、转型发展、加快发展的工作特色和宝贵经验。

(一)强化目标引领,发展导向更加鲜明。一年来,市委坚持以加快发展为主题,团结带领全市干部群众一张蓝图绘到底,一鼓作气干到底。发展路径旗帜鲜明。围绕实现建德创业再出发,深入开展"三思三增"大讨论,找准发展差距,理清发展思路,营造发展氛围,全市上下"绿水青山就是金山银山"的共识进一步凝聚,走绿色生态发展之路理念更加清晰。发展战略倍加坚定。突出"工业强市"不动摇,攻坚破难推进项目建设,全力实施招商引资"一号工程";狠抓"服务业兴市"不松劲,开展旅游二次创业,重振建德旅

游雄风；坚持“生态立市”不懈怠，铁腕推进环境综合整治，加快建设美丽江城。发展举措务实有力。坚持以全面深化改革为统揽，破难题、增活力、促发展。深化投融资体制改革，完成国有公司整合，加快金融创新发展，有效缓解中小企业融资“三难”问题；深化审批制度改革，削减审批事项达64.5%，项目审批平均提速50%以上；推动资源要素市场化配置改革，出台工业企业绩效综合评价办法，亩产论英雄导向更加鲜明。

（二）强化产业支撑，发展动力更加强劲。一年来，市委坚持以转型升级为主线，千方百计振兴实体经济。有效投入稳步增长。扭住项目建设“龙头”不松劲，中策橡胶迁扩建一期竣工投产，预计全年完成销售产值55亿元；卡洛实业、正和钙业等一批项目试生产；杭新景高速二期建德段、铁路货场迁建、盛德国际广场等一批项目加快推进，全社会固定资产投资139.4亿元，同比增长18.5%。招商引资难中求进，农夫山泉四期、外海月亮湾二期等一批优质项目成功签约，预计全年实到内资62.5亿元，同比增长20%；实际利用外资1.35亿美元，同比增长22%。调整完善“一区一园”开发建设体制，有序推进开发区基础设施建设，开展高新园扩容修编，全市工业平台完成土地平整2100亩，基础设施投入2.5亿元。创新驱动持续加力。制定“智慧经济”发展三年行动计划，以“四换三名”工程为抓手着力改造提升传统优势产业，新增杭州市“机器换人”示范企业9家，杭州市级以上高新技术企业14家，全年实现新产品产值率达30%以上，成功创建全国首个国家级出口低压电器质量安全示范区，与浙江大学合作建立环保科技创新创业中心。产业结构不断优化。出台全域旅游发展指导意见，成功举办第十六届新安江旅游节系列活动，全年实现旅游总收入46亿元，同比增长30%。积极培育文化创意、电子商务、物流配送、金融商贸等现代服务业，逸龙文创园被评为首批省级电子商务产业基地。出台《关于进一步加快现代农业发展实施意见》，主导特色产业比重稳步提升，成功打响“建德果蔬乐园”乡村旅游品牌。

（三）强化重点突破，发展步伐更加坚实。一年来，市委坚持以重点领域和关键环节的有效突破，带动面上工作的齐头并进。“三改一拆”势如破竹。在全省率先完成宗教违法建筑整治，全年完成“三改”面积54.92万平方米，拆除违法建筑331.5万平方米，全力创建“无违建市”。“三匠”做法得到省委主要领导的肯定。“五水共治”成效明显。全面落实“河长制”，水陆并进“清三河”，完成144个村的生活污水治理项目，1977户畜禽养殖户实现转产转型。铁腕开展“清水治污·环境整治”零点行动，荣获“浙江最具魅力新水乡”称号。城乡统筹纵深推进。主城区核心区块开发取得有效进展，梅城古城保护建设全面铺开，寿昌建区造城步伐加快，大同集镇功能日趋完善，乾潭镇列入全省第二批小城市培育试点镇，实施中心村、精品村、风情小镇、精品线路建设项目194个，成功举办全省历史文化村落保护利用工作现场会暨全省农民增收工作会议。全年实施区市协作项目24个，争取年度协作资金1.3亿元。

（四）强化社会治理，发展局面更加和谐。一年来，市委坚持以全面提升人民群众的幸福感和满意度为主旨，全面加强社会建设。社会保障体系不断完善。稳步提高社会救助和社会保障标准，通过积极向上争取实现社保基金平稳运行。大力促进以创业带动就业工作，努力增加城乡居民收入。不断完善城乡教育基础设施，城东实验学校投入使用，洋溪、更楼、乾潭中心幼儿园主体工程基本完工，教育质量稳中有升。通过浙江省卫生强市考核，优质医疗资源下沉取得明显成效，建成杭州县域首个“医疗云”综合卫生应用平台，5个乡镇成功创建省级卫生镇。文体惠民工程深入推进。扎实开展省示范文明城市创建，成功举办全省排舞大赛、省传统戏剧之乡授牌仪式暨展演晚会等活动，新建农村文化大礼堂40家，城乡公共文体设施进一步完善。社会大局保持和谐稳定。以创建“平安建德”为主线，全力抓好社会治安、安全生产、信访维稳等各项工作，全市治安案件、安全生产事故分别同比下降5.7%、3.26%，34件信访积案有效化解，信访秩序明显好转。此外，人口计生、广播电视、移民、老龄、档案、残联、红十字、气象等各项事业均取得新进展,成功创建省级双拥模范城。

(五)强化党的建设,发展保障更加有力。一年来,市委坚持突出特色抓党建,强化保障促发展,扎实推进第二批党的群众路线教育实践活动。干部队伍面貌焕然一新。建立“六个领衔”工作机制,市级领导合心合力合拍,齐上一线、干在前列,以上率下抓示范;建立“督查考核、曝光整改、排名通报、约谈问责”四项机制,倒逼部门乡镇干部苦干实干拼命干;深入开展“走村不漏户、户户见干部”活动,做法得到刘云山、赵乐际等中央领导充分肯定,经验在全省推广;全面开展“进企走访、帮企解困、助企发展”活动(以下简称“进帮助”),实现“干部走下去、企业增信心、问题得解决、经济快发展”的良好效果。基层党建工作创新发展。着力深化干部人事制度改革,制定调整不适宜担任现职领导干部实施办法,建立干部“办事实绩档案”,打通干部能上能下渠道。建立发展党员“四个积分”制度,强化党员先锋指数考评管理,整转软弱涣散基层党组织17个,三都镇新和村党员“亮牌认岗、贴心服务”做法被《人民日报》刊登。党风廉政建设扎实推进。切实履行党风廉政建设主体责任,进一步加强惩防体系建设,保持反腐败高压态势,全市共立案查处党员干部违纪违法案件160件,处理党员干部153人。严格落实中央八项规定,持之以恒纠正“四风”问题,顺利完成公务用车改革,从严控制一般性财政支出,“三公”经费同比下降39%。

总之,过去的一年,是全市上下砥砺奋进、团结拼搏的一年,是爬坡上坎、负重前行的一年,更是加快发展、喜获丰收的一年。全省第四次县市委书记工作交流电视电话会议、全省“三改一拆”工作推进会,建德先后作交流发言,建德的激情创业受到了省、杭州市领导的高度关注,得到了各大主流媒体的持续聚焦,更赢得了广大群众的真心点赞。在此,我代表市委,向奋战在各条战线上的广大党员干部,向给予我们倾力支持的老领导、老同志以及社会各界人士,表示衷心的感谢并致以崇高的敬意!

在肯定成绩的同时,我们也要清醒地认识到,我们在发展方面还存在许多不足,面临很大压力。一是加快发展的压力。市委十三届七次会议指出,当前,建德最大的问题是发展太慢,最重要的任务是加快发展。过去一年,我们通过“优服务、抓项目、保增长、促转型”,推动了经济的平稳健康发展,但是地区生产总值、财政收入等指标总量偏小、增速不快。二是结构调整的压力。我市产业发展中多依赖低端产业、多依赖低成本劳动力、多依赖资源环境消耗和产品附加值低、劳动力素质低、产业核心竞争力低的“三多三低”等素质性、结构性问题仍未得到有效解决,迫切需要在加快发展中促进转方式调结构,切实增强发展的平衡性、协调性和可持续性。三是项目推进的压力。建德要发展,项目是关键。今年在城乡基础设施、产业转型升级、生态环境保护、民生事业改善等领域将继续安排一批重大项目。这些项目的资金筹措、征地拆迁、手续报批等,都是“硬骨头”“攻坚战”,需要全市上下付出艰辛的努力。四是作风建设的压力。面对加快发展的历史重任,我们仍有一些机关部门置身事外、无所作为,缺乏进取和担当;一些基层组织软弱涣散,引领和服务群众的功能缺失;一些党员干部精神懈怠、作风漂浮,缺乏与履行职责相适应的能力,有的甚至消极腐败,给党和人民的事业造成严重损害。这些不足和压力,亟须我们增强忧患意识,振奋干事激情,加倍埋头苦干,奋力克难攻坚。希望同志们对市委常委会的工作提出意见和建议,帮助我们把工作做得更好。

二、乘势而上,精准发力,全面推进加快建德发展的各项工作

加快发展,是解决所有问题的关键。新常态下谋求新发展,既有挑战也有机遇,既有压力更有动力。我们必须充分认识到,虽然受增长速度换挡期、结构调整阵痛期和前期刺激政策消化期“三期叠加”因素的影响,宏观形势依然复杂严峻,但随着改革的不断破题和纵深推进,发展仍处于重要战略机遇期。我们必须充分认识到,虽然当前区域竞争更趋激烈,倒逼转型迫在眉睫,加快建德发展,还有许多的坡要爬、许多的坎要过,但经过全市干部群众的共同努力,建德经济

加快转型、稳中向好的态势已经形成，全市上下干事创业的精气神进一步提升。对此，我们必须清醒认识、增强定力，坚定信心、因势利导，切实把思想统一到加快发展的既定蓝图上来，把精力集中到加快发展的具体目标上来，把行动落实到加快发展的各项工作上来，视发展为己任，视责任如泰山，苦干实干拼命干，不达目的不收兵。

2015年工作的总体要求是：坚持以中国特色社会主义理论体系为指导，深入贯彻党的十八大和十八届三中、四中全会精神，全面落实省、杭州市一系列决策部署，切实把握"稳中求进、改中求活、转中求好"总基调，围绕"三转一争"，深化"六个领衔"，大力弘扬拆违治水精神，不断巩固教育实践活动成果，持续推进"三个年"活动，乘势而上、精准发力、狠抓落实，在加快建德发展的新征程中开拓奋进。

建议2015年我市经济社会发展主要预期目标：全市生产总值增长8%；农业总产值增长5%，力争7%；规上工业销售产值增长8%，力争9%；规上工业增加值增长7%，力争8%；社会消费品零售总额增长11%，力争13%；自营出口增长3%，力争5%；招商引资实到内资增长15%，力争20%，实到外资增长10%，力争15%；地方财政收入增长7%，力争8%；城镇居民人均可支配收入、农村居民人均纯收入分别增长10%和11%；城镇登记失业率控制在3.5%以内。节能减排完成杭州市下达的目标任务。

（一）突出深化改革统揽，持续释放加快发展新动力

始终抓住改革主题词，靠改革激发创新活力、释放制度红利，以改革统领全局、破解难题、促进发展。

1. 全面深化法治建德建设。深刻领会法治中国建设的新思想、新观念、新要求，按照法治浙江、法治杭州建设的决策部署，全面深化法治建德建设。牢固树立依法执政理念，着力推动决策科学化、民主化、法治化。着力深化依法行政，规范行政决策程序，切实打造责任型、法治型和效能型政府。稳妥推进司法体制改革，加快推进审判、检务、警务公开，全面推进司法公正和司法公信力建设。深入开展普法宣传教育，推动法治文化建设，切实提高全民法治意识。

2. 科学绘制时代发展蓝图。全面总结"十二五"时期的发展经验，深入开展"十三五"规划前期研究工作。强化总体规划龙头功能，做深区域规划，做实专项规划。按照"一片国土、一张蓝图"的要求，积极稳妥做好"多规合一"规划体制改革工作，初步建立有机统一、层次分明、功能互补、衔接协调的空间规划体系，努力实现发展"目标"、空间"坐标"、国土"指标"、生态管控、产业升级相互衔接，为打造美丽江城、建设幸福建德夯实基础。

3. 扎实推进重点领域改革。要切实抓好行政管理体制改革，以"四张清单一张网"为核心，着力推进现代政府建设；持续深化行政审批制度改革，加快"两集中、两到位"，健全项目联合审批和效能追责机制，规范中介服务行为；统筹推进扩权强镇，扎实做好乾潭镇小城市培育试点工作。要着力深化资源要素市场配置改革，开展城镇土地使用税政策调整试点，差别化配置要素资源；以打造"信用建德"、推进"普惠金融"为抓手，加快地方金融创新发展，加强金融生态和诚信体系建设，引导企业进入多层次资本市场。要稳妥推进财政体制和农村综合配套改革，强化政府债务、预决算绩效管理，健全财力与事权相匹配的财政体制；深化农村产权制度改革，积极稳妥推进确权赋权以及村级集体资产股份制改革等工作。

（二）突出产业升级重点，着力提升转型发展新能级

始终把调结构、促转型摆在突出位置，坚定不移发展实体经济，坚持不懈转变发展方式，实现园区、产业、企业同步转型，速度、质量、效益同步提升。

1. 克难攻坚优平台。要聚焦提升承载力，加快推进工业平台建设，完成高新园规划编制，扎实推进省级示范园区创建，加快推进园区征地拆迁和"三通一平"进度；加快开发区横铁和卜家蓬区块建设，积极推进航空产业园建设，完成千岛湖通用机场跑道扩建工程；加大"四区块"建设力度，全面提高平台的项目承载能力。要聚焦提

升硬实力，加快推进现代服务业载体建设，围绕全域旅游三年行动计划，推进“大新安江景区”“大新叶景区”建设，积极开展“大新安江国家AAAAA级旅游景区”创建和省级旅游度假区申报；按照产业集聚、企业集中、资源节约的要求，抓好重点物流园区的规划建设；着力促进逸龙文化创意产业园提升发展。要聚焦提升带动力，加快推进现代农业园区建设，坚持项目集合、资金集中、要素集聚、效益集显，加强农业“两区”建设，推动农业龙头企业、农民专业合作社和家庭农场适度规模经营、提升发展品质。同时，积极打造建德产业带、建德农食馆等“智慧”平台，实现网上网下融合发展。

2. 持之以恒抓转型。要加快推进传统产业改造提升，以产业智慧化为重点，大力推进“四换三名”，促进传统产业装备更新、技术革新、品牌创新；立足比较优势，打造水产业基地，着力推进水、碳酸钙等资源型产业向产业链两端延伸、价值链高端攀升；紧盯新能源、新材料、节能环保、先进装备制造等新兴产业，招引一批关联项目，着力提升产业集聚力和竞争力。要着力提升现代服务业比重，扎实推进“13530”工程，加快旅游重大项目和基础设施建设；积极发展电子商务、专业市场，以及健康和养生养老等产业，全年实现第三产业增加值增长10%，力争12%。

3. 全力以赴兴实体。要切实优化发展环境，认真落实支持企业发展各项政策，加大要素保障力度，防范“资金链、担保链”风险；持续开展“进企走访、帮企解困、助企发展”活动，帮助企业解决实际问题，增强企业应对困难、加快发展的信心。要大力推行现代管理，引导企业加快建立现代企业制度；鼓励企业攀高附强、兼并重组，实现高位嫁接。要高度重视创新驱动，进一步完善人才工作体系，招商引智并举，加大人才培养使用力度；积极搭建产学研合作载体，切实增强科研成果产业化能力；注重“品牌、专利、标准”创建，全年争创杭州市级以上高新技术企业不少于10家。

（三）突出有效投资关键，切实增强持续发展新支撑

始终把有效投资作为保增长、增后劲、促转型、惠民生的关键来抓，按照“早谋划、早落地、早建成、早受益”要求，全力推进项目建设。

1. 主攻项目生成。要强化谋划包装，突出产业发展、平台建设、基础设施、城乡统筹、社会事业等重点，精心谋划、储备、包装一批优质项目，尽快形成招商指南。要强化争取招引，加强产业政策研究，积极向上争取项目；坚定不移实施招商引资“一号工程”，创新招商机制，加强信息共享，主动对接杭州市区“退二进三”项目，深化“浙商杭商建商回归工程”，更多地引进央企国资、优质外资和实力民资。“一区一园”要充分发挥招商主平台、工业主阵地作用，在生物科技、节能环保、先进装备制造、新材料、航空产业等项目招引上取得实质性突破。

2. 主攻项目推进。要强化前期准备，完善项目前期工作机制，着力提高计划性、科学性和时效性。要推进重点项目，2015年预排固定资产投资确保增长15%，力争18%，其中限额以上工业投资增长12%，力争15%。围绕产业转型抓项目，力争新安迈图年产20万吨有机硅、月亮湾大酒店二期扩建、农夫山泉四期、大洋花木产业园等新建项目尽早开工；致中和异地搬迁、皇冠假日酒店等续建项目加快推进；新安化工白南山区块、新化化工洋溪基地、建业有机、IFF、白沙化工、顺发助剂等化工搬迁项目尽快集聚入园。充分发挥政府投资项目在扩大有效投资中的重要作用，安排年度政府投资项目343个，总投资199.7亿元，当年完成54.6亿元。加快推进杭州市第二工业固体废物处置中心等11个新增重点项目建设，完成铁路货运场站迁建及杭新景高速二期建德段工程，力争开工建设建德港十里埠综合作业区。

3. 主攻项目保障。继续推进“拆违拔钉项目推进大行动”，保障项目建设无障碍施工。积极搭建银企对接平台，盘活用好闲置土地。有效投资和（重点）重大项目推进情况“每月公布、每季分析、半年督查、年度考核”，力争早日落地、早日投产、早出效益。

（四）突出城乡一体导向，积极构建融合发展新格局

始终坚持以新型城镇化建设为引领，以优环境、强功能、提品位为重点，努力建设蓝天白云、山清水秀、城乡一体、洁净宜居的美丽建德。

1. 抓建设，优品质。要突出重点板块，实施环城北路综合改造，推进老城有机更新，加快城市核心区块沿江景观及配套工程建设，促进盛德国际广场、江干·新安江旅游休闲特色街等城市商圈高品质发展，有序推进桥南和更楼开发；全面完成梅城古城保护示范街改造项目，扎实推进寿昌老城改造和新城建设，加快乾潭和大同城镇建设步伐。要打造示范样板，继续推进“美丽大洋”、莲花镇生态环境先行区建设；积极打造大慈岩镇全域旅游先行区。以创建省级美丽乡村先进县为载体，推动中心村、特色村、精品村、精品区块建设再上新台阶。因地制宜做好特色小镇、文创小镇等培育。要完善城乡配套，加快城乡公共服务设施建设，完成新安江长途客运中心建设并投入使用，实施23省道航头至界头段改建工程，保障城乡交通畅通。

2. 抓管理，优水平。要创新机制抓“精细管理”，充分发挥数字城管平台作用，建立健全城区和集镇网格化、精细化管理机制；深入打造“贴心城管”，促进公共秩序、市容整治以及城市环境质量同步提高。要持之以恒抓“热点治理”。大力推进“治拥治堵”，进一步提升城乡公共交通服务水平；加强食品药品安全监管，保障群众饮食用药安全；扎实推进垃圾分类处理，完善垃圾分类收运体系；规范经营秩序、广告秩序，加强项目施工管理，促进城乡整洁有序。

3. 抓整治，优环境。要持续深入抓好拆违治水，深化“三改一拆”，巩固无违建创建成果，进一步提高拆后土地利用率；深入推进“五水共治”，加快城东污水处理厂二期建设，全力推进城镇污水截污纳管，全面完成农村生活污水治理工程和乡镇污水处理厂(站)提标改造，提升运营管理水平，确保“五水共治”继续走在全省前列。要加快推动绿色循环发展，继续做好环境执法在线监测和“零点行动”，深化大气整治，推进无燃煤区创建；深入开展“三江两岸”“四边三化”行动，推进重点区域、沿路沿河的绿化美化。

（五）突出民生改善根本，努力迈出协调发展新步伐

始终坚持发展为民，注重经济发展与民生改善良性互动，发展指标与幸福指数同步提升，努力让发展成果更多地惠及百姓。

1. 稳步推进富民增收。坚持把增收作为最大的民生，不断增加城乡居民工资性、经营性、转移性和财产性收入。实施积极的就业政策，重点推进失业人员、高校毕业生和农村富余劳动力等重点群体创业就业，全年新增就业岗位5000个。积极发展乡村旅游、民宿经济，以及农村电子商务、来料加工，进一步拓宽农民增收渠道。

2. 大力发展社会事业。以创建“浙江省基本实现教育现代化市”为引领，统筹城乡教育发展、推进教育“四化”工程。坚持医疗服务全民共享，完成市三院迁建主体工程和市妇保院迁建项目，强化卫生综合服务能力。坚持托底线、救急难、促公平，完善社会救助、社会福利、社会优抚、社会保障体系。持续推进文化惠民工程，实施新一轮历史建筑保护工程，“建管用”并举抓好农村文化大礼堂建设，办好农村文化节，不断丰富群众文化生活。

3. 合力加强社会治理。不断深化“网格化管理、组团式服务”，狠抓社会矛盾化解、重大项目社会稳定风险评估，坚决防止重大安全事故发生，全力维护社会稳定。着力化解劳资纠纷和企业债务风险，依法打击恶意逃废债务行为。巩固省示范文明城市创建成果，积极培育社会主义核心价值观，加强网上舆论引导，有效规范志愿服务活动，切实提升社会组织参与社会治理的能力。

三、党建聚力，狠抓落实，以优良的作风保障建德加快发展

创业艰难百战多。加快建德发展，关键在作风，最终看落实。要始终坚持“党要管党、从严治党”要求，全面加强干部作风建设，以好的作风保障各项发展举措的贯彻落实。

（一）紧扣时代发展新要求，以“创新创业、团结奋进”的好氛围抓落实。要坚定信念不动摇。深刻领会党的十八届四中全会及习近平总书记

系列重要讲话精神，加强党性修养，引导党员干部坚定理想信念，坚守共产党人精神追求，汇聚加快建德发展的精神动力。要创新创业不停步。全市各级各部门要以更大的决心冲破思想观念的束缚，以更大的力度深化改革创新，大力营造支持改革创新者、鼓励干事创业者、宽容探索失误者的良好创业氛围。要凝心聚力不懈怠。不断加强市委常委会自身建设，推动人民代表大会制度与时俱进，充分发挥政协政治协商、民主监督、参政议政作用，巩固和发展统一战线，推进协商民主，更好地协调各方关系、凝聚多方力量，全市上下形成同心同德干事业、群策群力促发展的生动局面。

（二）紧扣亲民为民新要求，以“心系群众、真抓实干”的好作风抓落实。要坚持群众路线、务实亲民。继续深化“走村不漏户、户户见干部”活动，虚心听取群众意见，积极回应群众关切，帮助群众解决问题。要坚持脚踏实地、真抓实干。要经常反思，党组织选择了我们，我们干了什么？建德百姓选择了我们，我们回报了什么？历史选择了我们，我们留下了什么？继续抓好教育实践活动整改落实，着力整治干部“为官不为”，重实干、善作成，以实实在在的工作成效取信于民。要坚持勤勉敬业、高效服务。全面开展以“弘扬拆违治水精神，激励干部干事创业”为主题的作风建设活动，在干事创业中发现和使用干部。

（三）紧扣基层党建新要求，以“奋发有为、自身过硬”的好队伍抓落实。要坚持标准用干部。按照“信念坚定、为民服务、勤政务实、敢于担当、清正廉洁”的好干部标准，完善干部分析研判工作机制，加强对干部实绩的日常分析考评。进一步树立“重担当、重干事、重实绩”的用人导向，真正选好干部、配强班子、建好梯队。要务实管用抓基层。按照“好班长、好班子、好业绩”要求，强化村级党组织书记“领头雁”工程，抓好骨干示范引领。继续深化农村“六事一日”工作法，加强基层组织规范化建设。要严格要求管党员。切实加强党员队伍建设，积极推广农村党员教育管理“新和做法”，开展不合格党员处置工作，让每一个党员成为联系群众的一面旗帜、推动工作的一个堡垒。

（四）紧扣反腐倡廉新要求，以“风清气正、勤政廉洁”的好环境抓落实。要严格落实“两个责任”。全市各级党委（党组）要切实增强履行主体责任的政治自觉，确保主体责任落实到位。纪检监察组织要加大执纪问责力度，以严肃有力的责任追究，推动监督责任落到实处。要筑牢廉洁从政防线。以“八廉”教育为载体，深化示范教育、警示教育和岗位廉政教育，使党员干部受警醒、明底线、知敬畏。要始终保持惩治腐败高压态势。坚持有案必查、有腐必惩，对于逾越制度“红线”、突破廉政“底线”、触犯法律“高压线”的行为，决不姑息迁就，一律依法依纪惩处。

同志们，创业异常艰辛，有为才能有位。建德正处在一个重要的发展时期，阶段不可逾越，进程可以加快。让我们更加紧密地团结起来，始终保持登高望远的宏阔视野、百折不挠的高昂斗志和干群同心的创业氛围，在加快建德发展的新征程中开拓奋进，勇往直前！

附：名词解释

七个示范：指在提高认识、增强自觉上做示范；在真学深学、知行合一上做示范；在依靠群众、造福群众上做示范；在找准穴位、整治“四风”上做示范；在坚持标准、从严从紧上做示范；在领导带头、以上率下上做示范；在促进经济社会各项工作上做示范。

“三思三增”大讨论：指对照上级的要求、先进的标尺、群众的期望，深刻反思工作的不足在哪里？能力、作风的差距在哪里？强发展、优服务的问题结症和工作突破口在哪里？通过大讨论活动，切实增强狠抓落实的责任心和执行力，增强敢于担当的主动性和创新力，增强服务群众的自觉性和亲和力。

智慧经济：指基于云计算与大数据等新一代信息技术，以知识和数据为核心生产要素，以智慧产业化与产业智慧化为核心内容，以信息科技、创新设计与智慧决策为核心手段，以现代信息科技创新与产业间协同发展为核心特征，具有自主性、创新性、协同性、可持续性和可预见性的一种现代经济发展形态。

“三匠”做法：指在“三改一拆”和无违建创建工作中，乡镇（街道）干部勇于攻坚、善于破难，形成的事前学“木匠”摸好底、定好标准，事中当“铁匠”敢于动真碰硬，事后做“泥水匠”化解矛盾纠纷的做法。

“医疗云”综合卫生应用平台：指在云计算、物联网、移动通信以及多媒体等新技术基础上，紧密结合医疗技术建立的，以医疗卫生信息服务为核心的综合数据平台和应用平台。远程医疗、分级诊疗和居民健康管理等是“医疗云”的重点应用项目。

六个领衔：指市级领导领衔推进“重要工作、重点工程、重大项目、招商引资、信访包案、难题破解”六个方面工作。

发展党员“四个积分”制度：指为进一步强化对入党积极分子的教育管理和实践锻炼，从公开选拔、学习培训、日常表现、重大考验等方面采取量化积分考核，切实提升党员素质。

三转一争：根据杭州市统一部署，结合我市实际，从2014年10月下旬至2015年1月底，在全市开展“转理念、转作风、转方式，争先进位、走在前列”专项活动。

四张清单一张网：指政府权力清单、企业投资项目负面清单、财政专项资金管理清单、责任清单及浙江政务服务网。

“13530”工程：指突出新安江主城区的旅游首位度，全力推进东线、南线、西线三大旅游板块建设，集中打造五大乡村休闲旅游基地，每年提升10家精品酒店、培育10家特色餐饮名店、建设10家乡村民宿样板。

教育“四化”工程：指以教育的多样化、国际化、信息化、小班化推进教育现代化。

新和做法：指以村党员干部为骨干、以村普通党员为主体，通过“亮牌认岗，贴心服务”的形式，做到户户有党员网格联系，时时有党员岗位奉献，事事有党员认领帮办，月月有党员志愿服务，年年有党员考核评议。

“八廉”教育：指通过党课讲廉、读书思廉、短信送廉、谈话促廉、访贫思廉、家庭助廉、案例警廉、承诺示廉等形式，全方位、多角度开展党风廉政教育。

政府工作报告

（2015年1月28日在建德市第十五届人民代表大会第四次会议上）

代市长 童定干

各位代表：

现在，我代表市人民政府向大会报告工作，请予审议，并请市政协委员和其他列席人员提出意见。

一、2014年主要工作回顾

过去的一年，市政府在上级党委、政府和市委的正确领导下，在市人大、市政协的监督、支持下，全面落实上级对建德发展的总体要求，认真执行市十五届人大三次会议决议，深化改革创新，全力拆违治水，加强项目攻坚，各项目标任务得到较好落实，经济社会发展稳中向好。全市预计实现生产总值299亿元，同比增长8%，其中第三产业增加值105亿元，同比增长10%。实现工业销售产值695亿元，同比增长3.2%，其中规上工业销售产值425.2亿元，同比增长7.6%；农业总产值45.9亿元，同比增长6%；财政总收入33.3亿元，其中地方财政收入18.7亿元，同比分别增长8.5%和8%；社会消费品零售总额87.7亿元，同比增长13.5%；全社会固定资产投资143.3亿元，同比增长21.8%。

（一）抓投资、推项目，经济发展积蓄新动力。坚持以项目促投资，以扩大投资积蓄发展后劲，建立市领导“六个领衔”工作机制，全力协调推进项目建设。有效投入持续增强。重点建设项目开工率达94.4%，为历年最好水平，54个重点项目完成投资40.2亿元，同比增长28%；杭黄铁路开工建设，杭新景高速二期、铁路货场迁建等项目稳步推进，320国道大中修工程完工通车。中策橡胶一期、克莱伯电梯、正和钙业、丛晟食品等项目完成建设，江干新安江休闲特色街完成主体工程，盛德国际广场、“山田一致中和”百草园等项目进展顺利。平台建设有力推进。完善“一区一园”管理体制，省级经济开发区卜家蓬区块二期路网及配套工程顺利推进，高新技术产业园开展扩容规划修编，土地征迁平整及路网等基础配套工程加快建设，创建成为杭州市首批创新发展园区，与浙江大学合作建立环保科技创新创业中心；各工业功能区深入推进“空间换地”和存量盘活，各类工业平台共计平整土地2100亩、基础设施投资2.5亿元，盘活存量土地1060亩、闲置厂房11万平方米。招商引资稳步增长。加强项目包装，积极走出去招商，强化“以企引企、以民引外”，农夫山泉四期、云创安全轮胎、快到网电商基地等符合产业转型方向的重大项目签约落地。全年实到内资62.5亿元，同比增长20%；实际利用外资1.4亿美元，同比增长27.8%。要素保障不断强化。积极通过土地利用总规局部调整修编、垦造耕地、批而未用土地消化处置等方式，有效保障全市建设用地需求，清理批而未供土地3098亩、供而未用土地1470亩，低效用地再开发632亩，完成土地开发2741亩、建设用地复垦1136亩。深化融资体制创新，建立上海股权托管交易中心建德孵化基地，沈氏节能科技、虎鼎机械、华电电站设备等5家企业分别在“新三板”和“Q板”上市，远力健药业、三耐环保启动“新三板”挂牌业务。民生银行、泰隆商业银行挂牌开业，实施普惠金融工程，全市新增各类贷款17.7亿元(剔除不良贷款处置因素)。服务企业走向深入。开展“进帮助”活动,走访企业1300余家(次)、项目200多个(次),解决问题354件,制定落实解决方案173个。着力化解企业“两链”风险,扩大企业应急周转资金和科技型中小企业贷款风险池规模,推行外贸企业信保贷政策,帮助企业周转资金14.2亿元。

(二)抓创新、调结构,产业转型迈出新步伐。坚持培育发展新兴产业和改造提升传统产业并重,扎实推进产业结构战略性调整。工业结构逐步向优。五大潜力产业实现销售产值135.4亿元,新兴产业发展势头良好,新能源、新材料、节能环保产业实现销售产值近4亿元,高新技术产业园列入杭州市全国云计算和大数据产业中心培育区块,省级经济开发区和逸龙文创园列入杭州市智慧经济发展规划。外贸自营出口同比增长10%,通过国家级出口低压电器质量安全示范区考核验收。大力实施“四换三名”工程推进企业“智慧”升级,创建杭州市级智慧企业25家、“机器换人”示范企业9家,新增杭州市级以上高新技术企业14家、省级科技型中小企业38家;完成8个国家标准和行业标准制定;新增杭州市级以上名牌产品12个、著名商标6个,新增出口名牌4个,授权专利1156件;实施杭州市115引智项目18项,引智成果转化当年新增产值1.9亿元。新增规上工业企业29家,“个转企”640家。现代服务业加快发展。制定实施“加快发展全域旅游指导意见及三年行动计划”,全面启动全域旅游目的地建设;千岛湖皇冠假日酒店、君豪大酒店加快建设;开展景区环境专项整治行动,完善景区服务设施,“三江两岸”绿道北线全线贯通。加强与湖南卫视《爸爸去哪儿》节目合作,推进旅游营销创新和品牌建设,提升新叶古村知名度。引入品牌赛事活动,成功举办第16届新安江旅游节。实现旅游总收入46.5亿元,同比增长30.3%。制定实施城乡商业网点发展规划;电子商务、文化创意产业等新业态加快发展,阿里巴巴·建德产业带和农食馆上线企业224家,线上交易9000万元,带动线下交易4.2亿元;逸龙文创园一期开园,集聚电商、文创企业62家,实现产值1.4亿元,创建成为省级电子商务产业基地。现代农业提速增效。农业主导特色产业实现产值34.4亿元,所占比重达到75%。农业“两区”建设深入推进,新建粮食功能区7800亩;航头省级现代农业综合区集聚效应明显、设施农业发展良好,三都省级现代农业综合区基础设施加快建设。现代农业与休闲旅游产业加快融合,“建德果蔬乐园”成为省内知名的乡村旅游品牌。

(三)抓创建、强整治,专项工作开创新局面。坚持把“五水共治”和“三改一拆”作为拓展空间、优化布局、改善环境的最有效载体,以拆违治水带动发展质量的提升。“五水共治”成效显著,荣获全省首批治水优秀县(市)“大禹鼎”。“清三河”超前完成,55条主要河道有53条整体达到三类以上水质;省交接断面水质考核全年合格,成为首批“浙江最具魅力新水乡”。“两覆盖”全面推进,城东污水处理厂扩建项目加快建设,7座乡镇污水处理厂(站)提标改造同步到位,城镇污水处理率达87.5%。七大行业整治强力推进,化工企业有序搬迁入园,电镀企业整合到位,废杂塑料粒子企业全部关停,水晶行业完成整治,大力开展“清水治污·环境整治”零点行动,查封、取缔涉污企业158家;畜禽污染整治成效明显,减少生猪存栏13.5万头、蛋鸡存栏203万羽,拆除养殖棚舍63万平方米,千岛湖建德湖区养殖网箱全部拆除。“三改一拆”势如破竹,“无违建市”创建全面推进。开展村庄规划“回头看”,建立完善立体督导、曝光整改、排名约谈、考核问责和村镇建设管理员工作机制,形成社会各界和广大干部的强大合力,确保新增违建高压管控、历史违建有效处置、拆用结合提升成效。全市共拆除违法建筑331.5万平方米,改造旧厂区、城中村、旧住宅55万平方米,在杭州地区率先完成涉及宗教和民间信仰场所违法建筑整治,各村(社区)全部通过“无违建村(社区)”考核;拆后腾出土地3800余亩,通过复耕、复绿、复建等方式有效利用率达76.7%。

(四)抓统筹、优环境,城乡发展呈现新面貌。“美丽江城”深入打造。新城开发有序推进,桥东征迁进入扫尾,洋安城防工程和江滨公园建设进展顺利,新安江高速出入口景观工程基本完工。交通治堵成效明显,城市环境持续改善,创建成为省示范文明城市。中心镇建设统筹推进。梅城堤防加固二期工程和新城一期路网加快建设。寿昌新城二期安置房、主干路网和寿昌江整治工程基本完工,寿童公路完工通车。乾潭镇列入全省第二批小城市培育试点镇,城镇入口等重要节点和城镇主干路网改造加快推进,乡村旅游、民宿、文创等城镇服务业起步良好。大同集镇区块开发有序推进、功能日趋完善。“美丽乡村”扎实推进。完成中心村、精品村、风情小镇、精品线路建设项目194个,“美丽大洋”“醉美三都”等城镇品牌加快提升。垃圾填埋场梅城处理中心投入使用,“户集、村收、镇运、市处理”的生活垃圾收集处理机制实现全覆盖,在78个行政村推开垃圾分类和资源化、无害化利用工作。以住房改造带动农村集聚发展,完成下山移民2025人,改造农村住房3066户,大洋镇成为杭州市土地综合开发试点镇,乾潭镇幸福村、李家镇沙墩头村创建成为省级农村住房改造示范村。完成“四边三化”整治79.8万平方米,新建“三江两岸”景观林带500亩。实施区市协作项目24个,争取年度协作资金1.3亿元。

(五)抓提升、求均衡,社会事业取得新进展。教育事业持续发展。城东实验学校投入使用,寿昌中学扩建和更楼小学迁建工程顺利推进,更楼、洋溪、乾潭等中心幼儿园完成主体工程,教育基础设施日趋完善。外来人员子女入学问题妥善解决,留守学生实行家园式管理。教育教学质量稳步提高,高考第一批上线人数居四县(市)第一。卫生事业加快发展。通过省级卫生强市考核。“国卫”成果不断巩固,更楼、乾潭等5个镇(街道)创建成为省级卫生镇(街道)。市妇保院迁建主体工程完工,市中西医结合医院(市三院)迁建工程开工建设。优质医疗资源不断下沉,市二院与杭州市一院集团开展业务合作;公共卫生服务和应急防控处置能力进一步加强,5家乡镇卫生院通过省等级卫生院评审。区域医疗信息系统实现市、镇、村三级医疗机构全覆盖,建成四县(市)首个“医疗云”综合卫生应用平台。文化事业创新发展。严州古城正大街保护示范点保护工程加快推进,大南门、小南门城台及古城墙修复全面启动。全省历史文化村落保护利用工作现场会在新叶村召开,李村、上吴方村列入第三批中国传统村落名录。大力推进传统文化创新发展,新编婺剧“五水共治建德美”获得“浙江好腔调”奖,新叶村被评为省传统戏剧特色村,成功举办全省第八届排舞大赛、全省传统戏剧展演电视颁奖晚会。搭建群众文化平台,建成农村文化大礼堂40家。其他事业稳步发展。强化计划生育服务与管理,落实单独两孩政策,多措并举降低出生人口性别比,控制多孩违法生育,人口自然增长率3.5‰。全民健身日趋兴盛,成功举办全国老年人健身球操等大型赛事,乡镇(街道)、村(社区)积极举办全民运动会,三都镇创建为省级体育强镇。“放心市场”建设得到加强,新安江、梅城农贸市场创建成为省级放心市场。积极支持工会、共青团、妇联工作,移民、残联、气象、防灾减灾、档案、统计、物价、民族宗教、外事外宣、史志、科普、侨务、邮政通信等工作进一步加强,红十字、关心下一代、慈善等事业健康发展。

(六)抓保障、托底线,民生保障得到新改善。城乡居民持续增收。城镇、农村居民人均可支配收入分别达到35117元和18295元(新口径),同比分别增长10.5%和11.4%。社会保障、住房保障、节能环保、文化体育和城乡社区等投入大幅增长,民生支出占财政支出的81.1%。就业环境不断优化。创业就业信息化服务网络实现城乡服务对象全覆盖,就业率达90.3%,充分就业街道、村(社区)达100%,创建1家杭州市级大学生创业园。社会保障全面加强。提高基础养老金标准,职工基本养老保险参保率和缴费基数夯实率均达到80%以上。低保动态管理显著提高,慈善救助深入推进。养老服务设施不断提升,建成寿昌、大慈岩等6个乡镇养老服务中心,新增居家养老服务照料中心119个。民生实事全面完成。建立城乡居民重大疾病医疗补助制度,城乡低保和临时救助再次提标;全市中小学和幼儿园食堂实行规范化管理,校园食品安全得到进一步保障;农村生活污水治理全面推开,清洁乡村长效管理不断加强;城乡供水工程加快实施,2.2万人饮水条件得到改善;文化惠民活动深入开展,群众文体生活丰富多彩。同时,优抚安置工作不断深化，创建成为省级“双拥模范城市”。撤村建居工作有序推进，社区建设工作扎实开展，罗桐社区创建成为“全国和谐示范社区”。

（七）抓改革、提效能，服务能力实现新提升。社会治理能力稳步提高。社会治安平稳有序，群众安全感居四县（市）前列。基层调解组织网络、基层司法所建设再上新台阶，杨村桥司法所创建成为省五星级司法所，特殊人群教育管理水平有效提升。开展“打非治违”专项行动，排除道路交通、建筑工地、消防等重点领域的隐患3288处，安全生产形势持续好转。加强信访维稳工作，深化市领导接访下访工作机制，推进信访积案化解，依法查处违法信访行为，信访秩序明显好转。政府自身建设扎实推进。深化政府职能转变和机构改革，完成市场监管、卫生计生等领域资源整合和机构调整；实施“四张清单一张网”制度，行政权力数量削减率达61%，行政审批事项削减率达64.5%；稳步推进工商登记制度改革，激发创业活力，新设内资企业（有限公司）同比增长39.6%。推进投融资体制和资源要素配置市场化改革，完成国有公司整合，扩大中心镇经济社会管理权限。政府系统群众路线教育活动扎实开展，征集整改意见建议691条，落实整改任务30项；严格执行“八项规定”，建立健全厉行节约反对浪费制度体系，规范公务接待，完成公车改革，“三公”经费下降39%。自觉接受市人大的法律监督、市政协的民主监督，与各民主党派、工商联的对口联系工作不断深化。高效办理人大代表建议和政协委员提案。

各位代表，过去一年的成绩，是在上级高度重视、悉心关怀下取得的，是在社会各界大力支持、积极参与下取得的，更是在全市上下团结一心、奋力拼搏下取得的。每一点进步，每一份成绩，都饱含着上级党委政府的关心关爱，都凝聚着社会各界的支持帮助，更是全市干部群众重塑改革发展智慧和勇气、付出真情和汗水的结晶。在此，我代表市人民政府，向全市人民，向人大代表、政协委员、各民主党派、工商联、人民团体，向驻建各单位和驻建部队，表示衷心的感谢并致以崇高的敬意！

在肯定成绩的同时，我们也清醒地看到，当前我市发展正面临诸多压力和挑战：理念创新不够。开放意识、创新意识和市场意识不够强，主动融入都市经济圈、承接经济辐射和产业转移还不足。经济质量不优。三次产业中结构性、素质性问题依然较多，粗放经营的块状经济比重偏大、改造不快，产业提升与环境治理矛盾引起的传统产业提升难和项目审批难交织，企业生存和发展压力加大。增长后劲不足。支撑区域发展的大项目、大产业不多，有效投资不足，主平台的集聚带动能力不强，区域竞争力不强的局面短时间内难以根本改变。服务效能不高。治理能力建设滞后于发展要求，规划、审批、管理、服务方面还存在目标指向不一、权责边界不清、协调沟通不畅等问题，优化服务、推进发展的能力有待进一步加强。这些问题，必须高度重视，尽最大努力改进和解决。

二、2015年目标任务和重点工作

2015年是冲刺“十二五”、谋划“十三五”、全面适应经济增长新常态的关键之年。我们必须深刻认识新常态呈现的新形势，当前正处于市域发展转型的爬坡过坎期，受增长速度换挡期、结构调整阵痛期、前期刺激政策消化期“三期叠加”的压力十分突出；同时又处于大有作为的战略机遇期，长期平稳向好的态势不会改变。我们必须主动迎接新常态带来的新挑战，倒逼转型迫在眉睫，增速换挡的压力更加明显，区域竞争的态势更加激烈，产业结构调整与增长动力转换的矛盾更加突出，稳增长、调结构、防风险的挑战更加严峻。我们必须加快激发新常态集聚的新动力，改革创新、智慧发展、新型城镇化、农业现代化等推动增长的新因素将释放巨大潜能，杭州市“西进战略”的深入实施，转型提升、稳中向好态势的加快发力，全市人民对加快发展、改变城乡面貌的强烈愿望，构成支撑市域发展的新动力。我们必须主动认识新常态、适应新常态、引领新常态，查找差距，确立标杆，明确路径，跨越发展，以实际行动回应群众期待，努力把全市经济社会发展推向更高台阶。

根据市委全会决策部署，2015年政府工作的指导思想是：坚持以中国特色社会主义理论体系为指导，深入贯彻党的十八大和十八届三中、四中全会精神，全面落实省、杭州市一系列决策部署，切实把握“稳中求进、改中求活、转中求好”总基调，围绕“三转一争”，深化“六个领衔”，大力弘扬拆违治水精神，不断巩固教育实践活动成果，持续推进“三个年”活动，乘势而上、精准发力、狠抓落实，在加快建德发展的新征程中开拓奋进。

建议今年全市经济社会发展的主要预期目标为：生产总值增长8%，其中第三产业增加值增长10%，力争12%；农业总产值增长5%，力争7%；规模以上工业销售产值增长8%，力争9%，规模以上工业增加值增长7%，力争8%；社会消费品零售总额增长11%，力争13%；外贸自营出口增长3%，力争5%；固定资产投资增长15%，力争18%，其中限上工业投资增长12%，力争15%；招商引资实到内资增长15%，力争20%，实到外资增长10%，力争15%；地方财政收入增长7%，力争8%；城镇居民人均可支配收入增长10%，农村居民人均可支配收入增长11%；人口自然增长率控制在4‰以内；城镇登记失业率控制在3.5%以内；节能减排等完成上级下达的目标任务。

今年政府工作要坚持以深化改革为统领，把握一条主线，突出一个主题，坚守一道底线，全面加快建德发展。

要坚持深化改革统领——坚定不移地把推进体制机制改革、优化创新创业环境作为全局发展的统领，按照以改革激发创新动力、释放制度红利的要求，优机制、重服务、促规范、抓落实，加快激发发展活力。

要把握加快发展主线——坚定不移地把加快发展作为全市工作的中心，把推进产业提质增效升级作为加快发展的主攻方向，按照转型升级“两个三同步”的要求，优平台、强招商、扩投资、重创新，加快发展实体经济。

要突出美丽建德主题——坚定不移地把新型城镇化作为城乡发展的引领，按照美丽建设“四位一体”的要求，抓建设、强整治、重管理、优环境，加快建设美丽建德。

要坚守和谐平安底线——坚定不移地把改善民生作为加快发展的根本目标，按照改善民生“两提升”的要求，重基层、优品质、促平衡、抓增收，加快提升幸福指数。

根据上述目标和要求，今年要抓好以下七个方面的重点工作：

（一）坚持优化投资，努力夯实经济发展基础

整合提升产业平台。按照三次产业融合发展的方向，以完善基础配套、提升优化环境和项目招商为重点，全面实施园区整合提升工程。加快推进工业主平台建设。省级经济开发区完成卜家蓬工业平台二期路网建设，完成横铁区块主干路网提升整治；高新技术产业园完成施家路、五马洲污水处理厂扩建工程，启动浙大环保科技创新创业中心建设，推进园区循环化改造。大力推进“四区块”及其他工业平台完善功能配套、提高土地利用率，提升园区品位和产业层次。全市各类工业平台平整土地1800亩，完成基础设施投资2亿元，新入园规上企业70家。加快推进现代服务业载体建设。围绕城市产业发展和生态经济布局，大力拓展休闲旅游、健康养生等产业发展平台，积极打造“大新安江”AAAAA级景区和“大新叶”景区，推进省级旅游度假区创建和主城区休闲产业带建设，加快旅游业二次创业。加快推进现代农业园区建设。积极打造航头现代农业综合体，完成三都省级现代农业综合区创建，新建2.2万亩粮食功能区、7个“果蔬乐园”星级基地，通过11个全国首批有机产品认证示范区验收。

加快建设重大项目。坚持扩大产业投资规模。扭住项目建设“龙头”不松劲，突出5000万元以上重大产业项目，深化市领导“六个领衔”机制，及时协调解决各类问题，加快项目建设。开工建设云创安全轮胎、IFF搬迁和新安迈图20万吨有机硅一期项目，完成史密斯重工成套输送设备项目建设。实施外海月亮湾大酒店扩建项目，加快盛德国际广场、“九姓渔村”民俗文化旅游项目建设，完成江干新安江休闲特色街、千岛湖皇冠假日酒店建设并开业。坚持以政府投资引导社会投资。注重项目生成和前期，强化项目责任落实和要素保障，加快政府投资重点项目建设。推进杭黄铁路、临金高速项目，加快23省道寿昌

至李家段改建工程，做好金建铁路、建德港十里埠综合作业区前期工作，完成杭新景高速二期、铁路货场搬迁工程，完成安钦线改建和杭州市第二工业固体废弃物处置中心主体工程，完成110千伏更楼变等电网建设投资2亿元。坚持把推进征迁作为项目要素保障重点。大力开展“拆违拔钉项目推进大行动”，保障项目及时供地。严厉打击强揽工程、强买强卖、阻挠施工等行为，确保重大项目及时开工、按时施工、提前完工。

全力推进招商引资。牢固树立招商引资“一号工程”不动摇，聚焦产业和平台，切实推进精准招商。落实责任抓招商。落实市、乡镇（街道）和部门两级的招商引资工作责任，实行市领导领衔招商，落实乡镇（街道）和部门包干招商，强化招商项目的跟踪洽谈协调服务。突出重点抓招商。突出工业主平台、存量资产和优势资源，突出生物科技、节能环保、先进装备制造、新材料、休闲旅游、健康养生、航空产业等重点领域，深化“浙商杭商建商回归工程”，紧盯都市经济圈产业转移项目，主动对接央企国资、优质外资和实力民资，切实抓好大好高项目招商。创新方法抓招商。深化商会协会招商、委托招商、敲门招商、小分队招商，推进“以企引企、以民引外”，实施“海风计划”，鼓励创新型中小企业引进战略投资改造现有产业。加大考核抓招商。完善招商引资考核办法，加强招商队伍建设，建立招商服务中心，探索建立全市统一联动的招商工作机制，努力形成全市合力抓招商的氛围。

（二）坚持创新驱动，努力加快产业质效提升

秉承资源禀赋发展新兴产业。深入对接杭州“西进战略”，根据市域发展在都市经济圈中的分工和定位，全面审视资源禀赋、产业基础和技术创新能力，着力实施产业链培育工程，大力发展装备制造、环保、健康、旅游等产业，加快市域经济提质增量。全力打造特色优势产业。实施通用机场扩建工程，夯实通用航空产业发展基础，建设航空产业省级特色小镇。大力推进食品饮料产业发展壮大，开工建设农夫山泉四期、千山一水饮用水项目，做大做强水产业。全面实施全域旅游三年行动计划，打造全域旅游目的地。扎实推进“13530”工程，加快旅游基础设施建设；加强与国内外主流媒体的合作，依托山水资源举办品牌性赛事，丰富山水旅游内涵；加快岱头、三江口等以民宿为重点的乡村旅游综合体建设，大力发展民宿经济。深化新叶、大慈岩等景区环境整治、设施提升和经营创新，推进大慈岩全域旅游先行区建设。积极推进产业融合发展。以发展健康休闲产业为方向，加快现代农业和休闲旅游业融合发展。推进草莓、茶叶、药材等特色优势产业依托国家级生物产业基地创建及精品园区、采摘游示范点建设，扩大经营规模，打响特色品牌，构筑现代农业产业体系；鼓励工商资本投资现代农业，发展家庭农场，开展多种形式的适度规模经营，构筑现代农业经营体系；加快农业综合开发步伐，强化农业技术支持，加强“三防”工作，构筑现代农业保障体系。

推进二次创业提升产业质量。坚持创新引领和倒逼转型并重，加快现有企业二次创业。推进落后产能淘汰“腾笼换鸟”。深入推进行业整治，加快化工企业入园提升步伐，深化碳酸钙行业整治，逐步淘汰“两高一低”企业和落后产能，盘活存量企业20家以上、存量土地800亩、闲置厂房8万平方米。推进低效土地二次开发“空间换地”。强化工业用地批后监管，以闲置资产盘活、低效土地二次开发为重点，腾出发展空间，提高土地利用率，完成“零地技改”10亿元，清理批而未供和供而未用土地2500亩，低效用地再开发500亩。推进企业技改“机器换人”。实施“机器换人”三年行动计划，引导企业加大技改投入、应用现代装备，完成工业现代化技改24亿元，推进五金工具、低压电器、纺织服装等块状经济减员降本增效。推进技术创新“产品换挡”。加强创新主体培育和服务，实施高新技术企业培育梯队计划，加强产学研合作，鼓励企业与科研院所共建研发机构、实验室和公共服务平台，加速科技成果产业转化，新增杭州市级以上高新技术企业10家、省科技型中小企业10家、杭州市级以上企业研发中心5家，新申请专利1000件以上，规上工业新产品产值率达到28%以上。

实施“三名工程”培育行业龙头。坚持市场主体与政府推动、分类指导与重点扶持、整合资

源与优化机制相结合，大力实施“三名工程”。推进名企创建。推动企业在生产、管理、营销等方面实现标准化、现代化和国际化，新增省突出贡献企业和杭州市工业经济百强企业各1家，杭州市工信经济成长型企业5家、最具潜力中小企业3家、最具创新中小企业2家。推进名品创建。以食品饮料、五金工具、低压电器等产业为重点，引导和保护企业注册国内外商标、提升品牌，扩大市场占有率，创建杭州市级以上名牌产品6个、著名商标6个、出口名牌2个。推进名家创建。实施企业家培育计划，加强民营企业代际传承服务，着力培育具有国际视野、战略眼光的现代企业家及企业管理团队，培养1名以上杭州市级以上优秀中小企业家。

深化“两化融合”推进智慧发展。制定实施信息经济发展三年行动计划，依托互联网和信息技术积极培育新经济、改造提升传统产业。加快推进现有产业信息化改造。加快信息化技术在产品设计、生产工艺、关键装备、企业管理等领域的覆盖，完成70%以上规上工业企业信息化改造。深入推进“电商换市”，加强与阿里巴巴集团合作，大力发展农村电子商务，加强电子商务“一带一馆一协会一基地”、智慧旅游“两网两店两平台”建设。加快农业“两区”、精品园区基础设施的智能化升级和信息技术应用，实现科学高效生产。大力支持家纺、五金工具、伞业等块状经济通过外观设计、创新使用功能提升产业发展水平。积极推进智慧成果产业转化。深化招商引资与引才引智的结合，实施杭州市“115”引智项目20项。大力发展文化创意产业，积极支持逸龙文创园改造提升和产业招商；积极推进文创产业与乡村旅游、传统产业、文化人才创业融合提升发展，培育特色文创小镇。积极培育大数据、软件和信息服务等产业发展壮大。

（三）坚持改革引领，努力激发创业创新活力

着力深化要素配置市场化改革。以要素配置市场化推进产业结构调整，全面推行工业企业发展绩效评价管理办法，开展城镇土地使用税政策调整试点，探索建立排污权、碳排放权交易市场化机制，差别化配置要素资源。加快地方金融创新发展，推进投融资平台和融资产品创新，加快中小企业股改步伐，加强上海股权托管交易中心建德孵化基地建设，鼓励企业上“新三板”“E板”“Q板”融资；加快农村金融领域改革，拓宽农户融资渠道，大力发展普惠金融；创新抵质押担保方式，鼓励融资性担保公司发展，加大打击逃避债力度，努力防范化解“两链”风险。深化商事制度改革，创新优化监管方式，营造宽松平等的准入环境和公平竞争的市场环境。

稳妥推进农村综合配套改革。深化户籍管理制度改革，推进农村住房改造，引导农村人口有序向城镇转移，积极探索跨乡镇（街道）集聚建设农民住宅小区的模式和途径，继续推进大洋镇土地利用综合整治试点工作。推进农村产权制度改革，全面完成村（社区）集体资产所有权置换股份合作社股权工作；落实农村土地集体所有权，稳定农户承包权，扩大农村土地承包经营权登记制度试点，积极推进农村土地承包经营权流转；探索建立农村宅基地跨社置换、有偿使用和退出机制，积极稳妥开展农村“三权”抵押、担保、转让试点工作。扶持村集体经济发展，实施30个经济薄弱村集体经济发展项目。深化区市协作，大力推进街镇、村社交流共建，完成协作项目投资1.4亿元。

（四）坚持做优环境，努力深化城乡一体发展

加快建设提升品位。加快主城区提升。按照“一流山水城市、生态宜居城市”的定位，加快桥东、洋安、洋溪新城开发，推进老城有机更新，不断提高主城区首位度。桥东、洋安区块以加快推进江滨公园建设及景观配套为重点，提升环境和品位；洋溪区块加快企业搬迁、主干路网建设，长途客运中心建成使用；以交通治堵和截污纳管为重点改善城市环境，开工建设环城北路、拱新路改建工程，完成320国道东、南入城口改造和东入城口穿320国道地下通道工程；以重点物流园区的规划建设为带动，有序推进桥南和更楼开发。推进中心镇建设。梅城新城安置房一期交付使用并启动二期项目，完善新城路网，建设沿江景观休闲带，启动城镇危旧房改造工程。寿昌新城完成滩下桥及江南连接道路建设，加快寿昌老集镇路网提升。全面实施乾潭小城市培育三年行动计划，加快乾潭旅游码头提升，完成高速出入口区块改

造，推进万乐路等城镇路网提升。开工建设大同府东区块城镇综合体，加快杨柳畈区块路网建设。积极支持其他乡镇依托市域重大基础设施建设加快集镇发展，以完善配套、美化环境、提升文化为重点提升集镇品位。深化“数字城管”建设，逐步建立覆盖城乡的“智慧城管”系统。深化新农村建设。积极创建省级“美丽乡村”先进县，深入推进中心村、精品村、风情小镇生态景观建设，打造具有建德特色的杭派民居示范点，加快“美丽大洋”和莲花生态环境先行区建设，建设山居野趣、诗韵田园风格鲜明的精品区块和精品线路。

加强治理优化环境。牢固树立“绿水青山就是金山银山”理念，把拆违治水、做优环境作为积蓄发展潜能的基础性工程，推进国家级生态市和环保模范城市创建，提升市域环境质量。纵深推进“五水共治”。做好水源规划，开展河道生态、村庄池塘、制(采)砂行业专项整治，完成莲花溪、清渚溪水环境治理。推进主城区污水处理设施建设，完成城东污水处理厂扩建工程，开工建设更楼污水处理厂，加快重点区块、地段截污纳管和雨污分流改造。新建三都、杨村桥污水处理厂，完成乡镇污水处理厂(站)提标改造和农村生活污水治理工程。推进城乡一体化供水，完成乾潭饮水主体工程和钦堂集镇供水管网工程，实施莲花集镇供水工程。启动新安江莲花溪出口至下塘段护岸建设，完成梅城大坝二期工程，完成寿昌江小江溪至良种场段、乌龙溪至郑山段、汪家至更楼段堤防工程，完成航头白岭坑水库除险加固工程。推进积水易涝点改造，推广农业高效节水灌溉，推进工业企业节水改造，开展企业水平衡测试工作。继续深化“三改一拆”。巩固无违建创建成果，加强市镇村三级动态巡防，强化农民建房批后监管，严厉打击新违建；加强拆后土地利用和环境美化，全面推进城乡生活垃圾分类和资源化、无害化处置，深入开展“清洁乡村”和“美丽庭院”大行动，保持城乡干净、整洁、有序、秀美面貌。坚守耕地红线，切实落实耕地保护共同责任；树立生态化造地理念，强化土地开发项目质量管理和垦后利用，提升耕地垦造质量。大力实施大气污染防治计划，加大PM2.5整治力度，加强无燃煤区建设，深入推进水泥、碳酸钙等行业脱硫脱硝、除尘改造，持续改善空气质量。

（五）坚持提升品质，努力促进社会事业发展

全力打造品质教育。以“办好人民满意教育”为目标，以省教育现代化市创建为载体，全面实施教育质量提升工程，力争“美丽学校”创建全覆盖。合理布局教育资源，加快寿昌中学扩建工程，完成更楼小学迁建和更楼、洋溪、乾潭中心幼儿园建设，开工建设洋安小学和幼儿园。大力推进学校管理创新，健全教师招聘、交流和激励机制，优化教师队伍结构，努力探索“名师公开课”“数字校园”和“智慧课堂”建设，提升教育教学质量。协调各类教育发展，制定实施学前教育、特殊教育提升计划；加强民办教育管理，深入整治无证幼儿园、民办学校和社会非学历教育培训机构，规范办学行为，保障教育事业健康发展。

大力推进惠民卫生。以深化医药卫生体制改革为重点，加强城乡居民健康服务能力建设，加快构建科学有序的分级诊疗体系。加快卫生基础设施建设，市妇保院迁建工程交付使用，完成市中西医结合医院迁建主体工程，推进市中医院扩建工程，实施市二院改建和市四院扩建项目，完成大同医院迁建前期工作，深化优质医疗资源向中心镇下沉。加快智慧医疗惠民化应用，完善“医疗云”平台。不断巩固“国卫”创建成果，深入推进省级卫生乡镇创建。加强公共卫生服务，着力强化疾病防控、精神卫生、妇幼保健、卫生监督和卫生应急能力建设。完善人口计生管理，严控多孩违法生育，强化出生人口性别比治理，加大优生优育服务力度，促进人口长期均衡发展。

创新发展文体事业。以打造特色文化精品、满足群众文化需求为导向，加大公益性文化设施投入，进一步提升城乡一体化的文化服务能力。加强文化设施建设，提升乡镇(街道)综合文化站，新建25家农村文化大礼堂。全力实施文化惠民系列工程，推广文体场馆免费开放机制，举办农村文化节、百姓纳凉大舞台、农村文艺调演等文化品牌活动。加强传统文化提升，鼓励建德婺剧、龙腾竞舞新安江等文化品牌交流提升，积极支持文艺队伍及人才加强文艺创作。加强文

化遗产保护，深入实施严州古城保护工程，完成古城示范街保护，积极推进新叶古村保护利用全国试点工作；开展新一轮历史建筑保护；推进省级非遗保护名录“八个一”保护体系建设，落实大慈岩镇非遗名录试点，加强新叶昆曲非遗挖掘保护工作。深入开展全民健身活动，推进公共体育设施提升，办好品牌赛事和传统体育项目，推进体育产业与休闲旅游等产业的不断融合。同时，认真做好档案、气象、史志、红十字等工作，积极支持工会、共青团、妇联、科协、工商联等群团组织开展工作，加强国防教育、民兵预备役和人防工作，切实做好民族宗教、外事、侨务等工作。

（六）坚持发展为民，努力提升群众幸福指数

千方百计促进居民增收。积极鼓励全民创业，扶持培育休闲农业和乡村旅游消费热点，建设来料加工、农村电子商务、退养农户创新创业基地，引导城乡居民发展绿色农业、乡村旅游、来料加工、电子商务等实现创业。加强城乡统筹就业创业体系建设和农村劳动力素质培训，着力解决高校毕业生、农村转移劳动力、就业困难人员等群体就业问题。完善扶贫开发机制，深入开展“联乡结村”活动，继续做好下山移民工作，全面实施低收入农户收入倍增计划，促进低收入农户增收。

不断完善社会保障体系。完善被征地农民养老保险、城乡居民社会养老保险制度，开展全民参保登记工作，推进城乡居民全面持续参加社会保险。完善医疗保障体系，提高城乡居民医疗保险待遇，统筹区域政策范围内住院报销比例，推进医疗困难救助结算流程便捷化。全面落实依法救助工作，推进乡镇（街道）社会救助“一门受理、协同办理”机制建设，深化低保制度规范化建设，不断提高“阳光救助”水平。深入开展“春风行动”、困难群众救助、各类助学等社会公益活动，积极发展慈善事业，构建多层次广覆盖的救助体系。积极应对人口老龄化，加快养老事业发展。

全力维护社会和谐稳定。深化“平安建德”建设，积极构建集防范、控制、管理、整治于一体的社会治安防控体系，确保社会治安平稳有序。做好维稳安保工作，强化重大不稳定因素项目化监管和挂牌督办。创新群众工作方法，坚持运用法治方式推动解决信访问题。不断完善“大调解”工作体系，加强城乡基本公共法律服务体系和调解组织建设，完善诉调衔接、检调衔接、警民联调工作机制，从源头化解社会矛盾。强化安全生产党政同责、一岗双责、“三个必须”的落实，加强企业安全生产标准化建设，加大重点行业、重点领域监管力度，确保安全生产形势持续稳定好转。健全食品药品安全监管、防灾减灾与应急管理体系，妥善处理各类突发公共事件。严格劳动执法监察，完善利益协调、诉求表达、矛盾纠纷排查调处和权益保障机制。加强“放心市场”建设，加大食品药品等领域的治理力度，大力整治无证无照经营、商业领域不正当竞争、虚假宣传等突出问题，建设安全放心的消费环境。

在全面做好各项工作的同时，今年将办好以下十件惠民实事：(1)创业服务。建设莲花退养农户创新创业基地60余亩、大同农民增收工程基地2000亩；大力发展来料加工，培育来料加工经纪人650名、从业人员5万人，全年发放加工费4亿元，来料加工业在行政村（社区）覆盖面达到95%。(2)农村电子商务。加快电子商务进农村，建设1个市级农村电子商务服务中心和120个村级电子商务服务点。(3)棚户区改造。开工建设寿昌300户城镇危旧房改造项目。(4)饮用水安全。改善4万名农村群众饮用水条件。(5)巡回医疗服务。组织市级医院医生到乡镇卫生服务中心巡诊帮扶，开展医务人员服务群众巡回医疗“百千万行动”，为1.1万名重点人群提供医卫服务。(6)老年人意外伤害保险。对城镇“三无”和农村“五保”等困难老年人群体，以及80周岁以上高龄老人进行每人每年20元的老年人意外伤害保险补贴。(7)困难残疾人无障碍进家庭。为700名困难残疾人进行无障碍设施改造、赠送无障碍辅助器具、开展盲人定向行走培训。(8)城乡养老服务体系建设。全市2/3的村（社区）居家养老照料中心投入使用；培训失能、半失能家庭护理员3500人次。(9)平安校园。建立6所“校园警务室”，在城镇小学、幼儿园推广“护学岗”。(10)旅游惠民。开展本市居民游览国有景区年票制优惠活动。

（七）坚持依法治理，努力推进政府自身改革

切实提高法治力。贯彻依法治国基本方略，树立法治思维和运用法治方式提升治理能力。严格执行市人大及其常委会的决议、决定，自觉接受市人大法律监督、市政协民主监督和社会各界的监督，积极支持市政协开展参政议政、民主协商，加强与各民主党派、工商联的对口联系，认真办理人大代表建议和政协委员提案。严格按照政府权力清单、责任清单和行政审批事项清单行使审批、管理职能，依法、从快处置阻碍改革、发展和建设的各类矛盾问题。加强执法能力建设，强化基层法治队伍建设，大力推进基层管理法制化。推进法治社会建设，深化普法宣传，引导全社会自觉守法、依法解决问题；加强“信用建德”建设，推进信用户、信用村和信用乡镇创建，建立健全企业社会诚信分级管理和失信惩戒机制，强化企业在金融、环保、安全生产、劳动用工、依法纳税、食品安全等领域的诚信建设；开展“感动人物”“核心价值观”等主题实践活动，推进公民思想道德建设，深化“四大文明行动”，巩固省示范文明城市创建成果。

切实提高统揽力。进一步增强党委领导下市政府对全局工作的统揽力，加强新常态下主导产业培育、产业布局、城市形态等事关全局重大课题的研究，加快对产业平台和新城开发、项目服务和要素保障、社会治理和平安稳定等领域突出矛盾问题的破解，科学谋划好“十三五”发展，积极推进“多规融合”试点，增强对市域整体发展的统筹能力。合理定位区块开发的功能和时序，着力做好“三江两岸”和“大新叶”等重要生态景观带和重点区域的保护、规划和经营，加强对市域矿产资源出让、城乡基础设施运行的统筹管理。深化中心镇扩权强镇改革，激发中心镇发展活力。加强对各乡镇（街道）的分类指导，积极支持其发挥比较优势，走特色发展之路。关注经济发展特点、规模和产业调整情况，强化税收分析、预测和管控，积极培育地方新兴税源，构建地方税收体系。建立完善政府与企业、群众的沟通交流机制，关注基层和一线的需求，提升为创业创新主体服务的质量和效率。

切实提高公信力。深入开展党风廉政建设和反腐败工作，严格落实党风廉政建设责任制，扎实推进新一轮惩防体系建设；深入开展反腐廉政教育，全力营造风清气正、干事创业的良好氛围。扎实做好群众路线教育实践活动整改工作，建立完善反对和克服“四风”问题的长效机制；完善“三公”经费预算管理和公开制度，加强审计监督、财政监督力度，坚决遏制铺张浪费。全面深化预算管理改革，完善全口径政府预算体系，强化预算绩效和政府债务管理，全面开展资产清查，继续加大资产整合和统筹管理力度，实施专项资金竞争性分配办法，提高财政性资金使用绩效。坚持开放式决策，涉及公共利益的事项广泛征求社会各界的意见和建议；深化政务公开、村（居）务公开和各领域的办事公开，围绕权力运行的重点对象、重点领域和重要环节，落实廉政风险防控措施，以公开促公正，以透明促廉洁。加强村级“三资”管理，深化村级财务规范化建设，切实防控村级廉政风险。

切实提高执行力。加快推进政府职能转变和机构改革，优化政府机构设置和职能配置，构建分工合理、责任清晰、运转高效的政府治理结构。深化政府绩效考核，强化目标管理，健全重点工作推进责任制，对事关全局的重大决策，定时间、定标准、定要求，强化执行，确保落实到位。深入推进“四张清单一张网”改革，深化“两集中、两到位”，完善项目“分包”联合审批和联合踏勘、协调机制，推广容缺预审模式，建立“中介服务超市”，完善中介服务机构失信惩戒、自律保障和退出机制，切实提高行政审批效率。深化作风效能建设，推进“公述民评”，深入开展“进帮助”活动，严格问责问效，治理庸懒散劣，推动全市干部始终保持精神振奋，在服务群众、服务企业、服务基层上下功夫、求突破、出成效。

各位代表，面对新形势，踏上新征程，让我们在市委的坚强领导下，始终牢记加快发展、强市富民的使命，始终秉承立心为公、执政为民的情怀，始终保持求真务实、真抓实干的作风，切实增强大局至上的意识、勇于担当的气魄、干事创业的激情，以慢不得的危机感、等不起的紧迫感、坐不住的责任感，凝心聚力，开拓进取，为加快建德发展而努力奋斗！

附：名词解释

六个领衔：指市级领导领衔推进"重要工作、重点工程、重大项目、招商引资、信访包案、难题破解"六个方面工作。

新三板：指全国中小企业股份转让系统，目的是为创新型、创业型、成长型中小微企业进入资本市场提供途径。

Q板：指中小企业股权报价系统，旨在为中小微企业搭建一个综合金融信息服务平台，是企业展示形象、金融机构发布金融产品、投资者挖掘优质企业的载体。

E板：指非上市股份有限公司股份转让系统，服务于中小微企业，与新三板之间形成竞争和互补的关系。

"进帮助"活动：指市委市政府组织全市各有关部门单位、乡镇（街道）开展"进企走访、帮企解困、助企发展"活动，旨在集中力量解决企业的困难和问题。

五大潜力产业：指我市确定成长性较好的食品饮料、金属加工、有机硅下游、碳酸钙深加工、先进装备制造产业。

"四换三名"工程：指省委省政府为大力推进转型升级开展的"腾笼换鸟、机器换人、空间换地、电商换市"和培育名企名品名家工作。

"115"引智项目：指杭州市"115"引进国外智力计划，从2011年开始，用5年时间，力争引进高端外国专家100名、实施引进国外智力项目1000个、聘请各类外国专家5万人次。

七大行整治：指化工、水晶、电镀、废杂塑料粒子、印染、造纸、碳酸钙行业整治。

医疗云：综合卫生应用平台：指在云计算、物联网、移动通信以及多媒体等新技术基础上，紧密结合医疗技术建立的，以医疗卫生信息服务为核心的综合数据平台和应用平台。远程医疗、分级诊疗和居民健康管理等是"医疗云"的重点应用项目。

四张清单一张网：指政府权力清单、企业投资项目负面清单、财政专项资金管理清单、责任清单及浙江政务服务网。

两集中、两到位：指推进行政机关的审批事项向一个科室集中、行政审批科室向行政审批服务中心集中，保障进驻行政审批服务中心的审批事项到位、审批权限到位。

杭州市"西进战略"：指杭州市委市政府实施支持县（市）发展的旅游西进、交通西进、科技西进、文创西进等战略。

三转一争：根据杭州市统一部署，结合我市实际，从2014年10月下旬至2015年1月底，在全市开展"转理念、转作风、转方式，争先进位、走在前列"专项活动。

转型升级"两个三同步"：指市委十三届八次全会提出的推进转型升级，实现园区、产业、企业同步转型，速度、质量、效益同步提升。

美丽建德"四位一体"：指市委十三届八次全会提出的建设蓝天白云、山清水秀、城乡一体、洁净宜居的美丽建德。

改善民生"两提升"：指市委十三届八次全会提出的注重经济发展与民生改善良性互动，发展指标与幸福指数同步提升的要求。

海风计划：指杭州市实施的助力创新型中小微企业海外引资工作。

"13530"工程：指突出新安江主城区的旅游首位度，全力推进东线、南线、西线三大旅游板块建设，集中打造五大乡村休闲旅游基地，每年提升10家精品酒店、培育10家特色餐饮名店、建设10家乡村民宿样板。

电子商务"一带一馆一协会一基地"：指我市

的电子商务产业平台，即阿里巴巴·建德产业带、阿里巴巴·建德农食馆、建德市电子商务协会、建德电子商务基地。

智慧旅游“两网两店两平台”：指新安江旅游网、建德果蔬乐园网；建德旅游官方旗舰店、建德果蔬乐园官方旗舰店；“17度建德新安江”官方微信、建德果蔬乐园官方微信。

农村“三权”：指农民住房财产权、农村土地承包经营权、林权。

省级非遗保护名录“八个一”保护体系：指每一个省非遗项目都要有“一个保护方案、一个专家指导组、一个工作班子、一个传承基地、一个展示平台、一套完备档案、一册普及读本、一项配套政策”。

安全生产党政同责、一岗双责、“三个必须”：指各级党委政府对安全生产工作共同负有领导责任，除明确分管安全生产工作的负责人协助主要负责人抓好安全生产工作外，其他负责人在履行岗位业务工作职责的同时，要求管行业必须管安全、管业务必须管安全、管生产经营必须管安全。

四大文明行动：指我市开展的文明交通、文明旅游、文明餐饮、文明上网行动。

巡回医疗百千万行动：指我市开展的组织乡镇卫生院医务人员深入百个以上行政村为孤寡老人、长期卧床患者、失独家庭和计生手术并发症对象提供大巡诊；为千名以上高血压合并中风患者提供中医辨识等中医保健服务；为万名以上农村育龄妇女开展宫颈癌、乳腺癌筛查。

编辑：杨忠平

专记

Special Record

党的群众路线教育实践活动

【概况】 建德市党的群众路线教育实践活动按照中央、省、杭州市委的统一部署，从2014年2月开始，涉及党组织2275个，党员35398名，以市级领导机关、领导班子和领导干部为重点，始终按照省委书记夏宝龙于2014年2月在建德调研工作提出的“七个示范”(在提高认识、增强自觉上作示范，在真学深学、知行合一上作示范，在依靠群众、造福群众上作示范，在找准穴位、整治“四风”上作示范，在坚持标准、从严从紧上作示范，在领导带头、以上率下上作示范，在促进经济社会发展各项工作上作示范)的标准要求，与市委中心工作互促互进，教育实践活动总体评价满意度达97.7%。“走村不漏户、户户见干部”的“寿昌经验”得到刘云山、赵乐际、夏宝龙等中央、省委领导同志批示肯定，并在全国、全省推广。

【群众路线教育实践活动主要做法】

1. 完善工作机制。及时成立市委群众路线教育实践活动领导小组，由市委书记任组长，市委副书记、相关常委任副组长，有关部门主要负责人为成员。领导小组下设办公室，办公室下设综合组、联络组、宣传组、正风肃纪组。市委常委、组织部长兼任办公室主任，从乡镇、机关抽调12名人员进行集中办公。制订《中共建德市委关于深入开展党的群众路线教育实践活动的实施意见》，建立市级党员领导干部党的群众路线教育实践活动联系点制度、工作定期报告制度、定期例会制度，先后召开办公室工作例会20余次，定期刊发简报、专报52期，每周动态29期；组建9个市委督查组，抽调退居二线的市管干部以及部分单位中层骨干45人，联系83个单位，制订相关督导工作制度，先后召开督导组工作例会10余次，开展专项督导工作百余次。成立正风肃纪小组，向群众眼皮底下的作风之弊亮剑，开展纪律检查、专项整治等工作百余次，推动全市党员干部作风整转、服务优化。

2. 强化领导示范作用。市委常委会组织学习习近平总书记系列讲话精神和中央、省市委文件精神，开展“三严三实”“三思三增”等集中学习讨论22次，并用3个半天时间召开班子专题民主生活会；共征集到意见建议2194条次，查摆“四风”突出问题19项98条，落实整改措施46项。建立市级领导干部“六个领衔”工作机制，34名市级领导干部领衔53项重要工作、49个重点工程、35个重大项目、34个在谈招商引资项目、34个信访包案和35个难题破解，有效化解一批历史遗留难题。在市级媒体开设“责任心、执行力大家谈”专栏，42家单位“一把手”直面镜头讲不足、亮承诺；开设“曝光台”，揭短亮丑、督促整改，推动全市各级领导班子大抓作风建设，发挥引领示范作用。市级党员领导干部在活动的每个环节，深入联系点检查指导，并认真审阅所联系的领导班子和领导干部的对照检查材料，积极参与“走村不漏户、户户见干部”“进企走访、帮企解困、助企发展”、领办“微心愿”、上党课、包村整转软弱涣散村党组织等活动，确保全市教育实践活动高标准、严要求、高质量。

3. 推进专项整治。严格执行中央“八项规定”，从严落实21项专项整治任务，各牵头单位

中国共产党浙江省委员会

云山同志的重要批示是对我们的极大鼓舞和鞭策。我们要贯彻落实好云山同志、乐际同志的重要批示精神，并以此为动力在第二批党的群众路线教育实践活动中，进一步总结和宣传好寿昌经验，确保“走村不漏户、户户见干部”取得实实在在的效果。各地要注意研究构建相关长效机制，并总结推广一批联系群众、服务群众的好典型、好经验。请慧君、龚正、和平同志阅。

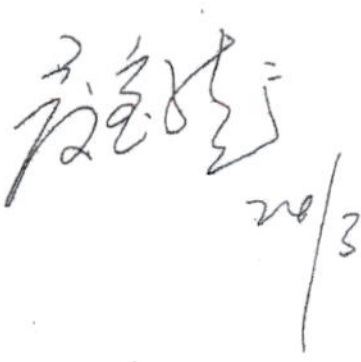

◎领导批示(市委群众路线教育办供稿)

制订行动计划书，聚焦“四风”抓整治。全面解决领导干部企业兼职等历史遗留问题，开展文山会海和评比达标专项整治，清理合并撤销各类领导小组和议事协调机构；开展三公经费专项检查和办公场所专项清理；全面清退乡镇个人集资9.9亿元；在“五水共治”“三改一拆”等专项整治活动中查作风、改作风、强作风。市委、市政府主要领导经常组织周末巡查，市人大、市政协多次组织专题督查。省、杭州市驻建德督导组深入拆违治水一线督查并为“五水共治”捐款。市直机关党工委、团市委、各乡镇(街道)共组织开展清洁乡村志愿服务行动1859次，全市党员参与“五水共治”志愿活动33360人次。环保、公安、城管等单位联合开展环境整治“零点行动”72次，出动检查人员1525人次，检查企业327家次。基层党员干部发扬“三匠”精神(当铁匠，铁的决心抓创建；学木匠，一把尺子量到底；做泥水匠，避免冲突促和谐)，做好违建户、养殖户工作，推进“五水共治”“三改一拆”各项工作。实施民生实事“六大行动”，回应群众关切，全面实施“五水共治”“三改一拆”、项目攻坚、审批提速、交通治堵、贴心城管等民生实事“六大行动”，让群众了解、参与、监督“六大行动”，化解阻力、形成合力，集中推进一批民生实事工程。市发改局建立“盯人、盯事、盯项目”的全程管理和服务机制；市城管执法局实施“十贴近服务”，推行“午休岗不休，服务不间断”工作制；市住建局牵头交通治堵，新增停车位1210个，市交通运输局实施“城市公交网络图”，方便群众出行。

4. 夯实基层党组织基础。选树典型扬正风。开展“身边的先进典型”“千名好支书”“双百”优秀乡村干部等评选活动，选树“美丽乡村追梦人”吴志成、“一心为集体发展和百姓幸福”的村书记徐益民、在杭州“7·5”公交纵火案现场奋勇救人的共产党员潘樟友等一批先进人物，并把先进典型请进常委会、机关部门、乡镇(街道)，宣扬正能量，为全市基层党组织和广大党员干部树立学习标杆。采取轮读、轮谈、轮讲、轮训等“四轮”学习法，深化集中学习。采取上门走访、集中座谈、问卷调查等形式，广泛征求意见，全市共征集到反映“四风”方面的意见建议14883条次。着力抓好领导班子民主生活会和基层党组织专题组织生活会，市委常委全部参加指导软弱涣散村党组织的专题组织生活会，各级党委“一把手”和党员领导干部均到联系支部指导参加专题组织生活会，全市组织生活会到会率98.5%，民主评议“好”的党员29356人，占党员总数84.59%；“一般”的5069人，占14.60%；“差”的280人，占0.81%。抓好整转促平衡。在抓好新一届村两委践行“三项承诺”和解决基层牌子多等“三多”问题的同时，狠抓软弱落后党组织整转，市领导包村联系、进点指导、定期研判，乡镇党委书记直接负责，督促17个软弱涣散村整转。建立不合格村(社区)干部退出机制，强化对村干部的管理监督，对“不同心、不团结，不担当、不作为，不在岗、不践诺”的村(社区)干部严肃问责，处置不合格村(社区)干部18人。

5. 深化“寿昌经验”。全市党员干部走访农户103883户(除常年外出农户)，走访率100%，搜集问题7828个，反馈率100%，解决问题6238个，解决率80%。省、杭州市督导组边走访边督查，结对帮扶贫困学子2名。各机关部门和企事业单位广泛开展“进企走访、帮企解困、助企发展”等活动。出台《关于深化“走村不漏户、户户见干部”完善党员干部密切联系服务群众长效机制的意见》,建立健全市、镇、村三级联办工作机制,将每年一季度确定为“走村不漏户、户户见干部”集中走访季,实施月度情况分析通报制度、走村访户首问负责制和乡镇(街道)党政正职走访农户实名报告制度,乡镇每周确定一天为走访日,固定一个晚上夜学日,交流走访情况。各级党员干部立足“重在解决问题、重在取得实效”,通过访户销号、日记周报等举措,提高走访的力度和效能,同时,各乡镇(街道)建立干部“走村不漏户、户户见干部”实事项目清单,安排走村访户服务群众专项经费,确保干部在走访中能及时解决一些农户生产生活中的小问题和微心愿,同时集中资金较好解决涉及面上的群众切身利益事项。

6. 推进建德创业。深化行政审批制度改革,推进投融资机制创新,优化区域经济发展环境。市审管办、编委办以打造“杭州审批最快县(市)”为载体,通过清权、减权、确权等程序,将全市行政权力数量从原始的11013项减少至4288项,清减率达61%。优化审批流程、创新审批方式,将政府投资项目、工业类社会投资项目、三产服务类社会投资项目审批用时从原来平均184天,压缩到分别不超过38个工作日、33个工作日、46个工作日。深刻认识加快转型对于建德的重要性、紧迫性,加大“四换三名”工作推进力度。出台工业企业发展绩效评价管理办法,以亩产论英雄。盘活闲置厂房8.15万平方米,完成“零地技改”投资6亿元;实施厂房加层、利用存量土地新建厂房、拆旧建新等项目26个,新增建筑面积4.96万平方米;打造省级电子商务产业基地洋溪逸龙文创园;促成4家企业在上海股权托管交易中心挂牌融资。建章立制突出“五个注重”,在提高针对性、操作性、连续性、长效性、实效性上功夫。全市清理不适宜的规范性文件248个,改进不完善政策制度或做法478个,新建立制度规范328个。市四套班子整改项目117个,各乡镇(街道)、机关部门整改项目1320个,为作风建设抓长抓细抓常、更好地服务改革发展稳定大局提供了坚实的制度保障。全力推动“两个增收”,把提高“城镇居民人均可支配收入、农民人均纯收入”两项指标,作为检验教育实践活动成果“含金量”的硬杠杠,着力抓好“产业培育、创业就业、体制改革”促增收,政策助推畜禽养殖户停养转种,引导发展草莓、茶叶、药材等特色产业,全市草莓种植户达12600余户;打响“建德果蔬乐园”乡村旅游品牌,借助“爸爸去哪儿”新叶古村行明星效应,大力推动民宿餐饮农家乐,全市休闲农业接待游客总量及经营收入分别增长58.1%和122.7%;上线全国首家县(市)“阿里巴巴·农食馆”,带动农产品线上销售;实施低收入农户收入倍增计划,发展来料加工项目;推进土地流转规模经营。

【群众路线教育实践活动取得的成效】

1. 干事信心增强。市四套班子及市级党员领导干部,通过群众路线教育实践活动交流了思想、交换了意见,思想与行动更加协调一致。特别是推行“六个领衔”工作机制后,市四套班子凝心聚力,紧盯项目,加强督促,使全市“六个领衔”工作呈现了行动快、协作强、工作实、成效好、氛围浓的良好态势。一些历史遗留难题得到有效化解,其中市领导领衔的34件信访包案全部化解。推进了一批工程项目,一些重点工作走在了全省前列,全省历史文化村落保护利用工作现场会、全省放心农贸市场建设和“个转企”工作推进会和杭州市深化走村访户工作现场会等会议先后在建德召开。市委书记戴建平代表建德在全省第二批教育实践活动推进会、全省第四次区县市委书记视频交流会、全省“三改一拆”推进会等重要会议上作了经验介绍。党员干部普遍反映,反“四风”让自己离开酒桌案头、走向田间地头,放下酒杯茶杯、收获了群众的口碑。基层干部群众反映,建德的发展势头更好了,发展信心更足了。

2. 干部作风改进。通过抓学习、抓督查,干部作风明显改进,脚踏实地、一心扑在工作上的实干作风,在全市干部中蔚然成风。广大基层干部白天到现场抓“三改一拆”“五水共治”，晚上驻镇夜学、进村访户，几乎没有休息天。不少干部由过去习惯于办公室打电话“到我这里来一下”，转变为“我到村里去一下”；有的乡镇年轻干部，由最初访户时“进不了门”，到后来群众邀请“留下吃饭”；一些退二线的干部老当益壮，言传身教，继续奋战在一线。许多干部感到，这一年走得最勤、干得最苦、成效最大，教育实践活动让自己接了地气，除掉了骄娇二气，增强了做群众工作的底气。党员干部的“辛苦指数”换回了群众的“满意指数”，基层群众普遍反映，干部的好作风又回来了。干群互信，携手共进，使以往一些难点工作得到了较快、较好的解决。比如“三改一拆”工作，不少村庄、集镇拆通了断头路，拆出了发展新空间，拆出了法治公平公正。“五水共治”工作成效初显，建德市作为15个2014年度“五水共治”工作优秀县（市、区）之一，获得全省首批优秀县“大禹鼎”。

3. 组织力量增强。广大党员受到了一次严格的党内生活锻炼，基层党组织负责人和不少普通党员反映，这次教育实践活动动真碰硬，抓得严、管得好，党员的党章意识、身份意识、组织观念明显增强，参加党内生活更加积极主动。许多农村党员干部，主动带头拆除违章建筑；一些老党员组成拔草队、劝导队，带头治水护水美化家园；一些年青党员，积极认领党员服务奉献岗；不少外出流动党员能“常回家看看”，主动向支部汇报工作。据统计，教育实践活动期间，全市3043名流动党员中，有2281名回建德参加专题组织生活会（其中省外回建德的565人、省内杭州市外回建德的1716人），有的还为村里公益事业捐了款。不少党员干部说，这次专题组织生活会，自己说出了压在心里想说的话，听到了平常听不到的意见和批评，对与错、是与非、党员该干什么不该干什么更加牢记在心。不少农村党员感叹，现在党员管理更加严格规范了，群众对党员更加信任但要求也更高了，必须加倍珍惜党员荣誉，努力为群众做好事办实事。老百姓评价，现在基层党员的模范带头作用比过去更好了。

4. 群众满意度增强。通过教育实践活动，许多党员干部认识到：千事万事，带领群众发家致富是头等大事；千理万理，帮助群众幸福安康才是真正的道理，只有一心为了群众、经常联系群众、群众有难处时热心帮助群众，群众才会跟着你走、跟着你干。据统计，教育实践活动中，通过“走村不漏户、户户见干部”和“进帮助”活动，解决农村问题6238个、企业问题354个。一大批民生工程、民心工程顺利推进：有的乡镇解决了农贸市场、农民饮用水问题；有的企业、社区党组织帮助住户解决了房屋漏水问题；不少农民拆掉猪栏鸡圈后，通过培训介绍，种植了草莓、铁皮石斛，干起了采摘游、农家乐。借拆违治水破竹之势，环境整治红利初现，养老养生、文化创意、运动休闲、服务外包等经济新业态初露端倪。同时，招商引资、工业平台建设等工作取得良好进展，全市经济发展呈现出更加健康有力的步伐，社会更加和谐稳定。

◎4月15日，召开“走村不漏户、户户见干部”工作座谈会

【建德市在群众路线教育实践活动中取得的主要经验】

1. “四轮学习法”推动学深悟透。在教育实践第一环节中，采取党员干部“轮读、轮谈、轮讲、轮训”的方式，将学习教育引向深入。对照原文轮读，领导干部先学圈篇、支委集体商议备课的方式，从习近平总书记系列讲话、《之江新语》、《论群众路线—重要论述摘编》等书目中选取轮读篇目或章节，结合机关“每周学习日”、乡镇“驻镇夜学”、基层党组织“三会一课”，每名党员干部在支部学习时轮流朗读指定篇目，促使党员干部提前熟悉内容，聚精会神参加集中学习。深入思考轮谈，开展“三思三增”大讨论，坚持全员参与，每名党员在学习教育环节参加讨论、发言不少于3次，引导党员轮读之后点评谈、对照原著拓展谈、结合工作深入谈、联系生活灵活谈，碰出思想火花，牢固树立群众观点、自觉践行群众路线。结合业务轮讲，市级领导干部走进“电视党课”“红色讲堂”、远教直播课堂，带头学理论、讲党课。市级机关、乡镇街道大力推进“全科干部”建设，班子成员和中层干部结合分管业务工作，讲理论实践、讲工作思考、讲服务提效。各乡镇(街道)结合“走村不漏户、户户见干部”大走访活动，每月安排一个晚上举办“走访故事汇”，交流走访经，共同提高做群众工作的本领。投身实践轮训。广泛开展“千名干部组团破难、万名党员入户解忧”行动，市级领导干部带头克难攻坚，市级机关部门分期分批组织干部到项目推进难、工作进展慢、群众意见大、矛盾困难多的基层单位蹲点破难，1350余名乡镇干部和基层站所工作人员共走进256个村和社区，推动“五水共治”“无违建市”创建等中心工作。

2. “正风八查”狠抓作风建设。在抓好学习教育的同时，狠抓正风肃纪工作。一是单位自查。16个乡镇(街道)和67个机关部门均成立自查小组，由纪检干部牵头，对照上级以及本级作风建设的有关制度规定，通过明察暗访、内部通报、诫勉谈话、考核约束等方式全面进行自查自纠。二是每周抽查。市教育实践活动正风肃纪小组下设4个工作组，建立一名领导、一队人马、一台摄像机、一周一查的工作机制，对全市各乡镇(街道)、机关单位、基层站所及村(社区)、学校医院的上班纪律、服务态度、值班情况等进行暗访，对发现的问题、整改的情况进行每周通报。三是联合督查。围绕“五水共治”“三改一拆”等重要工作以及重点项目、重点问题，协调正风肃纪组、市委督导组、“两办”督查室、专项办公室督查组等力量，分工协作，加大督查力度。强化督查结果运用，在建德电视台、《今日建德》报纸上设立“曝光台”，对违章建筑，黑臭河、垃圾河，以及作风效能暗访情况等进行曝光，促及时整改。四是专项排查。制定“八项专项整治”行动书，市委常委牵头，责任分工到位，扎实推进作风建设专项整治，逐一查排问题，逐一督促整改。五是网络普查。市纪委对全市所有办公电脑IP地址进行统一登记管理，每周截取不同时段对办公电脑运行情况进行实时监控，对抽查发现的网上购物、游戏炒股、看电影等不良行为进行实名通报。六是入户访查。结合“走村不漏户，户户见干部”大走访工作，面对面听取群众对干部作风的意见建议。七是行风协查。邀请行风监督员、两代表一委员、服务对象等加入检查队伍，重点监督执法监管部门、窗口单位、服务行业的行风作风。畅通监督意见征求渠道，在建德新闻网上设立意见征求栏，在《今日建德》上公布监督电话，邀请广大群众监督不正之风，参与整治“四风”。八是回访复查。对已发现的作风问题，市正风肃纪小组进行登记备案，同时，认真做好复查回访，对于已经整改到位的，进行销号处理；对整改不到位的，按照《建德市机关工作人员作风效能问责暂行办法》等进行问责处理，并将结果运用于单位年度综合考评、干部年度考核和提拔任用。共开展各类监督检查92次，发现问题139个，督促整改问题87个，问责52人，党纪政纪处分6人。

3. “六个领衔”带头转作风。坚持问题导向，建立市领导领衔推进“三重”工作机制，自我加压，带头转作风，合力促发展。项目领衔制，带头挑担子。围绕关系大局和长远的关键问题，制定“三重工作”任务分解表，建立一个项目、一个领导、一个小组、一个例会、一个机制、一抓到底“六个一”的工作制度。周会现场制，一线破难题。实行现场工作法，做到“一周一协调”，现场查看工作进度，现场研究工作对策，并于次日将难以解决的事项提交相关分管市领导。建立市领导领衔包干、牵头单位组织实施、责任单位具体落实的“三位一体”协调推进机制，坚持“半月一会办”，由各分管市领导于每月1日和15日（周末顺延）召开一次协调会，对领衔市领导提交的事项进行会办研究解决。进度月报制，强力抓推进。建立“三重”工作台账管理制度，每月5日前，各领衔市领导所在单位将市领导每周现场办公情况和“三重”工作推进情况报市委市政府督查室。市委市政府每月召开一次“三重”工作专题会议，专题听取领衔市领导的汇报，集中解决工作中遇到的重点和难点。每季组织一次现场观摩督查活动，由市委书记、市长带队，对工作进度滞后项目进行现场督查和会商研究，确保工作顺利推进。督办销号制，实干创新业。实行“三重”工作销号管理，完成一项、销号一项。对因不可抗力和特殊原因，项目不能继续建设和实施的，由相关市领导填写《调整申请单》，经市委市政府研究同意后，方可调整。对承担目标任务落实到位、成绩突出的单位和个人，年终给予表扬奖励；对工作落实不到位的，在领导班子和领导干部年度考核中予以相应的等次评定。通过加大考核结果运用，激发各级领导干部干事创业激情，努力形成全市上下真抓实干、创先争优的浓厚氛围。

4.“四个一”深化党员管理。在教育实践活动中，三都镇新和村积极探索新方法，推行党员“四个一”管理激励办法，有效激发全村党员在联系服务群众和乡村社会治理中发挥先锋模范作用。“一人一册一考评”，全村党员人手一本红色的先锋指数考评手册，内容包括党员基本情况、设岗定职承诺、联系户头名称、先锋指数考评记录等，每名党员参加组织生活、服务群众情况记录在册、一目了然。村党总支定期进行考评汇总，对考评情况实行“一季一公示”，确保评议党员有根有据，考评工作公开透明。“一岗一牌一承诺”，村党总支设置了文化宣传、环境卫生、村务监督、致富信息、治安巡逻等18个志愿服务岗位，每名党员、入党积极分子根据个人实际领认一个岗位，作出“一句话承诺”。全村每名党员的家庭门上都挂上“共产党员”牌，既激励党员家庭，又鞭策党员个人带动全家。“一户一卡一团队”，村里由村干部、党员志愿者自发组成了一支服务团队，向全村每个农户发放一张“有事找我们”便民服务卡，上面印有每位村干部的姓名、职务、电话，同时标明医疗、水电、家电维修等服务电话，积极为群众实行上门、代办服务。“一月一日一活动”，该村党总支将每月5号固定为“党员活动日”，组织党员开展“党员学雷锋”活动，每季度召集全体党员召开组织生活会，开展认真规范的党内组织生活。通过“四个一”管理考评，强化组织观念，如今新和村党组织活动，党员到场率实现了95%以上，有的流动党员乘飞机从省外回来参加组织生活。增强群众满意度，近年来，新和村共组织集中志愿者服务30余场次，发放便民服务卡460余张，为民免费服务400余次。推动美丽乡村建设，通过加强党员队伍的管理，村党组织的凝聚力、战斗力增强，如今该村清洁乡村人人参与、村容村貌明显改善、邻里纠纷少有发生、崇德向善蔚然成风，村集体经济也由原来亏空30多万元到去年实现了盈余。

（李益民 邱伟丰 翁晓慧 吴文碧）

【“寿昌经验”在全国推广】 寿昌镇是浙江省第一批重点培育的中心镇、2014年入围全国重点镇，是建德市两大副城之一、是省级建德经济开发区的主阵地。

近年来，“三改一拆”“五水共治”“项目攻坚”等大量中心工作需要乡镇执行落实，该镇干部主动学习农村实用技术以及市场经济、法律法规和现代管理等方面的时间不多，而随着信息技术的发展，移动终端的普及，镇干部存在不同程度的“技术依赖症”，一些干部习惯于“用上网代替上门”“用通话代替见面”，即使下村也是到村委会、村干部家中，与群众沟通交流的机会较少，与群众的距离疏远，党群干群关系受到影响。同时，由于村民自治的推广和民主意识的增强，乡镇干部如果不能在工作方法、发展思路、服务意识等方面转变角色、与时俱进，依旧沿用原有的方式与理念，当遇到征地、拆迁、计划生育等涉及群众切身利益的敏感问题时，就很容易将冲突和矛盾激化，使得干群关系骤然紧张，甚至诱发一些影响恶劣的群体性事件。

由于信访倒逼，该镇决定从被动到主动，变“上访”为“下访”，把一线群众工作作为突破口，于2011年12月启动“百名干部访万户”大走访活动。2012年2月22日，寿昌镇党委下发《关于开展"百名干部访万户"活动的通知》文件，全面开展走访活动。全体镇干部离开“案头”、走向“村头”、熟悉“户头”，问需于民、问计于民、问政于民，解决联系和服务群众的“最后一千米”问题。92名镇干部编为27个走访组，划定访户责任区，制订访户路线图，每组负责走访1个村（社区），人均走访近200户，实现全镇15575户村（居）民全覆盖，做到急事难事见干部、政策宣传见干部、化解矛盾见干部、项目推进见干部。各走访组综合考虑地域范围、村（居）民户数、生活习惯、信访情况等因素，按照走访路线图有序推进走访工作。

2012年，按照完成走访全覆盖的活动要求，完成对全镇共15575户群众的走访，搜集群众反映的问题和意见建议642条。2013年，结合市“作风效能年”活动和“驻乡进村访户”制度，对上一年度摸底排查出的征迁户、信访户、低收入农户、困难家庭重点户进行走访，共走访8980户（次），搜集群众反映的问题和意见建议364条，解决217条。2014年共走访18268户（次），搜集群众反映的问题和意见建议413条，解决365条。

同时，建立走访周汇报、月检查、季通报等制度，定期召开走访工作交流点评会，及时掌握走访动态。镇领导班子成员定期审查干部走访情况、不定期回访群众，由“两代表一委员”等人员组成的督查组进村入户随机抽查走访情况。对未按要求做好走访工作的干部进行约谈或通报批评，责令限期整改。将走访情况作为干部考核重要内容，并让村干部、党员、村民代表对联村干部进行工作评分，未完成走访计划的干部取消各类评优评先资格。

2月7日，2014年春节后上班第一天，省委夏宝龙书记到该镇调研，对“百名干部访万户”活动予以充分肯定，并总结出了“走村不漏户 户户见干部”的“寿昌经验”，要求在第二批党的群众路线教育实践活动中总结推广。同时，该做法也得到了中共中央政治局常委刘云山，中共中央政治局委员、中组部部长赵乐际等领导的批示肯定。“走村不漏户，户户见干部”成为推进农村社会治理体系和治理能力现代化的初步尝试，是化解基层社会矛盾，推进中心工作的管用方法，是培养锻炼“全科型”乡镇干部的重要途径。

3月3日，《浙江日报》刊登《走村不漏户 户户见干部 ——建德市寿昌镇干部联系服务群众情况的调查》专题报道。4月22日，《人民日报》刊登《浙江省建德市寿昌镇 干部下访多了 群众上访少了》专题报道。4月28日，“浙江寿昌：进村访户打开干群隔心门”在中央电视台《新闻联播》节目中播出。《新华社》《浙江日报》《浙江卫视》《杭州日报》等中央和省杭州市媒体进行了报道。

一、“百名干部访万户”主要举措：

1. 建立“三全”标准，强化走访力度。一是干部全出动。建立镇干部、村（社区）干部全员参与的走访网格，坚持领导干部率先垂范，注重新老搭配、组团结对，发挥“老乡镇”民情联系优势，加强对年轻干部的帮带指导。镇领导实行“50+50”制度，即50户为固定走访网格对象，另50户为所联系村（社区）中需重点关注的对象，确保领导带头走访。其他干部原则上按照联村的150户/人、联社区的250户/人安排，确保“走村不漏户、户户见干部”。二是走访全覆盖。各走访组根据地域范围、人口规模、重点对象分布、村民居民生活习惯等因素，科学制订走访方案，明确走访任务，合理安排走访进度，消除走访盲区，实现“走村不漏户、户户见干部”。坚持全覆盖走访与重点走访相结合，做到生病住院、生活困难、遭遇灾害、老弱病残、病故去世“五必访”，掌握其思想动态、生活状况第一手资料。三是过程全记录。

在入户走访的基础上,参与活动的干部人手一本《走访登记本》,定期填写,定期上交查阅,登记本详细记载每次联系服务的具体情况、群众反映问题以及处理结果等内容。镇党委每日统计干部走访情况,走访干部年终撰写分析报告。

2. 明确“三清”举措,深化走访服务。一是摸清对象底数。通过走访,摸清全镇每一户群众家庭的具体情况,并分成种养大户、企业负责人、征迁户、信访户、困难户等类别,将其家庭结构、家庭成员政治面貌、职业学历、特长爱好、困难诉求和意见建议等详细梳理清楚。同时专门为困难群体和特殊人群建立民情档案,实行跟踪回访和定期巡访。二是查清问题源头。针对走访过程中群众反映的问题,根据性质、缘由、对口部门进行统筹分类,并提交职能办公室、镇党委、市相关部门研究。镇党委根据具体情况召开走访汇报点评会、“专家会诊会”等会议,整合力量对相关问题进行分析研判。对因政策、机制、灾祸、人为等不同因素产生的问题,按问题的轻重缓急、不同类别,交由责任部门处理。三是理清帮扶思路。根据排查的基本情况及要解决的困难,对困难户、低保户、军烈属、伤残户等进行定人帮扶,对信访户、拆迁户、计生户和矫正户等重点群体进行跟踪联系;有针对性地选择来料加工、畜禽养殖、特色种植等项目进行造血式帮扶。2014年,全镇共落实民生项目资金300余万元、微心愿资金30余万元,解决镇领导领衔项目34个、微心愿184个。

3. 完善“三定”考评,提升走访效能。一是定期汇报。按照“主要领导负责联片领导、联片领导负责联村干部、联村干部负责联村助理”的三级管理模式,明确责任、加强管理。将每周三作为固定的“走访日”,每周上报汇总走访情况,每月由各联片领导召集座谈汇报交流1次。对群众在大走访中提出的问题进行分类梳理,对班子会议确定的重点难点问题,由联片领导领衔办理。二是定时督查。镇党委书记负总责、亲自抓,班子成员以身作则、以上率下。镇纪委加强监督检查,按时间节点到各村(社区)两委干部和群众家中了解走访情况,督促走访活动扎实开展。镇领导定期审阅《走访登记本》,对走访先进事例加大宣传力度,对未按要求做好走访的干部作大会通报批评,走访进度严重滞后者由镇领导进行约谈,责令整改。三是定向考核。将大走访活动列入年度重点工作安排,制订详细的考核目标,明确个人走访要求,加大考核分值比重。每位干部上交走访年终总结,由村干部、党员、村民代表共同参与为干部提意见、评分数,取消未完成走访计划干部的年终各类评优资格。

二、“百名干部访万户”工作成效:

一是以访促情,增进了干群关系。进村入户联系群众,使干部真切地听到了群众的意见和呼声,知道群众盼什么、忧什么,要求干部做什么。进村入户中,全镇累计收集问题和意见建议1419条,解决1224条,落实微心愿184个。2014年,寿昌镇落实专项资金330余万元,用于解决梳理出的两批共计34个领衔办理项目。干部在帮助解决具体问题中既感动了群众,也使自身得到教育,在潜移默化中改善了干群关系。二是以访促学,提升了干部素质。镇党委把大走访活动作为锻炼干部队伍的有效平台。在走访过程中,干部会遇到群众提出的各种各样问题,倒逼干部经受全方位的锻炼,从而在服务群众的具体实践中不断提高素质和能力。通过走访,认识的人多了,学到的知识多了,掌握的政策多了,做农村工作的能力增强了。三是以访促干,推动了重点工作。寿昌镇作为建德经济开发区主阵地,面临艰巨的发展任务。进村入户中,寿昌镇把大走访活动与“三改一拆”“四边三化”“五水共治”“征迁攻坚月”“计划生育突击月”等行动相结合,推动了各项重点工作的开展,在全市16个乡镇(街道)综合目标考核中,从2011年第14位跃居2014年的第2位,连续两年在市综治工作考核中位列首位。

(卜旖旎)

【党的群众路线教育实践活动大事记】

2014年1月20日,中央召开党的群众路线教育实践活动第一批总结暨第二批部署电视电话会议,全面部署第二批党的群众路线教育实践活动,市委常委、市人大、市政府、市政协领导及部分单位主要负责人在建德分会场参加会议。

1月26日,省委召开党的群众路线教育实践活动第一批总结暨第二批部署电视电话会议,市委常委、市人大、市政府、市政协领导及部分单位主要负责人在建德分会场参加会议。

1月28日,杭州市委召开党的群众路线教育实践活动第一批总结暨第二批部署电视电话会议,市委书记戴建平在主会场参加会议,市委常委、市人大、市政府、市政协领导及部分单位主要负责人在建德分会场参加会议。

2月6日,省市驻建德督导组在组长陈畴镛、副组长施纯杰带领下,进驻建德指导工作。

2月7日,省委书记、省人大常委会主任夏宝龙到建德调研指导党的群众路线教育实践活动,主持召开市级党员领导干部教育实践活动座谈会,提出"走村不漏户、户户见干部"工作以及"七个示范"要求。

2月11日,建德市委制定下发《关于建立市委党的群众路线教育实践活动领导小组的通知》。

2月12日,建德市委制定下发《关于落实"走村不漏户、户户见干部"要求,进一步深化乡镇(街道)干部"驻乡进村访户"活动的通知》,从工作力量、活动载体、主题教育、考评督查四个方面完善联系服务群众体制。

2月17日,市委常委会专题听取市教育实践活动实施意见情况汇报。《中共建德市委关于深入开展党的群众路线教育实践活动的实施意见》下发。

2月17日,省委常委、杭州市委书记龚正,杭州市委副书记、市长张鸿铭分别在《建德市寿昌镇全面实施"百名干部访万户"活动践行群众工作》信息专报上做出批示。龚正批示:请市"活动办"编转市第二批教育活动单位,学习借鉴。张鸿铭批示:此项做法好,应予推广。

2月18日,召开全市党的群众路线教育实践活动部署会议暨培训会议以及市委督导组第一次工作例会,全面部署全市教育实践活动;市委书记戴建平、省市驻建德督导组组长陈畴镛分别做重要讲话。

2月21日,市委中心组组织各乡镇(街道)、机关部门主要负责人等学习"坚持和贯彻党的群众路线"专题讲座。

2月24日,杭州市委常委佟桂莉到建德调研教育实践活动,并召开市级党员领导干部教育实践活动座谈会。

2月28日,市委活动办制订下发《关于做好教育实践活动学习教育、听取意见环节工作的通知》。

3月4日,浙江省委教育实践活动领导小组下发《关于印发〈走村不漏户、户户见干部——建德市寿昌镇干部联系服务群众情况的调查〉的通知》,在全省范围内推广建德驻乡进村访户经验。

3月18日,中共中央政治局常委、中央书记处书记、中央党的群众路线教育实践活动领导小组组长刘云山在省委教育实践活动领导小组《关于报送〈走村不漏户、户户见干部——建德市寿昌镇干部联系服务群众情况的调查〉的报告》上批示:乐际、陈希同志阅,第二批教育实践活动要总结推广一批联系群众、服务群众的典型,寿昌镇做法和经验值得宣传和推广,请酌。

3月19日,中共中央政治局委员、中央书记处书记、中组部部长、中央党的群众路线教育实践活动领导小组副组长赵乐际批示:陈希、秦丰、思和同志,请按云山同志批示要求,对总结推广典型和宣传寿昌经验作出安排,有序实施。

3月24日,省委书记、省人大常委会主任夏宝龙批示:云山同志的重要批示是对我们的极大鼓舞和鞭策。我们要贯彻落实好云山同志、乐际同志的重要批示精神,并以此为动力在第二批党的群众路线教育实践活动中,进一步总结和宣传好寿昌经验,确保"走村不漏户、户户见干部"取得实实在在的效果。各地要研究构建相关长效机制,并总结推广一批联系群众、服务群众的好典型、好经验。请慧君、龚正、和平同志阅。

3月24日,市委常委会开展"三思三增"大讨论。

3月25日,市委中心组组织参加习总书记系列讲话精神学习视频会，各乡镇（街道）设立分会场组织学习。

3月27日，杭州市委党的群众路线教育实践活动领导小组办公室在建德召开深化走村访户工作现场会。市政协党组开展“三思三增”大讨论。

3月28日，市委中心组组织听取“身边的先进典型”事迹专题报告；市人大常委会党组开展“三思三增”大讨论活动。

4月15日，中宣部新闻局副局长、中央党的群众路线教育实践活动办公室宣传组组长陈陆军到开发区（寿昌镇）专题调研“走村不漏户，户户见干部”做法和经验；市委常委开展“三严三实”大讨论。

4月17日，市政府党组开展“三思三增”大讨论。

4月19日，市人大常委会党组开展“三严三实”大讨论。

4月22日，市政协党组开展“三严三实”大讨论。

4月23日，杭州市委副书记、市长张鸿铭到建德蹲点调研党的群众路线教育实践活动暨寿昌镇“走村不漏户、户户见干部”工作开展情况。

4月30日，市委活动办召开“身边的先进典型”座谈会，在全市范围内营造比学赶超、见贤思齐的良好氛围。

5月7日，市委常委会专题讨论分析学习教育、听取意见情况。

5月9日，市委中心组（扩大）召开会议专题学习贯彻习近平总书记重要指示和中央教育实践活动视频会议精神。

5月13日，市委书记戴建平参加浙江省第二批教育实践活动推进会暨省委督导组组长会议，并作交流发言；市政府党组开展“三严三实”大讨论。

5月20日，建德市教育实践活动第二环节推进会暨培训会召开，全面部署查摆问题、开展批评环节工作；市委书记戴建平、省市驻建德督导组组长陈畴镛分别作重要讲话。

5月23日，中央党的群众路线教育实践活动领导小组办公室刊发《浙江杭州建德市寿昌镇联系服务群众“走村不漏户、户户见干部”》（党的群众路线教育实践活动简报265期）。

6月12日，市领导“六个领衔”工作督查推进会召开。

6月25日，省市驻建德督导组组长陈畴镛代表督导组向建德通报作风建设情况；市委常委，市人大、市政府、市政协领导，市法院院长，市检察院检察长，建德经济开发区管委会主任，市人武部部长，市级巡视员等参加会议并组织观看《中共农安县委常委班子专题民主生活会实录剪辑》。

6月26～27日，省市驻建德督导组与市委常委开展谈心交心。

6月27日，市委书记戴建平主持召开以“如何提升党员素质，发挥先锋模范作用”为主题的农村党员队伍建设工作座谈会。

7月1～2日，省市驻建德督导组与市人大常委会主任、政协主席以及党员副市长开展谈心交心。

7月8～9日，市委常委会召开党的群众路线教育实践活动专题民主生活会。

7月14日，市政府党组、市政协党组分别召开班子专题民主生活会。

7月15日，市人大常委会党组召开班子专题民主生活会。

7月30日，市领导班子专题民主生活会情况通报会召开。

8月20日，全市教育实践活动工作推进会召开。

9月1～3日，省市驻建德督导组赴交警大队、运管所、农业局执法大队畜牧局、严州中学（新校区）、溪头社区、市中医院、府西社区，大同镇寻芳村、潘村村、永盛村、永平村，洋溪街道友谊村，莲花镇戴家村等14家基层党组织抽查整改落实工作。

9月15～16日，省委驻杭州督导组到建德调研教育实践活动开展情况。

9月19日，全市和谐社区建设推进会暨村（社区）减负工作会议召开。

9月25日，市委常委会第46次会议听取省委驻杭州市督导组到建德督导情况汇报。

10月8日，中央召开党的群众路线教育实践活动总结电视电话会议，市委常委，市人大、市政府、市政协领导，市法院院长，市检察院检察长，省市驻建德督导组全体成员、市委活动办全体成员等参加建德分会场会议。

10月10日，省委召开党的群众路线教育实践活动总结电视电话会议，市委常委，市人大、市政府、市政协领导，市法院院长，市检察院检察长，省市驻建德督导组全体成员、市委活动办全体成员等参加建德分会场会议。

10月16日，杭州市委召开党的群众路线教育实践活动总结大会，市委书记戴建平在主会场参加会议；市委常委，市人大、市政府、市政协领导，市法院院长，市检察院检察长，省市驻建德督导组全体成员、市委活动办全体成员等参加建德分会场会议。

10月17日，市委召开党的群众路线教育实践活动总结大会，市委书记戴建平、省市驻建德督导组组长陈畴镛分别作重要讲话。

10月29日，市委活动办印发《关于明确党的群众路线教育实践活动整改落实工作职能及运行机制的通知》，明确"市委党的群众路线教育实践活动领导小组办公室"调整为"市委整改落实办公室"，"市委督导组"调整为"市委整改落实督查组"。

10月30日，市委活动办督导组工作总结暨市委整改办督查组工作部署会召开。

11月11～13日，省市驻建德督查组赴市人大党组、市政协党组、交通局、教育局、更楼街道、新安江街道、发改局、航头镇、大同镇、住建局、民政局等11家单位督查整改落实情况。

12月15日，省委驻杭州整改落实督查组到建德指导督查乡镇（街道）党（工）委书记抓基层党建和党风廉政责任制工作述职评议情况、整治村（社区）"三多"以及教育实践活动整改落实工作；市委召开2014年度党组织书记履行基层党建和党风廉政建设主体责任述职评议会议。

（吴文碧）

【教育实践活动重要文件选录】

中共建德市委文件

市委〔2014〕2号

中共建德市委关于深入开展党的群众路线教育实践活动的实施意见

（2014年2月17日）

根据中央、省委和杭州市委的统一部署，市委决定从2014年2月开始，在全市各级党组织和全体党员中开展党的群众路线教育实践活动（简称教育实践活动），2014年9月基本结束。参加单位是：市级机关各部门和市属企事业单位，乡镇、街道和村、社区、非公有制经济组织、社会组织以及其他基层组织，未参加第一批教育实践活动的在建垂直（双重）管理单位。现提出如下实施意见。

一、把握指导思想和总要求

开展教育实践活动，要以党的十八大和十八届三中全会精神为指导，认真贯彻习近平总书记系列重要讲话精神，认真贯彻中央、省委和杭州市委关于党的群众路线教育实践活动所确定的指导思想、目标要求和方法步骤，紧紧围绕保持党的先进性和纯洁性，以为民务实清廉为主题，切实加强全体党员马克思主义群众观点和党的群众路线教育。要突出作风建设，以贯彻落实中央八项规定精神和省市作风建设要求为切入点，坚持严的标准、严的措施、严的纪律，坚决反对形式主义、官僚主义、享乐主义和奢靡之风（简称"四风"），着力对作风之弊、行为之垢来一次大排查、大检修、大扫除，切实解决群众反映强烈的突出问题。要发扬"认真"精神，坚持正面教育，着力提高我市各级领导班子和党员干部做好群众工作的能力，接地气、抓落实、强发展、优服务，为推进建德创业再出发，提供坚强保证。

教育实践活动全过程，要认真贯彻"照镜子、正衣冠、洗洗澡、治治病"的总要求。"照镜子"，主要是对照理论理想、党章党纪、民心民生、先辈先进四面镜子，在宗旨意识、工作作风、廉洁自律上摆问题、找差距。“正衣冠”，主要是按照为民务实清廉的要求，严明党的纪律特别是政治纪律，直面矛盾和问题，正视缺点与不足，从我做起、从现在改起，端正行为，维护良好形象。“洗洗澡”，主要是以整风精神开展批评和自我批评，深入分析出现“四风”问题的原因，坚持自我净化、自我完善、自我革新、自我提高，既要解决实际问题，更要解决思想问题。“治治病”，主要是坚持惩前毖后、治病救人方针，区别情况、对症下药，对作风方面存在问题的党员、干部进行教育提醒，对问题严重的进行查处，对与民争利、损害群众利益的不正之风和突出问题进行专项治理。

教育实践活动，坚持以上率下、全员覆盖。根据上级的要求，在重点抓好市级领导机关、领导班子和领导干部的同时，突出抓好乡镇(街道)领导班子、领导干部以及直接联系服务群众的执法监管部门、窗口单位、服务行业的教育实践活动，注重抓好村(社区)、非公有制经济组织、社会组织等基层党组织的教育实践活动。通过教育实践活动的扎实开展，使党员、干部思想进一步提高，作风进一步转变，党群干群关系进一步密切，为民务实清廉形象进一步树立，基层基础进一步夯实。

教育实践活动，坚持围绕中心、服务大局。把开展活动与抓好“五水共治”“五措并举”等中心工作结合起来，与深化“三个年”、完成全市各项重点任务结合起来，用转型升级的成效、改革创新的进展、社会的平安和谐、群众满意的程度、党员干部精神状态的提振来检验活动，切实做到两手抓、两不误、两促进。

二、明确重点任务

全市教育实践活动的主要任务是抓住反对“四风”这个重点，着力解决领导机关、领导班子和领导干部存在的突出问题。同时，回应群众关切，注重解决关系群众切身利益的实际问题，把改进作风的成效真正落实到党的基层组织和“末梢神经”。重点抓好以下四方面工作：

1. 着力解决“四风”方面的突出问题。要针对不同层级、不同领域“四风”的具体表现，有针对性地解决突出问题。市级领导班子和领导干部严格按照上级要求，带头抓好教育实践活动。市级机关部门重点解决文来文往、文山会海、工作不落实，庸懒散拖、精神不振，因循守旧、衙门作风、推诿扯皮、“中梗阻”等问题。执法监管部门和窗口单位、服务行业重点解决“门难进、脸难看、事难办”，滥用职权、“吃拿卡要”、效率不高、执法不公等问题。乡镇(街道)重点解决“走读风”“机关化”倾向、疏远群众，不作为、慢作为、乱作为，得过且过、不敢担责，弄虚作假，与民争利等问题。村、社区等基层组织重点解决软弱无力，服务群众、创业发展的意识和能力不强，管理松弛，办事不公等问题。两新组织重点解决党建工作基础薄弱、作用发挥不明显等问题。学校、医院等事业单位重点解决师德师风、医德医风等问题。同时，各级党组织还要注重解决组织涣散、纪律松弛问题。

2. 着力抓好“五水共治”等民生实事，积极回应和解决群众反映强烈的切身利益诉求。坚持治污水先行，推动防洪水、排涝水、保供水、抓节水，以“五水共治”的阶段性成果让群众切实感受到变化和好处，取信于民，凝聚力量。开展治气、治污、治堵、治垃圾专项工作，扎实开展“无违建市”创建，巩固和拓展“三改一拆”成果，着力办好教育、就业、社会保障、医疗、住房等民生实事，破解交通、生态环境、食品药品安全、安全生产、社会治安、执法司法等关系群众切身利益的民生问题。要进一步落实“三真”、关爱基层，把更多的人力物力财力投向基层，想方设法解决困难群众的生产生活问题。

3. 着力强化党员干部责任心和执行力，切实解决发展难题、推进各项中心工作。以“爱岗敬业强责任、专心致志抓落实”为主题，着力深化行政审批改革，大力推进项目攻坚破难，把开展教育实践活动与解决发展难题、推进中心工作紧密结合起来。在增强领导班子和干部队伍的执行力、发挥基层主观能动性、提高工作绩效和群众满意度上下真功夫，在干部队伍中形成真抓实干之风、攻坚克难之势。努力解决好可持续发展速度趋缓、发展后劲不足、体制机制障碍、重点难点项目推进缓慢、干部精神状态有所退化等“五大重点问题”，在深化改革创新、开展“五水共治”、加快转型升级、推进重大项目、统筹城乡发展、打造美丽江城、建设幸福建德上取得实效。

4. 着力统筹城乡基层服务型党组织建设，切实解决联系服务群众“最后一千米”问题。要扎实推进机关、村、社区、两新组织等领域基层服务型党组织建设，构建一张覆盖城乡的便民（党员）服务中心网络，打造一支发展强、服务强的基层党组织书记队伍，培育一批各领域党员志愿者专业服务团队以及跨领域的“党建示范群”，形成一个以“六事一日”工作法为平台、部门资源共享、市镇村三级联动的工作体系，解决好联系服务群众“最后一千米”问题。要把作风建设的要求有效传递到每一个基层党组织、每一名党员，全面深化乡镇“服务指数”、基层党组织“堡垒指数”和党员“先锋指数”管理，着力解决党内生活松散、党员教育管理方式滞后、发展党员把关不严、不合格党员转化处理不力等突出问题。开展“微心愿” 认领活动，不断提高在职党员志愿服务质量，为基层党员服务群众搭建平台，使基层党组织和广大党员更好地发挥战斗堡垒和先锋模范作用，不断夯实党在基层的执政基础。

三、抓实各环节工作

坚持问题导向，坚持教育实践并重，坚持边学边查边改，把学习教育、听取意见，查摆问题、开展批评，整改落实、建章立制三个环节的工作相互贯通、有机衔接起来，贯穿于教育实践活动的全过程。按照时间服从质量的要求，确保每个单位集中教育时间不少于 3 个月。坚持分类指导，从严把握标准，健康有序推进，抓好以下三个环节具体工作：

1. 学习教育、听取意见。重点是搞好学习宣传和思想教育，深入开展调查研究，广泛听取干部群众意见。

一是学习讨论先行，夯实党员干部的思想基础。采取多种形式，组织党员、干部认真学习党的十八届三中全会和习近平总书记系列重要讲话精神，认真研读教育实践活动相关读本。市级领导干部要认真学习《干在实处、走在前列》《之江新语》两本书；党员要学好《论群众路线重要论述摘编》《厉行节约反对浪费重要论述摘编》两本读本；支部要组织学习《各地联系服务群众经验做法选编》《损害群众利益典型案例剖析》。

在学习的基础上，按照加深与群众的感情、拉近与群众的距离、加重群众在自己心中的分量，牢固树立正确的唯物史观、价值观、执政观的工作要求，结合本单位、本岗位为民务实清廉的具体要求以及“四风”问题的具体表现和危害，广泛开展“三思三增”大讨论。广大党员干部特别是领导干部，要对照上级的要求，深刻反思工作的不足在哪里？对照先进的标尺，深刻反思能力、作风的差距在哪里？对照群众的期望，深刻反思强发展、优服务的问题结症和工作突破口在哪里？通过大讨论，切实增强狠抓落实的责任心和执行力，切实增强敢于担当的主动性和创新力，切实增强服务群众的自觉性和亲和力。

市级机关部门、乡镇（街道）集中学习和专题讨论不少于3天，其他基层党组织运用灵活多样、务实管用的方式，抓好党员的学习教育。通过学习讨论，提高思想认识、强化宗旨观念，解决好世界观、人生观、价值观这个“总开关”问题，为对照检查、开展批评和解决问题打好思想基础。

二是先进事迹引导，增强找差距改作风的自觉性。组织开展“向身边的先进典型学习”活动。充分发挥先进典型的示范引领作用，从活动一开始就发现和挖掘一批党员干部身边叫得响、立得住、群众公认的“最美基层干部”“身边的先进典型”等先进事迹。通过举行先进事迹报告会、召开座谈会等多种形式，让身边的典型作介绍、谈体会，用身边的人和事教育、激励党员干部。把先进典型作为镜子、尺子，组织党员干部紧密联系思想、工作实际，认真对照检查自身存在的问题，激励和带动更多的党员干部成为先进典型。

三是开展“组团破难、入户解忧”行动，深化“驻乡进村访户”制度。组织开展“千名干部组团破难、万名党员入户解忧”大行动，把走访联系与调查研究、解决问题、征求意见结合起来。市级党员领导干部带头深入基层和联系点开展调研，市级机关部门党员干部参与，组团到项目推进难、工作进展慢、群众意见大、矛盾困难多的基层单位去，摸情况、听意见，顺情绪、解疙瘩，理思路、破难题，广泛听取意见，虚心查找“四风”方面存在的现象和问题。乡镇（街道）干部要按照“走访不漏户、户户见干部”的要求，主要领导要走遍各村（社区）、党员和困难农户，联村干部要走遍所联村所有农户。通过大走访，既要解决群众生产生活困难问题，又要研究问题村、难点村、集体经济薄弱村以及中心村、重点项目所在村的发展问题，帮助各村制定三年发展蓝图，完善“三项承诺”，全面建立承诺销账制。其他基层党组织要根据实际有效开展“组团破难、入户解忧”活动。要重视来信、来访等送上门的意见，避免征求意见“函来函往”，防止“一窝蜂”下基层、增加基层负担。

2. 查摆问题、开展批评。重点是组织召开一次高质量的专题民主生活会。市委派出的督导组要全程参与所督导单位领导班子的专题民主生活会。

一是找准查实“四风”具体问题。围绕为民务实清廉要求和贯彻作风建设一系列规定要求，对照党章，对照廉政准则，对照改进作风要求，对照群众期盼，对照先进典型，通过群众提、自己找、上级点、互相帮、集体议等方式，深入查找、认真梳理存在的突出问题。机关部门还要对照《党政机关厉行节约反对浪费条例》，乡镇、村还要对照《农村基层干部廉洁履行职责若干规定（试行）》进行检查。市级机关部门、市属企事业单位和乡镇（街道）领导班子成员要书面条目式列出个人“四风”突出问题，上级党组织、党委（党组）负责同志和督导组要审核把关。

二是认真撰写对照检查材料。市级机关部门、市属企事业单位和乡镇（街道）的领导班子、班子成员要撰写对照检查材料，其他基层党组织和党员可不撰写对照检查材料。对照检查材料要逐项列出“四风”问题的具体表现、典型事例，对“三公”经费支出、职务消费、人情消费、公务用车、办公用房和住房、家属子女从业等情况作出说明，市、乡镇（街道）两级党政领导班子、班子成员还要对抓“五水共治”等重点工作的情况作出说明；从理想信念、宗旨意识、党性修养、政治纪律、担当精神等方面剖析根源；明确努力方向和整改措施。主要负责同志要主持起草领导班子对照检查材料，并在一定范围征求意见。班子成员要自己动手撰写个人对照检查材料。上级党组织、党委（党组）负责同志和督导组要严格审核把关。

三是广泛开展谈话交心活动。党委（党组）主要负责同志与班子每名成员之间、班子成员相互之间、班子成员与科室同志之间都要开展谈话交心，坦诚交流沟通思想、推心置腹交换意见，特别是相互之间开展的批评意见，要在谈心时充分交流沟通。平时有隔阂、有误解的同志要主动谈，并接受党员群众约谈。谈心不受时间、次数的限制，谈得越充分越好，既要肯定成绩，又要指出问题和不足，努力把矛盾和问题解决在专题民主生活会前。

四是开好专题民主生活会和组织生活会。市级机关部门、市属企事业单位和乡镇（街道）领导班子要召开专题民主生活会。会上，要按照“人人说我、我说人人”的要求，开展严肃认真的批评和自我批评，真言真语提意见，满腔热情帮同志，既揭短亮丑、动真碰硬，又实事求是、出以公心，不发泄私愤，不搞无原则纠纷，既要红红脸、出出汗，又要加加油、鼓鼓劲，努力达到团结—批评—团结的目的。会后，要在一定范围通报民主生活会情况。其他基层党组织要开好专题组织生活会，开展民主评议党员工作，针对存在问题提出改进措施和办法；村（社区）党组织要进行对照检查。上级机关党员领导干部要参加下级单位领导班子的专题民主生活会；党员领导干部要以普通党员身份参加组织生活会。

3. 整改落实、建章立制。重点是针对作风方面对照检查的问题，提出解决对策，进行集中治理。

一是明确责任抓承诺整改。按照“常规性问

题加大力度解决、遗留问题集中攻坚解决、新发现问题及时跟进解决”的整改思路，从教育实践活动一开始就改起来，从具体事抓起、从身边事做起、从群众最不满意的事改起，即知即改，立行立改。市级机关部门、市属企事业单位和乡镇（街道）领导班子要认真制定整改方案和措施，明确任务书、时间表和责任人；领导班子成员要制定个人整改措施。其他基层组织可列出问题清单，明确整改措施。实行开门整改，向群众作出整改承诺，及时公布整改情况，请群众评价和监督。要积极回应群众的新要求、新期待，全力实施审批提速、“五水共治”、“三改一拆”、项目攻坚、交通治堵、贴心城管等“六大行动”，加快推进转型升级，打造宜居环境，保障和改善民生，确保整改成效让群众看得见、感受得到、大多数人满意。

二是聚焦“四风”抓专项治理。认真对照省委和杭州市委“六项集中行动”“八项专项整治”的部署要求，对存在的“四风”突出问题下猛药、出重拳。全面开展“八项专项整治”，巩固和深化“集中行动”成果。深化行政审批制度改革。积极承接上级审批放权，切实抓好市级审批制度改革，完善联审、联办等审批方式，建立审批事项动态清理机制，使审批部门、事项、环节、时间“四减少”。遏制公权滥用。规范领导干部工作和生活待遇，整治机关、事业单位人员超编和超职数配备，整治超标配备公车、多占办公用房、新建滥建楼堂馆所。严控“三公”支出。整治公款送礼、公款吃喝、公款旅游、奢侈浪费，对各单位“三公”经费账单进行清查，严肃处置“三公”经费开支过大、违反财经纪律行为。整治衙门作风。针对门难进、脸难看、话难说、事难办等机关作风顽疾，加大效能问责，整饬工作纪律，规范干部行为，提高办事效能。治理文山会海。建立健全务实高效的办会办文机制，简化会议程序，严格会议经费管理，从严控制各类文件简报和内部刊物。切实减轻基层负担。严厉整治检查评比、达标表彰、考核授牌晋级泛滥现象，着力解决村（社区）牌子多、台账多、检查多、考核多等问题。推进干部能上能下。进一步完善能上能下机制，加大调整不适宜担任现职干部力度，努力建设一支敢担当、过得硬、打胜仗的干部队伍。严查侵害群众利益行为。整治拖欠群众钱款、克扣群众财物问题，维护征地拆迁、安全生产、环境保护等方面群众的合法利益，大力破除人情圈、关系网等陈规陋习、顽瘴痼疾。各责任单位要按照职责分工，制定工作方案，从教育实践活动一开始就强力推进、抓好落实。

三是严字当头抓正风肃纪。从小处着手、细处着眼，坚决查处发生在群众身边的不正之风和腐败问题，狠刹“牌局”“酒局”，严肃整治“会所中的歪风”，坚决查处在公务活动中赠送或接受礼品、礼金和各种有价证券、支付凭证以及节日期间用公款送节礼等行为，对公款送礼、公款吃喝、奢侈浪费等问题“零容忍”。市委教育实践活动正风肃纪工作小组，要加大明察暗访和处置力度，做到重要时间节点、重点热点问题、经常性检查“三个不放松”。对违反中央“八项规定”和省委“28条办法”“六项禁令”和杭州市委“30条意见”及市委有关规定的，发现一起、查处一起、通报一起，并及时通过新闻媒体曝光，达到震慑一片的效果。同时，要加强对领导干部的严格教育管理，提振干部队伍精气神。对软、懒、散的领导班子进行调整；对存在一般性作风问题的干部，立足于教育提高，促其改进；对群众意见大、不能认真查摆问题、没有明显改进的干部，要进行组织调整；对在活动中发现有重大违纪违法问题的，要及时移交纪检监察机关或有关方面严肃查处。要加强基层党组织建设，对组织生活不正常、服务能力差、群众意见大的基层组织进行集中整顿；加强党员教育管理，加大不合格党员处置力度，对长期不起作用甚至在“五水共治”、项目推进等重点工作中起负面作用的党员，要进行严肃教育，对不合格的要严肃党纪、给予组织处理。

四是健全制度抓贯彻执行。按照“学、清、立、改、停”的思路，对照中央和省市委对作风建设作出的一系列制度规定，运用系统思维，以改革创新精神推进制度建设，清理完善和落实作风建设制度体系。学，就是深入学习贯彻中央和省市委关于作风建设的一系列制度规定；清，就是对照中央和省市委精神和现行政策法规，对不适宜的规范性文件进行清理；立，就是根据工作需要，按照于法周延、于法有据、于事简便的原则，建立健全务实管用的制度规范；改，就是对不够完善或存在不足的政策制度做法及时改进；停，就是对不符合中央精神的政策制度做法及时废止。同时，强化制度刚性约束，加大制度执行的监督考核，推动各级领导班子和广大党员干部牢固树立讲规矩、重执行的思想意识和行动自觉，坚决纠正有令不行、有禁不止、无视制度的问题。

四、切实加强组织领导

1. 强化领导带动。市委对全市教育实践活动负总责，市委常委及人大、政协党组主要负责同志各确定一个机关部门单位和一个乡镇（街道），作为教育实践活动联系点。其他市级党员领导根据分工和联系乡镇（街道）情况，确定联系点，指导推动教育实践活动。市级机关部门和乡镇（街道）要成立相应的组织机构，党委（党组）书记为第一责任人，亲自抓、抓示范，把教育实践活动紧紧抓在手上，确保活动不虚不空不偏。对教育实践活动走过场的，要严肃追究一把手的责任。

2. 强化督导推动。市委成立教育实践活动领导小组，下设办公室，负责日常工作。同时，市委向市级机关部门和乡镇（街道）派出督导组。督导组成员要履行好“一岗双职”，既要认真做好自身的教育实践活动，又要沉下去面对面开展督导工作，严格按照市委的要求，坚持标准，认真审阅活动实施方案、“四风”问题条目式书面材料、对照检查材料、整改方案等，及时发现和解决问题，有效传导压力，确保活动质量。

3. 强化党群互动。坚持开门搞活动，活动一开始就要扎下去听取意见和建议，每个环节都组织群众有序参与。对群众意见较大、反映较集中的问题，要有实打实的整改举措和整改成效，整改内容、目标、时限、责任和进展情况，要通过一定方式向群众公开，接受群众监督。要通过民主测评等方式让群众评判整个活动特别是整改效果，真正让群众满意。

4. 强化宣传促动。充分运用主流媒体和新兴媒体，大力宣传中央和省市委要求，及时反映教育实践活动阶段进展和成效。强化正面舆论引导，运用典型引路，总结推广好经验好做法，宣传一批先进人物先进事迹，形成良好氛围。强化舆论监督，及时曝光反面典型，发挥监督警示作用。加强理论研究，努力取得教育实践活动理论成果。

全市教育实践活动采取统一部署、梯次展开、压茬进行的办法有序推进，市四套班子先行一步，市级机关部门和市属企业事业单位、乡镇（街道）和村（社区）及其他基层组织依次推进。各单位要结合实际有序有效开展，做到“规定动作”做到位、“自选动作”有特色。活动结束后，市级机关部门党组织、市属企事业单位党组织、乡镇（街道）党（工）委要向市委上报活动总结报告。

中共建德市委办公室
2014年2月17日

“五水共治”工作

【概况】 2014年，建德市全面贯彻落实省、杭州市“五水共治”重大决策部署，科学治水、铁腕治污，举全市之力强势推进治水工作，市域水环境治理与转型发展、生态优化、民生改善互促互进，取得了阶段性成效，全市55条主要河道有53条达到Ⅲ类及以上水质，占96.4%，比上年提升27.3个百分点；其中达到Ⅱ类及以上水质的河流46条，占83.6%，上升43.6个百分点。成功摘得全省首批“五水共治”工作优秀县（市、区）大禹鼎，并先后获得首届浙江最具魅力新水乡、全省河道保洁长效管理考核先进县（市、区）等称号。

【“五水共治”工作的主要做法】

1. 统一思想，造势聚力，全民参与一以贯之。坚持治水工作推进与舆论营造相结合，广泛动员，强力造势，形成了全民参与的良好氛围。一是统一思想抓部署。2014年春节前，市委、市政府以市级主会场加乡镇(街道)视频分会场的形式,召开全市五水共治工作动员誓师大会。此后,根据不同阶段工作推进情况,多次召开工作现场会、督查汇报会等会议,进一步统一思想,明确要求,提振精神,鼓舞干劲,变“要我治水”为“我要治水”、变“被动治水”为“主动治水”、变“政府治水”为“全民治水”、变“纸上治水”为“战场治水”、变“单向治水”为“系统治水”。二是宣传造势浓氛围。利用新闻媒体及大型户外广告等载体,开展多层次、立体式宣传,营造浓厚氛围。建德电视台持续1个月播放五水共治动员大会录像,报纸、电视媒体全年共报道五水共治新闻982条,会议精神与全市群众无缝对接;省、杭州市级媒体刊播建德治水新闻146条(次),广泛宣传建德“五水共治”工作好经验、好做法,增强了全市“五水共治”工作的凝聚力、向心力和影响力,为“五水共治”工作赢得了更加广泛的群众基础。三是全民参与聚合力。通过广泛动员发动,群众自觉参与治水热情不断高涨,2014年,全市党员干部、工青妇组织以及志愿者共组织开展各类清洁行动2500余次、7万余人次。社会各界为治水捐款3600余万元。市民群众自发组织的各种治水行动明显增多,市民环境卫生意识明显增强,垃圾乱扔乱倒现象明显减少。

2. 拉高标杆,领导领衔,干群联动强化执行。一是自我加压定任务。坚持目标引领,制订出台《建德市五水共治三年行动方案(2014—2016年)》,提出“一年初见成效,两年全面改观,三年实现质变”的总目标,并明确“清三河”等工作的具体目标。在此基础上,制订2014年度治污水、防洪水、排涝水、保供水、抓节水以及农村生活污水治理等专项计划,逐月排出各项工作任务的进度要求,同时根据浙江省“五水共治”工作考核办法,及时细化工作要求。市政府与各乡镇(街道)、职能部门签订“五水共治”目标责任书。各单位根据分解落实的目标任务,以“工作项目化、项目表格化、表格责任化”形式,层层分解任务,层层落实责任。二是领导领衔鼓士气。将“五水共治”作为市领导“六个领衔”的重要内容,市委书记领衔治污水工程,四位政协正副主席分别领衔防洪水、排涝水、保供水、抓节水工程;全面落实三级“河长制”,33位市领导分别联系42条县级以上河道,形成了“以上率下、激励带动”的良好示范效应。市人大常委会组织在建德的全国、省、杭州市、建德市、乡镇五级人大代表开展走访督查;市政协定期开展专项考察活动,同时建立委员分片监督机制,积极助力“五水共治”。三是干群同心创一流。全市党员干部充分发扬“白+黑”“5+2”精神,率先垂范、以身作则,白天冲锋在治水一线,晚上走村入户宣传政策,个个争当治水先锋;社会各界积极参与"五水共治"工作。至6月底,全市提前完成“清三河”任务(完成14条垃圾河、20条黑臭河的治理任务,累计清理垃圾河151.6千米,清理垃圾25.1万吨;整治黑臭河148.6千米,封堵排污口27个,清淤64.7万立方米,拆违18.1万平方米),在此基础上,重点加强三级“河长制”管理,205条乡镇级以上河道全部建立“一河一档”,制订“一河一策”;全市配备农村河道保洁员370名,实现全流域河道保洁常态化。

◎1月25日,建德市召开“五水共治”工作动员(誓师)大会(朱永标摄)

◎3月13日，省政府党组副书记王建满到杨村桥镇调研农村生活污水治理项目（市五水办供稿）

3. 重拳出击，源头管控，标本兼治以治促转。全市坚持水岸同治，标本兼治，重拳出击，源头管控，以治水促转型，优环境，惠民生，各项工作有序推进。一是开展涉水排污企业整治提升。坚持走“绿水青山就是金山银山”的经济发展与生态保护共赢之路，一手抓重污染、“低小散乱”企业的整治，“腾笼换鸟”；一手抓规模大、工艺先进企业的集聚发展，实行集中治污。全市63家化工企业关停并转48家，控制在15家以内，共淘汰高污染产品75个，减少废水排放量2438万吨/年，削减COD排放量3452吨/年，氨氮347吨/年，废水排放量、COD、氨氮较2010年相比削减率达到30%以上；建业有机、新化化工、格林香料等集聚入园，新安化工白南山区块、IFF（杭州）公司等搬迁入园工作有序推进。全市13家电镀企业全部关停，重组的4家企业全部入园并投入试生产。88门石灰土窑全部拆除，387家水晶烫钻企业关停359家，保留的28家全部完成整治提升。完成列入关停企业外的市控以上企业刷卡排污工作。同时，在招商引资、项目准入审查中把环保、能耗指标摆在首要位置，对于高污染、高能耗产业坚决说“不”。2014年，建德市主要经济指标不仅没有下降，反而在杭州13个区县（市）中名列前茅。二是畜禽（水产）养殖污染治理。制订出台《建德市生态畜牧业发展规划》，重新划定全市畜禽养殖禁限养区。全年共关停畜禽养殖2535户，拆除养殖棚73.6万平方米，减少生猪存栏13.7万头，比2013年下降44.7%；减少蛋鸡存栏246万羽，下降21.7%。完成规模养殖场污染治理设施建设，规模养殖场对接种植基地达8580公顷，排泄物综合利用率达到97.3%。千岛湖建德水域68户网箱养殖全部拆除，拆除网箱4545只，面积12.54万平方米。同时，注重治水与富民增收相结合，引导发展西红花、草莓、铁皮石斛等种植业，推动养殖户转产转业。至2014年底，累计发放畜禽退养补助1.34亿元，有1977户退养农户转产转业；草莓种植面积2133公顷，较2013年增加312公顷。三是开展清水治污·环境整治“零点行动”。成立以市环保部门为总牵头单位，由公安、法院、检察院、国土、城管、水利、工商、安监、供电等部门组成的清水治污·环境整治“零点行动”领导小组，联合开展环境执法行动，严厉打击环境违法行为，倒逼企业转型升级。每周行动不少于2次，每次行动都采取不定期突击和暗查方式，重点查处违法建设、违法排污、阻挠环境执法等典型案件。在行动中，发现有违法行为，公安部门马上跟进；对于经法院查封私自恢复生产的企业，发现1起，处理1起，严格依法，严惩不贷，彻底解决了一批历史遗留的环保问题。2014年，共开展环境联动执法行动83次，检查企业417家次，查封121家，取缔40家，立案28件，司法拘留4人，移送公安追究法律责任10人，强制断电16家，责令停产整顿4家。

4. 重点突破，统筹推进，克难攻坚狠抓项目。抓住项目这一根本，重点抓好治污水大拇指工程，统筹推进防洪水、排涝水、保供水和抓节水工程，各项工作按计划有序推进。在治水项目推进中，全市各部门有分有合，守土有责，守土尽责；各牵头部门负责做好项目技术前期工作，力争项目早实施、快推进；乡镇（街道）负责做好政策处理，确保工程无障碍施工。

2014年，全市“五水共治”共有24大类137项工作任务，其中建设类项目78项，至年底均完成年度计划，累计完成五水共治投资19.5亿元，为年度计划的108%。（1）治污水工程：完成城东污水处理厂扩建主体工程和配套5千米污水管网建设；全市13座乡镇污水处理厂（站）全部投入运行；完成污水管网建设41千米；建德市垃圾填埋场梅城处理中心项目投入运行；五马洲工业污水集中处理厂扩建及配套工程、杭州市第二工业固体废物处置中心按计划推进。（2）防洪水工程：完成新安江洋安段3.35千米工程；梅城大坝二期工程加紧建设；完成6座病险水库、19座万立方米以上山塘除险加固工程；完成寿昌江市良种场至童家溪、郑山至滩下段4.99千米和汪家至更楼段1.7千米主体工程；完成小流域堤防加固13.4千米、农村河道综合整治50千米。（3）排涝水工程：完成主城区和集镇33个易涝点积水改造，新建排水管网及沟渠3.4千米，完成排水管网清淤5千米，清理窨井及水箅3133个、垃圾约95吨。（4）保供水工程：完成农民饮用水安全提升新安江水厂管网延伸工程5处、乡镇水厂管网延伸工程4处、单村供水工程2处，铺设城镇供水管网20千米，改造提升8千米，共解决农民安全饮水2.18万人。（5）抓节水工程：开展节水型社会建设，完成全市取水量5万立方米以上的用户取用水计量设施安装；完成10万立方米以上企业取水户取水实时监控系统建设，并开展水平衡测试工作。开展农业节水，新增固定式喷微灌300公顷，新增节水灌溉33.3公顷，完成各类渠道改造55.9千米。开展工业节水，推动轻钙企业中水回用改造，完成天石纳米科技、双超钙业、云峰碳酸钙大健碳酸钙等4家企业回水利用改造。开展城镇节水，成立市级节水办（设在市住建局），制订实施城镇居民阶梯水价方案、计划用水和定额管理机制、节水“三同时”管理机制；完成一户一表改造400户。

在农村生活污水治理工程中，全市共完成134个行政村的治理项目，为省定任务的235%，共建设终端池535座，铺设管网950余千米，改厕3万余户，新增受益农户3.2万余户，其中纳管受益户2万余户，并形成了因地制宜、独具特色的“建德经验”。工作组织方面，整合市农办、环保局原有工作职能，在全省创新由市“五水共治”办直接牵头实施农村生活污水治理工作，提升工作效能。工艺标准方面，综合考虑标化施工、维护管理以及人口分布、环境敏感程度等因素，因地制宜确定统一的工艺标准：人口规模较大、集聚程度较高的村采用微动力工艺；水源保护地所在自然村采用微动力工艺+人工湿地；人口规模较小、居住较为分散的村采用无动力厌氧+人工湿地工艺。工程设计方面，创新采用市政设计公司+环保设计公司相结合的模块化设计模式，分别对管网和终端站点进行设计，发挥了环保设计公司和市政设计公司各自专业优势，图纸设计深度和质量明显提高，而且设计进度提前一个月，设计成本降低约13%。同时，创新设立“5+6”图审机制，及时修偏修正施工图存在的技术和设计问题，在设计环节首先做好质量控制。工程管理方面，坚持以制度管事，先后制定工程项目管理、工程建设监督管理、专项资金管理、不良行为公示和记录等6项制度，并先后推出了“十项工作机制”：一是工作例会机制。每周五召开工作例会，梳理一周工作完成情况及下周计划，并对存在问题研究下一步措施。二是统一招标机制。市级统一进行管材、监理、终端处理设备招标。土建工程由市“五水共治”办编制统一的招标文件和施工合同示范文本，乡镇（街道）负责招标，坚决防止层层转包。同时，在全市范围内筛选了21家市政三级以上企业作为招标备选企业，最终有16家企业中标，切实做到好中选优，优中选强。三是政策处理机制。将政策处理作为施工管理的首要环节，责任下沉，明确镇村主体责任，保障项目无障碍施工。四是巡查指导机制。市“五水共治”

办每天分组赴实施村开展巡查指导工作，发现问题及时提出整改意见。市卫生系统农村改厕指导员定村定人，及时进行改厕指导。五是材质抽查机制。要求供货商必须提供出厂检测报告才能进入施工场地，并加强职能部门日常抽检和专业机构质量检测工作，严防劣质低质产品进入。六是“6+2”监管机制。建立“6+2”监管体系（“6”指政协定期专项督查、人大代表走访督查、纪委效能监察、职能部门日常巡查、镇村主体监管、群众力量监管；“2”指监理单位专业监管、审计部门跟踪审计），多方联动，对农村生活污水治理工作进行全天候全流域全过程监管，发现问题全部整改到位。七是每周排名通报机制。工程全面铺开建设后，每周在当地媒体通报各乡镇（街道）工程建设进度，并按完成率进行排名，以此鼓励先进、激励后进。八是“黑名单”机制。对工程进度慢、质量差的施工、监理单位采取发函通报、约谈、经济处罚等措施，并将情节严重、影响恶劣的单位列入“黑名单”。九是工程验收机制。所有管道和污水处理池必须经过闭水试验、满水试验，出水水量和水质达到设计要求，否则项目不予验收。十是考核扣分机制。将农村生活污水治理纳入乡镇（街道）综合目标考核，对工作完成情况不理想的单位实行扣分。

5. 创新举措，精准发力，综合施策固本强基。从“五水共治”开展之初即坚持创新思维、创新举措，助推治水项目顺利实施。一是区域联动机制。与兰溪市携手开展五水共治跨区域大会战，与桐庐县开展跨区域联合联动“五水共治”，着力构建“宣传同心、治理同行、监督同步、成果同享”的工作机制，形成上下游一盘棋的良好格局，总体进展顺利，成效明显。二是点面推进机制。坚持点面结合抓推进，共确定五大行动36个示范项目（点），明确梅城镇为五水共治先行区、莲花镇为生态环境先行区，抓点示范，起到了很好的示范带动效果。三是量身定“治”机制。坚持因地制宜，实行“一河一策”，针对寿昌江、莲花溪、清渚溪、黄垄溪、长宁溪、大洲溪、前后源溪等重点流域，逐条制订综合整治方案，细化任务，倒排计划，逐项落实。其中整治任务最重的莲花溪、清渚溪分别由市委书记、市长担任“总河长”。至年底，莲花溪流域水质由劣Ⅴ类变为Ⅲ类，清渚溪水质目前稳定在Ⅱ类。四是治水监督机制。五水共治三年行动方案在媒体上公布，作战图和时间表上墙，并向社会公布4个治水热线电话，畅通投诉渠道，目前共收到举报线索、问题反映1072条（次）。建立五个层面的督查督导组（教育实践活动综合督导，市级领导联系督导，综合考评联合督查，人大、政协领衔定期督查，五水共治办专项督查），共开展实地督查980个点次，发出限期整改通知书157份（整改到位149处、正在整改8处），印发督查通报26期。市内媒体开设《“五水共治”曝光台》，共曝光57期，曝光污染点102个，全部整改到位。五是资金筹集机制。在全省率先开展“五水共治”定向融资4亿元，形成财政拨款、向上争取、定向融资为主，社会捐款为辅的多元化筹资模式，有效缓解资金压力。六是长效管理机制。在开展集中整治的同时，总结提炼出一整套行之有效的经验和办法，实现“整治—固化—提升”的良性循环。探索建立了河道保洁、农村生活污水治理、农村生活垃圾集中处理、乡镇污水处理厂长效运营等20余项长效管理机制。

6. 通报排名，约谈问责，责任追究顶真碰硬。“五水共治”涉及多个部门、多个行业，个别单位、个别项目存在薄弱环节，工作推进不平衡，甚至影响全市面上“五水共治”工作整体成效。2014年，针对平时工作中发现的执行不力、效率不高等问题，先后对有关乡镇（街道）、村，以及工程施工监理单位、涉水排污企业负责人约谈288人次，其中集体约谈5次、个别约谈199次。通过约谈问责，倒逼有关单位正视问题，落实整改，迎头追赶，确保全市“五水共治”同心同力，同拍同调，同治同享，形成勇于争先比业绩、万马奔腾竞一流的良好工作局面。一是主要领导进行责任约谈。市委主要领导对农村生活污水治理工作进度滞后的莲花、下涯、三都等3个乡镇主要负责人进行了约谈，市政府主要领导对“五水共治”月度排名连续两个月居末位的钦堂乡主要负责人进行了约谈。被约谈乡镇增强了紧迫感危机感，查漏补缺，奋起直追，后来居上。二是纪检部门开展效能约谈。市纪委把“五水共治”作为执纪监督的重要任务，先后就农村生活污水治理、饮用水安全等工作向相关部门、乡镇核发效能督办单3份、监察建议书2份，约谈10人，问责6人，党纪处分1人；并就寿昌镇马洪坑砂场整治问题，集体约谈有关部门、乡镇分管领导及业主5人。三是多部门联合进行问题约谈。市“五水共治”办联合市纪委、公安、住建、交管办等部门，针对农村生活污水治理土建工程招投标阶段发现的不良苗头，集体约谈21家招标备选企业负责人；针对工程施工阶段发现的质量、进度问题，集体约谈了16家施工企业、3家监理单位负责人。四是主管部门开展推进约谈。市“五水共治”办先后约谈农村生活污水治理工程施工、监理单位和管材供应商18人次，向施工、监理单位书面发函8家次。同时，就接户管网施工集体约谈了16个乡镇（街道）分管领导和16家施工单位负责人。市环保局结合行业整治、“零点行动”、日常检查等工作，通过集中约谈、重点约谈、专项约谈的方式，先后约谈国控、省控、市控环境管理及高科技含量、有发展前景的规上企业，特别是化工、电镀、印染、造纸、重点信访企业法人、环保分管负责人80人次。五是乡镇（街道）实行过程约谈。针对“五水共治”及农村生活污水治理工作，16个乡镇（街道）共约谈村主要领导32人次，约谈项目负责人55人次。

◎市红十字会机关志愿者参与“五水共治”环保行动（市红十字会供稿）

【“五水共治”工作取得的成效】 2014年，全市上下始终坚持心往一处想、劲往一处使，以“不达目的、誓不收兵”的坚定决心和“只争朝夕、壮士断腕”的勇气魄力，强势推进拆违治水工作，取得了五个方面的成效：一是优化了环境。完成“清三河”任务，累计清理垃圾河14条计151.6千米，整治黑臭河20条计148.6千米，全市多数河道沿线成为集防洪、景观、休闲于一体的“生态风景线”，城郊、集镇、乡村的环境都得到了极大改观。二是倒逼了转型。通过推进治水，全市63家化工企业关停并转48家，387家水晶烫钻企业关停359家，13家电镀企业全部关停。累计拆除养殖场73.6万平方米，减少生猪存栏13.7万头，减少蛋鸡存栏246万羽。三是改善了民生。完成144个行政村的农村生活污水治理工程，建设终端池535座，改厕3万余户，新增受益农户3.2万余户。同时，累计拨付畜禽退养补助金1.24亿元，成功帮助1977户退养农户转产转业。四是改进了作风。通过建立“四项机制”，广大干部坚持冲在项目一线、问题一线、困难一线，敢于顶真碰硬、攻坚克难。环保局牵头的“零点行动”累计行动83次，查封企业121家，立案28件，震慑了相关企业的偷排漏排行为，成为群众点赞的“品牌工作”。五是赢得了荣誉。通过一年努力，建德市“五水共治”工作排名杭州市第一，其中农村生活污水治理工程位列全省第一，被评为首批“浙江最具魅力新水乡”，获全省“五水共治”工作先进县市，捧得全省首批“大禹鼎”。

【“五水共治”工作大事记】

2014年1月24日，建德市“五水共治”工作领导小组成立，市委书记戴建平、市长陈震山任组长。领导小组下设办公室，副市长尤荣福兼任办公室主任。

1月25日，全市“五水共治”工作动员（誓师）大会召开。各乡镇（街道）设立分会场。

2月10日，市“五水共治”工作领导小组办公室召开主任会议。

2月26日，省委、省政府召开全省“五水共治”电视电话会议，市委常委、市人大、市政府、市政协领导及部分单位主要领导在建德分会场参加会议。

3月13日，省政府党组副书记王建满到建德调研“五水共治”工作。

4月9日，省政协副主席陈加元到建德调研“五水共治”工作。

4月23日，杭州市张鸿铭市长到建德调研，重点考察了杨村桥十里埠岱头自然村生活污水处理情况、莲花镇畜禽养殖整治情况、寿昌江治理工程。

4月25日，市委、市政府召开农村生活污水治理工作现场推进会。

5月16日，兰溪、建德“五水共治”大会战启动仪式在大慈岩镇召开。

5月21日，副市长尤荣福参加杭州市“清三河”暨钱塘江“河长制”现场推进会，并代表建德市在会上作了典型发言。

5月23日，建德市第二次“五水共治”办公室主任会议召开。

5月27～28日，杭州市第11督查组到建德督查“五水共治”工作，重点督查了农村生活污水治理情况，新安江、梅城城防工程建设情况，畜禽养殖整治情况以及部分河道的综合治理情况，并考察了部分化工企业搬迁入园情况。

5月28日，省治水办督查组到建德督查“五水共治”工作，重点检查了莲花镇畜禽养殖整治和莲花溪综合治理工作，考察长宁溪黑臭河治理和梅城城防工程，并参加了座谈会。

6月13日，市“五水共治”工作领导小组办公室召开全市农村生活污水治理工作培训会。

6月23日，杭州市政协民主监督员督查建德农村生活污水治理工作。

6月26日，杭州市治水办到建德检查“清三河”落实情况。

7月2日，首届“浙江最具魅力新水乡”调研采访小组到建德采风。

7月16日，省“五水共治”第8督察组到建德开展为期5天的督查。

7月21日，杭州市治水办到建德调研“抓节水”工作。

8月19日，省长李强到建德调研“五水共治”工作。

9月5日，全市农村生活污水治理工作现场推进会召开，实地查看杨村桥和乾潭的农村生活污水治理工程。

9月16日，杭州市“五水共治”联合督查组第1组到建德督查“防洪水”工程。

9月17日，杭州市治水办到建德督查重污染行业整治工作。

10月10日，全市农村生活污水治理（改厕）工作现场推进会召开。

10月11日，杭州市“清水治污（治污水）”暨钱塘江“河长制”第二次工作会议在建德召开。

10月14日，市委副书记童定干到兰溪交流五水共治跨区域共治情况。

10月21～22日，省“五水共治”第8督察组第二次到建德督查，实地考察钦堂乡农村生活污水治理工程、乾潭镇安仁污水处理厂以及新安江洋安段城防工程。

11月11日，省政府顾问、党组副书记王建满一行到建德调研，实地考察了乾潭镇胥江村农村生活污水治理项目、莲花镇畜禽退养创业园和莲花溪综合整治情况。

11月12日，副省长熊建平到建德检查重污染高耗能行业和钱塘江河长制落实情况。

11月18～20日，杭州市治水办到建德抽查农村生活污水治理项目。

12月10～12日，省对口检查组到建德考核检查农村生活污水治理工作。

12月24日，杭州市考核组到建德考核“五水共治”工作。

2015年1月8日，2014年度杭州市农村生活污水治理业务工作现场会在建德召开。

1月15日，全省召开“五水共治”工作电视电话会议，市委书记戴建平代表建德市在主会场作了典型发言。建德市作为15个2014年度“五水共治”工作优秀县(市、区)之一，获全省首批优秀县(市、区)“大禹鼎”。 (余益忠)

【“五水共治”工作重要文件选录】

建德市五水共治工作领导小组文件

建五水共治发〔2014〕5号

关于印发《建德市“五水共治”三年行动方案(2014—2016年)》的通知

各镇、乡人民政府，各街道办事处，市政府各部门、单位：

为全面贯彻落实省委、省政府“五水共治”的重大战略决策部署，以治水为突破口推进转型升级，根据建德实际，特制定《建德市“五水共治”三年行动方案(2014—2016年)》，现予印发。

建德市五水共治工作领导小组

2014年3月5日

建德市五水共治三年行动方案

(2014-2016年)

为全面贯彻落实省委省政府“五水共治”的重大战略决策部署，以治水为突破口推进转型升级，根据建德实际，特制定《建德市“五水共治”三年行动方案(2014—2016年)》。

一、指导思想

以党的十八大和十八届三中全会精神为指导，以“五水共治”(治污水、防洪水、排涝水、保供水、抓节水)为主题，坚持 “绿水青山就是金山银山”的发展理念，把生态文明建设深刻融入经济、政治、文化、社会建设各方面和全过程，科学布局、有序开发，创新驱动、转型发展，形成节约资源和保护环境的空间格局、产业结构、生产方式、生活方式，全面提升经济社会发展质量和生态环境质量，为“美丽江城、幸福建德”打下坚实的基础。

二、基本原则

1. 以治促转，绿色发展。遵从自然规律和经济社会发展规律，转变生产方式和生活方式，以治水为突破口，坚定不移推进产业转型升级，走资源节约型、环境友好型之路。

2. 系统谋划，重点突破。坚持统筹兼顾，把握轻重缓急，分步实施，既着眼长远，实行整体统筹部署，又立足当前，持续实施阶段性行动计划和重大项目，突破重点领域和重点区域，推动全面提升。按照治污先行、重点突破的要求，整治黑河、臭河、垃圾河，加快实现城镇截污纳管和农村污水处理、生活垃圾集中处理基本覆盖，狠抓工业转型和农业转型。

3. 远近结合，标本兼治。根据浙江治水三步走步伐，三年内解决突出问题，明显见效；五年内基本解决问题，全面改观；七年内基本不出问题，实现质变。我市力争一年初显成效，两年明显见效，三年全面改观，五年实现质变。

4. 党政推动，全民参与。建立党政领导、相关部门齐抓共管、社会各界和公众广泛参与的工作机制，健全相关政策和制度体系，形成共谋共建共治共享的良好局面。

三、总体目标

1. 治污水，全市水环境质量全面提升。到2016年，地表水功能区水质达标率95%以上；出境断面水质明显好于入境断面水质，水质达到考核要求。城市集中式饮用水源地水质达标率达到100%，乡镇集中式饮用水源地水质达标率90%以上，有效解决饮用水水质安全问题。

2. 防洪水，防洪减灾能力全面增强。到2016年，以堤防加固、山塘水库除险加固和中小河流治理为重点，切实提高流域“防洪水”能力；到2016年主城区(含洋安新城)防洪标准达到50

年一遇设防标准，着力提高中心镇、中心村的防洪能力，防洪标准分别达到20年、10年一遇设防标准以上。加快实施病险水库除险加固工程，大力推进山塘综合整治。

3. 排涝水，城区积水问题基本解决。到2016年，实现城区达到10年一遇防涝标准，重点区域达到20年一遇防涝标准，城市干道交通不受严重影响；短时强降雨积水及时排除，交通不中断，主要道路不积水，积水路段退水快。

4. 保供水，生产生活用水供应能力全面提高。以新安江供水管网延伸工程和农民饮水安全提升工程为重点，切实提高城乡“保供水”能力。启动城乡水源地安全保障工程，农民饮水安全得到有效解决。

5. 抓节水，全社会节水能力大幅提高。以水资源综合管理体系建设和节水型社会建设为重点，切实提高我市“抓节水”能力，加大全社会节水宣传力度，积极推广节水新技术，淘汰高耗水落后产能；加强农田水利基础设施建设，农田灌溉水有效利用系数力争提高到0.58以上。

四、主要任务

（一）治污水——实施清水治污洁净工程

1. 加大截污纳管工作。牢固树立“污水管网先行”的思想，进一步加大城市、乡镇截污纳管和雨污分流工作力度，全市新增污水管网115千米，实现城镇截污纳管基本覆盖。科学规划公建和住宅，对污水管网不能配套的公建住宅要严格控制，不得立项、不得建设和不得投入使用。

2. 提高城镇污水处理率。加快乾潭镇污水处理厂和城东污水处理厂扩建项目建设，其中城东污水处理厂（一期）完成环保验收工作，2014年12月底前完成扩建主体和提标改造主体工程，2015年全面完成并投入运行；完善现有乡镇污水处理设施和提标改造。到2014年城东污水处理厂处理量达到25000吨/天（工业污水处理量不能超过总量的30%）、梅城污水处理厂处理量达到3500吨/天、寿昌污水处理厂处理量达到3000吨/天；到2015年日处理5000吨以上的污水处理厂出水执行一级A标；到2016年，城东污水处理厂处理量达到45000吨/天（工业污水处理量不能超过总量的30%），其他乡镇污水处理厂处理量达到设计能力60%以上。

3. 强化污水处理厂综合管理。积极推行和创新第三方运营等管理模式，提高污水专业化管理水平。市级财政积极落实乡镇污水处理厂日常运行费用补助政策。加大执法监督检查，坚持违法行为的“零容忍”，强化进水、出水监管，有效提高污水处理厂的进水达标率和出水达标率。

4. 深化农村生活污水处理工作。建立适合我市的市、镇（乡）、村三级农村生活污水处理设施和管理网络，统一技术标准，统一资金使用，以各乡镇（街道）为实施主体，加大农村生活污水处理设施建设和截污纳管力度，对不易纳入集中式污水处理设施的行政村，建设分散式生态化污水处理设施，做到污水达标排放；同时，要以精品村、中心村为重点，打造样板工程、亮点工程，到2016年，实现全市农村生活污水处理受益率75%以上，精品村、中心村等样板村农户受益率80%以上，规划保留自然村覆盖率100%。

5. 实施农村生活垃圾处理的长效管理。进一步完善农村生活垃圾收集处理工作机制，巩固和深化“户投、村收、镇运、市处理”垃圾处理四级模式；开展农村生活垃圾分类和资源化试点并逐步推广。完善农村垃圾收集房、中转站等处理设施建设，按标准配备村级保洁员，扎实做好农村生活垃圾的长效保洁各项工作，做好垃圾分类收集处理，切实解决垃圾乱扔、乱丢、乱倒、乱烧等现象，改变脏、乱、差现状，确保农村洁化、绿化、美化。到2016年，实现农村卫生保洁长效管理机制健全运作。

6. 控制畜禽（水产）养殖总量。调整优化养殖业结构，发展环境污染少、综合效益高的名特新优品种，按照到2016年全市生猪、规模化蛋鸡养殖量下降目标，根据环境承载能力合理控制养殖总量，科学规划和布局，暂停审批新上规模生猪、家禽等养殖场。编制《建德市生态畜牧业发展规划》，划定禁养区、限养区，结合农业减排的要求，制定计划，有序引导生态养殖良性循环发展。完善富春江水产养殖规划，抓好生态治理提升工作。

7. 深化畜禽(水产)养殖污染防治。按照清洁生产工艺要求,实现畜禽养殖的固体与液体、粪与尿、雨水与污水三分离,加大畜禽养殖排泄物综合利用,支持新办有机肥生产企业,配套和完善畜禽养殖排泄物处理设施,制定畜禽污染整治方案;新上的其他规模化养殖场必须同步配套建设排泄物达标处理设施。建立标准化水产健康养殖示范场(区),推动水产养殖生态化改造。林下经济特种动物养殖发展,必须做好污染物的生态化处理工作。加大对规模化养殖场污染物的监察执法力度,确保达标排放。到2016年主要污染物排放量削减、规模化畜禽养殖场排泄物综合利用率达到目标要求。完成富春江库区网箱整治提升工作;开展千岛湖库区建德水域网箱整治清水工程,全部网箱拆除上岸,实现全面禁养,减少水产养殖污染。

8. 全面实施河道保洁长效管理。紧密结合秀美山村、"三江两岸""四边三化""双清行动",全面实行"河长制",强化责任,重点抓好新安江、兰江、富春江3条省级河道和县级、乡镇级河道的保洁工作,配备必要的保洁设施和保洁员,全面建立河道保洁长效管理机制,实现全市河道河面无漂浮物、河中无障碍物、河岸无垃圾的"三无"目标,全面改善河道水环境。

9. 全面整治提升涉水排污企业。严格按照"关停淘汰一批、整合入园一批、规范提升一批"原则和提升标准,坚持以治促调、有保有压、淘汰落后,进一步深化行业整治提升,实现行业结构合理化、区域集聚化、企业生产清洁化、环保管理规范化、执法监管常态化。按照排污刷卡要求,对行业进行总量控制。2014年年底全面完成化工、电镀、造纸、印染、水晶烫钻、塑料粒子、碳酸钙行业整治提升;2015年完成酸洗、磷化等行业整治提升;2016年完成使用、储存危险化学品等企业的环保、安全整治。

10. 完善产业升级倒逼机制。完善工业企业绩效综合评价体系,制定以单位能耗、单位排污量、亩均税收等为主要评价指标的产业转型升级量化评价办法,逐步实施差别电价、差别水价等措施,倒逼企业转型升级。

11. 强化固废和危险废物的处置和监管。加快二固项目规划建设。规范固体废物监管,建立危险废物集中处置单位安全处置监控系统,实现重点危险废物产生单位安全处置全过程监控。加大对危险废物违法行为的打击力度,杜绝企业偷倒偷排危险废物的情况发生。

(二)防洪水——夯实防洪减灾安澜工程

1. 完善防洪减灾工程体系

(1)独流入海钱塘江治理工程。加快推进建德市域防洪体系建设,启动新安江、兰江治理一期工程,重点实施新安江洋安段、莲花溪出口至下塘段和兰江大洋段、麻车段等4段堤防加固工程,新建堤防护岸总长12.8千米。计划三年内完成新安江洋安段3.35千米、莲花溪出口至下塘段和梅城堤防加固二标段1.37千米,启动实施兰江大洋段、麻车段治理工程。

(2)城市防洪桥东区块堤防工程。根据桥东区块开发和滨河水景景观要求,拟采用大开放大空间多级护岸形式,建设50年一遇防洪标准白沙大桥至建德大桥段城市防洪工程1.41千米。

(3)中小河流治理工程。全面推进寿昌江市良种场至童家溪段、郑山至下塘段、小江溪至市良种场段、乌龙溪至郑山段、汪家至更楼段等5处中小河流治理工程,新建堤防10.89千米;开展清绪溪钦堂段、安仁段中小河流治理,完成河道疏浚整治、新建堤防3.5千米。三年内共新建堤防14.39千米。

(4)小流域堤防加固工程。以中心镇、中心村为重点,持续推进小流域堤防加固工程,完成中心镇、中心村重点河段堤防建设60千米。

(5)农村河道综合整治工程。以"精品河道""活水畅河湖""碧水出千溪""清水绕万村"工程为重点,以流域源头溪流治理、生态清洁小流域和水土保持建设为主要载体,按照河湖自然生态、沿岸村景交融、水体清澈流畅的要求,因地制宜开展200千米农村河道综合整治,其中建设精品河道7条88千米。

(6)山塘水库加固保安工程。巩固水库除险加固成果,全面落实水库安全管理制度,水库年病险率控制在3%以内。三年完成9座水库、45

座万立方米以上山塘除险加固。

(7)农村电站升级改造工程。推进农村小水电站更新改造,完成4座农村小水电更新改造任务,装机容量2550千瓦。

2. 完善防洪减灾非工程措施

(1)基层防汛体系规范化建设。编制实施防洪、防涝、排水综合规划,完善基层防汛体系建设,提升监测预警体系,强化应急预案编制和山塘水库巡查预警管理,完善安全避险场所建设,加强抢险救援物资储备,加大宣传教育培训。

(2)重点流域洪水风险图编制。调查编制寿昌江、新安江等重点流域洪水风险图,为我市防洪、避洪、抢险提供基础保障。

(3)山洪灾害防治项目建设。开展全市山洪灾害调查评价,完善县级监测预警平台,适时建立乡镇延伸平台,开发移动巡查系统,水库安全巡查管理系统,完善监测预警系统及群测群防体系等。

(三)排涝水——完善强排治涝保安工程

1. 完善强排设施建设。以新安江主城区、梅城等地易涝易淹路段为重点,全面布局和实施强排工程,进一步加快排涝泵站改扩建等排涝基础设施建设。

2. 加强住宅小区积水治理。通过强排、小区老旧管网改造以及结合旧区改造等工程,开展住宅小区积水治理工作,力争实现综合整治,提高质量,减少扰民。

3. 完善城市雨涝预警系统。完善城市雨涝预警系统,改善监测手段,加大监测密度,提高城市暴雨预测精度,延长暴雨预见期,实现市区内和中心镇不同区域、不同时段暴雨强度的准确预报。进一步健全完善数字城管信息化建设,实现对排水管网、低洼地区、立交桥、泵站出水口、主要道路、桥涵及排洪河道水位变化情况的数字化管理和实时监控,进一步升级完善城市排涝管理系统。

4. 强化城市雨涝排水管理。一是窨井疏通。在汛期前完成城区窨井疏通检查工作,做好城区道路排水情况巡查,发现问题及时组织清理,确保主次干道窨井淤泥及时清除,下水管道排水畅通。二是窨井盖排水。对于积水地段,及时组织人员打开窨井、雨水井盖排水,并设立安全标志(警示牌),安排具体人员定点看守,提醒来往行人行车安全,退水后及时复原井盖。三是清理井口杂物。保洁人员在所负责保洁范围内,及时巡回收集路面漂浮物,加快频率清理窨井、雨水井口堵塞杂物,退水后当日确保路面垃圾清理完毕。四是路段排水巡查。做好服务范围内的路段巡查工作,及时协助路段保洁人员做好道路排水、漂浮物清除工作,确保道路排水畅通。

5. 严格设施建设执行标准。研究出台加强城市建设和开发建设时序管理、排涝设施建设标准执行管理办法,确保新建区域不再出现城市内涝问题。建设雨水收集利用系统,增加绿地面积,降低绿地高程,增加可滞蓄水面积,提高调蓄水面率,以及变电站所、线路路径及小区开闭所和配电房选址,城市路灯、信号灯等接线装置的调整等,减少进水导致电力设施故障和触电风险。

(四)保供水——推进饮水惠民甘泉工程

1. 新安江供水管网延伸工程。一是重点实施乾潭集镇供水工程、马目南峰园区、梅城过境公路等给水管网29.4千米。二是实施东南两线管网延伸工程。重点实施下涯、寿昌、杨村桥、更楼等乡镇(街道)沿线农村供水管网延伸建设,受益22个村2.38万人。

2. 农村饮水安全提升工程。一是继续推进大同、三都镇青藤湾、航头镇白岭坑、大洋镇刘坞、大慈岩镇石柱源、李家镇四灵水厂等水厂集中供水工程的管网延伸工程,受益人口2.33万人。二是实施分散式供水工程,对偏远农村地区的饮水设施进行提升改造,受益11个乡镇(街道)11个行政村2.65万人。

3. 饮用水源保护工程

(1)严格饮用水水源保护。科学划定和调整饮用水水源保护区,坚决取缔饮用水水源一级保护区内所有与供水设施和水源保护无关的建设项目,禁止一切可能污染饮用水水源的活动;坚决取缔二级保护区内所有违法建设项目,严格控制水源地上游及周边地区的开发活动,杜绝水源保护区内违法网箱养殖、农家乐等活动,严厉打击水源保护区内一切威胁水质安全的违法行为,特别是对千岛湖库区等重点水源进行综合整治、长效管理。到2015年全市乡镇集中式饮用水源保护区全部创建成市级以上合格规范饮用水水源保护区。

(2)完善农村饮水工程长效管理。根据《农民饮水安全工程长效管理办法》,严格管理,严格考核,多频监测水质,确保水质达标,严把"原水进厂关、制水工艺关、出厂水合格关、管网水达标关、长效管理关"五个关口。

4. 饮用水水源地环境应急预警工程。不断完善饮用水水源预警监测自动站建设和运行管理,推广建设在线生物预警系统,强化饮用水水源保护环境应急管理,建立联动应急预案和响应机制,定期组织开展演练,全面提升饮用水水源保护应急保障和处置能力。

(五)抓节水——提升资源配置润泽工程

1. 严格水资源管理。实行最严格的水资源管理制度,构建水资源合理配置和高效利用体系,强化水资源和水域保护,严格执行用水总量控制、用水效率控制和水功能区限制纳污3条红线。到2015年,全市用水总量控制在2.9082亿立方米以内,万元GDP用水量控制在91.1立方米以内,万元工业增加值用水量控制在62.8立方米以内。加强水资源监测体系建设,启动地下水动态监测站网建设;严格执行取水许可和水资源有偿使用制度,控制自主取水;通过节水"三同时"制度审核和验收,加强再生水和非常规水项目建设;完善用水计量与统计制度;积极推动水价改革,落实非居民生活用水超定额累进加价、居民生活用水阶梯式水价、拉开高耗水行业和其他行业的水价差价制度,初步形成符合我市实际的水资源管理模式。

2. 制定节约用水规划。根据《浙江省节约用水办法》等规定,由市发改局会同水利、农业、城市节水、经贸等部门根据本行政区域水资源状况和水资源综合规划,编制本行政区域的节约用水规划,报市政府批准后执行。节约用水规划包括节水目标、节水措施、节水设施建设等内容。

3. 加快农田水利建设。以加强农业水利保障能力,提高农田灌溉水有效利用系数为目标,推进高效节水、田间排灌渠系工程建设,加快"一高五小"小型农田水利工程建设。三年完成灌渠120千米,高效节水灌溉9000亩,小型排灌机埠改造200千瓦,小池塘20个,万立方米以下山塘整治50个,确保洪能挡、涝能排、旱能灌、渍能除。

4. 狠抓农业节约用水。实施小型农田水利建设,推广农田节水新技术,以推进现代农业建设,实现农业用水高效为目标,推进粮食功能区、现代农业园区、中低产田改造、菜篮子工程等项目建设。建设2.11万亩粮食功能区;实施中低产田改造25个1.5万亩;建设菜篮子工程15个0.18万亩;推广水稻强化栽培节水技术25.8万亩、推广微喷滴灌0.85万亩。

5. 强化工业节约用水。重点抓好工业用水效率控制指标,分解落实行业用水指标,围绕水资源有效利用,节约水资源的总体要求,从完善工艺流程,提升装备水平,落实产能与水资源使用量挂钩,限制水资源使用总量等方面推进工业节水工作。把好新上项目关口,在项目准入环节,增加对项目用水的评价审核工作,降低新上工业项目对水资源的依赖程度;提升现有企业水平,淘汰用水效率低的落后产能,推动用水大户的节水改造,提高化工、碳酸钙、电镀等的重复用水率。

6. 其他节约用水管理。一是落实节水措施。强化宣传教育和载体建设,加强宣传,提高全民节约用水意识。合理调整工业布局和产业结构,发展符合国家产业政策、水资源消耗少、用水效率高的产业。研究和制定梯级水价和节水优惠政策,鼓励引导用水户积极采用节水的新技术、新工艺、新设备,大力提倡中水回用、雨水等非传统水源的开发利用,强化用水和节水的基础管理。二是运用节水科技。建立并完善节水智慧管理平台,有计划、分步骤地实现各取水用户水量远程传送和监控管理。积极推广和应用节水器具,启动居民家庭节水器具更换工作。三是明确节水主体。加大全社会节水宣传力度,鼓励企业节水技改,积极开展节水型企业(单位)和节水型居民小区创建。积极开展节水型社会建设标准化县(市)创建,全面推进节水型社会建设。四是健全节水统计。加快完善节水统计指标体系,进一步规范统计、提高数据准确性，重点做好城市万元资产耗水量和工业、生活用水重复利用率的统计工作。

五、保障措施

1. 加强组织领导。成立由市委书记、市长任组长，市四套班子分管联系领导任副组长，市委办、市府办、市纪委（监察局）、市委宣传部、市农办、环保局、发改局、经信局、财政局、住建局、农业局、林业局、水利水产局、风景旅游局、审计局、卫生局、安监局、城管局、移民局、马南管委会、国资公司、供电公司和乡镇（街道）等为成员单位的建德市"五水共治"工作领导小组，领导小组下设办公室，办公室成员统一抽调，实行实体运作，负责专项行动的日常组织协调，定期向领导小组汇报工作进展情况，同时按要求向上报告工作进展情况。

2. 严格明确责任。各乡镇（街道）是"五水共治"的责任主体，要按照明确的工作目标和任务，时不我待干起来，争分夺秒快推进，全力以赴求突破，加快形成破竹之势。在五大行动中，"治污水"总牵头单位为市环保局，其中涉及环境基础设施建设牵头单位为市住建局，涉及农村生活污水生态化处理牵头单位为市五水共治办，农村生活垃圾处理牵头单位为市农办，涉及畜禽养殖污染防治的牵头单位为市农业局，涉及农村河道保洁和水产养殖污染防治的牵头单位为市水利水产局，涉及涉水排污企业整治提升牵头单位为市环保局；"防洪水"牵头单位为市水利水产局；"排涝水"牵头单位为市城管局；"保供水"涉及农民饮水牵头单位为市水利水产局，涉及城市集镇供水以及城市供水管网通达范围内的供水牵头单位为市住建局，涉及生活饮用水安全保障行动牵头单位为市卫生局；"抓节水"总牵头单位为市水利水产局，其中涉及工业节约用水牵头单位为市经信局，农业节约用水牵头单位为市农业局，城市供水的节约用水以及城市供水管网通达范围内的农村节约用水牵头单位为市住建局。各具体行动的牵头单位要切实承担好牵头责任，市级各部门、单位要与乡镇（街道）密切配合，形成强大合力。

3. 加大资金投入。"五水共治"项目资金列入市财政预算，重点安排，加大投入。建立健全政府引导、企业为主、社会参与的水环境治理投入机制，引导社会资金参与。加强资金使用管理全过程监督，提高资金使用绩效。

4. 强化督查考核。市委、市政府将"五水共治"工作纳入各乡镇（街道）、各部门的综合考核、领导班子年度实绩考核和年度生态文明建设目标责任制考核，并实行一票否优、考核排位机制，每月排位一次，定期在工作动态简报中通报，由领导小组办公室制定具体考核奖惩制度，年终考核结果向社会公布。建立联席会议制度，定期召开联席会议，定期开展督查和通报，对重点工作和进展缓慢的乡镇（街道）、部门由市纪委（监察局）进行监察，提出纪检监察意见，对五水共治工作不力或有失职行为的干部要进行约谈，情节严重的要问责。

5. 营造良好氛围。由市委宣传部牵头负责"五水共治"三年行动宣传工作，制定专项行动宣传方案并指导实施，营造良好社会氛围。各乡镇（街道）、各部门要制定相关宣传计划，及时上报工作推进情况，发挥先进典型示范作用。充分利用广播、电视、报刊、网络等媒体，做好外宣和内宣工作相结合，分别在《浙江日报》《杭州日报》《钱江晚报》等落实报道篇章，在建德电视台、《今日建德》开辟专题、专栏，组织新闻媒体记者实地采访，开展专题报道活动。充分发挥民间环保组织和环保志愿者的作用，形成全社会关心、支持、参与和监督"五水共治"的强大合力，营造推进共建共享生态文明建设的良好氛围。

建德市五水共治工作领导小组
2014年3月5日

附件：建德市"五水共治"三年行动计划表（2014—2016年）

附件

建德市“五水共治”三年行动计划表（2014—2016年）

序号	项目名称	工作任务要求	年度任务			三年总投资（万元）	牵头市领导	牵头单位	责任单位	配合单位
			2014年	2015年	2016年					
	全市计划总投资					541826				
一	治污水——实施清水治污洁净工程					427783				
1	环境基础设施建设					43514				
（1）	城东污水处理厂扩建及配套管网	扩建城东污水处理厂，污水处理规模达到4.9万吨/日及管网建设8.6千米，到2016年处理量达到设计能力90%以上	加快1.9万吨/日污水处理扩建和提标改造及污泥处置设施建设，排放达到一级A标准，配套管网建设5千米	完成污水处理厂扩建和提标改造及污泥处置工程	完成洋溪-城东污水处理厂沿江污水干管3.6千米，处理量达到设计能力90%以上	13000	叶万生	住建局	国资公司	洋溪、下涯、发改局、环保局
（2）	更楼污水处理厂新建及配套管网	新建更楼污水处理厂，配套管网5千米	开展前期工作	实施项目建设	完成项目建设	6000		住建局	国资公司	更楼、发改局、环保局
（3）	城区管网建设	截污纳管15.1千米；维护改造污水管网10千米	完成朱家埠区块1.5千米、朱家埠—庙嘴头污水干管3.6千米和洋安、洋溪1千米污水管网建设；维护改造污水管网5千米	维护改造污水管网5千米；启动岭后区块污水管网和泵站建设，完成朱家埠~庙嘴头污水管3.6千米和洋溪、桥东污水管建设2.3千米	实施环城北路污水干管1.6千米，完成岭后区块截污纳管3千米，完成桥东、洋安污水管建设2.1千米	2100		住建局	住建局、国资公司	新安江、洋溪、发改局、环保局
（4）	四个中心镇污水处理厂及配套管网建设	污水处理厂建设或改造提升，配套管网47.7千米	完成乾潭污水处理厂建设，新增污水管网乾潭2.2千米、安仁3.5千米、梅城4千米、寿昌5.23千米、大同3千米	新增污水管网乾潭2.4千米、安仁3.5千米、梅城6千米、寿昌3.17千米、大同3千米；日处理5000吨以上的污水处理厂实施提标改造，出水执行一级A标	新增污水管网乾潭2千米、梅城1.7千米、寿昌5千米、大同3千米	5160			乾潭、梅城、寿昌、大同	发改局、环保局
（5）	乡镇污水处理厂及配套管网建设	污水处理厂改造提升，配套管网38千米	实施大洋、杨村桥、莲花、大慈岩、钦堂污水厂改造提升；新增污水管网大洋3千米、三都1千米、杨村桥1千米、下涯1.2千米、莲花2千米、航头1千米、大慈岩1.5千米；加快城镇污水处理厂周边行政村截污纳管工作，完成率达到80%	完成四镇一乡污水厂改造提升；新增污水管网大洋4千米、三都3千米、杨村桥1千米、下涯1.5千米、莲花3千米、李家1千米、航头1千米、大慈岩1.5千米、钦堂1千米；实施污水处理厂改造提升	新增污水管网大洋3千米、三都3千米、杨村桥1千米、下涯1.8千米、大慈岩1.5千米	4945		住建局	大洋、三都、杨村桥、下涯、莲花、李家、航头、大慈岩、钦堂	发改局、环保局、五水共治办

续表

序号	项目名称	工作任务要求	年度任务			三年总投资（万元）	牵头市领导	牵头单位	责任单位	配合单位
			2014年	2015年	2016年					
(6)	污水处理厂管理	加强污水处理厂综合管理，到2016年处理量达到设计能力60%以上	强化污水处理厂综合管理；推行第三方运营模式，加强进出水监管	强化综合管理，处理量达到设计能力50%以上	强化综合管理，处理量达到设计能力60%以上	—	叶万生	住建局	各乡镇（街道）	环保局、国资公司
(7)	五马洲工业污水集中处理厂扩建工程、提质达标	五马洲工业污水集中处理厂扩建及配套项目建设，出水执行一级A标，规范运行	完成1.5万吨/日工业污水处理厂二期工程、6千米污水干管铺设工程及提升泵站项目建设；完成二期预处理配套工程；规范运行处理设施，排放达到一级A标	1.5万吨/日工业污水处理厂二期工正式运行，达标排放	建立长效管理制度，确保稳定运行和达标排放	7209	徐建华 叶志高	环保局	高新园管委会	发改局、财政局、住建局、国土资源局和梅城、下涯
(8)	电镀产业生态园区电镀废水集中处理工程	电镀产业生态园区电镀废水集中处理设施及配套管网建设	建设完成电镀产业生态园污水处理站项目	建立长效管理制度，确保稳定运行和达标排放		5100	徐建华 叶志高	环保局	高新园管委会	同上
2	农村生活污水生态化处理					74938				
(1)	农村生活污水处理项目	编制并实施农村生活污水治理总体规划；完成165个村生活污水生态化处理设施建设与运行管理，完成62个村提升改造，农户受益率75%以上，其中精品村、中心村农户受益率80%以上；并加强长效管理，设施设备运行正常	编制并实施农村生活污水治理总体规划；完成132个村生活污水生态化处理设施建设及提升；落实长效管理配套资金并纳入政府年度预算，建立长效运行管理制度	完成95个村生活污水生态化处理设施建设及提升改造；推行长效管理	完善227个行政村农村生活污水生态化处理设施，提高出水水质，全面实行长效管理	61180	尤荣福	五水共治办、环保局	各乡镇（街道）	农办、发改局、住建局、国土局、卫生局、林业局、财政局、审计局
(2)	美丽乡村建设（农产品加工企业和农家乐污染治理）	全面完成全市农产品加工企业和农家乐污染治理工作	制订农产品加工企业和农家乐污染整治三年计划，并启动实施，完成整治任务30%	按照三年整治计划，全面完成全市农产品加工企业和农家乐污染治理工程	功固提升，全面实行长效管理	1500	尤荣福	农办	各乡镇（街道）	环保局
(3)	农村改厕工程	完成227个村纳管改厕和提升	完成132个村纳管改厕和提升	完成95个村纳管改厕提升	—	12258	郑冰	卫生局	各乡镇（街道）	农办、住建局、财政局、审计局、环保局、五水共治办
3	农村生活垃圾集中处理					4625				
(1)	农村生活垃圾集中处理工程	农村生活垃圾处理及长效保洁	做好农村长效保洁工作，建立农村长效保洁机制；完善提升232个行政村的保洁基础设施建设；健全“户投—村收—镇运—市处理”垃圾处理机制；开展农村生活垃圾分类和资源化试点	健全运作“户投、村收、镇运、市处理”农村长效保洁机制；继续开展农村生活垃圾分类和资源化试点	健全运作“户投、村收、镇运、市处理”农村长效保洁机制；适时推广农村生活垃圾分类和资源化试点成效	4625	尤荣福	农办	各乡镇（街道）	妇联、移民局、城管局

续表

序号	项目名称	工作任务要求	年度任务			三年总投资(万元)	牵头市领导	牵头单位	责任单位	配合单位
			2014年	2015年	2016年					
4	畜禽(水产)养殖污染防治					21960				
(1)	控制畜禽(水产)养殖污染治理	控制畜禽(水产)养殖总量和污染治理	编制并实施生态畜牧业发展规划;启动畜禽污染整治,生猪饲养量比2012年减少15%,蛋鸡养殖规模减小量完成省、杭州市考核任务;规模养殖场排泄物综合利用率96%以上;制定畜禽污染整治方案;建成3家标准化生态示范场	生猪、蛋鸡养殖规模减小量完成省、杭州市考核任务;规模养殖场排泄物综合利用率96%以上;根据畜禽整治方案开展工作;建成3家标准化生态示范场	生猪、蛋鸡养殖规模减小量完成省、杭州市考核任务;规模养殖场排泄物综合利用率97%以上;全面完成畜禽污染整治;建成3家标准化生态示范场	17560	尤荣福	农业局	各乡镇(街道)	农办、环保局、财政局、国土局
(2)	清除千岛湖库区养殖网箱,富春江水库水产规范养殖	清除千岛湖库区养殖网箱,规范富春江水库水产养殖	清除千岛湖库区养殖网箱;完成下涯、杨村桥、三都、梅城、乾潭镇网箱整治扫尾工作	制定出台全市水产养殖指导性意见;完成养殖区保留网箱改造提升工作	规范水产养殖,开展水产养殖废水排放生物处理试点	4400	尤荣福	水利局	新安江等相关乡镇(街道)	整治成员单位
5	“河长制”管理					6400				
(1)	河道清理与保洁	深化“河长制”管理,对全市1479千米农村河道开展清理与长效保洁,全面消除黑河、臭河、垃圾河	配备必要的保洁设施和保洁员,打捞河道内病死动物、河面漂浮物、河道障碍物、查处非法采砂行为、清理和消除农村臭水沟等,完成3条垃圾河整治,完成2条黑臭河整治;上半年基本消除垃圾河,年底全面消除黑河、臭河	创新完善农村河道和“三江”河道保洁机制,实行长效保洁,水质有效改善	完善农村河道和“三江”河道保洁机制,实行长效管理,水质进一步提升	6300	尤荣福	环保局	各乡镇(街道)	农办、经信局、水利局、农业局、城管局
(2)	长效保洁管理	全面建成流域水质异常应急联动机制;推进河道视频监控系统建设,实现河道保洁全覆盖	全面建成流域水质异常应急联动机制;按照省、市要求,推进河道视频监控系统建设,基本实现河道保洁全覆盖	完善长效保洁管理机制,实现河道保洁全覆盖	—	100	尤荣福	环保局	各乡镇(街道)	农办、经信局、农业局、水利局、城管局
6	三江两岸生态景观建设与保护工作					9900				
(1)	三江两岸生态景观建设与保护工作	全面完成三江两岸生态景观建设与保护工作	根据2014年三江两岸生态景观建设与保护目标责任书要求,完成年度任务	—	—	9900	尤荣福	三江两岸现场办(环保局)	各乡镇(街道)	相关部门

续表

序号	项目名称	工作任务要求	年度任务			三年总投资（万元）	牵头市领导	牵头单位	责任单位	配合单位
			2014年	2015年	2016年					
7	“四边三化”					3446				
(1)	公路边三化	完成国省道、县乡道两侧的污染点整治以及美化、绿化任务	继续深入开展国省道、县乡道两侧违章建筑、破旧建筑、违法广告(墙体广告)、马路市场、垃圾等污染点的整治工作。对国省道两侧宜林路段进行绿化。对重点地段和显眼位置的墙体以公益性广告、宣传画、标语的形式进行美化提升	—	—	1283	尤荣福	林业局 交通局	各乡镇（街道）	相关部门
(2)	河边三化	完成30千米218亩的河边绿化任务以及做好全市河道的长效保洁工作	完成全市主要河道15千米108亩，其他河道15千米110亩的绿化工作。做好全市河道的长效保洁工作	—	—	1163	尤荣福	林业局 水利局	各乡镇（街道）	相关部门
(3)	山边三化	全面完成3个矿山的整治覆绿以及1个绿色矿山建设任务	全面完成3个矿山的整治覆绿以及1个绿色矿山建设任务	—	—	1000	尤荣福	林业局 国土局	各乡镇（街道）	相关部门
8	涉水排污企业整治提升					263000				
(1)	化工、电镀、造纸、印染等行业整治	化工、电镀、造纸、印染等行业整治	累计关停化工企业24家；完成全市所有化工、造纸、印染等行业企业的验收；完成列入关停企业外市控以上企业刷卡排污工作；完成废旧塑料粒子、水晶烫钻、碳酸钙行业整治	完成酸洗、磷化等行业整治	完成使用、储存危险化学品等企业的环保、安全整治	7000	徐建华 洪国根	环保局 经信局	各乡镇（街道）、环保局	发改局、住建局、国土局、安监局、供电公司
(2)	化工、电镀搬迁企业入园	新安化工(白南山厂区)、IFF、新化化工(新华基地)、白沙化工、顺发助剂、电镀企业搬迁入园	完成4家电镀企业搬迁入园并投入生产。有计划推进新安化工(白南山厂区)、IFF、新化化工(新华基地)、白沙化工、顺发助剂搬迁工作	有计划推进新安化工(白南山厂区)、IFF、新化化工(新华基地)、白沙化工、顺发助剂搬迁工作	有计划推进新安化工(白南山厂区)、IFF、新化化工(新华基地)、白沙化工、顺发助剂搬迁工作	240000			高新园管委会、梅城、下涯	
(3)	固废和危废处理、监管	固废和危废处理、监管	启动二固项目建设	基本完成二固项目建设	全面完成二固项目建设	16000			国资公司	
二	防洪水——夯实防洪减灾安澜工程					65657				
1	完善防洪减灾工程体系					63907				
(1)	独流入海钱塘江治理新安江、兰江治理一期工程	新建新安江洋安段、莲花溪出口至下塘段、兰江大洋段、麻车段等4段堤防加固11.43千米，总投资1.62亿元	完成洋安段3.35千米主体工程，编制完成莲花溪出口至下塘段、大洋段、麻车段等3段初步设计	启动莲花溪出口至下塘段堤防建设	启动大洋段、麻车段堤防建设	7400	尤荣福	水利局	国资公司、惠民新农村公司(交投公司)、洋溪、大洋	发改局

续表

序号	项目名称	工作任务要求	年度任务			三年总投资（万元）	牵头市领导	牵头单位	责任单位	配合单位
			2014年	2015年	2016年					
(2)	城市防洪工程白沙大桥至建德大桥段堤防工程	新建50年一遇防洪工程1406米，总投资2900万元	8月开工建设	全面完成	—	2900	郭坚	水利局、国资公司	国资公司	发改局、新安江
(3)	钱塘江干堤富春江库区建德市梅城段堤防加固工程（梅城大坝二期）	完成二标段长1370米的坝体改造工程和相应的镇压平台抛方，修复减压井24个	启动二标段坝体建设	完成二标段坝体建设	—	9507	尤荣福	水利局	梅城	发改局
(4)	中小河流治理工程	实施寿昌江中小河流治理工程5段10.89千米；实施清渚溪中小河流治理工程2段3.5千米	完成寿昌江市良种场至童家溪段、郑山段至滩下段、汪家至更楼段6.69千米主体工程；推进小江溪至市良种场段、乌龙溪至郑山段4.2千米堤防建设；编制完成清渚溪治理初步设计	完成寿昌江小江溪至市良种种场段、乌龙溪至郑山段4.2千米堤防建设；启动清渚溪钦堂段、安仁段3.5千米治理工程	完成清渚溪钦堂段、安仁段主体工程	15800	尤荣福	水利局	开发区（寿昌）、国资公司和钦堂、乾潭	发改局、航头、新安江、更楼
(5)	小流域堤防加固工程	河道疏浚，建设堤防60千米	河道疏浚，建设堤防13千米	河道疏浚，建设堤防24千米	河道疏浚，建设堤防23千米	6000	尤荣福	水利局	相关乡镇（街道）	移民局、林业局、住建局、环保局、农发办（财政局）
(6)	农村河道综合整治	完成200千米农村河道综合整治，其中精品河道88千米	完成农村河道综合整治50千米，其中精品河道3处28千米	完成农村河道综合整治75千米，其中精品河道2处30千米	完成农村河道综合整治75千米，其中精品河道2处30千米	12000	尤荣福	水利局	相关乡镇（街道）	同上
(7)	山塘水库除险加固保安工程	9座水库、45座万立方米以上山塘除险加固	完成2座水库、19座万立方米以上山塘除险加固	完成3座水库、13座万立方米以上山塘除险加固	完成4座水库、13座万立方米以上山塘除险加固	9300	尤荣福	水利局	相关乡镇（街道）	发改局
(8)	农村电站升级改造工程	农村小水电站更新改造4座2550千瓦	实施电站更新改造2座570千瓦	实施电站更新改造2座1980千瓦	—	1000	尤荣福	水利局	相关乡镇、电站	供电局、安监局
2	完善防洪减灾非工程措施					1750				
(1)	基层防汛体系规范化建设	完善基层防汛体系建设	部署1个乡镇、1个行政村开展示范性建设，强化应急预案编制和山塘水库巡查预警管理、完善安全避险场所建设、加强抢险救援物资储备、加大宣传教育培训	所有乡镇、村部署开展规范化建设加强抢险救援物资储备和教育培训	总结考核验收，并纳入长效管理和考核；持续加强抢险救援物资储备	500	尤荣福	水利局	各乡镇（街道）	民政局、气象局
(2)	重点流域洪水风险图调查编制	调查编制寿昌江、新安江等重点流域洪水风险图，为全市防洪、避洪、抢险提供基础保障	寿昌江流域资料收集整理，进行洪水计算分析	开发寿昌江洪水风险图管理与应用系统	酌情开展新安江流域洪水风险图编制	150	尤荣福	水利局	相关乡镇（街道）	气象局

续表

序号	项目名称	工作任务要求	年度任务			三年总投资（万元）	牵头市领导	牵头单位	责任单位	配合单位
			2014年	2015年	2016年					
(3)	山洪灾害防治项目建设	建设并完善山洪灾害防治体系	全市山洪灾害调查、开发移动巡查系统和水库安全巡查管理系统、完善监测预警系统	监测预警平台完善和延伸	完善群测群防体系	1100	尤荣福	水利局	各乡镇（街道）	气象局
三	排涝水——完善强排治涝保安工程					3341				
1	城区积水改造					200				
(1)	积水改造	桥南立交桥、加油站旁等城区部分区域的积水改造	实施桥南加油站旁积水改造	实施程周坞至中医院排水渠疏通；市府门口积水改造，疏通方涵1千米	实施320国道立交桥北侧积水改造	200	叶万生	城管局	住建局、新安江	水利局
2	城镇积水改造					3141				
(1)	乡镇、街道规划区内排水管网改造	排水管网新建铺设和改造、清淤疏通；增设窨井，对老（旧）窨井清淤疏通；路面浇筑	杨村桥、大慈岩、航头实施排水管网建设；李家、莲花排水管网改造提升；寿昌、杨村桥、下涯、莲花、钦堂实施清淤疏浚；乾潭2千米渠道整治提升，启动截污纳管建设工作；梅城西湖集雨池建设工程改造，乌龙山坝体加固；更楼组织队伍排产除险	更楼完成截污纳管改造2千米；梅城实施乌龙山堤坝加固；乾潭2千米渠道堤坝提升加固；寿昌西湖、复兴路等2处排水沟清淤疏通；杨村桥希望小学新增雨水井、派出所门口新设排水管，完成路面浇筑，排水管网建设；大慈岩2处工程继续施工；航头23省道集镇段两侧等9处新建排水管网	更楼截污纳管改造2千米；完成梅城乌龙山堤坝加固；寿昌梅家巷等400米排水沟清淤疏通；乾潭渠道两侧美化工作；杨村桥医院等2处增设雨水井，完成管道疏通，后坞村道增设排水沟；大慈岩完成2处工程建设；航头23省道集镇段两侧等9处排水管网建设	3141	叶万生	城管局	更楼、梅城、寿昌、乾潭、杨村桥、下涯、大慈岩、航头、李家、莲花、钦堂	住建局、水利局
四	保供水——推进饮水惠民甘泉工程					30350				
1	新安江供水管网延伸工程	实施乾潭集镇供水工程、梅城过境公路等给水管网29.4千米	完成乾潭供水项目前期及泵站改造	完成乾潭供水主体工程。完成梅城过境公路区块供水管网1.4千米	完成乾潭供水项目建设（累计管网28千米），并投入运行	9600	郭坚	住建局、国资公司	国资公司、乾潭、下涯、梅城	发改局、卫生局、环保局
2	农村饮水安全提升工程	继续实施大同、三都、航头、大洋、大慈岩、李家、钦堂等乡镇集中供水工程管网延伸建设，受益2.33万人	实施乡镇水厂管网延伸工程，项目受益人口1.48万人	实施乡镇水厂管网延伸工程，项目受益人口0.67万人	实施乡镇水厂管网延伸工程，项目受益人口0.18万人	4360	尤荣福	水利局	相关乡镇（街道）	农办、发改局、住建局、卫生局、环保局
3		实施东南两线管网延伸工程和分散式供水工程，提升改造偏远农村饮水设施。受益33个行政村5.03万人	实施新安江水厂管网延伸工程和单村供水工程，项目受益人口0.7万人	实施新安江水厂管网延伸工程和单村供水工程，项目受益人口1.39万人	实施新安江水厂管网延伸工程和单村供水工程，项目受益人口2.94万人	12040	尤荣福	水利局	相关乡镇（街道）	农办、发改局、住建局、卫生局、环保局、国资公司

续表

序号	项目名称	工作任务要求	年度任务			三年总投资（万元）	牵头市领导	牵头单位	责任单位	配合单位
			2014年	2015年	2016年					
4	饮用水源保护工程					4350				
(1)	饮用水源地保护工程	科学划定和调整全市饮用水源保护区、加强饮用水源保护区监测	完成三都镇合格（规范）饮用水源保护区创建；新安江饮用水水源地一级保护区内景江假日酒店进行整治，两处渔业养殖场予以搬迁；3月前完成关停、搬迁或取缔一级水源保护区范围内的违法企业（污染源）；6月前完成二级水源保护区范围内违法企业（污染源）的关停、搬迁或取缔	完成大洋镇、莲花镇、钦堂乡合格（规范）饮用水源保护创建	对全市合格（规范）饮用水源保护区和重要水源地实施长效管理；加强饮用水源保护区监测	3400	徐建华	环保局	各乡镇（街道）、各有关供水单位	住建局、卫生局、水利局、林业局、国土局、城管局、国资公司
(2)	农村饮水工程长效管理	对全市农村饮水工程进行长效管理	对农村饮水工程进行长效管理；严格管理，严格考核，确保优质供水、安全用水			800	尤荣福	水利局	各乡镇（街道）	卫生局、环保局
(3)	加强对道理、水路危险化学品运输安全管理	加强监管队伍的建设；依靠科技手段，提高监管水平；在严把许可关的同时，加强现场和非现场监管	开展运输企业自查与检查工作，建立企业台账；加强源头与路面监管	发挥信息监控优势，加强源头与路面监管，开展运输企业自查与检查工作	开展奖惩制度，对违规企业实行退出机制	80	叶万生	交通局	各乡镇（街道）	公安局、卫生局、安监局、海事
(4)	巩固水源保护区及周边沿线	巩固水源保护区及周边沿线，建设必要的隔离和防护设施	巩固水源保护区及周边沿线公路等必要的隔离和防护设施建设	—	—	70	叶万生	交通局	各乡镇（街道）	公安局、卫生局、水利局、环保局、安监局
5	配合做好千岛湖配水工程	积极配合做好千岛湖配水工程	配合做好千岛湖配水工程			—	尤荣福	水利局 住建局	相关乡镇（街道）	相关单位
五	抓节水——提升资源配置润泽工程					14695				
1	严格水资源管理	严控水资源三条红线，加强水资源管理	制定实行最严格水资源管理制度考核办法；对本市取水量5万立方米以上用户安装取用水计量设施；开展10处水功能区水质监测断面立碑；建设梅城地下水监测站点	编制建德市水域纳污能力核定及限制排污总量意见；对本市取水量1万立方米以上用户安装取用水计量设施	编制建德市节水型社会建设工作方案；开展高耗水企业水平衡测试工作	220	尤荣福	水利局	各乡镇（街道）	发改局、经信局、住建局、环保局、农业局、卫生局
2	加快农田水利建设	建设排灌渠系120千米、高效节水灌溉9000亩、小型排灌机埠改造200千瓦，小池塘20个，万立方米以下山塘整治50座	建设排灌渠系55千米、高效节水灌溉3500亩（固定式喷微灌）、万立方米以下山塘整治19座	建设排灌渠系35千米、高效节水灌溉3000亩、小型排灌机埠改造100千瓦，小池塘10个，万立方米以下山塘整治15座	建设排灌渠系30千米、高效节水灌溉2500亩、机埠100千瓦，小池塘10个，万立方米以下山塘16座	5800	尤荣福	水利局、农发办（财政局）	各乡镇（街道）	发改局、移民局

续表

序号	项目名称	工作任务要求	年度任务			三年总投资（万元）	牵头市领导	牵头单位	责任单位	配合单位
			2014年	2015年	2016年					
3	强化农业节约用水	建设2.11万亩粮食功能区；实施中低产田改造25个1.5万亩；建设菜篮子工程15个0.18万亩；推广水稻强化栽培节水技术25.8万亩、推广微喷滴灌0.6万亩	建设0.61万亩粮食功能区；实施中低产田改造8个0.5万亩；建设菜篮子工程5个0.06万亩；推广水稻强化栽培节水技术8.3万亩；推广微喷滴灌0.2万亩	建设0.7万亩粮食功能区;实施中低产田改造8个0.5万亩;建设菜篮子工程5个0.06万亩;推广水稻强化栽培节水技术8.5万亩、推广微喷滴灌0.2万亩	建设0.8万亩粮食功能区；中低产田改造9个0.5万亩；菜篮子5个0.06万亩；水稻强化栽培节水9万亩、微喷滴灌0.2万亩	5500	尤荣福	农业局	各乡镇（街道）	水利局、移民局、农发办（财政局）
4	狠抓工业节约用水	完善工艺流程，提升装备水平，将产能与水资源使用量挂钩，限制水资源使用总量	把好项目准入环境，增加项目用水评价；选址3—5家轻质碳酸钙企业进行回水利用改造	结合行业整治,开展化工、电镀、造纸、印染行业节水改造,提高水利用效率	结合行业整治，开展酸洗、磷化行业节水改造，提高水利用效率	3000	徐建华	经信局	各乡镇（街道）、企业单位	环保局、住建局、水利局
5	制定节约用水规划	根据本行政区域水资源状况和水资源综合规划，编制本行政区域的节约用水规划	开展节约用水调查，组织编制全市节约用水规划，并报市政府批准；建立健全节水管理机构，进一步完善和明确节水管理部门，配套制定“抓节水”三年行动计划	根据批准的规划，围绕节水目标，采取节水措施，开展节水设施建设等	继续采取节水措施，深入开展节水设施建设	50	郭坚	发改局 水利局	各乡镇（街道）、用水单位	农业局、住建局、经信局、环保局
6	加强城市节约用水	加强城市供水的节约用水以及城市供水管网通达范围内的农村节约用水	加强城市供水节约用水以及城市供水管网通达范围内的农村节约用水	加强城市供水节约用水以及城市供水管网通达范围内的农村节约用水	加强城市供水节约用水以及城市供水管网通达范围内的农村节约用水	100	叶万生	住建局	相关乡镇（街道）	水利局、城管局
7	其他节约用水管理	落实节水措施，运用节水科技，明确节水主体，健全节水统计，加快节水型社会建设	加大宣传，严格实施水资源有偿使用制度和节水设施“三同时”制度，加强再生水、非常规水项目建设，鼓励企业节水技改	加快节水统计指标体系建设，做好城市万元资产耗水量和工业生活用水重复利用率统计工作	积极开展节水型企业（单位）和节水型居民小区创建工作	25	叶万生	住建局、经信局、统计局	各乡镇（街道）、用水单位	水利局

编辑：杨忠平

大事记

Chronicle of Major Events

2014年建德市10件大事

【获首批治水优秀县"大禹鼎"】 2015年1月，建德市被省委、省政府授予2014年度浙江省"五水共治"工作优秀县(市、区)"大禹鼎"。2014年是"五水共治"开局之年，建德市站在全局高度，创新资金筹措机制、创新区域共治机制、创新开门治水机制、创新点面推进机制、创新环境执法机制、创新治水运作机制，全盘做好治水的时代大考，强势推进治水各项工作，全市55条主要河道有53条达到Ⅲ类及以上水质，占96.4%，提升26.7个百分点，转型发展、生态优化、民生改善步伐明显加快，先后获得首届浙江最具魅力新水乡、全省河道保洁长效管理考核先进县(市、区)等称号。全市全年投入19.5亿元，共实施24大类137个"五水共治"项目，以工程项目推动治水工作。治污水方面，7座乡镇污水处理厂(站)提标改造同步到位，城镇污水处理率达87.5%；完成144个村的农村生活污水治理工程，建设终端池535座，铺设管网950余公里，新增受益农户3.2万余户，其中纳管受益户2万余户。防洪水方面，钱塘江治理新安江洋安段3.35公里完成主体工程；寿昌江中小河流治理汪家至更楼段1.7公里堤防主体工程基本完成；白岭坑水库除险加固主体工程开始施工，19座万立方米以上山塘主体全部完成；完成农村中小河流堤防加固13.4公里，农村河道综合整治50公里。排涝水方面，主城区13个积水点和乡镇(街道)20个积水点改造都全部完成，实现主城区和集镇积水问题较往年有明显改善。保供水方面，完成饮用水源地环境整治，并加强长效管理；完成新安江供水管网延伸乾潭供水项目主供水管网6.5公里；完成农民饮用水安全提升新安江水厂管网延伸工程5处、乡镇水厂管网延伸工程4处、单村供水工程2处，共解决2.18万名农民安全饮水问题。抓节水方面，推广节水新技术，完成10万立方米以上企业取水实时监控系统安装和4家轻质碳酸钙企业节水改造；完成一户一表改造400户；建设灌排渠道55.9公里，完成喷微灌建设4500亩，中低产田改造、菜篮子工程通过杭州市验收，农业节水项目均超额完成年度计划任务。同时，以治水为突破口，追溯工业污染、农业面源污染等源头，坚持以治促转，治转同步，岸上岸下立体治，工业农业同步治，实现了发展提质和环境增美双赢。

【建德被命名为浙江省示范文明城市】 建德市于2005年成功创建浙江省文明城市后，提出创建浙江省示范文明城市目标，并保持各级创建组织机构和工作机制及体系框架不变、领导力度不减、工作班子不散，工作经费逐年递增。2013年，该市全面启动浙江省示范文明城市创建工作，提出"一年打基础，两年整改提升并确保创建成功"的目标，建立了"一办九组"的工作机制。2014年，着力加强薄弱环节的攻坚克难和创建工作的长效常态发展，先后召开浙江省示范文明城市创建推进会、迎检会，完善创建工作例会制度、督查制度、“抄告单”制度、信息交流制度等规章制度，建立了文明办、城管办、创建办三办联席会议制。创建活动过程中开展了市民文明素质提升、文化环境净化、市场秩序规范、窗口服务规范、市容市貌整治等五大行动，梳理了农贸市场周边、批发市场、无证餐饮、“五小行业”、建筑工地、社区楼道卫生、文明出行等集中整治项目，全年组织开展集中整治专项行动8次；加强对城市牛皮癣、占道经营等11个方面重难点问题的攻坚克难，下发抄告单101次；组织开展“我为文明城市投一票”，文明出行、文明餐桌、文明旅游、文明用水“四大文明”行动等19项载体活动。2014年5月，该市通过省示范文明城市创建工作的调研初检；11月，通过考核组的考核验收；2015年1月，被浙江省精神文明建设委员会命名浙江省示范文明城市。

【创建成为浙江省“平安县（市）”】 2014年，建德市委、市政府提出“知耻后勇，争先进位，全力打赢平安创建翻身仗”目标，各项工作有序推进。年底，“平安县（市）”考核分位居杭州市第一，被省委省政府命名为“平安县（市）”。

2014年，建德市级领导“六个领衔”工作机制，将平安（综治、维稳）工作、信访积案化解纳入其中，完成情况每月通报、定期协调、跟踪督查；建立市镇村三级责任制，梳理26个方面、58个问题，分解具体任务199项，实行项目化监管，明确整改单位、整改时限；召开各类分析会、整改会等专题会议35次，分阶段研究对策、落实举措；组织开展重大隐患、既往问题、薄弱环节三方面整治，每月开展明察暗访，提出整改意见121条，全部要求在限期内整改到位。市综治办全力打击环境污染、非法阻工等犯罪行为，全年参与重点工作（项目）现场保卫328场（次），查处相关违法案件57起，提起公诉22人；坚持每季开展安全生产联合大检查，全年安全生产事故、死亡人数分别下降7.5%、11.1%。制定分期两年、彻底整治道路安全隐患工作方案，当年投入2700万元，完成整治224处，全年道路交通事故起数、死亡人数分别下降6.9%、10.4%。严守消防安全底线，坚持常态化检查整治，全年整改消防隐患156处。全年排查整治突出治安点16个，打击“两抢一盗”“黄赌毒”食品药品等严重犯罪行为，开展“夏安”“挺进”等专项行动，全年刑事、治安案件分别下降5.8%、9.5%，60%的小区实现“零发案”；建成专职巡逻队21支、村级巡防队256支，组织志愿义务巡逻队员6873人，每晚开展治安巡防；配备专用巡防车，新建警务室、治安岗亭27个，新增高清监控探头300只，发放报警器2万余个。

2014年，全市共发生项目化监管重大涉稳问题18个，开展重大事项稳定风险评估46个，未发生因未开展稳评或稳评不到位引发的群体性事件。组织205名政法干警结对50个行政村，调处矛盾纠纷682件，预防化解群体性事件6起。全面规范乡镇社会服务管理中心建设，深化平安网格创建，全年收集社情民意76820条，为民服务53940人次，代办事项15763件；成立大调解指导中心，新组建行业性专业调委会3个，成立个人调解室21个，全年调处矛盾纠纷7856件，成功率99.7%。开展律师进村、送法下乡活动，免费提供法律咨询2224人次，调解纠纷1057件；弘扬平安文化正能量，建立宣传固定阵地，设置广告牌18处、主题公园（长廊）69个、宣传牌7850块，发放宣传资料21.6万份，平安“三率”指标位居杭州市各县（市、区）前三。

【创建成为全国首个国家级出口低压电器质量安全示范区】 11月，建德市国家级出口低压电器质量安全示范区创建工作通过国家质检总局示范区考核组考核，建德市成为全国第一个国家级出口低压电器质量安全示范区。建德市有30多年生产插头插座的历史，但是由于企业的盲目发展和无序竞争，导致了该行业的混乱局面。2008年起，建德市与杭州检验检疫局联合开展低压电器产业集中整治和示范区创建工作，全市出口低压电器质量安全示范区建设成效明显，企业核心竞争优势逐渐凸显，公共服务平台建设日趋完善。2011年11月5日，建德市出口低压电器质量安全示范区以当年全省最高分97.7分通过验收，成为全省范围内第六个出口工业产品质量安全示范区，也是首个低压电器方面的示范区。2013年共出口低压电器产品7000多批，金额2.04亿美元，出口货值增长12.4%，达到同期全市货物出口总额的11.2%，比2010年增长1.7倍。2014年，示范区内共有出口企业36家，其中示范企业10家，产业健康发展格局和体系不断完善，产业集聚和产品质量有效提升。

【杭黄铁路（建德段）开工建设】 杭黄铁路连接名城（杭州）、名江（富春江、新安江）、名湖（千岛湖）、名山（黄山）等著名景色，是一条"美丽铁路"。杭黄铁路（建德段）长40.95公里，途经钦堂、乾潭、杨村桥、下涯、莲花等5个乡镇，在杨村桥镇北面设建德东站。该工程概算投资56.4亿元，设计行车速度为每小时200～250公里。10月11日，杭黄铁路（建德段）征迁动员会召开，需征收土地101.5公顷，征收房屋面积4.99万平方米，征收房屋175户。其中，桥梁、隧道等重要控制性工程施工先行用地5.0公顷，分布在乾潭、杨村桥、莲花3个乡镇。10月29日，杭黄铁路（建德段）开工建设，位于杨村桥镇岭源村的杭黄铁路站前Ⅵ标项目外源1号特大桥工程成为建德段率先开工的项目。

【乾潭镇列入省小城市培育试点镇】 4月，建德市乾潭镇被列入第二批省小城市培育试点镇。小城市培育试点是省委、省政府推进新型城镇化、加快城乡一体化发展的战略举措。乾潭镇行政区域面积386平方公里，4.5万人，辖24个行政村，6个居委会。自1997年以来，先后被列为全国小城镇综合改革试点镇和国家小城镇经济综合开发示范镇，全国重点镇，全国环境优美乡镇，全国发展改革试点镇，"中国家纺寝具名镇"。该镇有"建德东部经济重镇""山水田园型小城市"之称，具有优越的地理自然条件，厚实的经济建设基础，不断提升的管理服务水平，较高的培养潜力和发展优势。2014年，建德市委、市政府出台了《关于扶持乾潭镇开展小城市培育试点的若干意见》，从深化行政体制改革、推进事权财权配套和强化土地要素等三个方面，提出了13条支持乾潭小城市培育的扶持政策。在城镇建设上，该镇按照"一城带三城"的思路，以"杭州市都市圈生态健康城"的功能定位，统筹推进森林公园慢城、大健康产业城和生态文化名城"三城"建设，加快高速出入口道路改造、旅游码头生态化改造、城镇供水项目和废弃矿整治等重大项目的建设步伐，拉开城市框架，提升城市品位，提高生活品质。产业支撑上，该镇以五金工业功能区、城中工业功能区和城东工业功能区为主平台，着力彰显五金工具、家纺寝具、竹木板材、机械制造块状经济的集群优势；成立服务业办公室，设立专项扶持资金，重点培育和发展乡村旅游、创意文化、民宿经济和电子商务等现代服务业新业态；以工业思维谋划农业，加快三次产业融合发展步伐，重点发展现代农业、智慧农业和生态经济。乾潭镇将通过小城市培育试点的杠杆来撬动全镇经济社会全面、创新发展，努力实现促集聚、拓空间、强产业、优服务的小城市培育目标。

【四家企业在上股交挂牌】 9月25～26日，建德市的凯特电器、华电电站设备、虎鼎机械、国茂生态等4家企业在上海股权托管交易中心中小企业股权报价系统（Q板平台）成功挂牌，为直接进军资本市场融资拿到了"准入证"，实现了建德企业在场外市场挂牌融资零的突破，建德市成为浙江省首个在上股交挂牌的县（市）板块。通过上股交中心Q版模式，企业融资渠道更为宽广，融资方式更为直接，融资条件和成本大幅降低，为企业发展壮大创造了良好条件。4家成功挂牌的企业成为建德企业转型升级和做大做强的标杆，引导激励更多有发展前景的建德中小企业通过股交中心进入资本市场，推动企业发展理念创新、发展模式创新、组织架构创新，从而做大做强，促进建德经济和工业产业结构的转型升级。

【乾潭镇下梓村入选全国文明村镇】 近年来，下梓村以争创全国文明村为目标，深化社会主义核心价值观建设，推进社会主义新农村建设，建成1000多平方米的村级文化大礼堂、4000多平方米的文体远教广场、66米长古建筑式的道德文化宣传长廊。在完善加快为民基础设施建设同时，着力树立本土文化品牌，该村板凳舞龙文化影响广泛，并申请国家非物质文化遗产；2014年11月，该村成为浙江传媒学院微电影摄影基地。围绕争当精神富有新农民，该村每年定期组织评选表彰优秀村民、好媳妇、好公婆、好邻居，并定期举办各类礼仪活动，推动文明风尚引领。此外，该村每两年举办一次大型“村民运动会”，提升居民健康运动的参与积极性，村里的6支文艺队伍也定期为广大村民提供了丰盛的文化娱乐大餐。2014年11月，中央文明办启动第四届全国文明城市、文明村镇、文明单位评选。中央文明办对各地推荐的全国文明村镇，依据《全国文明村镇测评体系》逐一进行审核，形成了第四届全国文明村镇最终名单，乾潭镇下梓村成功入选，实现了建德市全国文明村创建的零突破。

【“建德果蔬乐园”开园】 3月3日，“建德果蔬乐园”在下涯红群高科技草莓园举行启动仪式。“建德果蔬乐园”是集欢乐采摘、知识体验、健康游玩等为一体的乡村乐园，是全国首个乡村旅游品牌，目标是打造全国第一个没有围墙的果蔬主题乐园。近年来，建德市依托独特的农业资源和良好的生态资源优势，调整农业产业结构，大力推进农业产业化经营，山区生态特色农业得到长足发展，培育和发展了新安江草莓、松蜜柑橘、严州白梨、里叶白莲等一批具有鲜明特色的生态有机农产品。“建德果蔬乐园”根据全市一年四季可提供采摘的果蔬分季推出不同的采摘线路，结合旅游景点、农家乐、民宿业，为全国各地旅游爱好者送上新鲜、健康、童趣、快乐，果蔬乐园不仅仅是趣味采摘和欢乐游玩的乡村乐园，更是科普体验的乐园，是课堂外教育、亲子活动的首选地，带给大家适合一年四季出行的采摘游、生态游、体验游、养生游活动。2014年，“建德果蔬乐园”按照“绿色果蔬，四季采摘”的目标，陆续在下涯、航头、三都、乾潭、杨村桥、大慈岩、更楼等地推出以草莓、蓝莓、黄桃、柑橘、葡萄、莲子、铁皮石斛等果蔬为主的精品采摘示范基地，并通过标准的生产模式，确保果蔬产品绝对绿色安全。

【《爸爸去哪儿》走进新叶古村】 5月，湖南卫视《爸爸去哪儿》第二季第二站栏目组到新叶古村进行取景拍摄。《爸爸去哪儿》是湖南卫视于2013年推出的一档亲子互动节目，节目播出后好评不断，明星奶爸与孩子们的互动令观众们捧腹的同时又温情满满。经过前期的考察走访，建德市新叶古村传承千年的农耕文化和淳朴的民风引起了《爸爸去哪儿》栏目组的注意，并最终促成了此次取景拍摄。参演明星有姚明和吴镇宇父子、陆毅父女、杨威父子、黄磊父女、曹格父女等五对星爸萌娃。拍摄工程及布局改造涉及游客中心、文昌阁、翰墨轩、醉仙居、种德堂、水云间、双美堂、南塘等3处水塘。7月4日，《爸爸去哪儿》节目火热开播，迅速在国内掀起了一片热潮。旅投公司设立大型广告牌10块、新叶道路指示牌16块、道旗60杆、灯箱广告100杆、报纸软文合计12个整版，并根据市场状况，适时推出“爸爸去哪儿”体验游系列产品如：推独轮车、捉泥鳅、穿汉服背三字经、磨豆腐等，成功打开了“亲子游市场”。《爸爸去哪儿》选在新叶古村，提升了建德市的知名度，使新叶在一夜之间红遍全国各地，新叶古村全年接待游客人数12.5万人次，增长8倍，营业收入增长15倍。带动全市11家收费景点接待游客94.52万人次，实现营业收入5967.21万元，分别增长24.0%和12.5%。

2014年建德市大事记

1月

6日　第六届建德新安江·中国草莓节暨杭州果品批发市场推介会活动开幕式在杭州勾庄果品市场举行，并进行了草莓科技合作、草莓休闲旅游合作、草莓销售合作签约。

△　《新安集团志》编纂工作启动。浙江新安化工集团股份有限公司是一家上市公司，是建德市规模最大的民营企业。

8日　建德市吴良俊人民调解工作室在李家镇文化中心成立，是建德市第一家依法登记注册的民间调解机构。

9日　杭州市首个“三江两岸”环保巡回法庭在梅城镇环保所成立。

13日　市委召开十三届六次全体（扩大）会议，审议通过《中共建德市委关于全面深化改革再创体制机制新优势的决定》。

15日　杭州市第二十五帮扶集团成员单位负责人到建德开展联乡结村工作。

16日　市青年联合会召开四届一次全委会，并选举产生市青年联合会第四届委员会常务委员、主席、副主席。

16～17日　杭州市学前教育达标市评估验收组对建德创建杭州市学前教育达标市工作进行评估验收。建德市符合杭州市学前教育达标县（市）的总体要求。

18日　严州中学游泳健身中心开馆运行。

19日　建德市第12家银行业金融机构——中国民生银行股份有限公司杭州建德支行开业。

20～23日　中国人民政治协商会议建德市第十三届委员会第三次会议召开。

22～24日　建德市第十五届人民代表大会第三次会议召开。

25日　建德市召开“五水共治”工作动员（誓师）大会，全面吹响治污水、排涝水、防洪水、保供水、抓节水“五水共治”的集结号。

30日　受H7N9禽流感影响，全市暂时停止活禽交易，暂时关闭全市农贸市场活禽交易区。7月10日，新安江农贸市场、府西农贸市场等10个农贸市场恢复活禽交易。

1月　建德市开始受理一方是独生子女夫妇申请再生育审批。

△　新安江成人文化技术学校被全国总工会授予“2013年全国职工教育培训示范点”荣誉称号。

2月

7日　省委书记、省人大常委会主任夏宝龙到建德调研指导第二批党的群众路线教育实践活动。省委常委、杭州市委书记龚正，省委常委、省委秘书长赵一德等一同走访。

8日　全市深化作风建设大会召开，会议以“治理庸懒散、增强责任心、提高执行力”为主题，全面部署开展深化“作风效能年”活动。

17日　建德市第一批信访听证评议员对胡瑞根信访事项举行信访听证评议，是建德市首次举行信访听证评议会。

18日　全市党的群众路线教育实践活动部署会召开，市委书记戴建平主持会议并作动员部署，省、杭州市委联合督导组组长、杭州电子科技大学党委副书记陈畴镛到会指导。

21日　全市工业经济暨招商引资大会召开。2月25日，全市农村工作大会召开。

25日　建德市召开“三改一拆”暨“无违建市”创建工作动员大会，明确2014年10月底前，全面创建成为杭州市“无违建市”，所有乡镇（街道）都要达到“无违建乡镇（街道）”创建标准。

3月

3日　“建德果蔬乐园”在下涯红群高科技草莓园开园，打造国内首个没有围墙的果蔬主题乐园，奏响了建德休闲观光新模式的乐章。

7日　全市党建工作会议召开，贯彻落实中央、省、杭州市有关会议精神，回顾总结2013年党建工作，安排部署2014年工作任务，进一步提升党建工作科学化水平，为实现建德创业再出发提供坚强保障。

△ 建德市老年大学新校区落成。

12日 市委书记戴建平主持召开市四套班子联席（扩大）会议，对市领导领衔推进重要工作、重点工程、重大项目、招商引资、信访包案、难题破解进行动员部署。

13日 省政府党组副书记、省政府顾问王建满到建德专题调研“五水共治”“三改一拆”等工作。

26日 零时起，杭州市实行小客车总量调控管理，建德等市（县）在总量调控管理之内。

27日 杭州市深化走村访户工作现场会在建德召开。

△ 新安文化艺术研究院成立。

31日～4月4日 省“三改一拆”督查组到建德实地督查走访“三改一拆”暨“无违建市”创建工作。

4月

3日 建德市电动车商会成立，是建德市成立的第一个行业商会。

9日 省政协副主席陈加元到建德调研“五水共治”工作。

△ 杭州市第一人民医院集团与建德市政府医疗合作签约仪式在建德市第二人民医院举行，市第二人民医院冠名为杭州市第一人民医院集团梅城分院。

15日 省委常委、杭州市委书记龚正到建德调研美丽乡村精品村建设和“五水共治”等工作。

△ 中央教育实践活动办调研组到寿昌镇专题调研“走村不漏户、户户见干部”活动的做法和经验。

△ 台湾南投县名间乡农会一行17人到建德参观访问。

△ 建德市首届名茶评比会在金茂宾馆举行。

16日 义乌市建德商会成立。

△ 新安江城市商业综合体项目启动。

19日 全国高频行业第二十次工作会议暨第五届全国高频论坛在建德召开。

19～20日 “第十届中国国际动漫节建德分会场暨‘创意建德’文创产品展会”在新安江广场举行。

21日 全国森林经营样板基地建设座谈会在建德召开。

23日 杭州市委副书记、市长张鸿铭到建德开展蹲点调研。

25日 建德市召开推进权力清单制度暨深化行政审批制度改革工作会议。

△ 市人民法院在大同镇举行揭牌仪式，大同人民法庭恢复设立并投入使用。

5月

8日 洋溪·逸龙文化创意产业园暨浙江省电子商务产业基地开园。

12日 市委书记戴建平应邀走进浙江人民广播电台“浙江之声”直播室，参加“改革面对面——县（市、区）委书记访谈”活动。

12～13日 副省长朱从玖到建德调研普惠金融、信贷支农支小及推进城乡金融服务均衡化等工作。

16日 建德、兰溪在新叶村举行“五水共治”跨区域大会战启动仪式，并签订《兰溪建德“五水共治”大会战战略合作协议》。

△ 建德首部原创动画电影《新地雷战——神勇小子》全国首映式在建德金马时代电影大世界举行。

20日 建德市党的群众路线教育实践活动推进会召开，总结第一环节的教育实践活动，研究部署下一阶段的活动开展。

23日 以“科学生活·创新圆梦”为主题的科技活动周在市文化广场开幕。

29日 建德市召开改革完善食品药品监管体制暨市场监督管理局成立现场会。

△ “美丽浙江·水之韵暨走进钱塘江”全省摄影采风活动在乾潭镇启动。

5月 湖南卫视《爸爸去哪儿》栏目组到新叶古村取景拍摄。

6月

6日 建德市举行禁毒教育基地揭牌启用暨全民禁毒宣传月活动启动仪式。市禁毒教育基地在溪头社区便民服务中心创立。

10日 省委副书记、政法委书记王辉忠到建德调研司法体制改革工作。

△ 杭州市人大常委会主任王金财到建德调研乡镇(街道)人大工作。

14日 全国电动车行业技术创新交流会在建德召开。

17日 杭州市"三改一拆"行动现场会暨"无违建县(市、区)"创建推进会在建德举行。杭州市委副书记、市长张鸿铭参加现场会。

18日 浙江省人民政府咨询委员会主任章猛进到建德调研。

20日 寿昌江汪家至更楼段治理工程动工。

25日 省、杭州市群众路线教育实践活动驻建德督导组通报建德市级领导班子作风建设情况,对下一阶段工作提出要求。

26日 建德市首个村级禁毒主题广场在大洋镇高垣村设立。

30日 副省长黄旭明到建德调研林业产业工作。

7月

1日 全省历史文化村落保护利用工作现场会暨全省促进农民增收工作会议在建德召开。省委副书记王辉忠在会上作重要讲话,副省长黄旭明主持,并就全省农民增收工作进行部署。

1日起 建德市第四批廉租住房(实物配租)面向市区城镇最低收入家庭进行公开配租。

3日 杭州市城乡区域统筹发展第三区县(市)协作组在建德召开2014年度联席会议,回顾总结前三年工作,研究部署2014年任务,落实重点协作项目。杭州市政协主席叶明作重要讲话。

△ 副省长郑继伟到建德调研职业教育和文化工作。

△ 市人大常委会组织杭州市人大代表(建德团)赴萧山大江东产业集聚区考察。杭州市人大常委会主任王金财参加活动。

4日 数字建德地理空间框架建设项目设计书评审会暨省市共建共享协议签约仪式举行。

8~9日 市委常委会召开党的群众路线教育实践活动专题民主生活会。市委书记戴建平主持会议。常委班子及其成员按照"照镜子、正衣冠、洗洗澡、治治病"的总要求,以为民务实清廉为主题,以反对形式主义、官僚主义、享乐主义、奢靡之风"四风"问题和服务群众为重点,联系思想和工作实际,进一步查摆问题,认真开展对照检查。7月14日,市政府党组、市人大常委会党组分别召开专题民主生活会。7月15日,市政协党组召开专题民主生活会。

10日 全市"无违建市"创建工作现场推进会在乾潭镇召开。

11日 全国政协副主席、民进中央常务副主席罗富和在浙江省政协副主席、民进浙江省委会主委蔡秀军的陪同下,到建德调研民进工作。

15~16日 省人大常委会副主任程渭山到建德考察水环境治理工作。

16日 市委召开十三届七次全体(扩大)会议。贯彻省委、杭州市委全会精神,总结上半年工作,研究部署下半年任务,深入推进第二批党的群众路线教育实践活动,确保圆满完成全年目标任务。

16日 "至清·智慧·致青春"2014年中国知名高校新安江龙舟赛官方论坛在建德举行。

17日 第十六届中国·17℃建德新安江旅游节开幕。历时5个月,共推出"水上运动嘉年华""水上休闲嘉年华""水上幸福嘉年华"三大版块及17个独具创意和特色的活动。

△ "大美建德"全国摄影大展在新安江启动。

17~20日 省"三改一拆""五水共治"督查组到建德督查。

19日 以"赏荷花景、享荷田乐、品全荷宴" 为主题的第六届十里荷花节在大慈岩镇里叶村开幕。

22日 《建德市落实党风廉政建设责任制考

核办法(试行)》审议通过。

30日 建德市召开市领导班子专题民主生活会情况通报会。市委书记戴建平通报情况并部署下一步工作,并就抓好当前和下半年的“三改一拆”暨“无违建市”创建、“五水共治”、有效投资、经济指标完成、招商引资、社会服务等工作提出要求。

31日 建德市被省委、省政府、省军区授予“浙江省双拥模范城”称号。

△ 建德市婺剧团《宝弓奇缘》在第十届韩国浦项国际表演艺术节开幕式上演绎。9月23日,建德市婺剧团参加第十七届韩国仁川亚洲运动会文化演出,是中国唯一的一支特邀表演团队。

7月 建德市中医院被国家中医药管理局评为国家二级甲等中医医院。

△ 市审管办设立投资项目联合审批专窗,统一受理投资项目审批工作。

△ 《新叶村保护利用综合试点规划》获得省文物局、省住建厅会审通过,并报国家文物局审批。

8月

8日 建德市全民健身启动仪式暨排舞表演赛在新安江体育馆举行。

11日 由新安江造船厂建造的最大干货船建造完工下水。

12日 新安江主城区城西区块新电路改造项目拆迁工作完成。城西区块新电路改造项目是建德“城市西进”战略的重要项目之一。

13日 “检企共建”廉政文化建设项目——微电影《坝》在新安江水力发电厂举行开机仪式。9月16日举行首映仪式。在深圳第二届微电影节上摘得“最佳影片奖”。

14日 省重点工程白章线洋溪至大洋段公路改建工程通过交工验收,开放交通。

15日 全市安全生产工作例会暨“六打六治”专项行动工作部署会召开。

18日 建德市第四届道德模范(感动人物)二十位候选人名单经评选活动领导小组全体成员投票确定。9月20日 市第四届道德模范(十大感动人物)颁奖晚会在百姓纳凉大舞台举行。

△ 全省放心农贸市场建设和“个转企”工作推进会在建德召开。副省长朱从玖出席会议并讲话。

19日 由建德市人民政府新闻办公室实名认证的“建德发布”网络平台与建德网民见面。

△ 省长李强到建德调研生态建设工作。考察了长宁溪、莲花溪综合治理,梅城城防工程建设,乘船考察新安江、富春江、兰江水环境。杭州市市长张鸿铭一同调研。

21日 市政府与上海股权托管交易中心、上海仟家信资产管理有限公司签订三方战略合作协议,并举办上海股权托管交易中心建德企业挂牌孵化基地授牌仪式。

22日 建德市召开政协工作会议,总结近年来建德政协工作和实践经验,研究部署今后一个时期人民政协工作。

25日 建德市首个物流电商项目——“快到网”签约、注册。

26日 建德成功开出首份无线网络发票。

8月 建德市首份“权力清单”在市政府门户网站公布,并广泛征求社会各界意见建议。全市纳入权力事项清理的部门44个,共梳理权力11013项;审核清理后,涉及行政权力事项的部门35个,保留行政权力事项4288项,清减率六成。

△ 建德市全面开展第一次地理国情普查。

△ 杭州地区五县(市)首个医疗系统网络平台——“医疗云”平台在建德建成投入试运行。

9月

1日 根据公安部、国家质检总局联合发布的《关于加强和改进机动车检验工作的意见》,实行车辆免检新规。

5日 建德市危化品道路运输事故应急中心在浙江新安物流有限公司成立。

9日 市政府与浙大环境与资源学院签署科技合作框架协议,浙大建德环保科技创新创业中心落户杭州市建德高新技术产业园。

10日 建德市举行庆祝第三十个教师节颁

奖晚会。

12日　市人大常委会召开纪念全国人民代表大会成立六十周年座谈会。

16日　省政协原副主席、党组原副书记、省委群众路线教育实践活动驻杭州督导组组长斯鑫良到建德调研教育实践活动。

25~26日　凯特电器、华电电站设备、虎鼎机械、国茂生态4家企业在上海股权托管交易中心中小企业股权报价系统(Q板平台)成功挂牌,实现建德企业在场外市场挂牌融资零的突破。建德市成为浙江省首个在上股交挂牌的县(市)板块。

26日　全市近200名全国、省、杭州市、建德市、乡镇五级人大代表到乡镇(街道)、部分村(社区)共40个人大代表接待站,围绕农村生活污水处理工程建设开展人大代表接待选民活动。

28日　由浙江省文化厅主办,建德市人民政府、浙江省文化馆承办的浙江省第八届排舞大赛在纳凉大舞台举行颁奖仪式。

28~30日　省委党校进修班学员到建德调研“五水共治”“三改一拆”等工作。

30日　全国首个“烈士纪念日”,建德市在革命烈士纪念碑前举行公祭活动。

10月

1日　建德市举行国庆升旗暨成人宣誓仪式,庆祝中华人民共和国成立65周年。

1日起　建德市提高城乡居民最低生活保障标准,城镇居民最低生活保障标准由每人每月480元调整为每人每月520元,增幅8.3%;农村居民最低生活保障标准由每人每月336元调整为每人每月375元,增幅11.6%。

11日　杭黄铁路(建德段)征迁动员大会召开。

15日　国务院安委会第三督查组到建德督查化工行业安全生产工作。

16日　下涯镇丰和村孙家自然村“建德侯”庙开放。是建德市唯一的奉祀建德侯孙韶之庙。

17日　市委召开全市党的群众路线教育实践活动总结大会,学习贯彻中央和省委、杭州市委教育实践活动总结大会精神,特别是习近平总书记的重要讲话精神,总结全市教育实践活动开展情况,对全市新形势下坚持“从严治党”、深化作风建设进行全面部署。

23日　中央电视台百集大型纪录片《走进中国·记住乡愁》栏目组到新叶古村进行为期一周的拍摄。

25日　“南山·福邸”杯第二季《建德好声音》总决赛暨颁奖晚会在市文化中心上演。

27日　2014中国(杭州)休闲发展国际论坛在新安江开幕。

29日　杭黄铁路(建德段)开工建设。杭黄铁路建德境内总长40.93千米,经钦堂、乾潭、杨村桥、下涯、莲花5个乡镇。建德东站地处杨村桥镇。

△　全市第四十一届中小学生田径运动会开幕。

10月　320国道大中修(三期)工程乾潭至芝厦段通车。至此,320国道建德段大中修工程完工,总投资4.42亿元。

△　杭州沈氏节能科技股份有限公司(简称“沈氏节能”,证券代码831224)登陆全国中小企业股份转让系统(简称“新三板”),标志着建德市首家“新三板”上市公司诞生。

11月

3日　市委、市政府举行第十六届中国·17℃建德新安江旅游节投资推介会暨签约仪式。现场共有23个合作项目进行签约,涵盖水产、新能源、先进装备制造、物流电商、休闲旅游养生等新兴产业,投资总额75亿元。

4日　2014年“致中和杯”全国老年人健身球操交流活动在新安江体育馆开幕,来自全国25个省、直辖市、自治区以及澳门特别行政区的46支代表队、687名选手参加交流活动。

5日　杭州市人大常委会主任王金财到建德调研工业园区建设工作。

6日　省委常委、宣传部部长葛慧君到建德调研农村文化礼堂建设工作。

△　副省长郑继伟到建德调研分级诊疗以

及医疗改革工作。

△ “浙江好腔调”浙江省传统戏剧之乡授牌暨展演晚会在大慈岩镇新叶村举行。

6~7日 国家质检总局示范区考核组到建德考核国家级出口低压电器质量安全示范区创建工作。

8日 第六届杭州·建德三都柑橘节在建德果蔬乐园三都春江源柑橘采摘基地开幕。

8~10日 建德市公车改革车辆向社会进行公开拍卖。

11日 省政府党组副书记、省政府顾问王建满到建德调研“三改一拆”“五水共治”等工作。

12日 副省长熊建平到建德检查调研重污染高耗能行业整治提升和钱塘江河长制落实情况。

13日 建德市家谱文化研究会成立。

20日 寿昌南浦革命斗争史纪念馆开馆。

22日 首届建德“淘宝节”活动在新安江广场开启。

26~27日 杭州市“无违建县(市、区)”第一验收组到建德开展验收工作。

12月

3日 杭州市人大常委会主任、党组书记王金财到新安江街道府东社区代表联络站接待选民,“零距离”听取基层意见建议。

5日 市卫生局、市人口和计划生育局合并成立市卫生和计划生育局。

11日 建德市第十五次“春风行动”工作启动。

△ 全市首个救护技能演练馆开放,免费为广大市民进行救护知识技能培训。场馆设在府东社区,开放时间为每周二和周四。

12日 建德市留学人员和家属联谊会第四次代表大会召开。

18~19日 市委书记戴建平,市委副书记、代市长童定干,市政协主席吴铁民带领党政代表团赴安吉、德清、富阳三县(市)学习考察。

23日 建德市与杭州交通投资集团有限公司就23省道(航头至界头段)改建工程签订合作备忘录。

24日 市人民法院举行法官授职暨宣誓仪式。

26日 寿崇德艺术馆开馆典礼暨寿崇德书画展在洋溪街道瑞涵艺术书画院举行。

29日 《建德史志丛书》第一辑首发。

(杨忠平)

编辑:徐健

概 貌

general picture

历史沿革

【概况】 建德市境在1958年前为建德、寿昌两县地。1974年冬，中国科学院古脊椎动物与古人类研究所李家镇新桥乌龟洞内发掘出一枚人类的上犬齿化石，鉴定为更新世晚期后一阶段的智人类型，命名为“建德人”。约在10万年前就有古人类在建德繁衍生息。市境内发现新石器时期遗址多处，由此可知，新石器时期有很多古人在建德境内聚居，从事渔猎、农业、畜牧、蚕桑等生产活动。

建德古为越地。秦王政二十五年（前222）于原吴、越地置会稽郡（郡治在今江苏吴县），今建德地属会稽郡富春县。西汉因之。东汉仍属吴郡富春县。

三国吴黄武四年（225），析富春县地置建德县，县城在今建德市东北的梅城镇，建德之名自此始；同年，又析富春县地置新昌县，县城在今建德市西南的大同镇。两县均属吴郡。晋太康元年（280），新昌县更名寿昌县，寿昌之名自此始。自西晋至南朝的宋、齐两代，建德、寿昌仍属吴郡。

梁普通二年（521），寿昌改属新安郡，南朝陈时亦同。梁普通年间，建德划归金华郡，陈时仍旧。

隋开皇九年（589），寿昌并入新安县（今淳安）；建德并入金华县。

唐武德四年（621），分金华复置建德县，属严州。七年（624），又析建德并入桐庐、雉山两县。永淳二年（683）复置建德县，属睦州。神功元年（697），睦州治移至建德，建德为州治始此。永昌元年（689）复置寿昌县，属睦州，旋又废。神龙元年（705）再置，属睦州。五代，建德、寿昌隶睦州，属吴越国。建德仍为睦州治所。

北宋因之。宣和三年（1121）改睦州为严州，建德、寿昌隶属不变。南宋咸淳元年（1265）升严州为建德府，建德、寿昌属之，建德为府治。

元至元十四年（1277）改建德府为建德路，路治建德，寿昌仍为所属。

明初改建德路为建安府。洪武八年（1375）又改为严州府，府治建德，寿昌仍为属县。

清仍明制。宣统三年（1911）十月，废旧府制，设立严州军政分府，建德、寿昌属之，建德为府治。

民国元年（1912）10月，严州军政分府废。民国3年（1914），建德、寿昌属金华道。民国16年（1927），废道制，建德、寿昌直属浙江省。民国20年（1931），设立第六行政督察区，建德、寿昌属之。民国22年（1933）10月6日，专员办事处设建德。民国24年（1935）9月，在兰溪设立第四行政督察区，建德属之；在衢县设立第五行政督察区，寿昌属之。民国32年（1943）9月，增设第十一行政督察区，建德、寿昌属之。专员公署始设淳安，后移建德。民国36年（1947）5月，撤销第十一行政督察区，建德、寿昌直属浙江省。民国37年（1948）4月，两县又属第四行政督察区。

1949年5月5日，建德、寿昌解放。同月设立第四专署，后改建德专区，建德、寿昌属之。1950年3月22日，撤销建德专署，建德、寿昌属金华专署。1955年3月31日，重设建德专署，建德、寿昌回属。1957年1月，为适应新安江水电站建设需要，分建德县地置相当县一级的新安江区，直属建德专署。1958年3月31日，新安江区改为新安江镇，隶建德县。11月21日，撤销寿昌县，并入建德县。1959年4月，撤销建德专署，建德县划属金华专署。1960年8月，县城由梅城镇移白沙镇(今新安江街道)。1963年5月16日,建德县划属杭州市,至今。1992年4月1日,建德撤县置市,市治新安江镇(今新安江街道)。

【市名由来】 建德市名因封建德侯而来。《三国志·吴书·孙韶传》载,“孙韶,字公礼……权为吴王,迁杨威将军,封建德侯。”又据《三国志·吴书·大帝记》,孙权为吴王是魏文帝黄初二年(221),孙韶封建德侯也是这一年。公元225年,建德置县。孙韶的故乡在建德,原建德县的辖境为孙韶的封地。故此,建德市名因封建德侯而来,取“建功立德”之义。 (市史志办)

地理概况

【区域位置】 建德市地处浙江省西部,钱塘江上游,杭州—黄山黄金旅游线的中段,位于北纬29°12′20″~29°46′27″、东经118°53′46″~119°45′51″。东与浦江县接壤,南与兰溪市和龙游县毗邻,西南与衢州市衢江区相交,西北与淳安县为邻,东北与桐庐县交界。东起乾潭镇梓洲村双门灶,西至李家镇石鼓村卢桐源,长84.38千米;南起航头镇珏塘村,北至乾潭镇罗村村石豹头扶梯岭,宽62.93千米。总面积2325平方千米,占全省面积的2.28%。距杭州高速公路里程108千米,市政府驻地新安江街道新安路1号。

【自然环境】 市境地处浙西丘陵山地和金衢盆地毗连处,地表以分割破碎的低山丘陵为特色,大部分地区地质构造属钱塘江凹槽带,山岭属天目山、千里岗和龙门山系。千米以上主峰有12座,主要分布在境域西北和东南。山脉大致呈北东向西南走向。整个地势为西北和东南两边高、中间低,自西南向东北倾斜。水系由周边向中间汇集,主要河流由西南流向东北,与山脉走向基本一致。

境域水系属钱塘江流域,有新安江及其支流寿昌江和兰江、富春江4条较大河流及38条中小溪流。新安江在市境西部的芹坑埠入境,由西向东流经新安江城区、洋溪、下涯、马目、杨村桥,在梅城与兰江汇合后流入富春江;境内全长41.4千米,流域面积1291.44平方千米。兰江在三河入境,自南而北流经三河、麻车、大洋、洋尾,于梅城东关汇入富春江;境内长23.5千米,流域面积419.38平方千米。富春江由西南流向东北,经乌石滩、七里泷,于冷水流入桐庐县;境内长19.3千米,流域面积615.75平方千米。寿昌江是新安江的一级支流,发源于李家镇长林大坑源,主流长65.8千米,流域面积692.3平方千米;河道曲折,集流时间短,河床宽浅,总落差428米,比降大,流速快,暴涨暴落,易造成洪涝灾害。

境域山地和丘陵占全市总面积的88.6%。北部和西部山岭由古生代到新生代的砂岩、石灰岩和页岩等组成,侵蚀明显,切割较深,山势陡峻,相对高差达400米~600米,坡度常为30°~40°。南部为200米以下的丘陵,地势平缓,坡形浑圆,坡度一般在15度以下,谷地也较开阔。海拔50米以下的平原215平方千米,占全市总面积的9.4%。河谷平原主要分布在新安江、寿昌江及兰江两岸,土地肥沃,排灌条件良好,是建德市的主要农耕地带,也是商品畜禽的重要产区。

【资源状况】 1985年土地概查,境域耕地面积为29901.79公顷,占境域总面积的12.85%。水域总面积8592.11公顷,占境域总面积的3.69%,其中河流面积7515.63公顷、水库面积1076.47公顷,分别占水域面积的87.47%和12.53%。园地面积5839.87公顷,占境域总面积的2.51%,主要种植茶、桑、果等经济作物。据1999年森林资源调查,境域有林地面积15.57万公顷,森林覆盖率达75.4%。境域多山地丘陵、缓坡,发展种植养殖业回旋余地较大。

境内生物资源丰富,据查明,有森林树种700余种、药用植物700多种、动物140多种,其中有44种动植物资源属国家重点保护对象。初步探明的金属、非金属矿有27种,矿点63个,主要矿藏有石灰岩、白云石、大理石、花岗岩、石煤、铜、铁、铀等,其中石灰石储量最大,出露面积约85平方千米,估计储量143亿吨。建德气候温暖湿润,适宜农作物生长，是联合国粮农组织协助建立的全国10个林业技术推广中心县之一。立木蓄积量359.15万立方米。主要经济作物有茶叶、蚕桑、柑橘、严州白梨、里叶白莲、新安江牌草莓、板栗等。其中茶叶为全国重点生产县之一，柑橘、板栗是浙江省重点产区；里叶白莲洁白如玉，质地优良，为浙江省名土特产；严州白梨晶莹如雪，肉质细嫩，南宋时即为皇家贡品。境内水系发达，河网密布，水资源、水力资源较丰富，水资源总量18.58亿立方米，水能蕴藏量6.81万千瓦。水质极佳的淡水资源，又为大水面网箱养鱼奠定了基础。

建德山川毓秀，境贯"两江一湖"(富春江、新安江、千岛湖)，旅游资源丰富，是国家首批公布的重点风景名胜区之一。新安江水电站的建成，使新安江城形成了冬暖夏凉的独特小气候，为江南难得的旅游休养胜地。 (市史志办)

区划人口

【行政区划】 2014年年末，建德市辖3个街道、12个镇、1个乡；群众自治组织有232个村委会、24个社区、15个居民区。区域数均与2013年一致。

【全市人口】 年末，全市总户数169802户，比上年增加382户，增长0.23%；总人口509719人，增加777人，增长0.15%；平均每户3人。全年出生人口5227人，增加997人，出生率10.26‰，比上年增长1.95个千分点。全市死亡人口3816人，减少43人，死亡率7.49‰，比上年下降0.09个千分点。自然增长1411人，自然增长率2.77‰，比上年增长2.07个千分点。

【人口结构】 总人口中，男性259670人，占总人口的50.94%；女性250049人，占总人口的49.06%。性别比为(女=100)103.85，比上年下降0.30。全市非农业人口130237人，占总人口的25.55%，比上年增加161人，增长0.12%。

【年龄分布】 全市15周岁以下(含不满16周岁)59945人，比上年末增加582人，增长0.98%；16周岁～59周岁(含不满60周岁)343145人，减少4383人，下降1.26%；60周岁及以上105013人，比上年末增加4833人，增长4.82%；65周岁以上70092人，增加3007人，增长4.48%。

【人口分布】 新安江、洋溪、更楼3个街道总人口116956人，占总人口的22.95%，比上年增长0.05个百分点。西部地区(寿昌镇、大慈岩镇、航头镇、大同镇、李家镇)总人口179091人，占总人口的35.14%，比上年减少0.05个百分点。东部地区(莲花镇、下涯镇、杨村桥镇、梅城镇、大洋镇、三都镇、乾潭镇、钦堂乡)总人口213672人，占总人口的41.92%，与上年持平。

【人口迁移】 2014年，全市迁移人口4982人，比上年减少181人，增长3.77%。其中，迁入人口2342人，增加223人，增长10.52%，其中省外迁入1601人，比上年增加212人，增长15.26%；迁出人口2640人，比上年减少42人，下降1.57%，其中迁往省外713人，比上年减少207人，下降22.50%。 (黄寅)

气 象

【概况】 2014年，全市气温偏高，降水偏多，雨日接近常年，日照偏少。梅雨较为典型，无霜期比常年偏长。全年灾害性天气主要为：2月份的3次较明显降雪，3月、7月的强对流天气，5月～6月间的3次暴雨灾害，8月的持续低温阴雨寡照天气和"麦德姆"台风影响等，给全市工农业生产和群众生活带来较大损失。

【气温比常年偏高】 年平均气温17.3℃，比常年高0.4℃，比上年低0.1℃。各地年平均气温差异较大，最高的梅城、三都、里叶测站，为17.8℃，最低的乾潭镇大珠测站(罗村村)，为14.5℃，相差3.3℃。年极端最高气温37.7℃，出现在8月5日，比历史极值低5.2℃,为2000年以后最低值;年极端最低气温-4.6℃,出现在1月23日,比历史极值偏高4.1℃。月平均气温除2月、7月、8月和12月比常年偏低外,其余月份均比常年偏高,其中1月、3月、9月、10月和11月气温比常年偏高明显,8月气温比常年明显偏低。全年极端最高气温≥35℃的高温日数23天,比常年偏少13天,为2000年以后最少。全年极端最低气温≤0℃的低温日数27天,比常年少1天;未出现极端最低气温≤-5℃的低温天气。

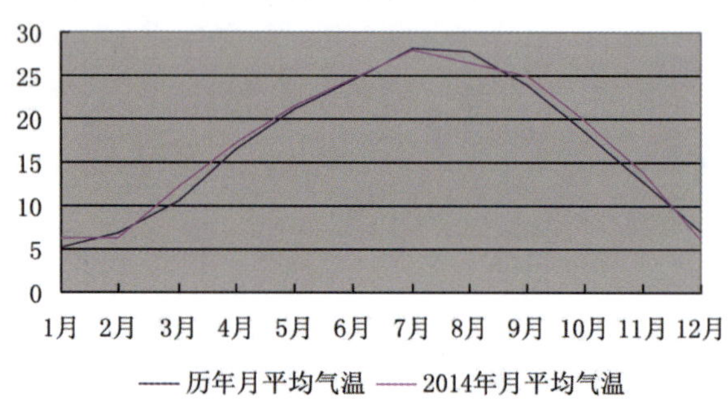

图1 2014年建德市各月平均气温变化

全年无霜期292天,比常年多31天。无霜期之长为历史第3位、1986年以来最长年。终霜日2月15日,比常年早19天;初霜日12月5日,比常年迟13天。

【降水量比常年偏多】 全年总降水量1726.8毫米,比常年多146.4毫米,比上年多204.2毫米;雨日159天,接近常年。全市各地降水分布不均匀,年降水量最多的大同镇黄金坞水库测站为2203毫米,最少的莲花测站为1407.8毫米,年降水量相差795.2毫米。降水时空分布不均,1月、4月、9月、10月和12月降水比常年偏少,2月、3月、6月、7月、8月和11月降水比常年偏多,5月降水接近常年。6月~8月连续3个月降水量比常年偏多,其中6月降水偏多125毫米、7月偏多105.7毫米、8月偏多86.5毫米。9月~10月,降水量连续偏少,部分山区出现秋旱。

全年共出现日雨量50毫米以上的暴雨天气6天,分别出现在5月14日(雨量63.1毫米)、6月20日(50.0毫米)、6月21日(88.7毫米)、6月27日(81.7毫米)、7月13日和24日(55.2毫米);未出现日雨量100毫米以上的大暴雨天气。

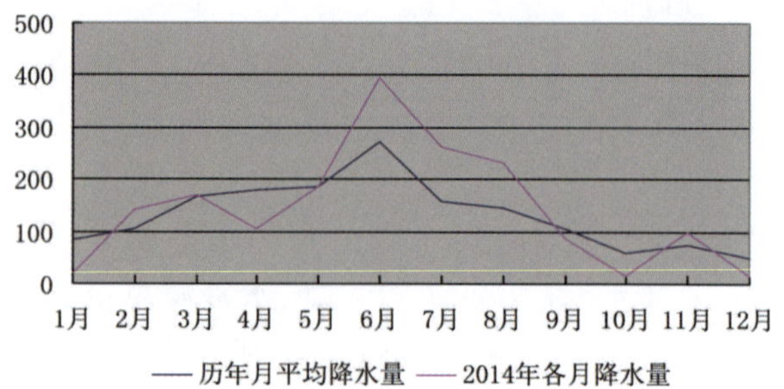

图2 2014年建德市各月降水量变化

5月~7月上旬,梅汛期总降水量638毫米,比常年偏多92毫米。梅雨较为典型,6月17日入梅,7月7日出梅,梅雨期20天,比常年少4天;梅雨量437.6毫米,比常年多105毫米。梅雨期出现2次较明显降水过程,分别出现在6月19~24日和27~28日,过程雨量分别为248.3毫米(大同镇黄金坞水库测站最大369.6毫米)和110.3毫米(航头镇梅岭测站最大142毫米),引发了局地性的洪涝灾害和山体滑坡等地质灾害。

【日照偏少】 全年日照总时数1602小时,比常年偏少169小时,比上年偏少226.6小时,为2000年以后最少值。月日照时数除1月、3月、10月、12月比常年偏多外,其余各月均比常年偏少。4月~9月连续6个月日照比常年偏少,其中8月日照仅118.7小时,比常年少98.6小时,为1957年以后第二少值年;1月日照161.7小时,比常年偏多63.2小时,为近50年最多值。

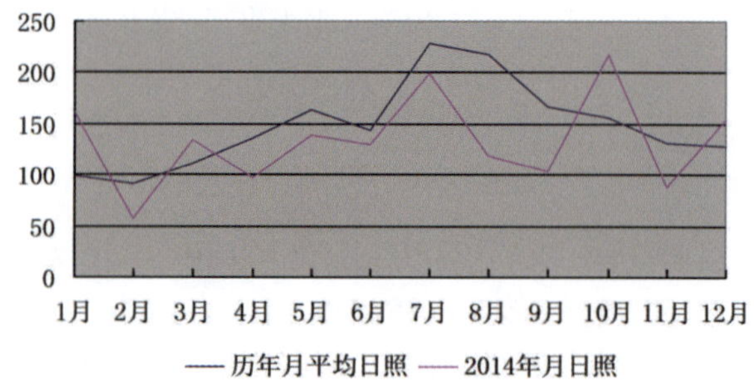

图3 2014年建德市各月日照变化

【3次暴雨灾害】 受西南暖湿气流和弱冷空气共同影响，5月13日19时起全市普降暴雨，部分乡镇(街道)出现大暴雨天气过程。至14日8时，全市平均面雨量72.5毫米，有18个自动站雨量超过80毫米，其中雨量最大的大同镇黄金坞水库测站112.6毫米，最小的三都测站48.8毫米，城区新安江测站66.7毫米。建德市新安江城区部分路面积水达30厘米左右，对城市道路交通产生较明显的影响。

受高空槽、低层低涡切变线共同影响，6月19～24日，全市出现持续强降雨过程，平均面雨量达230.8毫米，53个自动气象站中有70%以上的测站雨量超过200毫米，其中西南部乡镇有5个测站雨量超过300毫米，大同镇黄金坞水库雨量最大达369.6毫米。暴雨造成较严重的洪涝灾害，22508人受灾，直接经济损失3849万元；紧急转移安置612人，开放避灾安置点1个；农作物受灾面积760公顷，其中81公顷农作物绝收；倒塌损坏房屋26间，其中农房18间。

6月26日20时～27日20时，全市平均面雨量74.5毫米，最大的大洋镇三河测站118.6毫米；有6个区域自动站雨量超过100毫米，其中航头镇梅岭测站117.5毫米、大店口曲斗测站110.4毫米。

【8月低温阴雨寡照】 8月，全市出现持续低温阴雨寡照天气，对农业生产产生较大影响。8月中旬平均气温24.2℃(常年27.9℃)，为历史最低；其中8月14～20日为连续阴雨寡照天气，总雨量209毫米，接近常年同期的4倍，为历史最高值；8月中旬光照5.2小时，为历史最少值。

【“麦德姆”台风影响】 7月23日下午～25日上午，受2014年第10号“麦德姆”台风影响，建德市出现明显的风雨过程，全市平均面雨量84.7毫米，总体分布西多东少，共有10个站点雨量超过100毫米，雨量最大的李家测站达135.2毫米；更楼、乾潭、三都等地出现8级以上大风，其中更楼红旗水库测站最大风力达9级(22.1米/秒)。全市江河水位上涨，部分乡镇农房受损倒塌，低洼农田被淹。

【雷击灾害】 根据浙江省气象局闪电定位监测数据分析，2014年全市共发生地闪(云地之间的闪电)8509次，其中正地闪310次，负地闪8199次。地闪总数较2013年的10632次减少约两成。地闪数在杭州地区仍位居第二位(全省第15位，较2013年下降两位)，占杭州地区的23.72%。

地闪主要集中在两个区域：西南侧的李家、大同、航头和中部的莲花、下涯、洋溪等乡镇(街道)。其中大同镇地闪次数及密度均为全市最高，地闪数1054次，占建德市总地闪12.39%。钦堂乡地闪次数及密度均为全市最低，仅48次。东北侧的钦堂、乾潭、三都以及东南侧的大慈岩周边分布较少。

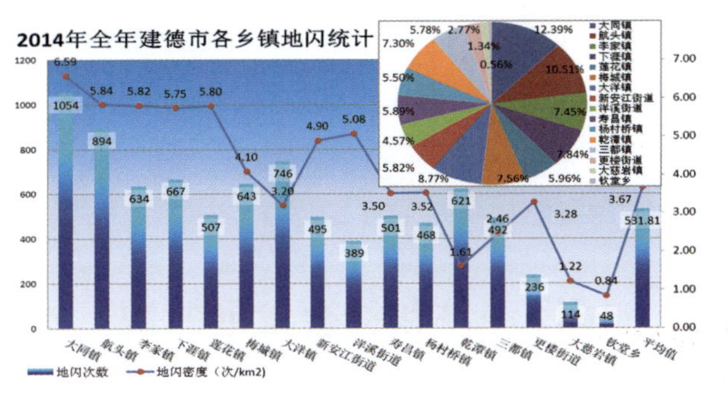

图4 2014年建德市各乡镇(街道)地闪统计图

图5 2014年建德市各乡镇(街道)地闪空间分布图

全年雷电天数达99天(有5次及以上地闪的日数为66天)，远高于常年平均54.1天，主要出现在7月～9月，其中7月最多，8月、9月递减。

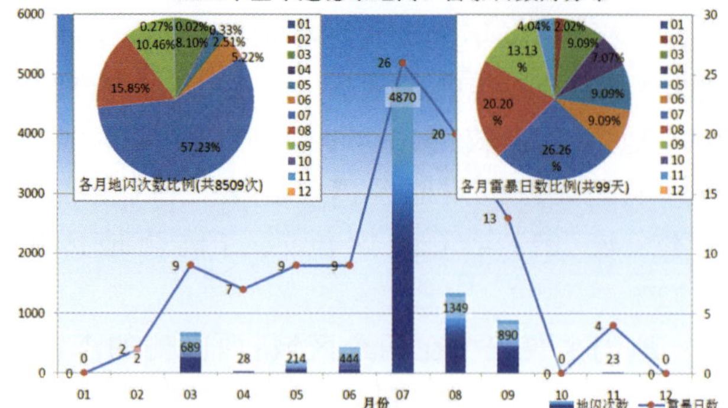

图6 2014年建德市地闪、雷暴日数月分布

全年发生雷击事故13起，分别是3月3起、4月1起、7月5起、8月4起，较2013年的31起减少58%。全年因雷电灾害造成建（构）筑物受损1起，办公电子电器设备受损10起，家用电子电器设备受损2起，无人员伤亡。

注：历年各月平均值均为1981年~2000年30年平均资料。

（许 宏）

国民经济和社会发展概况

【地区生产总值299.57亿元】 2014年，全市实现地区生产总值（GDP）299.57亿元，增长8.1%。其中，第三产业增加值107.73亿元，增长10.0%。三次产业结构为9.57∶54.47∶35.96。按年末户籍人口计算的人均生产总值为58771元。

【财政收入33亿元】 2014年，全市财政总收入33.32亿元，增长8.5%；其中，地方财政一般预算收入18.70亿元，增长8.0%。在税收收入中，增值税11.99亿元，增长3.4%；营业税3.96亿元，增长9.0%；企业所得税7.29亿元，增长25.7%；个人所得税2.44亿元，增长11.9%。全年地方财政支出31.24亿元，增长13.9%。

【工业总产值706亿元】 2014年，全市工业总产值706.32亿元，增长3.1%。工业销售产值695.01亿元，其中规模以上工业销售产值425.17亿元，增长7.6%。规模以上工业实现新产品产值132.13亿元，增长20.7%，新产品产值率由上年的27.3%提高到30.7%。规模以上工业高新技术产业实现销售产值108.55亿元，增长0.2%。

【农林牧渔业总产值45.9亿元】 2014年，全市农林牧渔业总产值45.9亿元，增长6.2%。其中，农业产值26.7亿元、林业产值2.5亿元、牧业产值13.6亿元、渔业产值2.1亿元，分别增长16.3%、增长10.4%、下降7.3%、下降14.3%。全年粮食总产量7.3万吨、水产品产量1.2万吨、肉类2.9万吨、禽蛋9.5万吨、水果20.4万吨。畜禽、水产品、蔬菜、竹业、草莓、干果、蚕桑、药材、柑橘、莲子、茶叶、油茶十二主导特色产业实现产值35.1亿元，占农林牧渔业总产值的76.4%。

【对外贸易实现增长】 2014年，全市外贸进出口总额9.42亿美元，增长7.7%。其中，进口总额0.76亿美元，下降19.8%；出口总额8.66亿美元，增长11.0%。

【文化体育事业】 2014年，全市总藏书559.59千册（件），书刊外借280千册次。县（市）级以上文物保护单位91处（群），其中国家级3处（群）。有线电视用户12万户，有线电视信号100%数字化。《今日建德》发行250期，共2.1万份。全年举办各类群众性体育比赛147场，参赛运动员2.17万人次。全市健身苑点610个，其中当年新建17个。体育设施达到省级标准的行政村149个。全市体育场馆2个。全年获得杭州市级以上各类奖牌总数364枚，其中金牌155枚。

【教育事业】 2014年，全市幼儿园36所、小学28所、中学29所，在园幼儿12545人、在校小学生20851人、在校中学生23462人（其中初中11917人、高中8946人、高职2599人）。全市专任教师4029人，其中幼儿园专任教师702人、小学专任教师1309人、初中专任教师1202人、高中专任教师637人、高职专任教师156人、教师进修学校专任教师9人、电大专任教师8人、特殊教育学校专任教师6人。

【科技事业】 2014年，全年R&D（科学研究和试验发展）经费4.66亿元，比上年增长13.7%，与地区生产总值（GDP）比为1.72%。全年实施各类科技计划224项，其中国家级9项。年末，全市被认定的高新企业89家，其中国家级20家。杭州市级以上高新技术企业研发中心44个，其中省级以上18个。全年专利申请1456项，专利授权1213项。

【社会保障】 2014年年末，全市参加社会基本养老保险人数36.27万人，参加城乡居民基本医疗保险34.05万人。城镇登记失业人数6696人，城镇登记失业率2.66%。敬老院14所，年末敬老院供养人数1112人。全市最低生活保障10134人，其中城镇621人、农村9513人，城镇居民最低生活保障线标准520元/人·月，农民最低生活保障线标准375元/人·月。公积金缴存职工37977人，公积金归集额35.35亿元。

表1　**2014年建德市国民经济主要指标**

指标		单位	2014年	
			总量	增长±%
人口	年末户籍人口数	万人	50.97	0.2
	年均户籍人口数	万人	50.93	0.0
	年末常住人口数	万人	43.83	0.3
综合	生产总值（GDP）	亿元	299.57	8.1
	其中：第一产业	亿元	28.65	3.2
	第二产业	亿元	163.19	8.1
	第三产业	亿元	107.73	10.0
	人均生产总值（GDP/年均户籍人口）	元	58816	8.0
农业	农业总产值	万元	459058	6.2
	其中：主导特色农业产值	万元	350955	2.5
工业	工业总产值	万元	7063244	3.1
	其中：规模以上	万元	4309962	7.5
	其中：新产品产值	万元	1321296	20.7
	工业销售产值	万元	6950149	3.2
	其中：规模以上	万元	4251733	7.6
	其中：高新技术产业	万元	1085535	0.2
	水产业	万元	233402	17.9
	高新园区	万元	587715	15.0
	规模工业企业家数(±%为绝对额)	家	355	-9
	规模工业利税	万元	431298	-3.5
	自营出口额	万美元	86608	11.0
财政	财政总收入	万元	333247	8.5
	其中：地方财政	万元	187008	8.0
	地方财政支出	万元	312391	13.9

续表1

指标		单位	2014年	
			总量	增长±%
金融	金融机构存款余额	亿元	285.61	5.5
	其中:储蓄存款	亿元	185.61	10.8
	金融机构贷款余额	亿元	239.63	3.1
固定资产投资、房地产	固定资产投资	万元	1432850	21.8
	其中:基础设施投资	万元	406428	72.9
	第一产业	万元	39870	99.6
	第二产业	万元	598190	13.0
	其中:工业现代化技改	万元	478814	-4.8
	第三产业	万元	794790	26.8
	其中:房地产投资	万元	277431	0.9
	房地产开发住宅施工面积	万平方米	147.03	16.8
	房地产开发住宅竣工面积	万平方米	2.46	357.5
	商品房销售面积	万平方米	19.04	-1.4
	商品房销售额	万元	153039	6.1
商贸	社会消费品零售额	万元	876595	13.5
	其中:批发零售业	万元	724273	13.5
居民收入	城镇居民人均可支配收入	元	35117	10.5
	农村居民人均可支配收入	元	18295	11.4
	低收入农户人均纯收入	元	7591	15.7
社会用电	全社会用电量	万千瓦时	286728	6.9
	其中:第一产业	万千瓦时	2247	-13.6
	第二产业	万千瓦时	241686	8.7
	其中:工业	万千瓦时	239761	8.6
	第三产业	万千瓦时	17927	3.7
	城乡居民用电	万千瓦时	24867	-4.3

(黄 寅)

编辑:徐健

农业·农村

Agriculture & Countryside

农业综述

【概况】 2014年，建德市农业农村工作坚持以城乡融合发展为主题，以全面深化农村改革为统领，围绕“强农业、美农村、富农民”目标，落实各项政策举措，推进农业农村工作。全市农业总产值达45.9亿元，比上年增长6.2%；农村居民人均可支配收入18295元，增长11.4%，两项增幅均列杭州市第一，持续保持“十一五”以来高幅增长态势。

【优势特色产业提升】 10月，市委、市政府出台了《关于进一步加快现代农业发展实施意见》《关于加大对畜禽养殖户停养转产扶持力度的意见》，提出了对特色产业进行完善提升的总体规划与具体措施，确定草莓、茶叶、药材为三大优势产业扶持重点，并对畜禽停养转产提供政策保障。全年实施农业主导特色产业提升项目162个，提升现代农业示范园6个。实施十大农业项目10个，完成投资2亿元。主导特色产业实现产值34.4亿元，占农业总产值的75.0%。

【农业经营主体培育】 2014年，全市新增省级农业龙头企业1家（浙江久晟茶业发展有限公司，位于大同镇工业园区，生产茶油、茶皂素，拥有“千岛源”商标，2014年年销售额13454万元），杭州市农业龙头企业8家，认定建德市级农业龙头企业88家。组织37家农业企业入驻“阿里巴巴·建德农食馆”，开展草莓专题等系列销售活动，全年实现线上交易3172万元，带动线下交易2.2亿元。规范农民专业合作社建设，全年新增国家级示范专业合作社2家（建德市下涯红群草莓专业合作社、建德市梅城桐溪禽类专业合作社）、杭州市规范化专业合作社5家（建德市大洋镇老六头水产专业合作社、杭州富民香榧专业合作社、建德市大慈岩莲子专业合作社、建德市上马茶叶专业合作社、建德市农明蔬菜产销专业合作社），认定建德市示范性农民专业合作社21家；出台《建德市示范性家庭农场认定管理办法试行》和《关于规范化农民专业合作社评定办法》，新增省级示范性家庭农场3家（建德市大慈岩镇景塘家庭农场、建德市梅城镇伊夏家庭农场、建德市寿昌镇雅梦家庭农场）、杭州市示范性家庭农场7家，认定建德市级示范家庭农场23家。

【农业招商引资】 3月，市政府出台《关于建立金融支农长效机制的实施意见》《关于切实保障现代农业发展配套建设用地的实施意见》，夯实农业招商引资基础。通过阿里巴巴建德农食馆运营商、“建德果蔬乐园”宣传平台，以及电视综艺节目《爸爸去哪儿》媒介，与客商开展对接交流。全年引进各类农业项目35个，协议资金6.42亿元，到位资金4.27亿元。

【新建多个休闲农业与乡村旅游项目】 成功推出全国首个乡村旅游品牌——“建德果蔬乐园”，建成红群草莓、江南春堂铁皮石斛、平坡谷蓝莓、红地球绿色葡萄、艾利斯玫瑰、三都春江源柑橘等6个“建德果蔬乐园”采摘（仿生、体验）点。全年培育三都镇松口村等省特色村（点、经营户）5个、小诸葛实业发展有限公司等杭州农家乐休闲精品示范项目7个。开展农村现代民宿试点15

个，寿昌镇河南里村等5个民宿试点建成营业。全年乡村休闲旅游接待游客总量107万人次，实现收入1.09亿元。

【农业品牌建设】 2014年，谷王牌乳猪用配合饲料、里叶牌白莲浙江名牌产品通过复评，新增3个杭州市著名商标（“林小香”“严州府”“红群”）。全市累计3个（“怡可”“致中和”“根发”）商标在49个国家和地区注册，创建中国名牌产品1个（农夫山泉），中国驰名商标5个（“致中和”“秋梅”“农夫山泉”“千岛银珍”“怡可”），中华老字号1个（致中和五加皮酒），国家地理标志保护产品4个（“建德苞茶”“致中和五加皮酒”“里叶白莲”“怡可牌龙井茶”），国家农产品地理标志保护产品2个（“XinAnJiang草莓”“千岛银珍”）；浙江省知名商号3个（“致中和”“农夫山泉”“怡可”），名牌产品7个、著名商标12个；杭州市名牌产品8个、著名商标23个。

表2

2014年建德市十大农业项目情况

项目名称	项目地址	项目主要内容	投资额（万元）
生物质能（沼气）发电建设项目	钦堂乡	新建一条日处理1000吨废水处理系统工艺，新建年产2万吨生物有机肥生产线1条，新建病死猪无害化处理工艺1条	3500
新建有机茶叶生产线	乾潭镇	项目投资1500万元购置先进的茶叶深加工设备，新建有机茉莉花茶生产线、有机红茶生产线、有机乌龙茶生产线各1条	1500
生猪定点屠宰深加工项目	梅城镇	占地1.67公顷，建造标准厂房6000平方米，办公用房1300平方米，仓储或其他用房1800平方米，其他用房200平方米；投入全自动生产线1条，以及相配套的其他相关设备设施；冷库2座，预冷库200吨、暂存库300吨；日处理1000吨污水处理厂1座；架设容量1300千伏安高压变电设备	2500
鸡蛋生物反应器技术研究及产业化项目	杨村桥镇	提升14000平方米养殖基地，改扩建加工合成厂房及仓储其他用房并引进双螺旋进料机、星形出料器、振击器、一级循环泵、二级循环泵、空气过滤器Ⅰ、旋风分离器、布袋除尘器Ⅰ（含滤袋组件电磁脉冲阀）、电热鼓风恒温干燥箱、定氮仪、蛋品检测仪等设备	2000
“山田·致中和”百草园项目	大慈岩镇	完成50公顷五加皮、栀子、玉竹、玫瑰花等中药材育苗、种植工作；完成88.67公顷土地整理、观景台建设及休闲体验园提升工作	1500
新安农业服务中心项目	新安江街道	新建农业综合服务楼1幢1200平方米，农资储备仓库1个3050平方米，加工厂房1个2000平方米；购置自动包装机、烘干机、滴灌等生产设备	1200
年产3万吨精制米技改项目	寿昌镇	完成新建生产厂房9700平方米，办公用房1100平方米，以及厂区内基础设施完善和配套项目；引进日产150吨精制米生产线和批烘干36吨生产线	2380
蛙类科技养殖示范园项目	航头镇	新建黄粉虫培育房、管理用房；新建蛙池4公顷、石蛙露天生态池1.33公顷、林蛙露天生态池2公顷、钢架大棚15000平方米；引进蛙种及黄粉虫饲料	2000
藏红花标准化种植和深加工项目	三都镇	建立6.67公顷藏红花集中种植基地，建设3000平方室内培育、加工、生产厂房，配置室内恒温、恒湿、控光系统，购置架子、匾及冷藏、烘干等设备	2080
葆元生态循环有机农产品生产项目	大慈岩镇	建设加工厂房500平方米、办公用房640平方米、仓储用房600平方米、养殖房4000平方米；山羊养殖基地面积2公顷，种羊存栏量500头左右，出栏商品羊2000头左右。种植生态中药材铁皮石斛1公顷、生态果品3.33公顷、生态苗木1.33公顷、生态饲料2.67公顷	1800

表3 2014年建德市新培育杭州市级农业龙头企业情况

企业名称	企业地址	企业产品	企业品牌	年销售额（万元）
浙江瑞德农业科技有限公司	航头镇大店口村	火龙果、芦笋等各类果蔬	瑞德	3019
建德市目科生态农业开发有限公司	大洋镇大洋村	炭棒		2965
格林生物科技股份有限公司	梅城镇马南高新技术产业园	柏木油、松节油、格林酮		30711
建德市康庆农业发展有限公司	下涯镇之江村	粮油饲料、农副产品	“省级农家乐示范点”	3409
杭州开扩农业设施有限公司	三都镇工业功能区	温室大棚材料的设计、生产、施工以及喷雾器等	开扩	3052
建德市山木食品有限公司	大慈岩镇陈店村	里叶白莲	“山木”“三莲冠”“里叶白莲”	4131
建德市山田农业科技有限公司	大慈岩镇檀村村	中药材	“百草吉”	3022
建德市三弟兄农业开发有限公司	建德市梅城镇南峰村	冷鲜鸡、鸭	千岛弟兄	8250

表4 2014年建德市农业招商引资1000万元以上项目

招商项目名称	投资人	项目地址	投资额（万元）	
			协议资金	实到资金
有机种植、养殖及生态农业观光项目	杭州市项晖浙江光彩投资管理有限公司	梅城镇	1000	1000
柘溪山生态农庄清洁能源系统项目	中国水电顾问集团华东勘测设计研究院工会委员会	梅城镇	1567	1567
农业开发项目	建德市信创农业开发有限公司	梅城镇	3000	3000
盘山农业综合开发	建德旷野农业开发有限公司	大同镇	5000	2720
杭州承蒙农业桂花村基地	杭州承蒙农业开发公司	寿昌镇	1000	1000
百草园项目	山田农业科技有限公司	大慈岩镇	1500	1300
藏红花标准化种植和深加工项目	建德市三都新和西红花专业合作社	三都镇	2080	1480
天赐生态茶园旅游开发项目	盾安控股集团有限公司 浙江怡可能源有限公司	三都镇	15000	2312
奶牛养殖	杭州新希望双峰乳业有限公司	更楼街道	3000	2089
享旺养身苑建设工程	兰溪市陈体源、临安市余贞莲	更楼街道	1550	1550
中药深加工生产线	洪山、桑泽强	更楼街道	1660	1660
养殖场扩建工程	建德市喜羊羊生态养殖有限公司	更楼街道	1720	1720
天赐股权转让	杭州越昌科技有限公司	乾潭镇	4678	4678
建德3000万羽家禽综合开发项目	杭州金三意食有限公司	莲花镇	2900	2900
生物能源（沼气）发电项目	杭州国茂生态农业科技开发有限公司	钦堂乡	1335	1335

表5 2014年建德市农产品获奖情况

企业名称	产品/商标	类别
浙江国茂饲料有限公司	谷王牌乳猪用配合饲料	浙江名牌产品通过复评
浙江省建德市里叶白莲开发有限公司	里叶牌白莲	
杭州小香生态农业科技有限公司	林小香	杭州市著名商标
浙江严州府食品有限公司	严州府	
建德市下涯红群草莓专业合作社	红群牌	
浙江秋梅食品有限公司	秋梅牌农家干菜、方腊酱	2014年浙江农业博览会金奖
浙江省建德市里叶白莲开发有限公司	里叶牌白莲	
浙江千岛银珍农业开发有限公司	千岛银珍牌茶叶	
浙江御香露酒业有限公司	御香露牌莲子酒	
浙江秋梅食品有限公司	秋梅牌倒笃菜	2014年浙江农业博览会优质奖
浙江严州府食品有限公司	严州府牌东坡肉	
建德市新龙食品有限公司	千岛一珍牌风味鱼干	
浙江久晟茶业发展有限公司	千岛源牌原味茶油	

新农村建设

【“秀美山村”建设】 按照《关于开展“秀美山村”建设的实施意见》和《关于开展中心村培育建设的实施意见》等政策意见，以农村生活污水治理为重点，推进“秀美山村”建设，全年实施以中心村、精品村、精品线路、精品区块和风情小镇为主要内容的“秀美山村”建设项目194个，完成投资2.47亿元(不含农村住房改造)。其中，更楼街道甘溪村等6个重点推进中心村、24个一般推进中心村实施并完成建设项目106个，投资1.56亿元；实施梅城镇洋程村等10个精品村(2014～2015年)建设项目56个，共完成45个、投资6700万元；建设“大慈岩—古村落风光线”(2014年)、“玉泉寺—三江口风情线”(2014年)、“胥江七里扬帆风景线”(2014～2015年)和“温泉楠木林休闲观光线”(2014～2015年)4条精品线路项目22个，完成5个、投资1200万元；建设“乾潭养生养老”精品区块(2014～2015年)项目4个，完成2个、投资450万元；推进幸福村“风情小镇”(2014～2015年)建设项目6个，完成2个、投资700万元。

【历史文化村落保护】 投资1200万元，完成大慈岩镇李村村的2013年杭州市历史文化村落保护利用重点村建设任务，并通过验收。7月1日，全省历史文化村落保护利用工作现场会暨全省促进农民增收工作会议在建德召开，全省相关地市、县(区)，省直有关单位负责人共计160余人参加会议。省委副书记王辉忠在会上作重要讲话，副省长黄旭明主持，建德市委书记戴建平就加强历史文化村落保护利用工作作了典型发言。会后，与会人员实地考察了大慈岩镇新叶古村。7月，大慈岩镇上吴方村省历史文化村落保护和利用工程规划(2014～2016年)，通过建德、杭州及省三级评审，是建德市首个省历史文化村落保护和利用工程，该工程以“综合保护古建筑、发掘传承古文化、整治美化古村落、培育发展古村游”为主要内容，综合推进农村生活污水治理、8幢古建筑修复保护、68户古民居修缮、1座农耕文化展厅建设以及三线改造、村庄整治美化、古道修复和1公顷农户安置区块建设，2014年启动古建筑、古民居修缮保护和村庄整治美化建设项目3个，至年底，完成投资320万元。新叶古村先后承办举办了浙江省传统戏剧之乡展演晚会、央视《走遍中国》栏目和湖南卫视《爸爸去哪儿

(Ⅱ)》摄制等重大活动。

【农村住房改造】 按照杭州市农村住房改造再搞三年(2014~2016年)的工作部署,继续推进新一轮农村住房改造工作,完成农村住房改造3066户,总投资2.71亿元;完成“三改一拆”城中村改造29万平方米;320户困难家庭危房得到改造。完成乾潭、大洋、三都等3镇农房改造安置小区及大慈岩镇里叶村、李家镇沙墩头村、航头镇灵栖村、钦堂乡谢田村等中心村集聚点建设,农户陆续搬入新居。

【农村环境整治】 结合“五水共治”“三江两岸”“四边三化”建设,落实农村生活污水治理、“清洁乡村”长效保洁制度,强化农产品加工企业及农家乐污染源治理。全市投资4.9亿元,完成农村生活污水治理村144个,其中57个中心村、精品村治理资金4.46亿元,占投资总额的91%。各行政村、撤村建居社区均建成1个以上规范式垃圾收集房,共计245座(新建81座),在更楼街道、梅城镇、大同镇各配1辆密闭式压缩垃圾清运车辆。分两批在78个村开展农村垃圾资源化、减量化、无害化分类处理试点,全市农村生活垃圾分类村覆盖率33.6%,大洋镇庆丰村的垃圾堆肥“三坑自然发酵式”经验得到总结并在全市推广。完成12家农产品加工企业、24家农家乐的污染物处理系统建设工作,完成年度计划的144%;大慈岩镇十里荷花生态农庄、寿昌镇十三都农家庄、航头镇乐乐饭店3家“农家乐”,被列入杭州市2014年度农村生态建设项目,共获补助资金25万元。结合“一事一议”项目实施一般整治村项目34个,投资3400万元。

农村经营管理

【农村“三资”管理】 按照加强村级集体“三资”管理要求,市农办规范村级非生产性开支,完善农村集体“三资”管理制度。强化农村审计监督和财务检查,对发现的问题及时督促有关乡镇(街道)限期整改。通过完善制度和规范管理,全市90%行政村达到规范化建设要求,其中:A档(示范)村70个,占29.1%,B档(规范)村147个,占61.3%,C档村20个,占8.3%,D档村3个,占1.3%。

【农村改革】 2014年,在大慈岩镇开展的建德市土地承包确权登记试点工作全面完成。12月,市农办制定出台《建德市农村土地流转经营权登记管理办法(试行)》及《关于土地承包经营权流转资金补助的实施细则》。全年新增土地流转3626.67公顷(连片33.3公顷以上流转项目10个、6.7公顷以上流转项目24个),其中耕地流转面积455.8公顷;大慈岩镇吴山村、大洋镇里黄村、梅城镇伊村村实现整村流转。市政府制定《关于建立金融支农长效机制的实施意见》,推行农用设施抵押贷款,共发放贷款3笔350万元,有效破解农用设施抵押贷款难问题;出台《关于切实保障现代农业发展配套建设用地的实施意见》,在杨村桥草莓观光休闲种植园开展设施农用地配套试点。

【村级集体经济发展】 2014年,按照“以集体资产所有权置换股份合作社股权、实现农村三个置换”的要求,新增股份制改革村92个,全市累计209个村完成村集体资产股份制改革(含撤村建居社区),占全市行政村总数的87.1%。2月,市委组织部、市农办、市财政局联合出台《建德市扶持经济薄弱村集体经济发展项目资金管理办法》,市财政安排1850万元专项资金用于扶持薄弱村物业经济发展,并实施村级集体经济发展项目39个,其中洋溪、更楼、大慈岩、梅城等4个镇(街)实行整镇(街)推进,寿昌镇西门村等32个集体经济薄弱村均购有商铺,预期年收益5万元以上。

【农村劳动力培训2.15万人】 围绕“提高农民文化素质,培养有文化、懂技术、会经营的新型农民”,促进农村劳动力稳定转移就业,提升农村“两创”人才素质、增加农民收入为目标,重点开展农村实用人才培训、转移就业技能培训和“双证制”教育培训,举办农民“SYB”创业培训、农村电子商务和“建德草莓师傅”等创新项目培训，促进农民创业、就业。全年完成农村劳动力培训21425人，其中转移就业技能培训6561人、农业专业技能培训6500人、农村实用人才培训1664人、双证制教育培训2700人、文明素质培训4000人。培训后转移就业5406人，转移就业率达82.4%，转移就业人员年收入总额1.45亿元，月人均工资2449.33元。

城乡区域统筹发展

【概况】 2014年，建德市委、市政府先后出台《关于印发建德市畜禽养殖污染治理实施方案的通知》(3月)、《关于实施低收入农户收入倍增计划的若干意见》(8月)、《关于进一步加快现代农业发展实施意见的通知》(9月)、《关于加大对畜禽养殖户停养转产扶持力度的意见的通知》(9月)、《关于印发建德市生态畜牧业发展规划的通知》(9月)、《关于印发建德市全面推进农村普惠金融工作的实施方案的通知》(10月)、《关于完善城乡居民基本养老保险制度的意见》(12月)等政策意见。建德市在杭州市城乡区域统筹发展考核中名列第二，连续两年被评为杭州市城乡区域统筹发展(社会主义新农村建设)工作优秀县(市)，首获2014年度省级社会主义新农村建设优秀县(市)。

【区市协作】 2014年，萧山区加入杭州市第三区市协作组，与江干区、杭州经济技术开发区共同支持建德市发展，全年实施年度协作项目24个，其中市级重点项目8个、“镇街协作”项目16个，到位协作资金1.3亿元，严州中学新安江校区游泳馆、建德市老年大学建成并投入使用，江干·新安江旅游休闲特色街开展招商，“镇街协作”项目有幼儿园扩建、道路改造、敬老院及农村住房改造等。3个区与建德市签约并实际投资的产业转移项目达18个，协议总投资125.9亿元，至年底完成投资8.5亿元，累计完成投资35.4亿元，其中新安江温泉度假村有限公司、杭州朝阳实业有限公司、杭州中宝钢球制造有限公司、建德杭燃燃气有限公司、浙江华电电站设备有限公司等9家单位协作项目建成投入运营，实现产值21亿元。

【扶贫开发】 年度新增杭州市“联乡结村”活动联结集团1个(第39帮扶集团)与莲花镇联结。全市到位联结资金3423万元(其中杭州市联结资金2718万元)，实施联结项目267个(含建德市联结项目147个)。制订出台《建德市低收入农户收入倍增计划实施意见》《关于进一步促进来料加工业发展的若干意见》，推动扶贫开发工作。全年实施低收入产业发展和来料加工基地(厂房)建设项目32个，低收入农户人均现金收入7591元，比上年增长15.7%。结合新一轮农村住房改造和农村土地综合整治，新安置下山移民2025人。

表6 2014年建德市下山移民情况

项目名称	实施单位	户数	人数	总投资(万元)	安置用地(公顷)
三都镇樟村畈村农户下山移民安置工程	三都镇樟村畈村	138	372	1850	1.07
三都镇镇头村农户下山移民安置工程	三都镇镇头村	94	308	1518	0.91
大同镇永盛村(孟塘、四村)下山移民集聚工程	大同镇永盛村	19	41	150	0.43
杨村桥镇岭源村岩山下、里何、枧头、岗上自然村农房改造及下山移民工程	杨村桥镇岭源村	64	216	1068	1.33
大洋镇青源村下山集聚工程	大洋镇青源村	254	847	5085	3.0
大洋镇柳村村下山集聚工程	大洋镇柳村村	64	241	1435	0.53
合计		633	2025	11106	7.27

(李智军)

粮油生产

【概况】 2014年，全市粮食作物播种面积12429公顷，比上年减少26.1%；粮食总产量7.34万吨，减少24.3%。谷物播种面积9770公顷，总产量6.56万吨；其中稻谷播种面积6284公顷，总产量4.94万吨。豆类播种面积2155公顷，总产量5526吨。薯类播种面积504公顷，总产量2289吨。油料作物播种面积4918公顷，减少16.8%，总产量1.15万吨，增长6.5%。粮食作物总产值2.57亿元，其中谷物产值2.24亿元，分别增长19.0%、40.9%。

全年新建各级粮食生产功能区16个、面积522.34公顷。其中，杭州市级粮食功能区3个、面积128.15公顷，县级功能区13个、面积394.19公顷。粮食功能区建设总投入资金970.3万元，其中省级资金345万元、杭州市级资金350万元、建德市资金220.3万元、建设单位自筹资金55万元。

全市共推广粮食生产测土配方施肥面积4.1万公顷，增产粮食1.6万吨，减少不合理施肥0.11万吨。推广配方肥5760吨，配方肥施用面积达到2.67万公顷，秸秆还田面积4.1万公顷。为12.5万农户免费提供测土配方施肥技术服务，其中种粮大户技术应用率达到80%以上。推广商品有机肥2.53万吨，施用面积5700公顷。

实施乾潭镇下梓村和沛市村、大慈岩镇狮山村、航头镇南屏村、更楼街道张家村、杨村桥镇绪塘村、梅城镇龙泉村、三都镇镇头村、莲花镇昴畈村、大洋镇徐店村、寿昌镇石泉村等11个低产田改造项目，总改造面积392公顷，并通过杭州市验收。

编制1333.33公顷旱粮生产功能区建设规划，建设寿昌省级优质高效旱粮示范基地1个，示范推广鲜食甜糯玉米高产高效种植新技术。实施标准农田质量提升面积2666.67公顷，2014年省新下达建德市标农提升任务733.33公顷。2009年立项实施的1333.33公顷标准农田质量提升，通过项目验收1200公顷；实施补建标准农田质量提升586.67公顷。

2月，市农业局被省农业厅评为2013年度全省农业工作先进集体。9月20日，浙江省农业教育培训中心举行首批实训基地授牌仪式，首批公布的实训基地全省共5家单位，建德市红群农业科技有限公司为杭州地区唯一省级实训基地。12月15日，省农业厅下文公布航头省级生态循环农业示范区为第二批省级生态循环农业示范县（区、企业）认定单位，该示范区面积1598公顷，是建德市首个省级生态循环农业示范区。

表7　**2014年度新增无公害农产品生产企业及产品名单**

单位：万羽（只、头）　公顷

单位名称	认证产品名称	生产规模
建德市李家镇垅桥村永福禽蛋养殖场	鲜鸡蛋	2
杭州源恒生态养殖有限公司	肉兔	2
建德市宏伟养殖场	生猪	1
建德市三弟兄农业开发有限公司	鸭肉、鸡肉	80
建德市洪林家庭农场有限公司	杨梅	56
建德市杨村桥镇陈金土水果种植园	梨	40
建德市园旺生态农业开发有限公司	桃	40
杭州新林果业有限公司	桃	50
建德市钦堂乡维好多果园	猕猴桃	13.5

续表7

单位名称	认证产品名称	生产规模
建德市大同毛竹专业合作社	竹笋	118.8
建德市霞雾竹业专业合作社	竹笋	100
建德市大慈岩镇双泉荷花专业合作社	莲子	46.7
建德市李家竹类专业合作社	竹笋	120
建德市方门特色水果种植场	板栗	20
建德胜茂农业科技有限公司	辣椒、茄子	40
建德市金玉粮油专业合作	稻谷	106.7
合计		551.5

表8 2014年建德市新认定粮食生产功能区名单

功能区名称	编号	面积(公顷)	地点
建德市乾潭上麦元畈市级粮食生产功能区	HZ-106	36.1	乾潭镇下包村
建德市寿昌平岗畈市级粮食生产功能区	HZ-107	43.38	寿昌镇绿荷塘村
建德市大洋胡店畈市级粮食生产功能区	HZ-108	48.67	大洋镇胡店村
建德市大同城山畈县级粮食生产功能区	JD-14-001	73.17	大同镇城山村
建德市钦堂上杜畈县级粮食生产功能区	JD-14-002	110.89	钦堂乡庙前村、庄丰村、葛塘村等
建德市大洋荷花畈县级粮食生产功能区	JD-14-004	13.42	大洋镇建南村
建德市大洋唐家畈县级粮食生产功能区	JD-14-005	39.35	大洋镇三河村
建德市钦堂溪西畈县级粮食生产功能区	JD-14-006	19.00	钦堂乡溪西村
建德市航头大山畈县级粮食生产功能区	JD-14-007	29.82	航头镇溪沿村
建德市李家项山畈县级粮食生产功能区	JD-14-008	12.73	李家镇新联村
建德市李家下蓬畈县级粮食生产功能区	JD-14-009	4.11	李家镇新联村
建德市李家西山下畈县级粮食功能区	JD-14-010	13.89	李家镇新联村
建德市李家新舒畈县级粮食功能区	JD-14-011	15.19	李家镇新联村
建德市李家曙光畈县级粮食功能区	JD-14-012	12.39	李家镇曙光村
建德市乾潭西山畈县级粮食生产功能区	JD-14-013	31.38	乾潭镇沛市村、陵上村
建德市大同下后畈县级粮食生产功能区	JD-14-014	18.85	大同镇万兴村
合计		522.34	

【粮食高产创建活动】 建立2个农业部水稻高产万亩示范片、9个省级水稻高产示范片、26个县级单季稻高产示范方，组织24名种田能手进行高产攻关竞赛活动，示范推广单季稻精确定量强化栽培节水技术5666.67公顷，推广甬优系列等单季稻新品种3800公顷。示范片单季稻平均单产达到7.96吨/公顷，单产超过12吨/公顷田块达到7块。经杭州市组织验收，钦堂、大同等2个百亩示高产范方平均单产接近12吨/公顷，再创全市单季稻高产水平。

【单季稻新品种"甬优1540"丰产示范取得成功】 "甬优1540"新品种丰产示范基地选址在杭州市级粮食生产功能区航头镇梅岭畈，示范面积6.67公顷。经测产验收及实产调查，"甬优1540"丰产示范方高产攻关田达到平均单产每公顷10.66吨，其中1块高产田组织专家验收，单产每公顷10.83吨。 该品种表现熟期适中，全生育期140天左右，株高适中，便于管理，茎秆粗壮，较耐肥抗倒，分蘖力中等，有效穗较多，穗型较大，结实率高，增产潜力较大，适宜后茬油菜早栽秋发，值得扩大示范种植。

【实施水稻产业提升项目】 实施中央及省水稻产业提升项目，省财政总投入资金397.3万元，中央财政补助资金250万元，规划建设了一批排灌渠道、引水灌溉工程、机耕路等田间基础设施，建设6个粮食烘干中心，建设烘干用房1800平方米、粮食仓库1150平方米，添置粮食烘干机10台，新增粮食烘干能力5000吨。

【落实粮食生产扶持政策】 全年核实发放国家稻麦油菜种植大户直接补贴、省水稻集中育秧补助、市级以上粮食生产功能区统一免费供种等财政补助资金366.91万元，涉及15个乡镇（街道）982户种粮大户、家庭农场和合作社社员。发放良种补贴310多万元，涉及17万户次。

经济作物

【概况】 2014年，建德市境内草莓种植面积648公顷，比上年增加52公顷，公顷单产37.14吨，总产量2.41万吨，总产增长19.3%。全市中药材种植面积655公顷，增长41.5%，总产量2082吨，减少12.9%，产值2.60亿元，增长50.3%。果用瓜种植面积2309公顷，增长10.8%，总产量6.30万吨，增长13.1%，总产值4.79亿元，增长13.2%。

各类水果面积6658公顷，增加174公顷，总产量20.42万吨，增长16.4%；总产值9.72亿元，增长33.2%。其中，柑橘3896公顷、减少1.3%，总产量11.09万吨、增长12.2%，总产值3.33亿元、增长69.0%；桃园面积341公顷，总产量7677吨、增长87.8%；梨园面积307公顷，总产量6912吨、增长10.9%；枇杷园500公顷，总产量2252吨、增长16.1%；杨梅园563公顷，总产量1689吨、增长39.0%。

茶园面积4094公顷，增长13.6%；茶叶总产量2328吨，减少18.4%；茶叶总产值2.38亿元，略减。桑园面积1337公顷，减少36公顷；蚕种饲养量1.73万张，减少1200张，其中春蚕7301张、秋蚕9711张；蚕茧总产量723吨，下降24.0%；总产值3549万元，减少17.5%。蔬菜（含菜用瓜）种植面积7520公顷，增长1.5%，公顷单产31.49吨，蔬菜总产量23.68万吨，增长13.3%；蔬菜总产值5.45亿元，减少8.6%。

实施草莓、茶叶、中药材三大优势产业提升工程。新增草莓设施栽培面积133.33公顷、草莓观光采摘示范点3个，繁育各类草莓品种30余个，建成300平方米草莓文化展示厅，编撰出版《建德草莓》一书，开发草莓汁、草莓酒等深加工产品。新发展无性系良种茶园面积56.67公顷，其中建德当地珍稀白茶11公顷、其他无性系良种茶园面积45.67公顷，更新复壮荒芜茶园面积66.67公顷。中药材产业，西红花种球大田种植面积146.67公顷，球茎室内培育开花采花面积6.6万平方米；铁皮石斛种植单位24家，生产组培苗企业6家，全市实际种植面积34公顷（年度新

◎1月6日，第六届建德新安江·中国草莓节在杭州勾庄果品市场举行(范胜利摄)

发展面积4公顷)；建成乾潭玫瑰园、大同富塘杭白菊两个中药材收购和加工中心。

10月20日，在广西梧州市举行的第十届中国茶业经济年会上，建德市被授予“中国茶叶行业十大转型升级示范县”称号。

【举办第六届建德新安江·中国草莓节】 1月6日，杭州市政府主办、建德市政府、杭州市农办承办，杭州市农业局、杭州果品集团有限公司协办的第六届建德新安江·中国草莓节暨杭州果品批发市场推介会活动开幕式在杭州勾庄果品市场举行。为期三个月的草莓节中，在杭州果品批发市场举办推介会活动，在阿里巴巴·建德农食馆举行“草莓引爆”活动，国内消费者通过网络即可买到新鲜的建德草莓；在建德红群草莓园举行建德果蔬乐园启动仪式暨草莓采摘相亲活动；在建德市杨村桥镇、下涯镇、航头镇举行建德草莓休闲采摘游活动，为城市游客提供品味田园风光、放飞美好心情的好去处。

【“金绪塘”梨获浙江精品果蔬展销会金奖】 8月2日，在杭州和平国际会展中心举行的2014浙江精品果蔬展销会上，杨村桥镇陈金土水果种植园的“金绪塘”梨，被评为“2014浙江精品果蔬展销会金奖产品”。

【建德—台湾农业合作交流】 9月26日，在浙台农业合作交流座谈会暨专家聘请和协议签约仪式上，建德市草莓产业协会与台湾大湖地区农会签署《草莓产业提升发展(草莓文化园)合作协议》。27日，台湾大湖地区农会考察建德市名优特农产品展示展销中心、市红群农业科技有限公司、市杨村桥草莓观光休闲种植园及市航头草莓专业合作社，并就建设建德市红群农业科技有限公司的“海峡两岸草莓文化创意产业”合作示范基地、建德市航头草莓专业合作社的休闲娱乐设施提出初步合作协议。12月底，海峡两岸创意草莓产业园一期工程完工开业。

11月15日，台湾新北市中药商业同业公会35位嘉宾组团参观访问位于三都镇的建德市西红花生产基地，现场考察西红花室内培育开花采花、田间种植和花丝加工。

【建德红颊草莓获省级金奖】 12月26日，省蔬菜瓜果产业协会公布第一届优质草莓评比结果，建德市红群农业科技有限公司选送的红群牌红颊草莓、建德市航头草莓专业合作社选送的建德草莓牌红颊草莓获金奖，建德市红群农业科技有限公司选送的红群牌章姬草莓获优质奖。

畜牧生产

【概况】 2014年，全市生猪饲养量38.06万头，比上年下降21.0%；年末存栏12.77万头，下降

41.4%。家禽饲养量1407.77万羽，下降18.3%；年末存栏659.94万羽，下降34.0%。全年猪肉类产量1.77万吨，下降40.4%；禽蛋产量9.50万吨，下降8.8%。全市畜牧业产值13.60亿元，减少1.07亿元，下降7.3%，其中生猪饲养业产值3.42亿元，下降25.2%。

推进动物卫生监督区域派出机构建设，建成新安江、梅城、寿昌三个动物卫生监督分所和新安江、梅城、寿昌3个标准化动物检疫申报点及新安江、三弟兄、乾潭3个标准化屠宰检疫工作室。规范产地检疫，开展业务培训、警示教育和检查督促，推进检疫工作规范化。推行动物检疫电子出证，完成新安江、梅城、寿昌等地电子检疫出证工作。

组织开展全市重大动物疫病集中防控及春防、夏防、秋防、冬防、"免疫周"等专项行动，2014年全市共使用禽流感疫苗969.87万毫升、猪牛羊口蹄疫疫苗95.93万毫升、猪蓝耳病疫苗50.59万毫升。开展常规检测，全年共采集和监测畜禽血样1.07万份，其中，生猪血样2077份、检测合格率86.0%；家禽血样5079份、合格率99.4%。开展飞行监测，共监测16个乡镇(街道)64个规模畜禽场，检测畜禽血样1280份，下发通报函4份。开展集中检测，奶牛"两病"检测1324份、血吸虫病血清检测76份、狂犬病抗体检测30份、高致病性猪蓝耳病检测647份。配合省、杭州市开展病原学监测、集中监测和流行病学情况调查，全年采集检测家禽血清3406份、咽喉拭子3406份。

全市产地检疫生猪14.68万头、家禽464.38万羽。屠宰检疫生猪11.09万头、家禽197.06万羽，检出病畜(含病变内脏)170头、病禽1.88万羽，均作无害化处理。全市共备案报验1768批次，其中生猪468批9928头、活牛8批48头、活羊61批3118头、活禽999批155.69万羽、动物产品232批51.68吨。

【畜产品安全监管】 开展全市养殖环节畜产品和饲料定期集中抽样检测，组织4次集中抽检和监督检查，抽检猪尿、禽蛋、牛奶、饲料等样品260个批次；组织全市16个药残监控点开展监测，共检查养殖场(户)1500余家次，现场检测2560批次，检测合格率100%。开展产地检疫和定点屠宰厂禁用药物宰前检测情况监督检查，定期开展复核抽检，掌握外来生猪质量安全风险情况，全年共监督抽检生猪尿样1700余批次，检测合格率100%。开展鸡蛋等畜产品药物残留监管，对所有蛋禽无公害基地及较大规模蛋禽养殖场进行检查及指导，印发《畜禽养殖场户规范使用兽药告知书》和《蛋鸡禁用药物清单》3000份，与重点养殖场户、饲料生产单位签订承诺书330份，抽检家禽产品药物残留样本90批次，检测合格率98%。应用快速检测新技术新方法，将"瘦肉精"现场检测品种由原来的3种增加到8种，拓展现场监测项目。

【建成杭州市首批家禽定点屠宰场】 6月3日，杭州市联合验收组对建德市三弟兄农业开发有限公司家禽屠宰厂进行现场审核验收，认定该禽屠宰厂符合杭州市家禽定点屠宰厂的相关规定要求，确认其为杭州市首批仅有的两家家禽定点屠宰场之一。该企业拥有两条全自动鸡鸭屠宰混合加工生产线，日屠宰加工冰鲜肉禽6.5万羽(鸡4万羽、鸭2.5万羽)，是浙江省屠宰行业中屠宰规模、自动化程度、安全检测程序规范程度和产品质量追溯信息化透明化程度领先的家禽生产加工屠宰企业。

【H7N9禽流感疫情防控】 1月30日零时起，建德市政府决定市境内暂时停止活禽交易，暂时关闭全市农贸市场活禽交易区；禁止外来活禽进入建德市，暂时停止外来活禽进入市内的备案和报验；取缔各类马路市场的活禽交易行为，城市化管理区域范围内禁止饲养鸡、鸭等家禽、家畜和食用鸽，开展对养殖场、候鸟栖息地、野生鸟类驯养繁殖场所、景区、公园等场所禽鸟类动物H7N9流感病毒的紧急监测。开展H7N9禽流感和小反刍兽疫大排查、大监测，排查畜禽场1000余家(户)及屠宰场(农贸市场)20余家，消毒1000余次，处理投诉咨询等应急事件11起；抽检农贸市场、畜禽养殖场等家禽血样、肛咽拭子1635份。

对全市农贸市场重启进行评估监测，扑杀鸡2.9万羽、羊79头。

【畜禽养殖污染整治】 3月13日，市政府印发《建德市畜禽养殖污染治理实施方案》；4月3日市政府办公室印发《建德市畜禽养殖污染治理实施细则》，启动畜禽养殖污染整治。至年末，全市共关停拆除散、乱、小及整治不到位或禁养区内畜禽养殖场2535户，养殖棚舍面积73.62万平方米，减少家禽饲养298万羽、生猪饲养13.75万头。全市共拨付关停拆除补助资金1.2亿元，引导1700余户关停拆除户实现转产转业。9月26日，市政府办印发《建德市生态畜牧业发展规划》，在整治养殖污染的基础上，开展生态畜牧业建设。

【生猪定点屠宰场监管】 5月22日，市政府下发《关于印发〈建德市人民政府改革完善食品药品监管体制的实施意见〉的通知》，将生猪定点屠宰场监管职能由市商务局移交市农业局。开展以畜禽屠宰场点、自宰点以及农村猪肉销售摊点为重点的私屠滥宰、注水肉和宰杀病死畜禽等违法行为打击行动，全年检查冷库3座、畜禽屠宰场（点）15家、肉类批发市场3个、集贸市场、商场、超市及熟肉制品店6个；受理举报投诉8件、查处违法行为5起、责令整改5次，查处问题肉及肉制品35千克。

【动物尸体无害化处理监管】 印发《关于严厉打击随意弃置倾倒病死动物等违法犯罪行为的通告》3500份，告知养殖场（户）病死畜禽处理“五不准一处理措施”规定、相关法律责任和举报电话。明确病死猪无害化处理主体责任和规范病死猪台账记录，采取“剪耳核数”和“拍照留据”的方法进行严格审核，规范病死动物无害化处理，全年共无害化处理病死猪3.65万头。落实汛期重点场所排查与清理措施，对有关河道、湖泊、水源地的主干道、支流、沿江滩地、河沟渠道、田边地角以及养殖户等重点场所开展集中排查，及时进行清理、打捞和无害化处理发现的病死畜禽。全年新建化尸窖52座，全市化尸窖达到243座，窖容2.09万立方米。

农业行政执法

【概况】 开展农业法律法规宣传培训，利用“绿剑”集中执法行动、日常巡查、各种专项执法行动，向群众和农资生产经营单位宣传农业法律法规。依法开展日常巡查，共出动执法人员820余人次，检查各类农资生产经营单位、农产品生产基地等310余家。

开展“绿剑”春季执法行动，对新安江、莲花、寿昌、三都、梅城、大洋等乡镇（街道）的65家农业投入品生产经营企业、农产品生产基地进行集中执法检查，共立案查处案件12起，结案11起，涉案货值金额5550元，罚没款1.99万元。开展“绿剑”保安全专项执法行动，检查各乡镇（街道）的中心农资生产经营企业、省级示范性农民专业合作社、农业龙头企业，共立案查处3起种子违法案件。

开展投入品抽样送检，共抽取样品158个。其中饲料35个、农药35个、肥料33个、兽药37个、种子18个，送检测机构检验，对检验不合格的农资商品的经营单位，依法进行立案查处。

全年共受理农业举报投诉案件、督交转办件、信访件、农业生产事故鉴定（调处）共29起，全部办结。主持参与涉农纠纷调处15起次，涉及金额200万元以上。大队经办、投诉案件回复率100%。全年立案查处办结各类农业违法案件37起，其中种子6起、农药6起、肥料9起、兽药14起、饲料2起，货值2.9万元，罚没款6.0万元。

7月8日，省农业厅授予建德市农业局浙江省农业依法行政示范单位称号。

【有害生物监测】 开展加拿大一枝黄花监测与防除，化学防除52.4公顷。开展黄瓜绿斑花叶病毒病的普查和防除，采集9个样品送检，确认发生面积0.48公顷，分布在更楼街道石岭村。开展梨枯梢病普查防除,2014年建德市首次发生梨枯梢病,发病面积4.93公顷,发病株24株,对确诊的发病株轻微的采取发病枝锯除,严重的整株挖除,对果园内残存的病枝、病叶、病果及时进行彻底清除,并集中焚毁;对地面杂草每亩用10%草甘膦1000毫升加水喷雾,对土壤用生石灰进行消毒处理。开展红火蚁、稻水象甲、柑橘溃疡病、葡萄根瘤蚜、柑橘黄龙病等其他有害生物的普查,未发现有疫病发生。

【开展草莓质量安全专项行动】 召开草莓质量安全行动动员大会,与草莓种植户签订安全承诺书300余份,发放标准化模式图400余份。开展大棚烟熏剂和其他投入品普查1次、草莓质量安全大检查3次,检查草莓生产主体30家,未发现质量安全隐患。7月下旬~8月下旬,对假劣叶面肥、植物生长调节剂以及农药中含隐性成分等违法行为进行了重点查处,共抽样送检叶面肥8个。

【公开拍卖罚没物品】 1月22日,经中介评估并公示后,首次公开拍卖一批罚没物品,将拍卖所得全数上交国库,改变过去对罚没物品一律进行销毁的做法,首次对罚没物品进行有效利用。该罚没物品系2012年9月市农业执法大队查处的1起无证生产饲料添加剂案中当场转移并封存的一批物资;2013年11月作出处罚决定,没收该批违法物品。

【开展农产品质量安全百日严打行动】 3月~7月,重点打击农畜产品种养殖过程中违法使用禁限用农药、兽药,农资生产经营中制售劣质农资等违法行为,共检查农业生产单位45家、农资生产经营单位50家,查处存在违法行为农资生产经营单位14家,涉案金额2.37万元。

【开展打击乳制品"三非"专项行动】 专项行动重点检查未经市畜牧局备案的奶畜养殖场、养殖小区开办者;在规定用药期和休药期内销售奶畜产的生鲜乳;奶畜未经定期健康情况检测即销售生鲜乳或经检测奶畜不符合健康标准仍销售,以及奶畜养殖者未遵守国务院畜牧兽医主管部门制定的生鲜乳生产技术规程的非法生产经营行为。共进行检查6次,排查检查7户,抽检生鲜奶4个批次。 (姚金富)

林业生态和农村新能源建设

【概况】 全年完成绿化造林总面积1553公顷,为省林业厅下达造林计划的107%。其中,人工造林面积167公顷(山地人工造林134公顷、平原林带林网造林33公顷)、迹地更新造林953公顷(毛竹造林100公顷、特色经济林基地造林193公顷、珍贵树种造林137公顷、其他迹地更新484公顷)、封山育林433公顷。

全市参加义务植树20.6万人次,完成路旁、水旁、村旁、宅旁"四旁"植树22万余株,无偿赠送乡村绿化苗木55万株。

围绕"五水共治"和农村生态建设,推广新建城镇公益性生活污水净化池,新建农村生活污水净化池13处、容积3800立方米,建成公益性生活污水处理设施洋安安置区块1200立方米净化池。完善沼气利用技术,清除农村畜禽养殖污染面并实现能源再利用;继续实施以太阳能为主的农村清洁能源开发和新技术应用推广,实现省柴、节电、减煤的环保目标,巩固建德市国家级生态示范区建设成果。

【造林补贴试点和森林抚育经营试点】 建德市是国家造林补贴试点县(市)之一,2014年国家造林补贴试点面积200公顷,省以上补助资金30万元。全年森林抚育6666.7公顷,其中中幼林抚育实施面积2667公顷,省以上补助资金800万元。

【公益林资金发放】 省级以上生态公益林最低补偿标准由每年25元/亩提高到每年27元/亩,年度发放公益林资金3012.86万元,全部直拨到经营、管护单位和个人。分户经营的公益林补助资金全部打卡直拨到户，共发放2.61万户，面积2.2万公顷，补助金额715.36万元。

【沼气利用】 全年新建畜禽养殖污染处理沼气工程9处、容积6200立方米，新增年处理养殖污水15.3万吨的能力，新增年产沼气24万立方米。至年底，全市共计推广沼气工程576处，容积6.2万立方米（比上年增加6200立方米），年可处理养殖污水199万吨，年产沼气309.6万立方米。新增沼气用户78户。

【太阳能利用】 全年推广太阳能热水器3250台，折合面积6500平方米。至年底，全市累计推广使用太阳能热水器7万台，折合面积12.52万平方米，年开发利用太阳能折合节约标煤2.5万吨。

【新能源项目建设】 6月，由南京林业大学提供技术支撑、全市第一个生物质炭电多联产项目——建德市目科生态农业开发有限公司投入运行，该公司生产的成品炭热值达到一类烟煤标准，热效率高，综合比煤节省且环保。7月、12月，乾潭镇、更楼街道创建杭州市农村可再生清洁能源示范乡镇通过杭州市验收，全市累计7个乡镇创建成为杭州市农村可再生清洁能源示范乡镇项目。

林业产业

【概况】 全市完成省级林区道路280千米（其中主干道150千米）、杭州市林区道路48.83千米建设任务，补助资金566万元；完成省级现代林业园区2个（第四批建德林场薄壳山核桃精品园、杨村桥毛竹精品园）；建设省级示范区2个（三都香榧省级现代林业主导产业示范区、大同省级现代林业主导产业油茶示范区）；建设省级特色林业精品园4个（第五批：建德市乾潭省级特色林业玫瑰精品园、建德市岭后省级特色林业毛竹精品园，第六批：建德市乾潭毛竹精品园、建德市李家油茶精品园）；完成杭州市设施农业示范园1个（杭州艾利斯玫瑰科技有限公司设施农业示范园建设）；完成“菜篮子”工程项目3个（大同镇江头村毛竹笋竹两用林建设项目、大洋镇麻车毛竹笋用林基地建设项目、李家镇三溪毛竹笋用林基地建设项目）；完成杭州市农业社会化服务项目4个（建德市大洋柏松竹业专业合作社、建德市莲花汉威山核桃专业合作社、建德市罗村山核桃专业合作社和建德市石鼓油茶专业合作社）；建成杭州市农业标准化项目1个（建德市霞雾农业开发中心油茶标准化生产）；完成无公害农产品认定与产品认证单位4家（建德市大同毛竹专业合作社、建德市李家竹类专业合作社、建德市霞雾竹业专业合作社、建德市方门特色水果种植场），面积358.8公顷；食用林产品质量安全提升项目1个、森林食品基地认定单位3家，新认证森林食品基地面积273.3公顷。争取国家、省级和杭州市级林业项目30余项、子项目400余个、资金7000余万元。

在第7届中国义乌国际森林产品博览会上，建德市霞雾农业开发中心的“霞雾”牌山茶油、杭州大库湾生态农业有限公司的“大库湾”牌香榧获金奖，杭州九仙生物科技有限公司的“九仙灵斛”牌铁皮石斛、浙江幸福生物科技有限公司的“天怡”牌铁皮石斛获优质奖。在第三届中国创意林业产品大赛上，杭州晨逸休闲用品有限公司选送的“吊椅”获银奖，“牛角吊椅”获优秀奖。杭州市格林香料化学有限公司获得浙江省绿化模范单位。

【珍贵树种基地建设】 完成珍贵树种新造林基地137公顷，珍贵树种定向培育333.3公顷，争取杭州市珍贵树种发展项目资金183万元、省种苗资金260万元、杭州市种苗补助资金39万元。市容器苗繁育中心全年培育苗木300余万株，其中金钱松、榉树、楠木等珍贵树种200余万株。

【香榧产业】 在三都镇、乾潭镇等宜种区域新发展香榧基地73.3公顷。在乾潭镇梓洲村、三都镇凤凰村等香榧重点发展区,推广板栗林下种植香榧等板栗低产林改种技术,推广香榧套种梨或蓝莓等经济林复合生态经营技术,提高土地利用率,促进香榧基地经营管理,加快香榧产业发展。全年香榧产量30吨,产值900万元。

【油茶及山核桃产业】 实施2014年中央立项现代农业项目(木本油料产业提升、国家油茶示范基地建设、国家造林补贴试点),发展油茶、山核桃及薄壳山核桃产业,共新建油茶良种造林示范基地717公顷、薄壳山核桃和山核桃基地103公顷,油茶低改技术推广66.7公顷,推广实施以带状垦复、测土配方施肥为主的低产林改造技术和油茶良种繁育技术,培养和联系示范户30户,培训林农300余人次。全年油茶籽产量1500吨,比上年增长41.5%。

【林业实用技术培训】 结合中央立项产业项目和干果笋竹产业提升工程,开展各类林业技术培训23期,共培训1126人次。培养有基地、懂技术、善管理、肯传授的土专家58名。根据农村社会发展及林业产业发展实际,总结、创新技术培训与推广的方式与方法,逐步由大课堂、全程式讲课模式转变为及时、实地、单一环节对基地建设人员的指导培训模式,提高了技术的推广落实率。

林政资源管理

【概况】 2014年,全市森林采伐总限额19.97万立方米,实际消耗16.98万立方米;林业有害生物发生面积1277.93公顷,无公害防治率100%,测报准确率92.6%,种苗产地检疫率100%,成灾率为0,完成杭州市"十二五"森防目标管理"四率"指标。

根据新一轮森林资源动态监测数据显示,2014年,建德市森林覆盖率达到75.8%,比上年净增0.17个百分点,位居杭州地区第二;森林蓄积量达到792.22万立方米,净增16.44万立方米,位居杭州地区第三;乔木林每亩蓄积量达到3.48立方米,增加0.07立方米。1月15日至6月15日,开展全国第二次重点保护野生植物资源调查工作,共调查堇叶紫金牛、浙江安息香、细果秤锤树等物种9个。

2014年,省林业厅下达建德市林地年度定额为95公顷,经争取获追加省市定额48.05公顷,合计定额143.05公顷。审核报批林地征占用项目60宗、面积160.87公顷,共收取植被恢复费746.17万元。

全年新增林地流转面积3166.7公顷,发放山林权证48本。调运苗木145.62万株、木材8万立方米,出具、签发植物检疫证书7500份,收缴检疫费27万元,未发现相关疫情危害。开展松树、板栗、毛竹、山核桃等病虫害的监测调查工作,全年实际监测面积66.7万公顷。

9月,根据《关于森林公安机构名称调整等事项的通知》(建编〔2014〕26号),市林业局森林公安局机构名称调整为建德市森林公安局(建德市公安局森林警察大队),并由内设机构调整为直属机构,总编制数25名。全年共接涉林处警348起,立刑事案件14起(均破获),移诉12起15人;立行政案件92起,查处92起,行政处罚92人次,收缴罚没款23万余元;木检巡查共检查登记过境木材运输准运证3546张,查处非法运输木材案件21起,没收非法运输木材52.03立方米,挽回经济损失2.42万元。2015年1月,建德市被浙江省林业厅命名为"浙江省平安林区县市"。

【集体林权制度改革】 全年办理林权抵押贷款3150万元,冻结查封贷款余额2049.5万元,申报贴息资金1.85万元,追回违规贴息资金10.15万元。办理生态公益林火灾险投保面积8.26万公顷,办结火灾理赔40.45万元。开展林地经营权流转证试点和林地股份制改革试点,制订《建德市林地经营权流转证登记管理办法》和《建德市林地股份合作制改革实施方案》。

【林木采伐管理】 10月,市林业局出台《关于进一步加强林木采伐管理的通知》，并举办《浙江省林木采伐管理办法（修订版）》培训班，确保有效保护和合理利用森林资源措施落实到位。全年审批林木采伐限额10.48万立方米、预留烧柴6.5万立方米，实际消耗16.98万立方米，占总限额19.97万立方米的85.04%。全年核发林木采伐许可证960份，发证合格率100%，全部实现电脑开证，审批采伐公示率100%，做到公开、公正、公平。

【木材经营加工行业管理】 4月，市林业局下发《关于进一步规范木材库存指标管理的通知》，对木材库存指标定期核销及适时核查制度予以规范，进一步转变木材指标使用监管模式。全年核销过期指标6840立方米，涉及企业35家、返销户77人。以“绿剑”联合执法行动为契机，检查各类木材经营加工企业120家，其中涉松企业74家，核实关停46家，核查木材6742立方米，核销1784立方米。签订承诺书84份。

【林地专项清查】 拟订《建德市开展非法侵占林地清理排查专项行动实施方案》，落实保护发展森林资源目标管理责任书，建立林地资源市、乡镇、村三级监测网络，实行“发现一起，制止一起”处理模式，共查处林地违法案件18起（其中刑事案件1起），涉案林地面积2.3公顷。

【松材线虫病防控】 全年实施疫情监测5.35万公顷，枯死木清理1561吨，喷药防治松褐天牛138公顷，树干药剂注射2万瓶，松林改造116.77公顷。实施护林员负责清理枯死松树及清理下山松木的看管制度，对采伐、运输、除害等各个环节实行全程监控，防止枯死松木的流失。根据国家林业局《松材线虫病疫区和疫木的管理办法》和《浙江省松材线虫病防治条例》，引导具有一定规模、条件和能力的木材加工企业申报松线虫疫木定点加工企业资格，建德市莲新木材有限公司、建德市豪丰木业制品厂通过省林业厅认证，取得松材线虫病疫木定点加工企业资格。

【森林消防】 全年发生森林火灾6起，过火面积103.67公顷，受害面积36.4公顷；森林火灾发生率为每10万公顷3.7次，森林火灾受害率为0.23‰，森林火灾控制率6.0公顷/起。年度内创建杭州市村级森林消防队伍10支，建德市级森林消防示范村5个；新建森林消防水池69个，购置蓄水桶150只、高压水泵9台；举办全市森林消防高压水泵灭火技能演练；开展墓区清理及隔离带建设，共清理涉及13个乡镇89个村3家林场（林区）的墓区199处、墓穴1.07万个；全面排查对森林消防构成潜在威胁的痴呆精神病人，累计送医救治23人。

【国有林场】 5月，经市编委办《关于设立林业总场等事项的批复》（建编〔2014〕15号）批准，设立建德市林业总场（为国有生态公益林保护站），对全市3家国有林场进行统一管理，该单位为财政全额补助事业单位。

2014年，建德林场、新安江林场、寿昌林场3个国有林场共有山林1.37万公顷，其中生态公益林8876.77公顷，活立木蓄积79.7万立方米。依托国有林场，富春江国家森林公园、新安江省级森林公园和绿荷塘杭州市级森林公园总面积8871.67公顷。三家国有林场在岗聘用人员81人，其中管理人员40人，管护人员41人。

建德林场。是全国15家森林经营方案实施示范林场之一。2014年有在岗职工33人，年收入1243万元。全年营林生产完成造林25.2公顷，补植造林 4400株；完成幼林抚育196.4公顷，中幼林抚育66.67公顷，生物防火林带抚育33.6公顷；完成防火线维修106.16千米，林区道路维修65.9千米。木材采伐清理枯死马尾松林143.73公顷，实际清理出材1886立方米（不包括腐烂木）；杉木林相改造采伐3.2公顷、出材183立方米。继续抓好市林业局重点项目——“三江两岸”景观林带建设与管理，共建设景观林带36.87公顷。与省林勘院合作，完成对2011～2020年的森林经营方案修编工作。12月，自2012年开始建设的省级薄壳山核桃精品园区建成通过验收，园区面积33.33公顷，完成投资93万元。

新安江林场。2014年，新安江林场有在岗职工29人，年收入1108万元。完成珍贵树种造林10.4公顷，珍贵树种补植13.8公顷，中幼林抚育108.9公顷，森林抚育53.3公顷，牛头山景观林改造9.7公顷，珍贵树种园施肥11.4公顷，防火线维修17.5千米，防火林带抚育15.45千米，毛竹抚育13.3公顷，林区道路维修2.3千米，松材线虫病防控林相改造13.4公顷，松毛虫防治233.3公顷，林木采伐11.7公顷，林木采伐蓄积2077立方米，毛竹采伐2.2万支。建成“全国保护母亲河行动解放军青少年绿色家园”1处，面积3.33公顷；建成浙江省林科院珍贵树种种子园2.3公顷，建成建德市香榧采穗基地3.6公顷。

寿昌林场。2014年，寿昌林场有在岗职工13人，年收入537万元。全年完成造林（补植）31.53公顷，其中珍贵树种23.53公顷，完成补植造林8公顷，珍贵树种定向培育20公顷。完成杉木采伐设计7.93公顷，出材757立方米。完成各项抚育76.73公顷，完成中央、省补助森林抚育13.33公顷。防火线维修43.11千米，生物防火带松土除草22.4千米。维修林区道理10千米，林道10千米，新建林区道路3千米。寿昌林场绿荷塘林区是杭州市级森林公园，为省级生态文化基地和紫楠、刨花楠良种基地。9月，该林区被评为浙江省最美森林。（朱琪文）

水利、水电建设

【概况】 建德市境内有新安江、兰江、富春江及新安江支流寿昌江4条较大河流，38条中小支流（其中流域面积在100平方千米以上的有7条）。全市河道总长1479.2千米，其中省级河道3条84.2千米、县级河道39条514.2千米、乡镇级河道163条604.8千米、其他河道276千米。全市堤防总长674.07千米，其中50年一遇标准防洪大堤（城防工程）12.17千米、20年一遇三江标准江堤27.53千米。

2014年，除大型水库新安江水库外，全市有山塘水库3167座，总库容12865万立方米。其中中型水库1座（罗村水库），总库容2182万立方米，正常库容1950万立方米，集雨面积44.7平方千米；小型水库140座，其中小1型25座、小2型115座，总库容8100万立方米。高山蓄水池258座，总蓄水量3万立方米。全市总灌溉面积1.7万公顷，其中有效灌溉面积1.36万公顷、旱涝保收面积1.26万公顷。流动机泵装机容量4.35万千瓦；喷滴灌装机容量0.45万千瓦。取水泵站工程258处，装机容量2.13万千瓦；排水泵站22处，装机容量0.47万千瓦。

全年实施、完成水利项目139处，总投资2.4亿元。实施水库除险加固工程5座；农村河道综合整治计划11处53.6千米，动工建设11处，至年底完成5处；全年完成排灌渠系建设20.9千米、喷微灌面积300公顷；实施完成农民饮水安全工程11处，受益人口2.18万人，总投资3173万元。

【实施“最严格水资源管理制度”】 建立“建德市实行最严格水资源管理制度”领导小组，印发《关于进一步明确我市最严格水资源管理制度考核指标的通知》，编制节水规划和“抓节水”三年行动计划，严格执行“用水总量控制”“用水效率控制”“水功能区限制纳污”三条红线。及时下达取水户年度取水计划，完成取水量5万立方米以上用户取用水计量设施安装，依法征收水资源费706万元。完成梅城地下水监测站点建设和16个水功能区监测断面立碑工作。

【水利基础设施建设】 “独流入海”新安江、兰江治理一期工程列入浙江省2014年重大水利工程第一批中央预算内投资项目，争取新安江流域洋安段城防工程省级以上资金1100余万元，至年底，完成洋安段堤防主体工程3.35千米，续建梅城大坝除险加固二期堤防1.37千米。中小河流治理项目完成寿昌镇良种场至童家溪、郑山至滩下二段4.99千米主体工程、汪家至更楼段堤防主体工程1.7千米（总长2.77千米）。完成全市13处、总长13.4千米的重要堤防加固工程。完成农村河道综合整治63.6千米。编制完成莲花溪出口至下塘段及兰江大洋段及兰江麻车段堤防工程初步设计报告，以及清渚溪钦堂段、安仁段共4.12千米综合治理初步设计报告。

【水库除险加固工程】 全年实施水库加固工程5座，其中大同镇石郭源、李家镇杨家口、三都镇大坞山、大洋镇外樟桥4座水库加固工程完工，航头镇白岭坑水库加固工程完成招投标。完成寿昌镇里塘源山塘、大同镇姜塘坞山塘、李家镇东坑山塘、更楼街道朱坞山塘、大慈岩镇方柏坞山塘等38座山塘加固和整治工程。总投资2055万元。

【实施农民饮水安全工程】 根据农民饮水安全工程三年（2014～2016）行动计划，2014年实施并完成农民饮水安全工程11处，受益人口2.18万人。其中，新安江水厂管网延伸工程5处，乡镇水厂管网延伸工程4处（三都镇青藤湾水厂延伸至三江口村、航头镇白岭坑水厂管网延伸至大店口片、李家镇四灵水厂管网延伸到龙桥村、大洋镇刘坞水厂管网延伸到三河片），单村供水工程2处（乾潭镇姚村村饮水工程、杨村桥镇长宁村饮水工程）。完成大同镇石郭源水厂供水项目的水厂工程，安装管网78千米，7个村实现供水，该项目完成年度投资3600万元。

【实施“清水治污”洁净工程】 开展“清三河”（黑河、臭河、垃圾河）行动，全市1479.2千米河道全面实施“河长制”管理，完成3条省级河道、39条县级河道、163条乡镇级河道“河长”公示牌设置；开展河道清理与保洁，落实乡村河道保洁员370名。重点对莲花溪、清渚溪、大洲溪、小源溪、前源溪、后源溪等17条河溪及梅城三江口河段进行清理整治，上半年完成14条、总长151.6千米垃圾河整治任务，并通过杭州市“清三河”达标验收。完成“四边三化”河道绿化30千米、面积14.53公顷，“三江两岸”7处码头拆除后江堤修复4.43千米。组建“三江”打捞队，对70多千米沿江水域进行保洁，全年打捞水葫芦漂浮物、垃圾等6880余吨，清理河道障碍物97处760立方米，打捞处理漂浮死猪等动物尸体2800余具。经考核，建德市河道保洁工作获杭州市河道长效管理优秀县（市）、全省河道保洁长效管理先进县（市）称号。

◎大洋镇外樟桥水库坝坡

【水资源管理】 年底，全市水资源总量为18.58亿立方米，其中地表水16.45亿立方米、地下水2.13亿立方米，人均水资源占有量3616立方米。水资源可开发量6.95亿立方米，可供水总量2.74亿立方米，农田灌溉用水0.85亿立方米、林牧渔畜用水量0.36亿立方米。建成以源口水文站为中心，以白沙、梅城、三河水位监测站为骨干，以李家大坑源观测站、大同观测站、大店口曲斗观测站、寿昌观测站、大洲观测站、洪岭观测站、罗村观测站等7个雨量观测站为重点，88个小流域遥测站为布局的水雨情监测系统。依法划定水功能区24个。

全年取水有效许可证共计82本，其中自来水制水企业9家、自备取水单位45家、水力发电28家。小水电共计换发新证17本，注销10家停产企业的取水许可证。全年累计征收水资源费954万元，其中建德市企业征收水资源费706万元，富春江、新安江电厂省征收返还三个季度的水资源费248万元。

【水政管理】 1月～9月底，全市共拆除涉水违法建筑9422平方米。审批建设项目水土保持方案36件，征收水土保持补偿费67.6万元。出动巡查217次，巡查河道34条，查处非法进入河道采砂案件1起（2014年起全市全面禁止经营性采砂），及时制止、改正向河道管理范围内倾倒渣土的违法行为4起。结合封山育林、禁封治理、坡地治理、营造经济林、河道整治、公路沿线山体和矿山治理复绿等措施，治理水土流失面积17平方千米。

全年开展执法检查93次，查处各类违法违规案件41起，其中电鱼37起、禁渔区捕捞1起、毒鱼虾2起、无证捕捞1起，没收电鱼工具40套，处罚款1.11万元，强制拆除禁用渔具定置张网9副。

1月、6月，市渔政站在富春江库区、下涯镇大洲溪、大同镇大同溪、航头镇南八溪、寿昌镇寿昌溪水域内开展渔业资源增殖放流活动，先后放流鳙鱼、鲢鱼、三角鳊、青鱼等冬片鱼种173万尾，价值近60万元；放流花鱼骨、鲴鱼等夏花鱼种550万尾，价值20万元。

继续推进"三江"河道管理范围内采砂制砂的专项整治行动，对4家未经水行政主管部门同意在河道管理范围内设置的机制砂场下达《责令停止违法行为通知书》，责令限期拆除设置制砂设备，恢复河道原状。至6月底，4家机制砂场全部拆除。同时，将河道内采砂、制砂等行为列入河长职责，并按照属地管理原则，加强对辖区内的采砂、清淤、制砂等行为的日常管理。对在河道内结合水利工程建设过程中的清淤行为进行规范，要求相关手续要完备，清淤必须要结合水利工程建设，不得在河道内借清淤之名进行挖砂石料；对确实因淤积严重要进行清淤的，由村向乡镇（街道）提出申请，乡镇（街道）进行审批，对清淤过程中的四至、期限、淤积物的清理与堆放、水工程安全保证金等方面作出明确规定。（李雪梅）

防汛防旱

【防汛预案】 2月初，市防汛抗旱指挥部发出《关于落实2014年水利工程安全管理责任制有关问题的通知》《关于做好2014年防汛物资储备和抢险队伍基本情况统计的通知》，指导乡镇（街道）从组织责任、应急预案、监测预警、安全避险和应急救援等各方面做好落实工作。组建市、镇两级防汛抢险队伍，在册人员1150名，储备冲锋舟3艘、铁锹535把、应急灯具1794盏、警报器46只、水泵98台，以及铅丝、无纺布、砂石料、桩木等应急防汛物资。4月初，下达《2014年度建德市病险水库堤防电站和在建工程度汛方案》。4月下旬，市委、市政府召开全市防汛防台抗旱暨气象防灾减灾工作会议，对防汛防台抗旱工作进行动员部署，并与各乡镇（街道）签订防汛安全目标责任书。入汛前，水利部门、各乡镇（街道）组织开展了巡查员、预警员和水务员培训，提高业务能力和责任意识。

【汛情和灾情】 5月13日17时～14日8时，市境内遭遇暴雨、局部大暴雨袭击，平均雨量69毫米，最大站点大同溪口111.5毫米。6月17日～7月7日梅雨期间，全市平均降雨量414.1 毫米，比常年偏多27%；6月19～23日和6月26～28日两次出现暴雨到大暴雨过程，全市平均雨量达312.3毫米，16个乡镇（街道）有15个乡镇面雨量在250毫米以上，其中最大乡镇李家镇达437毫米，单站最大站点航头镇曲斗达460毫米；兰江干流发生两次流域性洪水，建德段6月23日6时三河站最高水位达27.24米，6月23日8时大洋站最高水位25.90米，均超保证水位。梅雨期多个水库超汛限水位，其中新安江水库水位在7月18日达到106.54米。7月23日，受第10号台风“麦德姆”影响，市境有中到大雨，局部暴雨。进入8月后，市境持续阴雨天气，累计降雨22天，8月全市平均雨量230毫米，多数水库山塘高水位运行，8月22日，罗村水库水位达到最高265.88米，23日9时30分，该水库按20立方米/秒流量泄洪。

全市灾情以洪涝灾害为主。“5·13”暴雨造成航头镇东村方家自然村30余户房屋进水，约20公顷农田、3.4公顷珍贵苗木受淹。6月中旬至7月初梅汛期间，全市各地多处发生水利交通工程损毁、山体滑坡塌方、城乡内涝积水、农田受冲受淹、房屋倒塌进水；6月23日5时，受兰江洪峰过境影响，大洋集镇街巷道路开始受淹，水深15厘米～20厘米，地势低洼处水深近1米，淹没时间约7小时。8月23日，受局地强降雨影响，航头镇航川村大塘山塘坝体局部塌陷，造成部分农田受淹，因预警到位，无人员伤亡。

据不完全统计，汛期全市累计受灾人口2.7万人，倒塌房屋43间，紧急转移650余人，农作物受灾面积1333公顷，停产工矿企业2家；冲毁、损坏堤防（护岸）600余处9.61千米，损毁山塘3处，损坏灌溉设施及机电泵站176处。全市因灾直接经济损失5663万元。

【抢险救灾】 在防汛防台期间，市防汛抗旱指挥部根据汛情和预案规定，先后启动防汛防台应急响应Ⅳ级2次，6月20日14时～7月1日10时启动防汛Ⅳ级应急响应，7月23日15时～7月25日14时启动防台Ⅳ级应急响应。

市委、市政府和市防汛抗旱指挥部及时召开乡镇（街道）、市防指成员单位负责人会议，对防汛防台工作进行层层部署。在梅汛期和强降雨期间，各乡镇（街道）干部迅速行动，分村分片联络到位，组织巡查、转移和应急抢险；山塘水库堤防巡查员、山洪灾害预警员、地质灾害监测员及时开展巡视检查；水利、国土、建设、民政等部门及时派出指导组，对重点山塘水库、沿江沿村、小流域山洪与地质灾害隐患点、在建工程、集镇防洪排涝、避灾安置场所等重点部位和薄弱环节进行排查整改。汛情发生及台风过境时，市防指各成员单位把“确保人民生命安全放在首位”，按照“不死人、少伤人、少损失”的要求，以实现“四不一正常”为防御目标，全面做好各项防御和应急处置工作。灾情发生后，市水利、交通、民政、国土、电力等部门以及乡镇积极开展水毁工程应急抢修和生产自救，采取有效措施把损失降到最低限度。

（李雪梅）

水产业

【概况】 2014年，全市渔业经济总产值4.92亿元，比上年下降25.6%，其中渔业产值2.24亿元，减少7.8%（主要原因为“五水共治”整治网箱，产量有所减少）。涉渔工业和建筑业产值2900万元，为上年度的18.6%；涉渔流通和服务业产值2.39亿元，减少8.8%。淡水养殖面积1960公顷（其中池塘447公顷、山塘536公顷、围坝378公顷、水库599公顷），水产品产量1.17万吨，减少5.6%，其中网箱、网拦、网围“三网”养殖面积54.9公顷，产量2791吨；稻田、莲田、茭白田“三田”养殖面积40.6公顷，产量209吨。渔民人均纯收入15492元，增长18.7%。全年生产鱼苗1.2亿尾、鱼种15吨，投放鱼种1915吨。

年末，全市机动渔船415艘，计936吨位、3830千瓦，其中捕捞渔船282艘、养殖渔船129艘、渔业执法船4艘。水产品加工总量419吨。全市名优水产品产量6531.2吨，产值1.75亿元，分别占水产品总产量、总产值的55.7%和80.1%。全市渔业人口6721人，渔业从业人员4937人。休闲渔业经营主体47个，总投资2115万元，休闲渔业总产出1925万元，接待游客9.21万人。

【《建渔三珍》系列丛书出版】 5月，由建德市水产技术推广站等单位组织编撰的《建渔三珍》系列丛书出版发行，该丛书由山珍极品《新安石蛙》、冷水珍品《建德虹鳟》、富春佳品《严州鳊鱼》组成，各卷正文3篇、每篇10章，编外1篇，共计20余万字；附有彩图12页99帧，题词3页6帧，插图212帧，全方位、多角度展示了建德开发江河、溪流以及冷水区域渔业资源的全过程。

【完成千岛湖网箱整治】 根据2013年省、杭州市“三改一拆”“清水治污”和“双清行动”工作进度要求以及2014年省政府提出的“五水共治”实施方案，对千岛湖建德水域网箱养殖开展整治工作。整治工作从2013年8月开始，10月完成评估工作，12月底完成与养殖户网箱拆除协议签订，至2014年8月2日，所有养殖网箱和管理房全部清除上岸，涉及网箱5454只、水域养殖面积12万平方米。通过整治，彻底消除了千岛湖建德水域内养殖污染，消除了新安江水库大坝行洪安全隐患。 （何蕴华）

气象服务

【概况】 2014年，气象防灾减灾工作列入乡镇（街道）工作目标考核，纳入进村（社区）工作任务。新安江街道梅坪等17个村，梅城镇总府社区、严陵社区创建成为浙江省气象防灾减灾标准化村（社区）。

8月，市政府印发《建德市气象灾害监测预警全覆盖县（市）建设实施方案》（建政办函〔2014〕135号），明确气象灾害监测预警全覆盖县（市）建设的工作目标、主要任务、实施进度和保障措施。9月，市委、市政府印发了《关于进一步加快现代农业发展实施意见的通知》（市委办发〔2014〕105号），明确建德市气象局为“智慧农业”“农产品评价认证体系”工作的责任部门之一。10月，市气象局与市环保局签署合作备忘录，就联合开展空气质量（AQI）指数发布、监测数据资料共享和会商、环境空气质量科学研究等方面开展合作，对外公开发布AQI预报数据，公众可通过建德市气象网、建德电视台天气预报节目、“96121”声讯电话等渠道了解空气质量状况。与市住建局共同成立工作小组，指导开展暴雨内涝风险研究、暴雨强度公式修订、降雨规律分析等工作。

5月，市气象局印发《关于进一步简化气象审批环节提高投资项目审批效能的函》，减少审批前置条件，对建（构）筑物高度在100米以内的政府投资和工业性投资项目，其建（构）筑物为非人员密集场所且内无易燃易爆等危化物的，取消雷电灾害风险评估。7月，公布《建德市气象局行政许可事项清单》，将非许可事项“升放无人驾驶自由气球、系留气球单位资质年检”调整为行政服务事项。9月，市气象局引进3家防雷中介技术服务机构入驻建德市审管办中介信息库，并“挂牌入驻”，实行行政审批和技术服务窗口分设。技术评价报告书由原承诺的5个工作日压缩到3个工作日，风险评估报告由20～30个工作日压缩到15个工作日，分别压缩40%和25%～50%。全年累计受理办结气象行政许可事项210件，其中防雷装置设计审核112件、竣工验收90件、升放无人驾驶自由气球或者系留气球活动审批8件；办理气象灾害证明便民服务事项35件，办结及时率和服务满意度均为100%。

【公共气象服务】 2014年，市气象台发布各类专题气象服务材料200期，发布气象灾害预警信号42次，各类灾害性天气预警短信210次约230万人次。应用乡镇（街道）自动气象站、负氧离子、空气污染物PM10和PM2.5、酸雨、灰霾等精细化观测资料，开展生态环境气候月评价工作，发布生态环境气象监测公报12期。

电视天气预报节目全新改版，节目时间延长至2分30秒，首次采用主持人播报的形式，对天气形势分析、天气趋势预报、气象指数、乡镇（街道）天气预报等进行动态直播，介绍公众关注的气象热点以及空气质量（AQI）指数预报等。拓展新媒体气象服务，完成认证并开通“建德气象”“建德预警发布”新浪、腾讯微博；11月份完成“建德气象”微信认证并投入运行。

【农业气象服务】 推进农业大户(专业合作社)"联系卡"制度,新建"联系卡"15家,总数达到120余家。重点做好茶叶、草莓、杨梅、葡萄、蜜梨等建德特色农产品的针对性服务,市气象局联合省气象局气候中心完成对杨村桥镇"金绪塘"蜜梨农产品气候品质认证,是继乾潭"红宝石"葡萄之后,第二个获准贴附农产品气候品质认证"优"标签的农产品。开展局、校、专业合作社三方合作,启动下涯红群草莓专业合作社草莓基地农业气象试验站建设。同时,市气象局与市农业局联合开展面向新型农业经营主体的直通式气象服务,合作成立建德市农业气象服务专家联盟,建立特色农业数据库,气象与农业专家联盟成员10余次前往受灾害性天气影响较大的乡镇(街道)进行灾情调查,共同开展灾害损失评估。

【气象现代化建设】 2014年,新建区域自动气象站5个(乾潭镇幸福村和胥岭、新安江街道岭后社区、梅城镇王山顶村、大同镇黄垄村)、应急移动便携气象监测站1个、大气电场和闪电定位监测站各1个、气象灾害视频实景监控系统3个(梅城、三河、姚村);升级大气负离子监测站2个;自动气象站软件升级6站次;在梅城站增加了固态降水和雪深观测。至年底,全市建有各类自动气象监测站55个、大棚设施农业小气候站2个,平均站网间距小于6.5平方千米,气象监测能力得到提高。

建立农业、林业、水利、交通、国土、新安化工集团等敏感行业的影响天气预报,开展雾霾天气预报预警、森林火险、地质灾害等气象次生、衍生灾害预报预警业务。市气象台重新制订气象业务服务工作流程,规范气象服务信息发送对象,梳理气象服务产品发布渠道。开展分乡镇(街道)的中期、短期、临近滚动预报预警业务。

4月,市气象局与建德华数公司合作建成"数字兴农"华数全网分区域预警信息发布平台,开通农村华数用户"气象信息"点播功能,拓展了气象信息发布渠道,推进公共气象服务均等化。合作完成农村数字电视气象灾害预警信息发布终端系统升级,在原分乡镇(街道)直达式发布的基础上实现了数字电视分区域、圈阅式、直达式预警信息发布功能,可直接在建德市地图上圈阅划定预警信息发布范围,把预警信息发布的最小单元定位到村,实现灾害性天气落区精准定位预警,提高了预警发布的精细度和针对性,完善气象预报预警业务。

【村级便民服务中心气象服务站规范化建设】 年内,根据《建德市加强村级便民服务中心气象服务站规范化建设实施办法》(建政办函〔2013〕5号),在上年度完成23个试点村的基础上,完成所剩233个村(社区)便民服务中心气象服务站规范化建设,为村民提供气象服务咨询、农业气象服务、防雷技术指导、气象灾害证明代办、气象科普宣传等服务,使村民足不出村就能享受气象服务,推进了城乡气象服务均等化和气象为农服务"两个体系"(农村气象灾害防御体系和农业气象服务体系)的建设。

【防雷减灾安全管理】 年初,市政府和各乡镇(街道)、职能部门签订《安全生产综合目标管理责任书》,将防雷安全管理列入考核。7月,公布调整后的52家防雷重点单位名单,覆盖危化企业、教育卫生、金融证券、旅游商贸、电力通信等多个行业,明确要求其落实防雷安全的组织、制度、档案和责任制建设,加强防雷装置安全年检工作,要按照各自职责切实抓好日常管理和监督检查工作。

依托大气电场监测数据和雷电定位监测网络等气象现代化系统,开展对强对流天气进行监测并做好雷电预报预警服务,及时将雷电监测、预警信息和相应的防雷措施通过手机短信和广播电视、网络等媒体进行发布和宣传。2014年共向社会公众和防雷重点单位安全负责人、安全员发布雷电监测公报2期、雷电灾害预警信号8次,雷电预警短信发送2.4万余人次,比上年增加六成,及时提醒相关单位和社会公众采取防雷应急措施。

(许　宏)

编辑:黄建生

工 业

Industry

工业综述

【概况】 2014年，全市工业工作坚持“工业强市”“创新驱动”发展战略，以“稳增长、调结构、促转型”为主线，以党的群众路线教育实践活动为契机，开展“进企走访、帮企解困、助企发展”活动，推动工业经济和信息经济平稳健康发展。

全市实现工业总产值706.32亿元，比上年增长3.1%；工业销售产值695.01亿元，增长3.2%；规上工业销售产值425.17亿元，增长7.6%，增速位列杭州14个区县(市)第二。完成工业生产性投入81.76亿元，增长19%；实现新产品产值132.13亿元，增长20.7%，增速位列杭州14个区县(市)第三，新产品产值率为30.7%。完成限上投资59.82亿元，增长13%，增速位列杭州各区县(市)第四。

【“进企走访、帮企解困、助企发展”】 4月1日至9月30日，全市以助企发展为根本目的，围绕“六大难题”破解及“六大环境”营造，深入开展“进企走访、帮企解困、助企发展”活动。活动坚持“一周一汇总、半月一协调、一月一督查”工作机制，由市四套班子领导带头，市发改局、市经信局等22个涉企部门以及16个乡镇(街道)，共走访企业1300余家(次)、项目200余个(次)，搜集企业难题926个，征集意见建议200余条，通过现场办公、协调会、问题交办单等形式，解决问题354个、提出解决方案173个，优化了经济发展环境，提振了企业发展信心。

【工业项目推进】 实施《建德市工业项目推进三年行动计划(2013～2015)》，根据“三重”“大协调”“大督查”工作要求，推进重大工业项目建设。对全市31个准入未开工、开工未投产项目的进展情况和存在问题进行梳理，明确推进目标、推进措施、推进机制和具体要求，做到责任到位。建立重大工业项目库，实行“一月一梳理”；建立准入审查项目库，实行“一月一梳理”。两大项目库实行动态更新，随时掌握项目进展情况，及时发现项目存在问题，提交各层面协调解决。定期召开项目现场督查会，以实地踏勘、现场办公的方式，对项目推进情况和问题解决情况进行督查，推进项目开工落地。2014年，全市共有计划投资5000万元以上的重大工业项目47个，其中开工建设项目38个，完成投资24.73亿元，完成年度计划的116%。十大工业项目中，融聚节能太阳能储能设备产业园项目等5个项目开工建设，完成投资4.46亿元。

【工业平台建设】 重点突出“一区一园”的工业主平台地位，继续落实“腾笼换鸟”、加快不良资产处置政策，加大存量土地、闲置厂房的盘活力度，鼓励工业企业退二进三、退低进高，有效提升土地利用效益。强化资金保障，高新园与中国银行、杭州银行、省金融资产交易中心、杭州市金投集团等多家省市金融单位签订合作协议，成功融资近9亿元；帮助开发区搭建融资平台，通过增加开发区信贷主体注册资本、争取杭州大江东产业集聚区管委会以及杭州市级其他国有公司担保、变更土地性质用地抵押等形式，加大开发区建设资金支持力度。强化土地指标保障，2014年，全市共为“一区一园”安排解决规划、农转用指标67公顷，保障了园区重大项目的用地需

表9 建德市2014年度工业企业税收上规模奖

企业	2014年入库税收	税收上规模
农夫山泉(建德)新安江饮料有限公司	19248万元	入库税收首次突破1亿元
杭州新马电梯有限公司	1043万元	入库税收首次突破1000万元
杭州奥立达电梯有限公司	1025万元	入库税收首次突破1000万元
杭州沈氏节能科技股份有限公司	1009万元	入库税收首次突破1000万元
杭州双马生物工程有限公司	558万元	入库税收首次突破500万元

表10 建德市2014年度十大税收贡献企业

企业	2014年入库税收
农夫山泉(建德)新安江饮料有限公司	19248万元
建德海螺水泥有限责任公司	16608万元
中策橡胶(建德)有限公司	15723万元
建德红狮水泥有限公司	15384万元
浙江新安化工集团股份有限公司	6665万元
国际香料香精(杭州)有限公司	5158万元
建德南方水泥有限公司	4053万元
杭州建铜集团有限公司	3905万元
浙江新化化工股份有限公司	3750万元
浙江新安迈图有机硅有限责任公司	2916万元

求。完善园区规划，修编完善高新园空间规划，将洋溪、下涯、杨村桥、大洋、三都等乡镇纳入高新园规划范围，园区规划面积达205平方千米，园区框架进一步拉大。推进园区基础设施建设，2014年，“一区一园”共完成土地平整89公顷，基础设施投入2亿元，园区配套设施进一步完善，项目承载力和招商竞争力显著提升。加大合作力度，积极探索与下沙开发区、大江东开发区的合作机制，高新园与浙江大学环资学院合作建立创业创新基地，打造环保产业孵化园；省级开发区与下沙开发区加强城乡统筹合作，获得下沙开发区园区年度建设专项资金2500万元。加大招商引资力度，抽调各乡镇招商力量，成立专门的招商引资队伍，赴杭州市经信委、余杭、萧山等地开展蹲点招商。全年盘活存量土地70.7公顷，盘活闲置厂房11万平方米，零地技改完成10亿元。

【优化审批服务】 实施《建德市工业项目指标安排评价办法》和《建德市工业项目复核监管办法》，规范工业项目管理，增强项目业主履约责任。推进“两集中两到位”“一审一核”工作，设立行政审批科并进驻行政审批服务中心窗口。抓好权力清单梳理工作，共梳理确定权力事项66项，精简事项近50%。根据“一门受理、抄告相关、同步办理、统一许可”的联合审批要求，设立投资项目联合审批专窗，牵头负责工业项目立项阶段的审批工作，并强化工业项目“模拟审批”机制。2014年，共办理各类审批事项310余件，并为企业出谋划策，为项目开工争取时间。

【工业节水】 根据全市“五水共治”工作部署，做好工业节水工作的任务分解。开展全市工业用水情况调查，重点对化工、电镀、轻质碳酸钙等用水较大行业节水现状进行摸底分析，完善工艺流程，提升装备水平，将用水指标列入工业项目准入审核内容，推动全市工业节水工作。5月，制订出台《碳酸钙行业回水利用工程验收办法》，从供水排水工程、管理考核制度、运行监测报告、回水利用效果等四个方面开展检查验收。将4家轻钙企业的节水技术改造项目列入示范试点，推进轻质碳酸钙企业节水改造工程。年底，浙江天石纳米科技有限、建德市云峰碳酸钙有限公司、建德市双超钙业有限公司、建德市大健碳酸钙有限公司等4家轻钙企业通过验收。

【旧厂房改造】 年初，根据市“三改一拆”工作统一部署，市经信局对各乡镇（街道）旧厂区（厂房）改造情况进行调查摸底，制订2014年度旧厂区（厂房）改造计划，并将旧厂区（厂房）改造目标任务细分落实到各乡镇（街道）。下发《关于进一步规范台账管理制度的通知》，规范各乡镇（街道）对旧厂区（厂房）改造工作的台账管理模式，确保分工明确，推进有序。至年底，14个2013年结转的项目全部完工，2014年新实施的32个项目完成改造31个，完成旧厂区（厂房）改造面积18.05万平方米（累计完成47.01万平方米）。

表11

2014年建德市十大工业项目

序号	项目名称	项目地址	项目主要内容	计划投资(万元)		备注
				总投资	年度投资任务	
1	融聚节能太阳能储能设备产业园项目	三都镇	项目主要采用具有自主知识产权（国家专利）太阳能储能器技术或工艺，项目建成后形成年产A型太阳能节能储能器3000台套工艺生产及检测线，研发中心等新建厂房，总建筑面积11000平方米的生产能力，产品具有节能减排特点，实现销售收入6800万元	100000	5000	已开工
2	机械产业园项目	大慈岩镇	东工项目：购置数控车床、气体保护焊机、数控切割机、高精度磨床、手工切割机、其他配套设备等国产设备。项目建成后形成年产1000台混凝土搅拌机、1000台混凝土配料机、1000台螺旋输送机建设项目的生产能力，实现销售收入6000万元，利税600万元。 锦浩项目：购置数控车床、高精度磨床、气体保护焊机、线切割机、锯床、台式钻床、其他辅助设备等国产设备。项目建成后形成年产1000台饰品机械、500台拉链机械的建设项目的生产能力，实现销售收入5000万元，利税600万元。 拓博项目：购置数控车床、高精度磨床、气体保护焊机、线切割机、台式钻床、冲床、其他辅助设备等国产设备。项目建成后形成年产1000台混凝土搅拌机、1000台小型吊机、1000台制砖机、1000台平板夯建设项目，的生产能力，实现销售收入5000万元，利税600万元	100000	8000	已开工
3	农夫山泉四期项目	新安江街道	新建联合生产厂房、污水处理站等建筑物共计13.5万平方米，引进144000BPH4L饮用天然水生产线3条、27000bph无菌饮料灌装生产线1条和72000BPH瓶装饮用天然水生产线1条，并配套水处理系统、果蔬预处理系统等国产设备、公用工程设备，形成年新增110.5万吨各类饮料和饮用天然水的生产能力	72000	8000	
4	IFF搬迁项目	高新园(下涯镇)	新建加氢车间、M车间（通用车间）、G车间（大批量产品车间）三个主要生产车间，及污水处理厂、公用车间、储罐区、冷冻站、空压站、仓库、办公楼等配套设施；购置反应釜、精馏塔等设备，形成年产12000吨香精香料产品，可实现销售收入65300万元，上缴税收6200余万元	38000	2600	

续表11

序号	项目名称	项目地址	项目主要内容	计划投资(万元)		备注
				总投资	年度投资任务	
5	昌鑫金属年产40万吨轧辊项目	寿昌镇	项目新建上料跨厂房、主轧跨厂房、成品跨厂房;轧辊间厂房,以及设备基础系统、水处理站、供配电系统、稀油润滑、液压系统、车间辅房等辅助设施。购置水平二辊、立式二辊、步进式加热炉等核心设备,项目建成投产后,可年产40万吨轧辊。实现销售收入140000万元,上缴税收13000万元	30000	16000	
6	卡洛实业高端PU合成革项目	大同镇	项目利用原德泰合成革存量土地及厂房,采用干法、湿法PU生产技术或工艺,以及印刷、压花等皮革深加工技术或工艺,购置湿式、干式PU生产线;印刷、压花、揉纹等生产线等国产设备。项目建成后形成年产5200万米PU合成革的生产能力,产品具有质量稳定、节能降耗特点,实现销售收入125000万元,利税11500万元,创汇2300万美元	23000	12000	已开工
7	年产5万吨食品添加剂级精细氯化钾、2万吨食品添加剂级碳酸钾和碳酸氢钾项目	大洋镇	项目主要采用公司资助研发的国内独创的三级真空闪发连续结晶工艺技术,该工艺技术具有国内领先水平、可连续结晶工业化生产、能耗低(比国内同行可降低25% ~ 30%)、产品质量稳定、纯度高、无污染(工业用水循环利用)技术或工艺,产品具有生产线全部采用DCS自动控制系统,产品采用全自动称重系统、自动包装、自动封边、自动堆垛,实现了整个生产线的全自动化生产与控制	13000	5000	已开工
8	正和钙业年产10万吨纳米碳酸钙及2万吨氢氧化钙项目	大同镇	项目主要采用石灰机立窑技术或工艺,购置自动化筒式石灰窑、碳化罐、储存罐、锅炉、热交换器、带式烘干机等国产设备。项目建成后,形成年产10万吨纳米碳酸钙及2万吨高端氢氧化钙的生产能力,产品具有效率高、粉尘少、工作可靠、操作简便特点,预计新增销售收入12100万元,利税3498万元	12400	11000	已开工
9	建成生物年产3000吨复合B族维生素项目	高新园(下涯镇)	项目新增用地50亩,新建核心厂房23000平方米及包装、仓储、物流,办公楼等生产辅助设施,购置活化反应罐,蝶式分离机、精馏塔等设备,项目建成后,可实现年产3000吨符合B族维生素,预计新增销售收入12000万元,新增税收1500万元	11000	2000	取消
10	起点生物科技重组搬迁项目	高新园(梅城镇)	项目新增用地100亩,建设医药中间体项目。新建主体厂房及办公楼、公用设施等辅助工程,购置各种搪瓷反应釜、自动配料系统、高速混合机等设备,项目建成投产后,可实现年销售收入15000万元,上缴税收1000万元	15000	3000	
合计		414400	72600		合计	

信息经济和智慧经济

【概况】 2014年，市委、市政府以“六个领衔”为契机，狠抓工业有效投资，强化企业技改，不断改造提升传统优势产业。发展信息经济和智慧经济“一号工程”，推进“产业智慧化”和“智慧产业化”，以行业龙头企业、骨干企业为重点，开发新产品、新技术，聚焦重点领域，强化项目带动，多措并举强势推进技术创新。

成立建德市“智慧经济”发展工作领导小组，由市委书记、市长任组长，常务副市长、分管市长为副组长，为全市发展信息经济提供组织保障。推进软件和信息服务业、电子信息制造业等信息产业发展，至年底，全市有信息服务业企业3家，分别为建德市点石文化传播有限公司、浙江怀创科技有限公司、建德雨歌动漫制作有限公司、软件企业（嵌入式软件）3家，分别为杭州奥立达电梯有限公司、杭州新马电梯有限公司、浙江虎鼎机械制作有限公司。2014年，软件产品收入1.1亿元，比上年增长69.2%；雨歌动漫的“数码无纸动漫技术”被列入省软件和信息服务业重点扶持项目，获得专项扶持资金30万元。引导企业加大信息化投入，促进工业企业生产和管理的信息化改造，提高企业核心竞争力，全年有10家企业成功申报杭州市信息化应用项目备案，计划投资2017万元。

推进“人才强市”战略，引进高端人才，建设以高层次、复合型、紧缺型人才为主体的技术骨干队伍建设。2014年，工程职称申报条件除新增部分条件外，基本与上年保持一致，化工轻纺工程和机械电子仪表专业累计报名中级41人、高级14人，建筑工程和建设施工专业累计报名中级63人、高级17人。其中有高级工程师24人通过，通过率77.4%；中级工程师66人通过，通过率63.5%。出台引进海内外高层次人才“535”计划实施意见，提出用5年时间引进海内外高层次人才50人；引进和培育带项目、带技术的海内外高层次创业创新团队3个；引进和培育海内外高层次人才创业企业5家。

【实施信息化项目6个】 年初，组织有关专家对全市信息化项目进行评审，确定2014年全市信息化建设项目，其中新建信息化项目5个（总投资297万元）、续建项目1 个。围绕“智慧城市”建设为主题，重点开展“智慧安监”（建德市安全生产综合监管信息平台）、“智慧医疗”（乡镇智慧诊疗系统建设项目）、“智慧城管”（智慧城管智能系统建设项目）、“智慧校园”（校园食堂安全监控项目）、“智慧林业”（森林公安执法信息系统建设）、“智慧档案管理”（数字档案馆建设项目）等信息化项目。至年底，市安监局、市教育局、市城管局等单位信息化项目建设完成，市广播电视台、市教育局、航头镇、杨村桥镇、市商务局、市质监局等6个2013年度的信息化项目

◎11月12日，副省长熊建平到建德调研重污染高耗能行业整治提升工作（高新园供稿）

通过验收。

【企业信息化应用示范】 引导企业通过信息化应用提升科技研发和管理水平。青岛啤酒(杭州)有限公司、杭州奥立达电梯有限公司、杭州沈氏节能科技股份有限公司、杭州建铜集团有限公司、杭州澳赛诺生物科技有限公司等5家企业成功创建“杭州市信息化应用示范企业”。指导25家企业开展“智慧企业”创建活动,建德市白沙化工有限公司、杭州三耐环保科技有限公司、建德市宏华工艺品有限公司、浙江建业化工股份有限公司、杭州思味王食品有限公司、杭州大库湾生态农业有限公司、浙江国茂饲料有限公司、浙江横箭铁合金有限公司、杭州黑马拉链有限公司、浙江斐凌工具有限公司、杭州晶顺饰品有限公司、浙江虎鼎机械制造有限公司、杭州市雷明光源科技有限公司、杭州乾通工具制造有限公司、建德市鸿丰羽绒制品有限公司、杭州胜奇纺塑有限公司、建德海螺水泥有限责任公司、建德市龙华塑化有限公司、建德市青峰五茄皮酒厂、浙江御香露酒业有限公司、建德市宏远新能源科技有限公司、建德市乐仕线带厂、杭州江南春堂生物科技有限公司、浙江宏都寝具有限公司等企业被认定为“杭州市智慧企业”。

【推进“两化”融合】 2014年,全市坚持以信息化带动工业化、以工业化促进信息化,走新型工业化道路。 5月,邀请杭州电子科技大学专家陈畴镛教授作《推进“两化”深度融合,加快经济转型发展》专题讲座,市教育实践办、信息化工作领导小组成员单位、“智慧企业”和“信息化示范企业”等部门单位和企业相关负责人参与听课学习。2014年,全市有10万套无铅环保节水龙头的研发及生产项目(雅鼎卫浴)、建业化工迁建(二期工程)DCS控制系统应用(建业有机)、科研管理信息化(新安化工)、全自动智能化数控磨齿机(虎鼎机械)、LED车灯生产线智能信息化应用(五星车业)、乙烯基树脂电解槽浇铸系统智能化改造(三耐环保)等6个项目,入选杭州市第一批产业智慧化和智慧产业化项目,有效推进信息化和工业化深度结合。

【开展创新驱动】 2014年,中策橡胶“迁扩建一期年产180万套全钢子午线轮胎项目”(机器换人类)、建业化工“歧化反应合成三正丁胺项目”(技术创新类)、大洋生物“盐酸氨丙啉美国FDA认证项目”[资质认证(医药)类]、虎鼎机械“HDCNC-70全自动高效金属切断圆锯机项目”(首台套类)等4个项目获杭州市工业统筹资金593万元,其中资质认证医药类和首台套类项目为建德市首次获得杭州扶持资金,实现两个类别“零”突破。

组织企业开展省市新产品备案,共有6只产品通过省级新产品备案、5只产品通过省级新产品验收、25只产品列为杭州市级新产品。雅鼎卫浴股份有限公司成功创建浙江省工业设计中心,杭州沈氏节能科技股份有限公司成功创建杭州市企业技术中心。新型镍钴电解隔膜框组(杭州三耐环保科技有限公司)、罗茨水环式成套真空机组(FJZJS系列产品)(杭州新安江工业泵有限公司)、HDCNC-70金属切断圆锯机(浙江虎鼎机械制造有限公司)、乙酸正丙酯(浙江建业化工股份有限公司)、数码无纸动漫技术(建德雨歌动漫制作有限公司)、尾气氨回收直接制氨水新工艺技术(浙江新化化工股份有限公司)、高纯异丙醚(浙江新化化工股份有限公司)、新型滑盖式批头组合项目(建德市远丰工具有限公司)、55X分体调速转把(建德市五星车业有限公司)被省经信为认定为省级新产品。歧化合成工艺三乙胺(浙江建业化工股份有限公司)获得省级优秀新产品新技术奖一等奖;73X多功能转刹把(建德市五星车业有限公司)获得杭州市级优秀新产品新技术奖二等奖;2-乙氧基乙胺(浙江新化化工股份有限公司)、断奶仔猪肠道生理调节组合饲料(浙江国茂饲料有限公司)、生物活性肽型乳猪饲料研究开发(浙江国茂饲料有限公司)、食品级碳酸氢钾(浙江大洋生物科技集团股份有限公司)、环保增塑剂对苯二甲酸二辛酯(DOTP)(浙江建业化工股份有限公司)、节能环保防腐罗茨水喷射真空机组(杭州新安江工业泵有限公司)获得杭州市级优秀新产品新技术奖三等奖。

【电子商务协会】 开展电子商务专项贷款，由中行建德支行、电联担保、市经信局、市电子商务协会四方共同签署贷款项目协议，该项目是针对电子商务协会的会员企业的专项融资平台，每个协会会员有机会获得免担保的100万元的贷款，由电联担保公司提供担保服务。2014年，有9家企业办理贷款手续，共发放贷款830万元。利用协会平台开展“天猫实战经验交流会”，协会会长雅鼎卫浴董事长俞光以及杭州泓涛渔具的董事长宁沛然在会上与全市90余家企业代表进行经验分享。年末，建德市电子商务协会会员企业从成立之初的67家增加到78家。

企业培育

【概况】 做好全市重点工业企业、成长型企业的培育扶持工作，强化小微企业入库、培育和监测，做好审批服务、降低过户费用，推进“小升规”工作，全年新增规模以上企业29家，其中亿元企业8家；主营业务收入超过1亿元以上企业达到87家，其中40亿元以上企业1家、20亿元以上企业1家、10亿元企业4家。确定50家重点企业和45家成长型企业，帮助企业解决困难和问题，并给予重点扶持、鼓励做大做强，实施梯队升级。加大服务力度，提升服务水平，组织40余名企业高级管理人才参加浙江大学EMBA研修班。举办建德市“2014年中小企业创新发展”专题论坛，共完成质量管理、办公自动化、财务管理等培训24场次，辅导培训2000余人次，辅导满意率达98%以上。

加强全市网络与信息安全工作，按照“谁主管谁负责，谁运营谁负责，谁使用谁负责”的原则，落实主体责任，提升防护能力；建立并完善网络与信息安全应急机制，加强应急值守和情况通报，做到早发现、早报告、早处置、早解决，有效应对网站信息安全事件；严格执行网络与信息安全的各项制度，落实长效管理机制，提高防范信息安全事件的能力。10月17日开展信息安全应急演练，加强全市信息安全保障体系建设，创建安全可靠的信息消费环境。

【企业服务平台建设】 按照“积极培育扶持一批、改造提升一批、引导促进一批”的工作思路，于年初实行跟踪辅导，加大走访与服务力度，引导鼓励小微企业上规模发展，做大经济总量。邀请省、杭州市中小企业服务中心开展“中小企业服务日——建德专场”活动，搭建沟通交流平台，破解融资、技术等难题，全市有130余家企业参加。搭建企业服务平台，推进建德市精细化工产业集群公共服务平台和低压电器中小企业服务平台建设，开展“银企对接”，在投融资、技术攻关、产品检测等方面为企业提供专项服务。

【“腾笼换鸟”】 严格执行《建德市工业项目准入审查办法》，规范工业项目管理，全年召开准入审查会议12次，准入项目45个。根据《建德市工业项目复核监管办法》，开展复核监管准备工作，下发《关于开展工业项目复核监管工作的通知》，对杭州锦弘环保墙体材料有限公司年产60万立方米加气混凝土砌块项目等9个项目进行复核监管。全年盘活存量土地70.7公顷，盘活闲置厂房11万平方米，完成零地技改10亿元。贯彻落实《关于加快工业企业“腾笼换鸟”“退低进高”促进经济转型升级的实施办法（试行）》，鼓励工业企业通过厂房加层改造、利用地下空间等途径提高土地利用率，全市实施厂房加层、利用存量土地新建厂房、拆旧建新等项目27个，改造建筑面积7.78万平方米。

【“机器换人”】 加大政策扶持和专项服务力度，推进“机器换人”，鼓励和引导企业加大技改投入，提高企业劳动生产率，全市完成工业现代化技改47.88亿元。8月20日，组织部分工业企业负责人赴永康市考察工业企业“机器换人”工作。农夫山泉（建德）新安江饮料有限公司、浙江新安迈图有机硅有限责任公司、建德市五星车业有限公司、杭州新安江工业泵有限公司、杭州明扬农牧设备有限公司、浙江省建德市正发碳酸钙有限公司、杭州思味王食品有限公司、杭州珂迪电梯部件有限公司、建德市飞龙电器有限公司等9家企业被评为杭州市“机器换人”应用示范企业。

【电商换市】 推进“阿里巴巴·建德产业带”电子商务平台建设。引导企业入驻产业带，为入驻企业免费提供培训、页面优化、运营管理等服务。开展“3·21”大促、“阿里巴巴星产地”“9·23”工业品专场、市长代言等多次大促活动；组织“建德产业带”参加杭州国际电子商务博览会和首届建德淘宝节，帮助企业开展网上销售。全年组织电子商务培训4次，培训人员350余人次，产业带共入驻建德企业200余家，上传产品1万余件，企业在产业带上的交易额超过4000万元。引导电子商务产业的集聚发展，洋溪逸龙文化创意产业园成功创建省级电子商务产业基地。5月，建德市首个综合性电子商务产业园成立，园区建筑面积12万平方米，投资4亿元，一期改造办公楼3幢、面积3.5万平方米。至年底，共集聚电子商务企业60余家。

品牌建设

【概况】 贯彻落实科学发展观，实施质量强市和品牌战略，凝聚企业发展动力，多措并举发挥行业龙头企业的示范带动作用，引导和激励全市广大企业不断增强企业综合竞争力。加大“三名”工程扶持力度，深入开展品牌建设，增强品牌影响力，全力打造“名品、名企、名家”。

【授予“行业领军企业”称号3个】 对2013年首次进入全国、全球行业排行前5名的3个工业企业，授予“行业领军企业”称号，分别为浙江大洋生物科技集团股份有限公司(中国碳酸钾行业排名第一)、建德市远丰工具有限公司(中国螺钉旋具行业排名第五)、浙江国茂饲料有限公司(中国饲料行业排名第三)。

【“十大行业龙头企业”评选】 根据主营业务收入、生产性投入、研发投入、品牌、利润率、入库税收等指标，评选出2014年度十大行业龙头企业：浙江新安化工集团股份有限公司(生物科技)；建德市耀欣针纺有限公司(纺织服装)；建德市万家电器电缆有限公司(电子电器)；建德海螺水泥有限责任公司(建材水泥)；浙江斐凌工具有限公司(金属加工)；中策橡胶(建德)有限公司、雅鼎卫浴股份有限公司(日用轻工)；杭州奥立达电梯有限公司(机械制造)；农夫山泉(建德)新安江饮料有限公司(食品饮料)；浙江天石纳米科技有限公司(新材料)。

【名企创建】 推进全市中小企业转型升级、创新发展，培育杭州市级以上大企业、大集团、成长型企业、高新技术企业。2014年，全市有10家企业被评为2014年度杭州市工信经济成长型企业，分别为浙江天石纳米科技有限公司、杭州沈氏换热器有限公司、浙江远力健药业有限责任公司、浙江远力健药业有限责任公司、杭州三耐环保科技有限公司、雅鼎卫浴股份有限公司、浙江致中和实业有限公司、浙江新化化工股份有限公司、格林生物科技股份有限公司、浙江建业化工股份有限公司、浙江大洋生物科技集团股份有限公司。杭州奥立达电梯有限公司、杭州凯特电器有限公司、杭州市飞龙电器有限公司等3家企业被评为杭州市最具发展潜力中小企业；杭州三耐环保科技有限公司、杭州沈氏节能科技股份有限公司等2家企业被评为杭州市最具创新中小企业。

【品牌建设】 深入实施质量强市和品牌战略，促进经济发展方式转变，引导和激励企业增强综合竞争力，全力打造“名品、名企、名家”。“ ”商标(浙江建业化工股份有限公司)被评为驰名商标；“ ”商标(建德市五金工具行业协会)被评为集体商标；“ ”商标(建德市勇华电器有限公司)被评为“浙江省著名商标”。莲子(浙江省建德市里叶白莲开发有限公司)参与省名牌产品的复评，碳酸钾(浙江大洋生物科技集团股份有限公司)、乳猪用配合饲料(浙江国茂饲料有限公司)被认定为“浙江名牌”;凯梦娜kai Meng Na牌(杭州宏都纺织工业有限公司)、YFT牌(建德市远丰工具有限公司)被认定为浙江省出口名牌。

“WJ稳健”商标(杭州稳健钙业有限公司)、“[illegible]”商标(杭州宏都纺织工业有限公司)、“圣巴奈特 SHENGBANAITE”商标(杭州圣玛特羊绒制品有限公司)、“纽曼耐”商标(杭州新万利电子有限公司)、“欧亚护源”商标(杭州欧亚电器工具有限公司)、“严州府”商标(浙江严州府食品有限公司)被认定为杭州市著名商标。醋酸酯(浙江建业化工股份有限公司)、换热器(杭州沈氏节能科技股份有限公司)、电梯(杭州奥立达电梯有限公司)、电梯(杭州新马电梯有限公司)、锂基润滑脂(杭州新港石油化工有限公司)、聚乙烯塑料桶(瓶)(浙江新安包装有限公司)参与杭州市名牌产品的复评。低碳脂肪胺(浙江建业化工股份有限公司)、多功能车灯(建德市五星车业有限公司)、工业泵(杭州新安江工业泵有限公司)被认定为杭州名牌产品。XAJ牌(浙江新化化工股份有限公司)被认定为杭州出口名牌。

企业管理

【概况】 2014年,全市开展“进企走访、帮企解困、助企发展”活动,集中解决企业在发展中存在的困难和问题,优化全市经济发展环境,帮助企业减轻负担,实现全年经济稳定增长和转型升级的双重目标。市级领导、相关单位、乡镇(街道)分层次走访,完善汇总协调督查机制,创新工作方式方法,协调解决融资、办证、政策兑现、存量盘活及不良资产处置过户税费、园区设施配套及碳酸钙行业矿石供应问题,营造了良好的审批服务环境、要素保障环境、招商引资环境、项目落地环境、政策服务环境和舆论宣传环境。

【创新股权融资】 5月16日,邀请上海仟家信公司总经理到建德作“化解中小微企业融资难之途径”的专题讲座,对上海股交中心E板、Q板业务进行介绍,全市近200家规模企业代表听取讲座,会后对企业合作意向进行回访和摸底。6月5日,邀请仟家信专家对部分企业进行股权融资业务辅导,并重点对凯特电器、虎鼎机械、爱佳玻璃、山水郎食品等企业进行实地走访和对接。8月21日,市政府与上海股权托管交易中心、上海仟家信资产管理有限公司签订三方战略合作协议,并举办上海股权托管交易中心建德企业挂牌孵化基地授牌仪式。9月25日至26日,杭州凯特电器有限公司、浙江华电电站设备有限公司、浙江虎鼎机械制造有限公司、杭州国茂生态农业科技开发有限公司等4家企业在上股交报价系统成功挂牌。同时,杭州沈氏节能科技有限公司新三板挂牌。5家企业的成功挂牌,为直接进军资本市场融资拿到了“准入证”,实现了建德企业在场外市场挂牌融资零的突破。

【企业减负】 全面执行各项税收优惠政策,坚持管理与服务并重,执法与维权并举,扶持中小微企业和个体工商经济健康发展。市国税局办理退税4.30亿元(其中出口退税3.73亿元、民政福利企业和资源综合利用企业退税5776万元)、征前减免销售收入10.45亿元,全市享受优惠小微企业9042户次,减免增值税2042万元。积极主动为企业排忧解难,发挥部门服务企业的职能,加强沟通协调,提升企业经营者的信心,帮助企业渡过难关,市经信局协同各部门先后帮助19家企业解决贷款年检、土地换证、房产抵押登记、在建工程抵押转换等具体事项,助推企业健康发展和转型升级,当好攻坚克难的“参谋员”。加大惠企政策宣传力度,规范社会团体和行业组织经营行为,通过报刊、网络、广播、视传材料等媒介平台,以及采用惠企政策宣讲会、企业座谈会、送政策进企业等方式,全方位、多层次地宣传好惠企政策,兑现招商引资“一企一策”政策奖励1.31亿元,为142家企业办理贷款调头333笔,调头总额11.6亿元。

【破解企业融资难题】 分乡镇(街道)开展融资

担保巡回对接活动，搭建“银企担”交流平台，为70余家企业进行“银企担”对接；利用好市财政应急调头资金，全年为176家企业调头资金400笔，总金额14.15亿元；开展金融产品创新和推广，推动“企业互助模式”等创新业务的开展；签订中行“电子商务互保基金”协议，发放电子商务专项贷款；信用联社在内部研议“担保基金担保贷款”业务模式，开展融资担保洽谈会，探索建立小微企业信用互助风险池资金；试行出险企业贷款债务平移方法，加快推进不良资产处置，多渠道帮助企业解决“融资难、担保难、转贷难”问题。

【实施亩均绩效评价管理】 通过前期调研、发放征求意见稿得到乡镇（街道）、工业企业的意见和建议，并对全市规模以上企业进行10余次模拟测算。5月29日，印发《建德市工业企业发展绩效评价管理办法（试行）》（市委办发〔2014〕76号）。市经信局根据文件要求，将全市工业企业分为能耗排放类、传统产业类、其他行业类三大类进行综合评价，并先后组织乡镇（街道）工办主任和D类企业有关人员进行培训辅导，分片进行政策宣传培训。《办法》建立完善了以企业亩均绩效为核心的综合评价体系，推行要素配置与企业质量和效益相挂钩的机制，倒逼企业转型升级，做大做强。

表12 **建德市2014年度十大亩产效益企业**

序号	企业
1	农夫山泉（建德）新安江饮料有限公司
2	中策橡胶(建德)有限公司
3	建德红狮水泥有限公司
4	杭州双马生物工程有限公司
5	杭州乾通工具制造有限公司
6	建德市白沙化工有限公司
7	国际香料香精(杭州)有限公司
8	建德海螺水泥有限责任公司
9	杭州沈氏节能科技股份有限公司
10	建德三狮松涛水泥有限公司

【经济运行监测】 根据全市的宏观经济形势和各乡镇（街道）的实际情况，有针对性地下达考核任务。时时关注工业经济运行动态，做好运行监测工作。及时了解工业企业生产经营过程中的困难、问题，提出对策措施，当好参谋助手。先后出台《工业企业资金链风险监测预警工作机制》《工业企业资金链、担保链风险防范与化解工作方案》等文件，整合职能资源，实施名单动态监测管理，准确掌握企业资金链、担保链异动信息，分析研判企业资金链、担保链风险，及时协调应对，有效化解风险问题，做到对风险企业早发现、早介入、早处置，维护良好的经济发展秩序和金融生态环境。

【安全生产监管】 坚持科学发展、安全发展理念，加强民爆行业安全管理和监管。实施安全管理和监督，严格落实企业主体责任；加强企业隐患排查治理，严查事故隐患，推进企业安全生产标准化工作；加强民爆设备管理和专用运输车辆管理，督促企业加大安全生产宣传教育，强化安全知识和岗位安全技能培训，深化应急救援体系建设。全年赴浙江物产京安工程科技有限公司（建德市和杭州市唯一生产乳化炸药的企业，是建德市民爆行业安全生产重点监管单位）现场检查7次，提出整改建议8条，为全市经济建设营造良好的安全环境。

【墙体材料改革】 推进全市砖瓦窑淘汰关停工作的有序开展，全年完成建德市振东墙体材料厂等6家企业7座砖瓦窑的淘汰工作，淘汰落后产能2.5亿块标砖；实施新墙材整合改造项目，共完成3家上规模烧结砖和1家蒸压加气混凝土砌块新墙材项目建设，新增新墙材产能约4.2亿块标砖，有效推进节能环保类新墙材产品的发展；完成杭州市级、建德市级小城镇农居新墙材应用试点项目主体工程7个，总建筑面积26.65万平方米，可安置农户1692户，为历年来规模之最。结合全国低碳日和节能宣传周等活动，开展发展新型墙体材料、散装水泥工作的政策宣传，在全市城乡公交车上播放墙改动画宣传片；帮助4家企业建立质量管理体系，组织和参加各类质量管理培训班活动共计80人次。

节能降耗

【概况】 2015年，市委、市政府围绕杭州市下达的节能降耗目标，实施能耗总量与能耗强度双重考核，把握好经济发展与节能降耗内在关系，推进经济平稳健康发展。加大节能新技术、新工艺、新产品，开展清洁生产和电平衡测试工作，加大信息经济在节能降耗方面的推广和应用，开展能耗精准化管理。对16家单位进行能源监察，创新节能举措，推进“两降低、一提高”。在“全国低碳日”，市节能办会同市供电公司、市机关事务管理局等部门，按照“携手节能低碳，共建碧水蓝天”活动主题，在市文化广场开展现场节能宣传活动，提高人民群众节能意识。

【落实节能减排责任】 3月17日，市委、市政府专题召开全市人口计生国土资源节能减排和生态环保工作会议。按照2014年的目标责任制相关要求，全市制订以综合能耗和工业增加值能耗为主体指标的《建德市2014年度节能降耗目标责任评价考核办法》《2014年建德市市级公共机构节能工作考核办法》《关于确保完成2014年节能降耗目标任务的若干意见》等一系列政策。市政府与16个乡镇(街道)、71家重点用能企业签订目标责任书，明确针对未完成目标的乡镇(街道)实行“一票否决”，对未完成目标的重点用能企业实行限、停产，并取消享受一切财政优惠政策。

【严格准入和节能审查】 贯彻执行《浙江省固定资产投资项目节能评估审查管理办法》《杭州市固定资产投资项目节能评估和审查管理暂行办法》和《建德市人民政府办公室关于加强高能耗项目审批管理的实施意见》等文件要求，从源头控制高耗能、高污染企业增长。完善项目准入审查，建立由分管领导为组长的项目准入领导小组，新增变压器315千伏安以上项目均需项目准入领导小组审查同意后，方可办理相关审批手续。建德市红利建材有限公司年处理140万吨废弃岩石建设项目、杭州岩泰建材有限公司年产225万吨机制砂及碎石项目、建德市交通投资有限公司杭州港建德港区十里埠综合作业区工程、建德市易通金属粉材有限公司升级改造现有6万吨水雾化钢铁粉末生产线技改项目、浙江邦特塑料科技有限公司年产12500吨新型塑料和3500万个保护开关项目、浙江大洋生物科技集团股份有限公司年产1万吨食品添加剂碳酸钾、2万吨食品添加剂碳酸氢钾生产线综合改造项目、建德市环城建材有限公司新增二期碎石配套生产线建设项目、建德胜峰新型墙体材料有限公司年产25万立方米加气混凝土砌块项目、建德美工精细陶瓷科技有限公司新建年产200吨超细氮化硅粉及制品项目、浙江丛晟食品科技股份年产1万吨食品添加剂氯化钾和年产5000吨食品级氯化铵项目、建德市三弟兄农业开发有限公司家禽生猪自动化屠宰深加工项目等11个项目通过节能审查。

【启动节能限电方案】 坚持“‘两高一汰’先限、综合效益、分级负责、适度超前、安全有序”，由节能减排限电领导小组主抓，以企业单位用能、排污的综合经济效益排序优化配置社会资源，有效降低高耗能企业能耗增长。根据2014年全市用电量情况，于第二季度开始启动节能限电方案，缓解电力供需矛盾，第三季度、第四季度均实施了节能限电方案。100余家企业限电方案具体分三类：第一类，年用能500吨标煤以上规模企业，单位能耗税收收入排在全市规模以上企业后25%范围内和年用电量100万千瓦时以上的规模以下企业，每个季度一律限电20天；第二类，所有水泥生产企业每个季度限电20天；第三类，年用能500吨标煤以上规模企业，单位能耗税收收入排位在全市规模以上工业企业后25%～50%范围内的，每个季度限电10天。

【淘汰落后产能】 根据国家和省市要求，推进淘

◎雅鼎卫浴生产车间

汰落后产能工作，以倒逼机制推动碳酸钙产业改造提升、加快化工行业专项整治、电镀产业整合提升和电镀生态园建设工作，促进全市产业集聚度提高，产业综合竞争力提升。结合电镀、化工、水晶、碳酸钙、废杂塑料等行业整治，2家印染、1家造纸、9家化工企业均通过建德市级整治提升验收。全年完成省级淘汰落后产能计划淘汰项目8个，分别为建德市加成文具有限公司、建德市安盛镀业有限公司、建德市梅城电镀厂、浙江建业化工股份有限公司、建德市恒明环保工程实业有限公司、建德市春龙新型墙体材料厂、建德市春江新墙体材料厂、建德市振东墙体材料厂等企业生产线及设备；完成杭州市淘汰落后产能计划淘汰项目11个，分别为建德市雅鼎镀业有限公司、建德市大丰辐条厂、建德市金潮镀业有限公司、建德市九龙制伞厂、建德市凤凰物资有限公司、建德市扬帆辐条厂、建德市金鑫冲件厂、建德市天石碳酸钙有限责任公司、建德市云峰碳酸钙有限公司、杭州宏都纺织工业有限公司、建德市岗龙钙塑有限公司等企业生产线及设备。自主淘汰落后产能项目87个，腾出用能指标10.1万吨标煤。

【推进循环经济运用】 2014年，浙江大洋生物科技集团股份有限公司被评为浙江省绿色企业（清洁生产先进企业）。10家企业被认定为杭州市级清洁生产企业，分别是建德三狮松涛水泥有限公司、建德市易通金属粉材有限公司、建德市万家电器电缆有限公司、浙江天石纳米科技有限公司、建德红狮安仁建材有限公司、建德市横山气体有限责任公司、建德市丰华橡塑再生有限公司、浙江省建德市正发碳酸钙有限公司、浙江大洋生物科技集团股份有限公司（建德市恒洋化工有限公司）；15家企业被认定为杭州市级电平衡企业，分别为建德市万家电器电缆有限公司、建德市易通金属粉材有限公司、浙江天石纳米科技有限公司、杭州建铜集团有限公司、建德三狮松涛水泥有限公司、建德市丰华橡塑再生有限公司、浙江新化化工股份有限公司、建德南方水泥有限公司、浙江省建德市正发碳酸钙有限公司、浙江新安化工集团股份有限公司建德热电厂、浙江新安化工集团股份有限公司有机硅厂、浙江新安化工集团股份有限公司建德化工二厂、浙江新安化工集团股份有限公司建德农药厂、浙江新安化工集团股份有限公司硅酮密封胶厂、建德市五星生物科技有限公司（杭州澳赛诺生物科技有限公司）。

十大工业行业

【概况】 2014年，全市十大工业行业有规模以上企业352家，全年完成工业总产值412.33亿元，比上年增长8.2%，实现销售产值406.54亿元，增长8.2%，自营出口交货值83.14亿元，增长6.2%。

【生物科技行业】 有规模以上企业25家，其中医药企业3家，香精香料企业3家，化工企业16家，生物化工企业3家。完成工业总产值73.88亿元，下降4.9%，实现销售产值72.82亿元，下降3.3%，自营出口交货值21.27亿元，下降4.5%。

【纺织服装行业】 有规模以上企业71家，其中家纺企业67家，纺织企业3家，服装企业1家。完成工业总产值34.2亿元，增长0.4%，实现销售产值33.4亿元，增长0.3%，自营出口交货值24.54亿元，增长1.4%。

【电子电器行业】 有规模以上企业31家，其中低压电器企业20家，电子工具企业等11家，完成工业总产值20.47亿元，增长4.8%，实现销售产值19.89亿元，增长4.1%，自营出口交货值12.19亿元，下降6.7%。

【建材水泥行业】 有规模以上企业21家，其中水泥企业9家，墙体材料企业2家，沙石料企业1家，混凝土企业6家，矿山开采企业3家。完成工业总产值44.52亿元，增长28.8%，实现销售产值43.97亿元，增长26.6%。

【金属加工行业】 有规模以上企业38家，其中冶金加工企业12家，五金工具企业17家，电线电缆等企业9家。完成工业总产值31.95亿元，增长0.4%，实现工业销售产值31.34亿元，下降0.1%，自营出口交货值6.51亿元，增长10.3%。

【日用轻工行业】 有规模以上企业64家，其中竹木板材及制品企业6家，伞业企业2家，工艺品企业13家，车业企业8家，橡胶制品企业2家，装饰、玩具等企业33家。完成工业总产值97.73亿元，增长17.3%，实现销售产值97.13亿元，增长17.4%，自营出口交货值13.05亿元，增长51.2%。

【机械制造行业】 有规模以上企业32家，其中输送设备企业8家，节能环保企业3家，机械加工企业21家。实现工业总产值19.08亿元，增长12.1%，实现销售产值18.58亿元，增长12.9%，自营出口交货值1.19亿元，增长105.0%。

【食品饮料行业】 有规模以上企业25家，其中饮用水企业3家，酒业企业3家，制茶企业5家，饲料加工企业1家，农产品深加工企业13家。完成工业总产值44.96亿元，增长13.8%，实现销售产值44.22%，增长12.9%，自营出口交货值2.12亿元，下降13.8%。

【新材料行业】 有规模以上企业44家，其中有机硅企业2家，粉末冶金企业2家，特种冶金企业1家，碳酸钙企业23家，碳酸钙制品企业15家，其他新材料企业1家。完成工业总产值45.31亿元，增长4.2%，实现销售产值44.95亿元，增长4.1%，自营出口交货值2.25亿元，增长93.1%。

【新能源行业】 有规模以上企业1家，为废弃物能源企业。完成工业总产值0.23亿元，增长5.1%，实现销售产值0.23亿元，增长5.1%。

（叶 智）

建德经济开发区

【概况】 2014年，建德经济开发区完成土地平整26.7公顷，二期路网完成900米道路路基及雨污管道工程；完成开发区320国道路灯改造工程，开发区整体形象得到提升。铁路货场征迁工作基本完成，主货场主体工程完成80%，危化品仓库土建工程完成过半。绿荷塘生态公园项目开工建设。7月，卜家蓬工业平台供水总管工程开工建设，供水总管2.5千米，该工程为开发区入驻企业、寿昌新城及周边的卜家蓬村提供水源。

旭恒金属钢桶封闭器项目、宇浩电力柜架和开关柜等项目完成年度建设计划并开始投产，晶科电力投资2.46亿元的太阳能光伏发电项目开工建设，新增限上服务单位2家。全年实现规模以上企业工业销售产值24.8亿元，增长8.3%，中鑫建材、横山钨业、红狮水泥销售产值增幅达到20%

以上；冶金、电器等外贸企业自营出口逆市增长。

【完成第二轮整合提升】 3月，在原“一区二分区”（建德经济开发区、大同分区、大慈岩分区）的基础上，马目—南峰高新技术产业园、白沙—更楼功能区、乾潭功能区、杨村桥功能区、大洋功能区、航头功能区纳入整合区域，建德经济开发区拓展为“一区一园七分区”的空间布局，总规划面积由58.1平方千米拓展到95.88平方千米。

【招商引资获得突破】 以工业招商和千岛湖通用机场区块的航空产业招商为重点，制作开发区的招商宣传片，完善招商项目库和客商名录库，做实招商基础。成功引进晶科电力投资2.46亿元的太阳能光伏发电项目，实现当年签约当年开工建设；投资9亿元的锦纶功能性切片项目，以及重卡汽车4S店项目完成投资协议签订；航空产业园招商开始破题，与四家单位签订意向协议；马江山漂流项目完成公司注册，皓正高山农业项目土地流转基本完成。

【320国道寿昌过境段路灯工程完工】 该项目总投资197万元，施工路段起点为寿童公路与320国道交叉处，终点为320国道与寿马线交叉处，全长5.3千米。主要建设内容包括133盏路灯、5300米电力电缆铺设及相关附属工程。该工程的实施有效减少道路交通安全隐患，优化了开发区发展投资环境。

【在西博会推介“一区一园七分区”】 10月17日，建德经济开发区应邀参加第十六届西博会经贸科技合作大会智慧经济主题展“实业平台展”活动。开发区围绕“一区一园”两个核心区块及七个辐射带动区块（规划面积95.88平方千米），重点推介开发区内农化产业的新安化工、水产业的农夫山泉和青岛啤酒、机械制造产业的沈氏节能等行业领军代表、优秀企业；根据浙江省通用机场网络规划，依托建德千岛湖通用机场，向各界来宾介绍开发区建设省级航空产业园的初步规划。

（卜旖旎）

杭州市建德高新技术产业园

【概况】 杭州市建德高新技术产业园位于梅城镇与下涯镇辖区内，包括马目、五马洲、南峰三个区块，规划总面积13.52平方千米，是建德市融入环杭州湾产业带的重要阵地，是环杭州湾产业区与金衢丽产业区的融汇处。

该园区重点发展有机硅单体及深加工产品和其他的低污染、高附加值精细化工系列产品，改造提升有机胺及下游深加工产品、香精香料及下游产品生产，以及其他以“三高两低”（高技术含量、高附加值、高投资密度、低污染、低能耗）为重点的精细化工高新技术产业，培育医药制剂、新材料、新能源、电子信息、先进装备制造等高新技术产业，联动发展生产型服务业。其中，南峰区块主要发展以低压电器为重点的电子产业，马目和五马洲区块主要发展以有机硅、有机胺、香精香料等高新绿色化工产品以及新材料、医药制剂等“三高两低”的高新技术产业。

2014年，园区基础设施建设投入1.13亿元，固定资产投入12.21亿元，工业生产性投入10.06亿元。全年共有11个产业项目年度投资计划6.25亿元，用地面积93.5公顷，电镀产业生态园、深蓝科技、斯洛玛格、建业化工搬迁二期、建业热电开工建设，项目共计投入4.13亿元。园区规模以上工业企业实现工业总产值59.20亿元，增长14.9%；工业销售产值58.8亿元，增长15%。

3月，市委市政府召开杭州市建德高新技术产业园加快建设动员大会，市政府与梅城镇、下涯镇签订征迁工作责任书，梅城镇、下涯镇、国土资源局、下涯镇丰和村、白沙化工负责人上台表态发言。

【高新园获批杭州市首批创新发展园区】 12月，杭州市建德高新技术产业园获批为杭州市首批创新发展园区，并由杭州市科委向省科技厅推荐创建省级高新技术产业园区。杭州市建德高

◎11月5日，杭州市人大常委会主任王金财调研高新园区（朱永标摄）

新技术产业园成为培育高新技术产业发展的重要基地，高新区累计拥有国家重点扶持高新技术企业4家、高新技术企业研发中心7家。其中，国家级1家、省级3家。

【与浙大环境与资源学院签署科技合作框架协议】 9月9日，由杭州市建德高新技术产业园牵头，市政府与浙大环境与资源学院签署科技合作框架协议，浙大建德环保科技创新创业中心落户建德高新技术产业园，合作建立浙江大学建德环保科技创新创业中心，包括创新创业基地、成果转化基地、实践实习基地、招商引资基地等。根据双方合作意向，建德市向创新创业中心提供办公场所、实验室、中试基地等硬件设施，为浙江大学环境与资源学院本科生提供实习实训基地，负责小微企业孵化器建设，保障科技合作专项资金等；浙江大学环境与资源学院为创新创业中心引进创新创业团队，搭建创新创业平台，推动专利技术和产品在建德产业化，利用优势人际关系网络开展招商引资等。

【推进平台建设】 2月，经市委、市政府研究，决定成立高新技术产业园工作领导小组，由市委副书记任组长，各有关单位为成员，加强园区平台建设。2014年，该园区完善基础设施配套，完成丰和路、新胜路、肖塘路建设，完成五马洲入园口道路及绿化改造；完成电镀生态产业园废水处理工程、6千米污水干管等“五水共治”项目；开展丰和路沿线自来水管道、五马洲肖塘路——电镀园供水管网、马目区块128线沿白章线线路、施峰线延伸至电镀园段等管网建设。推进“三通一平”，全年平整土地78.4公顷，其中马目区块40.7公顷、五马洲区块37.7公顷。

【招商引资超额完成】 2014年，园区招商引资实到内资7.18亿元，完成年计划的119.7%。其中，杭州市外资金5.70亿元，完成年计划142.5%；省外资金实到1.82亿元，完成年计划的182.4%；外资实到4520万美元，完成年计划的226%。

【五马洲电镀废水集中处理工程建设完工】 10月，五马洲电镀废水集中处理项目建设完工。该项目一期工程占地面积0.53公顷（8亩），总投资4600万元。该项目是电镀行业整治重点工程，也是建德市“五水共治”的重点项目之一，为五马洲区块电镀产业园废水集中处理、达标排放提供了先决条件。 （张燕芬）

重点企业选录

【浙江新安化工集团股份有限公司】 2014年，浙

◎新安化工集团总部大楼落成

江新安化工集团股份有限公司(下称新安集团)围绕“严管控、强终端、扩规模”的工作思路,积极应对市场挑战,科学组织生产经营,不断夯实内部管理,实现营业收入77亿元,利税3亿元;总资产达80亿元,净资产47亿元,资产负债率41%。

规模实力进一步增强。全年完成草甘膦原粉产量近9万吨,约占国内总产量的18%。多菌灵产量完成8400吨,占国内总产量的28%,位居国内第一。新安集团在行业开工率为60%的情况下,努力确保有机硅产业产销平衡,2013年收购的镇江有机硅8万吨/年单体装置顺利开车,有机硅单体总产能达28万吨,位居国内第二;全年实际生产有机硅单体24万吨,占国内总量的16%,实际产销量为国内第一。生胶产能居国内第一,特种单体产品规模和品种位居国内第一,混炼胶产能位列第三。

结构调整进一步加快。持续推进主导产品向终端发展,草甘膦原粉的剂型转化率超过50%,剂型系列品种更加丰富;收购南京中绿,正式进入生物农药领域;细分有机硅业务单元,成立硅橡胶部和密封胶部,实施产销研一体化机制,重点开发高品质、高附加值的有机硅下游产品;整合特种单体、小吨位产品资源,扩大产销量,避开低端同质化竞争。

加快科技创新步伐。在落实发展规划的基础上,设立重点课题,集中力量强化攻关。投入资金1亿余元完善有机磷资源综合利用产业化技术,解决草甘膦母液出路这一行业难题,为长远发展打下基础。提升有机硅生产技术水平,加大副产物、“三废”资源的减量化、再利用、无害化处理。推进无机硅产业的“四新”技术应用,全面推行金属硅冶炼“减碳”工艺。新安集团与俄罗斯元素所共建硅产品国际合作基地,“苯基硅橡胶联合开发项目”列入国家重大科技合作计划,“草甘膦钾盐可溶粒剂”列入国家重点新产品计划。

市场拓展有所突破。借助资源和渠道双重优势,以资本为纽带,在江苏、四川、云南等省搭建新的投资与营销平台。有机硅外贸销量大幅提升,自营出口比例达89%,出口额比上年增长28%。无机硅外部业务量创历史最好水平。物流、包装等产业外部市场拓展取得新的突破,煤炭销量首次突破百万吨大关。建立新安香港融资平台,在上海自贸区成立新久融资租赁公司。坚持国际化战略,新安加纳成为西非地区最全面的农药供应商和服务商。新安集团荣膺2014年全国农药销售百强第一名,再次入围中国化工企业500强以及Agrow全球农药销售20强。

积极创建和谐企业。打造“新安学院”学习培训平台,实施员工素质提升工程,形成辐射全员的培训体系。建德本部引进本科以上学历员工75人,其中博士3人、硕士19人。先后举办健康行、游泳、篮球、趣味运动会等文体活动,举办了集团首届集体婚礼。为“五水共治”捐款共计116万余元。 (叶　智)

【新安江水力发电厂】 该厂隶属国网新源水电

有限公司。2014年该厂以确保安全稳定为前提，深入开展党的群众路线教育实践活动，坚持转变作风、深化管理，圆满完成公司下达的各项指标，全年发电18.06亿千瓦时，完成年度计划的105%；机组启动次数1953台次，启动成功率100%；检修、技改、科技、信息化、零购等计划项目完成率100%。继续保持“国网新源控股有限公司文明单位”称号，被评为浙江省“安康杯”劳动竞赛示范单位，连续第10年荣膺全国大型水电厂(站)劳动竞赛先进单位。维护分场自动化班获“全国工人先锋号”称号。

6月30日，由于连续下雨，下游水质混浊，漂浮物增多，影响居民生活用水和企业生产。应建德市政府请求，该厂紧急联系华东总调，调整发电计划，加大电站下泄流量。当日上午8时55分，接到华东总调调整指令：开启全部机组，全厂出力调整至81万千瓦。9时整，全厂9台机组满负荷运行，出库流量由487立方米/秒增加到1180立方米/秒，改善了下游居民用水质量，发挥了新安江水利枢纽的社会综合效益。

7月11日至15日，新安江流域连续出现大到暴雨局部特大暴雨的强降水天气，水库水位由11日0时的104.35米上涨至16日5时的106.07米，防汛形势严峻。该厂按照《新安江水电站大坝防洪抢险应急预案》要求，及时向新源公司汇报水情气象信息，同时加强与华东网调的沟通，克服因配合国网特高压施工、运行方式比较薄弱等困难，安排机组24小时发电以消落库水位。厂防汛指挥部提前实行24小时值班；水库调度加强与有关气象台站联系了解最新气象信息、做好水库运行预测；运行、水工人员加强了对设备、水工建筑物的巡查，重点检查溢洪设施，清除上坝公路上的滚石，确保道路畅通；检修人员对门机运行、自动抓梁销钉投退、自动抓梁自动挂门等溢洪设施等动作试验。修复PLC控制元件，对制动设备、钢丝绳、电源系统、传动系统、润滑系统等长期处于户外的设备工作状态进行了检验，确保其动作正常，保障电网安全度汛。

安全运行天数再创新高。至年底，该厂连续安全运行天数达到4561天，再创历史新高。该厂严格落实国家电网公司和新源公司安全生产工作要求，加强安全教育，面对“安全生产月”和历次安全检查，主动加强安全隐患排查，对发现的问题及时部署整改工作，并限期处理；组织各类技能培训与考试，不断提高人员异常处理能力；加强现场“两票”管控和检修作业管控，不断优化巡检手段，提高巡检质量；加大对缺陷和故障处理流程响应执行力度，强化现场监督和考核，确保了安全生产的持续稳定。

抗击台风“麦德姆”。7月，面对第10号强台风“麦德姆”，该厂迅速行动，确保设备安全稳定运行。在台风来临前加大巡视力度，对全厂设备进行防台检查，特别是主变压器、坝顶门机、220千伏开关站等户外设备及设施；细查户外起重设备，重点巡查户外端子箱门、操作机构箱门、电源箱门、设备间门情况，并做好记录；检查户外施工现场采取防台措施，安全措施齐备；加强对通信设施的检查维护，确保讯道通畅；运行人员做好防台事故预想，制订应对台风影响电网稳定运行的应急预案，并开展针对性演练。

微电影《坝》成功首映。9月16日，由电厂和建德市人民检察院共同出品，深圳峰云天下影视投资有限公司和市婺剧团联合摄制的“检企共建”廉政教育微电影——《坝》，在建德市金马影院举行首映仪式，浙江省直属机关工委纪工委书记朱玉平，建德市委常委、常务副市长郭坚，新安江电厂厂长钱建明，市检察院检察长江波均，深圳峰云天下影视投资有限公司董事长刘云峰等近200人参加。《坝》主要讲述新安江电厂和检察机关在开展“检企共建”廉政建设活动中，电厂总工程师在负责工程招投标过程时，面对恩情、责任、法律交织的矛盾冲突，流露内心在情与法之间痛苦徘徊和激烈斗争的自然心理现象；后在检察联络室的帮助下作出艰难的选择，最终坚守住内心责任，演绎了一段曲折动人、扣人心弦的故事。在浙江省检察机关预防职务犯罪微电影评选中，《坝》从58部电影作品中脱颖而出，获第一名，并代表浙江省参加全国检察机关预防职务犯罪微电影评选。

完成国庆保电任务。国庆节前，该厂认真排

查治理安全隐患，对关键设备及时进行消缺维护，确保机电设备不带病运行；同时，厂部下发专门通知，明确各部门保电工作要求和重点，精心安排节日期间值班工作，明晰各级人员值班职责，厂领导轮流带班，多次深入一线检查保电工作落实情况。各分场按照要求，完善应急处置预案和事故处理预案，落实防火、防盗、防交通事故等多项安全措施。运行值班人员主动加强与调度联系，密切关注系统潮流与电压变化，on-call人员确保24小时通信畅通，随时做好参与现场应急情况的处置。10月1日至7日，该厂发电机组共启停53台次，成功率100%，完成发电量4328万千瓦时，全力保证电网调度需要，圆满完成国庆保电任务。

质量管理结硕果。2014年，该厂质量管理（QC）活动喜结硕果，检修中心发电机班获全国优秀QC小组；维护分场自动化班获全国质量信得过班组；获得省部级优秀成果和质量信得过班组共6个、省电力行协优秀成果4个。该厂自开展全面质量管理活动以来，全厂所有生产一线的班组和部分服务型班组均成立QC小组，每年召开QC成果发布会，并组织参加上级单位的发布，连续6年获得全国优秀QC小组和全国质量信得过班组称号。QC活动的开展，促进了安全生产，提高了工作效率和检修工艺水平。

第七次援藏帮扶。根据国网公司对藏人才帮扶工作部署，该厂经过自愿报名、组织推荐、人员甄选、组织面谈等程序，电气工程师孙正被选派赴国网西藏公司沃卡发电公司任职电气二次专责岗位，帮扶期限1年半。6月3日孙正进西藏参加人才帮扶工作，这是该厂第七次选派进藏人员。 （吕志峰）

【农夫山泉建德生产基地】 农夫山泉股份有限公司于1996年在建德市创立，是一家集科研、生产、营销为一体的综合性饮料生产企业，主要产品包括饮用天然水、果蔬汁、特殊用途饮料等系列产品。公司先后被评为农业产业化国家重点龙头企业、国家扶贫龙头企业、国家农业产业化优秀龙头企业、中国十大农村贡献企业、国家级两化深度融合示范企业。

公司始终坚持“健康、天然”的品牌理念，坚持“水源地建厂、水源地灌装”的宗旨，坚持“做大自然的搬运工”，充分利用优质水资源，坚定不移地走新型工业化道路，成为拥有8大水源基地、10余座现代化工厂的大型饮用水和饮料生产企业，“农夫山泉”成为家喻户晓的知名品牌。

农夫山泉建德生产基地是农夫山泉的发祥地，源自千岛湖深处的新安江水，水质极佳，常年水温保持在14摄氏度至17摄氏度间，达到国家一级饮用水标准，为食品饮料工业提供了得天独厚的条件。

近年来，农夫山泉建德二、三期顺利实施完毕。2014年底，农夫山泉股份有限公司在建德再次新设全资子公司，实施建德四期建设项目，农夫山泉建德生产基地成为一个多品项、多包装规格的综合性生产基地。 （叶 智）

【中策橡胶（建德）有限公司】 该公司是中策橡胶集团有限公司重要的全钢、斜交轮胎生产基地，生产的各种品牌规格轮胎均通过国家和国际认证，产品畅销国内市场，远销欧、美、亚、澳、非等地70多个国家和地区。2014年年末，有在册员工5616人。2014年公司总产量709万条，其中全钢564万条、斜交145万条，实现总产值68.86亿元；是2014年度建德市“十大税收贡献企业”“十大亩产效益企业”，公司被建德市政府授予“2015年度行业龙头企业（日用轻工）”“2015年度市级重点工业企业”等称号。

2014年迁扩建项目进展情况。2014年下涯镇春秋村180万套全钢子午胎生产线全部投入生产。多功能食堂及炭黑项目主要建筑形象进度完成主体结顶，其中炭黑项目部分设备投入安装、机修车间实施基础工程、里程试验站及热电厂基础工程开始主体工程上部结构的施工、炼胶车间（Ⅱ）正进行桩基工程施工的准备工作。主体厂房基本施工完成后，所有设备有计划的进驻安装并按生产需求投入试运行。春秋一期项目炼胶车间（Ⅰ）从年初8#、10#机投入运行后，至8月中旬全部炼胶生产线投入运行。2

月至6月，四辊、复合线、成型机等设备陆续投入生产安装和调试。天津二复合线、大筒帘布立体库、四辊线，内衬层预硫化等设施进入安装调试阶段。厂区二级泵站、江边一级泵房安装调试结束。

技术进步和创新。2014年，公司开发新产品52个，重点开发第二代16寸尼龙子午胎CR808A、CM858、CM887、CL878等4个主要花纹系列，其中有25个新产品投入批量生产，投放市场。全钢子午胎移线投产，完成117个规格全钢子午胎从朝阳公司转移中策建德公司调试投产，中策建德公司具备年产600万条全钢子午线轮胎的生产能力。新炼胶密炼机组投产，完成10组新密炼机组的安装调试与投产，其中德国进口密炼机组3台、国产一次法密炼机组4台，具备年产50万吨的混炼胶生产能力，部分设备达到国际先进水平。新工艺应用及改进，重点开展了10项新工艺应用及改进项目，其中全钢胎内衬层预硫化工艺的应用每年可节约成本2000多万元。（张　甜）

【建德海螺水泥有限责任公司】 该公司成立于2001年11月，坐落在建德经济开发区寿昌区块海螺路1号。拥有2条5000吨/天新型水泥熟料干法生产线，并配套2×9兆瓦纯低温余热发电项目及年产120万吨水泥粉磨系统，总资产13亿元。拥有年产360万吨熟料、120万吨水泥、100万吨轻钙石灰石产能。

2014年，公司规范制度建设，完成大型工程机械计件工资制度改革探讨并试行，创新轻钙石灰石生产发运人员试行计件工资制度，完善熟料发运计时计件制度。

1月，公司100万吨/年轻钙石灰石原料综合利用项目取得项目政府备案，3月6日取得项目实施批复，3月25日项目按计划开工建设，6月25日投产运行。6月，公司取得450万吨安全生产许可证，并成为“省二级标准化矿山”；8月，取得春林山砂岩矿的采矿许可证；9月，公司成为“国家级绿色矿山试点单位”。

推动节能降耗，降低生产成本，面对即将实施新的大气排放标准，根据股份公司批复，完成1线窑头窑尾电收尘电压升级改造，更换了变压器和电控柜，并对电收尘的极丝、极板极间距调整等，改造后排放浓度下降40%左右。水泥分厂发运袋装扬尘治理，完成装车机新增两台收尘安装及管道安装工作，对2台八嘴包装机实施不插袋不喷灰技改，对清包机新增3台鼓风机，保证水泥包装袋袋面整洁，改善了装车人员工作环境。

2014年，公司受杭州市“十二五”节能目标五年任务四年完成政策的影响，对外积极沟通协调，内部认真谋划生产、销售、检修组织有序衔接。全年节能限产停机106天，检修7次，每次停机必须明确检修主线和重点项目，专人负责，重点处理设备隐患和制约系统产能发挥、指标优化的瓶颈问题，提高系统运行周期和运行质量，其中1#窑连续运行突破100天。

2014年，公司通过全面开展对标管理工作，主要经济技术指标逐步优化。窑平均台产比上年增加2.02吨/小时；熟料实物煤耗下降0.49千克/吨；标准煤耗下降3.03千克/吨；熟料综合电耗下降0.1千瓦时/吨；吨熟料发电量上升2.86千瓦时/吨；矿山指标全面达到“十二五”目标。实现工艺、质量、设备、环保重大事故为零，安全零轻伤的目标。

全年生产熟料331万吨，突破历史最高产量；生产水泥118万吨，发电13656万千瓦时，生产商品石灰石63万吨。实现销售收入8.58亿元，各类税费1.65亿元。（叶　智）

【杭州奥立达电梯有限公司】 该公司创建于1993年6月，注册地暨总部所在地为大洋镇三河建兰路6号，注册资金3.08亿元，占地面积4公顷，建筑面积2.5万平方米。

该公司集设计、研发、制造、营销、安装及售后服务于一体，是一家专业的大型综合性电梯制造企业，是中国电梯协会会员单位，系杭州市高新技术企业，杭州市企业技术中心。该公司先后研制开发了乘客电梯、观光电梯、载货电梯、医用电梯、无机房电梯、汽车电梯、住宅电梯、杂物电梯等10余种电梯，并取得A级特种设备制造许可资质以及A级特种设备安装、改造、维修许可资质。公司拥有业内先进水平的“电梯防溜车保护装置”等5项发明专利，通过ISO 9001:2008质量管理体系认证、ISO 14001:2004环境管理体系认证、GB/T 28001:2001职业健康管理体系认证，标准化良好行为AA级认定、AA级测量检测体系认证。

公司汇集大批电梯行业的专家级人才，具有深厚的电梯研发设计、生产管理的经验，能及时吸收国际先进技术进行电梯制造生产。公司研发和生产的“无机房电梯”，解决了特殊户型空间小的用梯需求，获得了客户群体的认可。在提倡产品研发和扩宽销售渠道的同时，公司不断增加生产设备和检测设备的投入，熟练的一线生产工人、先进的加工生产设备以及电梯检测仪器，为奥立达打造高质量精品电梯奠定了坚实基础。

公司始终坚持“以人为本、顾客至上、不断创新、持续改进”的发展理念，售后网络覆盖销售网络，公司客服部门24小时专人负责用户需求，“400-1000-668”服务热线24小时开通，随时解决用户需求。

2014年，该公司销售收入3.2亿元，比上年增长22.5%。先后获得“浙江省重合同守信用AAA级企业”“杭州市社会责任建设先进企业”“杭州市创建劳动关系和谐达标企业” 等荣誉称号，公司产品成为“杭州名牌”“杭州市著名商标”。公司连续多年被评为“建德市年度纳税大户”，是“建德市重点工业企业”“企业信用等级AAA单位”“建德市年度十大行业龙头”。 （叶 智）

【杭州沈氏节能科技股份有限公司】 杭州沈氏节能科技股份有限公司（原杭州沈氏换热器有限公司）创建于2005年，坐落在航头镇大店口工业园区。该公司是一家科技领先、管理科学、特色鲜明的国家高新技术企业，专业致力于高效节能换热器的研发、生产与销售，并于2014年10月在“新三板”挂牌。

该公司是当前国内最大的同轴换热器生产商、壳盘管式换热器的首创者与行业标准起草单位，并储备有国际领先、前景广阔的微通道换热器及微环境系统技术。该公司产品全面通过ISO 9001:2008国际质量体系认证、UL/C认证、ROSH认证、制冷设备生产许可证、CRAA认证、压力容器制造许可证、杭州名牌等各类资质认证；产品可广泛应用于水地源热泵、热泵热水器、风冷模块机组、泳池机组、船用空调、经济器、制冰机、激光冷却设备及多种特种行业。

◎杭州沈氏节能科技股份有限公司

该公司以“科技领先、品质一流”为指引，建有浙江省级高新技术研发中心，拥有独立知识产权和自主核心技术的产品多项，获各项专利数十项。公司践行“助客户成功，与客户成长”的客户理念，为客户提供各类优质节能的换热产品和全面的技术支持服务，以及服务与系统解决方案。

2014年，该公司生产车间第一次小批量完成不锈钢集成式微通道换热器的生产下线，标志着第三代业务迈出了关键一步。6月5日，公司完成股份制改造，并由原“杭州沈氏换热器有限公司”更名为“杭州沈氏节能科技股份有限公司”。10月23日，全国中小企业股份转让系统有限责任公司核准该公司股票在全国中小企业股份转让系统挂牌，并纳入非上市公众公司监管，公司正式进入资本市场。

2014年，企业生产销售产值7373.01万元，出口交货值350万美元，上缴税收676.45万元，企业税后利润716.55万元。获浙江省专利示范企业、市级重点工业企业、杭州市智慧企业等称号。

（叶 智）

【杭州凯特电器有限公司】 该公司创建于1992年，坐落在三都工业功能区，占地面积3公顷。年底，公司有员工600人。

该公司是一家集产品设计、生产制造及销售一体化的大型出口型企业，主要产品为多用插座、转换插座、电瓶夹、室内外延长线、充电器等，产品种类齐全。公司是杭州市和建德市最大的插座生产基地之一，是建德市低压电器协会会员单位、建德市A类企业，2013年获得杭州市高新技术企业认定，2014年被评为“建德市低压电器行业龙头企业”。

该公司采用国内领先的生产制造工艺，拥有国内唯一的自动化检测设备，有自动化开关装配流水线4条、装配流水线20条、注塑机80台、各类检测设备100台，产品严格按照国际、国家标准生产制造，所有产品均通过美国UL、ETL、SAA等认证。产品在美国插座类市场占有率达到15%。

公司重视新技术、新产品的研发，于2006年投资成立凯特技术中心，引进国内外先进的研发设备，并不断吸纳优秀技术人才，充实研发队伍，形成了一支团队合作意识强、专业水平高的优秀开发团队。先后主导开发了一系列新型产品，并获得4项国家发明专利、23项国家实用新型专利。

2014年，企业销售产值1.68亿元，出口交货值1.33亿元，企业利润507.3万元，新产品产值率22.8%。 （叶 智）

【浙江斐凌工具有限公司】 该公司创建于1999年6月，坐落在乾潭镇黄立垟工业区8号，占地面积2公顷，是一家专业从事螺钉旋具系列产品研发、生产和销售的杭州市高新技术企业，是中国五金工具协会会员厂家。

该公司属私营独资企业，2014年年末有职工400余人，其中专业技术人员65人。公司在上海设立国际贸易部，可直接出口报关与接洽国际商务活动。该公司的主营业务是螺钉旋具等系列产品的生产和销售，拥有国内生产螺钉旋具最先进的车铣数控复合机、全自动双色注塑成型机，自动进料和注塑机械手设备，实现生产工艺和技术水平的精细化。在国内五金工具行业地位优势明显，该公司生产的产品性能达到或超过ISO、ASME等国际标准，产品质量达到国际同类产品先进水平。公司拥有80多项国家知识产权局授权的实用新型和外观专利，其中包括1项德国和1项美国授权的专利，主起草了1个国家标准和7个行业标准。

该公司自成立以来，始终“以客户至上，品质至上；科技引领转型、创新驱动发展”的为宗旨，始终坚持螺钉旋具的自主研发和生产，并逐步完善生产设备的自动化，达到机器换人的目的，2013年，该公司被评为杭州市机器换人示范企业。

2014年，公司形成年产螺丝批头上亿颗、各色螺丝批近8000万支的生产能力，企业生产销售产值1.22亿元，出口交货值7976.66万元（1326.31万美元），企业利润324.38万元，新产品产值8552.97万元。年产销量均居国内前茅，螺钉旋具系列产品远销欧洲、美洲的20余个国家和地区，在全国出口销售排行榜上排名第二，国际市场占有率达到7%。 （叶 智）

◎浙江斐凌工具有限公司开展消防教育活动

【建德市耀欣针纺有限公司】 该公司坐落在大洋镇三河经济开发区，占地面积3.5公顷，建筑面积1.5万平方米。年底，有员工500余人，技术力量雄厚。该公司主要生产床上用品、靠垫、地垫、窗帘、圣诞礼品及针织内衣系列。公司拥有自营进出口权，产品远销美国、日本、欧洲等国家和中国香港地区。

该公司以广集人才，培育人才为本，积极拓展国内、外市场，精益求精，展现耀欣精神，加快同国际接轨步伐，实现步入国际品牌的企业目标，严格执行ISO 9001:2008质量体系、ISO 14001:2004环境管理体系和OHSAS 18001:2007职业健康安全管理体系认证标准。该公司以“同国际接轨、创国际品牌”作为企业使命，以“广集人才、以人为本、精益求精”作为经营方针，坚持高品质、低污染，高安全、低能耗，积极丰富员工文化生活，共创美好未来。

2014年，该公司实现销售总产值2.3亿元，创利税2200余万元，跃居全市家纺行业排名第一位。（叶　智）

【浙江天石纳米科技有限公司】 该公司创立于1997年，坐落在下涯镇，厂区占地面积10公顷。该公司是一家集科研、生产、销售为一体的高科技股份合作制企业，主要经营范围有纳米科技产品的研发，普通工业级、食品级碳酸钙、氢氧化钙、氧化钙系列产品的生产与销售。公司技术力量雄厚，是国家认定的高新技术企业、全国化学标准化技术委员会无机化工分会碳酸钙工作组组长单位、全国碳酸钙行业重点企业，是建德市新材料行业龙头企业，并通过杭州市级清洁生产企业验收。年底，公司有员工200余人。

公司拥有各类产品生产线6条，并于2003年组建了浙江省级研发中心——“特种碳酸钙高新技术研究开发中心”。近年来，该公司依托研发中心平台，以特种碳酸钙、纳米碳酸钙研发为重点攻关目标，积极引进人才、加强与科研单位合作，不断提高产品的技术含量和核心竞争力。累计承担了30余项县级以上新产品的研发工作，其中列入国家火炬计划项目2项、省级新产品计划项目20余项；获得授权专利19项，其中发明专利5项、实用新型专利14项。

2014年，该公司成为国家食品添加剂氧化钙标准的主起草单位并参与了国家碳酸钙分析方法的制订；成为全国首家通过并取得食品添加剂氧化钙生产许可证的企业。申请了4项国家专利，获得4项国家专利授权，其中发明专利1项、实用新型专利3项，分别为发明专利超微粉碎机，实用新型专利桨叶干燥机传动干燥机构、粉体两级烘干系统和湿热废气回收利用轮式换热器。向国家商标局申请两个注册商标，分别为“天石”和“奇白石”。完成了3项省级新产品试制和1项新工艺的研发，分别为TG-11菊花瓣状轻质碳酸钙粉体、TN-6纳米高分散高规整度碳酸钙复合粉体、TN-7刺针状纳米碳酸钙微晶材料和废水回用工艺研发。

2014年，面对国内、国外经济大环境不佳，整个碳酸钙行业产品严重供过于求的不利局面，该公司努力调整产品结构，通过对现有生产线的技术改造和设备更新，取得了生产过程更环保、更节能的效果，单位产品的综合能耗比上年下降4%，经济效益平稳增长，完成工业总产值1.35亿元，实现利税3500余万元。（叶　智）

编辑：杨忠平

商 贸

Commerce and Trade

商业综述

【概况】 2014年，建德市商贸行业贯彻落实杭州市推进“购物天堂、美食之都”建设的各项工作部署，深化改革创新，推进传统商贸业转型升级、新型商贸业态提升发展，全市消费需求活跃、消费品市场运行良好、商贸经济指标稳中有升。

全年实现社会消费品零售总额87.7亿元，比上年增长13.5%，增幅比上年下降1.3个百分点。其中，批发业零售额11.21亿元，增长20.1%；零售业零售额61.22亿元，增长12.4%；住宿业零售额8764.3万元，增长15.5%；餐饮业零售额14.36亿元，增长13.2%。与2013年相比，各行业间消费品零售额增幅渐趋平衡。在全市87.7亿元的社会消费品零售总额中，城乡市场保持同步增幅。其中城镇市场零售额60.9亿元(增长12.9%)，占全市零售总额的 69.4%，城镇市场仍为消费主体，与上年度所占份额(69.7%)基本持平；乡村市场实现零售额26.76亿元(增长14.7%)。限额以上零售额25.16亿元，增长12.2%；限额以下零售额62.5亿元，增长13.9%，全年度处于限下拉动限上的局面。

至年末，全市有经市场名称登记的商品交易市场26个，其中农贸市场 16个、专业市场 10个，另有杨村桥草莓市场、大洋章家枇杷市场、三都柑橘市场、大洋向阳杨梅市场等具有地方特色的季节性农产品市场多个，其中交易额在1亿元以上的集贸市场8家；星级市场11个，其中省文明示范农贸市场6家。年度新增限额以上商贸企业(标准：批发业主营业务收入2000万元以上、零售业主营业务收入500万元以上、住宿和餐饮业主营业务收入200万元以上)14家，其中，批发贸易业企业5家、住宿餐饮业企业1家、零售贸易业企业8家。

表13 2014年建德市交易额1亿元以上集贸市场

市场名称	市场类型	年成交额(万元)	经营户数
新安江农贸市场	消费品市场	49420	320
桥东农副产品批发市场	消费品市场	30728	148
建德市梅城农贸市场	消费品市场	21000	158
建德市寿昌市场	消费品市场	19000	301
建德国大阳光家居博览中心	消费品市场	18000	73
汽车市场	生产资料市场	17762	3
二手车交易市场	生产资料市场	17159	116
地下商业街	消费品市场	12868	120

表14 2014年建德市集贸市场等级情况

星级	家数	市场
4星	1	★建德市新安江农贸市场
3星	3	建德市欧蓓莎家居购物中心、建德市新安江府西农贸市场、★建德市寿昌市场
2星	3	建德市乾潭综合市场、建德市桥东农副产品批发、★建德市三都市场
1星	4	★建德市梅城农贸市场、★建德市新安江城西集贸市场、建德市乾潭永兴农贸市场、★白沙农贸市场

注：标★为省文明示范农贸市场。

【编制城乡商业网点发展规划】 1月、4月、7月，市商务局3次召集相关部门与乡镇(街道)，对2013年底编制完成的《建德市商业网点布局规划》进行讨论、征求意见,增补航空小镇、更楼专业市场集聚区、杭黄高铁前站广场等区块规划内容,10月,通过专家组论证,并以《建德市人民政府关于发布建德市城乡商业网点发展规划的通知》(建政函〔2014〕152号)颁发。该规划将建德市商贸业发展总体定位为"打造杭州西部品质生活型商贸中心、浙西产业集聚型商务中心、长三角旅游购物型休闲中心";规划期(2014~2025年)末,形成"1个市级商业中心、3个市级商业副中心、10个乡镇商业中心、10个景区和园区商业中心的大格局","以8个商圈、14个商业综合体、7条商业特色街、7个商业节点、5个专业市场为骨干,社区邻里中心、农贸市场、百货超市(包括农村超市)等为补充的商业体系",明确了各商圈、节点的发展思路、业态布局和配套设施。

【重点商贸业项目】 受大环境影响,2014年度全市商贸业重点项目少、小、进展慢,年度无新增较大型商贸业项目。续建项目中,盛德国际广场建设按进度要求推进,进入商铺招商和写字楼开盘出售阶段。城乡统筹项目双江旅游休闲特色街项目完成原太平洋建材市场商户搬迁、改扩建工程主体建筑、景观设计规划、街区业态规划等,共计投资6000余万元。8月,三都镇翁村新街农贸市场建成并通过验收,营业面积1300平方米,总投资1300万元。10月,康桥汽车一期一汽大众4S店开张营业。国大阳光家居博览中心原规划停车场改扩建为临时市场项目完成,增加部分知名品牌,至年底,市场主体总投入3亿余元,进驻商户约200家,经营陶瓷、卫浴、灯饰、地板、家具等28个品类的产品,其中一线知名品牌100余个,年度市场主体营业总额3.5亿余元。建德市农产品批发市场搬迁改造项目,初步确定选址更楼专业市场集聚区。

【电子商务建设】 年初,建德市电子商务工作联席会议下发《关于下达建德市2014年度电子商务发展工作目标任务的通知》(建电商联发〔2014〕2号)文件,明确各乡镇(街道)、职能单位的年度目标任务,并拟定《建德市人民政府关于进一步加快电子商务发展的若干意见》,提交市政府审定。

一带一馆一协会建设。2014年,阿里巴巴·建德产业带共入驻企业175家,其中交易等级一星以上的占90%,上传产品1万余件,平台线上交易额达5000万元,带动线下交易1亿余元;阿里巴巴·建德农食馆共入驻企业37家,实现线上交易额3172万元,带动线下交易额约2.2亿元;建德市电子商务协会共发展会员单位78家,协会携手金融机构推出电商协会专项贷款,共发放贷款830万元。

电子商务服务企业培育。5月8日,浙江逸龙文创园开园,成为浙江省首批88家电子商务产业园之一。建德市建网电子商务有限公司、建德市点石文化传播有限公司经申报,成为《浙江省电子商务服务企业名录(第一批)》成员单位。经市电商联席会议评审,确定建德市科兴技术学校为建德市电子商务培训机构,浙江逸龙文化创意产业园和杭州久川电子商务有限公司为电子商务实践基地。

筹办、参加电商活动。10月底,市商务局牵头组织相关单位组建 2014中国(杭州)国际电子商务博览会建德馆,建德馆以阿里巴巴·建德产业带、建德农食馆、建德旅游、逸龙电子商务产业基地、快到网、雅鼎及铜师傅等区块,展示和宣传建德的电商产品和成果,并达成部分合作意向。11月22~23日,市商务局协同逸龙文创园在新安江广场举办"2014首届建德淘宝节",活动现场设有阿里巴巴·建德产业带、建德农食馆、逸龙文创园、外贸旅游四个区块共60余个展位,有五金、家纺、土特产品及建德智慧旅游(即电子商务模式的旅游消费支付业态)等。

农村电子商务。市商务局牵头做好阿里巴巴农村发展战略落地建德项目的前期筹备工作,拟定领导小组成员名单,制订工作方案,并与阿里巴巴签订合作协议。完成建德农村淘宝服务中心及前期网点的选址、建设,落实农村淘宝的交通、物流、通信和消费等配套项目调研与协调。

【成品油市场管理】 2014年,全市成品油市场供求状况、价格变动总体稳定，呈现价格变动小、销售量增加的特点，全年汽、柴油销售16.2万吨，增长7.0%。完成成品油网点年检、油气回收管理、散装汽油销售整治、成品油油品提升等各项专项整治，基本实现各网点安全生产责任制、设施配置、管理制度规范化。年度内进行联合执法2次，对检查中发现或被举报的李家镇诸家加油点、大慈岩镇新兴加油站等网点违规改造行为，予以督促整改。大慈岩镇排塘加油站（4月）、更楼加油站（11月）完成土地“招拍挂”，大洋加油站迁建项目完成前期手续，进入设计、建造阶段。对杨村桥十里埠、乾潭高速出口、寿昌经济开发区、大同高速出口等地新增加油站网点选址及规划，进行调整、论证。

【汽车消费市场与报废汽车管理】 自3月26日零时起，按照杭州市人民政府（杭政函〔2014〕55号）通知要求，建德市执行杭州市行政区域内小客车汽车限牌政策，实行增量配额指标管理，增量指标须通过摇号或竞价方式取得。市商务局、市工商分局、市车管所等部门及时做好政策宣传、解释，协助汽车销售企业办理存量汽车登记等相关事项，消除小客车哄抢现象，经统计，全市登记备案的待过户存量二手车共212辆。自限牌政策生效始，全市小客车销售跌入低谷，部分汽车销售企业关停或转行，部分汽车销售企业通过省内金华、台州以及江西省、福建省、安徽省等地车商，为建德市小客车客户上车牌。至年底，全市净增车辆约4000辆（小客车约3000辆，其中因限牌而导致在外地上牌小型客车约1000辆），经由二手车交易市场办理过户手续的二手车2572辆，交易总额1.38亿元。

7月，强化黄标车查处力度，依法督促黄标车车主按政策报废车辆。至年底，市报废车回收公司共回收各类报废汽车1771辆，为上年的10倍。

【定点屠宰管理】 1月～7月，开展屠宰加工环节隐患排查、生猪定点屠宰肉品质量安全整治“百日行动”，开展日常执法检查72次，检查经营户及屠宰场点1050家（次）；监督各场点开展瘦肉精检测1652个批次，做好病死猪及内脏的无害化处理。7月，生猪定点屠宰管理工作职能移交市农业局。

【“放心柜”工程】 根据省、杭州市有关城镇超市设立生鲜农产品“放心柜”的文件精神，建德市成立该项工作的领导小组，制定《关于推进建德市城镇超市生鲜农产品“放心柜”建设实施方案》，市商务局确定专人负责“放心柜”创建工作，把“放心柜”建设工作列入商务工作年度目标责任制考核，与大润发、世纪联华两家超市签订“放心柜”建设目标管理责任状（2014年要求建设完成），带领相关超市的负责人和生鲜经理赴省“放心柜”样板店学习考察。至年底，建德市“放心柜”建设工作通过省、杭州市考评。

【餐饮行业提升】 建德名菜、名点品牌创建。5月，在“新杭州名点名小吃”评选活动中，“建德豆腐包”“新安江野菜饼”入选“新杭州名点名小吃”；同月，在中国杭帮菜博物馆主办的2014中国（杭州）“包容天下”名点小吃展销活动中，“建德豆腐包”和北京庆丰包子、天津狗不理包子等全国八大包子名店铺同台展出。12月，严州府、彩运大酒店、鼎尚轩等企业参加“2014杭州百家食谱健康菜肴（点心）创新设计大赛”，参赛的16道热菜、冷菜、点心全部获奖，其中鼎尚轩的洪府萝卜、严州府石斛莲子养生鸽获热菜类最高奖——白金奖。开展首届建德市十大养生菜评选活动，经大众投票、实地考察、评审，石斛花香牛腱子（严州府）、创意虹鳟鱼沙拉（鼎尚轩）、“子孙相传”（莘时客餐饮有限公司）、至尊有机鱼头皇（半岛凯豪大酒店）、山里人家铜锅鸡鸭（半岛凯豪大酒店）、茶香竹林鸡（皇爵洲际大酒店）、鲜石斛小炒野猪肉（7017味道工厂）、里叶莲子养生鸽（严州府）、八珍养生煲旱鸭（喜乐大酒店）、里叶白莲煨乌鸡（喜乐大酒店）被评为建德十大特色养生菜。

建德名店、名人品牌创建。6月下旬，莘时客餐饮有限公司代表建德首次参加全省机关食堂(30余家参赛单位)烹饪比赛,获团体二等奖。在2014年浙江金秋购物节第四届浙江餐饮美食博览会暨厨师节上,建德凯豪大酒店西餐厅行政总厨潘秀俊获"2014浙江餐饮业金鼎杯浙菜金牌大师"称号、喜乐大酒店陈德余董事长获"2014浙江餐饮业金鼎杯风云人物"称号。2014年杭州市新认定13家星级餐饮企业中,半岛凯豪大酒店被认定为此次唯一一家五星级餐饮企业,喜乐大酒店、鼎尚轩被认定为四星级餐饮企业,彩运大酒店、洋安桥头农庄被认定为三星级餐饮企业。新创建1家杭州市早餐示范店——莘时客餐饮有限公司机关食堂店、2家早餐标准化门店——莘时客餐饮有限公司新广场店和半岛凯豪大酒店老汤面馆;莘时客的新广场店被评为5县市中唯一一家"杭州网友最喜爱的早餐门店"。严州府、新名轩大酒楼、7017味道工厂、彩运大酒店、鼎尚轩大酒店、华庭大酒店、江南府、码头大鱼庄、一醉、喜乐大酒店等10家企业被评为首届建德市十大特色餐饮名店。

12月2日,举办第二届17℃新安江养生美食节。养生美食节主题为"绿色养生,食美建德",分为"养生菜展示、养生美食论坛、参观食材基地、养生美食推广活动"四大板块。

【商贸业节庆与会展活动】 2014年,以"扩内需、促消费"为中心,开展了第三届迎春年货展、新安江丝绸商品展、第四届汽车展、第四届杭州青岛啤酒节、金秋购物节、汽车下乡展、餐饮行业系列评比活动与第二届养生美食节等系列商贸活动。10月底,组织有关企业单位参加杭州电博会等行业展会、"名品进名店"活动。 (李 刚)

招商引资

【概况】 2014年,建德市委、市政府把招商引资作为产业结构调整和拉动经济增长的主要抓手,继续深化"招商引资年"活动;重新制订完善吸引浙商创业创新和招商引资考核办法,有效分解落实全年目标任务;整合原来的7个专业组为4个(工业、旅游休闲养生、经营性地块、现代农业),开展对口和专业招商;完善招商工作月度汇报、季度督查、半年考核的例会制度,加强乡镇部门重大项目推进、信息上报及主要领导外出汇报通报制度。完成项目手册、招商宣传片、招才引智宣传册等招商宣传品的更新;完善项目库、"客商名录库"和浙商创业创新信息库建设,完成1300余位在建德籍商人和知名人士的录入工作。在抓招商项目上,继续施行市领导领衔、乡镇部门联动的招商机制;全年举办义乌建德商会推介会、南京推介会等专题招商推介活动10场,共接待1000余人次客商到建德考察;开展委托招商,与德勤会计师事务所、上海股交中心等签署战略合作协议。新安迈图有机硅二期、6万吨纳米钙、宏盛农业、从晟食品、大慈岩商贸城等一批项目签约落地。

【内资招商62.5亿元】 全市新引进内资项目279个,实到资金62.5亿元(含续建项目),增长20.2%。其中,浙商创业创新省外资金12.43亿元,完成目标任务的113%;杭州市外资金32.29亿元,完成目标任务的100.9%。

【外资招商1.40亿美元】 新引进外资项目19个,实到外资1.40亿美元,完成杭州目标任务的107.8%,实到外资比上年增长27.8%,位居杭州市五县(市)第二。

【区域经济合作】 2014年,与开化县林山乡詹村村开展山海协作工作,了解该村基础设施建设情况,落实"百村结对"到位资金15万元;做好山海协作工程和西部大开发等省市两级的财政贴息资金补助项目申报工作,3家企业共获得40万元的贴息补助。与重庆市涪陵区江东街道、贵州省岑巩县开展双对口工作,对接帮扶项目,分别落实帮扶资金40万元、100万元。

【浙商创业创新】 年初,市政府制定2014年重大浙商招商活动方案,通过"请进来"与"走出去"

相结合，以活动促招商。举办义乌建德商会推介会、南京推介会等10场专题招商推介活动，邀请了中兴能源、东方雨虹、卓达集团、新华人寿、万科地产、雨润集团、北亚通航、北控水务、浙商建业等知名企业客商共1000余人次，到建德考察。至年底，全市引进浙商回归项目23个，到位资金12.43亿元，完成杭州市目标任务（11亿元）的113%，增长23.2%，位居杭州市五县（市）第三。

表15 2014年建德市内资招商投资1亿元及以上项目

单位：万元

项目名称（内容）	注册公司名称	产业	投资方单位名称	协议资金	实到资金
烟台恒邦与建铜集团合作项目	杭州建铜集团	第二产业	山东 烟台恒邦集团有限公司	11500	24000
农夫山泉项目	农夫山泉（建德）新安江饮料有限公司	第二产业	浙江 农夫山泉股份有限公司	12873	36990
年开采200万吨石灰岩建设项目	建德三狮矿业有限公司	第二产业	浙江三狮集团有限公司	10000	263
更楼街道停车库	国大阳光建材市场管理有限公司	第三产业	上海智蓝国际贸易有限公司 浙江和存集团有限公司	20000	1000
建德海恒贸易有限公司项目	建德海恒贸易有限公司	第三产业	湖南 邹永生	14000	14000
晨博酒店及总部大楼	杭州晨博置业有限公司	第三产业	陕西 马烈、关晓萍	18000	3825
江和城商业综合体项目	杭州和谐置业有限公司	第三产业	杭州市房地产开发集团有限公司 浙江海陆房地产开发有限公司 雄凯集团有限公司	25000	6778
新锦园商住金融置业项目	建德市紫金城市建设开发有限公司	第三产业	浙江乾华实业投资有限公司	30000	4000
年产2000万米高档仿真丝功能性面料项目	建德锦成实业有限公司	第二产业	嘉善 夏建根	16000	4529
养生养老项目	建德市德馨阁健康管理有限公司	第三产业	四川 王臻 杭州德馨阁投资管理发展有限公司	10000	5600
扩建年产1000万只拖线板技改项目	建德市飞龙电器有限公司	第二产业	滨江 浙江农资集团金东方进出口有限公司	10000	1012
幸福联盟房产项目	建德市嘉凯置业有限公司	第三产业	兰溪 邵银福	20000	900
垃圾衍生煤及设备制造项目	建德市鸿志机械设备有限公司	第二产业	新疆 范正楠	15500	50
金属批发、零售	建德明彩金属经营有限公司	第三产业	云南 刘宗林、温明彩	10000	5000
农业开发开发项目	杭州皓正农业开发有限公司	第一产业	温州 朱皓正 淳安 杭州俊达农业开发有限公司 陕西 朱俊达 建德市寿昌镇大都会超市	18000	8000

续表15

项目名称（内容）	注册公司名称	产业	投资方单位名称	协议资金	实到资金
食品生产项目	杭州百鲜园食品科技有限公司	第二产业	拱墅区 江杰、张剑萍 下城区 罗智强	50000	16100
养老养生项目	建德市天河置业有限公司	第三产业	丽水 陈子法、叶小勇	18000	3800
年产10万吨纳米碳酸钙及2万吨氢氧化钙项目	杭州正和钙业有限公司	第二产业	丽水 项立杰 兰溪 金小君	12400	5895
年产5200万米高端PU合成革后段加工项目	杭州卡洛实业有限公司	第二产业	温州 李泽恩、李少海	46000	19560
中策安仁生产线改造项目	杭州朝阳实业有限公司	第二产业	杭州中策橡胶橡胶有限公司		11721
年产12500吨新型塑料和3500万个保护开关项目	浙江邦特塑料科技有限公司	第二产业	安徽 毕鸿毅	10000	800
太阳能光热储能器项目	浙江融聚节能设备制造有限公司	第二产业	广州 聂帅 西湖 戴忆航	10000	2451
年产斗轮堆取料机、机械自动化采样机和破碎机500台项目	浙江华电电站设备有限公司	第二产业	江干 胡江明、张正、叶艳秋 衢州 程绍平	16000	3064
年产30000吨保健酒技改项目	浙江致中和实业有限公司	第二产业	杭州和业投资管理有限公司		16072
橡胶制品加工	中策橡胶（建德）有限公司	第二产业	杭州中策橡胶有限公司		45000
大慈岩商贸城项目	建德市中磐新城镇建设有限公司	第三产业	余杭 张钢、范忠明 绍兴 陆关林 安徽 宋长正	25000	5586
年产6万吨纳米碳酸钙项目	建德市华宇纳米科技有限公司	第二产业	萧山 毕栋 桐庐 孟智全 河南 马跃	11400	1490

表16 2014年建德市外资招商总投资1000万美元及以上项目

单位：万美元

项目（企业）名称	注册地	外方投资者	注册资金	合同外资	实到外资
杭州锦德投资有限公司	新安江	彩洋有限公司	3000	3000	3000
中房集团杭州新安江生态经济发展有限公司	新安江	香港中房			1546
建德市华荣科技有限公司	梅城	香港华际发展有限公司	1050		1054
浙江新安迈图有机硅有限责任公司	下涯	新安集团（香港）有限公司	10500	2520	4520
建德市瑞升科技有限公司	下涯	香港瑞升国际集团有限公司	1800	1800	3320

外经外贸与服务外包

【概况】 2014年，全市共有自营出口企业647家，其中新增备案企业66家，有自营进出口业绩的企业321家（年度新增37家），实现自营进出口总额9.42亿美元，比上年增长7.7%。其中，自营出口8.66亿美元（全市外贸出口市场有153个国家和地区），增长11.0%，超额完成杭州市和建德市出口考核任务。其中，北美市场2.56亿美元、占29.5%，欧洲市场1.74亿美元、占24.6%，亚洲市场2.04亿美元、占23.1%，拉丁美洲市场1亿美元、占11.5%，非洲市场0.69亿美元、占8.0%；主要出口商品为：化工产品3.85亿美元、占44.5%，家纺产品1.88亿美元、占21.8%，五金工具0.61亿美元、占6.9%，低压电器0.93亿美元、占10.7%。进口总额7594万美元，下降19.9%。

全年申报完成境外投资项目8个，投资总额为1108万美元，完成杭州市下达外经目标任务（1000万美元）的110.8%。

实现服务外包合同总额3329.61万美元，完成全年任务（2800万美元）的118.9%，离岸执行额3024.13万美元，完成全年任务（2500万美元）的121.0%。

以新安化工为代表的化工企业，受制于产能、环保等因素，出口增幅回落较快，新安化工出口总额下降2.1%，落后全市水平8.8个百分点；家纺、五金工具、低压电器三大民营块状经济在各行业龙头企业的带动下保持了出口低位增长稳定面。全市围绕“稳增长、调结构、促转型”的目标，实施出口回归行动计划，引导外贸企业夯实基础，提升品质，积极开拓国际新兴市场。新增浙江省出口名牌3个：浙江宏都纺织工业有限公司的“凯梦娜”、建德市远丰工具有限公司的“YFT”和杭州格林生物科技有限公司的“HAC”；新增杭州市出口名牌1个：浙江新化化工股份有限公司的“XAJ”。

向上争取部级、省级和杭州市级各项外贸扶持资金，包括浙江省开拓国际市场专项资金、走出去战略专项资金、进口贴息专项资金等项目的申报、审核和资金拨付工作，共申报上级各类资金700余万元，到位资金700余万元。兑现建德市2012年度外贸扶持资金900万余元。

【海关战略合作】 以杭州海关现场业务处建德政策服务站为平台，开展通关政策和业务培训，为外贸企业提供海关相关业务和政策咨询.走访

表17 2014年建德市新设港台及境外机构

新设机构名称	设立地	设立者	投资额（万美元）
来胜有限公司	俄罗斯	杭州来胜电气有限公司	30
新化化工（香港）有限公司	中国香港地区	浙江新化化工股份有限公司	100
凯梦娜国际有限责任公司	英属安圭拉	杭州宏都纺织工业有限公司	110
耀欣家纺（美国）有限公司	美国	建德市耀欣针纺有限公司	150
莱姆进出口有限公司	匈牙利	建德市友联电器有限公司	8
黑马拉链孟加拉有限公司	孟加拉	杭州黑马拉链有限公司	40
杭州凯特电器（香港）有限公司	中国香港地区	杭州凯特电器有限公司	150
万福（国际）电子有限公司	美国	建德市万家电器电缆有限公司	520

重点企业，帮助解决进出口业务中的通关问题并提供相关建议和方案，提高企业出口竞争力。全年新增海关A类企业9家、AA类企业1家，为杭州地区比例最高，海关A类和AA类企业总数达到59家；提供海关报关单和报关委托书代领业务3000余份；全面推进无纸化通关，降低企业通关成本，提高通关效率。

【对外贸易经营者备案登记】 实现对外贸易经营者的备案登记、变更、遗失重新办理、过期重新办理、注销等在建德市境内办理完成，所有审批事项在3个工作日内办结。制作新办和变更简易程序指南，指引企业办理相关部门业务。全年共办理备案登记107件，其中新办66件，变更39件，逾期重办2件，遗失办理1件。

【对接国外商会组织】 组织重点企业主动对接美国上海商会、巴西华人商会拓展市场，分别帮助万家、勇华、宏都、斐凌4家企业与知名美商Menards公司，三元、宏都、晨逸3家企业与巴西华商Hzy建立贸易关系。组织宏都寝具、瑞达电器、飞龙电器等8家企业，参加拉美企业家高峰会和各类采购对接洽谈会，推动对拉美等新兴市场贸易。

【搭建境外展示中心平台】 积极培育加纳境外展示中心，筹建巴西境外展示中心，推进建德市产品对非洲出口。至年底，加纳境外展示中心投入运营，斐凌工具、科达电器、浩然工艺品、星辰金属、兴达车业等5家企业展品上架展示，并陆续收到订单。

【推动企业开展跨境电商业务】 2014年，勇华电器、宏都寝具、圣德义等3家企业开展跨境贸易电子商务，实现跨境贸易电子商务实绩的零突破。引导企业依托阿里巴巴、诚商网、环球资源网等专业网络服务平台，开展电子商务拓展国际市场，全市有18家企业新开设英文网站。

【出口信保工作】 帮助企业利用信保拓市场、防风险，全市小微企业联保达到174家，标准保单模式投保的达到14家，全年新增出口信保投保企业30家，累计达到187家，企业参保覆盖面达58.3%；投保保额累计达到4.29亿美元，信保渗透率达56.5%。开展出口买家资信调查服务，为44家企业提供了82个买家资信调查报告，帮助企业选择优质客户和避免客户资信差而产生的收汇风险。全省首创推出信保贷政策，为建德市出口企业提供良好的出口融资环境。与杭州中小企业担保公司、中信保浙江分公司、杭州银行共同合作，创新推出小微企业信保贷融资新政，为全市14家企业发放相应的出口信保保单，为瑞达电器提供16万美元的贷款。利用中信保帮助企业止损，帮助6家发生出险报案企业进行理赔，其中2家追回货款、3家获得赔付4.67万美元，避免了19.7万美元的损失。发挥外贸出口预警示范点的作用，及时发布预警信息，完善贸易预警应对机制，提高应对贸易摩擦能力，建德市精细化工出口预警点再次被评为2014年度省级先进预警点。

表18 2014年建德市参加各类展览(销)会情况

	时间	展览会名称	参展企业(家次)	摊位数
参加境内展	2014.3	第24届华交会	22	29
	2014.3	杭州户外用品家居展	2	9
	2014.3	上海五金展	17	22
	2014.4	第115届广交会	56	87
	2014.4	香港春季电子展	3	4
	2014.4	香港国际家纺展	1	1
	2014.4	香港国际玩具礼品展	3	3
	2014.4	香港环球资源春季电子展	2	4
	2014.4	香港家庭用品展	2	2
	2014.4	环球资源香港电子展(春季)	2	2
	2014.4	香港礼品与赠品展	1	1
	2014.4	香港环球资源春季展	2	2
	2014.9	第116届广交会	59	98
	2014.9	上海自行车展	4	11

续表18

	时间	展览会名称	参展企业(家次)	摊位数
参加境内展	2014.9	广州家具展	8	47
	2014.9	上海家居展	1	1
	2014.10	第20届义博会	12	18
	2014.10	环球资源香港电子展(秋季)	2	2
	2014.10	香港建发国际礼品一期展	1	1
	2014.10	香港建发国际礼品二期展	1	1.6
	2014.10	香港秋季电子展	2	2
	2014.10	香港环球资源秋季展	2	2
参加境外展	2014.1	美国消费电子展	1	1
	2014.1	法兰克福家纺展	5	7.3
	2014.1	美国纽约国际服装展	1	1
	2014.1	美国拉斯维加斯国际电子展	1	1
	2014.1	美国空调制冷通风展	1	1
	2014.2	印度国际制冷空调通风展	1	1.3
	2014.2	法国国际面料展(春)	1	1.3
	2014.2	法兰克福春季消费展	3	3.5
	2014.3	墨西哥国际工业制造展	1	1
	2014.3	德国科隆国际五金工具展	7	9
	2014.4	日本制药原料展	1	1
	2014.4	印度国际精细化工展	1	1
	2014.4	巴西重型车商用车部件展	1	1.3
	2014.5	迪拜国际五金工具展	1	1
	2014.4	智利国际矿山展览会	1	1
	2014.5	东欧(波兰)中国家居品牌展	5	6
	2014.5	美国国际五金制品展	2	2
	2014.5	德国纽伦堡国际宠物展	2	3
	2014.5	美国拉斯维加斯国际五金展	6	6
	2014.5	波兰中国家居产业展	1	1
	2014.5	土耳其暖通空调制冷展	1	1
	2014.6	中东(迪拜)国际汽配展	1	1
	2014.6	土耳其双轮车展	1	1
	2014.6	土耳其中国家居产业展	1	1
	2014.6	俄罗斯国际建筑及工程机械展	1	1
	2014.6	加拿大国家展	1	1
	2014.6	南非国际贸易展	2	3
	2014.6	欧亚(土耳其)中国家电品牌展	1	1
	2014.6	法兰克福中东(迪拜)国际汽配展	2	3

续表18

	时间	展览会名称	参展企业(家次)	摊位数
参加境外展	2014.7	南美(巴西)中国家居品牌展	2	2
	2014.7	美国拉斯维加斯家具展	1	4.4
	2014.7	纽约家纺展	1	1
	2014.8	德国欧洲自行车展	1	1
	2014.8	俄罗斯国际汽车及零部件展	2	3
	2014.8	巴西圣保罗国际家庭用品展	1	1
	2014.8	法兰克福秋季消费展	1	1
	2014.8	华交会美国展	2	2
	2014.9	德国法兰克福汽配展	2	3.2
	2014.9	俄罗斯轻工纺织及设备展	3	3.7
	2014.9	法兰克福国际汽配展	1	1.8
	2014.9	美国芝加哥休闲家具展	1	3.2
	2014.9	孟加拉(达卡)国际面料展	1	1
	2014.9	墨西哥国际空调展	1	1
	2014.9	日本大阪交易会	1	1
	2014.9	法国国际面料展(秋)	1	1.3
	2014.9	德国科隆国际花园展	3	10.3
	2014.9	中国(约旦)商品展	1	1
	2014.10	德国制冷空调通风展	1	1
	2014.10	法国医药原料展	2	2.3
	2014.10	科隆国际办公家具展	1	2.5
	2014.10	美国拉斯维加斯SupplySideWest	1	1
	2014.10	美国五金工具及花园用品展	1	1
	2014.10	墨西哥国际自行车展	1	1
	2014.10	日本国际五金展	2	2
	2014.10	日本农博会	1	0.9
	2014.10	印度国际标签印刷展	1	1.3
	2014.11	俄罗斯国际五金展	2	2
	2014.11	美国拉斯维加斯国际汽配展	9	9
	2014.11	澳大利亚中国纺织服装展	1	1
	2014.11	印度HOMELIFE品牌展	1	1
	2014.11	中亚(哈萨克斯坦)中国家居品牌展	1	1
	2014.12	印度尼西亚国际五金展	1	1
	2014.12	印度制药原料展	1	1
	2014.12	浙江出口商品吉隆坡展	1	1
	2014.12	中东(迪拜)中国家居品牌展	3	9

(高卓　蒋恺)

出入境检验检疫

【概况】 2014年，杭州出入境检验检疫局建德办事处共完成81家企业出口货物报检6084批次，出口货值1.36亿美元，其中抽检批次379批，出具货物检验检疫证书448份。完成出口货物包装检验3165批次，出具包装证书3443份。新注册报检企业38家。为企业签发各类原产地证书2960份，直接减免关税370万美元。

高度重视低压电器产业区域化工作，对低压电器企业进行监管和服务，以国际高端市场为目标导向，淘汰落后低端产品，创新产品设计及工艺，提高产品质量及附加值，促进示范区内企业良性发展。11月，建德市国家级出口低压电器质量安全示范区创建工作通过国家质检总局示范区考核组考核，建德市成为全国第一个国家级出口低压电器质量安全示范区。

【建立检政联合监管机制】 联合市政府召开了国外通报及退运情况通报会，与梅城镇、乾潭镇等乡镇签订《检政联合监管工作协议》；成立联合调查工作组，开展国外通报及退运调查。建立联合巡诊机制，共享信息资源，定期召开工作交流座谈会，通报调查结果、总结工作经验，研究行业、企业发展过程中存在的困难，探索促进行业、企业健康发展的对策和建议，提升了辖区内出口产品的质量水平，为辖区内的产业转型升级奠定了基础。

【建立出口产品风险预警机制】 建德办事处组织评定辖区内出口产品风险等级，制订产品质量抽查机制，每年对一个大类的产品进行质量普查。5月，建德办事处争取国家检测经费10万余元，对辖区内主要的18家出口插头插座生产企业产品进行抽样送检，及时掌握产品质量状况，形成质量分析报告供地方政府参考决策。同时，有针对性地召开相关产品标准法规及国外技术贸易壁垒的培训学习会，邀请省检科院专家现场讲解，使企业了解掌握相关标准技术要求，提高产品质量，提升企业竞争力。 （陈焕斌）

成品石油营销

【概况】 2014年，中国石化销售有限公司浙江杭州建德石油支公司以维护油品市场稳定、保障能源供应为工作重心，通过分析区域内各加油站经营环境，结合上级公司销售计划，合理分解加油站经营任务，出台有关政策措施，确保在频繁的成品油价格调整导致市场波动时建德地区油品成品油市场稳定，为建德地方经济发展提供有力能源保障。全年共销售成品油11.68万吨，比上年增长0.03%。

【安全管理建设】 完成辖区内各加油站安全隐患整改工程、大店口全自助加油站改造、加油站“碧水蓝天工程”改造，做好加油站点的雨污分流处理。开展“安全生产月”“反三违”“我要安全”等活动，组织员工学习《危险化学品管理条例》《散装汽油销售管理办法》等法律法规，开展应急演练，提高加油站、油库突发事件应急处置能力。同时不断健全隐患排查及整改制度，全年未发生成品油销售安全生产事故。

【营销网络建设】 2014年，全市共有成品油供应、销售网点26处，各乡镇、各主要路段均设网点，实现城乡网点合理覆盖。对加油站点实行支公司、分公司、省公司三级督查制度，明确支公司经理、区域管理员每月必须到加油站2次。完成大慈岩加油站前期审批工作，加油站设计方案初审通过；筹划杭新景高速公路三期工程大同高速出口处加油站网点建设，与当地镇政府签订投资意向书；完成大洋加油站迁建工作，新站位于白樟线徐店村。启动LNG加气站改造工程，在建德于合加油站、官路加油站进行加气站改造，实施以气代油，降低大气污染。

【成品油经营管理】 下半年，成品油价格十连降，油品国五标准升级，成品油市场竞争激烈。该公司先后调价18次，确保境内成品油市场运行畅通，保证公平竞争和公平交易，维护企业和消费者的合法权益，为建德社会经济健康发展提供坚实的能源保障。同时做好油品储备工作，确保加油站油品供应充足，维护市场稳定。与新进驻建德的大型物流企业建立稳定的合作关系，拓展优质客户队伍。开展“家文化”“油非互动”“IC卡充值累计积分”等活动，为顾客提供更多的优质服务。加油站全年销售汽油 4.70万吨、柴油5.30万吨。（单卫明）

粮食购销与储备

【概况】 2014年，全市粮食系统贯彻落实粮食安全责任制，完成省政府下达的地方储备粮规模任务。加强对地方储备粮油的管理，保证地方储备粮油数量真实、质量良好和储存安全，维护了全市粮油市场安全、稳定。全年完成商品粮购进总量34.66万吨，地方储备粮油管理做到账物相符、账表相符、账账相符，库存粮油全部安全、宜存。强化“安全第一”意识，建立健全防汛抗台等各类应急预案，落实安全生产责任，全年未发生涉粮安全事故。

【完善粮食安全应急预案】 1月，市粮食局与21家粮食应急供应点和3家粮食应急加工企业签订《粮食应急委托供应协议书》和《粮食应急委托加工协议书》，并实行挂牌定点。根据《建德市粮食安全应急加工供应网点财政资助资金管理办法》，兑现2014年度粮食应急加工、供应网点财政资助资金5.75万元，兑现建德市居民周转食用油储备财政资助资金1.3万元。10月，组织全市“粮安办”成员单位开展粮食安全应急工作培训，并修订完善《粮食安全应急预案操作手册》。

【仓储管理和建设】 4月，市粮食局根据省、杭州市政府“建德市地方储备粮库存为1.8万吨”的要求，依照“有库（点）必到、有粮必查、有账必核、查必彻底”的原则，完成粮食库存自查工作，同时进行食用植物油库存检查，全市库存粮油质量合格率、储存品质宜存率、出库检验率、质量建档率均达100%；储备粮台账系统维护良好，储备粮油库存、财务以及仓容等各项数据做到及时、完整、准确上报。2014年，中心粮库应用谷物冷却机、空调控温仓技术，科技保粮水平得到提高。梅城中心粮站迁建成工程列入市政府重点工程预备项目，并进入工程设计阶段。

【粮食收购】 5月，市粮食局、市农业局、市财政局联合出台《2014年建德市订单粮食政策及实施办法》，明确全市“订单粮食”收购奖励政策。市国有粮食收储有限公司与87户种粮大户、11个粮食生产专业合作社、2个家庭农场签订“订单粮食”合同，落实“订单粮食”8455吨（其中早稻506吨、晚稻7949吨），订单合同履约率100%。向2户种粮大户发放“订单粮食”预付订金，总额30万元。市内早稻收购价格为135元/50千克，另对签订早稻订单的种粮大户、粮食生产专业合作社社员每交售50千克奖励30元，一般农户每交售50千克奖励20元；市内晚稻收购价格为138元/50千克，另对签订晚稻订单的种粮大户、粮食生产专业合作社社员每交售50千克奖励25元。至年底，全市支付订单粮食收购及奖励资金2658.73万元，农户售粮满意率100%。

【完成储备粮油轮换】 2014年，根据《地方储备粮管理办法》，通过中国网上粮食市场进行5次公开拍卖，完成轮换出库（包括 300吨储备成品粮的按季轮换），共轮换出库储备稻谷1.02万吨（其中早籼谷4458吨、晚籼谷5719吨）、晚籼米1200吨。轮换入库储备稻谷1.19万吨，其中建德市“订单粮食”8455吨、中国网上粮食市场招标采购3447吨（早籼稻谷2475吨、晚籼稻谷972吨）。年末，地方储备粮库存储1.9万吨，超额完成地方储备粮规模落实任务。

【军粮供应】 2014年，全市有军粮供应站1个、军粮供应点1个，各军粮供应点严格执行军粮供应政策，健全制度，明确职责，专人管理，专账登记，专款专用，严格验收，严格保管，实施统一配送，确保军供粮质量安全。共为驻建某部队供应大米44.9吨、面粉10.1吨。开展创建“部队满意军供站”活动，全年送粮上门18次共11.6吨，赠送各类物品价值1.6万元。（李照红）

烟草专卖

【概况】 2014年，市烟草局突出抓好业务营销、市场监管、基础管理三大重点工作，强化企业“执行力、控制力和凝聚力”建设，确保全年卷烟市场规范有序、烟草市场价格稳定。建德烟草卷烟销量2.14万箱，实现销售额8.46亿元，比上年增长4.6%；实现利税1.89亿元，增长6.2%。

根据全市2721户零售客户的经营情况，以“调状态、激活力”为主基调，通过实施“两个主动”（即通过走访和抽样调查，摸清建德市场的卷烟年总需求量，为年度销售目标任务的制定和落实找到可靠的市场依据，并以此主动调控卷烟销售总量，确保销量符合市场实际需求；同时，主动调控卷烟品牌，防范真烟非法流通）、开展“三项载体”建设，主动接轨市场，提升经营成效。2014年，卷烟主骨干品牌的市场实际零售价格坚挺，真烟外流案件明显下降，零售客户未因货源调控而出现满意度下降的情况。

继续实施烟草惠民工程，关注社会公益事业，全年通过建德市慈善总会和市红十字会，共为“春风行动”、社区共建、农村结对帮扶、见义勇为、爱心助学等公益事业捐助55万元。

【专卖管理】 结合建德市地域特点，以“保市场、防外流”为烟草专卖工作主战场，提升专卖管理能力和水平，卷烟市场规范有序。开展“蓝剑一号”行动，掌握建德全市无证经营户的经营地址、规模、规律和联系方法，强化对卷烟市场的监管；开展“联合监管”行动，与市市场监管局共同治理建德市卷烟市场。通过提升办案能力、效率、质量，强化对真烟非法流通的监管力度，确保烟草专卖行政处罚达到“事实清楚、证据确凿、定性准确、处理恰当、手续完备、程序合法”的要求。全年共查获各类涉烟违法案件85起，查获卷烟3549.1条，涉案金额75.84万元，查获的案件数比上年增加33起；完成查处案值5万元以上案件4起、国标网络案2起。卷烟市场净化率继续保持100%。

【卷烟物流管理】 推进班组化管理，调整物流资源配置，强化卷烟物流配送，保障卷烟营销工作顺利进行。全年共送货卷烟5.76万箱，送货13.91万户次。卷烟送货到户率和准确率均达100%，客户送货满意度100%，服务态度投诉案例为零，送货破损率为零。（周福良）

供销合作业

【概况】 2014年，市供销合作总社围绕“三农”工作中心，坚持为农服务宗旨，推进“三位一体”农村新型合作体系建设，突出“四大服务体系”“两大工程”等工作，实现商品总购进5.5亿元（完成年度计划的138%），比上年增长3.2%；商品总销售6.5亿元（完成年度计划的144%），增长3.5%；实现利润500万元（完成年度计划的139%），增长1.2%。

【现代农资经营服务体系建设】 推进新安农业服务中心建设，农资经营服务网络规范化水平得到提高。按照农资连锁服务店规范化建设要求，改造提升杨村桥农资服务中心、下涯农资服务中心、寿昌农资服务中心等农资连锁服务店50家，全市供销社农资连锁服务店达到174家，年度销售农资供应6000万元，完成年度计划的120%。对接“庄稼医院”、农技服务中心，开展品种、药剂、生产标准、测土配方等试验示范推广一体化服务。

【新农村生活服务体系建设】 根据“便利实惠，

功能健全”的农村日用消费品服务网络建设目标，改造提升莲花供销超市、李家供销超市、寿昌供销超市等行政村供销便利店30家。强化商品配送中心的规范化、规模化和科学化建设，完善市、乡、村三级连锁的供销便利经营服务体系，拓展服务功能，全年开展代办服务20项次。推进供销超市扩大经营品种，扩大配送功能，全年配送商品3185万元，增长4.2%。

【创新“三位一体”农资贷款合作新模式】 5月16日，市供销总社与市信用联社、市新兴供销农资配送公司联合举行“三位一体”农资贷款合作协议签订仪式，整合为农服务资源，搭建“三位一体”为农服务融资平台，破解农户“贷款难、贷款贵、担保难”问题。该平台推行后，惠及全市专业合作社60余家、农资连锁经营服务网点175家、农户逾3万户。至年底，共为169家用户融资贷款1910万元。

【为农信用服务】 2014年，市供销总社与市农办、市农业局、市信用联社等部门合作，发挥新合作农信担保公司、杭州供销农信担保分公司作用，为农民专业合作社、农村种养殖大户、农产品购销大户解决融资难问题，全年累计担保额达5735万元，其中涉农担保额3050万元，促进了农业结构调整和农民增收，拓展了供销社为农服务的新领域。

【实施基层组织“网络工程”】 参与新农村（社区）综合服务，年度新办农村社区综合服务社12家，新建新安江分社、莲花分社、下涯分社等3家基层供销社。10月，新建成1家农业经营服务综合体（二类）——莓农服务中心。新发展三都高山果类专业合作社、梅城桐溪禽类专业合作社、更楼石岭西瓜专业合作社、大同霞雾山茶油专业合作社等4家农民专业合作社。龙丰笋竹专业合作社、香江湾兰花专业合作社、墩健食用菌专业合作社等3家农民专业合作社通过市级规范化验收，至年底累计达到31家。鼓励、引导各类合作社重组，加快加工型、销售型、市场型龙头企业的培育。专业合作社成为供销社服务“三农”的重要平台，全年为社员推销农产品3.5亿元。推进“两店”主动对接新农村社区建设，累计有40家供销便利店、农资连锁服务店进入农村社区服务中心，逐步形成以经营性服务为主兼顾公益性服务的供销社农村社区综合服务组织。

【社有企业建设】 优化供销合作系统资本布局，集中发展农村日用消费品、农产品流通、再生资源等传统主业，抓好新合作供销、新合作农信担保、新兴供销农资、供销超市、蚕桑联合社等控股参股企业的经营管理和业务拓展，全年社有企业实现营业收入2.0亿元，增长25%，实现利润500万元。全年收购鲜茧261.65吨，完成年度计划的105%。

【参与农业“两区”建设】 推进新兴供销农资配送公司、天羽茶业、蚕桑联合社等农业龙头企业参与现代农业园区和粮食生产功能区的建设，形成“公司+专业合作社+基地+农户”的经营模式。全年有4家企业签订订单4000余份，发展基地1333.3公顷，实现销售额1.2亿元，带动农业产值1.5亿元。同时，推进农业产业化经营，推广农业病虫害农业防治、物理防治、生物防治技术，加大有机肥应用力度，销售有机肥2092吨，推广应用有机肥1万吨。

（林淑华）

编辑：黄建生

旅　游

Tourism

综　述

【概况】 2014年，建德旅游业总体呈现健康快速发展态势，共接待游客659.67万人次，增长21.2%，实现旅游总收入46.51亿元，增长30.3%，超额完成年度目标任务。至年末，全市共有旅行社21家（其中四星级2家、三星级4家），共有收费旅游景区（点）13家（其中AAAA级景区3家、AAA级景区1家），共有星级宾馆饭店7家（其中四星级1家、三星级3家、二星级3家），共有导游324名（其中高级3名、中级12名，专职148人、兼职176人，英语专业9人）。

完成乾潭—子胥渡段4.6千米绿道和杨村桥岱头村至马目大桥段4.4千米绿道主体建设；完成芝厦—乾潭段、老虎桥至梅城旅游码头段、杨村桥岱头村至马目大桥段、马目大桥—洋安大桥段共计40千米以上绿道标志牌建设。至年末，绿道全段实现基本贯通，累计完成投资7500余万元。“三江两岸”绿道建德段规划全长69千米，实际完成长度约80千米，投资估算1亿元。

成功举办第十六届中国·17℃建德新安江旅游节，推出“水上运动嘉年华”“水上休闲嘉年华”“水上幸福嘉年华”三大版块共17项活动。借助《爸爸去哪儿》第二季新叶古村的拍摄与播出，积极开展旅游营销与宣传。打造“一网一店一平台”，助力“智慧旅游”。举办首届建德骨干导游专题培训班，26名一线导游参加专题培训，开启旅游人才培养新模式。举办一年一度的导游服务技能大赛，市新安江森林旅行社朱丹萍获第一名。组织8名景区景点讲解员参加杭州市首届景点景区讲解员服务技能大赛。启动“旅游景区百日专项整治”行动，解决部分旅游景区内外环境“脏、乱、差”现象。开展旅游市场秩序专项整治活动，11个旅行社的旅游合同和12个宾馆的设施设备、日常管理工作进行专项检查，推进市场有序健康发展。

全年新建和改版旅游景区指示牌143块，增设和改版高速公路（包括新安江枢纽和寿昌、航头互通）及国、省、县乡道景区指示牌77块。

【发布“两江一湖”分区规划】 10月，《“两江一湖”风景名胜区新安江——泷江分区规划（2013-2025）》发布，系杭州地区首发。该规划严格按照《风景名胜区条例》《风景名胜区规划规范》，以及浙江省住建厅和杭州市“两江办”相关要求进行编制，遵循“科学规划、统一管理、严格保护、永续利用”的原则，在分区规划中“三条线”（核心景区线、风景区线、外围保护地带线）的划定上，力求实现风景区保护和旅游开发、城镇建设的双赢，历时十年。该规划的编制和实施为风景区管理避免不合理的人为干预提供有效依据，为风景区生态保护、资源合理开发利用，景区内景点建设审批等提供更有力的法律依据和指导意见。

11月，由上海派尼欧旅游咨询有限公司开展全域旅游发展规划编制工作，预计2016年完成。该规划旨在把握国际国内旅游发展大势、研究建德市旅游发展内外部环境、挖掘地方资源，以全域旅游、全产业链旅游、四季旅游、全天候旅游理念把建德建设成为全国知名的休闲度假旅游目的地。

◎11月,举办建德市导游服务技能大赛(何美华摄)

【争取各类专项补助突破千万元】 2014年,通过加大项目包装和申报力度,共争取省市风景旅游各类专项资金达1238.50万元,其中省级补助资金127万元、杭州市级补助资金1111.49万元。按专项资金性质分类,主要包括风景名胜区维护、公共设施建设、旅游西进、绿道建设、十大特色潜力行业、旅游咨询网点建设运营、旅游纪念品开发等方面。按资金补助项目分类,旅游重点项目类资金900万元,主要包括严州古城综保二期项目、玉泉寺基础设施提升、绿道及标识标牌建设、双江旅游休闲特色街等;乡村旅游提升类资金68万元;特色潜力行业类资金48万元,主要包括养生旅游系列活动、新安江摄影基地建设、山地车挑战赛等;旅游公共咨询服务类资金35万元。

【《爸爸去哪儿》宣传营销】 借助《爸爸去哪儿》第二季新叶篇热播契机,先后赴杭州、无锡、镇江、常州、上海、厦门等16个国内大中城市,运用各类载体进行后期密集宣传。利用《钱江晚报》《都市快报》《齐鲁晚报》《新民晚报》等国内20余家报纸、46辆车身广告、206处户外广告、长三角地区200家旅行社门店易拉宝等进行宣传。与《爸爸去哪儿》官方合作伙伴淘宝旅行网合作,于7月4日上线第二站新叶专题页面,在线推出旅游线路,同时利用微信、论坛等新媒体加强宣传。策划19楼亲子体验团、长三角千户家庭游建德等亲子游活动。新叶古村全年接待游客人数12.5万人次,增长8倍,营业收入增长15倍。带动全市11个收费景点接待游客94.52万人次,实现营业收入5967.21万元,其中门票收入3973.35万元,分别增长24.0%、12.5%、16.3%。吸引了《记住乡愁》《天天向上》《我爱自驾游》等国家、省市电视台到建德取景拍摄。

【“一网一店一平台”助力“智慧旅游”】 “一网”,即打造新版新安江旅游网,通过整合全市旅游资源,在网上推出6条不同主题的亲子清凉线路,并专门设置《爸爸去哪儿》第二季新叶篇主页及悬浮广告,加强网站宣传力度。“一店”,即推出天猫建德旅游官方旗舰店,通过与知名电商淘宝网旗下“淘宝旅行”合作,于7月4~18日,在其官方主页推介“爸爸去哪儿”系列旅游产品,为游客在线提供旅游产品信息搜索、购买、售后一站式解决方案,至年末,天猫旗舰店电子商务交易量3159笔,成交额达80万元。“一平台”,即开通旅游官方微信“17℃建德新安江”,通过开发智能导航、语音导游、在线预订等新功能,为游客提供9个景区共39个景点的智能语音讲解和6个景区在线订门票服务,加大对自驾游旅客的吸引力;该微信平台于7月上线,至年末共发布资讯513条次,累计为15万人次游客提供信息服务。

【举办“5·19”中国旅游日惠民活动】 围绕“快乐旅游,公益惠民”主题,多举措开展“5·19”中国旅游日惠民活动。实施景区免门票活动,大慈岩、灵栖洞、七里扬帆、新叶古村、好运岛、情人谷、绿荷塘楠木林、康庆农庄八家主要景区(点)

对建德籍市民实行免门票惠民活动，共接待免票市民1.54万人次。组织惠民政策宣传活动，12家旅游企业走进新安江街道8个社区，通过放置易拉宝、发放宣传册，现场咨询等多种形式开展惠民政策宣传、优惠线路推介、文明旅游宣传等服务活动。推出“支付一分钱，建德美景任你邮”——旅游明信片定制活动，以“线上线下相结合”的方式，为游客提供新体验，帮助景区“二次传播”，在全社会形成人人参与旅游、支持旅游、推动旅游的良好氛围。开通“建德人游建德”特惠旅游直通车，由市旅游集散中心、杭州运通旅行社联合举办，在中国旅游日当日，市民以17元的特惠价格可以游览大慈岩、灵栖洞、玉泉寺——三都渔村三条线路，有100名市民参加此活动。

【开展旅游景区百日专项整治】 9月～11月，“旅游景区百日专项整治”行动启动，该行动覆盖全市旅游景区、风景名胜区、风景区、森林公园、对外开放的寺庙、农家乐、乡村旅游点等各类景区。结合“五水共治”“三改一拆”“四边三化”等重点工作部署，通过对景区周边村镇、景区主要旅游通道沿途两侧和出入口及景区内部违法建筑、污水河、臭水河、垃圾、厕所、裸露山体、建筑景观风貌等重点问题进行集中整治，基本消灭景区内外环境“脏、乱、差”现象，建立完善景区环境综合治理的长效机制，优化旅游生态环境，提升全市景区形象。

【提升文明旅游形象】 开展旅游市场秩序专项整治活动，全年检查36批次，对23个旅行社、18个宾馆、6个景区在《旅游法》贯彻执行、合同签订、投诉受理及台账建立、质监机构人员配备、设施设备维护等方面进行检查，发出整改通知书1份、整改建议函8份、食药监督意见书3份，限期整改到位。召开年度建德市旅游行业表彰会，表彰诚信旅行社、“十佳导游员”、优秀质监员等，激励旅游行业经营者、从业者从“规范运营、诚信经营、提升服务”等方面，提升企业管理和服务水平。组织全市导游员、景区景点讲解员专题培训班，培训人员近500人次，提高导游业务技能、整体素质，促进了导游员“旅游宣传大使”作用的发挥。

乡村旅游

【概况】 2014年，市风景旅游局通过整合资源，提升服务质量，促进乡村旅游快速、跨越式发展。乡村旅游全年接待游客107万人次，经营收入1.09亿元，人均消费101.6元。

【建成特色休闲农业项目18个】 全年建成下涯红群草莓采摘基地、江南春堂铁皮石斛仿生基地、平坡谷有机蓝莓基地、乾潭红地球葡萄绿色采摘基地、艾利斯玫瑰体验基地和三都春江源柑橘采摘基地等建德市级项目暨果蔬乐园精品示范点6个；创建省级项目5个：省特色村——三都镇松口村、省特色点——下涯红群高科技草莓园、精品项目村——大慈岩镇双泉村、四星级经营户——建德市小诸葛实业发展有限公司、四星级经营点——绿荷塘楠木林山庄；培育杭州农家乐休闲精品示范项目2个：小诸葛实业发展有限公司、大悦生态农业开发有限公司)，杭州市政府会议定点单位5个：康庆渔家灯火休闲农庄、航头镇倚天农业发展有限公司、小诸葛实业发展有限公司、杭州艾利斯玫瑰庄园、红群农业科技有限公司。

【完善乡村旅游基础设施建设】 编制乡村旅游规划，陆续开展杨村桥岱头村旅游发展规划、大新叶旅游区总体规划及重要节点详细规划编制，邀请旅游专家对新叶、岱头等6个示范点进行蹲点指导，岱头村乡村旅游业初具规模。全年开展乡村旅游服务质量、乡村民宿建设与经营、乡村旅游管理等方面培训6个班次，累计培训人员超过200人，对象包括乡村旅游特色乡镇、村主要干部和乡村旅游经营户。申报“杭州旅游西进”和十大特色潜力行业项目，累计上报乡村旅游项目12个，取得申报资金175万元。

【组建首批乡村旅游点统计员队伍】 乡村旅游的火爆和乡村旅游从业者知识水平较低、经营能力较弱的不平衡，使乡村旅游的数据采集和分析运用成为管理者的重要考量。8月，市风景旅游局、市统计局把全市20个乡村旅游点和23个行政村，纳入首批乡村旅游统计直报范围，每个行政村的报账员成为乡村旅游点的统计员，并组织全市乡村旅游统计培训班，开展相关业务知识的学习。乡村旅游直报数据包括人口户数、旅游投资金额，并精细到每个乡村旅游点的接待游客床位数、餐位数、过夜游客数，以及餐饮、住宿、产品销售等类目。采集数据经由专业人员分析后将直接推动管理部门出台相关政策。

第十六届中国·17℃建德新安江旅游节

【概况】 6月7日，市委、市政府成立第十六届中国·17℃建德新安江旅游节组委会（市委办发〔2014〕65号），下设组委会办公室、项目组织组、安全保卫组、环境卫生组等一办六组。7月至12月，第十六届中国·17℃建德新安江旅游节举行。

旅游节按照“彰显特色、展示形象、节俭办节”的原则，围绕打造“美丽江城、幸福建德”目标，突出“五水共治”主题，以“17(一起)畅享水上嘉年华”为口号，推出“水上运动嘉年华”——夏季纳凉避暑的体验风尚，“水上休闲嘉年华”——夏季旅游市场的消费亮点，“水上幸福嘉年华”——凸显17℃品牌和百姓幸福感三大板块共17项活动，内容涉及休闲旅游、体育赛事、经贸洽谈、文艺演出等。其中，有“夏日冬泳”耐寒勇士挑战赛、青岛“7017”新安江啤酒节、十里荷花节、三都柑橘节、养生美食节等旅游节传统特色项目，有首届中国知名高校建德新安江龙舟赛、“爸爸去哪儿”清凉亲子系列活动、“大美建德”全国摄影大展、休闲养生季、新安江戏曲周等新策划的特色项目。

【中国知名高校建德新安江龙舟赛】 7月17日，在新安江城区水域举行。此次龙舟赛首次汇集了国家教育部重点建设的“C9高校”参加，包括北京大学、清华大学、浙江大学、复旦大学、上海交通大学、南京大学、中国科学技术大学、哈尔滨工业大学、西安交通大学在内。比赛以“至清、智慧、致青春”为口号，展现知名高校青年学子奋发向上的集体面貌和团结一致的龙舟精神。起点设在白沙大桥西侧，终点设在百姓纳凉大舞台，全程10千米，采取往返竞渡的方式进行。经角逐，中国科学技术大学、浙江大学、复旦大学的龙舟队获得一等奖。

【“泳闯寒江”千名勇士夏日冬泳耐寒畅游赛】 7月19日，在新安江景江假日酒店至江滨纳凉大舞台之间举行，来自上海、江苏、安徽、河南、山西、江西、福建、浙江等八省(市)的54支队伍共1400名耐寒勇士，挑战2500米畅游寒江。并优秀组织奖、精神风貌奖、积极参与奖和友谊传播奖。此项活动成为建德新安江与全国冬泳爱好者的约定，报名人数逐年递增，2013年有600余人报名参赛，2014年增加到1300余人，参赛选手中年纪最大的为79岁。

【第九届浙江省大众跆拳道公开赛杭州分区赛】 8月18～20日，在新安江体育馆举行。比赛由浙江省体育总会、浙江省跆拳道协会主办，建德市体育总会、建德市跆拳道协会承办，建德市博凯跆拳道训练中心协办。来自杭州赛区的19支代表队共388名运动员参赛。经较量，建德博凯、富阳博奥、杭州龙华、杭州哈道、杭州扬武、淳安道馆、一鸣跆拳道、尚武一队分别获得团体总分第一名至第八名。其中，建德市博凯代表队共获得金牌45枚、银牌32枚、铜牌31枚，总分960分，超出第二名685分。

【“大美建德”全国摄影大展】 7月17日，“大美建德”全国摄影大展在纳凉舞台启动，此次大展由中国摄协和建德市政府主办，中国摄影报社、建德市文联、市旅游局、市摄协承办，分“17℃新安江”“秋映三江”“古韵严州”“美哉建德”等版块进行征集，时间跨度为一年，第一季“17℃新安江”、第二季“秋映三江”、第三季“古韵严州”、第四季“美哉建德”，全面征集展示“大美建德”的自然风光、生态资源、人文风情、民俗节庆、文化遗产和城市建设成果等摄影创作作品,展示建德独特的人文自然资源和生态环境。当天下午,“大美建德”全国摄影大展暨中国摄影报“走进建德”影友联谊会在建德市老年大学举行。至年底,完成二季的征稿和评选,第一季共收到摄影作品5850幅,评选出入围作品200幅。

【“爸爸去哪儿”清凉亲子系列活动】 建德新叶古村是2014年《爸爸去哪儿2》在长三角地区的唯一拍摄地。随着《爸爸去哪儿2·建德新叶古村篇》的开播,新叶古村成为长三角亲子游的火爆目的地。7月17日至8月25日,市风景旅游局推出“爸爸去哪儿”清凉亲子系列活动,包括客源地爱心送清凉活动——1000户家庭17元游建德;亲子游建德,亲测新安江——让“清凉大使”现场介绍测量建德新安江水质情况;清凉世界杯——建德新叶村·新安江亲子欢乐游。活动开展期间,纳入统计的11家景区接待游客30.2万人次,比上年增长15.5%;实现门票收入1202.8万元,增长15.6%。

【第六届十里荷花节】 7月19日,在大慈岩镇里叶村开幕。荷花节的主题是“赏荷花景,享荷田乐,品全荷宴”。活动内容包括赏荷采摘莲体验活动,荷摄影比赛,剥莲子、莲心比赛,荷田垂钓,营养荷宴品鉴会等。活动期间,赏荷摄影的游客络绎不绝,莲花、莲蓬、莲子、莲子酒及荷花宴销售大幅增长。“十里荷花”景区成为长三角地区游客夏季避暑纳凉、赏荷采莲的旅游目的地之一,促进了大慈岩农家乐、休闲渔场等乡村旅游业和莲子相关产业的迅速发展。

【第六届杭州建德·三都柑橘节】 11月8日,在三都春江源柑橘采摘基地开幕。此届柑橘节以“醉美三都·橘红三江”为主题,旨在宣传建德三都柑橘品牌,感受三都柑橘文化,推进柑橘产业发展,进一步打响“醉美三都”乡村旅游品牌。柑橘节特别推出“找一片蓝天,找一个乐园,当橘农,玩民俗”“体验果蔬乐园”“三都特色民俗演艺”“三都特色文化美食集中展示”等系列主题活动,设置吃橘子比赛、猜橘子瓣、制作橘灯、橘皮贴画、二维码游乐大转盘等丰富多彩的游客互动游戏。游客们在品尝柑橘鲜甜、体验采摘乐趣之余,还可以三都渔村撒一把渔网,闹一回水上婚礼,打一臼麻糍,品一笼美味灰汤粽,感受趣味盎然的独特民俗文化。当天,三都春江源柑橘基地作为建德果蔬乐园的第六个基地开园迎客,柑橘节吉祥物——吉宝宝同时推出。

【“青啤7017”新安江啤酒节】 7月17~23日,在新安江广场举行。此次啤酒节由市旅游节组委会主办,市商务局、青岛啤酒东南营销有限公司和青岛啤酒(杭州)有限公司承办,市广播电视台协办。现场设有畅饮区、美食区和文化展示区。畅饮区设在广场中间区域,摆放长条桌椅200套,可同时容纳1800人;美食区设在畅饮区周边区域,提供原浆、鲜啤、纯生、经典等青岛啤酒产品和各类特色小吃;文化展示区展示了青岛啤酒文化及建德文化,让人感受百年青岛和建德古都的韵味和魅力。为期7天的啤酒节,汇聚了最正宗的青岛啤酒、最地道的特色美食以及最活力无限的舞台表演。青岛啤酒厂工业游同时推出,游客们可以感受百年民族品牌的前世今生与高科技设备。

【建德新安江戏曲周】 7月15~22日,在市文化中心举行。“建德新安江戏曲周”活动开办于2013年,广受当地戏迷欢迎。此次“戏曲周”特别邀请浙江小百花越剧院(浙江越剧团)、杭州市越剧院、义乌婺剧团和建德婺剧团等戏剧院团,为建德戏迷先后上演《珍珠塔》《胭脂》《碧玉簪》《白兔记》《天之骄女》《三关明月》《黄飞虎反五关》《宝弓奇缘》《秦香莲》等14台传统剧目和经典戏曲折子戏,整个“戏曲周”接待观众近1.60万人次。戏曲周的成功举办,是践行文化惠民政策的具体举措,丰富了群众文化生活。

【第二届17℃新安江养生美食节】 12月2日,第二届17℃新安江养生美食节暨建德养生美食发展之路论坛活动开幕,为期1个月。建德美食融浙菜、徽菜于一体,具有“野、土、鲜、辣”的特色和原料新鲜、养生两大特点,深受全国各地游客的青睐。此届养生美食节主题是“绿色养生，食美建德”，意在传承和弘扬建德餐饮文化，发扬光大民间特色餐饮。开幕式当天，举行了浙西乡土菜美食论坛、发布《严州菜谱》、美食评选品尝等活动。评选出里叶莲子煨乌鸡、八珍养生煲旱鸭、石斛花香牛腱子、里叶莲子养生鸽、创意虹鳟鱼沙拉、子孙相传、至尊有机鱼头皇、山里人家铜锅鸡、茶香竹林鸡、鲜石斛小炒野猪肉等“十大特色养生菜”，严州府餐饮、喜乐大酒店、新名轩大酒楼、鼎尚轩酒店、彩运大酒店、7017味道工厂、马头大渔庄、一醉菜馆、寿昌镇华庭大酒店、乾潭镇江南府被评为“十大特色餐饮名店”。

【“致中和杯”全国老年人健身球操交流活动】 11月4日，在新安江体育馆开幕。活动由中国老体协主办，浙江省老体协、建德市政府承办，中国老体协健身球操专委会、杭州市老体协、建德市体育局、建德市老体协协办，为期四天。来自全国25个省、直辖市、自治区以及澳门特别行政区的46支代表队、687名选手参加交流活动。活动期间，开展了老年人健身球操女子自编套路走场、男子规定和自编套路走场，女子规定套路走场、创新套路走场，男子自编套路交流、创新套路交流等项目，设优胜奖和优秀奖，最佳编排奖、最佳表演奖、最佳配乐奖、创新奖，以及体育道德风尚奖。

【美丽江城·幸福建德休闲养生季】 12月12日，在新安江玉温泉举行启动仪式。活动由建德市人民政府和“浙江在线”共同举办。启动仪式上，省自驾车协会、浙江旅游文化传播中心负责人授牌新安江玉温泉“自驾休闲养生基地”，“17晒吧，美丽江城幸福旅程微记录分享”大型微信互动节目在FM93交通之声、玩转大杭州、浙江在线旅游频道等五大平台同时展开。此次活动以“美丽江城17(一起)养生”为主题，推出一起享温泉、一起享美食、一起暖心祈福、一起亲子采摘、一起过大年等5大系列养生产品，举办养生美食节、草莓节、玉温泉生态养生节、江南春堂养生体验游、乡村年货采购游等主题活动，进一步提升“温暖一起度养生建德新安江”品牌形象。11月和12月，主要景区接待游客人数比上年同期增长42.9%和22.6%。

【浙江省第八届排舞大赛】 9月27日至28日，浙江省第八届排舞大赛在新安江江滨公园百姓纳凉大舞台举行。大赛由浙江省文化厅主办，建德市人民政府、浙江省文化馆承办。主题是“实现美丽梦想 抒发文化情怀 丰富文化生活 打造文化品牌”。大赛于2014年3月启动，经过选拔，全省有86支队伍共2000余人参加大赛，大赛分少儿组、青年组、中年组、老年组和系统行业组、新创曲目组六个组别进行。组委会根据参赛者的综合表现评出六个组别的金、银、铜奖。建德市文化馆参赛的排舞《纽约到洛杉矶》和《为DJ喝彩》分别获得青年组和老年组金奖，建德市文化馆获活动优秀组织奖。

【旅游节闭幕式暨杭州休闲发展国际论坛】 10月27日，在半岛凯豪大酒店举行。世界休闲组织理事会主席罗杰·科尔斯出席论坛并致词。来自世界休闲组织、省旅游局、中国社会科学院、世界旅游城市联合会以及世界各国不同领域的国内外专家学者共300余位人士集聚一堂，围绕“休闲发展与城市国际化”主题，就现代城市国际化建设道路与休闲产业最新发展趋势，开展相关政策解读和学术探讨。中国旅游报社长高舜礼就《国务院关于促进旅游业改革发展的若干意见》作政策解读；中国社会科学院旅游研究中心主任宋瑞博士作“城市休闲发展的国际经验与中国实践”主题演讲；著名学者、享受国务院“政府特殊津贴”的世界旅游城市联合会专家委员会副主任张辉作“世界城市的旅游化过程”主题演讲。美国、加拿大、英国、德国、中国的专家学者就杭州的旅游国际化与休闲产业融合、休闲空间审美与城市国际化、休闲产业的研究现状等进行学术演讲，并就建德“乡村旅游与民宿发展”进行探讨，具有很强的指导性、操作性。此次论坛是建德首次举办的国际性休闲盛会，作为第16届杭州西湖国际博览会的重要项目之一，为建设“美丽建德”、发展旅游休闲产业提供有效理论支撑。

（胡　炜　陈启浩）

编辑：何彬

交 通

Traffic

交通综述

【概况】 2014年，市交通运输局抓项目、促发展，办实事、惠民生，抓整治、强监管，各项工作有序推进，全年完成交通建设投资9.23亿元，为年度计划的122.6%。

在项目建设上，克服资金缺、征迁难、阻工多、变故大、制约多等困难，以保重点、保续建，稳步推进、量力而行为原则，各工程指挥部加强与乡镇、村的密切配合，依靠部门合力促进工程进度，确保了杭新景大二期工程建设全面铺开、320国道建德段改造提升工程10月底完工、23省道改建项目进入招标阶段、安钦线工程开工建设。

立足行业管理上的难点、热点问题，找准群众的需求点，牵头开展每月一次由路政、交警、运管联合开展的超限超载集中整治行动成效初显。公路路政的日常管理与养护公司的日常管养相结合，"五制"（路长制、责任制、联动制、协同制、督查制）推进公路养护。出台了《城市公交扶持意见和考核办法》，优化调整公交线路，保障"交通治堵"成果。对3家出租车企业的出租车实施"一企一色"改造，使群众对出租车服务的日常监督直观醒目。推进新一轮农村客运改造，扩大农村客运覆盖面，保障群众便捷出行。

【推进通村公路建设】 农村联网公路建设以创建"美丽乡村""中心村（镇）"为导向，以"惠民、便民、为民"为目标，打造"畅、洁、绿、美、安"的农村公路环境。2014年农村联网公路建设计划项目19个、总里程33.1千米，涉及12个乡镇（街道），总投资额2317万元。2007年，省交通厅开始实施农村联网公路建设试点，建德市被列入试点县（市）之一，至2014年底累计投资1.31亿元，完成联网公路建设162条、总里程188.4千米，涉及320个行政村（原行政村），提高了全市农村公路等级和通行能力。

【下塘码头改造提升工程交付使用】 8月15日，"三江两岸"码头提升改造重点水运工程之一的下塘码头改造提升工程通过交工验收。该工程于2013年8月开工，总投资1281万元，位于洋溪街道下塘村新安江北岸，占用岸线619米，陆域纵深31米。将原有14个散乱的泊位拆除，整合改造成3座码头，每座码头设有3个300吨级散货泊位，港内道路拓宽为9米，统一更新起重设备，增设车辆调头区与临时堆场，并配套建设相关附属设施。

【安全生产平稳有序】 全市交通系统的安全生产工作始终坚持"强化红线意识、促进安全发展"的理念，以企业安全生标准化达标创建为重点，以预防和消除安全隐患为抓手，全面落实安全生产责任制、领导干部安全生产工作"一岗双责"制和党政同责责任制度。开展安全生产大检查和各类专项整治工作，全年水上运输、工程建设、消防火灾等领域未发生有责亡人上报事故，道路客运发生1起同责以上人员死亡事故。

【大型电视交通真人秀节目《重新学走路》到建德拍摄】 8月8日，由浙江电视台民生休闲频道举办的1818黄金眼"在路上"系列专题之"重新学走路"大型交通劝导行动在建德开展，并以纪录

◎改造提升后的下塘码头(徐竹生摄)

片的形式进行摄制。其间,该频道的知名主持人、记者、“老娘舅”组成志愿者分队,集中在重要交通路口,对行人和机动车交通违法行为进行劝导,实现当日下午全城交通“零违法”。

重点工程建设

【与杭交投合作建设23省道】 12月23日,代市长童定干与杭州市交通投资集团有限公司总经理章舜年签署《23省道建德航头至李家段改建工程合作备忘录》,以BT模式建设23省道改建工程。该工程起于航头镇23省道与320国道交叉口,终点于建德—衢江界,途经航头、大同、李家3镇10个行政村。项目总里程26.97千米,实施里程25.67千米,其中航头至潘村段约14.5千米为一级公路、潘村至界头段约11.2千米为二级公路,设计速度80千米/小时,工期3年,项目占地102.1公顷,估算总投资9.7亿元。

【杭新景高速二期完成年度投资4.79亿元】 2014年,杭新景高速公路二期工程项目施工、前期征迁工作平稳推进,完成年度投资4.79亿元,累计投资10.48亿元。完成路基挖方187.7万立方米,占总量的93.5%;完成填方229.08万立方米,占总量的90.2%;完成桩基498根,占总量的94.3%;完成承台系梁113个,占总量的86.9%;完成梁板预制911片,占总量的89.8%,完成梁板架设474片,占总量的46.7%;完成涵洞96.3道,占总量的98.3%;完成隧道开挖3974米,占总量的87%,其中下三坑隧道右洞于5月贯通,左洞12月贯通;平岗岭隧道右洞8月贯通,东皇庙隧道左右洞分别于10月、6月贯通,庙口张、兴隆庙两座作为控制性节点的大桥完成桥面铺装。

【320国道建德段“白改黑”全线完成】 10月26日,320国道(建德段)第三期(芝厦至乾潭西桥段)“白改黑”主体工程完工,标志着320国道建德段路面提升改造工程全部完成。320国道(建德段)起点于与桐庐交界处的芝厦,终点于与龙游交界处的会泽里,全长78.20千米,其中一级公路61.60千米,二级加宽16.60千米,水泥砼路面。自2000年8月全线建成通车后,随着车流量的剧增和大吨位工程车的增加,路面损伤情况较严重,养护投入不断增加,对安全行车带来一定的影响。经交通部门安排,决定分段实施“白改黑”提升改造,在原分段改造的基础上,此次路面提升工程全长44.7千米,总投资3.2亿元,分三年实施。其中,2012年实施完成於合收费站至寿昌段、洋溪至杨村桥段16.85千米,2013年实施完成黄泥墩至於合段、乾潭至杨村桥段17.85千米,2014年实施乾潭西桥至桐庐芝厦段10千米。

【白章线改建工程建成通车】 白章线改建工程系浙江省2011年重点工程,起于白章线与洋溪大桥东侧,终点于大洋镇鲁塘村,与麻车大桥相接,全长32.78千米(其中利用大洋过境公路2.65千米),实施里程30.133千米,投资概算4.21亿元。为二级公路技术标准,设计速度60千米/小时,路基宽10米~12米,全线有中小桥11座,隧道1座785米。跨越1个街道、1个高新园区、3个镇12个行政村。 工程于2011年11月18日开工，2014年5月底完工。7月31日，杭州市交通工程质量安全监督局对工程进行交工质量评定；8月14日通过交工验收，并开放交通。该工程是建德市“环三江口”交通基础设施建设“一主三圈五桥九路”的重要组成部分，是联系该市东南部洋溪街道、下涯镇、梅城镇、大洋镇和马南高新产

表19

白章线工程建设参与单位

S01路基隧道	路港集团有限公司	设计单位	杭州市交通规划设计研究院
S02路基桥梁	浙江大舜公路建设有限公司	地勘单位	浙江华东建设工程有限公司
S03路基桥梁	宁波远翔交通建设有限公司	监理单位	杭州公路工程监理咨询公司
S04路面施工	浙江天一交通建设有限公司	环保监理	浙江环科工程监理有限公司
S05安全设施	杭州金鑫交通设施有限公司	水保监理	中国水电顾问集团华东勘测设计研究院有限公司
S06绿化施工	浙江中集园林古建筑工程公司		
质量监督单位	杭州市交通工程质量安全监督局	建设单位	建德市交通投资有限公司

表20

白章线(洋溪至大洋段)工程基本信息

一	工程地点及主要控制点	项目起点位于洋溪街道洋溪大桥南侧(K8+875)，终点位于大洋镇麻车大桥接线相连(K42+014)，项目线路长33.129千米，其中利用段2.957千米，实际建设30.172千米；沿线设小桥8座、中桥3座，计长370.72延米；包坞里(K14+700～K15+485)隧道1座785米
二	建设依据	浙发改〔2009〕104号、浙发改〔2010〕157号、浙土字A〔20011〕0767号、浙交复〔2011〕29号，《公路工程基本建设项目设计文件编制办法1996》、交通部颁布的有关技术标准、设计规范、规程等
三	技术标准与主要指标	项目采用交通部颁发的《公路工程技术标准》中的二级公路技术标准建设，路基宽度10米(过集镇及开发区路段12米)，设计速度60千米/小时，路幅布置为：行车道宽2×3.5米+、硬路肩2×0.75(1.75)米、土路肩2×0.75米，桥涵与路基同宽，桥涵设计荷载为公路-Ⅱ级，设计洪水频率：中桥1/100，小桥、涵洞1/50，桥梁上部结构为10米、16米预应力砼空心板梁20米预应力小厢梁，下部结构为U型台，扩大基础、柱式墩、钻孔灌注桩。
四	工程建设主要内容	主要工程量为路基挖方69.7万立方米，填方75.2万立方米，挡墙17.4万立方米，生态植被防护10.49万平方，圆管涵104道，盖板涵16道，路面27.81万平方米。交安设施：钢质护栏27364米、轮廓标3159个，交通标志518个，标线1.63万平方米
五	征用土地数	54.4公顷
六	开、交工日期	2011年11月18日开工，2014年5月31日完工
七	批准概算	4.21亿元

◎8月14日，省重点工程白章线（洋溪至大洋段）公路改建工程建成通车。图为白章线大洋段（陈有富摄）

业园区的主要通道，该工程的实施完善了建德东南部公路网络，实现了主城区到各乡镇30分钟交通圈的目标。

【完成320国道省级隐患点整治】 320国道（建德段）二级加宽路段事故隐患点整治工程起自K370+627航头加油站处，终点于K387+224与龙游交界处的会泽里，全长16.60千米，由于无中间隔离带，部分路段两侧没有护栏，公路沿线村镇较密集、平面交叉口多，造成事故多发，2014年年初被省安委会列为省级道路交通事故多发点段，予以挂牌限期整治。整治工程针对路面窄，且双向4车道的实际，采用设置横向占地小于20公分、安全防撞性能极佳的A级紧凑型缆索护栏，在道路中间起到分隔左右车道的作用，有效对相向行驶车辆的安全防护。并重新漆划标线，优化归并交叉口设置，增设测速设施及标志标牌等安全设施，概算投资1181万元。8月27日进场施工，12月底完工。 （陈有富）

公路养护与路政执法

【概况】 2014年，全市新增村道24.14千米。年末，全市公路总里程1899.62千米，公路密度81.82千米/百平方千米，其中国道93.75千米、省道151.07（含高速公路）千米、县道444.31千米、乡道188.72千米、村道1021.76千米；按技术等级分，高速公路83.67千米、一级公路84.53千米、二级公路127.53千米、三级公路232.38千米、四级公路752.15千米、准四级公路610.11千米、等外公路9.25千米。公路桥梁609座，36120.39延米；公路隧道37座，17150.15延米。

全年完成坍方清理1.5万立方米，修复水毁挡墙5000余立方米，完成坑洞修补1.9万平方米，公路修复率100%。开展杭州市级道路隐患点整治，投资7.5万元，实施320国道K320+200路段（乾潭镇大畈村）高强度防撞钢筋混凝土挡墙工程，长50米，4月中旬完工。实施乡道梅城伊村至三都前源水下段临水临崖工程，10月底完工。加强公路日常清扫和保洁，完善公路配套设施，增强公路服务功能。

【公路“五水共治”】 2014年，市公路段承担了国道、省道、县道的保洁、边沟清理，以及新安江水源保护区县道白小线公路的隔离和防护设施设置工作，全年投入专项经费187万元，累计清理边沟574.5千米，清运垃圾13106立方米，修复破损边沟256立方米，增设涵洞32处计410米，清理路肩堆积物和建筑垃圾1.78万立方米，边坡治理3.18万平方米。投资15万元，完成莲花溪303省道精品线路的整治工作。投资18万元，完成清渚溪徐七线精品线路的整治工作。完成县道白小线K3+950及K4+840两处沟渠加固维修，同时对土质边坡进行绿化防护。（徐高红）

【农村公路养护与安保工程】 投资2500万元，完成杨梓线、麻早线、檀新线、下北线、杨长线、白章线、三将线、麻岗线、徐七线、管三线10条县道的路面大中修，计30.2千米。投资1080万元，完成2条县道、6条乡道、22条村道的公路安保工程，实施护栏长度53.50千米；包含农村公路28处隐患点整治，实施波形护栏2026米、标志牌33个、广角镜7个。

【实施危桥改造6座】 投资490万元，实施320国道4座危桥维修（安仁1号桥、沿江大桥、寿昌江1号桥、航头大桥），9月1日开始封闭施工，年底前基本完工。投资70万元，实施305省道富衢线宋公桥危桥改造工程，9月4日开始封闭施工，10月底完工并开放交通；投资200余万元，实施县道杨梓线杨村桥危桥改造工程，10月13日开工，年底前基本完工。

【实施安钦线改建工程】 8月28日，安钦线安仁至钦堂段改建工程开工建设，工程长3.52千米，概算投资5380万元。至年底，完成安仁桥、翁家桥基础及下部构造，浆砌片石挡墙完成5000立方米，完成年度投资1050万元。

【沥青拌和中心整体搬迁】 市路通公路工程公司于2013年9月启动寿昌翠坑口沥青拌和场的搬迁工作，新的搬迁地址为大慈岩镇工业开发区，紧临330国道，占地面积2.7公顷，投资1170万元，拌和楼达6层楼高，日产沥青路料达2000吨。采用天然气燃烧加温，并安装30多万元的废粉回收装置，有效减少了大气污染。于6月底搬迁到位，7月中旬投入使用。（潘万春）

【4个民生项目获得行政许可】 2014年，市公路路政部门对许可权力事项清单进行清理，共整合了7项权力，统一名称为涉路施工活动许可；取消两项许可项目，即省道和主要县道车辆驾驶教练、考试许可和建筑控制区内架设管线等设施许可。全年受理4个涉及“五水共治”及社会民生的重大许可项目，并获得杭州市公路管理局许可，分别是致中和污水管道沿320国道埋设管线工程、乾潭至安仁自来水管道沿320国道埋设工程、320国道省级经济开发区寿昌段路灯埋设工程、建德杭燃燃气有限公司申请在23省道埋设天然气管道工程。

【推进公路边“三化”工作】 按照“查漏补缺、巩固提高、突出绿化美化”的基本思路，从3月初开始，市路政大队配合各乡镇（街道）开展“三改一拆”和“五水共治”行动，使其与公路边“三化”工作有机结合。全年拆除国道、省道公路用地内违法（破旧）建筑物72处，粉刷、修缮破旧建筑31处，拆除废品收购点6处，清除墙体广告10处，清除垃圾、堆积物22处。落实国道、省道两边的绿化、美化任务，共完成公路边绿化30.4公顷，完成墙体美化8处。

【查处超限超载车辆】 2014年，治理车辆超限超载工作继续以320、330国道为重点，市路政大队在做好日常治超工作的同时，经常性的组织路政执法人员在中午休息、下班后和凌晨时间进行突击检查，并在市治超办的协调下，会同交警、运管进行部门联动，全年进行了12次较大规模的专项整治活动。累计查处违法超限运输车508辆，卸载490辆，卸载超载货物1.44万吨，罚款136.36万元，赔补14.313万元，处罚案件结案率100%。

【标志标线管理】 全年共修复交通标志牌244块，新增警告、禁令标志及桥梁双限标志牌263套，漆划标线1728.88平方米。在320国道新增设14套标志牌；210省道新增设29套标志牌、更换版面29块，漆划标线1478平方米；303省道更新标志牌67套、漆划标线8280平方米；305省道更新标志牌254套，漆划标线1.53万平方米。为更好德地满足到建德投资企业和旅游自驾者的便利性，7月份在杭新景高速公路增设两套地点距离标志牌。（黎国华）

道路运输管理

【概况】 2014年年末，全市有道路客运企业13家，客车588辆，座位1.68万个。其中，长途客运班线78条，客运车108辆，3602座；农村客运班线62条，营运班车256辆，6376座；旅游专车55辆，2457座；城区公交59辆，3406座；机动车10辆，441座；出租车100辆，500座。呈现城区公交、出租、区域巴士、农村小巴、快客“五位一体”的公共交通体系，全年完成长途客运量1554.89万人，旅客周转量41655.65万人千米；公交客运量1438.05万人次，旅客周转量4155.96万人千米；有危险化学品运输企业17家，车辆308辆，6737吨位；普通货运企业71家，车辆314辆，3950吨位；全年完成货运量1346万吨，货物周转量169715万吨千米。个体运输车辆1552辆，10289吨位。有各类机动车维修企业370余家，其中一、二类机动车维修企业61家；机动车驾培机构8家（其中摩托车培训1家），教练员242人，各类教练车230辆，其中小型教练车215辆、大货教练车4辆、大客教练车1辆、摩托教练车10辆；电动训练仪4辆，模拟驾驶器31台，训练场地9.56万平方米；全年学驾报名人数1.05万人，比上年增长20.5%。有车辆综合性能检测站1家、机动车配件经营户备案40家、汽车租赁经营备案登记24家。

注重行业人才培养，做好机动车维修中、高级工培训工作。至年底，全市有41家企业77名维修人员通过培训取得劳动部门核发的职业资格证书；有78名机动车维修技术人员通过培训考核取得交通部门核发的从业资格证书。组织开展客货运输从业人员继续教育培训42期，有2303人参加培训，考试合格1979人，合格率85.9%。

健全运政执法机制建设，开展部门权力事项清理工作，做好权力清单、责任清单梳理及浙江政务服务网中的相关内容填报。全年受理办结行政处罚案件618件，罚没款126.4万元；查处“黑车”46辆，暂扣黑车21辆，执法准确率达100%，全年无行政复议和行政诉讼案件。

【农村客运经营权再次招标】 《建德市新一轮农村客运经营权改造配置实施方案》经第19次市长办公会议审议通过，依据《浙江省道路旅客运输班线经营权服务质量招标投标办法实施细则（试行）》（浙交〔2014〕192号）精神，实行服务质量招投标，并将招标的范围确定为凡具有或者拟申请招标项目所要求的道路客运经营范围的公民、法人或其他组织都可参加，通过公共资源交易中心协调，确定代理机构，12月19日在建德门户网、建德市公共资源交易中心网站、《今日建德》等媒介发布了《建德市境内农村客运班线经营权招标资格预审公告》，规定报名时间为10天。至报名截止日，只有5家农村客运企业参加原经营区域标的的报名。经相关程序后，新安江长运巴士有限公司、和通客运有限公司、腾飞客运有限公司、新叶名古屋客运有限公司、春风客运有限公司分别中标为新安江、梅城、乾潭、寿昌、大同组团公司，合同经营期限为六年。

【“两客一危”企业安全生产标准化建设达标】 2014年，全市共有班线客运及旅游客运企业13家、危化品运输企业17家。通过指导，督促“两客一危”企业开展道路运输企业安全生产标准化达标创建工作。至年底，30家企业均完成省级达标验收考评。

【市危化品救援应急车队成立】 8月6日，市政府下发了《关于加强危化品运输事故应急救援处置的意见》（建政办函〔2014〕136号），为及时有效处置危化品道路运输事故，快速展开应急救援工作，成立了市危化品道路运输事故应急中心车队。该中心以浙江新安化工集团股份有限公司应急中心为基础，依托新安化工应急专业人员、物资、设备以及技术支撑。其主要职责是参与危化品道路运输事故的应急处置和救援，并根据事故发展态势向指挥决策机构提出应急处理措施，提供应急技术咨询服务等工作。

【“双查双建”专项整治】 从5月中旬至11月底，在全市维修、驾培、汽配、汽车租赁行业开展“双查双建”专项整治行动，严查损害消费者权益行为，规范市场经营秩序。共查处涉嫌无证经营业户31家、超范围经营业户4家，对其中两家拒不停止违法违章行为的作出暂扣设施、设备的决定；督促35家业户按《浙江省道路运输条例》《杭州市机动车维修业管理条例》等法律法规申办经营许可。

【维修驾培行业监管】 9月，在辖区内开展机动车维修“透明消费”专项检查，共抽查一、二类机动车维修企业10家。执法人员通过对照服务提示标志、消费明示标志、依法收费、规范作业等四个检查项目，对发现的问题要求企业立即整改。同时，发挥远程视频监控在机动车驾驶员培训活动中的督管作用，推出《驾校训练场地视频监控管理工作制度》，明确工作内容、工作方法、处理方式。同时按《浙江省道路运输企业信用考核管理办法》，将各类违法违章行为作为驾培机构年度信用考核的重要依据。

【汽车租赁首次实行租赁备案管理】 4月3日，对全市21家汽车租赁企业首次发放了《租赁备案证》。至年末，有24家企业按规定办理了浙江省道路运输管理局核发的汽车租赁经营备案证，将汽车租赁企业纳入道路行业管理部门的统一监管中，促进了汽车租赁行业的规范管理。

【公交优先政策保障治拥堵】 从公交政策扶持、公交发展保障、公交运营绩效考核三方面入手，制订《关于扶持新安江城区公交发展的若干意见》，按“免费人群、政策性亏损和冷僻线路弥补”，对城区公交实行每车每年8万元的定额补贴。鼓励车辆更新和使用新能源车辆，对新增或更新燃油车辆的按车价的25%给予补贴，新增新能源车辆的按车价的60%给予补贴。出台《建德市城市公共汽车客运经营企业综合考核办法（试行）》，规范城市公共汽车客运经营秩序，提升公共汽车客运企业普遍服务能力和水平。通过促进公交事业发展的举措，提高公共交通的出行分担率，减少道路拥堵。5月，新增5辆公交车投放到3路和4路公交线上；12月，新增5辆公交车，按需投入到各条线运营。9月，完成严州大道4个公交港湾式停靠站提升改造，建设新林路停车场为公交首末站；严州中学新校区公交港湾式站台投入使用；12月1日，对府前路货车停车场进行公交首末站改造。7月7日，开通3路公交车从汽车东站至桥南的沿320国道线区间车，解决市民上下班及学生上放学乘车难问题；调整4路公交从下涯集俱延伸至乌驹市村，调整6路公交班线从程周坞延伸至更楼街道黄乔。

【加强出租车文明创建】 加强出租车行业现场监管，对检查过程中发现的车容车貌不整洁、不按规定摆放服务资格证等不规范行为及时进行纠正和教育。继续做好客运出租汽车企业经营行为情况通报，提升企业经营水平，完成市内三家出租车公司“一企一色”改造。组建爱心文明车队，开展爱心志愿服务、“3.5”学雷锋、“高考爱心车”免费接送等活动。制作《建德市客运出租汽车营运服务规范流程》示教片，按照“省示范文明城市”迎检和“最美方向盘”评选要求，向出租车驾驶员发放“行业文明创建”倡议书，组织开展5批次的出租车从业人员行业规范的全员轮训，强化安全行车、规范经营、文明服务意识，提升出租车行业形象。（张 莺）

【收费公路管理】 2014年，320国道新安江收费管理所继续推进公路“阳光收费”建设和星级收费站创建，全面落实“政策公开、信息公开、项目公开、制度公开、服务公开”五个公开制度，做到“应征不漏、应免不征”。全年完成通行费收入1132.88万元，年通行车流量549.27万辆次。

【绿色通道 让利于民】 严格执行农产品运输“绿色通道”免费政策和建德籍车辆免费通行政策，全年办理符合条件的免费车辆通行证2078件，自2011年2月起累计办理16732件；全年免费通行农产品运输“绿色通道”车辆9788辆次，免费金额18.72万元。

【重大节假日小客车免费通行】 在春节、清明、“五一”、国庆4个节假日期间，设置重大节假日小型客车免费专用车道，共免费放行七座以下小型车辆37.16万辆次，免费金额564.07万元。多举措保障车辆安全便捷通行，未出现免费车辆拥堵现象。（陈有富）

水路运输管理

【概况】 2014年年末，杭州市港航管理局建德管理处（浙江省建德市地方海事处），辖区共有在册营运普通货船228艘，35753载重吨，主机功率25431千瓦；在册营运客旅船41艘，1262客位，主机功率2807.6千瓦。全年完成货运量126.34万吨，比上年上升30.2%，货物周转量4658.92万吨千米，下降30.5%；完成客运量10.99万人次，旅客周转量215.44万人千米，分别下降16.6%、22.6%；内河港口货物吞吐量188.8万吨，上升66.2%。完成各类规费276.82万元，其中货港费200万元、船港费33.88万元、船检费31.72万元、通行费10.1万元。航区全年发生运输船舶小事故等级水上交通事故2起，沉船2艘，直接经济损失15万元，三项指标同比分别下降60%、50%和38.2%，未发生重特大水上交通事故，无死亡或受伤人员。

【发挥资源优势 服务群众办事】 推进基层站所职能规范化建设，发挥梅城中心所资源整合优势，将“一事三政”现场管理、应急处置、信息化、一体化和诚信航区建设工作及船舶管理、船员管理、船检、船舶保险、运管受理等直接面向行政相对人的日常办理业务下移到梅城所，减少中间环节，理顺管理机制；对涉及23项共性和4项个性（船舶登记、船员管理、船舶检验、简单运政许可）项目管理职能，在中心所内部细化量化指标分解，明确目标、责任到人。

【水路运营监管执法】 全年共实施船舶静态监管1817艘次，其中核查红黄标船舶899艘次；动态监管3210艘次，其中船舶视频检查2400艘次、船舶GPS检查810艘次，GPS上线率达到95%以上；码头检查30次、渡口检查72次，对173艘次船舶实施了诚信扣分，其中3艘降为C级、5艘降为B级。查处各类违章违法案件211起，罚款19.04万元，其中一般程序56起、简易程序155起、非现场执法48起，无行政复议和行政诉讼案件。举办诚信船舶培训班3期。

【强化行业监管和水上安全监管】 修订完善建德辖区及兰江流域的两个“三防”应急预案，强化安全预警、电子巡航和应急救援。全年发布安全预警19次，惠及船员和船舶1万余人（艘）次；组织安全巡查130次，成功救助遇险船舶9艘次；深化客旅船、渡船月度安全检查，全年发送《海事安全管理建议书》6份；排查并消除龙舟公司违规擅自增设客位、下涯康庆农庄、三河和大洋突沙渡口等各类隐患17处；积极应对5月份的金华橡皮坝塌坝放水事件、7月“麦德姆”和9月“凤凰”台风侵袭。8月14日成功举行建德航区水上消防及弃船应急演习，有效确保了航区水上交通安全有序。落实航道日常巡查制度，完成航道巡查里程1523千米，浅点监测11次，组织对航区14座专设桥涵标进行专项检查，对存在的相关问题向市安委会及相关业主进行通报，督促其落实日常管理主体职责，完成隐患排查整改4处。制订《建德辖区内河船型标准化工作实施方案》，推进内河船型标准化提升改造，做好符合补贴标准的26艘建德籍船舶的摸底排查，至年底受理3起。

【水上“打非治违”成绩斐然】 为有效打击和依法治理水上交通各类非法违法行为，交通、港航部门依据《建德市水上交通安全打非治违专项行动实施方案》，开展水上交通安全大检查和船舶停泊秩序、船舶GPS、船舶超载、船舶配员、船名标识标牌等系列专项整治，优化通航环境，各类违章违法行为得到有效遏制。查处船舶配员不足案件17起，查处遮挡船名牌等案件30起，维修船舶GPS 设备148艘次，查处未按规定使用GPS案件33起，确保船舶GPS上线率达到了95%以上，为实施动态监管提供了有力保障；查处船舶超载运输案件8起，有效保障了船舶航行安全；全面宣传和引导船舶统筹保险工作，使船舶保险由上年的不足10艘次增加到年底的145艘次，基本实现了在航船舶的全覆盖，为船舶航行和事故处理提供了必要保障。

【船舶防污染工作初显成效】 为加强船舶防污染管理，做好新安江秀水保洁暨清水治污工作，交通港航部门完善《建德航区船舶防污染工作方案》，规范船舶生活垃圾上岸和接收、油污水处置的具体要求和操作流程，明确水运企业和船员的日常职责，增强船员防污责任意识和职业意识，从把好“船舶签证关、船舶检验关、港口经营单位督查关”入手，加强对船舶防污设施设备、船舶垃圾收集上岸、码头垃圾回收、垃圾回收登记等重点环节的日常监管。全年共督促26处码头签订船舶生活垃圾处置协议，对44个回收装置标识进行统一规范，分3批对辖区113名水上从业人员进行船舶防污染专题教育，共检查船舶垃圾回收点10次，回收船舶生活垃圾3718余艘次、计7295.9千克，回收船舶油污水计300余千克。

【推进水路运输工程建设】 积极推进位于三都镇的富春江船闸上游锚泊区建设，至年底完成9号海事艇泊位护岸拆除、围堰及施工栈桥等单项工程，累计完成建设投资300万元；十里埠综合码头工程完成项目的规划选址、水土保持方案、环评、土地预审、社会稳定风险评估和防洪影响评价等前期的相关批复工作，《工程可行性研究报告》通过省交通厅审查；规范航道疏浚工程日常监管，至12月20日共完成疏浚量135.75万吨，其中鹅卵石128.66万吨、黄沙7.09万吨；针对为期三年航道疏浚工

◎4月29日，建德航区举行水上弃船逃生演习（黄瑜）

程结束后的船舶拆解更新补贴、水上维稳和今后的水运生存与发展等问题，制订《建德航区船舶拆解政府补贴实施方案》，并于12月24日经市政府办公会议通过；8月15日，下塘码头改造提升工程通过交工验收；9家老码头通过“现场办”验收，7家老旧码头被关停；全年查处擅自改变码头装卸工艺及违章装卸作业案件9起。

【助推水上旅游发展】 通过专题调研，就规范新安江主城区旅游码头建设和加快水上旅游发展，提出了加快旅游码头整治、优化水上旅游安全管理环境、整合游船公司资源、抢先发展高端游艇业、完善码头配套设施等系列建议，在市政府旅游码头整治工作专题会议上明确了四个保留码头及相关的提升改造意见。9月28日，在《建德市旅游码头规划》评审会上，市政府明确全面整合水上旅游资源、加快水上旅游发展，对小而散的快艇、龙舟、游船公司等由国资公司进行统一收购。

【护航旅游节水上项目】 在第十六届中国·17℃建德新安江旅游节“2014中国知名高校龙舟竞赛”和“耐寒勇士泳闯寒江”水上活动中，交通海事部门专门就赛事期间的水上安全维护制订应急方案，并对比赛水域实行交通管制。对赛前龙舟训练进行安全维护，及时对维护方案的细节进行调整。比赛当天下午1时前，对所涉水域再次进行清理无关船舶、浮动设施离开比赛水域，确保航道通畅。其间，按照预定方案在警戒线两端各派2艘海巡艇值守并负责协调联络，安排4艘海事引导艇和压阵艇在比赛重要水域实施持续巡航监管，担负水上应急处置任务，确保每一艘船舶、每一位参赛选手的安全。比赛结束后，按照“安全畅通”的原则，对船舶进行疏导管理，确保整个交通管制期间水上安全监管到位。

（范益黔　黄　瑜）

铁路运输

【概况】 金（华）千（岛湖）铁路支线建德境内K45+800（与兰溪市分界）~K78+500（与淳安县分界），全长32.7千米，分别设有排塘、寿昌、更楼、新安江、朱家埠、千岛湖六个火车站。六个火车站均隶属金华车务段管理，按技术性质均属中间站，按业务性质均属客货运站，新安江火车站核定为三等站，其他站均为四等站；2009年5月12日起，各火车站均不办理客运业务。2013年5月30日，根据上级货运体制改革方案，成立新安江经营部，隶属金华货运中心管理，承担各车站的货物运输业务。各火车站设有货运列车股道2条~4条，受理全国各货运营业站的货物到发业务，其中更楼站、寿昌站设有卸煤轨道吊各1台，新安江站办理罐车（化工原材料及燃油）接卸业务；千岛湖站设有5吨、10吨门吊各1台。2014年，新安江火车站日均办理货物列车21对，更楼站、寿昌站、排塘站各15对，朱家埠、千岛湖火站各12对。年末，六个火车站共有正式职工132人。

【安全和运输】 六个火车站坚持“安全第一，预防为主”方针，开展“安全大检查及劳动安全专项整治”主题教育活动，不断增强职工安全意识；开展“调车安全专项整治活动”“打非治违”专项行动、接发列车“学标、对标、达标”等活动，不断提升职工业务技能，安全生产有序可控、稳定发展。加强内部挖潜，优化运输组织，满足了各有关单位的进出货需求。2014年，六个火车站货物到发量共计169.84万吨（其中货物发送117.7万吨、货物到达52.14万吨，分别比2013年下降24.5%和34.1%），运输收入1.67亿元，下降30.1%。

表 21

2014年建德境内火车站基本情况

站名 情况 项目	排塘站	寿昌站	更楼站	新安江站	朱家埠站	千岛湖站
站长 党支部书记	陈志平	蒋建平	王含谦	金锦健 俞杭生	陶献成	陈建军
下设部门	行车	货运、 行车、装卸	货运、 行车、装卸	货运、 行车、装卸	货运、 行车、装卸	货运、 行车、装卸
职工人数	8人	24人	26人	46人	13人	15人
邮编	311612	311612	311600	311600	311600	311608
市电	64549168	64561248	64739606	64783970	64713684	64710030
路电	86224	86234	86156	86107	86147	86167
所处位置	大慈岩镇	寿昌镇	更楼	新安江	朱家埠	岭后
中心里程	K46+100	K53+781	K62+224	K67+343	K71+550	K77+199
主要设施与营业范围	设有接发列车股道2条，仅办理列车交会	设有接发列车股道2条，货物线1条，装卸作业线2条计910米，专用线2条计10628米，受理全国各货运站的货物到发业务。2014年发送货物1万吨，到达货物8.54万吨，运输收入179.03万元	设有接发列车股道2条，专用线2条，受理全国各货运站货物到发业务，办理专用线罐车(化工)接卸业务。2014年发送货物23.4万吨，到达货物18.4万吨，运输收入824.8万元	设有客运列车股道2条，有货物列车股道4条，装卸作业线6条，计1649米，专用线3条计746米，受理全国各货运站的货物到发业务，办理罐车(化工、石油)接卸业务。2014年发送货物1.6万吨，到达货物25万吨，运输收入1515.67万元	设有接发列车股道2条，专用线2条计1771米，受理全国各货运站的货物到发业务。2014年发送货物46万吨，运输收入8321.18万元	设有客运列车股道2条，有货物列车股道4条，装卸作业线8条计2533米，专用线1条计175米；受理全国各货运站的货物到发业务，并设有5吨、10吨门吊各1台。2014年发送货物45.7万吨，到达货物0.2万吨，运输收入5866.69万元
服务范围		承担寿昌地区各企事业单位的原料、产品到发业务，并辐射大同、李家、大慈岩等镇	承担巨化石矿、三狮水泥厂、更楼化工厂、大洋化工厂等单位货物运输业务	承担建德地区各厂矿企业事业单位的原料、产品到发业务，并辐射淳安、桐庐等县	承担浙江千岛湖养生堂饮用水有限公司、新安江电厂的原料、产品到发运输业务	承担浙江千岛湖养生堂饮用水有限公司、建德、淳安各厂矿、企事业单位的货物到发业务
2014年年底 安全天数	11832天	9154天	7411天	7655天	12157天	9315天

（金锦健）

编辑：方建黎

城乡建设与管理

Urban and Rural Construction & Management

城乡规划

【概况】 2014年,数字建德地理空间框架建设项目立项得到浙江省测绘与地理信息局批复,建德市被列入浙江省县(市、区)数字城市地理空间框架建设计划,标志着数字建德地理空间框架建设项目进入新阶段。编制完成中心城区(新安江街道、更楼街道、洋溪街道)的《城市防洪、防涝、排水综合规划》《建德市城市综合交通专项规划(修编)》《城市慢行系统研究》《城市公共服务设施专项规划》等4项专项规划编制工作。指导完成全市16个乡镇(街道)控规、232个行政村规划的编制工作,并报市政府批复实施,基本实现规划全覆盖。

【完成中心城区专项规划4个】 《城市防洪、防涝、排水综合规划》规划年限为2014年~2020年,规划目标是科学安排防洪、排涝、排水系统的布局。《建德市城市综合交通专项规划(修编)》规划年限为2014—2030年,着重开展系统资源整合优化工作,充分考虑城市空间结构调整在交通上的需求,从建德发展的角度对城市交通系统进行专项规划修编、论证与深化。《城市慢行系统研究》重点对新安江水电站大坝至洋溪大桥段环江段32千米慢行系统进行研究,提出规划实施策略,满足"宜居城市""绿色交通"、文化与休闲旅游等发展要求。《城市公共服务设施专项规划》规划年限为2014—2030年,针对中心城区公共服务设施现状,结合社会经济发展需要和保障人民群众公共服务设施水平,科学合理提出保留、改造、新建公共服务设施的具体措施及空间布局。

【地理空间框架项目建设】 2013年,建德市被列入浙江省的县(市、区)数字城市地理空间框架建设计划,项目建设周期从2013年9月至2015年7月,分前期准备、建设阶段、试运行与验收三个主要阶段,项目总概算787万元。2014年7月,该项目完成设计评审及项目的批复。至年底,1∶2000的3D数据生产和三维模型及三维景观数据库、1∶500地理实体数据、电子地图数据及应用示范项目完成数据建设的40%,完成地理信息公共服务平台政务版及"天地图"建设。

【城市重要地块开发条件研究】 2014年,对主城区洋安区块S-13地块、洋安新城建政储出(2012)26、27号地块、新安江街道丰产村安置房地块、新中北侧地块、更楼P22地块等多个地块的设计条件进行研究论证,为地块出让提供技术支持。

【实现村庄规划全覆盖】 全市有200个行政村完成规划编制并经市政府批准,分别为30个中心村、40个精品村、130个一般行政村;27个村在集镇控规范围内,无须编制村庄规划;5个村位于农村住房改造搬迁范围内或整村搬迁,不编制村庄规划,基本实现村庄规划全覆盖。

新城和城市综合体开发建设

【洋安新城建设】 区块征迁完成签约3户,剩余6户。开工建设洋安S-13、洋安排屋等安置房项目;完成洋安N-12城中村改造项目(除6号、7号楼外)18幢房屋工程;完成江滨公园洋安段景观及配套工程1.8千米江滨道路、城防工程洋安段

◎绿城房产建设

3.35千米主体工程；洋安妇保院迁建项目进入装修扫尾；区块路网建设稳步推进，完成洋安东二南路、洋安大道西接线；累计完成年度投资2.61亿元。

【洋溪新城建设】 区块征迁完成签约15户，剩余6户；完成签订企业搬迁协议6家，剩余2家。开工建设上章安置房项目；完成焦山新村灯盏凹（除3、4、7号楼外）、西水桥等安置房建设；完成洋溪客运中心二号路、四号路建设；推进洋溪客运中心一号路、三号路、洋溪南三路、南四路、西朱路等区块道路前期报批手续；新安江高速出入口西南角景观工程雏形显现；累计完成年度投资1.47亿元。

【桥南新城建设】 完成李家坞安置房项目8700平方米安置房及配套室外、边坡治理等附属工程建设；完成白沙湾生态房产项目2家企业搬迁及土地收储工作；完成车辆检测中心地块3.8公顷土地征用、平整及出让工作；康桥新之众一汽4S店项目完工投入使用；完成北京现代汽车4S店基础建设；完成起亚汽车4S店二期土地出让工作；完成桥南新城幼儿园及小塘坞道路扩建规划选址等前期工作。

【桥东城市客厅综合体】 签订拆迁安置补偿协议28户，腾空并拆除被拆迁房屋50户，完成原新化生活区签约任务，整个区块剩余5户集体农民未签协议，拆迁工作进入扫尾阶段。建成宫里路、洋富潭四期安置房近6万平方米，加快推进花坞、茅山岗三期等安置房建设，完成寿昌江汪家至更楼段治理工程1.7千米堤防建设主体工程。全年完成投资1.8亿元。新安大厦、汇金大厦、聚龙大厦等总部经济大楼全部建成投入使用，绿城春江明月、香溢新安花园、巴萨星城等房地产开发项目全部完成主体结项上市销售，城市客厅初显新貌。

【城西休闲旅游综合体】 完成电厂大桥至岭后塘坞口污水管二期、皇冠假日酒店10千伏双回路供电线路工程等项目；电厂大桥至岭后塘坞口污水管二期工程原需穿越铁路隧道段700米污水管，改走电厂大坝142平台实现贯通。完成皇冠假日酒店10千伏双回路供电系统工程，全长7.5千米，至年底完成所有架空线路。完成千岛宾馆北侧房屋拆迁，完成千岛湖源新安江生态经济示范区环评、能评、水土保持报告编制，皇冠假日酒店完成项目审批并投入施工。

交通治堵

【编制交通治堵规划】 制订并实施《建德市治理城市交通拥堵工作五年（2013—2017）实施方案》，完善《建德市城乡规划管理技术规定》，明确住宅停车位配置标准（90平方米～140平方米）为1.2，商业建筑面积在1000平方米～10000平方米的为0.4，分别高于省标0.8和0.3。

【新增停车位2472个】 完成地下空间开发7.20

万平方米，配建地下车位1791个。盛德国际广场项目完成地下空间施工，进入主体建设。新增公共停车位681个，其中，新安东路人行道、花坛整治改造工程增加车位360个，无线电厂、田坞区块停车场项目建设新增车位191个，老年气排球管地下停车场建设新增车位80个，新安家园老小区改造新增停车位50个。

【城市道路和公交系统建设】 新建洋安主干道延伸、洋安滨江路、洋溪客运中心二号路、东四北路等8条城市道路，总长5.06千米。打通洋安西四、西三共两条断头路。新林路公交首末站改造后投入使用，府前路公交首末站开工建设，优化和新增3路、4路、6路共3条线路，完成严州大道示范式公交港湾式停靠站改造，新增公交车10辆，全年公交分担率提高1.1%。开展城市公共自行车工作研究。

【交通秩序管理】 治理大润发公交车道堵点、联华超市堵点，建成洋富潭路渠化示范干路1条。完成新安东路交通标志、标线设施标准化建设，减少影响路面停车位110个。加大行人、非机动车和机动车守法率管理，累计抄告违停车4.22万辆、查处行人非机动车违法行为1777起、机动车违法行为6527起。

村镇建设

【村镇基础设施配套建设】 2014年，全市村镇基础设施配套共投入资金4.56亿元，其中供水6588万元、燃气2700万元、道路及桥梁7799万元、排水1.63亿元(包括污水处理1.32亿元)、园林绿化3250万元、环境卫生5347万元(包括垃圾处理4789万元)。全市村镇道路总长1242.21千米，桥梁91座；绿化覆盖296.71公顷，绿地152.69公顷，公园绿地24.16公顷；年清运生活垃圾5.15万吨，年处理生活垃圾5.01万吨，生活垃圾中转站14座，环卫专用车64辆，公共厕所101座。

【农村困难群众住房救助】 2014年完成320户农村困难群众住房救助，其中低保户268户、残保户33户、受灾困难户19户；改造方式为新建的199户、置换的49户、修缮的72户。救助总面积2.72万平方米，受益总人口840人。补助资金570万元，其中中央资金240万元、杭州市级资金80万元、建德市级补助165万元、乡镇补助86万元。

行业管理与服务

【规划管理】 全年发放规划“一书两证”290本(建设用地规划许可证136本、建设工程规划许可证100本、建设项目规划选址意见书54本)、乡村规划许可证16本，出具规划意见单308件，组织方案审查审核71次，报批定稿56件，核实建设工程规划62件。推进“村庄规划回头看”工作，并与土地修编工作相结合，提升完善村规，会同市国土局、新安江街道、洋溪街道、更楼街道出台三个街道《控规规划区范围内村民原拆原建审批管理办法(试行)》，主城区试行成功后向全市推广实施，推动解决规划控制与农民建房之间的矛盾，保障村民建房的合理需求。会同市国土局等部门对2014年经营性用地出让、储备、做地计划的项目进行梳理，对接服务各地块项目的进度情况，提速审批，推进项目早落地。2014年，成交经营性用地28宗，面积44.4公顷，土地出让金成交额7.56亿元。

【房地产业及物业管理】 2014年，全市共有房地产开发企业48家(当年新增7家)，其中三级资质8家、四级资质8家、暂定资质32家。核发商品房预售证38份，新增可售商品房面积48.74万平方米，比上年增长31.8%，其中住宅37.48万平方米，增长23.38%；合计3158套住宅，增长17.35%。完成房地产总投资总额27.7亿元，增长0.9%，商品预(销)售备案2091件、建筑面积24.34万平方米，其中住宅销售1662套、建筑面积20.29万平方米；二手房交易1576件、建筑面积20.88万平方米，其中住宅交易1142套、建筑面积10.93

万平方米。核发所有权证11361本、他项权证7657本，建筑面积804.29万平方米。全年收缴维修基金1332.77万元，历年累计收缴9088万元；支出维修基金35.7万元，历年累计支出290万元。开展专项检查，强化对房产企业资质清理和房产项目预售资金监管及房产市场监测，完成危旧房屋安全大排查工作。出台《建德市物业服务企业考核管理办法（试行）》，通过建立考核评价机制，同步配套以奖代补政策，规范物业服务行为和提升物业服务水平。

结合房产信息数字化、GIS建库工作，房产抵押登记由原时限7个工作日缩到当天办结，同时简化存量房抵押登记、商品房预告登品记和商品房抵押权预告登记、抵押权注销登记三项登记流程，实行委托银行全权代办制，方便群众办事。对房产企业原已抵押的房产按实际预售情况，落实“整体抵押、分套解押”工作机制，有效缓解房产企业推进项目建设中的融资难问题。

【建筑业管理】 出台《建德市鼓励建筑企业发展奖励办法》，激励企业争先创优、拓展外埠业务，促进建筑业产值、税收双提升，全年实现建筑业产值26.02亿元，比上年增长11.7%，产值增幅位列杭州地区15个区（县、市）第三；税收1.01亿元，增长24.3%。核发施工许可127份，批准施工总建筑面积112.78万平方米。开展综合执法大检查4次、专项检查11次，发出整改通知单695份、停工通知单22份，完成行政处罚8起，共处理企业9家，处罚罚款18.54万元。

【招投标管理】 制订建德市《进建监理、招标代理、造价咨询企业等中介机构备案管理规定》，出台招投标代理考核实施细则，完善行业监管办法，并对在建德市从事招标代理业务的6家代理机构进行年度考核检查。全年完成招投标项目302个，合计总造价17.98亿元，总建筑面积74.14万平方米。其中，公开招标项目196个、造价14.56亿元，邀请招标22个、造价3.18亿元，小型工程84个、造价2086.54万元。

【市政设施管理】 完成城区市政和园林绿化设施基础普查，并完成建档工作。受理城市道路挖掘等市政审批10件，修复与更换光源8020盏。受理市政维护维修案件7627件，办结率100%。新增绿化总面积4.06万平方米，补植城区社区绿地、城区公园绿地，提升改造绿化总面积2.69万平方米，完成城区行道树补植210株，完成城区零星市政设施维修300余平方米。完成借山楼道路工程，完成新安路、叶家路路面维修。

【房屋征收管理】 全市共完成国有土地上房屋征收拆迁签约1.5万平方米（建筑面积），拆除房屋1.2万平方米（建筑面积）。完成中医院急门诊楼改建项目征迁，原新安江顺达汽车队被征收房屋拆除到位，有效缓解程周坞口交通拥堵现象。城西区块金茂宾馆门口最后一户拆迁户房屋强制拆除到位，确保了城西区块项目建设无障碍施工。助力桥东区块国有土地房屋征迁攻坚战，对未签订协议的拆迁户进行全面裁决，共召开协调会26场次，启动申请法院强制执行的程序，对39起复议案件、31起诉讼案件的进行答辩，杭州市中级人民法院均维持了市住建局作出的相关行政许可、裁决行为；6月，桥东区块25户未签订协议的拆迁户全部签订了协议。全年审核工业企业搬迁协议5件，核减搬迁补偿费用900余万元。

【供气管理】 全年液化气消费7350吨、比上年下降6%，天然气消费920万立方米、增长40%，工业和第三产业为主要增长点。寿昌汽车加气站建成投入使用，是建德市第一座汽车加气站。全年天然气建设投资3000万元，埋设中压管网40千米。全年检查燃气企业、供应站（服务部）290次，消除安全隐患40余处（起），查扣违法经营钢瓶40只。

【测绘管理】 完成大洋镇、三都镇等50.3平方千米的数据入库更新，21.9平方千米基础测绘，3.5平方千米的五水共治测绘工作，198万平方米的房产测绘。完成放样、土石方、地质勘查、竣工测绘项目260个。完成国家2000大地坐标系的启用。免费向相关部门、乡镇(街道)提供316.14平方千米的测绘地形图。

三改一拆

【概况】 2014年,全市累计完成旧住宅区改造面积26.74万平方米、城中村改造面积83.4万平方米、旧厂区改造面积48万平方米;报杭州拆除违法建筑2.42万处,建筑面积404.87万平方米,完成三年任务的899.71%。拆除非法"一户多宅"5764户,面积118.8万平方米。全市389处违法宗教场所和民间信仰场所(面积约3.2万平方米)整治工作在全省范围内率先完成,拆除333处、改作他用56处。16个乡镇(街道)均通过杭州市"无违建乡镇(街道)"和"'无违建'创建先进乡镇(街道)"的公示。

6月17日,杭州市"三改一拆"第四次现场会在建德召开。8月18日,建德在全省"三改一拆"工作推进电视电话会议上作交流发言。11月11日,省政府党组副书记、省政府顾问王建满到建德调研,对"三改一拆"工作给予充分肯定。

【创建工作体系建设】 及时成立全市"无违建市"创建活动领导小组,由市委书记任组长、市长任第一副组长;从相关部门抽调11人集中办公、分组负责、协调推进。结合建德实际,制定出台《建德市"无违建市"创建活动实施意见》《关于在全市范围内开展"一户多宅"专项整治工作的通知》《建德市"无违建市"创建工作违法建筑处置办法》和《建德市"无违建市"创建中符合暂缓拆除建筑的后续处置办法》等政策文件,明确工作目标、工作重点、工作规范和工作要求。

【完善四大创建工作机制】 督查督导机制。建立教育实践活动督导组综合督导、市四套班子领导联系督导、市委市政府"两办"联合督查、"三改一拆"办专项督查四个层面的督查督导组,开展全方位督查督导。市主要领导坚持每月召开督查推进会,不定期(包括周末)进行现场督查,全年共计开展各类督查活动60余次。排名约谈机制。工作进展情况每半月通过《今日建德》向社会公布排名,对排名连续末二位的乡镇(街道)主要负责人,由书记、市长进行约谈。创建期间,书记、市长共约谈乡镇(街道)主要负责人8人次,乡镇(街道)负责人约谈村(社区)负责人70余人次。曝光整改机制。在电视媒体设立"曝光台",共曝光"三改一拆"典型违建101处,至年底全部整改到位。录制各乡镇(街道)疑似违建光盘,并下发通知书,责令限期整改,累计录制光盘3次,涉及疑似违建1380处,均核实并处置到位。考核问责机制。把"无违建市"创建工作纳入乡镇(街道)和部门综合目标考核,实行"一票否优"。

【创建亮点打造】 提升美丽建德景象。大慈岩镇新叶村作为国家级文保单位,将"无违建"创建与古村落保护、旅游资源开发紧密结合,7月1日,全省历史文化村落保护利用工作现场会暨全

◎周末无休日 拆违进行时

省促进农民增收工作会议在建德召开，与会人员专程赴新叶村进行现场考察。吸引《爸爸去哪儿》摄制组到新叶村录制，2014年新叶村游客接待人数比上年增长8.1倍，营业收入增长13.5倍，创历史最好记录。提升干事创业氛围。在“无违建”创建的带动下，广大党员干部发扬“5+2”“白加黑”精神，投身到“五水共治”、省示范文明市创建、杭黄铁路重大项目征迁等“建德创业再出发”的各项工作中，2014年全市实现生产总值299.57亿元，增长8.1%；财政总收入33.3亿元，增长8.5%，其中地方财政收入18.7亿元，增长8.0%；城镇居民人均可支配收入、农民人均纯收入，分别达到35117元和18295元，分别增长10.5%和11.4%。提升群众满意度。2014年，党员干部带头自拆违建118处、面积1.86万平方米，带动群众自拆违建4958处、面积76.6万平方米。全年信访来访人次下降60.9%，进京非访人次下降60.6%，信访秩序明显好转，人民群众满意度得到提升。

【创建成果转化】 坚持综合施策。将“无违建市”创建与“五水共治”、四边三化、三江两岸生态景观建设、古村落保护、新农村建设、生态旅游等有机结合，提升改善生态环境和城乡面貌。结合省示范文明市创建工作，整治了一批违规搭建、环境脏乱的老旧小区和经营市场。坚持统筹推进。注重拆改结合、以创促转，把“无违建市”创建作为推进“腾笼换鸟”“空间换地”、畜禽养殖整治、小灰窑整治等工作的有效措施，全市共拆除石灰土窑88门、整治污染养殖户2000余家(其中1600余户退养农户成功转型)，拆除养殖场面积50余万平方米。坚持长效管理。注重有效处置、合理疏导，满足人民群众利益需求，对村庄规划内容进行全面梳理和完善，确保规划与落地条件相匹配；拆后空间及时利用，结合农村工作实际，优先满足农民建房需求；注重日常巡查防控，推行村镇建设管理员制度，及时巡查控制新违建。

【推进重要项目建设】 红狮安仁建材有限公司旧厂区改造。利用因国家宏观调控而关停的原锦江石煤公司的存量土地，拆旧建新，盘活存量企业资源，建设了年产60万吨水泥粉磨站产能置换技改项目，该项目总投资3882.74万元，建筑面积2.30万平方米。农夫山泉股份有限公司建德分公司旧厂区改造。实施零增地技改，在更新生产设备的同时，对旧厂房进行大力度的改翻建，投资实施年产33万吨饮用天然水生产线技改项目，节约了土地和投入成本、项目建设时间。浙江逸龙文化创意产业园改造。在原新安江味精厂厂址上进行改造与新建，一期改造、扩建3.6万平方米，投资近3000万元，至年底签订入园协议企业近60家、进园入驻企业38家。乾潭镇东干渠拆违。东干渠沿线1.5公里范围内146处违章建筑、违法建筑面积近2万平方米，全部拆除整治到位。其中涉及14家小五金和塑料制品企业，市、镇统一予以安排生产场所，改善了发展环境，赢得了群众支持。杨村桥镇官路村“一户多宅”整治。借助拆违东风，对沿线成片老房屋和危旧房进行拆除改造，共拆除违建197处、2.50万平方米，平整后划出连片宅基地，免费提供给原破旧房屋和危旧房的农户建造房屋。 （陈卫东）

供 电

【概况】 2014年，建德市供电公司围绕“强队伍、提管理、促转变”工作主线，加快推进“一强三优”现代公司建设，电网和企业发展取得新的业绩，完成固定资产投资1.38亿元；实现销售电量21.04亿千瓦时，比上年增长2.5%；综合线损率2.4%；利润1658.62万元；资产总额7.60亿元，增加1.51亿元；全员劳动生产率83.86万元/人·年，增长1.6%；电网综合电压合格率99.7%，综合供电可靠率99.96%。连续4年成为全省同规模县供电企业同业对标综合管理标杆单位。

年底，建德电网区域拥有220千伏变电所3座，容量93万千伏安；110千伏变电所共14座，总容量107.45万千伏安，其中电力产权变电所10座，容量92.15万千伏安；35千伏变电所共20座，总容量38.87万千伏安，其中电力产权8座，容量18.7万千伏安。110千伏线路19条，250.08千米；

35千伏线路18条，171.25千米；10千伏线路125条，2230.49千米。

建立公司领导联系市年度重大项目"1+1"服务机制，实地上门走访服务80人次，协调解决项目建设电力配套问题16个。把解决服务群众"最后一千米"问题作为贯彻群众路线的切入点，积极推广应用电费充值卡、微信服务平台等新技术，深化171个村级便民服务中心对接，设立15个电力·村邮站合作服务点，累计为偏远山区客户提供电费缴纳和其他业务代办服务8964件。

坚持以"领导干部101%、党员作榜样、员工精气神"的理念来抓队伍建设。完成27名中层干部调整交流，其中新聘任年轻干部7人，优化了公司中层管理人员队伍的年龄结构和学历层次，开创了干部能上能下的新局面。广大党员主动作为，认领身边的危险源85条。加大培训、调考、比武、竞赛工作力度，举办管理部门岗位公开竞聘，实施"师带徒"培养计划，建立人才库，完善员工成才激励机制，鼓励员工成长成才。开展"学先进、扬正气、促发展"主题活动，举办最美员工——余建国同志先进事迹演讲比赛，召开"身边的好榜样"青工座谈，以优秀的文化和身边的典型来激发干部员工创先争优意识与气势。

【安全生产创历史最高纪录】 全面落实安全生产责任制，强化对一把手安全责任落实的督促、检查，形成安全生产"一级抓一级、一级对一级负责"的工作格局。重视安全生产制度、流程建设，利用作业计划风险管控系统平台，科学制订生产计划，完善专业安全管理和安全稽查实施细则，明确安全防控重点环节。扩展风险管控系统功能，实现"两票"微机化流程、安全积分系统统计、工作负责人信息化管理，有效促进安全管理效率提升。开展新《安全生产法》、省公司《作业安全十条禁令》等学习宣贯，组织安全技术等级、特种作业、消防安全管理等专项培训，提升干部员工安全意识、技能。强化安全管理基础，开展第四轮安全性评价，深化隐患排查制度化、常态化建设；梳理修订应急预案体系，建立应急协调联动机制，开展建德、桐庐、淳安三地应急演练，切实提升电网应急处置能力。针对不同的季节特点和阶段性工作要求，开展春、秋季安全大检查，认真组织实施防汛防台、消防、交通、保卫、配网"两清理"等专项检查，全面完成10～35千伏"两高"交跨线路隐患治理。完善3G移动视频应用，实现重要作业现场视频监控全覆盖。全年累计稽查施工现场3670个，查获违章466次，记分639分，严肃查处1起违反"十条禁令"的违章事件。至2014年底，连续安全生产日达4119天。

【电网建设取得新突破】 主动对接政府部门，预测建德县域负荷增长需求，衔接地方及上级规划方案，完成《2015—2020年建德电网发展规划》编制。服务地方高新园区建设，提前规划落实电力配套建设方案，以"争、抢、要"的态度全力争取电网项目，完成110千伏马目输变电工程项目立项、选址选线、可行性研究、环评、核准等一系列前期工作，创造了建德电网项目建设的效率记录。按期完成110千伏大同输变电工程核准、更楼输变电工程开工。抓住全市"三重工程"活动有利时机，将政策处理难、进展缓慢的电网项目纳入全市破解难题任务清单，由市领导领衔，定期督办项目进展，协调解决问题。公司历时4年建设之久的35千伏莲花输变电工程和110千伏万航输电线路工程分别于4月和11月竣工投运，35千伏南三、南洋输电线路工程有序推进。实施配网提升工程，制订配网提升工作方案，完成全市配电网诊断分析。累计投入配网项目建设改造资金1.37亿元，全面推进城乡电网升级改造，农村农用电力线路改造移交工程通过上级验收。提升农村低压电网安全水平，推动建德市政府出台《关于加强农村剩余电流动作保护器安装管理的意见》，并积极配合落实；完成农村综合变智能总保全覆盖建设，安装智能总保4346台，安装率100%，总保投运率99.8%。

【供电服务新提升】 做好客户信息资料收集核对，规范停电通知流程，强化营销现场稽查，夯实营销管理基础。强化用电检查，开展非居用户营业普查，全年查处各类窃电60起，查处1起重大违约用电行为，涉及金额近百万元。落实节能减排要求，提前完成节约电能指标，成为杭州地区首家完成当年指标的单位；服务可再生能源发展，完成建德首个居民光伏发电项目验收并网，助推地方水源热泵项目建设，建成水源热泵应用面积68.9万平方米，节约年用电量6850万千瓦时。迎峰度夏工作做到早计划、早安排、早落实。按期完成35千伏李家变增容等电网补强，开展迎峰度夏安全服务百日攻坚活动，动态治理低电压台区70个，推出供电营业厅"夜门诊"服务，保障人民群众生产生活的电力可靠供应。 （李心孔）

城市管理

【概况】 2014年，全市城管工作以"城市管理用心，百姓生活舒心"为目标，按照城市"精细化、数字化、网格化、人性化"管理要求，深化"贴心城管"专项行动，创新工作方法，不断破解城市管理难题。全年立案查处各类案件3299件，其中一般程序案件923件、简易程序案件2334件、重要案件42件；受理各类举报投诉1913件，办结反馈率100%；受理各类行政审批2193件；办理"两代表一委员"提案建议25件，满意率100%。

【全力助推"五水共治"】 市城管局制订《五水共治"排涝水"三年行动方案》和《2014年城市防汛排涝工作实施方案》，与11个成员单位签订"排涝水"目标责任书，对主城区和各乡镇（街道）排涝水资金情况进行收集、编排、整合。实施"排涝水台账信息化管理"，组建排涝抢险应急队伍并开展实战演练，建立排涝物资储备库，添置抽水泵、管道疏通机、蛇皮袋、沙包等抢险物资。建立排涝水督查小组，全年开展督查12次，梳理各类问题15件，发放整改通知书8份。登记城区低洼地段和积水易涝点19处，开展积水地段隐患排查和"认领"活动，在主城区设立"五水共治"永久性宣传牌，对12处易涝点指定党员干部专人"认领"，定点看守。2014年，城区投入资金26.5万元，完成拱新路立交桥、市司法局门口、新安江体育馆、桥南立交桥和加油站、车入城口大转盘等12处积水点改造，共增设排水明沟265米、增加水篦25副、增加管网146米。全年疏通雨水管网及沟渠5000米，清理窨井及水箅3133个，清运淤泥垃圾95吨，并责成相关单位维修更换排水设施315个。

【数字城管保持高效运行】 以全面运行为契机，实施"红黄蓝三区采集法""一季度一普查一整治""预警通报""代整治"和督办抄告等制度，确保数字城管高效运行。全年立案交办问题7.58万件，问题解决率100%，问题及时解决率99.9%，居杭州市各县（市、区）前列。

【开展三大专项整治】 按"疏堵结合"原则，对群众反映的热难点问题开展专项整治。联合街道（社区）、森林公安、新闻媒体、物业等部门开展家禽整治集中行动。共发放通告1442份，发放《限改通知书》985份；处理家禽1143只，查处交易行为2起，拆除鸡棚73处，有效防控H7N9型禽流感蔓延。制订犬只管理专项整治实施方案，开展犬只整治。普查登记犬只基本信息，建立管理档案，并公布《建德市主城区禁养犬类品种名录》，利用短信向已办犬证的养犬户提醒规范养犬。全年发放《犬只整治通告》3282份，《文明养犬指南》1951份，限改通知书222份；走访733户，捕杀353只，立案查处54只，暂扣203只；办证599只，年检117只。围绕"省示范文明城市"创建，开展"十乱整治"。对环境"脏乱差"行为展开拉网式大排查、大整治，共纠正超门窗经营行为2268次、立案查处88件，劝导规范无照经营4179人次、处罚1335件；抄告违停车辆4491辆，教育劝导3825件；开展工程渣土整治26次，立案查处54件，查扣车辆37辆，办理准运证196件，换证162件；开展户外广告整治48次，清除广告1116处、面积971.3平方米，立案查处17件；拆除违章67处、面积79平方米。

【推行"城管＋商户"共建共管模式】 对城区2482个店面实施"一店一档"和"销案制"管理，

在新安东路、新安路、新安江广场、文化广场推行“门前新三包”。城区共设置人行道阻挡石10处，便民服务摊点98处和“瓜果地图”销售点位26处，城区周边30位瓜农“持证上岗”。做好“引摊入市”工作，取缔江滨路白沙大桥菜农临时疏导点，在城区5个大型农贸市场按比例新设立60余个免费“菜农自产自销区”，帮助周边菜农“筑巢安家”。

【违建防控保持高压态势】 2014年，针对违法挖山建房、重大典型违建和媒体曝光违建，特别是对群众多次举报投诉，反响强烈、社会关注度高的违法建筑，市城管局共参与拆违1680次、出动执法队员11730人次，拆除违法建筑2.02万处、面积331.46万平方米。

【推进民生项目建设】 垃圾填埋场梅城处理中心项目完成方案论证、概算批复、预算审核、招投标等工作，5月28日开始进场施工，9月份场外道路交付使用，至年底，完成场内绿化工程。梅城镇、下涯镇、杨村桥镇3个老填埋场封场任务完工，完成年度投资4000万元。7月，寿昌垃圾填埋场一期简易封场工程和渗滤液处理站护坡绿化工程完工，场内垃圾运输道路完工，12月份通过验收。智慧城管智能系统建设项目新增监控探头29个。10月底，叶家、城东两座公厕提升改造工程通过验收投入使用。10月底，城区7座垃圾房完成改造或拆旧重建交付使用。

【落实长效环卫保洁机制】 以“精品街”示范工程为抓手，创新推行“六化作业机制”“公交式”垃圾收集、垃圾清运“四色卡”“三包六定”责任制等特色做法，实施“扫+拣+洗”互动作业保洁模式，维护好城区145万平方米道路清扫保洁以及新安江310万平方米、千岛湖533万平方米的水面保洁。对社区卫生死角进行集中整治、对建筑装潢垃圾集中清理、对路面油污、卷闸门污渍和江边护栏进行集中清洗。2014年新购置护栏洗车1辆、中转站转运车1辆、装潢垃圾清运车1辆；更换果壳箱248只、塑料桶631只；对3座公厕进行提升改造，对5座公厕进行维修，在新安东路公厕安装荧光指示牌，提高城区公厕硬件设施整体水平；新建7座固定垃圾房，为市民提供更加完备的投放环境。全年共清运生活垃圾3.18万吨、装潢垃圾1.1万吨，清理各类死角垃圾1269.9吨；清理化粪池101只，疏通窨井980只、管道7180米，清理违法张贴广告8000余条，清洗卷闸门餐饮店147家。

【垃圾处置平稳高效】 全市16个乡镇(街道)集镇和周边村垃圾实现“市处理”环节，全部进入两座市级垃圾填埋场进行卫生填埋处理。其中，新安江、更楼、洋溪三个街道和寿昌、梅城、李家等乡镇基本实现农村垃圾收集处置全覆盖。2014年，全市共无害化处置生活垃圾8.84万吨，日均处置250吨。其中，恒明环保焚烧处置1.46万吨，日均处置41吨；两个市级填埋场填埋处置7.38万吨，日均处置209吨。全年转运13个乡镇中转站垃圾6105车、3.04万吨，日均转运91吨。

【被评为“浙江省生活垃圾分类处理示范试点城市”】 出台《建德市新安江建成区生活垃圾分类投放与收集处置工作实施方案》《关于印发建德市区机关、事业单位生活垃圾分类工作实施方案的通知》。建立新安江建成区机关事业单位数量、办公场所、面积规模等数据和新安江街道建成区生活小区地理分布、具体户数及入住率等信息库。全年为59个垃圾分类试点小区发放分类垃圾袋203万只、厨余垃圾分类垃圾袋193万只，为机关事业单位和分类小区配置增补垃圾分类桶及相关易损配件703件，安装楼道垃圾分类宣传牌800余块；向市民发放垃圾分类宣传手册1500余份、发放入户宣传资料7000余份。至年底，全市建成区生活垃圾分类小区共59个，小区垃圾分类覆盖率45.7%，机关事业单位垃圾分类全覆盖，生活垃圾无害化处理率100%。经省建设厅、省财政厅层层审核、评标及网上公示，建德市被评为“浙江省生活垃圾分类处理示范试点城市”，并成功争取954万元垃圾分类专项资金和340万元垃圾卫生填埋专项资金。 (项玉清)

住房公积金管理

【概况】 2014年，建德市实际执行的住房公积金缴存比例最高为12%，最低为5%。职工人均月缴存额1069元，比上年增加44元。全年新增建制住房公积金的单位48个，新增建制职工4324人，净增建制职工1075人，增长2.9%。全市住房公积金建制单位达到1143个，建制职工5.27万人；正常缴存单位816个，职工3.8万人；账户封存的职工1.47万人。全市有住房公积金协管员单位38家。年底，杭州住房公积金管理中心建德分中心资产总额15.01亿元，负债总额14.42亿元，净资产总额5937.11万元。

年末，该分中心有档案全宗卷9个，案卷目录12本，业务档案2.11万卷（其中当年新增2145卷），文书档案1089件（其中当年新增151件），录音磁带、录像磁带、影片档案103盘，照片档案84卷（其中当年新增14卷），实物档案18件。完成权力清单和责任清单整理任务，清理行政审批事项5项和梳理责任清单11项。

【资金归集余额首超14亿元】 全年归集金额4.87亿元，比上年增长7.3%；历年累计归集住房公积金35.35亿元，累计提取住房公积金21.31亿元。年底，住房公积金余额14.04亿元，增长16.1%，资金归集余额首超14亿元。

【住房保障功能进一步增强】 全年提取住房公积金1.20万人，金额2.93亿元，其中购建住房、偿还住房贷款本息支取2.19亿元，用于住房方面的占74.7%。年底贷款余额为11.87亿元，净增1.48亿元，增长14.2%。

【住房公积金贷款资金安全运行】 全年发放贷款791户，发放贷款额2.89亿元，比上年增加426.8万元，增长1.5%。历年累计放贷23.84亿元，贷款支持1.21万户职工家庭购买和改善自住住房。个人住房公积金贷款比率为84.5%，贷款比率符合省目标责任制考核指标的要求。加强住房公积金贷款风险管理，年底逾期贷款额0.73万元，2014年末贷款逾期率为0.001%，低于省公积金监管办和杭州公积金中心的逾期率控制指标。

【上调住房公积金贷款额度】 10月，上调住房公积金贷款额度，申请人单方正常缴存住房公积金且达到标准的，最高贷款限额由40万元提高到50万元；申请人夫妻双方均正常缴存住房公积金且达到标准的，最高贷款限额由60万元提高到70万元。

【住房公积金增值收益和廉租住房建设补充资金稳定增长】 全年完成住房公积金业务收入6019.82万元，业务支出2991.3万元，完成增值收益3028万元，比上年增长2.3%。全年提取城市廉租住房建设补充资金1840万元，历年累计提取城市廉租住房建设补充资金8714.69万元。历年累计提取住房公积金贷款风险准备金5937.11万元。

【住房公积金龙卡发放率达94%】 与建设银行建德支行开展合作，完善住房公积金龙卡联名卡软件管理功能，全年发放住房公积金龙卡1792张，累计完成发放住房公积金龙卡3.57万张，发放率94%。加强按月划扣住房公积金归还住房公积金贷款（即按月还贷）宣传，至年底累计有4337户家庭6170名职工签订按月还贷协议，有3932户家庭采用按月还贷方式归还住房公积金贷款，占公积金存量贷款户数的63.7%。

【开通公积金查询热线“12329”】 9月，市住房公积金中心开通“12329”住房公积金服务热线，该热线是杭州住房公积金管理中心建德分中心推出的一项便民服务举措，集自助查询、政策咨询、建议投诉等功能为一体，拥有自助语音、人工客服两大系统功能，全天候24小时受理市民来电咨询、查询等业务，市民可通过该热线查询公积金余额、贷款办理进度、人工咨询住房公积金相关政策。

（应子亭）

编辑：杨忠平

环保·土管

Environmental Protection & Land Resources Management

生态建设

【概况】 2014年，建德市坚持“生态立市”战略，以“五水共治”为引领，以严守生态红线为主线，推进环保模范城市、生态市创建、有机食品基地建设、农村环境综合治理、“三江两岸”和河长制工作，生态文明建设不断提高，生态环境得到改善、生态经济快速发展、生态人居更加优美。生态文明建设目标责任制考核位列杭州市第一名，“三江两岸”工作位列杭州市考核第二名，“五水共治”工作获杭州市先进集体。

【环保模范城市和生态市创建】 推进省级环保模范城市，完成创模17个指标191项内容档案收集，并邀请省级专家对创建工作进行技术评估。2014年，共创建国家生态乡镇（街道）7个（寿昌镇、大同镇、航头镇、李家镇、大慈岩镇、下涯镇、新安江街道）、申报国家级生态街道1个（更楼街道），累计创建国家级生态乡镇（街道）12个、杭州市级生态村180余个。

【国家有机食品基地创建】 组织开展无公害基地、绿色基地、森林食品基地、有机基地申报工作，2014年共申报无公害基地农业合作社6家、绿色基地农业合作社5家，国家有机食品基地2家（千岛银针、大库湾香榧），国家级有机食品生产基地达到6家（霞雾茶油、天赐有机茶，麻车杨梅、严州府竹笋、千岛银针、大库湾香榧），数量与面积均居全省前列。

【生态文明目标责任制建设】 2014年，根据“两美”浙江和“美丽杭州”建设，以及省、杭州市生态环保目标责任书、建德市生态环保工作要求，细化分解任务558项，涵盖16个乡镇（街道）、64个部门；在全市计生国土环保和节能减排工作会议上，市政府与各责任单位签订目标责任书，明确工作职责。市生态文明建设领导小组全年督查生态建设20次。至年底，生态文明目标责任制全面完成，考核位列杭州市第一。

【生态示范工程建设】 2014年完成水生态修复项目3个，完成生态公墓建设工程3个。投入资金228.86万元，实施生态农业项目6个，其中生态种植示范项目2个、生态循环农业示范项目1个、资源保护和综合利用项目3个。完成16家企业强制性清洁生产审核，浙江大洋生物科技集团股份有限公司获浙江浙江省“绿色企业（清洁生产先进企业）”称号。

【农村环境综合整治】 全年投入资金1326万元，完成12家农产品加工企业和24家农家乐污染治理。投入资金1.56亿元，完成 10个“美丽乡村”精品村和6个“美丽乡村”重点推进中心村（甘溪、上马、凤凰、李村、三河、长林）建设。关停各类畜禽养殖场（户）2251家，拆除面积62.93万平方米，减少生猪存栏13万头、蛋鸡存栏209万羽，完成沼液（养殖污水）无害化处理7.35万吨。拆除网箱4545只、面积12.54万平方米。完成7个村的农村生活污水治理工程，125个村开始施工建设。对“两镇一街道”（莲花镇、大慈岩镇、更楼街道）32个村环境连片整治项目进行整改，对3个乡镇采纳不同模式实施生活污水设施第三方长效运维，并拟订《建德市农村生活污水治理设施长效运维办法》。

【外来物种防治】 开展“三江清漂”工作，清理富春江上水葫芦1.53万吨。开展清除一枝黄花行动，共清除一枝黄花繁殖面积7.1公顷，有效杜绝生态侵害。在乾潭镇、钦堂乡、建德林场开展日本松干蚧虫防治调查，对68万公顷虫害发生区开展防治。

【“三江两岸”生态景观保护与建设】 2014年，杭州市下达建德市“三江两岸”生态景观保护与建设工作任务24项，经细化分解，共有生态建设、环境整治两类任务41项，市政府与15个部门、16个乡镇（街道）签订目标责任书进行落实。出台《“三江两岸”网箱整治补偿政策指导性意见》《“三江两岸”网箱整治实施方案》《“三江两岸”砂石码头整治提升实施方案》《“三江两岸”水上餐饮船整治实施方案》等多个项目整治和建设的具体实施方案和指导意见。至年底，完成沿江精品村建设、绿道建设、江堤生态修复、排污口景观化改造、养殖污染防治、淘汰落后产能等10余项重点工作，其中网箱整治和砂石码头整治两项重点难点任务超额完成，共拆除砂石码头66座、清除江面网箱5708只。

【建立三级“河长”管理体系】 建立分工协作的三级“河长”管理体系，设立3条省级、39条县级、163条乡镇级河道的“河长”，33位市领导分别联系42条河道，总长541.2千米。实行“一河一档”“一河一策”制度，开展“清三河”集中整治行动，到年底基本完成14条垃圾河和6条黑臭河整治，累计清理河道151.6千米，清理垃圾24.1万吨；整治河道148.6千米，封堵排污口27个，清淤64.68万立方米，拆违18.06万平方米。开展动态巡查，制作《河长巡查日志》，根据河道水质监测结果，全市67个监测断面中Ⅳ、Ⅴ类5个，上年减少8.9个百分点。

【生态文明宣传】 加强与各级媒体合作，广泛宣传环保工作好思路、好经验、好做法，引导公众正确看待环保形势、客观评价环保工作，树立环保积极作为的良好形象。在《浙江日报》刊发“五水共治”“建德有几个好地方”等专版3个，在《杭州日报》刊发“五水共治”、生态建德等7个专版，在《钱江晚报》《杭州日报》刊发“河长制”“零点”行动等主题专版。编发《美丽江城、幸福建德》中国报道专刊，推介建德生态环保；组织参与省、杭州市“五水共治”报道。在《中国环境报》《浙江日报》《浙江法制报》《杭州日报》等报刊上发表环保文章10余篇。开展多绿创建，共创建杭州级绿色学校2家，省级、建德市绿色矿山各1家，建德市级绿色家庭100余户。

环境保护

【概况】 2014年，全市环保工作围绕科学发展的主题，推进污染减排、治水治气、生态创建，强化环境监管、环境审批、环境监测，不断提升环境管理水平，环保工作取得新突破，环境质量稳中有升。市环保局被评为杭州市“五水共治”工作先进集体，环境整治“零点执法”行动获省、杭州市多家新闻媒体专题报道。

【环境质量监测】 市境内新安江、兰江、富春江、寿昌江四大河流，共设有8个监测断面，其中电厂桥、冷水两个监测断面执行Ⅱ类水质标准，大同三村、将军岩、兰江口、三都大桥、汪家桥、洋溪渡等6个监测断面执行Ⅲ类水质标准，2014年各监测断面按达标频次评价，8个监测断面水质平均达标率96.6%，比上年提高4.5%。新安江水厂水源保护区水质达标率为100%，其余7个乡镇集中式饮用水水源保护区水质平均达标率为98.9%。城区环境空气质量总体上属于尚清洁水平，与上年基本持平，空气中主要污染物为细颗粒物。全年空气质量指数（AQI）范围为18~340，指数年均值为73.9；全年空气质量Ⅰ级（优）、Ⅱ级（良）的天数合计为300天，优良率82.1%，细颗粒物PM2.5全年平均值为54.0克/立方米。可吸入颗粒物（PM10）、二氧化硫、二氧化氮的年均值均达到《环境空气质量标准》

(GB3095)的二级标准。根据国内普遍采用的酸雨污染程度分级标准评价，全市仍处于重酸雨区，pH值平均值为4.93，酸雨率100%。2014年城市区域环境噪声平均等效声级54.6dB(A)，与上年基本持平；城市道路交通噪声平均值67.3 dB(A)，主要影响声源仍为交通噪声和生活噪声。各类功能区噪声均达到功能区标准要求。

【"三废"及主要污染物排放】 2014年，全市工业废水统计排放量2536.51万吨，工业废水排放主要集中在化学原料及化学制品制造业行业，工业废水排放达标率100 %；工业废水中化学需氧量排放量2040.1吨、氨氮排放量为83.5吨。工业二氧化硫排放量为7796.42吨，工业氮氧化物排放量9165.10吨，工业烟尘和粉尘排放量4575.85吨。工业固体废物产生量64.40万吨，比上年增加4.72万吨；2014年固废综合利用量58.93万吨，处置量5.42万吨，贮存量550吨。全年市区生活垃圾收集量8.8万吨，比上年增加2.77万吨，处置量8.8万吨，无害化处理率100%。全市危险废物主要为化工和电镀企业产生的废渣及污泥，全年危险废物产生量1.13万吨，综合利用量6694吨，安全处置量3205吨，贮存量0.21吨。其中综合利用往年量384吨、处置往年量296吨。

【总量控制与减排】 2014年，全市实施减排项目30个，其中结构关停减排项目10个、电厂(热电)脱硫减排项目4个、非热电锅炉脱硫工程减排项目3个、电力热电水泥脱硝工程减排项目6个、畜禽养殖业工程减排项目6个、机动车控制及淘汰减排项目1个。经国家、省减排办审核，全市化学需氧量、氨氮、二氧化硫和氮氧化物四项指标分别削减5.43%、4.18%、-15.9%、4.76%。完成主要污染物排放初始配额分配工作，建成31家企业刷卡排污系统(其中废水19家、废气12家)，市环保局中心端管理平台投入运行。

【水环境功能区修编】 委托浙江省环科院开展建德市水功能区、水环境功能区修编，对新安江水源保护区进行调整：确定建德境内千岛湖库区水功能区、水环境功能区划分方案；针对新安江自来水厂取水口上移至紫金滩重新划定饮用水源保护区范围。其余各河流对用水功能相同的功能区进行了合并，部分功能区按照实际用水功能作了调整，对原水环境功能区中多功能区作出了调整，水环境功能区尽可能与水功能区保持一致；对原划分方案中的地名、水域长度(面积)、经纬度中的错误进行纠正；对功能区重新命名和编码。通过意见征求、审核，于2014年7月完成并上报杭州市人民政府。

【涉水行业整治】 开展化工、电镀、印染、造纸、碳酸钙、水晶烫钻、废杂塑料粒子加工等七大行业整治，全市39家化工企业通过"关、停、并、转、迁"控制在15家以内，淘汰高污染产品45个，减少废水排放量1162万吨/年，削减化学需氧量排放量763吨/年、氨氮51吨/年，废水、化学需氧量、氨氮排放量较2010年相比削减率达30%以上；电镀园区配套的电镀废水处理设施建设完成，园区外围电镀企业于10月31日24时之前全部关停；印染、造纸企业完成整治并通过验收；废杂塑料粒子全部关停。

【大气污染防治】 制订下发《建德市大气污染防治行动计划(2014—2017年)及2014年实施方案》《建德市无燃煤区建设实施方案》《建德市城区高污染车辆管理实施方案》《建德市柴油车淘汰补助实施细则》。编制《建德市工业大气污染防治专项实施方案(2014—2017年)》等6个专项方案和《建德市大气重污染监测预警专项应急行动方案(试行)》等7个专项应急方案。2014年，共淘汰锅炉51台，完成省定42台目标；淘汰黄标车1683辆，完成年度目标的105.9%，发放符合条件的柴油车淘汰(第一、二、三批)补助资金388万元；完成新安迈图等企业VOC治理，完成机动车尾气"三站合一"项目建设，推动锅炉、水泥企业除尘、脱硫和脱硝工作，海螺水泥、红狮水泥和南方水泥3个水泥企业脱硝工程稳定运行。

【环境监督管理】 以打造最严格监管城市为目

标，开展全市环境安全专项执法检查、环境污染大排查行动、危险废物产生处置单位环境执法专项行动、集中式污水处理厂环境执法专项行动、餐具集中洗涤消毒单位环境执法专项行动、城镇集中式饮用水水源保护区专项检查行动、化工电镀行业大排查等环境专项行动，共出具环境监察整改意见书72份。加强重点污染源企业和敏感区域巡查，对化工、电镀企业，特别是沿江重点污染源企业的生产及“三废”设施运行情况进行检查。完成重点源的突击飞行监察、日常监察工作，出动人次4130人次，现场检查企业1546家，取监察水样143家，出具监察意见书288份。加强污染源在线监测系统建设，2014年新建站点6个，全市污染源监测系统达44套，其中废水在线系统27套、废气在线系统17套。全市国控站点11个、省控站点15个，浙江环茂、杭州成套、杭州安控承担建德市在线系统的运维。

【清水治污和环境整治“零点行动”】 3月，按照市委、市政府《关于开展清水治污·环境零点行动的通知》要求，市环保局牵头完善与公检法系统的协作机制，联合市公安局、市场监管局、市安监局等11个部门组建联合执法队伍，开展清水治污·环境零点行动。全年开展行动72次，出动检查人员1525人次，检查企业327家次，查封118家，取缔40家，立案查处22家，司法拘留4人，移送公安追究法律责任10人，强制断电16家，责令停产整顿4家。“零点行动”先后被《中国环境报》《浙江日报》《浙江经视》《浙江法制报》等多家媒体予以整版刊登和专题报道。

【建设项目环境管理】 按照“项目、空间、总量”三位一体的审批原则严格把关，强化项目过程跟踪管理，加强环评中介监管，缩短环评报告编制时间，深化审批改革、优化审批流程，提高审批速度。2014年共受理许可办件740件，其中受理环境影响报告书26件，受理环境影响报告表358件，受理环境影响登记表366件，建设项目评执行率100%。建设项目严格“三同时”监督和验收采取局和所分级验收措施，全年验收“三同时”项目236件，其中报告书项目29个、报告表项目90件、登记表项目117件。

【危险(固体)废物及辐射管理】 采用综合利用、集中安全处置或贮存等方法加强危险固体废物管理。开展全市危废安全隐患大排查，摸清企业底细，建立化工电镀等企业固体废物产生量资料库。各大医院均与杭州大地维康公司签订了医疗废物集中处置合同。加大打击力度，开展全市危废执法和工业危废污泥执法行动，查处非法转移处置危废重大案件3起，2014年共处理过境危废道路运输事故3起，有效保障人民群众生命安全。开展了“一源一卡”挂牌和数据入库工作，对全市17枚放射源逐一核实，实施动态管理。17枚在用放射源基本情况录入数据库，编制全国统一编码，进行危险度分类和身份认证。对建德铜矿的8枚废弃放射源进行了安全收储，确

◎零点行动

保全市辐射环境安全。

【环境信访调处和环保法制】 全年办理人大、政政提案主办件10件，协办件6件，受理各类信访件828件，其中来信来电投诉500件、环境违法行为有奖举报313件、接待来访15批45人次，处理率100%，满意率95%以上。从污染因子分类，大气污染343件占51.2%、噪声污染102件占15.0%、水污染190件占28.0%。开展重大信访领导包案制，妥善处置1起草莓污染损害事件。全年立案59起，做出行政处罚决定47起，罚款额176.37万元，5件环境违法案件移交公安查处，行政拘留2人，取保候审3人，批捕6人；申请法院强制执行案件23件，司法拘留4人；完成15家单位环境责任保险签订。

【环境科研与监测】 做好全市8个地表水断面、8个饮用水源地、4个功能区噪声、100个区域环境噪声的常规监测以及54家国控、省控、市控重点企业的监督监测等工作。加大环境监测信息公开力度，污染源监督监测结果在市环保局门户网上公开。开展河道监测工作，对全市205条河道实行月度监测，发布市域乡镇25个交接断面1月～12月度水质监测结果通报。继续开展杭州自来水异味建德将军岩水质监测预警巡查工作。全年共完成监测报告1210份，获取有效监测数据10万余个。2014年，市环境监测站通过浙江省检验机构实验室资质认证复评审。完成杭州市生态环保新技术应用推广项目气相色谱、质谱分析技术在环境污染事故庆急监测中的应用课题研究。 （叶黎青）

国土资源管理

【概况】 2014年是实施“十二五”规划关键之年，市国土资源局严格落实最严格的耕地保护责任制，加大耕地保护力度，推进土地开发整理；强化各类合理用地的需求保障，坚持以节约集约用地为主线，提高土地利用效率；完成卫星遥感执法检查，严厉查处各类土地违法行为；进一步规范征地程序、征地行为，保障失地农民合法权益；推进矿山整合和采矿权公开出让，各项工作取得明显成效，为全市经济社会发展提供了强有力的国土资源保障。

做好审批提速，确认行政审批事项行政许可事项13项，其中建议暂停1项、保留12项；确认非行政许可事项8项，其中建议调整为行政服务事项的5项、保留3项。按照“一审一核”制要求，优化国土审批流程，压缩审批时限。承接省、杭州市农户建房、农转用审批等权力下放工作，建立用地指标调配机制，上级下达的建设用地指标优先保障农村无房户、困难户的建房需求。

强化执法监察，制订出台《建德市“无违建市”创建工作违法建筑处置办法（试行）》《建德市“无违建村”验收标准》《关于既有违法建筑相关情形的处置指导意见》《建德市“无违建市”创建中符合暂缓拆除建筑的后续处置办法》等一系列政策文件；对杭州市2013年“三改一拆”工作中挂牌督办涉及违法用地的案件、市住建局作出行政处罚决定但未履行到位的案件、涉及违法用地的信访案件，会同市“三改一拆”办，将任务分解到乡镇，并督促做好拆除工作；在全市范围内开展“一户多宅”专项整治工作和非法占用耕地和基本农田违法建筑专项整治行动，累计拆除违法建筑10.2万平方米，实现复耕土地11.0公顷。采取立案查处、整改复耕等措施，2014年全市违法占用耕地占新增建设用地占用耕地的比例为3%，建德市卫片执法检查工作通过上级验收。

完善信访工作机制，深化内部合作机制（每年4次以上的信访工作联席会议），同时加强相关部门间的联动机制，全年受理涉土涉矿“三来”件共810件，其中来电710件（杭州市市长公开电话80件）、来访40件、来信60件，受理12336信访举报33件，各类信访案件的反馈率和办结率均达100%。

【连续18年实现耕地占补平衡】 2014年，市政府与16个乡镇（街道）和相关部门签订责任书，建立“市、镇、村、农户”四级耕地保护责任体系，将耕地保护责任纳入乡镇年度考核目标，全市

2.63万公顷耕地、2.30万公顷基本农田和9400公顷标准农田的保有量得到有效落实。大力推进高标准基本农田建设、表土剥离、土地开发和农村土地综合整治，严格按照“占优补优、占水田补水田”的新要求，开展垦造水田试点工作，确定大同镇劳村村、大同镇劳村丰畈村、乾潭镇万龙村祖家垅、大慈岩镇大慈岩村4个试点项目，规划新增水田面积28.5公顷，并明确了质量要求和资金补助方式。

【土地利用总体规划中期修改】 8月，启动建德市土地利用总体规划整体修改工作，此次规划修改遵循了三个原则，一是保护优先原则，划定永久基本农田、强调“占水补水”，同时增加基本农田质量指标，要求建设需求服从于耕地保护，提高生态用地比例，并纳入禁止建设区进行永久保护；二是节约集约原则，开展存量建设用地再开发调查并制定规划利用的实施方案，以达到增量撬动存量的目的，并在规划中专门增加了利用存量建设用地面积、存量建设用地与新增建设用地比例这两个指标；三是多规融合、划定“三线”原则，通过与发改、城乡、产业、旅游、生态、农业、林业等多个规划的衔接与融合，确定区域发展战略，科学划定生态红线、基本农田保护红线、建设用地扩展边界，强化边界的刚性控制，城镇建设和产业项目必须落在扩展边界内，生态保护用地和永久基本农田全部纳入禁止建设区，建设项目必须避让，不得占用。召开全市性规划调整完善动员会，编制单位按照《浙江省国土资源厅关于开展县乡级土地利用总体规划修改前期工作的通知》的要求，开展了规划基数转换和专题研究，并取得初步成果。

◎为洋溪街道友谊村村民上门办证

【争取各类指标817公顷】 一是农转用指标135.7公顷，包括年度计划指标34.3公顷、杭州市局耕保考核奖励指标8公顷、无房户危房户农民建房3.4公顷、大慈岩镇上吴方村依托古村落保护专项指标1公顷、杨村桥和乾潭镇地质灾害搬迁专项指标3.2公顷、寿昌省级经济开发区航空产业园专项指标20公顷、杭州第二工业固体废物处置中心10.7公顷、新安化工搬迁22.7公顷、中心镇指标13.3公顷、农户建房专项指标5.3公顷、大洋镇整镇推进专项指标3.3公顷、盘活指标2.9公顷；二是规划指标14.3公顷，包括向杭州市争取第二工业固体废物处置中心规划指标11公顷、大洋镇新农村建设规划指标3.3公顷；三是利用土地利用总体规划中期修改契机，积极向省厅争取城乡建设用地规模指标666.7公顷。

【加快项目报批】 一是计划批次，全年共上报农转用18个批次、总用地面积135.7公顷，涉及新安化工搬迁、二固、杭橡等市重点项目；二是农户建房批次，共上报农民建房农转用9个批次、面积26.5公顷；三是重大基础设施项目，包括杭黄高铁先行用获国土部批准，临金高速预审资料报国土部，杭州千岛湖配水工程召开规划调整听证会和论证会。

【优化用地空间】 开展土地利用总体规划有条件建

设区规划调整工作,全年上报4个局调修改方案和9个落实方案,涉及新安江、梅城、寿昌等10个乡镇(街道)。其中,修改方案19个项目、修改面积67.8公顷,落实方案89个项目、落实面积103.8公顷。解决了省级经济开发区、马南高新园区平台建设,以及新安化工搬迁、航空产业园、杭州第二工业固体废物处置中心等一批重点产业项目和基础设施项目的规划空间布局问题。

◎大洋镇农村土地综合整治安置区块建设

【土地盘活挖潜】 以城镇低效用地再开发、批而未用土地消化处置、重点开发区(工业功能区)土地评价为突破口,实施"空间换地"和"亩产倍增"行动,推进全市土地节约集约利用水平,达到优地优用的土地利用管理新格局。实施城镇低效用地再开发,构建全市398.2公顷城镇低效用地数据库,编制完成《建德市城镇低效用地再开发专项规划方案(2014—2017年)》,完成包括新安江味精厂退二进三、大明化工和建业有机地块收回储备等42.1公顷的低效用地再开发。开展批而未用土地消化处置,编制完成全市151宗批而未供土地《地块手册》,便于乡镇(街道)和相关职能部门掌握情况并开展地块招商,加大消化力度;全年共完成消化处置批而未供土地206.5公顷、供而未用土地104.9公顷。开展节约集约利用评价,先后对省级经济开发区及乾潭镇、梅城镇、大同镇、大洋镇、钦堂乡等五个市级开发区内200余家企业的用地、投资、投产情况进行了调查摸底,并借助城市建设用地节约集约利用评价试点工作,对所有乡镇(街道)的土地节约集约水平进行排名,通过市场化配置手段优地优用,逐步提升全市土地节约集约利用水平。

【完成土地开发整理300公顷】 按照"占优补优、占水田补水田"的要求,开展垦造水田试点工作,全市确定4个项目共28.5公顷垦造水田试点项目,并明确了质量要求和资金补助方式。全年通过实地验收的土地开发项目26个,新增耕地面积182.7公顷;通过实地验收的农村土地综合整治项目16个,复垦新增耕地面积75.7公顷;通过实地验收的表土剥离再利用项目5个,面积41.3公顷,均超额完成年初的各项目标任务。争取省级低丘缓坡综合开发试点项目,申报更楼街道小诸葛旅游、下涯镇龙门古城和乌石滩区域旅游开发3个项目,用地面积119.1公顷。

【土地出让和地产交易】 制订《建德市2014年度国有建设用地供应计划》和《建德市2013年度经营性土地出让、储备、做地计划》,并将相应地块分解落实到各乡镇(街道)和做地主体。全市共完成国有建设用地招拍挂出让80宗、面积108.7公顷,土地出让金成交额9.38亿元。其中,经营性用地28宗、面积44.3公顷,土地出让金成交额7.56亿元;工业用地52宗、面积64.3公顷,土地出让金成交额1.82亿元。全年土地出让金实际入库12.96亿元。完成国有建设用地划拨项目供地62宗、面积341.5公顷,其中保障性安居工程(拆迁安置房)用地28宗、面积27.4公顷;完成集体建设用地使用项目供地5宗、面积5公顷。审批办理相关临时用地24宗、面积13.4公顷。办理设施农用地55宗、11.4公顷。

全年征收土地年收益(到账)52家,计158.04万元。其中,划拨土地使用权出租35家,征收年出租金45.53万元;改制企业土地使用权租赁17家,征收年租金112.51万元。完成国有出让土地使用权首次转让(公示)审查35家,面积39.82万平方米。完成改制企业土地租赁到期续办补办的共计6家8宗地,面积3.96万平方米。

【加强矿政管理】 严格征收涉矿规费,全年征收采矿权出让金7494.06万元、矿产资源补偿费863.6万元、治理备用金(含土地复垦费)3227.63万元。开展绿色矿山创建和矿山生态环境治理,上报创建省级绿色矿山2家,通过县级绿色矿山验收1家;开展"四边三化"矿山生态环境治理,同时督促其他到期关停矿山开展生态环境治理工作。出台《关于建立打击非法采矿行为联合工作机制的实施意见》,完善打非治违工作机制,会同交通、环保、安监、工商、供电公司等部门建立打击非法采矿联动机制,构建"纵向到底、横向到边"的长效机制。

【实施征地拆迁阳光工程】 制订和实施《建德市新一轮征地区片价补偿标准》,出台《建德市征收集体土地房屋补偿管理实施意见和补偿安置实施办法》。实施"阳光征地拆迁一张图"上墙工程,维护被征地农民的知情权、参与权和监督权,按照"即征即保"原则及时落实失地农民保障,全年办理失地农民参保4888人。实施"阳光执法""阳光规划""阳光征迁""阳光矿政"等阳光工程,确保权力在阳光下运行。

【提升防灾能力】 年初,会同市住建、交通、水利等部门联合编制《2014年度地质灾害防治方案》,明确主要工作任务与措施。与全市16个乡镇(街道)签订地质灾害防治责任状,各乡镇(街道)与隐患点监测人和易发区村巡查人分别签订监测巡查协议,235处隐患点全部落实了专人进行监测。开展山区地质灾害调查工作,提升地灾防治能力和水平,全年实现地质灾害"零伤亡"。全年开展地质灾害治理搬迁项目23个,总投资2000余万元。 (胡晓坤)

编辑:杨忠平

金 融

Banking

金融综述

【概况】 2014年,建德市金融机构创新服务,大力发展普惠金融,保持信贷和社会融资规模适度增长,有效维护区域经济金融稳定,支持经济平稳健康发展。贯彻稳健的货币政策,加大信贷政策引导,保持信贷规模合理适度增长。年末,全市各项存款余额285.61亿元,比上年末增加14.82亿元,增长5.5%;本外币各项贷款239.63亿元,减少6.7亿元,下降2.7%;余额存贷比84.4%。社会融资规模新增10.58亿元。

【建德市"普惠金融工程"启动】 把"着力发展普惠金融"列入建德深化改革二十五条,先后印发《建德市"普惠金融工程"实施意见》《建德市全面推进农村普惠金融工作的实施方案》,提出建设"九位一体"的多功能金融普惠示范村服务点建设规划,制订5年内百村示范工作目标,组织召开全市普惠金融工程推进会,多方联动、深度推进普惠金融工程。2014年,首批认定建德市金融普惠示范村5家。

【优化金融生态环境】 开展"加快金融机构不良资产处置"专项行动,全年通过强制执行、和解、自动履行及其他结案方式处置金融案件76件,申请标的1.58亿元,到位标的0.79亿元,结案率70%。"中江系"不良资产处置取得突破性进展,全年处置"中江系"不良资产6亿元。至年末,全市不良贷款余额7.3亿元,比上年末减少6.16亿元,不良率3.14%(比上年末下降2.74个百分点)。

【社会信用体系建设】 推进"三信"创建,推动市政府确认建德市级信用村113个,鲁塘村等5个村被评为浙江省首批省级信用村(社区),大洋镇被评为浙江省首批省级信用乡(镇、街道)。运用"三信"创建成果,指导金融机构开展"整体批发、集中授信"的小额农贷业务,全年建立农户信用档案7.9万户,共评定信用农户6.9万户,信用户评定率72%。主要涉农机构发放信用贷款5441户、余额3.34亿元,分别比上年末增加3205户、2.06亿元。

【外汇服务与管理】 坚持管理、服务并重,扩大外汇和跨境人民币金融服务网点普及,指导建德市农村信用合作联社开办外汇和跨境人民币业务,实现外汇和跨境人民币金融服务乡镇全覆盖。结合开展服务企业"进、帮、助"活动,对辖内50余家A类企业、进出口1000万美元以上的企业进行重点走访,引导金融机构创新和丰富贸易金融产品,推出"信保贷"等贸易融资产品,帮助200余家出口小微企业解决融资4000余万美元。

【国库业务核算质量和管理】 加强国库业务内部监督检查,创新构建跨部门业务检查机制,全年办理收、支、退等主要业务103.97万笔,涉及金额153.84亿元,比上年增长10.8%,其中支出业务4.02万笔、收入业务99.52万笔、退库业务3874笔。完成全市16个乡镇(街道)的国库集中支付改革,将全市60余所中小学校预算经费纳入国库集中支付。

【深化"便农支付工程"】 实施农村"易(e)支付

工程”，网上支付用户总数达73.73万户，比上年增长12.9%；转账业务推广工作全部铺开，辖内163个助农取款点开通代理转账业务，开通率100%。加大案件查处，协助公安部门破获1起利用信用卡预授权漏洞套现的新型犯罪案件。

【现金服务保障水平持续提升】 完善现金供应机制，提高现金供应效率。通过加强现金预约管理、完善小面额现金供应长效机制、强化现金清分能力建设和推进人民币冠字号码查询等工作，提高了流通市场人民币整洁度，有效满足社会公众对现金总量和小面额现金需求。全年发行基金投放82.1亿元、回笼67.5亿元，分别增长1.9%、27.6%，其中回笼残损券24.4亿元，增长12%。

【金融消费权益保护工作全面推进】 健全“三位一体”的金融消费权益保护领导机制，每季度召开辖区金融消费权益保护联席会议。借助建德110社会应急联动指挥平台，组织辖内金融机构成功处置金融消费投诉11起，办结率100%。开展“金融消费者权益宣传月”与“金融知识普及月”活动，推动金融机构加强金融消费权益保护工作，获“浙江省2014年‘金融知识普及月’活动特色宣传奖”。

（林鑫）

◎副省长朱从玖到建德调研普惠金融工作（市联社供稿）

金融管理

【概况】 2014年，浙江银监局建德办事处多措并举推进“服务实体经济 提升信用品质”活动。组织辖内各银行机构发起“银行业服务实体经济，促进市场增信”倡议活动；督促各银行机构制订活动方案，确定活动目标，并对各机构的开展情况进行调研督导；开展调查研究，提出辖内银行业实施“普惠金融”的具体措施，推动市政府名义出台《建德市“普惠金融工程”实施意见》，指导建德联社制订实施《建德市农信普惠金融工程三年行动计划》，推动普惠金融工作；要求银行机构结合建德市年度“两转”（个转企、小升规）工作目标，对“两转”企业进行授信调查，推动银行服务小微企业，组织专题分析会，查找完成支农支小“两个不低于”（贷款增速不低于各项贷款增速、增量不低于上年）目标的差距，拟定措施，加大督导力度；督导、推进辖内银行机构“普及金融知识万里行”、送金融知识下乡等宣传活动，举办“2014·前行中的建德金融力量”金融知识大赛，深化金融知识宣传教育活动，推进金融知识普及，展示金融风采。

妥善应对群众信访，全年办理群众信访及投诉5例，确保各项信访事件不造成明显的负面影响。核查辖内某银行的信访，报告核查情况，与有关方面进行沟通情况，妥善处置。及时向省局和建德市委组织部报告有关涉及辖内银行业的舆情情况；要求相关银行业机构妥善应对，避免产生不良影响；按照有关规定妥善应对媒体要求，将相关舆情的负面影响控制在最低程度。

【“防风险”“处不良”成效明显】 2014年，共参与协调、处置企业"两链"(企业资金链、担保链)活动30余次,涉及企业21家,通过紧抓具有龙头地位、涉及关联企业多、关联关系复杂、影响大的重点企业开展重点协调帮扶,同时通过专项监测机制,专题调研,掌握风险底数,总结帮扶政策措施的落实成效,完善对策,全市企业"两链"风险从数量、金额和化解难度均得到明显舒缓。按照"做最坏的打算,做最足的准备,争取最好的效果"思路,坚持攻坚克难,不良贷款处置取得明显进展,7月之后,辖内银行不良贷款实现了持续"双降";建德辖内涉及的"中江系"不良资产的处置,大大降低建德市的不良率和由此产生的负面影响。在处置"中江系"不良资产中,该处做好参谋,推动处置机制建设,建议、推动当地政府制订银行不良资产处置的税费扶持政策;推动建立企业风险处置和不良贷款处置的相关领导、工作小组,协同处置;反复呼吁、建议,使加快处置银行业不良贷款工作得到市委市政府的高度重视,由此也直接推动了"中江系"等大额不良贷款的处置。同时持续深化银法对接,邀请法院负责人和办案人员与逐家银行就每个诉案分析、制订"一户一策",疏通解决银行不良资产处置因诉讼送达、刑民交叉等原因造成时效慢的梗阻问题;开展银行不良贷款集中清收处置专项行动,震慑不守信用行为,重塑信用环境;开展银行不良贷款依法清收专题法规培训;督促银行机构重视落实坏账核销新规,加大核销力度。针对企业出现"两链"风险,企业家风险意识不强等情况,办事处会同浙江省银行业协会建德代表处组织了规模较大的企业家风险教育大会,增强企业家的风险管控能力和信心。

【维护银行业发展竞争环境】 对辖内部分银行机构实施现场检查,对检查发现的问题严格问责,遏制屡查屡犯,保持现场检查的威慑性,全年参与常规检查等六项现场检查以及三项专题抽查,累计工作量280余人次。组织银行开展"前行中的金融力量"专题宣传活动,组织金融知识竞赛,重点宣传银行业服务重点项目建设、实体经济和民生事业的良好效果,发出银行业的"好声音",营造良好的外部环境。组织银行机构中层以上人员和客户经理等重点岗位人员分8期、共400余人进行从业人员警示教育,并部署各机构开展专题讨论,撰写个人心得,深化教育活动的实际效果。妥善处置群众信访、投诉工作,督促银行机构重视舆论引导和正面宣传,增强敏感性,传递银行业正能量。规范做好市场准入初审工作,全年完成23例。

【紧盯法人机构监管不放松】 综合利用常规手段进行监管,与辖内三家法人机构开展两次审慎监管会谈,结合外部审计、监管评级和年度监管情况,就法人机构坚持支农支小定位、强化落实案件风险防控、加强各类风险排查等提出监管意见,上报监管意见书,督促整改落实监管意见;指导法人机构做好信息披露、年度机构规划、外部审计等工作,开展2013年度监管评级,并组织开展三方会谈;前移监管关口,列席法人机构理、监事会等各类会议20余次。开展非现场监管,深化数据信息分析和研究,督促法人机构加强数据研究,完善手工数据采集路径,及时发现偏差,及时纠偏,提高数据的正确性;合理确定分层监测预警监管指标值,落实非现场监测预警制度;对经营管理及风险管控情况进行分析,撰写非现场监管报告及风险分析评估报告。开展辅导监管,对大同镇桑盈农村资金互助社开展现场全面调研,总体把握和分析其经营的审慎性水平和风险管控能力的适应性,向其发出提示单,提出进一步做实内部制衡、细化信贷管理等方面监管意见;开展专项调查,重点对社员资格和贷款真实性以及关联人贷款进行核查,摸清风险底数,提出监管建议。综合2013年度对法人机构现场、非现场监管情况,向地方党委、政府专题汇报辖内3家法人银行机构的经营及风险管理状况,增进当地政府对法人机构发展情况的了解程度,支持法人机构的改革和发展。指导建德联社、湖商村镇银行加强研究、摸索,制订相应制度办法落实还款方式创新、企业授信总额联合管理政策。召集机构主要负责人及部门负责人,共同分析机构"两个不低于"目标的差距,拟定具体措施,督促其竭尽全力做实做好小微企业金融服务工作。

【加强廉政风险防控建设】 以打造“让省局放心、满意的办事处”为目标，抓好廉政风险防控。制订方案，细化分工，增强廉政风险防控自觉性，提升了工作质效和规范管理。践行“廉洁、正气、和谐”的文化精神，做好“四个结合”(与巩固党的群众路线教育实践活动成果、落实长效机制建设相结合；与落实领导干部党风廉政建设责任制和“一岗双责”相结合；与办事处不断完善内部管理、规范运作、提高监管工作质效相结合；与充分发挥基层监管办事处职能相结合)，以解决四方面问题(明晰每一个岗位每一位同志自身有何具体职责；对照党章、党员领导干部廉洁从政准则和八项规定、银监会会规会纪等，办事处每一位同志自查互查在执行中还存在何问题及差距；针对差距和问题如何采取切实的整改措施和办法；存在问题的整改以何标准检验，明确整改所要达到的目标和效果)为主线，确保“三我”(从我做起、向我看齐、对我监督)行动起到职责落实、发现差距、措施有效和效果明显的积极作用。坚持双周学习制度，开展讨论、交流，熟悉监管政策精神，确保廉政建设警钟长鸣。 (胡琼月)

银 行

【工行建德支行】 2014年，中国工商银行股份有限公司建德支行围绕全市优化经济结构和提升发展质量的任务目标，坚持以支持重点项目建设为龙头，积极对接项目资金，拓宽融资渠道，支持重点产业和新兴产业发展，努力提升对地方经济社会发展的支撑力和贡献度。年末各项存款余额34.21亿元，各项贷款23.80亿元。

狠抓存款市场，提升竞争能力。持续做好重点客户维护，有效提升公积金中心、社险办等对公存款；加大优质对公客户和项目争揽力度，成功营销“五水共治”项目、金盛置业、环保科技、环创科技等多个优质竞争性项目。重视与同业的业务合作，在巩固原有客户基础上，拓展了浙江泰隆银行建德支行。加大“公联私”营销力度，有力带动个人存款的增长；采取职场营销、公私联动、商会协会年会、ETC、全产品营销等措施，有力推进个金业务快速发展；依托“1+X+N”智能银行，不断挖掘农村市场，其中乾潭智能银行新增个人金融资产4000万元，并先后在全省渠道建设交流会及省分行标杆网点工作交流月报中作经验介绍。

拓展信贷市场，支持当地经济。加强重点项目营销，为“五水共治”环境治理项目投放贷款2.8亿元；继续加大对优质客户市场营销，分别发放新安化工、新安迈图等流动资金贷款共2.15亿元。持续推进对小微企业金融支持力度，累计发放小微企业贷款(含个人经营贷款)4.98亿元，并通过票据贴现进一步加大对小微企业的融资支持，全年累计办理小微企业票据贴现业务1.41亿元。

防范各类风险，加强风险管控。信用风险管理持续加强，前移风险关口，把好源头关。持续加大内控外防力度，对非法集资、员工违规参与民间融资等重点领域案件进专项治理；推进部门网点案防责任区网格化管理，进一步规范各专业条线检查机制，完善支行内控监督检查体系。开展“员工行为规范知识竞赛”“内控我参与、合规我有责”案例征文、廉洁从业主题教育等活动，营造良好的内控氛围。积极防范外部欺诈，全年堵截电信诈骗6起，为客户止损金额29.13万元。

突出重点，抓好服务管理。综合整治客户排长队问题，充分利用网点排队管理系统的数据资源，逐行分析客户排长队的成因，通过采取增设自助设备、加强分流引导、大堂联动、弹性柜口等措施，提高业务高峰期的服务能力。完善服务考评办法，服务考核重点突出服务效率、客户投诉处理、客户满意度等重点内容，同时兼顾网点环境优化、员工规范化服务等基础工作。抓好服务管理工作，通过创服务星级网点和员工、服务工作分析会、举办服务管理能力培训班、编印《服务热点问题提示》、强化服务检查督促等措施，加强对服务基础工作的管理。同时，针对部分复杂业务及易引起客户异议的业务，重新梳理“服务小贴士”在网点张贴，完善个人业务办理提示等举措，方便客户办理业务。以创“星级网点”为抓手，强化网点服务管理，提高客户满意度，支行本级业务部获省分行优质服务“四星级网点”，梅城支行获省分行营业部优质服务“三星级网点”。

（沈银根）

【农行建德市支行】 2014年末，中国农业银行建德市支行本外币各项存款余额35.79亿元(其中个人存款余额23.24亿元、对公存款余额12.55亿元)，比上年末上升3.16亿元。各项贷款余额25.31亿元(其中个人贷款余额8.4亿元、法人客户贷款16.91亿元)，增加5.47亿元。全行不良贷款余额3855万元，不良贷款率1.52%，略有上升。超额完成上级行下达的2014年度经营效益指标，全年实现安全经营。支行获2013—2014年度农行浙江省分行“三农”业务先进集体；汪维明被评为2014年农行浙江省分行先进个人。

加大信贷支持。向建德市新南北房产开发有限公司盛德广场项目投放资金1.25亿元；建德市铁路设施投资有限公司货运场搬迁项目投放资金1.1亿元；2014年4月，农行浙江省分行与浙江省建德经济开发区管委会签订在3年内对开发区投放15亿贷款战略合作协议，9月29日，支行授信3.3亿元，全年投放3.1亿元。

扶持实体经济。加强对小微企业信贷支持，落实相关工作措施，全年新增12户小微企业贷款5880万元。同时，继续通过个人创业贷款、农村生产经营性贷款、个人综合授信贷款支持个人创业、展业，贷款余额达到5.2亿元。

强化“三农”服务。派驻4名干部在乾潭、寿昌、梅城、大同4个中心镇挂职担任镇长助理，植根农村金融服务。推广农村金融自治模式，在更楼街道于合村、寿昌镇城中村、乾潭镇乾潭村、梅城镇滨江村进行试点。专门改造一辆“三农”流动服务车，组建流动服务队，上门指导“惠农通”服务点日常结算服务，为农户提供服务。创新大棚抵押贷款(投放3笔，共350万元)，开展农户自建房抵押贷款试点。

（章国平）

【中行建德支行】 2014年，中国银行股份有限公司建德支行围绕“担当社会责任、做最好的银行”战略目标，坚持以效益为中心，全面落实内生动力机制，注重发展质量，努力构建以客户为中心、以市场为导向的服务体系，推进普惠金融，提升金融服务水平，促进各项业务平稳发展，获杭州市经济文化安全保卫工作先进集体、社会管理综合治理先进单位、“金色阳光·2014前行中的建德金融力量”最具社会责任银行等荣誉。

支持地方经济发展。支持市重点企业、政府服务民生工程、“生态环境整体”项目发展，2014年贷款余额增长33.6%，其中支持政府基础设施项目贷款余额达17亿元。创新产品助力中小企业，创新阿里巴巴产业带电子商务平台贷款和拍

◎12月，杭州首辆流动服务车在建德开始运行

卖按揭贷款等金融产品，解决了中小企业融资难题。利用自身优势帮助地方企业产品“走出去”，结合海内外渠道、全球化网络、综合化经营平台优势和国际结算优势，利用区间宝、平价远期、短期限远期结汇等产品，发挥专业化服务水平，为进出口企业提供有力的金融支持。

注重业务发展质量。做好客户维护工作，夯实基础客户群。优化信贷结构，调整贷存比管控政策，用足用好信贷规模。推进不良清收化解力度，建立不良贷款清收考核机制，灵活运用核销、平移、重组、诉讼等手段，缓解资产质量管控压力。提升内部管理水平，建立健全内部控制体系，加强风险管控，坚持“从严治行”不放松，以员工道德风险防控为核心，紧盯业务关键环节和风险高发领域。组织开展“排风险、强基础、防案件”专项检查、非法集资风险专项排查等活动，深化合规操作及风险防范意识，确保安全经营。

助力普惠金融建设。加强渠道建设，推广网上银行、手机银行等自助服务，提升电子渠道为民服务能力。加大对电子机具的投入力度，在全市共设置17个自助银行取款点、自助取款机器36台，在全市布设1000余台POS机，满足市民日常金融需要。优化网点布局，开发和推广小额支付代理点、福农卡业务等符合当地实际的普惠金融特色产品。将服务触角延伸至农村，在乡镇和农村设置35家便民取款点，为广大村民享受现代金融服务提供便利。打造民生金融，保障市民卡项目的金融服务环境，做好产品创新和功能应用开发，搭建市民卡金融服务平台，营造良好的用卡环境。加大宣传力度，提高社会金融服务覆盖面，每月组织服务下乡活动，到乡镇(街道)、社区、工业园区进行上门服务，利用媒体宣传平台，开展征信、反假币、反洗钱、反非法金融活动等宣传，增强市民金融知识的认识，提高市民对金融产品的使用率。

倡导清新企业文化。不断提高服务意识，狠抓员工技能素质与业务水平，树立文明优质的窗口服务形象。关注员工成长进步，加强员工教育与培训，引导员工树立正确的人生观、价值观，为员工提供良好的职业平台。营造“蓝天白云”的企业文化，倡导“和谐创业、快乐生活”的理念，开展丰富多彩的企业文化活动，召开青年员工座谈会，组织各类拓展培训、体育活动，组织员工参与“五水共治”等公益活动，展现良好的社会责任意识。 （王　慧）

【建行建德支行】 2014年，建行建德支行以客户满意为标准，以业务发展为中心，凝心聚力、攻坚克难、奋力拼搏，经营管理水平和服务质量明显提高，各项工作持续健康发展。年末，一般性存款余额36.86亿元，其中对公存款15.22亿元、个人存款21.64亿元；全年国际结算量2.44亿美元。

创新金融产品。成功组建3000万元的助保贷管理机构——建德市四灵碳酸钙企业服务有限公司，成功发放2户共计1000万元贷款。在信贷规模十分紧张的情况下，支行与上级行积极沟通，为建德市土地收购储备中心发放投行理财产品4亿元。以“工商对接”系统为突破口，与建德辖区工商所展开全面对接，组织团队赴街道、社区、工业园区、市场，宣传建行工商专享结算产品。

严防金融风险。组织党员领导干部开展“正风肃纪 勤业守廉”主题教育活动，重点落实改进作风、勤勉尽责、廉洁从业等三方面的工作，落实行风长效机制，推进党风廉政建设。加强企业信用等级评定和授信管理工作，规范贷后管理，健全信用风险。履行反洗钱职责和义务，邀请建德人行专家到支行开展反洗钱现场培训、组织人员参加上级行的反洗钱培训，不断提高全行反洗钱水平，提升员工反洗钱意识。组织员工违反职业操守行为排查，开展“观影促交流，畅谈合规经”活动，抓好员工行为动态管理，夯实党风廉政及案件防控工作基础。

塑造良好社会形象。响应建德市政府推出的“普惠金融工程”，加大对新型城镇化、“三农”、小微企业的金融支持，为广大群众提供更为广泛、便捷、高效的金融服务。2014年，在浙江省行业协会建德代表处与建德新闻传媒中心共同举办“2014·前行中的建德金融力量”活动中，获“最佳企业伙伴银行”奖。

建立健全长效机制。加强案防长效机制建设，层层签订责任书，分解落实反腐倡廉、案件防控责任，对检查发现问题严肃问责，全年无安全责任事故。落实领导干部廉政档案、个人重大事项报告等廉政制度，加强对领导干部的监督，促进领导干部廉洁自律。组织职工参加春风行动捐款、义务献血等社会公益活动，培养职工服务社会、贡献社会的奉献精神，在建德市第十五次春风行动中组织全行员工捐款4.35万元。推广积极健康有益的文体活动，先后组织羽毛球、篮球、乒乓球等多个运动项目兴趣爱好小组，丰富员工文化生活，增强员工集体荣誉感和凝聚力。

（沈雪红）

【交通银行杭州建德支行】 2014年，该行围绕省分行“以利润为核心，以客户为中心，以改革为推手，强化全省一体化经营”主题，推动传统银行、表外银行和网络银行三大建设，在经营管理中努力实现纵横结合、表内外协同、线上线下融合发展的战略，始终坚持存款立行不动摇，有效运用各类营销策略，稳定市场份额，推动存款增长。至年末，支行各项本外币存款余额18.06亿元；日均存款比上年增加5672万元；各项贷款余额19.69亿元。完成经营利润4653万元。

负债业务。以低成本结算活期存款和中短期定期存款为重点，推进“天天进、日日增”工作，提升日均存款；追溯资金流向，提高存量客户贡献度；加强对产业链、家易通商户、代发工资人群等重点领域客户的营销，提升结算类存款占比，积极组织外汇存款；加强银银、银期合作，以存款业务的增长来推动存款利润的增长。推进城市成功路线图及“四个一批”重点客户重点突破，提高大中型客户的市场份额，拉动业务提升，努力将各项业务做深做透；推进政府机构类客户提升，加强产业链客户上下游平台联动；提高授信客户业务回报考核等措施。发展表外负债业务，开展“家庭基本账户”营销活动，通过蕴通账户、第三方存管、银行卡签约等电子化渠道，绑定交行对公、对私及同业客户的结算系统合作。依靠总行资产池产品销售，大力销售“生息365”“天添利A”“专户理财”等交行品牌产品，做大对公、对私表外理财规模。

授信业务。积极应对宏观调控，做好储备项目的落地和实质性贷款的投放，在客户储备上，加大对老客户挖潜与新客户营销工作推进力度，灵活腾挪信贷规模，提高贷款议价能力，坚持浮动利率定价，狠抓公私联动，交叉销售。调整信贷客户结构，重点提高资金留存份额，加快向中小企业的信贷投放步伐，提高信贷资产质量和可持续发展能力，对一批当地大中型企业的授信有了阶段性实质性突破。加强零贷业务营销拓展，做到分层定位，精确营销，有重点地快速扩大授信业务市场。加快贷款的内部审批流程，快速扩大支行的授信业务市场，拓展“展业通”客户，把重点扩展到各乡镇中小企业，分户到人，把客户经理分乡镇管理，逐户走访，落实到位，找出符合支行信贷投向、政策的中小企业。拓展新业务，落实省分行“1+10”特色产品，发动客户经理开展“好业务、好客户、好方案”活动，利用分行“财富管理，走进县域”活动，组织重点客户参加，在对公保理、远期结售汇、电子商票保贴等业务方面有新的进展。

国际业务。加强授信客户国际业务交叉销售率，使支行国际业务走向常态化销售，围绕出口风险参与、开立远期信用证、进口押汇、美元结售汇T+3业务及正常美元贷款货款回笼等产品。完成国际结算量1.55亿美元。

中间业务。加强中间业务发展，发动全行员工积极营销贵金属、保险业务等，打开支行代理保险业务新局面。

个金业务。抓好“春来早”竞赛活动，将各项任务进行分解，发挥员工的积极性，主动性，在工资代发新增、双币卡净增 、手机银行新增等方面取得较好业绩，在省分行各项活动竞赛中均取得较好的名次。组织开展家庭基本账户、薪金A款、退休工资账户、百万身价保险等产品专项营销活动，家庭基本账户、薪金A款新增数分别在省分行排列前茅，百万身价保险在“2014万马奔腾联动训练营”活动中，获得省分行“联动训练营”活动团队亚军。开展财富管理进社区活动，全年共赴5个社区开展社区行18次。参加省分行开展人群服务方案竞赛活动，支行的“家账户人群营销服务方案”获省分行优胜奖。

风险和案件防控。在切实防范信用风险、政策性风险的同时，防控道德风险，加强对员工行为规范教育培训，组织学习《交通银行员工禁止行为手册》，参加省分行组织的案件防控专项排查和知识测试；加强对员工八小时外行为管控，做好员工家庭访问和员工谈话。执行各项监管规定，做到依法合规经营，同时做好信贷专项检查工作，巩固贷后管理达标成果，通过加强客户贷后监控，增加上门走访频率，逐户分析；根据客户情况不同进行加固、压降等缓释风险措施，并利用当地金融案件加快执行的契机，针对不良贷款做工作，全年收回不良贷款1102万元，退出企业8家。加强会计操作风险防控力度和会计结算风险防范的能力，提高会计结算内控管理的规范性和有效性，确保安全运营，促进业务健康发展，强化每月的会计核算质量考核，落实考核责任，严格贯彻执行国家金融法律、法规，交行业务方针政策，严格执行授权管理制度。做好反洗钱工作不松懈，及时上报反洗钱报表，参加反洗钱培训。认真落实防范“电信诈骗”工作，严格要求柜面在办理汇款业务时必须按“四必问、一签字”规范操作，大堂经理和大堂保安协同防范。

（徐志达）

【市农村信用联社】 2014年，建德市农村信用合作联社各项存款余额71.60亿元，新增11.38亿元。各项贷款余额49.64亿元，新增7.41亿元，其中涉农贷款新增7.21亿元，小微企业贷款新增6.40亿元，存贷款规模位居全市金融机构首位。获得浙江省治安安全示范单位、省级青年文明号、浙江省新闻奖三等奖等集体荣誉。

做小做优零售业务，加大信贷保障力度。利用3G移动终端进村现场发放丰收小额贷款卡，全年集中发卡71次，覆盖74个行政村、1家企业。对接农业现代化和城乡一体化发展，加大对种养殖大户、家庭农场、农民专业合作社的支持力度。加深政银合作，打造杭州农信首个“三位一体”为农服务融资平台，创新推出经纪人创业贷款，与大同镇共同打造“农民增收工程”，至年末，发放贷款4887万元、惠及农户406户。推广丰收小额贷款卡和丰收创业卡，分别发放1.48万张、556张，贷款余额分别达11.71亿元、1.04亿元。推广信用贷款，至年末信用贷款余额达3.75亿元，惠及农户5739户。

做快做优服务渠道，完善便捷服务渠道。完善物理服务渠道，启动建造联社新大楼，设立明珠分社，加快部分老旧网点装修改造，完善服务功能；设立村镇两级自助银行6家，加大ATM机、助农POS机和助农终端布放力度。拓展网络服务渠道，布设网银体验机并开通WiFi服务，加强网上银行、手机银行营销，导入营销标杆在全辖区推广培训、开展城区营销活动，至年末，网银与手机银行客户数分别达2.36万户、1.09万户，电子替代率上升10.5个百分点。完善联络渠道，开展普惠金融客户信息收集工作，收集录入客户信息2.17万户，全年新增个人贷款2318户；加大客户经理驻村走访力度，强化村级联络员队伍建设，派驻农村金融指导员254名。加强财政合作服务，代理16个乡镇（街道）的财政国库集中支付、中小学国库集中支付业务，发放公务卡1488张。推进省市县三级信用体系建设，创建省级信用村2家、杭州市信用村8家、建德市信用村（社区）174家、信用乡镇（街道）3个。

做新做优产品服务，丰富金融产品服务。加强信贷产品创新优化，推出经纪人创业贷款、司法拍卖房按揭贷款、银行承兑汇票质押贷款等，推广丰收创业卡，实施授信年审制，优化企业信用贷、延长丰收小额贷款卡年限至3年，不断提升服务便捷度。加强中间业务，发行人民币理财25期，募集资金6.24亿元；上线贵金属业务。开办国际业务，开通“速汇金”等业务，不断丰富业务品种。在杭州市金融机构首家投入使用流动银行服务车，不断延伸金融服务覆盖范围。该服务车投入使用后，得到多家媒体的关注，相关报道先后被新华社《浙江领导参考》、《浙江日报》、《农村金融时报》及新华社《浙江领导参阅》等报纸杂志刊登。

做深做优品牌建设，提升企业形象。组队参

加建德市首届金融系统知识竞赛获第二名；组织参加“前行中的建德金融”活动，获建德市最佳市民银行与最具影响力银行称号。加强文明规范服务建设，成功创建省级青年文明号1家、省农信系统文明规范服务示范单位1家、杭州农信系统文明规范服务示范单位1家、文明规范服务品牌示范网点1家。推进普惠金融宣传工作，开展重振“三水”主题活动，组织优秀青年参加参观农信史料馆、“三水”精神集中大讨论、主题演讲及文艺汇演进乡村大礼堂等活动。 （邵馨莹）

【农发行建德市支行】 2014年年底，中国农业发展银行建德市支行各项贷款余额7.95亿元，比上年增长5.86%；各项存款余额1.54亿元，增长40%；实现账面利润1697万元。

稳中求进发展各项业务。做好粮油传统业务，确保粮油储备库贷挂钩，至年底粮油储备贷款5736万元。重点抓好政府非经营性贷款项目营销、储备和后续发放工作。对符合该行项目条件，可行性强、风险小、有足额担保能力的项目积极营销，与建德市交通投资发展有限公司对接23省道建德段公路改建项目，该项目是建德市政府与杭州市交投公司合作项目，项目预计总投10亿元，计划融资5亿元，由杭州市交投全额保证担保；积极落实贷前条件，按计划发放项目贷款2.8亿元，保证各支农工程顺利进行。审慎开展商业性信贷业务，强化第二还款来源，通过淘汰担保能力较弱、有代偿风险的担保公司，压贷2家企业贷款600万元；对有隐藏风险的贷款，压贷限贷直至退出2家企业1700万元贷款，有效防控信贷风险。积极组织存款，重点做好财政性存款的营销。

防风险清不良初显成效。2014年，共收回和处置不良贷款6685万元本金及相关利息。做好杭州宏达办公家具制造有限公司4420万元不良贷款清收核销工作，通过抵押物的处置清收不良贷款本金2827万元，欠息341万元；通过法院执行清收，向担保人追偿16万元；对宏达公司清收后不良贷款1577万元进行核销处置。做好建德市农科开发服务有限公司1840万元不良贷款处置清收工作，年底进入抵押物的司法拍卖阶段；通过向担保公司追偿等清收本金284万元，年底余额为1556万元。做好2014年新增不良贷款即建德市盛丰农业开发有限公司4500万元处置清收工作，至年底清收1981万元贷款。

夯实基础严防操作风险。开展信贷基础年活动，严格信贷制度、操作规程，确保客户信用等级评级、贷前条件落实、合同文本签订等合法、合规、有效；针对上级行及银监对该行信贷检查中提出的问题，积极反思，认真对待，要求职能部门查清产生问题的原因，并限时整改。抓好财会基础工作，有效防范操作风险，加强库存现金、结算账户、重要空白凭证、印押证等重点部位、重点环节的检查。

◎4月，建德联社移动终端进村发放丰收小额贷款卡

加强员工队伍建设，推进和谐银行建设。开展群众路线教育实践活动，做好规定动作及自选动作，确保活动不虚不偏、不走过场。加强党风廉政建设，与贷款客户签订《银企廉政共建协议书》，与员工签订消防、安全、保密、廉洁从业承诺书。加强员工队伍建设，开展"学习业务知识、提高业务技能、增强服务意识"为主题的岗位练兵活动，1人取得省分行营业部"三星级综合柜员"称号，1人获得营业部财会知识竞赛2个单项第一名和一个单项第三名，3人通过银行从业资格证考试，1人通过会计从业资格证考试；70人次参加上级行和社会举办的各类教育培训。构建和谐银行，解决职工中午就餐问题；深入谈心谈话活动，班子成员之间、班子成员与职工之间开展谈心交心共计26人次。（林玉群）

【中国邮政储蓄银行建德市支行】 2014年，中国邮政储蓄银行建德市支行践行"普之城乡，惠之于民"的服务理念，从"拉短板拓市场、控风险增利润、调队伍促发展"三方面着手，结合实际，各项业务健康发展。

拉短板拓市场。2014年，支行公司业务前期业绩稳定，日均计划提前完成，取得突破。公司日均存款达到1.93亿元，增长3532万元，票据贴现2.04亿元。公司客户基础更加广泛，大客户有了实质突破，中小客户行业更广、种类更齐，公司"中、小、散"客户基础扎实，票据业务大客户在2014年得到了实质性的发展。项目制取得实效，年初确定客户目标，拓展成本低、挖掘客户存款，促进了存款快速、稳定增长。

控风险增利润。强化内控意识，增强全行员工的风险意识、制度意识和自我保护意识，提高全行的防风险、防案件的能力。健全和完善内控机制，狠抓各项制度的落实。加强自查和检查，开展"一个加强、两个遏制"活动，将防案关口前移，促进各项制度落实。加大不良资产清收工作，将逾期率控制在1.32%内。开展党的群众路线教育实践活动，加强党风廉政建设，深化廉政教育，弘扬新风正力，形成良好的内控氛围。

调队伍促发展。2014年，支行调整人员结构，发掘、培养年轻的经营人才，使经营管理人员老中青结合，调整后管理人员平均年龄比原来年轻10岁以上，并在发展中起到了中坚作用，为支行发展平稳、内部和谐奠定了人员基础。（邵则奇）

【杭州银行建德支行】 2014年，杭州银行建德支行围绕总行中心工作，勤奋务实、开拓创新，各项业务持续稳步发展。年末，各项存款余额8.21亿元、各项贷款余额13.75亿元。全年实现营业收入7275万元，共向地方缴纳各类税收近800万元。获得"浙江省平安金融示范单位""杭州市综合治理先进单位"等称号，通过了"杭州市文明单位"复评。在建德市优秀金融机构评选活动中，获"最佳口碑理财银行"称号；在总行技能大赛中获计算机输入团体第二名。

支持地方重点工程建设。围绕建德市"普惠金融工程"实施意见，坚持立足地方经济，强化金融创新，向总行争取信贷资源和政策，加大对建德市政府类融资平台以及城郊新农村、安置房、农房改造安置房、工业园区开发等重点建设项目的信贷支持力度，至年末，政府重点工程项目贷款余额7.5亿元，占该行贷款余额的55%。

扶持小微企业。坚持"中小企业银行"的市场定位，开展"小微企业金融服务绿色通道"建设活动。增加专业人员，充实小微金融发展部营销和管理力量，通过电子屏、产品手册以及小微企业年会、商户交流会等平台向小微企业宣传服务方式和内容。对经营困难的中小微企业，不简单的抽贷、压贷；对经营情况好、资金暂时出现困难的企业，确保转贷、适度增贷的合理衔接，帮助企业度过困难期。全年新增个人经营性抵押贷款20户，余额新增6106万元；发放微贷卡81张，微贷卡授信总额2983万元，用信余额1835万元，缓解了一批中小企业融资难的问题。运用小企业网银交易不收费的优势，鼓励客户提高网银使用率，提升了客户的办事效率。

提高内控管理能力。2014年，支行以提高风险防范意识、狠抓内部控制、规范操作规程为出发点，抓好业务规章制度的执行与落实。加强对员工工作之外的风险排查，提高员工合规意识，将内控工作落到实处。通过加强员工内部培训，由营业主管、业务管理部经理解读总行的相关制度、风险政策，对总行培训后的转培训、对行内论坛业务操作热点问题的交流、对典型案例分析的讲解和讨论等形式，全面提升员工的综合素质及风险识别能力，进一步强化内控管理水平。不良贷款比上年末减少5670万元，不良率下降4.4%，资产质量明显提升。

推进企业文化建设。以总行开展的第二批群众路线实践活动为抓手，大力开展“我们的群众观”主题学习交流、“案防大讲堂”以及参观建德看守所进行警示教育等各项实践活动，做到防微杜渐，警钟长鸣。并充分发挥党、工、团的带动作用，为丰富员工的业余生活，开展多种形式的活动。组织了员工踏春、和社区联办了“杭州银行杯”趣味运动会、乌石滩健康行走等多项有益活动，激发员工工作激情。并努力践行企业的社会责任，提升支行形象。积极开展第十五次春风行动，支行单位和33位员工共捐款2.07万元。 （方晓怡）

【中国民生银行杭州建德支行】 中国民生银行杭州建德支行于2014年1月19日开业。该行本着“做民营企业的银行、做小微企业的银行、做高端客户的银行”的经营定位，为大众提供优质的金融服务，将民生银行“服务大众，情系民生”宗旨和理念落到实处。至年底，各项存款余额2.95亿元，各项贷款余额2.99亿元。获“建德市2014年货币信贷综合评价一等奖”“2014前行中的建德金融力量——最佳创新银行”等称号。

发挥自身优势，助力地方经济。支持中小企业发展，帮助实体经济，对接政府重点项目。成功发放政府融资平台贷款1亿元，与169家中小企业达成合作。通过“小微企业互助基金贷款”“流水贷”“民易贷”等无抵押无担保的信用贷款业务，解决小微企业“贷款难”的问题。通过现金管理和理财服务，充分发挥民生银行各种优势产品和优势业务，想客户所想、解客户所需，积累有效客户近6000户。

规范内控建设，狠抓合规经营。开展各项合规经营工作，将强化全员风险意识和党的群众路线教育实践活动相结合，有效提升风险管理水平，保障业务健康秩序发展。组织召开各类学习会、讨论会，使全体员工体会“风险底线不可越、合规底线不可碰、道德底线不可破”这一民生银行风险文化的重要精髓，真正理解合规经营的重要性。在信贷、运营等业务中，强化全行员工的风险意识，塑造良好的风险文化，支行全年运行总体平稳，资产状况良好，无重大安全事故，实现全年安全经营。

加强队伍建设，夯实发展基础。围绕“立足市场，打造务实、高效、进取的团队”目标，立足建设一支业务知识精通、操作技能良好、组织协调卓越的队伍，让每一名团队成员都成为现代化商业银行需要的复合型人才，组织各类系统性的业务培训，并建立“7S”标杆化管理体系，增强了团队建设的生机与活力，不断提升核心竞争力。

（方 晟）

【建德湖商村镇银行】 2014年，建德湖商村镇银行围绕“严管理，促发展”主题，秉承“为‘三农’服务”使命，坚持服务于当地中小企业、个体私营业主和广大农户，创新服务手段、强化内控管理、加强业务营销、增强服务功能，积极组织支农资金、增加信贷有效投入，推进战略转型，促进各项业务稳健发展。年末各项存款余额7.19亿元，各项贷款余额8.79亿元。共有营业部、梅城支行、乾潭支行、寿昌支行、大同支行、下涯支行、杨村桥支行和三都支行等8家机构网点。2014年，该行获得杭州市社会管理综合治理优胜单位、杭州市爱国卫生先进单位、文明单位等称号。

服务“三农”支持小微。立足农村市场，坚持小额、流动、分散的经营原则，坚定“支农支小”的市场定位，调整信贷结构，至年末，新增贷款客户数增幅29.9%，户均贷款下降10.58万元。通过组织开展“进村入企”“金融服务进万家”和“行长进百企”等活动，吸收行政事业单位预算外资金和涉农资金，拓展系统性客户，实现资金回流农村。发挥贷款的“短、频、快”优势，深耕“三农”，做优做强小微企业市场。全年发放涉农贷款

9.98亿元，占各项贷款总额的99%。加强便民服务中心支农联络员和联系点的联系，推进和完善村级便民中心金融服务点的建设，将金融服务的业务端口前移，根据区域内农村经济特色，加大对农户贷款的营销力度，加大村级经济组织开户攻关力度和村集体账户的开户吸存工作，方便农户办贷。加强电子渠道建设，开办借记卡业务、开办商务POS机业务、开办网上银行业务，推出手机银行业务，增强结算功能、提升服务水平。

加大有效投放。加快信贷产品开发进度，持续推行小额农户信用贷款、农房改造贷款、个人住房按揭贷款等贷款品种，并创新推出机器设备抵押、船舶抵押、林权抵押、养殖业产销链贷款等业务，进一步丰富该行贷款品种，满足不同客户的不同需求，帮助部分客户解决贷款担保难问题。提高办贷效率，推行贷款受理台账登记制度和限时办结承诺制度，明确业务受理责任，承诺从客户申请贷款到正式批复和办结，不得超过5个工作日；小额农贷实行“绿色通道”服务，调查、审查、审批与发放的时间严格控制在3个工作日以内。推进绿色信贷工作，加大对先进制造业、节能环保产业、高新技术产业等领域的信贷投入，重视环境保护，适当调配家纺、低压电器、五金工具、碳酸钙等传统产业与新兴产业的信贷支持比重，重点支持循环经济发展，不断提升对节能环保领域的金融扶持。

提升风险防控能力。完善“以人员管控为中心，以制度建设为根本，以检查监督为保障”的风险防控机制建设，提升内部约束力、控制力和执行力。加强对员工职业道德教育和业务能力培训力度，通过培训机制强化落实，提升干部员工的职业操守和业务技能。加强对潜在风险贷款管控机制建设力度，每季度开展一次潜在风险贷款排查，做到“早识别、早预警、早处置”，并及时制订定时、定人的处置计划，建立台账跟踪，落实考核。加强授信风险源头管理，严格执行客户贷款“禁五慎三”和客户风险限额管理，对问题贷款制订清收处置计划，建立台账跟踪，加强考核。强化对不良贷款责任问责和考核管理力度，提升人员的尽责履职意识。

打造精品商业银行。培育湖商企业文化，规范该行的精神文化、行为文化和器物文化，组织全行对企业的宗旨、使命、愿景、核心价值观、口号等企业文化的学习和理解，构建核心价值观。积极投身公益慈善事业，组织全行党员干部积极参加河道清淤、街道卫生清理、小区卫生整治等活动，“五水共治”单位捐款30万元。开展后备干部选拔工作，竞聘筛选后到主发起行挂职锻炼。对员工进行了信贷、风险、案防、财务、安全保卫等各项培训，提高队伍的整体素质，累计培训35次。 （朱玲瑾）

【民泰银行杭州建德支行】 2014年，浙江民泰商业银行杭州建德支行围绕“服务地方经济、服务中小企业、服务城乡居民”的市场定位，致力于为中小企业打造便捷、高效、灵活的金融服务，以上级行提出的“做定位、控风险、转方式、促发展”为战略目标，各项业务取得明显成效。年末各项存款余额2.57亿元，贷款余额3.39亿元。全年实现利息收入3686万元，净利润1852万元。

坚持做小做微，实现市场定位转型升级。开展“五个一工程”活动，加强客户群建设，深入企业和基层，全面、客观地了解企业生产经营状况，根据企业实际信贷需求，落实“一企一策”的支持帮扶措施。通过“五个一”工程，全行的营销精力营销重点更多地转移到了基层中小企业，尤其是小微企业上，市场定位已明晰。加强流程优化，挖掘审批效率，以实现效率与风控平衡，强化“做小、快捷”竞争优势，实现100万元以下贷款推行“新增3天、周转1天办结”的服务承诺。

着力文化打造，实现管理理念的转型升级。支行以总分行的经营指导思想为核心，结合民泰特色与建德地区经济金融特色，打造符合自身生产力与生产关系的经营管理文化体系，即一个定位：小企业之家；两手抓：一手抓发展，一手控风险；三大远景：有质量、有后劲、有竞争力；四种精神：坚持不懈、与时俱进的学习精神，三思方举步、百折不回头的执着精神，宽宏、包容、理解、协同的团队精神，敢于拼打、勇于进取的竞争精神。通过整顿工作作风，提高中后台部门工作效率和服务意识；加强部门间协同，以“管理为经营决策提供理念”认识为前提，营造“二线为一线服务”“上下齐心促发展”氛围。

严格内部管理，保障转型升级基础。建立健全内控，完善相互监督、相互制约的经营管理机制；按照内控优先的原则，根据银行经营管理、风险控制的要求，先后出台一系列管理办法，建立新的内控体系；按照“标本兼治，重在治本；多措并举，重在防控”的原则，将防控意识融入内控机制中，全年安全无事故，并被评为2014年杭州市级“平安金融”示范单位和2014年杭州市综合治理先进单位。（朱玉琪）

【建德市新安小额贷款股份有限公司】 该公司是浙江新安化工集团参股子公司，位于新安江街道严州大道秀水华庭18号，并在梅城镇、乾潭镇设有两个分支机构。2014年实现总收入6261.76万元，利润2848.40万元。年末，公司有员工23人，资产3.87亿元。

该公司于2009年1月经浙江省政府批准成立，由浙江新安化工集团为主发起人，联合建德市9家民营企业和8名自然人共同投资组建，注册资本1亿元，其中集团投资2000万元，占注册资本的20%。2010年5月，公司增资扩股，注册资本增至2亿元，集团投资增至6000万元，占注册资金的30%，股东数由原来的10个增加到17个。公司成为浙江新安化工集团相对控股的子公司。公司的经营范围是在建德市境内依法办理各项小额贷款业务；办理小企业发展、管理、财务等业务及其他批准业务；保险兼业代理业务。（洪 骏）

表22 2009～2014年建德市新安小额贷款股份有限公司经营情况

项目 年份	贷款余额（万元）	累放金额（万元）	累放笔数	总收入（万元）	净利润（万元）	入库税收（万元）
2009	11891	31309	226	1533	828	255
2010	22710	64857	681	4060	2437	629
2011	30169	88258	887	5612	3404	1335
2012	29264	100116	808	5578	2893	1690
2013	38947	131997	2501	6127	3040	1423
2014	36519	161670	4815	6262	2848	1402
合 计	—	578207	9918	29172	15450	6734

保 险

【人保财险建德支公司】 2014年，人保财险建德支公司，在维护好业务续保的同时，采取积极有效的考核措施拓展业务新领域，保持了公司业务稳步发展，全年实收保费9135万元，赔款支出4822万元，简单赔付率52.7%，综合赔付率60.9%。

以业务发展为中心，坚持有效发展。做好重要客户业务的稳定工作，根据客户需求制订和实施差异化服务举措，业务主脉继续巩固和发展。实施续保考核，特别是对“SFA”系统的应用和管理性考核机制，努力维护和提高车险业务的续保率。推进销售渠道建设，通过整合车商业务部、

“三农”业务部、重要客户部/银保部的团队建设，理清了销售渠道和代理业务的专业对口管理，进一步巩固和拓展销售渠道；加强营销团队建设，通过相关人员的调整，整合专业团队，提升了专业团队与外部沟通的渠道效能。做好政策性涉农业保险工作，年初特别开设“三农”保险业务部，并进行多方面的沟通，配套保险服务进社区、进农村活动；在2014年的水稻保险项目中，建德支公司多批次地组织服务团队和地方政府部门的农技专家，对因遭受水稻病害的近30户水稻专业种植户提供了良好的理赔服务，展示人民保险服务人民的理念；努力探索建德地域特色的农业保险险种和模式，开展了农业保险新领域、新项目和调研活动。加强未决赔案清理，提高车险盈利能力，在上级公司的统一部署下，清理掉一批存积多年的赔案和数据，确保了建德支公司2014年的利润业绩；通过赔案复查、复检，对修理厂家的信用，理赔人员的反欺诈识别能力培养，查处了数起骗保骗赔案的发生；经过多回合的沟通和交流，在促成保险业务协会与修理行业协会的利益共享的原则下，有效处置了保险理赔与修理行业间的矛盾。

基础管理扎实有效。继续加强内控制度建设，在印章管理、考勤制度、“SFA”系统应用考核方面严格掌握执行，新建周一学习制度并得到有效执行。加强单证管理，调整改造了单证库房，新增单证货柜，对所有单证分门别类进行存放，使单证库房符合防盗、防潮、防尘、防虫和防火等方面的要求，完善单证管理制度，严格按照上级公司单证管理“限时”“限量”“核销”和“回收”规定执行。落实公司印章签盖、报送和业务印章领用、登记、责任书签订等工作，并及时组织检查。配合新安江街道做好签约单位社会管理综合治理和安全保卫工作，及时制订上报年度综治工作计划、总结和季报；组织社会管理综合治理工作专管人员培训、部分员工对消防灭火器材的使用和演练；落实各项维稳措施，加强安全硬件设施建设，改造电脑机房的线路设施，确保安全运行。加强人力资源管理，畅通员工个人发展通道，组织C类转B的员工考试，共有7名C类人员通过上级部门考核转为B类用工。

服务能力不断提高。开展“全员服务365”活动，根据客户节的要求营造客户节的良好氛围；继续开展争创“服务示范窗口”活动，规范员工服务要求，职场环境的美化和规范化有了新的提高，支公司窗口服务人员形象做到“四统一”（统一设计、统一着装、统一培训、统一挂牌）；将理赔定损人员轮换常规化，保证了下派理赔人员能够安心于提供良好的查勘理赔服务，并将客户服务向农村基层延伸。（王越强）

【中国人寿保险股份有限公司建德市支公司】2014年，中国人寿建德支公司按照“稳中求进、转型发展、提高效益、防范风险”工作思路，围绕“三个关注”（关注预算、关注排名、关注创利创费），坚持业务发展中心不动摇，积极开展对标奋行，业务保持平稳健康的发展态势，全年实现新单保费1.07亿元，市场份额占69%；支付各类赔款1326万元。

业务发展稳中有进。围绕杭州市公司下达的年度经营预算目标，探讨、研究各渠道业务推进方法，并精心组织实施，业务发展呈现稳中有升、加速转型的良好态势。全年实现期交保费3478万元、趸交保费5098万元、短险保费2205万元。在2014年省公司考核中获得对标奋行先进单位，在杭州地区综合性支公司年度考核中排名第一，成为杭州国寿系统的标杆。

运营管理双效齐升。继续推进专业化、精细化管理，建立一系列科学考核机制，制订各渠道、部门《经营目标责任书》，层层签订《社会管理综合治理目标责任书》，使管理有据可依，按章办事。实行差异化核保政策，支持业务拓展，业务管理得到加强；实行综合柜员制，实现柜面一站式服务，客户服务进一步优化；加强预算管理，提高经营绩效，对各项费用开支进行及早预算，控制各项费用开支，节约成本；对照上级要求，查找公司在内部管理方面存在的不足，及时整改；加强重要凭证管理，从源头控制风险；加强个人代理人风险预警制管理；加强反洗钱工作，严把承保、理赔质量关，严厉查处假骗赔案发生，加强日常监督，一经发现严肃处理，并及时报告监管部门，防范经营风险。

服务民生树立品牌。拥有专业理赔服务人员

和快速理赔服务专车，坚持常年送服务上门，为客户提供优质、快捷的保险服务。继续承保建德重大自然灾害保险，为全市人民提供重大自然灾害风险保障；开展计划生育家庭保险和农村小额保险，积极服务“三农”；开展社会公益活动，参与由人民银行建德支行组织金融知识普及月活动，通过活动宣传保险知识；参加由浙江省银行业协会建德代表处与建德新闻传媒中心共同举办“2014·前行中的建德金融力量”活动，获“年度最具影响力保险公司”称号；9月20日友情赞助《建德好声音》歌手大赛第二季半决赛，通过活动宣传中国人寿连续12年入选《财富》世界500强、连续11年入选“中国500最具价值品牌”，宣传国寿防癌险上市。

提高技能增强队伍。对全体员工开展“诚信教育”“依法合规”学习教育，开展以理赔时效和通知服务为内容的学习，聘请专业讲师传授专业知识，提升员工专业技能；6月16日，组织开展客户服务节等多项活动，选拔优秀员工参加杭州市分公司的专题演讲比赛；参加杭州市公司职工运动会，增强员工身体素质，丰富员工业余生活，增强公司的凝聚力。 （陈荣统）

【中华联合财险建德支公司】 2014年是中华保险实施“三三九”战略规划的开局之年，支公司面对不利局面，直面挑战，携手共进，全年完成保费任务2200万元，完成杭州中支公司下达的全年计划目标任务；贯彻总公司加强理赔管理和客户服务，加大未决赔款清理力度，共支付赔款1487万元，比上年增长18.8%，赔款支出的绝对额增长235万元，体现了“中华保险、理赔不难”的客户服务宗旨，为支公司的平稳发展打下了扎实基础。在浙江省银行业协会建德代表处、建德市新闻传媒中心联合举办的“2014·前行中的建德金融力量”活动中，中华保险建德支公司获得“最具成长性保险公司”称号。

多措并举、提升销售能力，促业务稳步发展。面对1月至4月业务发展的不利局面，支公司充分利用上级公司的各项业务政策，和各综修厂紧密合作，挖掘各综合修理厂的业务资源；配合中支公司电商部，开展电销外呼业务，多渠道地发展优质业务。继续对电销服务专员进行专业培训，提升电销服务专员的销售技能，加强了车险电销业务的发展。加强车商等兼业代理业务的发展，促进支公司的业务稳步发展。

加强客户增值服务、提升客户服务能力。2014年，支公司根据省公司的统一安排，重点推出“感恩客户、真情回馈”、中华行等特色活动，即通过上门拜访优质客户，倾听客户心声，征求客户意见，加强客户沟通来提升客户满意度；通过与专业修理厂的合作，为客户提供代办年检服务、非道路事故救援、提供紧急救治服务等措施来加强客户服务能力；通过实施全国通赔通付、温情探视等人文关怀服务等措施来加强客户体验。

加强内部制度建设，提升服务水平。支公司加强对管理人员的内部管理考核，明确各岗位的工作职责，强化管理岗位人员要服务一线、一线服务客户的意识。针对客户服务工作中存在的实际问题，公司修订和完善了《查勘人员定损服务标准》《关于进一步规范理赔单证受理工作的通知》《关于进一步强化车险现场查勘工作的通知》等规范性文件，强化理赔服务管理，提升理赔服务标准，实现了总公司要求的“中华保险、理赔不难”的服务标准。

加强内控合规建设、坚持依法合规经营。支公司继续从承保管理、中介管理、理赔管理、财务管理以及综合管理等几方面进行了风险排查工作，确保公司在发展过程中做到不违规、不违法，坚持依法合规经营，促进企业经营良性、健康发展。 （雷建祥）

【平安财险建德支公司】 2014年，该公司面对复杂多变的市场环境，依托平安集团的变革战略，围绕科技手段、客户体验、风险筛选与成本优化等三项核心竞争力，取得保费增速超市场，COR表现“优于”市场的双优表现。全年实现保费收入2866万元，比上年增长22.3%，市场占比11%，支付赔款1514.3万元。年末，公司有员工22人。

2014年，公司严格把关柜面的服务品质，提升柜面的专业知识，力求打造一支专业、品质、优秀的服务队伍。依托总公司推出的“橙意十足，最美女人节”、“5·18”平安保险节、“双11”、“金融交易狂欢节-财神节”活动回馈客户，将线上平台与线下渠道优势相结合，给消费者带来收益与实惠。

个人业务依托风险筛选、创新发展和传统优化，品质持续优于行业，成本优势显著。团体业务执行扭亏“组合拳”，扎实做好基础平台管理，业务机构向好，品质改善，赔付率明显下降。团车（投保人为单位）业务一手抓优质板块发展，一手抓高风险板块管理，品质保持良好。运营以客户体验为出发点，启动组织架构、作业模式、驱动经营等五大变革。

面对互联网带来的深刻变革，客户对线上服务的需求越来越强烈，平安车险理赔业务围绕探索理赔新模式，以及提供差异化的理赔服务进行改革，逐步向以客户为中心，“流量”为王的线上理赔模式转变。公司通过创新服务模式提升客户服务体验，业内首创的好车主APP、微信理赔，力求变复杂为简单，让客户真正感受到“简单便捷、友善安心”的服务，感受到平安先进的业务平台和品牌力量。

在科技驱动、移动互联的变革下，公司以服务铸就竞争壁垒，打造车险服务品牌。客户服务以车主生态圈建设为核心，以改善客户体验为目标，打造有稳定的服务。以“新高铁项目”为核心，依托专业化系统平台，开启车险理赔从线下到线上作业、传统保险到互联网保险的转变，颠覆现有的作业模式，为客户带来极速、便捷、精准的理赔服务新体验。平安财险以服务地方政府和市民为使命，在经营中稳重求进，履行社会责任，促进行业荣誉体系建立和评价，提升行业影响力。（潘旭涛）

证　券

【银河证券建德新安路营业部】 2014年，中国银河证券股份有限公司建德新安路证券营业部全年营业收入2013.45万元，比上年增长41.3%；累计税前利润1125.3万元，增长35.8%；累计股票基金权证交易量183亿元，增长38%；客户总资产6.5亿元，新开户数653户，年末有效客户数1.21万户。年末，营业部有员工23人，其中正式员工7人、客户经理9人、劳务派遣（含保安、保洁）用工7人。

2014年，股市由熊市行情转为牛市行情，在国家推出沪港通业务时，快速引领大盘蓝筹股的上攻，尤其在国庆后的单边上涨行情，一度将上证指数由2000点带到3400点，交易量开始出现井喷，一度破纪录地出现了万亿元的成交巨量，并出现股市新词“满仓踏空”。

2014年是营业部收获丰厚的一年，营业部的融资融券业务在行情的引导下出现快速增长，全年新开两融业务账户近千户，融资融券余额从年初的2715万元上升到1.14亿元，出现质的飞跃。由于可以融资融券的股票大部分为蓝筹股，在大盘上涨的行情之下，2014年客户的收益非常可观。

营业部在转型过程中，积极推广现金理财产品，有固定收益的金山银河产品，收益在年化4.5%～5.9%，期限在20天至1年，灵活多变，丰富了保守型及低风险承受能力客户的投资品种，更有可以让客户的闲置保证金取得丰厚收益的水星1号产品，开通此产品的客户保证金能享受比活期存款多近10倍的收益。

8月开始，为了提高投资者的风险及投资教育，营业部每周2次开办股民学校活动，其中周3主要是股民学习，帮助引导新股民了解股市的基本操作及最基本的看盘能力，了解各个K线的作用，并借助K线的分析，提高自身的操作水平。

（吴文涛）

编辑：杨忠平

财政·税务

Finance & Taxation

财　政

【概况】 2014年,全市财政工作践行"促进发展、保障民生、科学理财、加强监管"理财观,围绕"促发展、稳收支、惠民生、抓改革、优作风"工作重心发挥财政职能作用,统筹运用财政政策手段推进民生事业发展,促进了全市经济持续健康发展和社会和谐稳定。全年实现财政总收入33.32亿元,增长8.5%,其中公共财政预算收入18.70亿元,增长8.0%,完成预算的100%;全市公共财政支出31.24亿元,增长13.9%,财政收支平衡。

【组织财政收入】 优化收入结构,公共财政预算收入占财政总收入的比重为56.2%,税收收入占公共财政预算收入94.6%。强化税收征管,推进行业性税源集中管理,与8个部门签署涉税信息共享协作意见,实施行业税负预警管理,完善石灰石、建筑用砂资源税征收管理,开展土地使用面积专项核查,全面清理历年耕地占用税欠税。强化非税管理,修改完善国有土地使用权出让收支管理办法,加大历年土地出让金清欠,清理检查2009年至2014年全市土地出让金收支情况,开展排污费、污水处理费征收使用情况调研。完善社保费征缴,制订社会保险费清算规程,加强社保费征管指标考核,做好城镇个体劳动者社保费地税征缴工作,全年组织社会保险基金收入11.12亿元,增长7.6%。

【支持经济发展】 开展全市分行业"亩产税收"调查,在碳酸钙行业试点"以电控税",加速淘汰落后产能和"低、小、散、乱"企业整治;制订"个转企"行业指导目录,兑现"个转企"财政资助383户;推动传统产业转型提升,加快不良金融资产处置和"腾笼换鸟",兑现市级财政各类扶持发展资金2.47亿元,指导企业向上申报项目38个,争取扶持资金3980万元。落实小微企业系列税收优惠政策,清理涉企行政事业性收费,对部分工业企业临时性下浮社会保险费缴费比例;支持融资性担保体系建设和小额贷款公司发展,发挥应急专项资金作用,全年办理贷款调头400笔,出借资金14.14亿元,有效防范企业"两链"风险。开展"进帮助"活动,累计走访企业527家,帮助企业解决实际问题435个;开展职权清理推行权力清单制度,保留行政权力事项56项,减少61%;实施"两集中、两到位",单独设立行政审批科,成建制进驻市政务审批服务中心,实现审批事项和便民事项"一个窗口对外"。

【保障民生事业支出】 持续加大公共财政对民生领域投入,全年用于民生方面的预算财政支出达到25.3亿元,比重81.1%,支出规模和支出占比均创历史新高。支持民政福利事业发展,提高城乡低保标准和困难群众临时救助标准,推进机构养老、居家养老服务工作,建立困境儿童分类保障制度。支持医疗卫生事业发展,完善医改后对基层医疗卫生机构的财政补助方式,加大城乡基本公共卫生投入,推动优质医疗资源下沉。支持社会保障事业发展,建立城乡居民重大疾病医疗补助制度,稳步提高社会保障待遇,争取到位省级养老保险调剂金2.98亿元,保证基金正常支付。支持残疾人事业发展,扩大残疾人低保对象范围,实施残疾人千人康复工程,完善残疾人无障碍设施建设。支持"三农"事业发展,进一步完善现代农业产业扶持政策，对村级公益事业建设实行“一事一议”财政奖补，加大土地治理、产业化经营等农业综合开发力度。支持生态文明建设，做好“五水共治”三年行动项目资金组合，“三改一拆”“三江两岸”“四边三化”等经费保障到位。

【财政改革】 实施财政“三位一体”综合改革，组建预算局、预算执行局、财政监督局，再造财政业务流程，编制标准化岗位327个。完善全口径预算编制体系，细化公共财政预算，首次试编国有资本经营预算，规范社会保险基金收支管理。推进预决算信息公开，督促全市所有(68个)非涉密预算单位上网公开部门预算及“三公”经费预算。加强专项资金清理整合，试点竞争性分配和大专项管理模式。完成地方政府性债务纳入预算前的清理甄别工作，清退乡镇向个人筹资，规范乡镇债务管理，实行乡镇举债上审一级制度。加快“数字财政”建设步伐，编制“数字财政”建设三年规划和分年度实施计划。开展乡镇工业功能区运行情况调研，推进乡镇财政规范化建设，健全市镇两级财政信息通联机制，依托乡镇便民服务中心资源，推广乡镇公共服务平台建设。完成市级国有公司调整优化，形成“1+6”国有公司体系框架，完善国资公司法人治理结构建设。

【强化财政监管】 贯彻落实《浙江省机关工作人员差旅费管理规定》，规范职工福利费、党员活动费开支范围，出台《党政机关国内公务接待管理办法》，完成全市公务用车制度改革和涉改公车拍卖，全市“三公”支出压缩39.1%。加强政府投资项目前期审查和资金来源审查，建立政府投资项目建设单位月报制度，规范工程造价管理，防止预算超概算、结算超预算，共核减资金940万元。规范政府采购行为，完成采购项目104个，节约资金818万元。开展“小金库”专项治理，组织财政监督检查项目25个、绩效评价项目54个，涉及财政资金6.01亿元。开展行政事业《会计法》专项执法检查，加强会计基础管理。（骆炳）

地　税

【概况】 2014年，全市地税工作践行“依法治税、为民理财、务实创新、廉洁高效”的工作理念，围绕组织收入中心工作推进财源经济建设、加强税收征管，实现了地税收入持续、平稳、健康增长，全年共组织入库各项地方税费收入28.96亿元，比上年增长8.2%，其中税收收入累计入库16.22亿元，增长8.5%，剔除营改增因素同口径增长8.9%，完成省地税局指导性计划15.85亿元的102.4%；其他基金费收入累计入库12.74亿元，增长7.8%。

【税源涵养】 坚持将扶持实体经济发展作为财税中心工作，扶持发展实体经济，助推传统产业转型升级，不断丰富和培植地方优质税源。落实小微企业相关税收优惠政策，临时性下浮社会保险费缴费比例，实实在在减轻企业税费减负，全年报批困难减免、政策性减免等各类税(费、基金)2.08亿元。推动传统产业转型提升，扶持工业企业加大技术改造投入，加快不良金融资产处置和“腾笼换鸟”。制订“个转企”行业指导目录，转前加强政策引导，转中加大办税服务，转后加快政策兑现。开展全市分行业“亩产税收”调查，在碳酸钙行业试点“以电控税”，运用税收杠杆引导资源型企业集约节约利用资源，倒逼高能耗行业推进节能减排，加速淘汰落后产能和“低、小、散、乱”企业整治。开展“进帮助”行动，支持浙商创业创新促进建德经济发展活动，累计走访企业527家，帮助企业解决实际问题435个，建立“上市企业及上市培育企业点对点服务”等长效机制3项。

【加强税收征管基础建设】 完善重点税源监控，纳入县(市)级以上监控的户数由去年的176户增加到185户。开展地税三年(2014～2016年)税源规划调研，成立房地产业等7个子课题组，占相关行业地税税收比重80%以上。推进行业性税源集中管理，制订房地产业税源专业管理办法，推行建筑业集中管理，形成“重点税源重点管”的管控格局；推动跨部门涉税信息共享利用，先后与法院、工商、国税、住建、国土、商务、环保及资源交易中心等8个部门单位联合签署涉税信息交换共享的协作意见，实施工商股权变更税收前置等管理举措；将税收分析机制引入纳税评估管理，探索税收分析、税源监控、综合管理和税务稽查四个环节良性互动机制；强化营业税日常管理，突出对建筑业、房地产等重点行业管理；提高所得税汇算清缴质量，完成年所得12万元以上纳税人自行申报工作，加快实现全员全额明细扣缴申报100%全覆盖，强化自然人股权转让个人所得税征管；加强建筑业企业所得税税负预警管理，引导帮助企业开展涉税风险排查；指导分局有序开展土地增值税清算，提高清算工作质量，保证第五批土地增值税及时入库；全面清理历年耕地占用税欠税；完善资源税征收管理，调整石灰石单位税额标准，委托代征河道建筑用砂资源税；以“亩产税收”基础数据收集核对为契机，开展土地使用面积专项核查，规范房土两税减免税审批管理。持续推进社保费长效管理机制，制订社会保险费清算规程，加强社保费征管指标考核，做好城镇个体劳动者社保费地税征缴和残保金、工会经费代征工作。

【加大税收执法力度】 严格落实债权申报和申请法院协助执行程序，申报破产企业税收债权10件、参与法院执行案件拍卖款分配18件，金额627.49万元，确保国家税收优先受偿和社会保险费用的及时足额入库；整顿和规范税收秩序，组织开展税收专项检查4批次、269户（其中转重点检查53户），涉及房地产、建筑安装企业、股权变更企业、多年未查工业企业及商贸企业、非学历教育培训企业，查补税款2096万元；严厉打击发票违法犯罪，在全市范围内开展餐饮企业发票使用情况专项整治，比对发票2632份，查获涉嫌违规发票118份；强化重大案件审理和跟踪管理，制订税务稽查指南和稽查案件时效监督管理制度，健全纳税人陈述申辩制度，完善案情分析会制度，防范税收执法风险。

【提高纳税服务水平】 贯彻落实县级税务机关纳税服务规范，共9类66项270个服务事项，41个事项减少附列资料71份，73个事项缩短办理时间共505天，提速90%。建设“建德地税纳税服务平台”，注册企业431户。提升“纳税人学校”办学水平，举办主题培训20期，参培人员1200余人次。开展“税法宣传直通车”主题活动7场，累计发放宣传资料5000余份。实施营业执照、国地税务登记证、组织机构代码证、统计证、企业公章“五证一章”联办便民服务模式。以纳税人需求为导向，规范办税服务厅窗口设置，推进全职能窗口建设。2014年，全市地税各办税服务厅（不含审批中心窗口）共服务纳税人4.60万人次，办理涉税业务9.72万笔，平均办理时间为1.9分钟，提速0.5分钟，平均等候时间为2.8分钟，缩短1.5分钟。（骆　炳）

国　税

【概况】 2014年，市国税局围绕“提升站位、依法治税、深化改革、倾情带队”目标，突出抓好“优化收入结构、致力招商引税、紧盯关联交易、切实加强征管、着力涵养税源”五项举措，全年组织地方财政收入5.13亿元，首次超5亿元；直接组织国税收入17.04亿元，增收8889万元，增幅5.5%；不含调库收入16.04亿元，增长9.5%；构成地方财政收入4.91亿元，增长10.9%；代征城建税等地方税费2241万元，增长7.4%。

落实“一二三四五”工作机制，加强税收分析与调研，围绕经济税收运行、农夫山泉税收问题、税收优惠政策支持“电商换市”分析、“营改增”等开展专题分析和情况汇报，为打造地方经济“升级版”提供决策参考。开展领导班子走进基层服务群众“五个一”活动，全年累计下基层150余人次，走访企业200余户次，撰写各类调研16篇。

全年共举办各类培训班20余期，培训干部达1000余人次；92名干部通过“2+X”考试，10名干部入选省局人才库。开展青年干部“见学”活动，选派10名青年干部分批“见学”，提升干部综合能力。全年完成“杭州隶桦机电设备有限公司”等4个招商引资项目，到位资金8310万元，再创历年新高，其中独立招商引资项目2个。成功创建建德市“四星级党建示范点”，“党建示范群”通过验收。连续八年位列杭州市国税系统党风廉政考核前三。

【落实税收优惠超7亿元】 全年落实各类减免税优惠7.08亿元，其中：“营改增”税收减税7803万元，小微企业免征增值税9042户、减税2042万元，固定资产进项抵扣1.79亿元，出口退税3.73亿元、增幅18.3%，民政福利企业和资源综合利用企业退税5776万元。

【税收执法责任制建设】 梳理8大类141项权力事项与39项进户执法项目，率先在全市范围内公开《行政审批目录清单》《税收执法权力事项清单》及《进户执法项目清单》“三个清单”。全面落实税收执法责任制。围绕9个方面开展税收执法检查与执法督察，纠正13类共计34个问题。探索实践“三级质检”风控模式，深化税收执法风险“三层防控”机制运行。完善重大税务案件审理制度，修订《建德市国家税务局重大税务事项集体审理办法》。

【提升征管质量】 推进增值税关联交易管理，南方、红狮、海螺等3家水泥企业通过提升关联交易价格，入库税收增长10%。强化增值税零负申报、异常申报企业分析，夯实管理基础。加强所得税预缴申报管理，年度预缴率达74%；加强所得税后续审核工作，58家企业补缴企业所得税407万元，弥补之前年度亏损472万元。

【规范税收秩序】 依托税警联合办案机制，开展打击虚开发票、骗取出口退(免)税违法犯罪活动，查办虚开增值税专用发票案件18起，查获虚开专用发票80份，查补入库税收12.95万元，移送公安10件，检察机关移送起诉嫌疑人9人。开展矿山行业税收专项检查，入库税款145万元，调整亏损403万元。

【推进国地税协作】 市国税局联合市地税局制订实施《2013年～2015年国地税协作三年规划》，联合开发“行业税收风险管理预警平台”，加强行业税收风险管理。联合开展矿山行业税收检查及建筑行业税收管理，累计入库税收200万元。开展重点税源风险应对工作，2批14户风险评估共补缴税款478万元，完成41户风险提示任务。

◎市国税局一线干部能力提升考试

【开展“便民办税春风行动”】 梳理推出8类26项便民服务举措，各类涉税审批资料报送比上年减少39%，涉税审批环节减少62%，压缩办税时限59项。建立社会化办税平台，增设新安江街道办税服务点，推行免填单服务。新安江办税服务厅扩建自助办税服务区，为纳税人节约办税成本近60万元。寿昌分局推行农户办税信息备案制度，解决服务纳税人“最后一千米”问题。稽查局联合司法部门建立“三前”沟通机制，化解企业涉税风险，助推32家欠税企业渡难关。推进《纳税服务规范(1.0版)》平稳落地。全年综合网上办税率达98%，网上自助申报率由6%上升至30%。开展“进帮助”活动，走访企业27户，征集问题意见32条，帮助协调解决涉税问题3个。利用国税网站、官方微信等载体，推送信息1000余条；发挥纳税人学校、政府、商会、品质观察员ECP群等平台作用，编发《“五水共治”政策汇编》《建商税案讲堂》等各类宣传资料2.50万册；组织各类专题辅导会60余场次，受理解答纳税人各类涉税咨询1000余条。（关浩然）

国有资产经营

【概况】 2014年上半年，市国资公司以加大洋安新城、洋溪新城、桥东区块开发力度为重点，全力推进项目建设；拓宽融资渠道，加大融资力度，确保三大区块开发及项目建设资金需求；提升旅游产业，加大重点基础设施建设，做好民生保障设施建设；完善内部管理，加强廉政建设。至5月底，市国资公司主营业务收入834万元，公司及7家二级子公司主营业务收入1.56亿元，国资公司及下属18家企业国有资产保值增值率达101.03%，国有权益净增3122.01万元；国有公房累计收取租金786万元，增长8.5%；完成供水量1180万吨、售水量955万吨(不含无费水量)；城区生活污水处理434.58万吨。

【融资到位项目资金5.06亿元】 2014年，公司以项目包装融资和长短期贷款结合的方式，向各相关子公司分解落实任务，并与各银行做好对接，确保工程项目资金及时到位。至5月底，融资到位5.06亿元，其中国资公司1亿元、旅业0.25亿元、万居0.24亿元、城建1.19亿元、客运中心0.26亿元，铁投1亿元，水务公司0.59亿元，17度公司0.5亿元。

【国有资产对外投资】 与梅城镇资产经营有限公司联合组建成立建德市严州古城保护开发有限公司，推进梅城古城保护开发，注册资金1000万元，其中，由市国资公司全资子公司建德市万居经济适用房开发有限公司现金投入700万元，占70%的股权，梅城镇资产经营有限公司以土地入股，占30%的股权。

出资成立杭州杭新固体废物处置有限公司，公司注册资金3000万元，国资公司占100%的股权。

国资公司子公司建德市城市建设开发有限公司以2010年预付给建德资产经营公司3000万元土地征用款以及用于寿童公路项目资金借款本金500万元、利息106万元，两项共计3606万元资金，作为对建德市资产经营公司的投资，投资后建德市资产经营公司注册资本由1亿元，增加到1.50亿元。其中，建德经济开发区管委会出资1.14亿元，占注册资本的75.96%；建德市城市建设开发有限公司出资3606万元，占注册资本的24.04%。（辛晓霜）

【建德市交通发展投资有限公司】 7月30日，根据《关于建德市市级国有公司优化调整实施意见》(市委办发〔2014〕95号)，建德市交通投资有限公司更名为建德市交通发展投资有限公司(以下简称交投公司)。9月19日，建德市铁路设施投资有限公司并入交投公司，作为交投公司的子公司，出资人由市财政局国资办调整为建德市国有资产经营有限公司。公司主要负责建德市交通基础设施投资、新农村建设投资、资产经营管理及工程管理咨询，下辖全资子公司4个、控股子公司2个、参股子公司3个。

2014年交投公司平台实施项目16个，完成投资98669万元，完成财务支付额66635万元。完成融资授信72900万元。（朱家琦）

【建德市城市建设发展投资有限公司】 2014年，市委、市政府对市级国有公司实施了新一轮的调整优化，在市城市建设开发有限公司(简称城建公司)的基础上成立建德市城市建设发展投资有限公司(简称城投公司)。调整后的城投公司由

◎4月，新安江桥东城市客厅综合体开工建设

建德市城兴城防工程建设有限公司（简称城兴城防公司）、建德市水务有限公司（简称水务公司）、建德市万居经济适用房开发有限公司（简称万居公司）和杭州杭新固体废物处置有限公司（简称杭新公司）组成。公司主要承担洋溪、洋安、桥东三大区块开发建设，市域范围内的基础设施建设，保障性住房建设、供水、污水及危险废物处理等城市建设、环境保护、民生保障工作。

2014年，城投公司系统国有资产保值增值率达102.47%，总资产达到66.3亿元，国有权益净增5619万元。完成投资额13.7亿元，财务支付额10亿元，投资额完成率149%，财务额完成率161%；完成融资12.83亿元，完成率206%；完成招商引资任务1.7亿元；完成洋安土地出让12.5公顷，成交价2.4亿元，完成土地收储17.5公顷；完成三大区块征迁签约46户，签订企业搬迁协议6家；水务公司完成供水2463万吨，增长6.1%；全年累计完成处理污水887.89万吨；落实保障性住房选房工作，完成汪家600套经济适用房公开摇号及选房工作。（吴　峰）

【建德市新安旅游投资有限公司】 9月1日，杭州新安江旅业发展有限公司更名为“建德市新安旅游投资有限公司”（以下简称旅投公司），其职能为“实施市委、市政府发展战略的主平台和主力军，主要负责建德市国有旅游资源的整合、开发建设及运营管理企业”。旅投公司是建德市旅游行业的龙头企业，设5大部门，下辖5家子公司，拥有国家AAAA级景区4个，AAA级景区1个，主要经营“江南悬空寺”——大慈岩、“地下艺术宫殿”——灵栖洞、“江南小三峡”——七里扬帆、“中国古村落活标本”——新叶古村、“千岛湖湖门第一岛”——好运岛五大景区，总注册资本1亿元，有员工257名。

至11月底，新安江旅业（旅投公司）游客接待量57.75万人次，比上年增长32.9%；综合收入4210万元，增长17.1%。8月，灵栖洞景区获“杭州市景区服务标准化项目”一等奖。12月，灵栖洞景区、七里扬帆景区通过浙江省旅游景区质量等级评定委员会国家AAAA级旅游景区复核。建德扬帆旅行社有限公司在中国景区网络营销高峰论坛获“2014年创新活动TOP”、在驴妈妈旅游网获“最佳口碑景区”称号。在2014年浙西旅游合作峰会上，建德被评为“2014浙西生态养生旅游目的地”。（章　磊）

【建德市资产经营投资有限公司】 2014年，根据市委办发〔2014〕95号《关于建德市市级国有公司调整优化实施意见》精神，资产管理板块成立建德市资产经营投资有限公司，公司由原建德市万晟资产管理公司更名，9月完成工商登记，公司注册资金1亿元。公司建立董事会、监事会、经营班子等法人治理结构，内设综合管理部、财务计划部、资产管理部、经营管理部、工程管理部等五个部门和梅城、寿昌两个分公司，有职工51人。公司下属全资子公司6家：广安物业公司、古城保护公司、里诸电站管理公司、新湖建设公司、粮食收储公司、保安服务公司。控股公司1家：民爆公司。参股企业8家，分别有：罗村三级电站、美亚燃气、汇融检测、润滑油公司、宝丰药业、八达股份、安琪尔股份。

公司的资产主要由直管公房部分、改制的剥离资产部分、市场资产和各家子公司净资产组成，公司划转（注入）资产账面值3.35亿元。公司所管辖的国有公房总计24.74万平方米，其中：直管公房总面积19.1平方米；企业改制剥离出来的非经营性资产，面积3.4万平方米。市场资产由三都市场、寿昌市场、白沙市场、新安江市场、梅城市场、梅城小商品市场6部分组成，总面积2.24万平方米。2014年，公司实现经营收入2380万元，实现利润351万元。

广安物业管理公司：承担部分政府公共设施的管理养护职责，同时向市场承揽物业管理业务。2014年收入885.35万元，实现利润-7.15万元。

新湖公司：系市政府决定为中房生态项目政策配套公司，负责配合中房项目的道路、管道等基础设施建设。无实际的经营业务发生。

保安公司：系一家从事保安服务、技防服务的专业公司，业务独立并隶属公安部门管理。2014年经营收入2091.14万元，实现利润118.05万元。

粮食收储公司：承担国家政策规定的粮食收储任务，业务上隶属市发改局管理。2014年经营收入2973.86万元，实现利润0.14万元。

里诸电站公司：发电业务正常进行，2014年经营收入113.43万元，实现利润10.09万元。

古城保护公司：系向上争取资金的项目公司，类似于指挥部的性质。没有经营收入，2014年产生经营管理费用23.37万元，亏损23.37万元。

民爆公司：系一家民用爆破器材专营有限公司，由原物资系统改制成立，注册资金50万元，国有资本占51%，37名自然人占49%，2014年经营收入2554.06万元，实现利润356.6万元。

美亚燃气和汇融检测公司，由市发改局管理，缺乏盈利能力；罗村水库和罗村三级电站，由市水利局管理，由于有事业身份人员存在，且未理清事业人员身份关系，缺乏盈利能力；市润滑油公司为原商业总公司遗留的股份制企业，暂时自保；宝丰药业、安琪尔、八达股份，公司只占极少数股份，三家企业均连年亏损。（滕益芳）

编辑：徐健

经济管理

Economic Management

发展计划

【概况】 2014年，全市上下围绕市委十三届六次全会和市十五届人大三次会议确定的奋斗目标，牢牢把握"稳中求进、改中求活、转中求好"总基调，提振精气神，推进"三个主题年"活动，全面实施"六大行动"，全市经济社会平稳发展，为实现"十二五"规划目标奠定了基础。

【规划编制】 成立建德市"十三五"规划编制工作领导小组，制订《建德市"十三五"规划编制工作实施方案》，组织开展全市"十三五"规划各项前期基础工作。结合"十三五"规划编制，开展"多规合一"改革工作。多次赴国家发改委、省发改委、省发规院请示汇报，并到临安、德清县考察学习，在此基础上撰写《关于我市推进"多规融合"的几点建议》；起草《关于要求将建德市列为"多规合一"试点工作市（县）的请示》，通过市政府审核报省发改委；制度"多规合一"试点工作方案，力求通过绘制一张总图，实现"一张图"管理，建立统一衔接、功能互补、相互协调的空间规划体系，实现发展"目标"、空间"坐标"、国土"指标"、生态管控、产业升级相互衔接，引领建德市经济社会与生态协调发展。编制《2014年规划编制计划》，提交市长办公会议审核通过，以建政办函〔2014〕127号文件下文实施；列为2014年编制计划的规划共有31个，其中综合发展类5个、产业发展类9个、城市建设类7个、"五水共治"类6个、其他4个，核定市级财政安排编制经费543万元，至年底，规划均按进度计划要求完成。牵头编制《建德市节约用水规划》和《建德市"抓节水"三年行动计划》，做好规划和三年行动计划的委托工作，并开展前期调研工作。节水规划和抓节水三年行动计划通过杭州市专家评审，9月底报"五水共治"办和市府办审定。牵头编制《建德市通用航空高技术产业基地发展规划》，形成送审稿，通过省发改委高新技术产业处初审。参与编制《浙江省千岛湖及新安江上游流域水资源与生态环境保护综合规划实施方案》。

【重大课题调研】 围绕事关经济和社会发展宏观性、战略性问题，筛选课题，按照市委、市政府要求，结合"十三五"规划编制，开展各项调研。组织开展建德市"十三五"规划基本思路研究，经济社会发展阶段、发展环境和发展目标研究，人口总量、结构、流向变化新特点及其应对策略研究，产业结构调整优化思路和对策研究，产业布局优化分析研究，重点项目建设思路研究，线性基础设施建设布局研究等6个重大课题研究工作，均完成。在建德市级刊物上刊登的调研报告3篇，为市委、市政府经济决策发挥参谋作用。

【经济运行分析】 组织开展全市重点企业、中小企业和重点服务业监测工作，上报率达到97%以上。从7月开始，着手完善经济分析例会制度，按月召开全市经济分析例会，及时发现问题、掌握全市经济运行发展态势。撰写的一季度、上半年、1月～7月、1月～8月、1月～9月经济运行分析报告均在《建德内参》或《建德参阅》刊登。撰写《2013年和2014年上半年社会发展分析报告》。编制《关于建德市2013年国民经济和社会发展计划执行情况与2014年国民经济和社会发展计划草案的报告》，提交市十五届人大三次会议审核通过；撰写《建德市2014年上半年国民经济和社会发展计划执行情况报告》，通过市十五届人大第20次会议审核。（洪连坤）

【重点项目建设】 2014年，54个建德市级政府投资重点项目开工建设51个，开工率94.4%；完成投资40.2亿元，为年度计划的115.4%，比上年提高15.1%。五马洲电镀废水集中处理工程、1000千伏教学线路、320国道建德段路面大中修、保障性住房建设项目（汪家）等9个项目建成投入使用。6个省重点实施类项目完成投资3.13亿元，为年度计划的127.3%，其中垃圾填埋场梅城处理中心项目投入使用。13个杭州市重点实施类项目完成投资14.5亿元，为年度计划的137.8%。

【争取上级政策支持】 向上争取国债和专项资金补助，全年共争取到中央和省级资金1540万元。新安化工白南山生产基地整体搬迁项目和千岛湖通用机场一期扩建工程列入杭州市2014年新增建设用地项目计划储备库，取得杭州市级新增建设用地指标。致中和迁扩建项目列入省重大产业项目。

【项目管理】 加大投资考核力度，将固定资产投资目标任务完成情况和重点、重大项目年度计划完成情况纳入各乡镇（街道）综合目标考核，同时继续实行固定资产投资专项考核。会同相关部门开展政府投资项目工程变更联合踏勘、联合会审，对事后补报的工程变更进行通报，把好政府投资项目变更审查关。增挂政府投资稽查办公室，指导做好中央预算内投资项目稽查季度报表，会同相关部门开展市级项目稽查工作。定期梳理获得国家或省、杭州市专项补助资金项目的进展情况，及时协调解决项目推进中存在的问题。（胡敏）

经济体制改革

【概况】 2014年，全市经济体制改革重点推进全市公务用车制度改革和省级小城市培育工作，推进中心镇发展、引导企业通过多层次资本市场直接融资等改革。完成1家改制单位的批复文件，办理国有企业职教幼教退休教师待遇申请审核1人；办理退休人员死亡后供养直系亲属享受生活补助费审批47人。

贯彻落实市委《关于全面深化改革再创体制机制新优势的决定》文件精神，制订下发《关于印发2014年建德市综合配套改革（创新）项目的通知》。

【公务用车改革】 研究拟定车改方案及配套政策，并经杭州市政府批复获准，从8月起开始实施。全市除公检法、城管、国税系统人员外，均参加公务用车改革。驾驶员处置、车辆收缴与拍卖等工作全部完成，市民卡功能得到进一步扩展，各项工作运行平稳。

【小城市培育和中心镇建设】 申报乾潭镇为全省小城市培育试点镇，最终获批全省第二批小城市培育试点镇。配合做好省小城市培育扶持项目的申报，实际项目省级补助资金到位5000万元。研究和争取乾潭镇扶持政策，草拟并通过市政府出台《关于扶持乾潭镇开展小城市培育试点的若干意见》。

四个中心镇申报杭州市中心镇建设扶持资金项目7个，获得杭州市中心镇项目扶持资金2800万元。乾潭镇、寿昌镇各获得2013年杭州市中心镇扶持项目第二批补助资金300万元，各获得重点补助经费500万元。寿昌镇在2013年杭州市中心镇建设推进工作中考评优秀，得到考核奖励资金350万元，乾潭镇、寿昌镇、大同镇考评合格，各获得奖励资金250万元。

【引导企业直接融资】 培育和扶持重点企业上市，利用资本市场实现做大做强的发展目标，拟订《关于促进企业利用资本市场加快发展的若干意见》并上报市政府。指导、协调上市培育对象做好相关工作，引导企业通过多层次资本市场直接融资，缓解资金压力。上市培育对象——沈氏节能科技公司完成股改并挂牌新三板，新增4家企业成功挂牌上海股权托管交易中心。

【做好小贷公司监管服务】 督促小额贷款公司上线并使用全省小额贷款公司信息系统，加强对小额贷款公司的非现场监管。在2013年度全省小额贷款公司监管评级中，新安小额贷款公司考核为A+级、建业小额贷款公司考核为A级。完成建业小贷公司增资扩股、新安小贷股权转让相关审批手续，并上报省、杭州市金融办。

【落实政策性农房保险】 2014年，全市共有11.4万户农户参保建德市政策性农村住房保险制度，参保率100%。全市共有140户参保农户拿到住房保险赔付款62.54万元，未发生倒房赔付纠纷。 （厉 莹）

市场监督管理

【建德市市场监督管理局成立】 5月29日，原建德工商局、原建德市质量技术监督管理局、原建德市食品药品监督管理局三局合一，挂牌成立建德市市场监督管理局。市场监管局共设17个内设机构、3个直属机构、9个派出机构。6月21日，全局实现集中办公，全局领导班子成员进行分工调整，综合科室进行整合；年底，该局内设科室全部调整到位，中层岗位完成竞争上岗，各市场监管所均挂牌成立。

【商事登记制度改革】 推行认缴制，激发创业活力。2014年，内资企业新设900户，比上年增长3.4%；注册资本36.58亿元，增长143.5%。其中，新设内资有限公司663户，增长39.6%；新增注册资本金总额35.4亿元，增长255.9%，市场主体数量明显增长。办理“先证后照”登记28家、核发“筹建执照”28家，帮助企业先行获得主体资格，方便其同时办理银行开户、挂牌摘地等事宜。全年“联办联审”行业 4个，办理联审登记28个，基本实现同步审批、同步审核、同步踏勘、同步要求。推进不重名核准，放宽住所登记，方便创业准入。办理“一址多照”5 家，“一照多址”76家。即办件（当场发照）审批事项占全局批事项的90%以上，当场核准率在95%以上，所有审批事项在3个工作日内均审批完毕。推进企业年报制，共有230家农民专业合作社完成备案，2820余家企业完成联络员确认手续；应申报年报的企业总数6435家，2305家企业完成年报申报，占35.8%；个体户年报工作正常启动，应报16227户，完成5944户，占36.6%，完成杭州市局下达的30%的要求。

【放心市场建设】 把“放心农贸市场”创建作为“为民办实事”内容之一列入政府工作报告，并纳入对相关部门考核。近年累计投入改造资金2130余万元和奖励资金238万元，改造提升16家农贸市场软硬件，并向全市推广新安江农贸市场的长效管理机制（“四定一考”管理办法、“四位一体”检测体系和全民参与“诚信经营”监督评价机制），以“点”带“面”，带动提升全市农贸市场的管理水平。8月，浙江省放心农贸市场建设推进会议在建德召开，建德市创建工作经验向全省推广。至年底，全市成功创建6家省文明示范农贸市场，新安江、梅城农贸市场通过省级“放心农贸市场”验收；全市经市场名称登记的农贸市场 16个、专业市场 10个，其中亿元以上市场8家、星级市场11个（含6个省文明示范农贸市场）。建德市被省政府授予“农贸市场改造提升工作成绩突出市”，新安江农贸市场成为创建国家卫生城市、文明城市的精品亮点。

【食品生产小作坊专项整治】 2014年，市市场监督管理局探索建立食品安全无缝监管的工作机制，分7个调查组通过地毯式排查，全面了解豆制品、糕点、粮食加工品等10余个产品类别403家食品生产加工小作坊的现状与存在的问题，制订《食品小作坊生产加工操作规程》，将未纳入小作坊管理目录的各种食品作坊进行统一监管。并按照“突出重点，分类指导、分步推进，试点先行、全面推开”的原则，确定以豆制品、卤味制品为突破口，在新安江街道、梅城镇、寿昌镇三地开展集中整治，44家列入首批整治的小作坊中有41家通过验收，1家被取缔、2家停产专业。

【食品安全监管】 按照“规范一批、整治一批、取缔一批”原则，对全市511家无证餐饮店开展全面整顿提升，查处取缔8家整改不达标单位。完成1123家餐饮单位量化分级工作和1473块餐饮服务食品安全信息公示牌发放，完成要人接待和大型会议的用餐保障13次；完成“食品检测倍增计划”定量检测2251批次、风险监测500批次，定量检测合格率达到96.7%，地产蔬菜、生猪等主要农产品合格率达到97%以上。实施“校园食品安全、餐饮阳光厨房建设”等为民办实事工程。启动全省食品安全“百日严打”专项行动，监督抽查139个品种、7443批次样品，公开食品安全信用信息的生产经营者2123家，约谈违规企业259家，公布食品安全“黑名单”12家，行政立案215起，涉案金额14.37万元，罚没款42.7万元，取缔食品生产加工“黑窝点”2个。开展“杭剑二号”食品安全专项整治行动，办结食品案件113件，大案21件，罚没款52.3万元。开展农贸市场自制食品清源行动，糕点、桶装水、肉类制品、奶制品等各类专项整治8场，严打群众反响强烈、带有行业潜规则性质的危害食品安全行为。

【药品安全监管】 全年检查药品生产经营单位449家次，责令整改41家次，案件查处6起、约谈药品生产企业1家。实施新版GMP、GSP，实现“药品经营许可证”和GSP证书两证合一，93家零售药店（门店）完成新版GSP和许可证换证，注销到期未认证企业9家，变更乙类非处方药经营1家，完成19家新版GSP药品阴凉区（柜）建设。开展年度药品经营企业信用等级评定，评定A级企业78家、B级企业52家、C级企业6家、D级企业2家，共检查183家次。监督检查医疗机构307家次，重点对民营医疗机构、个体诊所、非一化管理村卫生室购进药械质量等薄弱环节加强监督检查。完成中药材饮片质量安全专项检查、医疗器械“五整治”等五大专项行动，共检查单位145家次，出动执法人员136人次，中药饮片抽样27批次，器械抽样9批次，查处违法案件15起，涉案金额17万余元，移交公安机关立案线索9起，责令整改31家次，有效规范市场秩序。继续深化药品信息化电子监管，完成药品零售企业药师在岗与处方药销售监管系统建设，试点开展医疗机构药品购销数据接入监管信息系统（接入3家），开展执业药师远程视频药学服务信息化建设（1家取得远程视频药学服务资格），继续做好药品零售购销存数据、药品批发、连锁企业仓储温湿度在线监测的日常管理，全市数据上报率95%，信用扣分处理120余家次，发送质量预警等信息32条、责令改正通知2家次，处理药师不在岗问题21起。监督抽验药品56家次共计163批次（含基本药物抽样67批次、医疗器械抽验9批次），药品检测不合格15批次、器械不合格1批次。加强药械不良反应监测管理，共审核上报药品不良反应562例，器械不良反应47例。组织开展药品安全示范乡镇（街道）“回头看”工作，巩固全市16个乡镇药品安全示范创建成果。全年共回收家庭过期药品300余品种批次；及时处置110药械应急联动事项8起，处理举报投诉15起。

【保健食品和化妆品监管】 督促企业落实保健食品安全责任制度，全年检查151家次单位，责令整改23家（保健食品12家、化妆品11家），查处案件2起，罚没款2.28万元，没收违法产品货值金额1000元。24家单位通过浙江省保健食品化妆品经营示范单位创建初评。开展保化评价性（监督）抽样工作，抽取生产企业成品4个15批，原辅料2个2批；抽取经营单位样品40个45批次；抽取化妆品样品17批次（含国家级抽样11批次），其中保健食品检测46批次合格，化妆品检测3批次不合格（均为产品标签不规范）。

【特种设备安全监管】 年末，全市实际在用特种设备使用单位共计1280家，在用特种设备7948台件，其中锅炉在用705台、压力容器3685台、电梯1178台、起重机械1753台、客运索道1条、大型游乐设施7台、厂内机动车辆619辆、压力管道

200千米、各类气瓶20余万只。全年“飞行检查”企业120家，生产单位证后监管15家，抽查施工现场7起，排查隐患241起，发出监察指令书53份。重点巡查监控30家单位的49台件重点设备，核查重点高危企业问题设备386台件，检查指导问题102项。组织油气管道回头看、“三江两岸”码头吊整治等专项检查5次，检查企业30余家37批次设备，排除特种设备隐患291台，拆除码头吊机5台。全年举办安全现场监察和安全宣传教育等各类培训班13期，培训人数1681人，参训合格率95%。

【市场经营秩序执法】 全年开展各类专项执法25次，检查企业、个体工商户、市场、超市8946家次。立案查处各类违法案件332件，当年办结291件，大案45件，罚没款172.5万。受理消费者申诉、举报205起，调解成功199起，调解率96.9%，挽回消费者经济损失74.31万元。开展消费领域“霸王条款”整治，检查银行、房产中介等企业54家，检查合同167份，约谈企业82家次，查处案件6件。开展打击传销行动，抓获“1040”传销人员34人，刑拘4人。在13家农贸市场、61家加油站、20家眼镜店、5家餐饮业开展信诚计量体系建设。组织开展定量包装商品净含量计量监督专项抽查和过度包装商品专项检查，开展定量包装商品净含量抽查131批次，批次合格率91.6%。开展二手车存量(212辆)备案工作。

【实施名牌标准化战略】 组织实施《建德市2014年质量强市建设行动计划》，通过质量强市工作考核和质量工作考核，浙江新化化工股份有限公司等4家公司获2013年度建德市政府质量奖，海螺水泥、建业化工等5家企业成功创建杭州市质量强市示范单位(企业)。开展“名品”培育工程，3个产品获得浙江省名牌产品称号，9个产品获得杭州市名牌产品称号，新增杭州市著名商标10件、浙江省著名商标1件、集体商标1件。推行能耗精准化管理，在新化化工等4家重点用能单位开展能源计量审查，在59家企业开展企业能耗精准化生产管理工作。推行标准化工作，兑现农业标准化奖励251.5万元；技术标准奖励企业14家，兑现奖励金额40万元；完成《碳酸钙分析方法》等8个国家标准、行业标准制修订；对全市364家规模以上企业主导产品采用国际标准情况进行全面核实，采标率达48%。推进条码工作，46家企业办理商品条码(含新注册10家)；88家企业进行网上标准备案登记，备案率100% 。

【完成“个转企”640家】 制订花卉苗木、纺织服装、货运等17个行业的转企标准，出台《建德市“个转企”行业指导目录》，形成“个转企”后备库名单。2014年，完成个转企640家，累计完成“个转企”1279家(含公司683家)。企业存活率为96.5%，税务登记证办理率92.3%，户均纳税额为2718.5元；参保率92%，社保缴纳额2487.3元；100%纳入统计名录。 (汤丽婷)

审 计

【概况】 2014年，市审计局以“质量提升年”和“书香审计、活力审计、自信审计”主题活动为载体，不断提高审计监督和服务发展的水平，为实现建德创业再出发提供坚强的审计保障。全年完成审计和审计调查项目37个，作出审计决定7个，查出各类管理不规范金额5.69亿元、违规金额560万元、损失浪费78万元，挽回损失1248万元；坚持督促被审计单位“边审边改”工作，审计期间整改金额455万元；提出并被采纳审计建议95条，促进市级层面出台制度、办法等12项，部门和被审计单位层面出台20余项；移送案件线索5起，提起公诉1起、涉及2人，公安部门立案1起，党纪政纪处分1人。完成政府投资项目工程价款结算审核项目176个，净核减工程款5896.25万元；完成政府投资项目工程价款结算备案项目150个，备案金额4831.7万元。编发审计专报、信息71篇，省级以上录用8篇次，杭州市级录用19篇次。市审计局被评为全省审计机关考核优秀单位。

【编制审计工作规划】 开展各专业职能的规划工作，形成《建德市审计局2014—2017年业务工作规划》，合理规划重点审计项目和工作步骤，提供年度项目计划立项参考。落实“质量提升年”要求，出台《建德市审计局关于进一步提升审计项目质量的若干意见》，完善和规范审前调查、审计取证、报告内容、时限要求、复核审理等环节。推进信息化建设，完成软件开发工作，实现投资审计特别是价款结算审核项目的信息化流程，上报计算机审计案例4篇、计算机审计方法3篇。推进“审计公开”，公告审计结果9个。

【经责审计创新经验获审计署推广】 2014年，市审计局3次受邀至上级审计机关组织的培训班上，进行“乡镇经责量化评价体系”创新经验授课；11月，赴北京为审计署2014年度第一期地县级审计局长培训班授“乡镇党政主要领导干部经济责任审计”一课，是全部课程中唯一由县级审计机关主讲课程。撰写《异样的BT项目——乡镇党政主要领导干部经济责任审计中政府投资审计事项范例》收录至审计署教学实验室。

【规范投资审计】 修订《建德市政府投资项目审计实施办法》部分条款，提升工程审计送审额度；制订印发《建德市审计局政府投资项目审计指导意见》和《建德市审计局政府投资项目竣工决算审计操作规程》，进一步规范投资审计行为。深化跟踪审计模式，将原有模式调整为“日常监管+年度审计”模式，调整为局审计人员和聘用协审单位人员相结合方式。通过招标，重新确定14家中介协审单位。

【开展“五水共治”专项审计调查】 围绕“五水共治”工作，开展“五水共治”专项审计调查、市域中心城镇供水工程竣工结算审计，以及城东污水处理厂、梅城新城建设项目、梅城大坝建设项目、大同石郭源水库等“涉水”工程跟踪审计，累计到工程现场100余次，提供咨询50余次。在“五水共治”专项审计调查项目中，对全市130余个行政村项目进行跟踪监督，组织乡镇分管领导、业务骨干、行政村负责人进行农村生活污水治理项目建设工作培训，提交专报2期，并促使《建德市农村生活污水处理设施运行维护管理办法》等一批制度出台。

【国有公司资产负债损益审计】 对建德市资产经营开发有限公司和马南高新技术产业发展有限公司开展资产负债损益审计，通过对两个公司的各项财务数据的核实以及工程建设、内部管理等情况的审计并针对存在的问题提出审计建议，促进省级开发区和马南园区强化管理，推进一区一园快速发展、规范建设，并督促被审计单位收回出租收益和应收土地款 149.47万元。

【涉农资金审计】 开展涉农资金审计，下发4个审计决定，要求追回违规补助资金281.78万元，涉及个4家涉农主管部门、11家企业15个项目。向市纪委移送案件线索3起。

【公务支出公款消费专项审计】 围绕正风肃纪工作要求，组织开展全市2013年度公务支出公款消费专项审计和部分部门预算执行专项审计调查，汇总全市127家预算单位自查数据，并重点实施了22家重点抽审单位的现场实施工作，检查发现部门预算单位违规发放、违规开支等问题，对被审计单位违规问题一一督促整改，并以专报形式对部分共性问题进行反映。

【BT项目专项审计调查】 在全市范围内，对2009年后实施的BT项目开展专项审计调查，对所有项目情况进行汇总分析调查，发现BT项目在项目投资人选择、合同签订、合同执行等环节存在的诸多问题。以专报形式向市政府建言献策，促进全市加强BT建设项目管理和BT建设项目债务风险防控。

【服务中心工作】 在城东区块工业企业搬迁和全市电镀化工企业整治工作中，完成多家企业搬迁评估资产、整治关停补偿资产评的审核，先后核减评估值1015万元。参与新安化工二厂搬迁评估审核、景江假日酒店关停损失评估审核、望江宾馆的资产评估审核，出具审核意见。协助审核、完善马南园区五马洲电镀废水集中处理工程EPC项目招标文件和合同，使项目迅速通过招投标、确定施工单位并开工建设，为后期项目规范建设提供建议。（罗　文）

统　计

【概况】 2014年，市统计局围绕市委市政府“工业强市、服务业兴市、生态立市”战略，组织执行GDP、固定资产投资等国民经济重点指标监测预警工作，承担完成经济普查阶段性工作，开展了居民生活等各种专项调查和“五水共治”等多项民情民意调查工作。

全年召开乡镇工业、投资、服务业统计人员培训20余期，培训人次200余人次。与会计事务所合作，对全市近2000名持有统计从业资格证书的人员，通过7批次完成统计继续教育培训。统计从业资格考试报考人数235人，报名参加初、中、高级职称考试人员10人。

开展经济普查，全市1000余名普查员、普查指导员，完成全市6400余家法人单位、2.9万家个体户单位信息和经济指标数据的采集、复核、评估。工业统计：完善《乡镇(街道)规上工业增加值测算制度》《统计数据证明出具工作制度》及《规上企业统计工作规范》，首次开展规上工业增加值、R&D指标的分乡镇考核工作；逐月开展工业、能源数据监测分析，切实加强人均职工薪酬、营业盈余、折旧、税金数据的奇异值排查，不断强化经普规下工业与抽样调查数据、财税数据、行业评估数据的比较。投资统计：强化投资统计台账设置，分类开展乡镇(街道)、部门、重大项目企业统计人员的季度常规培训，坚持实地走访原则；重视上级统计部门投资统计检查和每月的数据核减工作，做到无缝对接。贸易统计：关注汽车“限牌”政策对社零数据的负面影响，及时掌握汽车销售企业“限牌”前后销量变化情况；开展电子商务统计调研，探索网络大数据在贸易统计中的运用；监测分析“八项规定”对全市限上商场、超市、宾馆、饭店的影响，提升社零指标增速。居民收入统计：实地走访100余户记账户，进行面对面沟通和业务指导，完成横山社区调查点记账户更换，提升收入统计工作基础。

【统计服务水平持续提升】 联合市经信局、市商务局、市财政局等部门，每月15号定期召开经济分析联席会议和GDP核算联席会议，分析问题，提出对策，加强国民经济监测预警。先后撰写统计分析和专题专报33篇、统计新闻信息192篇，被省、市各类媒体录用157余篇。配合“五水共治”工作，落实规模以上工业企业用水统计报表，开展涉水投资统计工作，上报“五水共治”项目20余个。不断提升各类统计产品质量，“按需定制”统计服务新模式，《统计快报卡》着力在“快”字上下功夫，方便随身携带、随时翻阅；《统计季报》在信息的“全”字上做文章，发放范围扩展至全市“两代表一委员”；《统计分析》在内容的“精”字上出新招，为市领导科学决策提供信息支持。发挥民情民意“桥梁”作用，全年陆续开展了“五水共治”、居民出行、垃圾分类、公述民评等专项调查10余次。

【统计基层基础建设】 围绕数据质量中心，加强乡镇、部门及村(社区)统计基础工作，印发《关于进一步加强和改进统计工作的意见》(建政办函〔2014〕)151号)，明确乡镇(街道)统计负责人享受中层正职待遇；社区统计员的财政补助标准由2万元/年提高至2.4万元/年，并参照全市辅助性用工岗位标准建立社区统计员工资待遇正常增长机制。社区统计员的招录统一纳入社工招考范围，列入社工编制。推进杭州市统计先进乡镇和诚信单位评选，航头镇、寿昌镇、新安江街道通过最后一次复评验收，更楼街道、钦堂乡通过第一次复评验收。在工业、建筑业、服务业领域中的40家企业成功创建为“2013年度统计诚信单

表23

2014年建德市居民消费价格指数

序号	类别	上年同期=100
	居民消费价格总指数	101.7
一	食品类	102.2
二	烟酒及用品类	99.5
三	衣着类	101.3
四	家庭设备用品及维修服务	101.2
五	交通及通讯	100.3
六	娱乐教育文化用品及服务	101.4
七	医疗保健和个人用品	101.5
八	居住类	102.9

位”，其中26家企业为“2013年度杭州市级统计诚信单位”，13家企业连续两年被评为“杭州市统计诚信单位”。强化统计基本单位名录库管理与维护，及时在经济普查年报库中退出24家停破产企业，有效提升全市规上工业产值增速。加强“小升规、下转上”及新建投产企业上规入库工作，全年共申报新增、变更和退出各类“四上单位”80余家。

【统计法制建设】 推行权力清单制度工作，对全局涉及的各项权责进行全面梳理、整合和取消，原有34项权力清理为11项。制订《2014年全市统计普法教育工作计划》，利用横幅、手机短信、统计月刊、建德新闻网、统计信息网等各类媒介开展《统计法》宣传；组织全市乡镇、部门、企事业的主管和统计人员进行普法轮训；利用“9·20”中国统计开放日、“12·4”法制宣传日、“12·8”《统计法》颁布纪念日等载体开展法制宣传。全年稽查统计报表单位101家，处罚统计违法行为单位33家。 （占晓江）

物　价

【概况】 2014年，市物价局创新价格监管思路，深化价格改革，强化市场监督检查，规范市场价格秩序，在稳定物价、服务发展、深化改革、保障民生、完善公共服务等方面取得一定成效。

2014年建德市居民消费价格总指数为101.7%，与上年价格总水平基本持平。

【价格管理】 开展市场价格监测预警，落实各项价格监测制度，健全价格预警预案，做好日常市场价格监测、节假日监测、应急监测等工作，严格按规定做好市场价格监测数据的采集、审核、报送工作，及时、准确上报各项价格监测数据；对价格上涨幅度较大的商品和服务加大监测和巡视力度，实行每日市场价格巡查制度，及时了解掌握市场价格波动和供需情况，每月上报价格形势分析，预测市场价格走势，为政府部门经济分析和决策提供依据。实行政府调价项目的计划管理，制订2014年的政府调价计划，共上报政府调价项目3项，实际出台1项（城市供水价格）。严格按照规定的范围、权限和法定程序组织实施政府调价项目。每月测算确定企业退休人员临时性浮动物价补贴差额补助标准。全市累计向企业退休人员发放临时性浮动物价补贴差额生活补助2700万元，受益群众3.5万人；落实低收入群体水、电等惠民价格政策。加强与涉及民生的企业协调沟通，长运公司于12月下调跨县长途客运票价；通过成本测算、政策告诫等形式加强对瓶装液化气价格的监管，瓶装液化气价格由原来的每瓶130元下降到每瓶113元。

【实施水价改革】 实施居民阶梯水价制度，是列入市政府“五水共治”工作考核内容之一，涉及广大人民群众的切身利益。为了稳妥推进水价改革，市物价局认真做好各项前期调研工作，争取社会各界和广大市民的支持理解。通过调研，拟定阶梯水价制度初步方案向市政府汇报，原则上确定方案。在水价改革听证会及公开征求社会各界的意见建议的基础上，对方案进行修改，经市政府常务会议审议通过。该实施方案比先前提交征求意见的两套方案，无论从阶梯分档水量还是从分档水价来说，都体现了惠民利民和倡导节约用水原则。

开展供水价格成本和污水处理成本2项成本监审，累计核减成本 1184.67万元。

【行政事业性收费管理】 全面推行行政事业性收费和民生价格阳光公开，以建德政府门户网、建德发改网为平台，公开行政事业性收费、重要商品和服务民生价格信息等三大内容，对22877项民生价格和行政事业性收费项目和标准进行公开。其中，涉及民生水价、电价、教育、有线电视、卫生保洁收费等6项，基本医疗服务价格5990项，政府统一定价药品价格16710种，行政事业性收费项目及标准171项。每月对公开内容进行梳理核对，防止公开信息时效过期、内容陈旧等问题。贯彻落实浙江省财政厅、省物价局《关于公布取消和免征15项行政事业性收费的通知》《浙江省幼儿园收费管理办法》、养老机构用水、用电、用气等价格政策精神及浙江省物价局公布的药品价格规定。三是深化民生商品价格信息公开制度，每旬一次通过《今日建德》、手机报等媒体发布超市、药店、农贸市场民生商品价格信息，涵盖粮油、药品、日用品等20余类100余种商品，全年发布50期5000余条市场价格信息数据。完成2013年度行政事业性收费年审工作，共对60家单位进行收费验审，年审率100%，过审金额1.15亿元。

【价格监督检查】 运用提醒告诫、集中约谈、政策宣讲、指导培训等多种监管方式，强化市场价格监管。组织开展涉农涉企、夏令商品、中介机构、农贸市场、医疗卫生、教育收费等六项专项检查。开展教育、医疗、房地产等重要民生行业的价格和收费检查，依法查处1家房地产企业在商品房销售中侵害消费者权益的行为，是建德房地产行业首例价格违法案件。全年共查处价格违法案件7件，实现经济制裁24.26万元，其中退还消费者3.25万元，没收违法所得1.32万元，罚款19.69万元。

【价格咨询和服务】 全年办理涉案财物价格鉴定350余起、涉纪价格认证26 起（含检察院案件）、涉税财物价格认定3起、认证案件1起。开展送价格政策进社区、进企业活动，编印2000册《建德市居民价费清单》《建德市涉及企业收费清单》放发给企业和居民。畅通群众价格权益诉求渠道，全年接到价格政策咨询和投诉举报53起，协调处理41起、咨询答复12起，为消费者挽回经济损失3.25万元。 （杨富森）

安全生产监督管理

【概况】 2014年，建德市安全生产形势总体稳定，共发生各类生产安全事故99起，比上年下降7.5%；死亡48人，下降11.1%；受伤93人，下降5.1%；直接经济损失238.59万元，下降17%。

按照高标准、严审查、优服务的工作原则，开展安全生产许可证审核、审批，全年共受理485个项目，办结率100%；所办事项提速面100%，承诺件平均提速率为92.2%，服务对象满意率达100%。

印发《关于明确建德市政府领导安全生产责任的通知》《2014年安全生产工作履职报告书》，落实“党政同责、一岗双责、齐抓共管”工作机制。定期召开安全生产工作例会，适时召开市委常委会和市长办公会议，专题听取安全生产工作汇报，分析解决安全生产重大问题。开展安全生产大检查，推动安全生产责任制的落实。

依法开展对企业主要负责人、安全生产管理人员和特种作业人员的安全培训，共培训矿山、危化和烟花爆竹等生产经营单位负责人、安全管理人员980人，培训特种作业人员1130人，培训乡镇（街道）、行政村（社区）安全管理人员112人，培训安全生产标准化建设企业负责人及安全管理人员826人；乡镇（街道）开展全员安全培训3.98万人次。实施安全文化“进村入校”活动，开辟安全文化新平台，市安监局与市广播电视台联合开办《聚焦安全》电视栏目。

【落实安全生产责任】 下发《关于市安全生产委员会工作职责和分工的通知》，明确市安委会主任由市人民政府市长担任，各分管副市长按“一岗双责”原则，承担分管范围内的安全生产领导责任。按照“属地管理”“谁主管、谁负责”的工作制度，市政府与全市35家考核单位签订《安全生产工作目标责任书》，明确并落实各单位安全生产工作任务。市安委会将杭州对建德市的目标考核工作任务分解到各乡镇（街道、园区）、24个有关部门，并首次将道路交通事故死亡人数控制指标分解到乡镇（街道）。

【安全生产应急救援体系建设】 印发《关于开展突发公共事件应急预案修订工作的通知》，明确自然灾害、事故灾难、公共卫生、社会安全4个方面46个专项预案的修订工作。按照“依托企业，政府补助”的原则，建立两支应急救援队伍、4支专职消防队伍、6个工作站。组织六大化工企业、300余人开展应急演练竞赛活动。

【加强基层安监执法】 充实监管执法力量，各乡镇（街道）、高新园区均设立安全生产监察中队，按要求配足专兼职安全生产监察人员。加强基层安全生产经费保障，按不低于当地户籍人口人均5元的标准，设立建德市安全生产专项资金，2014年度安排专项资金255万元。制订《建德市基层安监中队规范化建设工作手册》，明确基层安监中队规范化管理和考核细则。

【强化企业基础建设】 完成安全生产信息化监管系统开发应用，提高基层整体安全生产监管水平和监管效能。建立工矿商贸企业安全生产诚信机制分级管理工作和安全生产“黑名单”管理制度，全面掌握企业安全生产基本状况、特点和发展趋势，增强安全监管的针对性和有效性。在矿山、危险化学品和机械行业全面推进标准化工作的基础上，带动建筑、旅游商贸等行业和领域开展标准化工作，规范企业各项安全管理制度。

【隐患和违法行为“零容忍”】 通过企业自查、各职能部门日常检查、专项检查，全年排查企业6356家，排查出一般安全隐患1.14万条，整改率100%。市安委办每季度至少组织开展1次安全专项联合整治行动，取得良好效果。

【地下商业街安全隐患治理】 新安江地下商业街建于2002年，总建筑面积3906.96平方米，共有商铺137间，业主177人。由于店多业主散、监管缺失等原因，使地下商业街存在消防设施残缺不全、电力线路私拉乱接、违规装修火患重、占道经营阻塞通道、消防控制形同虚设等重大安全隐患。市安委办牵头有关部门，快速有序实施隐患整治，确保商业街安全管理走向常态化、规范化。

【控制高危行业安全距离】 根据“治旧控新”原则，整合关闭对大明化工等18家企业。推进建业化工、国际香料香精等数十家危化企业搬迁入园，园区外不再新建危化品生产企业，确保由“一园两区”向“一园一区”格局的转变。借助“三改一拆”行动，对控制区内的违章建筑强制拆除，共拆除危化行业安全控制区内违建厂房、住宅9000余平方米，拆除农房40幢，支付拆迁费1500余万元。

（余月仙）

编辑：陆进

中共建德市委员会

Jiande City Committee of the Communist Party of China

综　述

【概况】 2014年是建德全面深化改革的开局之年，也是完成“十二五”规划的关键一年，更是全市上下砥砺奋进，团结拼搏，喜获丰收的一年。市委按照“稳中求进，改中求活，转中求好，积极发展”的工作总基调，牢记省委夏宝龙书记在建德调研时提出的“七个示范”要求，一手抓经济社会发展，一手抓教育实践活动。深入开展“三思三增”大讨论，找准发展差距，理清发展思路，营造发展氛围，激发全市经济快速发展，经济运行总体平稳，产业结构不断优化，社会大局和谐稳定，总体呈现了稳中向好的良好势头。

全年实现生产总值299亿元，比上年增长8%，其中第三产业增加值105亿元，增长10%；工业销售产值694.4亿元，增长3.1%，其中规模以上工业销售产值439.3亿元，增长7.5%；农业总产值46亿元，增长6%；财政总收入33.3亿元，其中地方财政收入18.7亿元，分别增长8.5%和8%；社会消费品零售总额87.3亿元，增长13%；城镇居民人均可支配收入、农民人均纯收入分别达34948元和16089元，分别增长10%和11%。

【明确发展导向绘蓝图】 市委坚持以加快发展为主题，全市上下心往一处想，劲往一处使，始终坚持以发展建德经济上一个台阶为目的，实现新形势下的美丽江城。始终把握建德的基本特点，坚持将“绿水青山就是金山银山”的发展道路越走越宽，使走绿色生态发展之路理念更加清晰。坚定新形势下的发展战略，突出“工业强市”不动摇，全力实施招商引资“一号工程”；狠抓服务业不松懈，加速发展旅游业，重整建德旅游雄风；继续推进环境综合整治，加快建设美丽江城。成功举办第十六届新安江旅游节系列活动，全年实现旅游总收入46亿元，比上年增长30%。积极培育文化创意、电子商务、物流配送等现代服务业，逸龙文创园被评为首批省级电子商务产业基地。大力发展农业特色化，成功树立“建德果蔬乐园”等乡村旅游品牌。

【加快转型升级促发展】 市委坚持推进改革创新，加快转变经济发展方式，切实转换经济发展动力，在新的历史起点上开创经济社会发展新局面。深化投融资体制改革，完成国有公司整合，有效缓解中小企业融资难的问题，同时加速审批制度改革，削减审批事项达64.5%，项目审批平均提速50%以上。新的一批创新型科技公司随即爆发，新增杭州市“机器换人”示范企业9家，杭州市级以上高新技术企业14家，全年实现新产品产值率达30%以上，成功创建全国首个国家级出口低压电器质量安全示范区，与浙江大学合作建立环保科技创新创业中心。中策橡胶扩建一期竣工投产，预计全年完成销售产值55亿元；卡洛实业、正和钙业等一批项目试生产；杭新景高速二期建德段、铁路货场迁建、盛德国际广场第一批项目加快推进，全社会固定资产投资139.4亿元，比上年增长18.5%。招商引资难中求进，农夫山泉四期、外海月亮湾二期等一批优质项目成功签约；实际利用外资1.35亿美元，同比增长22%。全市工业平台完成土地平整140公顷，基础设施建设投入2.5亿元。

【加强社会治理创和谐】 市委坚持破除片面论，

做到决心不变，以铁的决心和手段，出实招、上项目、创特色，形成了势如破竹、势不可挡的良好态势，取得了很好的成绩。在全省“三改一拆”工作中，率先完成宗教违法建筑整治，全年完成“三改”面积54.92万平方米，拆除违法建筑331.5万平方米，全力创建“无违建市”。在“五水共治”中全面落实“河长制”，水陆并进清三河，完成144个村的生活污水治理项目，1977户畜禽养殖户实现产业转型，荣获“浙江最具魅力新水乡”称号。全市致力于城乡统筹，加速城镇化建设，主城区核心区块开发取得显著进展，寿昌建区造成步伐加快，梅城古镇保护建设全面开展，大同集镇功能日趋完善，乾潭镇列入全省第二批小城市培育试点镇。实施中心村、精品村、风情小镇、精品路线建设项目194个。全年实施区市协作项目24个，争取年度协作资金1.3亿元。致力于为民惠民，不断完善社会保障体系，稳步提高社会救助和社会保障标准。不断完善城乡教育基础设施，教育质量稳步提升。成功通过浙江省卫生强市考核，建成杭州县域首个“医疗云”综合卫生应用平台，成功创建5个省级卫生镇。致力于抓和谐，切实维护社会稳定。积极应对持续干旱、山林火灾、媒体曝光等事件。深化“平安建德”“法治建德”建设，健全完善信访处置机制，加强安全生产监管，共创和谐稳定。

◎11月6日，市委书记戴建平走访农夫山泉建德生产基地（市经信局供稿）

【保障党的建设强动力】 市委坚持加强党的建设，扎实推进党的群众教育路线实践活动。建立“六个领衔”工作机制，建立“督查考核、曝光整改、排名通报、约谈问责”四项机制。深入开展“走村不漏户，户户见干部”活动，做法得到刘云山、赵乐际等中央领导的充分肯定，经验在全省推广。全面开展“进企走访、帮企解困、助企发展”活动，得到了良好的效果。深化干部人事制度改革，建立干部“办事实绩档案”，打通干部能上能下渠道。建立发展党员“四个积分”制度，强化党员先锋指数考评管理，整改基层党组织17个，三都镇新和村党员“亮牌认岗、贴心服务”做法被《人民日报》刊登。切实加强党风廉政建设，严格落实中央八项规定，持之以恒纠正“四风”问题，顺利完成公务用车改革，从严控制一般性财政支出，三公经费同比下降39%，反腐倡廉工作取得实效。（叶志宇）

市委重要会议

【市委十三届六次全体（扩大）会议】 1月13日召开。会议的主要任务是：全面贯彻落实党的十八届三中全会、中央经济工作会议、省委和杭州市委全会精神，回顾总结2013年工作，审议通过《关于全面深化改革再创体制机制新优势的决定》，研究部署2014年任务，动员全市各级党组织和广大干部群众，提振精气神、深化“三个年”，以改革勇气、实干精神实现建德创业再出发。市委书记戴建平代表市委常委会作工作报告，并就出台《中共建德市委关于全面深化改革再创体制机制新优势的决定》(审议稿)作情况说明。会议指出：要牢牢把握“稳中求进，改中求活，转中求好，积极发展”的工作总基调，牢记省委夏宝龙书记在建德调研时提出的“七个示范”要求，一手抓经济社会发展，一手抓教育实践活动，切实把党员干部在活动中激发出的热情和干劲，转化为推进建德发展的强大动力和务实举措。全面推进新形势下的美丽江城建设。

【市委十三届七次全体(扩大)会议】 7月16日召开。会议的主要任务是：全面贯彻省委、杭州市委全会精神，回顾总结上半年工作，研究部署下半年任务，深入推进第二批党的群众路线教育实践活动，动员全市上下进一步解放思想、激发活力，不断增强奋斗的勇气，保持奋斗的劲头，形成奋斗的气势，确保圆满完成全年目标任务。市委书记戴建平代表市委常委会作报告。会议强调，2014年是全面深化改革的第一年，也是各项工作任务十分繁重的一年。年初以来，建德市以教育实践活动为统领，以省委书记夏宝龙在建德调研时提出的“七个示范”为标准，牢牢把握“稳中求进、转中求好”的工作总基调，全力深化“三个年”活动，有力保障了经济社会平稳发展，全力完成全年各项目标任务。

【市委常委会议】 2014年召开市委常委会议共计21次。

1月8日，十三届市委常委会召开第29次会议，会议听取关于市委十三届六次全会会议方案、报告及全面深化改革再创体制机制新优势的决定，2013年度“一府两院”及计划、财政工作报告以及2014年政府投资重点项目和一般性政府投资项目安排。听取并研究党的群众路线教育实践活动组织机构安排、市“两会”相关人事安排及选举办法。

1月27日，十三届市委常委会召开第30次会议，传达省纪委十三届三次全会及杭州市纪委十一届三次全会精神，研究市纪委十三届四次全会相关事宜；2014年全市机关作风建设大会相关事宜。听取2013年度综合目标管理考核和领导班子考核工作以及各类专项考核政策。研究改革完善食品药品监管体制的建议。研究建德市乡镇(街道)工作规程、建德市调整不适宜担任现职领导干部实施办法、干部人事相关事宜。

2月14日，十三届市委常委会召开第31次会议，开展研究第二批党的群众路线教育实践活动相关方案以及相关事宜，学习贯彻夏宝龙书记来建调研指导重要讲话精神，传达全省宣传思想工作会议精神，听取相关案件汇报，研究于2014年建德市作风建设实施意见等四项文件。

2月24日，十三届市委常委会召开第32次会议，听取全市农村工作会议方案及2014年城乡区域统筹发展工作要点，传达杭州市宣传思想工作会议精神，研究市政法信访工作会议方案和政法、信访年度工作，研究全市旅游业发展大会方案，听取工青妇年度工作汇报，研究全市党建工作会议方案及党建工作有关事宜、干部人事相关事宜。

3月11日，十三届市委常委会召开第33次会议，研究实行市领导领衔“三重”工作有关事宜，研究2014年度乡镇(街道)、机关部门综合考评办法。

3月24日，十三届市委常委会召开第34次会议，开展“三思三增”学习讨论，学习贯彻习总书记对公安工作批示精神及传达全国、省、杭州市公安工作会议精神，研究关于建德市党代表大会代表巡查制度。

4月2日，十三届市委常委会召开第35次会议，研究莲花溪综合整治实施方案，研究各类专项考核办法，研究整合考评、督查机构职能的相关方案。

5月7日，十三届市委常委会召开第36次会议，专题研究群众路线教育实践活动意见征求情况，研究工业企业绩效发展评价管理办法。

5月13日，十三届市委常委会召开第37次会议，听取了1～4月进京上访情况汇报，研究建德市引进海内外高层次人才“535”计划的实施意见，研究2014～2017年惩防体系建设及履行党风廉政建设主体责任报告制度实施办法。传达全省网军建设、“浙江发布”网络平台建设视频会议精神以及听取建德市网络建设情况汇报。研究相关案件事宜,听取千岛湖配水工程相关情况汇报。

5月20日,十三届市委常委会召开第38次会议,听取了第二批群众路线教育实践活动进展情况汇报。

5月28日,十三届市委常委会召开第39次会议,研究党的群众路线教育实践活动常委班子对照检查情况,听取桥东区块土地房屋征收工作情况汇报,研究开展违法信访行为专项整治行动的实施意见、干部人事相关事宜。

6月25日,十三届市委常委会召开第40次会议,研究建德市公务用车制度改革实施意见及配套政策,研究进一步加强建德市国有土地使用权出让收支管理相关事宜以及全市水环境功能区调整相关事宜,听取建设“建德发布”网络平台工作相关情况汇报,研究开展撤村建居改革工作的实施意见及配套政策、市纪委(监察局)议事协调机构调整事宜。

7月9日,十三届市委常委会召开第41次会议,会议听取了市委十三届七次全体(扩大)会议报告起草情况和会议方案的汇报,并研究相关事宜。

7月22日,十三届市委常委会召开第42次会议,研究《完善惩防体系、建设廉洁建德2014年组织领导和责任分工》等三个文件,研究进一步促进来料加工业发展的若干意见,研究建德市国有公司调整优化方案,研究党政干部国有企业兼(任)职清理方案及相关人事安排。

8月11日,十三届市委常委会召开第43次会议,研究清理乡镇(街道)负债相关事宜,研究建德市低收入农户倍增计划实施意见,讨论进一步加强和改进统计工作的若干意见,研究“八项专项整治”相关情况汇报及常委班子整改方案、干部人事相关事宜。

8月21日,十三届市委常委会召开第44次会议,研究全市政协工作会议方案及有关文件,听取节能降耗相关情况汇报。

8月28日,十三届市委常委会召开第45次会议,研究加快发展全域旅游的指导意见及三年行动计划,研究进一步加快现代农业发展的实施意见及加大畜禽养殖户停产转产扶持力度的意见以及建德市生态畜牧业发展规划,传达全省国防动员工作会议精神,关于调整建德市征地区片综合价标准的通知。

9月25日,十三届市委常委会召开第46次会议,学习传达省委驻杭州市督导组来建督导精神,研究制定查办腐败案件体制机制改革的实施细则,讨论深入开展村(社区)“牌子多”等问题整治工作相关事宜,研究企业资金链、担保链风险防范与化解工作方案以及“五水共治”建设项目资金组合方案,研究建德市“十三五”规划编制工作实施方案、国有公司领导人员选拔任用和管理暂行办法及干部人事相关事宜。

11月20日,十三届市委常委会召开第47次会议,研究对有关部门纪检监察机构实行派驻统一管理事宜,讨论机构、编制、领导职数调整等事宜,关于建德市领导干部署名推荐办法,听取市纪委相关案件通报,研究干部人事相关事宜。

12月1日,十三届市委常委会召开第48次会议,讨论“三转一争”专题活动相关事宜,听取农村文化礼堂和外宣工作相关情况汇报,研究建德市重大决策社会稳定风险评估实施细则、干部人事相关事宜。

12月16日,十三届市委常委会召开第49次会议,通报杭州市区县市巡视工作沟通协调会会议精神,听取全市安全生产工作情况汇报,研究2014年度市管领导班子和市管干部考核办法、干部人事相关事宜。

【市四套班子联席会议】 3月12日,召开市四套班子联席(扩大)会议,对市领导领衔推进重要工作、重点工程、重大项目、招商引资、信访包案、难题破解进行动员部署。

【全市深化作风建设大会】 2月8日召开。会议的主要任务是认真贯彻落实党的十八届三中全会和省、市相关会议精神,以“治理庸懒散、增强责任心、提高执行力”为主题,全面部署开展深化“作风效能年”活动,动员全市广大干部群众克难

◎7月1日，省委副书记王辉忠调研大慈岩镇新叶村(范胜利摄)

攻坚、迎难而上，创业创新、苦干实干拼命干，以优良的作风尽快投入到2014年的各项工作中去，为实现建德创业再出发提供坚强有力的作风保障。

【全市党建工作会议】 3月7日召开。会议的主要任务是贯彻落实中央、省、杭州市有关会议精神，回顾总结2013年党建工作，安排部署2014年工作任务，进一步提升党建工作科学化水平，为实现建德创业再出发提供坚强保障。市委书记戴建平作重要讲话，市委副书记童定干主持大会并通报了2013年度全市党建工作各项考核结果，市委常委、宣传部部长汪华瑛作宣传思想文化工作部署，市委常委、组织部长沈波作组织工作部署，市委常委、市委办主任周友红出席大会，市政协副主席、统战部部长吕勇作统战工作部署。会议要求认真贯彻落实党的十八大、十八届三中全会和中央、省、杭州市关于党的建设一系列重要会议精神，围绕市委十三届六次全会的决策部署，紧紧围绕服务保障深化改革、“五水共治”这一主题，解放思想、改革创新，立足实际、务求实效，提振精气神、提高执行力，不断提升党的建设科学化水平，为实现建德创业再出发提供坚强保障。

【全市工业经济暨招商引资大会】 2月21日召开。会议主要任务是贯彻落实中央、省委、杭州市委经济工作会议的精神，总结2013年度工业经济和招商引资工作，分析2014年度经济发展形势，部署年度工作任务。会议强调，要强化工业经济第一经济，突出招商引资一号工程，为推进建德创业再出发勇挑重担再立新功。市委书记戴建平出席会议并作重要讲话，市长陈震山主持大会并作会议小结，市委常委、常务副市长郭坚宣读审批服务方面的表彰文件；副市长徐建华宣读工业和招商引资、科技、建筑业方面的表彰文件并代表市政府与梅城镇签订重大工业项目推进责任书，与高新园区管委会签订招商引资项目推进责任书；会议表彰了工业和招商引资战线上的先进企业和先进个人；经信局、商务局、开发区(寿昌镇)、大慈岩镇、乾潭镇、新安化工集团等单位作了交流发言。戴建平围绕“建德要不要发展工业”“怎么看待建德工业的发展”“建德发展什么样的工业”“党委政府怎么干”“建德的企业家怎么办”五个问题作了动员讲话。

【全市农村工作大会】 2月25日召开。会议主要任务是全面贯彻落实中央、省农村工作会议精神，回顾总结2013年建德市农业农村工作，研究部署2014年工作，进一步加快建德市社会主义新农村建设。会议强调，要强农业、美农村、富农民，全力开创城乡统筹工作新局面。市委书记戴建平作重要讲话，市委副书记、市长陈震山主持大会并作会议小结，市委副书记童定干通报2013年度农业农村工作考核结果。会议的总体要求是，深入贯彻党的十八届三中全会精神，围绕“强农业、美农村、富农民”这一主题，以城乡统筹为导向，以农业产业发展为重点，以增加农民收入为核心，以“秀美山村”建设和“五水共治”为载

体，全力开创城乡统筹新局面。（韩　博）

调查研究与政策制定

【概况】 2014年，市委办公室（政研室）围绕实现建德创业再出发目标，牵头抓好调查研究和政策制定各项工作，全年共完成各类调研报告、制定和修改完善重大政策意见28个。

全年编发《建德信息》200余期，其中《调查研究》38期、《领导参阅》27期、《专报信息》15期。在省委、杭州市委内部刊物上累计刊发调研信息大稿17篇。

【组织开展全市性调研】 不断深化“三位一体”大调研工作体系，组织协调各层面力量开展调查研究工作。统筹推进市领导领衔调研，协助市委、市政府主要领导围绕党建、依法治市、工业经济发展、农业农村工作等10个专题开展调研，谋深谋细发展思路。牵头开展部门合作调研，整合“两办”、发改、经信、商务等相关单位人员力量，完成年度部门合作重点课题5个。向上借智借力开展调研，先后邀请省政府决咨委、杭州市政府咨询委相关专家就建德市小城市培育、工业经济转型升级等问题开展调查研究。

【围绕重点开展调研】 紧扣事关加快发展的关键领域和重点环节开展调查研究，为市委科学决策提供参考。围绕全面深化改革开展调研，就进一步深化投融资体制改革起草《建德市深化投融资体制改革给力实体经济》，并在杭州市委政研室主办的刊物《决策参考》上刊发；围绕加快经济转型升级开展调研，为进一步做大做强“一区一园”工业经济主平台，起草完成《关于加快杭州市建德高新技术产业园发展的若干意见》；围绕推进拆违治水工作开展调研，起草完成《建德市“三改一拆”暨“无违建市”创建工作的实践与思考》，并在浙江省委办公厅、省委政研室主管的《政策瞭望》上刊发；《建德市“五水共治”情况调查报告》被浙江省委党校评为优秀调研报告；围绕加强党的建设开展调研，与市委组织部联合起草完成《建德市全面开展“千名干部进村访户”活动，打通联系服务群众“最后一千米”》等调研报告，积极宣传建德市“走村不漏户、户户见干部”的成功经验。

【制定重要政策意见】 全面深化改革方面，制定出台《关于全面深化改革再创体制机制新优势的决定》（简称建德改革二十五条），具体部署建德市全面深化改革的主要任务和重大举措，并对推进深化改革的实施、强化组织保障体系提出要求。经济发展方面，制定出台《建德市工业企业发展绩效评价管理办法（试行）》《关于进一步加快现代农业发展实施意见》《建德市全域旅游三年行动计划》《关于深入开展“进企走访、帮企解困、助企发展”活动的通知》等相关政策文件。生态保护方面，出台《全面实施“河长制”进一步加强水环境综合治理工作的实施意见》。民生改善方面，出台《关于加大对禽畜养殖户停养转产扶持力度的意见》《关于实施低收入农户收入倍增计划的若干意见》。党建作风方面，制定出台《关于深入开展党的群众路线教育实践活动的实施意见》《关于落实“走村不漏户、户户见干部”要求进一步深化乡镇（街道）“驻乡进村访户”活动的通知》《建德市调整不适宜担任现任领导干部实施办法（试行）》。（陈晓峰）

组织工作

【概况】 2014年，全市组织工作以贯彻落实新修订《干部选拔任用条例》为重点，坚持20字“好干部”标准，加强好班长好班子好梯队建设。围绕基层服务型党组织建设，突出乡镇（街道）干部、村（社区）干部、党员三支队伍建设，落实党建工作责任制，全市乡镇（街道）党（工）委书记共领办并推进党建重点项目12个，确定并实施经济薄弱村发展集体经济项目39个。严格落实三级联述联评联考制度，组织16个乡镇（街道）、28个机关部门党（工）委书记向市委作履行党建工作责任制情况专题述职，市委主要领导参会并作现场点评。全市256个行政村、社区党组织和机关单位下属党组织全面开展向上级党组织及基层党员述职，形成上下联动、齐抓共管的基层党建工作格局。

【党员干部教育培训】 分层分级开展党的十八届三中、四中全会和习近平总书记系列重要讲话精神集中轮训，全年共完成上级调训25批74人次；依托市委党校、浙江大学、井冈山红色教育基地等资源举办主体班30期31个班次，培训干部4029名。为全市6000余名基层党员送党课107期，开办“红色讲堂”13期，受训党员干部3万余人次。选树市级“身边先进典型”20名、“双百”优秀乡村干部19名、百姓喜爱村支部10名，培育省级“闪光言行之星”基层党组织和党员各1名，组织开展向优秀乡村干部学习活动。全市机关部门、乡镇(街道)全面落实“夜学”制度，开展“每周学习日”“驻镇夜学”等各类党员干部学习活动，结合“爱岗敬业强责任、专心致志抓落实”主题教育活动、纪念建党93周年系列活动，开展党员干部“三严三实”“三思三增”大讨论，引导党员干部发扬“三匠”精神，全力助推拆违治水、民生实事“六大行动”等中心工作。

【规范党内政治生活】 全面规范各级领导班子专题民主生活会和基层党组织专题组织生活会操作流程，通过进村入企、座谈交流、网络信访等多种方式，组织市四套班子、市乡两级党组织征集意见1.6万条次，征集反映“四风”方面意见和建议1.5万条次。组织市、乡两级主要领导参加指导软弱涣散村党组织的专题组织生活会，党委(党组)“一把手”和党员领导干部均到联系支部指导参加专题组织生活会，全市2275个党组织的34513名党员参加组织生活会，到会率98.5%，民主评议“好”的党员29943人，占党员总数84.6%。全市3043名流动党员中，有2281名回建德参加专题组织生活会。

【贯彻落实新修订《干部选拔任用条例》】 在组织2340余人次做好新《干部选拔任用条例》学习培训基础上，对照新《条例》修改完善干部选任工作中动议、考察等重要环节的程序，制订完善并实施干部选拔任用工作全程纪实和可追溯制度、市管领导干部拟转任重要岗位的考察任用办法、国有企业领导人员选拔任用和管理办法、乡镇(街道)工作规程、领导干部提前“退二线”等制度。制定出台《建德市领导干部署名推荐实施办法》，开展乡镇党政正职定向署名推荐2次，推荐产生乡镇主要领导干部11人。制订并实施《领导班子和干部“办事实绩档案”的实施意见》《组织部部务会议成员分片联系市管领导班子制度》《市管领导班子和领导干部定期分析研判工作的实施意见》，全年收集、审查、分析领导班子实绩档案237份、个人实绩档案2067份；全年共开展领导班子、正职干部、专业型干部、结构性干部等专题分析研判8次，遵循“结构通盘考虑、岗位服从能力、选优配强重点”的原则，全年提拔市管领导干部26人、转任重要岗位14人、交流调动59人次、内部职务变动36人次、退二线34人、非领导职务晋升26人。完成4家国有公司重组，调整配备国有公司领导人员13名，完成市场监管局、卫生和计划生育局等机构改革涉及的领导班子配备保障任务。

【年轻干部培养锻炼】 选优配强群众路线教育、拆违治水、招商引资和重点项目推进等重要专项工作力量，全年累计抽调、选派各类干部226名；从市级机关和企事业单位中选派第十批市级农村工作指导员38名，做好杭州市选派的11名农村指导员对接工作；抽调35名“退二线”干部参与中心工作效能督查。在抽调、选派的干部中，35岁以下的年轻干部有89人，占39.4%，市管后备干部46人。统筹做好年轻干部、女干部和党外干部的培养选拔，对110名市管正职、220名市管副职后备干部库进行动态调整，其中女干部占33.6%、党外干部占16.7%、35岁以下干部占35.5%。

【干部监督管理】 梳理汇总全市695名市管领

导干部个人有关事项报告，落实新提拔干部个人廉政情况报告和部门联审制度。完善部领导约谈市管干部工作机制，全年先后对上年度考核排名靠后的8个领导班子和32名领导干部进行提醒谈话，对拆违治水等工作推进进度滞缓、工作不力的38名干部进行组织约谈，对工作庸懒散、干群反映大的24名干部进行诫勉谈话。出台《2014年度市管领导班子和领导干部考核的实施意见》《建德市调整不适宜担任现职领导干部实施办法》，制订并落实干部能上能下专项行动工作方案，对19名不适宜担任现职的领导干部进行岗位调整或改任非领导职务。加强干部出国（境）审批管理，完成因私出国（境）22人次专项审核工作。启动干部人事档案专项审核工作，调配消化超职数领导干部32名，完成在企业兼职的15名领导干部清理工作，完成全市调研员设置整改工作。

◎沧滩党建示范群莲花村活动掠影

【基层服务型党组织建设】 印发《关于加强基层服务型党组织建设的实施意见》和《关于进一步加强基层党组织建设的通知》，创建“五好”服务型乡镇（街道）13个。推进星级党建示范点（群）创建工作，完成星级党建示范群创建8个，创建及升级星级党建示范点84家。引导基层党组织和广大党员干部广泛开展拆违治水等先锋行动，建立领导干部“治水护水”联系点116个，领办“治水护水”项目47个，党员志愿者参与“治水护水”3.3万人次。启动“传递正能量·圆梦微心愿”四季主题活动，累计走访慰问困难群众、困难党员1.9万户，征集各类“微心愿”2.5万个，组织在职党员完成认领并实现“微心愿”1.3万个，党员干部参加文明劝导等志愿服务活动8300余人次，在职党员“微心愿”认领率达70%。

【加强村（社区）党建工作】 面向倒排确定的17个软弱涣散村级党组织，建立村企“X+1”结对帮扶机制，明确市财政与124家结对企业三年投入帮扶资金分别为3555万元、487万元，年内兑现帮扶资金分别为1248万元、180余万元。调整完善村级党组织设置，升格5个行政村党组织，考核评比业绩优秀行政村49个。开展村（社区）“四多”清理整改，建立和落实村（社区）事务统一归口管理、审核准入制度，全市村（社区）工作任务由原来97项减少至29项，村、社区机构牌子分别由原来的54块、34块减少到3～5块，共摘牌子12312块；考核评比由原来的17项缩减到1项；盖章事项由原来的50余项减少到23项。全年落实村（社区）党建工作经费、党员活动经费补助等各类基层党建保障经费2197万元。村级组织换届结束后，及时组织全市149名新任村主要干部进行集中培训，实行全市村“两委”干部“三项承诺”履职考核和销号管理。优化提升农村“六事一日”工作法为村级组织运行“六基准”（常态走访、每日坐班、每周例会、每月审账、每季议事、年底述评）。出台《关于规范辞职承诺启动程序做好不合格村（社区）干部退出工作的通知》，对“十不”干部严肃问责，处置不合格村（社区）干部18人。

【党员发展教育管理】 制订落实《关于进一步加强全市发展党员和党员管理工作的通知》，全年共发展党员506名。实行党员发展对象政治理论考试合格资格准入制度，完善入党积极分子网络在线学习和考试平台，全年共有4批次521名入党积极分子通过考核测试并取得合格证书。实行党员发展对象部门联审制度，完成联审649人。建立健全流动党员信息库，处置长期失联党员118名。出台并落实进一步做好党员先锋指数考评管理办法，总结推广三都镇新和村党总支“亮牌认岗、贴心服务”特色做法并在《人民日报》刊发。实行《入党志愿书》编码管理，在更楼街道试点实施党员档案标准化管理。落实《关于进一步严格党员管理疏通党员队伍出口的通知》，全年确定警示党员204人、不合格党员93人，拟限期整改处置218人，作出组织处置出党48人。

【推进“两新”组织党建工作】 抓好重点领域重点单位党建工作，定期召开“两新”工委、非公企业党委负责人例会，密切联系沟通。首次组织开展两新组织党务工作者认证评级和工作补助，出台《建德市两新组织党务工作者资质评级管理办法》，确定首批高、中、初级资质“两新”组织党务工作者共28名，发放工作补助1.9万元。推进两新组织党组织规范化建设，新安集团党委“党员成长档案”获杭州市两新组织党的组织生活创意大赛一等奖。抓好乡镇(园区)区域党群服务平台建设，新建建德经济开发区(寿昌镇)党群服务中心并通过上级验收。落实“两新”组织党组织上缴党费返还政策，共拨返党费17万元。

【党代表作用发挥】 深化落实党代表活动“五项制度”，建立党代表分级联系档案。全面实行党代表提案制度，受理市党代表提议17件，办结率100%。全年组织市党代表列席重要会议22次160余人次。制订《建德市党代表巡查制度》，先后集中开展“五水共治”、交通治堵、项目攻坚和党的群众路线教育实践活动整改工作等专题巡查活动4次，组织90余名杭州市和建德市、镇三级党代表参与巡查，提出各类意见建议62条。落实乡镇党代会年会制和街道党员代表会议制度，首次指导3个街道组织217名党员代表召开党员代表会议。新增规定动作1项，设计代表晾晒“履职清单”等自选动作10项，800余名乡镇党代表参加党代会年会，共提交党代表提案110余件。

（程建全）

宣传思想工作

【概况】 2014年，全市宣传思想文化工作坚持以中国特色社会主义理论体系为指导，把握党在意识形态领域的领导权、话语权，围绕全市中心工作，加强思想理论巩固、重大主题宣传、社会舆论引导、精神文明建设、文化繁荣发展，为提振精气神、深化三个年、实现建德创业再出发提供有力支撑。

全年组织市委中心组学习32次，受众达5000余人次。成立新一届市委讲师团，全年宣讲300余场，受众达2.8万人次；组建形势政策、道德模范、民生政策等6支宣讲团，为各部门单位和农村文化礼堂提供“菜单式”宣讲服务，全年宣讲280余场，受众2万余人次。

围绕全市中心工作先后推出“提振精气神，深化三个年”“三重六领衔”“进企走访、帮企解困、助企发展”“依法信访、理性维权”等专栏，统筹安排“五水共治”“无违建市创建”“群众路线教育”“省示范文明城市创建”等宣传报道，累计推出重点工作专栏报道2300余篇。组织策划《责任心执行力大家谈》《村官谈拆违》《河长谈治水》等大型系列媒体访谈活动，60个部门和镇村的190余名负责人参加访谈。

借力中央领导和省委主要领导对建德市“走村不漏户、户户见干部”工作的充分肯定、新叶全省古村落保护现场会、湖南卫视“爸爸去哪儿”节目拍摄等机会，宣传建德城市形象。全年接待中央、省、杭州市主流媒体300余人次，在市外主流媒体刊播建德重点工作新闻稿件1200余篇，其中《人民日报》、新华每日电讯头版各1篇，中央电视台新闻联播1条，《浙江日报》专版6篇、头版

19篇，浙江卫视新闻联播80条，《杭州日报》专版16篇、头版33篇，《钱江晚报》等主流媒体主题专版8篇。结合各类活动，编发《中国报道》建德专刊、《市外媒体看建德》等资料3000册。

【基层理论阵地建设】 提升全市23所基层党校的理论服务功能，加强基层理论骨干培训，每所党校建立一支由镇村干部、退休教师、大学生村干部、各村贤达等组成的基层党校讲师团，及时传达各级重要会议精神和决策部署。2014年，基层党校开班100余场，受众1.1万余人次。改造提升13个悦学体验点和1个省社会科学普及示范基地，建立常态化管理制度。

【"曝光台"新闻舆论监督机制建设】 2月，建德市在新闻单位开设媒体曝光台，由市新闻传媒中心和建德广播电视台开展曝光台的采访活动，并建立了媒体督查工作成员单位联席会议制度、新闻线索上报收集制度、曝光整改工作年度考核制度和跟踪问责约谈制度等一系列配套保障制度，重点对"五水共治""三改一拆"、作风建设、文明创建等工作中存在的违法排污、私搭乱建、行政不作为、不文明行为等现象予以曝光，有效发挥新闻舆论监督作用，推进了建德市重点工作的开展。至年底，曝光台共刊播曝光节目111期，曝光问题199处，整改到位194处。其中"五水共治曝光台"刊播57 期，曝光问题74处，整改到位74处；"三改一拆曝光台"刊播37期，曝光问题101处，整改到位101处；"作风效能曝光台"刊播2期，曝光问题8个，均进行整改；闲置土地利用刊播10期，曝光问题11处，整改到位8处；聚焦城市不文明现象刊播5期，曝光问题5个，整改到位3个。

【清朗网络空间】 加大"网军"建设力度，创新组织骨干网评员脱产挂职轮训，全年组织网络宣传工作培训5场。与杭州网合作建立网络舆情监控机制，全年编发网络舆情分析材料120篇。扩大网络舆论阵地建设，完成"建德发布""三微一信"主平台和36个二级平台建设。免费推送浙江手机报用户15.6万余户，"浙江新闻APP"订阅用户达5.1万余户。

【公民思想道德建设】 开展以文明餐桌、文明出行、文明礼仪、文明旅游"四大文明"行动为内容的"共建和谐、共享文明"主题宣传实践活动，招募市文明义务监督队员73名。组织开展两期机关干部"文明出行"劝导活动，共有5120人次参加，并在浙江电视台"重新学走路"栏目播出。持续推进"美丽建德人、美丽建德景"宣传实践活动，寻访宣传各类道德典型和模范人物80余人，潘樟友及其救火团队入选"杭州市十大道德模范（平民英雄）"，黎国忠入选"浙江好人榜"。 建立道德模范宣传长廊和基层"道德讲堂"网络，持续推出"好邻居""好村民""好职工"等系列"最美人物"。

【基层精神文明建设】 组织开展家训家风征集活动，征集优秀家训、家风故事223条。开展村规民约修订，把制订实施村规民约纳入文明村创建考核。全年新申报创建全国文明村1个、省文明村3个、省文明单位3家，杭州市文明单位3家、建德市文明村19个。办好社区邻居节，开展满意科室（站所）、廉政文化示范点、文明家庭、青年文明号、巾帼文明岗等群众性精神文明创建活动。扩大春泥计划实施村，探索星级评定模式，实施分类推进，基本实现行政村全覆盖。开展"做一个有道德的人""同在蓝天下·我们共成长"系列主题实践活动，加强"代理家长"动态管理，实现2500余名留守儿童结对全覆盖。评选优秀实施村20个，优秀辅导员17个。新创建2所杭州市乡村学校少年宫，新增1所社区青少年活动俱乐部和13所留守儿童俱乐部。

【第四届建德市道德模范（感动人物）颁奖】 9月20日，第12个公民道德宣传日，由建德市精神文明建设委员会主办的第四届建德市道德模范（感动人物）颁奖晚会在纳凉大舞台举办。晚会对评选产生的潘樟友、黎国忠、蒋建平、王继莲、邱爱来、吴庭槐、郎有金、何卫生、罗雪珍、许金标等10位道德模范（感动人物）和吴月霞、凌子建、许义生、胡永明、陈志祥、叶叐伟、郎学军、乐水花、钱艳华、傅胜红等10名提名人物进行表彰。受表彰人员来自全市各行各业,包括敬老孝亲、助人为乐、爱岗敬业、见义勇为等各类先进代表。表彰名单由推荐、初评,以及网络、报纸投票评选产生。

【获2014年省农村文化礼堂建设先进县(市)称号】 4月21日至22日,德清举行的浙江省农村文化礼堂建设工作现场会上,建德市等18个县(市、区)被省委宣传部、省农村文化礼堂建设工作领导小组授予2014年度浙江省农村文化礼堂建设先进县(市、区)称号。

2013年、2014年,建德市共建成61家农村文化礼堂,实现了农村文化礼堂建设的阶段性目标。2014年,建德市坚持两手抓两手硬的策略,一手抓新建,按照"一村一色,一堂一品"的总体要求,高标准完成40个文化礼堂的建设任务;一手抓提升,对2013年建成的21家农村文化礼堂在长效化管理和常态化运行上进行积极探索。乾潭镇下梓村以村企共商共建共享为出发点和立足点,在杭州市率先推行文化礼堂理事会制度。依托文化礼堂平台,文体活动蓬勃开展,传统文化得以弘扬,正能量广泛传播,61个农村文化礼堂建成村共拥有250余支民间文艺团队,2014年共开展村级大型文体活动163次、道德讲堂活动680余次、礼仪活动82次。

◎11月6日,省委常委、宣传部部长葛慧君到建德调研农村文化礼堂建设工作(朱永标摄)

【文化惠民工程】 实施"送、种、育、引"文化工程,全年完成送戏下乡226场、送电影下乡3400余场、送书下乡3万余册,与外地开展文化走亲活动10场、市内镇村走亲15场。全年共扶持精品农家书屋16个,培育精品农村文艺队伍100支。成功举办新安江旅游节"戏曲周"活动,10天共上演13台传统剧目和经典戏曲折子戏,观众近1.6万人次。举办百姓纳凉大舞台系列活动30余场,吸引观众6万余人次。浙江省历史文化村落保护利用工作现场会、浙江省传统戏剧之乡授牌暨展演晚会、浙江省第八届排舞大赛等三大省级文化活动相继在建德举办。市婺剧团两次赴韩国演出,廉政婺剧《天下第一疏》获浙江省第十二届精神文明建设"五个一工程"奖。

【央视大型纪录片《记住乡愁》到建德拍摄】 10月下旬,中央电视台《记住乡愁》节目组到大慈岩镇新叶古村开展纪录片《记住乡愁——浙江建德新叶村》的拍摄活动。新叶古村是全国重点文保单位、中国传统古村落、中国历史文化名村,文化底蕴丰富。剧组将从历史人文、三月三民俗文化等多方面解读新叶传承八百年的"三月三祭祖大典",并从中国传习几千年的"耕读"文化入手,以民俗文化为主题,突出新叶村"崇文重教",揭示新叶古村厚重的文化元素。栏目组在建德进行了7天的拍摄,除新叶古村外,还对建德下涯镇之江村湿地、三都镇三江口渔村等地进行了拍摄,用电视化的语言呈现

人们“望得见山，看得见水，记得住乡愁”的愿望。（童　伟）

统一战线工作

【概况】 2014年，市委统战部牢牢把握大团结大联合主题，着眼“五大关系”和谐，在“五水共治”中充分发挥统战组织和成员的作用，在加强思想引领、推进合作共事、增强社会活力、弘扬创新精神上下功夫，广泛凝聚统一战线力量，提振精气神，深化“三个年”，为建德创业再出发做出了应有的贡献。

【完善落实多党合作制度】 协助市委加强多党合作的制度化、规范化和程序化建设，完善落实市委常委联系民主党派工商联制度和联系交友制度，市委常委、党员副市长联系民主党派无党派代表人士制度。全年召开各类工作情况通报会、座谈会8次，走访党外人士64人次。完善落实重点镇街党（工）委成员联系重点统战成员制度，新安江街道、洋溪街道、梅城镇、寿昌镇制订联系重点统战成员制度，并开展了联系工作。

【畅通统一战线协商民主渠道】 围绕党风廉政建设、旅游工作、“五水共治”和创新社会管理、梅城古城保护与利用等主题，召开双月座谈会6次，推进各民主党派工商联无党派人士知情知政、建言献策。落实政府部门与民主党派工商联对口联系制度并召开现场会，全年对口联系单位共召开各类联系会、座谈会30次，开展有针性的对口协商15次。加强参政议政调查研究，各民主党派、工商联和无党派人士围绕市委群众路线教育实践活动、市政府工作报告等提出意见建议28条，提交提案、议案158件，完成调研课题12个。全年共收到党外人士社情民意信息152条，编印整理报送信息58条。开展协商议政联动履职活动，拓展党际协商平台，与市政协联合组织各民主党派工商联和无党派人士开展考察、座谈会2次。

【开展“五水共治·五者同行”活动】 向全市统一战线发出争当“五水共治”的宣传者、践行者、志愿者、建言者和督促者的倡议，开展“五水共治·五者同行”活动。全市统战组织和成员累计捐款1900余万元，其中非公经济组织捐款1855万元、统战成员捐款46万余元；依托政协组织平台和双月座谈会、统一战线民情观察员等载体，以“五水共治”等为主题，提交议案提案30余件，发表各类建言献策文章30余篇，为市委、市政府推进“五水共治”工作提供民意支持。组建统一战线同心专家服务团7个，成员181名，深入开展志愿服务“五水共治”，参与清洁河道、治污护水等活动。

【加强党外代表人士队伍建设】 出台《2014—2018年建德市党外干部五年规划》，规范工作程序，细化工作举措。协助民主党派做好届中述职评议工作。依托市社会主义学院举办党外干部骨干培训班、党外知识分子培训班各1期，分别有48人、88人参加。推荐55名民主党派成员、工商联会员、无党派人士参加省、杭州市社院（党校）组织的学习培训。全年协助民主党派发展新成员25名。指导成立市知联会梅城分会、寿昌分会。（龚志坚）

机构编制工作

【概况】 2014年，市编委办围绕党委、政府中心工作，以行政体制改革和机构编制管理为主线，推进政府职能转变，强化机构编制规范化管理，为地方经济社会发展提供了有效的体制机制保障。

研究完善新一轮政府机构设置方案，拟订政府职能转变和机构改革总体方案。完成市场监管、卫生计生领域体制改革，牵头组织职责交接工作，组建市场监管局和卫生计生局，并制定“三定”规定。年底，全市共有行政单位69个（其中党委11个、人大1个、政府工作部门27个、政府派出机构1个、政协1个、法院1个、检察院1个、民主党派4个、群众团体6个、街道3个、乡镇13个），事业单位276个（含参照公务员管理的事业单位和群团组织46个）；行政编制（含专项编制）2484名，事业编制（含参公事业编制）8202名。

【推行权力清单制度】 推行权力清单制度是2014年度政府重点工作，市编委办发挥牵头抓总作用，按照清权、减权、制权的流程，通过“三报三回”工作程序，制订“建德版”行政权力清单，将行政权力数量从原始的11013项减少至4361项，清减率达60%，并在省政务服务网上向社会公布。

【完成责任清单工作】 11月，启动制订政府责任清单工作，经过对部门主要职责、职责边界、事中事后监管制度、公共服务事项4大内容的认真梳理，完成责任清单编制工作，并在省政务服务网向社会公布。责任清单进一步明确政府部门的法定职责，理清职责边界，从制度上体现“法定职责必须为”的要求，为行政问责提供依据。

【完成行政审批改革相关任务】 根据行政审批制度改革的要求，在机构编制总数不变的前提下，将部门行政审批职能集中归并，在26个部门整合设立行政审批科，提升部门审批效率和服务质量。

【建立“督考合一”工作机制】 整合市委督查室、市政府办督查科和市直工委综合考评科职责，设立市督查考评办公室，作为市委、市政府统一的考评督查工作机构，具体负责市委、市政府重大决策部署、重点项目推进、重要工作的监督检查和领导批示件的督办工作，全市乡镇（街道）、机关部门综合考评和各类专项考评工作等，建立多方位、全过程、真督查、实考评的督查、绩效考评和问责体系，为加快社会经济转型，推动发展提速提供保障。

【构建“三位一体”财政运行机制】 在编制总量、内设机构数、中层领导职数不变的前提下，对财政部门机关内设机构及下属事业单位进行整合，建立以预算、预算执行和预算监督“三位一体”的财政运行机制，强化财政管理职能和运行效率。

【严格开展机构编制核查】 牵头建立核查联审协调工作机制，对全市各级机关事业单位的机构设置、人员编制、领导职数配备及编外用工使用情况等事项信息的真实性、完整性进行核对检查；通过单位自查、集中核查、督促整改、信息汇总等阶段，清理机构编制政策执行中存在的不规范现象，规范和完善机构编制实名制管理，严肃机构编制纪律，确保“财政供养人员只减不增”落实到位。

【改革事业单位管理方式】 加强对事业单位的动态监管，分类开展事业单位法人治理培训，组织教育系统法定代表人培训班，开展有较强针对性的课程内容培训。推进年度报告公开工作，通过平面媒体和网络媒体，将50家主管单位下属的200余家直接面向社会提供公益服务的事业单位年度报告书予以公开，接受公民、法人和其他社会组织的监督，以加强对事业单位的动态监管。 （黄　辉）

史志工作

【概况】 2014年，市委党史研究室、市地方志办公室（以下简称市史志办）编纂出版《建德年鉴（2014）》，《建德年鉴（2013）》在中国出版协会主办的年鉴编纂出版质量评比中荣获综合二等奖；编纂出版《建德往事》第三辑和第四辑；编纂出版《建德史志丛书》第一辑；编印《中共建德县委、寿昌县委重要文献选编》；继续开展改革开放时期党史专题征编工作，以会议培训、经验传授等方式做好指导和服务；继续开展人物口述史征集工作，先后完成县政协原主席吴北海、抗美援朝老战士魏章群、千鹤劳动妇女代表付爱娥、金萧支队队员邓金水等20人的采访；继续开展《当代建德人物录》征集工作，向逾千名建德域外人士发送《征集启示》，赴广东、北京、上海、杭州等地征集资料，推动了地方党史和地方志事业新发展。首次向社会聘任8名老同志为“史志工作联络员”。

党史胜迹保护工作共获省、杭州市专项扶持资金80万元，在项目和经费的数量上均为历年最高、杭州市县区最多。其中，三都镇乌祥村的蒋治烈士故居获得浙江省革命遗址保护专项经费25万元，大慈岩镇李村村的寿南暴动纪念馆、三都镇寿峰村的江东县建浦区革命根据地遗址分别获得杭州市党史胜迹保护专项经费25万元、30万元。年内，寿昌南浦革命斗争史纪念馆、梅城中共建德小组纪念馆完成建设。

新四军历史研究会成立宣讲团为千余名干部、学生讲述革命史，参与编撰《老区新貌——大洋》一书。史志鉴学会组织军史小组参与编纂《跃马鸭绿江》一书，移民史小组开展库区移民资料收集工作。家谱文化研究会成立，双泉诸葛氏、鲁氏、邓家邓氏、大洋戴氏完成宗谱编修工作。

【寿昌南浦革命斗争史纪念馆开馆】 11月20日，寿昌南浦革命斗争史纪念馆正式开馆，浙江省省委原副书记、政协原主席刘枫为纪念馆题名，方志敏烈士之女方梅参加开馆仪式，徐汝金烈士家属在开馆仪式上捐献烈士遗物，市委常委、宣传部部长吕平参加开馆仪式并讲话。南浦是建德的革命老区和军事要地，1927年下半年，中国共产党就先后在当地建立5个党支部，涌现出许多革命烈士。2014年6月始，南浦村投入资金近30万元建设南浦革命斗争史纪念馆，纪念馆面积200平方米，内设“土地革命战争时期”“抗日战争时期”和“解放战争时期”三个展厅。通过实物、文字、图片、沙盘、PPT等形式，展现当时寿昌南浦人民在中国共产党的领导下为取得革命胜利而进行的奋斗历程，体现寿昌南浦人民群众追求真理，不怕牺牲的革命精神。

【编印《中共建德县委、寿昌县委重要文献选编》】 历届党委重要文献资料整理工作启动于2012年8月，旨在为研究党史提供比较系统集中的基础资料。2014年8月《中共建德县委、寿昌县委重要文献选编(1949.5—1955.12)》完成编印，市委书记戴建平为该书作序。该书是历届党委重要文献资料的首卷，集中反映建德、寿昌两县县委在新中国成立初期，为建设新建德所做的积极探索与艰辛实践，收录1949年5月至1955年12月期间，建德县委文件及领导讲话36篇、寿昌县委文件及领导讲话35篇，共30.6万字，16开本，印数1000册。同时，中共建德县委第一届至第八届党代会逾百份文件资料的收集整理工作基本完成。

【编纂出版“建德史志丛书”】 2014年，应广大市民要求以及史志工作自身发展的需要，市史志办重新策划编纂出版“建德史志丛书”。12月，“建德史志丛书”第一辑由中国文史出版社出版，由《晚清民国报纸说建德》《跃马鸭绿江——建德抗美援朝老兵记忆》《梨园追梦》三册组成。是月29日，举行丛书首发式，《晚清民国报纸说建德》作者徐重光、抗美援朝老战士代表魏章群、《梨园追梦》主人公——著名越剧表演艺术家高爱娟、杭州越剧艺术研究会副会长谭均华等出席首发式并发言。

◎11月20日，寿昌南浦革命斗争史纪念馆开馆

【成立建德市家谱文化研究会】 11月13日，市家谱文化研究会成立，并召开第一届第一次会员大会。大会通过了研究会章程，选举产生第一届理事会。第一届会员共78名，根据区域划分成新安江、梅城、寿昌三个片组分别开展活动。研究会主要业务范围是谱牒文化的学术研究、交流传播、网站建设；策划指导家谱编修和出版；举办谱牒知识专业培训，承接日常谱牒咨询；协助海内外寻根认祖，参加重大祭祀庆典活动；从事谱牒收藏、保管、查阅服务；承办政府、企事业单位、社团、个人委托的村镇史志、谱牒编修业务等。

【修志工作再拓新领域】 乡镇、村、部门和企业志的编修热度不减，《寿昌镇志》完成初稿编撰，《乾潭镇志》进入资料搜集阶段，钦堂乡成立乡志编修领导小组；富塘村、淤堨村、白沙社区启动村(社区)志编修；市民政局完成《建德市地名志》审阅、修订，市公安局组建班子启动《公安志》编修，市慈善总会完成《浙江慈善志·建德慈善分志》撰稿；《新安集团志》编修工作实现了当年启动、当年组织班子、当年形成初稿的预期目标。

【宣传教育形式丰富多彩】 与团市委组织“民间司马迁——青年学生暑期志愿者实践活动”，与图书馆共同开展“读好书、探名镇、访名俗”活动。国家首个烈士纪念日前夕，组织寻访烈士故地、采访烈士后人、挖掘烈士生平、编撰纪念专辑活动，9月11日召开纪念严汝清、祝光焘、邓逢金三位革命烈士座谈会。在《钱江晚报》建德生活版开辟“口述建德”专栏，以人物口述形式每月宣传一个历史人物。在《今日建德》上发表文章纪念建德、寿昌解放65周年，通过“建德史志”微博平台宣传史志工作与成果，全年点击量达15万人次以上。向上级史志网或刊物等累计投稿百余篇次，其中调研文章《毛泽东与建德》和7条信息被中共党史网站录用。组织成果进基层30余场次，赠送各类书籍8000余册，受教育群众达1万余人。利用地方史志资料为社会各界人士提供服务数十次。（何　彬）

党校教育

【概况】 2014年，市委党校坚持“党校姓党”，以学习型政党的引领者、共产党员的精神家园、当地一流的社科类学术平台、当地最重要的智库为工作目标，围绕全市总体工作思路与要求，以全年30项主要任务为重点，做好“六个强化”工作，先后被杭州市委党校党委、浙江省委党校评为工作创新单位。

【强化主体培训】 参照省、杭州市党校系统教学评估标准，完善教学“一站式”服务模式，通过教学需求市场化、教学服务菜单化、教学管理规范化、教学内容特色化等举措，强化主体班培训。全年共举办主体班培训班次31期，共33个班次，培训人数3994人次，比上年增加1806人次。其中，有12期在课堂教学的基础上开展了工作交流、现场教学、社会实践。选派两名教师参加杭州市第五届精品课比赛活动，陶为民老师和蒋建军老师分获二、三等奖，列县级党校第一名。陶为民老师代表杭州市委党校参加浙江省委党校系统精品课比赛。

【开设“流动党课”107场次】 2014年，市委党校制度“流动党课”制度，引导和组织教师到机关部门、乡镇农村、企业学校进行宣讲活动。全年共安排《传统书学讲座》《钓鱼岛问题及对日斗争策略》《当前形势与我们的中国梦》《五水共治与我市当前面临的形势和任务》《党的群众路线教育实践活动学习与解读》《大力加强党的作风建设》《孔子“孝道”观的解读与传承》《我们心中的“中国梦”》《领导干部的心理健康与调适》《漫谈“中庸”》《博弈论运用与启示》等30余堂课程，并采用“菜单式”服务模式供选择。主动派教师“送课下基层”，党课遍及全市16个乡镇(街道)、40余个机关部门，以及农村社区、厂矿企业，听课群众达到6000余人次。

【保量提质强化科研工作】 全体教师深入基层

一线展开调研、撰写文章，向浙江省党校系统提交理论研讨会论文3篇，入选1篇；向杭州市党校系统理论研讨会提交论文5篇，其中2篇获得三等奖；向全省党校系统优秀调研成果申报提交3篇；向全省党校系统青年学者学术研讨会提交论文1篇；完成杭州市委党校社科联课题2个。与部门合作的课题6 个，其中与市委组织部合作调研4项、与市人大合作1项、与市直机关工委合作1项。全年录用舆情信息40篇，在全市各乡镇（街道）、市级机关单位中排名第一，实现信息分215分，居全市第二。注重资政文章撰写，《我市金融支持农业发展的现状与建议》在《建德信息》（调查研究）第38期刊登。（陈志宏）

对台工作

【概况】 2014年，中共建德市委台湾工作办公室、建德市人民政府台湾事务办公室贯彻中央对台工作部署，落实省、杭州市对台工作要求，以“两岸一家亲，共圆中国梦”为主线，围绕市委、市政府的中心工作和对台工作的任务，做好了各项对台工作。

【6次赴台交流交往】 3月，建德市大丰辐条厂组团参加海峡两岸自行车展。4月，市政府组团赴台考察草莓产业。6月建德市委党校赴台研究交流政治社会学、公共治理理论。10月，市史志办赴台考察文史研究与管理；同月，市台办组团赴台开展民间交流。11月，水利局赴台考察农田水利建设与管理。

【3次到建德参访考察】 4月，台湾南投县名间乡农会一行17人应邀到建德参访，参访期间，建德市茶产业协会与名间乡农会签订了交流合作备忘录。10月，台湾南投县五金业职业工会一行32人到建德参访，参访期间，建德市五金工具行业协会与南投县五金业职业工会签订了交流合作备忘录。11月，台湾新北市中药商业同业公会一行35人，到三都镇西红花专业合作社考察西红花产业。

【开展对台日常服务工作】 全年共走访台资企业、台商、台属企业40余次，宣传落实各项政策举措，发送工业产业、招商、税收、环保政策等宣传资料80余份。走访慰问定居台胞、重点台属18人次，发放慰问品和慰问金价值6000余元。接待处理台胞、台属到访10余人次，帮助协调处理涉台经济纠纷、房产、遗产、寻亲等问题8个。（夏成毅）

机关党务工作

【概况】 2014年，市直机关工委围绕市委、市政府中心工作，在提升机关党的思想、组织、作风、反腐倡廉、制度建设水平和创新完善机关综合考评体系等方面取得新进展。工委新成立直属机关党委2个、党总支4个，撤销2个，换届9个、届中调整8个；发展新党员130名，党纪处分8名。年底，工委所属机关党委20个、党总支20个、党支部352个，党员5946名。是年，市直机关工委评选先进党支部24个、学习型党组织10个、优秀共产党员164名、优秀党务工作者25名。

加强对24家基层党组织星级党建示范点创建的业务指导。组织19个直属机关党委书记开展述职述廉，同时推进基层党组织述职述廉。出台《建德市乡镇（街道）机关党建工作规范标准》。评出创业创新党建品牌10个。

落实党风廉政建设责任制，制定下发《关于2014年党风廉政建设和反腐败工作及打造“廉洁建德”的责任分工》，举办机关纪检干部培训班、组织纪检干部参观市廉政教育基地。召开全市廉政文化进机关示范点创建经验交流会，下发《关于进一步加强市直机关廉政文化建设的实施意见》。

完成705名机关妇女重大疾病安康互助保险工作。举办工会主席、工会财务人员培训班各1期，与机关妇工委联合举办国学知识讲座1期。机关团工委开展各类活动60余次；通过杭州市级“青年文明号”复评2家，建德12家。机关妇工委指导创建“巾帼文明岗”单位1家；深化巾帼志愿者活动，开展困难儿童、留守儿童关爱行动；组织开展机关妇女“五水共治”城乡清洁活动50余次；开展“巾帼四季好读书”活动；组建机关女子健身操队参加“‘庆国庆·亮风采’机关妇女健身操大赛”获最佳风尚奖。红会机关工委参加世界“五·八”红十字会日广场献血、造血干细胞捐献等“三救三献”活动；举办市直机关消防知识培训班1期。

【落实激励关怀机制】 出台《关于建立健全党内激励、关怀、帮扶机制的通知》，对党员权利保障、作用发挥、组织关怀等内容进行明确和规范。开展“双争双评”，通报表彰先进基层党组织23名，优秀共产党员222名，优秀党务工作者27名。慰问离任转任、患病住院和生活困难的机关党组织书记和机关党员共60人次，组织慰问救火英雄潘樟友等社会人士，增加社会正能量。

【创“双联系”工作党建品牌】 继续围绕桥东开发城市建设主战场和信访积案化解，牵头组织34家机关单位党组织，联系35户“钉子户”；17家机关单位党组织联系市领导领衔包案的重点信访户。至年底，全部完成出让土地、安置地拆迁户工作，联系信访积案全部化解。“双联系”党建品牌获第六轮全省机关党建工作优秀创新成果奖。

【开展结对帮扶】 组织开展第二轮“千名党员干部结对帮扶千户城乡困难家庭”和“1+X”社会结对帮扶、走访慰问活动。全市1639名机关党员向1639户结对的低保家庭、困难家庭和残疾人家庭，送上总价值163万元慰问金和慰问品。承办杭州市区、县(市)结对帮扶工作会议并作经验介绍。

【在职党员进社区】 加强在职党员进社区的动态管理，全市有5000余名机关在职党员进社区报到认领项目，其中1200余人次参与“平安创建”夜间巡逻。重点开展“传递正能量·圆梦微心愿”活动，通过市四套班子领导带头认领、单位广场集中认领、党员自愿认领和党建示范群“共建互助”等方式，共认领微心愿3558个。

【服务“五水共治”工作】 发动机关党员带头为治水专项捐款280余万元；广泛开展“五水共治”宣传和献计献策活动，征集运用各类治水点子100多个；发动市级机关基层党组织到联结村(社区)开展公益清洁活动70余次；成立18支机关党员志愿服务“五水共治突击队”，组织工青妇清洁重点治理河道300余次，其中千人以上集中劳动1次。

◎4月30日，机关党员认领微心愿(朱永标摄)

【交通文明劝导】 围绕省示范文明城市创建，组织机关党员6500余人次参与交通文明志愿劝导。8月，浙江电视台1818黄金眼在建德摄制“重新学走路”大型交通劝导行动真人秀。9月，《人民网》以《机关干部服务增一分 群众日常出行

畅一点——浙江建德干群联手治堵畅民心》为题作了长篇报道。 （李　佳）

老干部工作

【概况】 2014年年末，全市共有离休干部137人。其中，抗日战争时期16人、解放战争时期121人；地专级政治、生活待遇2人，处（县）级政治、生活待遇50人（含地专级医疗、乘车待遇3人）、科局级政治、生活待遇85人。另有安置托代管的离休干部46人，其中，外来异地安置8人、受托管理杭州市属在建7家企业的27人、代管浙江省杭州市属在建单位的11人。市级离退休领导29人。

全年组织离休干部集中学习37次，“走、看、促”活动2次，组织280余人次参观“双童烈士墓”、建德革命史料馆以及乾潭镇、大洋镇等地新农村建设。机关全员“月听、季访、年慰问”联系服务老干部，全年上门慰问624人次，探望住院干部172人次。

全年有近60余篇反映建德老干部老有所为、奉献社会的文章在《钱江晚报》《浙江老年报》《浙江老干部工作》《杭州日报》、浙江省委老干部局工作网站等多家媒体刊登。《“新安夕阳”活动积极发挥老干部作用》获2014年度全市优秀组织工作特色项目的称号，《探索加强离退休干部党建工作和老干部作用发挥的实践与思考》获2014年度市直机关党建优秀理论调研文章一等奖。

【老干部思想政治建设】 6月18～20日，举办首届老干部党支部书记读书培训班，加强“领头雁”建设。全年召开老干部党建工作会议和党支部书记例会4次，做“当前国际形势”“党的十八届四中全会精神”等专题讲座9次。以10项具体活动深化“五星三比”，引导老干部在促进经济社会发展、建设和谐社会中进一步发出好声音、传递正能量。6月26日，在杭州市老干部党建工作经验交流暨发挥作用推进会上，建德市作典型经验交流。8月18日，中组部老干部局在建德召开“我看党的建设”座谈会。市农办退休干部、党支部书记许金标获得“浙江省离退休干部先进个人”称号。

【老干部“正能量”得到新展示】 号召老干部在“自觉自愿、量力而行”原则下，参与到“五水共治”“交通治堵”文明劝导、“三改一拆”、生态文明建设等重点工作上。5月15日，主题为“发出好声音，传递正能量”的“新安夕阳”老干部志愿服务队成立暨“五水共治”宣传演出大会举行，5个中队15个小队共206名老干部参加。志愿者寻找黑、臭河行动8次，查找污染源10余处；参加“文明示范城市创建”宣传工作，到江边劝导洗衣市民，并向市民发放《建德市社会公德“六不”行为规范》《新安江城区生活垃圾分类倡议书》《城市生活垃圾科普知识读本》、“垃圾分类”专用袋；“交通治堵”文明劝导16次，178人次参加；结对留守儿童385名。全市3100余名“五老”工作者在青少年中开展以“中国梦”为主要内容的社会主义核心价值观宣讲教育，组织宣讲123场次，受教育青少年6万多人。110余名老干部关爱结对社区矫正青年对象；成立“假日学校”72所，参与的老干部近百名，惠及青少年3000余名。

【老年活动中心投入使用】 3月，市老年大学、老年活动中心迁至月坪路2号。老年活动中心占地面积0.8公顷（12.0亩），建筑面积8802平方米，拥有8层教学大楼和报告厅各1幢，可同时接纳1000余人学习和活动。新增英语口语、电子琴、婺剧学唱等专业，共有23个专业，40个班级，学员1996人次；全年办各类讲座17次，组织送戏下乡，进学校、社区、敬老院、福利院文艺演出32场；完善学校管理制度，印发学员手册1200份，《老年大学突发事件应急预案》60份，组织老年大学、活动中心工作人员，老年大学班长进行演练。

全年有1万余人次到老干部活动中心参加各类活动，新组建老干部“乒乓球”协会，举办台球、乒乓球、象棋等比赛活动7次。编撰《新安红枫——庆祝中华人民共和国成立65周年老干部诗书画作品专辑》,100多幅诗书画作品入册。举办第二届老干部文化艺术节,开展首次老年大学“欢乐金秋”文艺周活动。（王小红）

信访专电工作

【概况】 2014年,共受理信访电16331件(人)次,比上年增长9.4%。其中,受理来信498件(要信14件),下降24.6%;接待来访350批872人次,分别下降43.3%和60.9%(其中集体上访27批434人次,分别下降64.94%和70.21%);受理来电(邮件)14961件,增长25%,网上信访(市长信箱)1206件,下降2.8%。

开展违法信访行为专项整治行动,坚守法律底线,对违法信访行为依法打击处理,形成以公安为主,维稳、信访、城管、机关事务管理局等多部门协调联动的格局,避免群体性聚集上访闹事事件的发生。

深化矛盾纠纷排查化解,做到重点对象底数清、矛盾纠纷类型清、信访上访动向清、化解应对举措清,对发现的纠纷隐患及时采取疏导教育措施,特别是初信初访,落实首办责任制,提高一次办结率,最大限度减少问题积累。组成督查组不定期对责任单位工作落实情况进行督查督办,提升责任单位及时就地解决问题能力。同时开展“零上访”镇、村创建活动,有效夯实基层基础。

【领导接访下访】 推进市领导接访下访机制,2014年,市领导每周到信访局定点接访和随机接访,共接听市长公开电话8期,受理电话115件、办结 115件;坐班接访37人次,现场接访来访74批295人次,受理74件,办结73件。实行约访与下访相结合,对疑难复杂信访事项和具有典型性、代表性的信访事项,安排市领导到联系乡镇带案下访或专题调研,全年共开展带案下访6次,接待处理信访事项12件。

【领导领衔包案化解】 梳理信访积案34件纳入市“三重”工作,由34名市领导领衔包案,发挥领导综合协调优势,促进积案化解工作的落实。根据矛盾纠纷滚动排查情况,逐案落实包案市领导,明确责任单位和化解时限,至年底,34件信访积案全部化解终结。

【探索推进“阳光信访”】 成立由市委政法委、宣传部、信访局、法院、检察院、公安局、司法局、法制办等部门组成的会审研判小组,对疑难案件进行“把脉会审”,形成“一事一审、一会审一对策”,为有效化解提供切实可行的对策。推进公开听证评议工作,公开信访人诉求和处理意见,让公众评议,进一步提升信访公信力,明确案件性质定位和处理结论,实现“案结事了”。2014年共开展公开评议4期,组织召开会审研判工作组例会16次,形成具体化解方案56件,化解终结47件,9件上级省挂牌的信访积案全部化解。（高　飞）

保密工作

【概况】 开展全国保密普查工作,对2013年度保密工作基础数据的新增、删除、修改项进行统计汇总。落实网络核查分类情况统计工作,摸清建德市涉密网、非涉密网及网络终端基本情况。

结合保密宣传活动,向90余家单位发放《新保密法》《保密法实施条例解读》《国家秘密定密工作指导手册》《党政干部和涉密人员保密常识必知必读》等读物(资料)200余份。集中开展3次涉密文件回收销毁工作,销毁多家单位保密废纸、废文件、废资料,共计10余吨。

【保密监测平台建设】 在机关部门安装非涉密计算机防泄密辅助软件,将全市党政网内3000余非涉密计算机纳入保密审查系统,覆盖率达95%,重点做好重要涉密单位互联网接入口保密监测平台建设。

【开展保密监督检查】 做好中高考保密检查,对市教育局高考保密室及全市9个中考考点、4个高考考点试卷保密室进行专项检查。落实好中央涉密文件保密专项检查,继续开展保密日常检查,对保密工作落实不到位、保密管理中存在的问题提出整改意见。 (章　斌)

档案工作

【概况】 2014年,市档案局以“五个档案”(法治档案、智慧档案、民生档案、平安档案、活力档案)建设为主抓手,推进“三个体系”(档案资源体系、档案利用体系和档案安全体系)建设。

全年接待查档利用6863人次,查阅案卷8087卷(件),复印和打印档案资料11688页。新进馆档案21856卷、14883件,照片1511张,音像档案15盘,图书资料1084册。

开展中心村、精品村行政村规范化档案室建设,李家镇、梅城镇、乾潭镇通过杭州市档案局的现场验收,达到档案工作目标管理省二级认定;浙江省建德秋梅食品有限公司通过杭州市级档案工作目标管理认定,建设成为企业记忆之窗;白章线马目高新技术园区道路改建工程档案通过验收。

【多途径征集档案资源】 开展市域范围内法定进馆单位档案的接收工作,共接收19个市级部门单位1991~2005档案8140卷4843件、印章89枚、光盘2张;2013年婚姻档案7329件,电子业务数据7329件。开展建德老工业档案史料征集,共征集到新安江丝绸总厂、新安江无线电厂、冰箱厂等老企业档案史料47件,纪念品、老产品等各类产品实物档案83件,照片924张。开展个人档案征集,征集到市民张森荣家庭档案400余件,文字材料实物121件、照片484张、录像10盒、光盘2张,反映一个市民60年生活写照;全国劳模蔡小珍个人档案新闻报道38件、奖状证书10件、照片25张。开展重大活动档案征集,征集到第12至15届新安江旅游节文书档案289件、会计档案58卷、照片光盘2张、印章2枚;市级机关、乡镇机关印章87枚;原严州师范老师周必宏捐赠的“文化大革命”资料9件。收集并编目入库图书报刊资料219册,其中建德图书资料40册。

【规范档案保管利用】 根据重大活动档案、重点项目档案项目多、单项档案数量少,以及民营破产企业档案会计档案多的情况,特设置重大活动档案、重点项目档案、民营破产企业档案等3个全宗汇集,以减少全宗数量多,全宗内档案少的状况。修补、修裱新中国成立前破损民国档案750卷16032页。鉴定销毁会计档案5409卷,拆装保留工资清册64卷,实际应销毁5345卷。收集29个单位2014年度可公开文件725件,并及时上架更新、提供查阅。开展全省范围内“异地查档”服务,提供“异地查档”5人次。向市民政部门提供全市烈士名册,供编制全国首个烈士纪念日宣传资料。

【举行首届“档案馆日”活动】 6月10日,市档案局举行第二届“国际档案日”暨首届“档案馆日”活动,活动主题为“走进档案”。在活动仪式上,市民向市档案馆捐赠了400余件家庭档案及新编傅氏宗谱;市民代表体验档案查阅,参观档案库房和档案陈列室。6月11日,市档案局联合房产、民政、人社等与百姓生活密切相关的部门,共同在新安江街道府东社区举办现场咨询活动,解答群众较为关心的房产、婚姻、工资待遇、退休、家庭档案等问题,有70余人参与活动,为35位群众提出了解决问题的办法与途径,发出相关宣传及档案查阅方面资料500份。

【档案馆党史陈列室成为市爱国主义教育基地】 4月25日,市精神文明建设委员会下发《关于命名建德市爱国主义教育基地的决定》文件(建文明委〔2014〕1号),命名市档案馆党史陈列室为建德市爱国主义教育基地。同日,全市党员积极分子培训班党员107人至市档案馆参观党史陈列室,接受革命历史教育。全年共接待机关党工委组织的机关干部参观学习200余人次。

(蒋维嫄)

编辑:陆进

纪律检查与行政监察

Discipline inspection and administrative supervision

【概况】 2014年,市纪委、市监察局贯彻落实中央关于党风廉政建设和反腐败斗争的一系列新思路、新要求,聚焦中心任务、强化监督执纪问责,全面落实"三转"(转职能、转方式、转作风),党风廉政建设和反腐败工作取得新成效。

推进查办腐败案件体制机制改革试点工作,市、镇两级进一步规范问题线索上报管理、"两规"措施使用和立案调查程序。完善党风廉政建设报告制度,出台《党风廉政建设主体责任报告制度》《党风廉政建设监督责任报告制度》。继续开展"公述民评"活动和"满意科室"创评活动。开展纪检监察干部"办信办案大练兵"活动,提升纪检干部的执纪能力和水平。

出台《纪检监察干部监督管理规定(试行)》,加强对纪检监察干部遵守政治纪律、工作纪律和保密纪律、廉政纪律、财经纪律及社会主义道德和社会管理秩序的监督;与桐庐县建立纪检监察干部工作纪律情况交叉检查制度,不定期对委局各室、各派驻纪检监察机构、16个乡镇(街道)纪(工)委干部上班工作纪律和执行规章制度情况进行监督检查。围绕讲学、点评、练兵、测试四个环节,开展纪检监察干部"办信办案业务大练兵"活动;委局机关干部当老师,乡镇纪委书记谈体会,外请审计、税务的业务能手进行交叉讲学,提升纪检干部办案思路、调查技巧、笔录制作、证据固定等业务水平;分片区开展实战练兵,提升干部实际操作能力,并查办农村党员违纪案件12件。建立调整不适宜担任纪检监察干部制度,实行乡镇(街道)纪委(纪工委)书记单列考核和每月工作上报备案制度,加强对下级纪委的领导;定期向市人大、政协、各民主党派通报党风廉政建设和反腐败工作,自觉接受社会各界监督,严防"灯下黑"。

【中共建德市纪委十三届四次全体(扩大)会议】 2月17日召开。会议对2013年度纪检监察先进集体、先进工作者和第五批廉政文化进机关示范点进行表彰。市委常委、纪委书记洪晓明作了题为《聚焦中心任务 创新体制机制 深入推进党风廉政建设和反腐败斗争》的工作报告。市委书记戴建平围绕党风廉政建设和反腐败工作提出要求:全市广大党员干部要发扬守土有责的志气,"舍我其谁"的豪气,"我不入地狱谁入地狱"的勇气,"功成不必在我"的大气,守纪律、尽责任,敢担当、有作为,为确保全面完成年度发展改革目标任务,实现建德创业再出发尽心履职。

【体制机制改革】 落实中央纪委"三转"要求,聚焦监督、执纪、问责的主责主业,深化体制机制改革。开展委局机关内设机构调整,设立3个纪检监察室,调整后执纪监督一线室共7个,占内设机构数70%;一线人员占编制总数71.0%;退出或取消议事协调机构 95个,继续参与20个;实行乡镇街道纪委书记、副书记专职专用及分工备案制度。落实"两个为主",建立纪委书记、副书记后备干部培养选拔任用机制,明确纪委书记、副书记提名考察以上级纪委会同组织部门为主;出台《中共建德市纪委关于查办腐败案件体制机制改革的实施细则》《建德市纪检监察机关案件线索集中管理暂行办法》,明确查办腐败案件以上级纪委领导为主。实行派驻扩面,11月,市委下发《关于对市直机关工委等九个部门纪检监察机构实行派驻统一管理的意见》,对市直机关工委、市农办、市经信局、市教育局、市人力社保局、市环保局、市市场监督管理局、市审管办、市移民局9个部门纪检监察机构实行派驻统一管理，至年底，全市派驻机构由原先的4家增加到13家。

【深化作风效能建设】 全年开展专项督查92次，督促整改问题87个，下发督查通报10期，在市级媒体公开曝光9次。出台《机关工作人员约谈规定（试行）》《机关工作人员作风效能问责暂行办法》《违反作风效能规定典型问题处理标准》等制度和“督查考核、曝光整改、排名通报、约谈问责”四项机制，市镇两级共约谈党员干部210人、问责52人，强化了执行力，推进了“三改一拆”“五水共治”和重点（重大）项目的实施。对全市94个重点科室（站所）开展满意创评，继续深化“公述民评”工作，对发改、旅游等7个部门进行面对面问政，问政过程全程公开，督促各单位制定整改措施370余条，并监督整改进度。结合第二批群众路线教育实践活动，对“驻进访”“进帮助”活动开展监督检查，确保活动实效。深入查找“四风”问题，督促全市各乡镇（街道）、机关部门立改立行，2014年，全市各类会议比上年减少16.9%，各类活动减少36%，文件减少20.3%，“三公”经费支出下降40.8%。公车改革顺利完成，公务用车推行统一标志，进一步加强车改后公车管理。

【反腐倡廉教育】 完善制度建设，先后出台《调整不适宜担任现职领导干部实施办法（实行）》《关于认真做好全市市管干部领导个人有关事项报告工作的通知》等文件，从工作、生活两方面着手，督促各级党员领导干部依法履职，廉洁从政。坚持提醒教育，通过发送廉政短信、上廉政党课、召开案情通报会、参加法院庭审、编印下发典型案例、参观警示教育基地等形式，用身边案例教育身边人，全年谈话提醒党员干部346人次，全市20余批、4000余人次党员干部到警示教育基地接受教育。强化干部监督，对审批制度改革、权力清单、环境保护、国土资源等领域开展监督检查；加强干部选拔任用工作的监督，对拟提拔评优人员廉政鉴定115人次，建议暂缓提拔市管干部1人。推进廉政文化“一评两建三覆盖”活动，营造“廉洁从政”氛围，各单位围绕廉政主题创作形式多样的廉政作品，其中微动漫《大鞋子》、微广告《廉政三字经》等10部作品，分别获得杭州市廉政文化微作品征集评选二等奖、三等奖和优秀奖。推进农村基层反腐倡廉建设，在全市推广村级工程全程公示制度，要求村级工程除必须将工程合同、变更理由、支付发票、验收签字等各环节，在村务公开栏张贴、在华数电视上公开，促使村级工程全程在阳光下运作，让群众明白，还干部清白。

【查办违纪违法案件】 2014年，全市各级纪检监察组织共立案160件，处分党员干部153人，其中市管干部8人、农村干部98人，依法移交司法机关追究刑事责任9人，为国家和集体挽回直接经济损失600余万元，典型案件有原建设局局长凌雪明、市府办副主任兼应急办主任杜立新违纪违法串案，原市城市建设开发有限公司拆迁办主任

◎11月7日，建德市2014年度科室（站所）评议大会

◎开展公车检查

乐水土、洋安开发办干部徐利根等人的贪污受贿窝案。完成2001年之后线索大起底，共清理线索240件，其中拟立案类72件、初步核实类 41件、谈话函询类1件、暂存类4件、了结类122件。推进查办腐败案件体制机制改革试点工作，完善案件线索集中管理、分析研判、集体排查和跟踪督办机制。发挥查办案件的治本功能，帮助发案单位分析原因，查找体制机制漏洞，及时下发《监察建议书》，做到查处一案、震慑一方、教育一片。

【化解基层信访矛盾】 2014年，市纪委、市监察局共受理信访举报566件次。针对农村信访居高不下，通过查建并举，办信工作取得新突破。市纪委监察局班子成员定期到联系的乡镇（街道）公开接访，并将接访时间、地点、接访人姓名、职务、接访受理范围等信息提前公示，全年下访32次，约访11次，形成工作新常态；实行乡镇（街道）纪委委员分片联系制度，通过每月走访，掌握村级纪检信访最新动态。出台《关于加强纪检监察信访举报工作的若干意见》等制度，规范乡镇（街道）办信程序；对群众反映强烈的突出问题、热点难点问题、重要信访案件和信访积案，实行领导包案制度；严格规范办信时限，实行信访延期办理分级审批制，提高基层纪委按时办结率，避免因办信不及时造成的重复访。实名举报留痕答复，乡镇（街道）纪（工）委对答复过程录音录像，市纪委不定时对留档的影音资料进行抽查；匿名举报适度公开，将匿名信访的核查结果向举报人所在村两委干部、党员代表、村民代表及部分村民进行适度公开，有效打通农村匿名举报的“最后一千米”。

【化解乡镇向干部个人筹资等历史遗留问题】 专门成立市委、市政府主要领导为组长的领导小组，多次召开专题会议研究化解对策。围绕“清退对象无一遗漏、清退范围不留死角、清退时限按期完成”工作目标，责成市财政局牵头开展专项检查摸清底数，制订筹资清退实施方案。制定下发《关于坚决停止和全面清退乡镇（街道）向干部个人筹资的通知》，明确规定如未按照要求落实个人筹资清退或继续向个人筹资的，一经发现，对乡镇（街道）党政主要负责人和相关责任人员按《中国共产党党员纪律处分条例》相关规定严肃处理。至年底，全市乡镇（街道）向干部个人筹资9.82亿元全部清退到位。 （翁晓慧）

编辑：陆进

建德市人民代表大会

People's Congress Standing Committee of Jiande City

综　述

【概况】 2014年，市人大常委会按照“提振精气神、深化三个年”的工作要求，着力改革创新、服务大局，强化法治、依法监督。全年召开常委会会议8次，听取和审议“一府两院”工作报告16项，作出决议决定9项，发出各类监督意见书15件，任免国家机关工作人员67人次，组织考察检查23次，召开主任会议听取专项工作汇报18次。

9月30日和12月10日，根据《选举法》和杭州市人大常委会提名，分别依法补选杭州市第十二届人大代表各1名。

坚持常委会领导分片联系乡镇人大制度，定期到乡镇调研和指导工作。定期召开乡镇人大工作例会，保持与乡镇人大的经常性联系互动。

【执法检查3次】 8月5日，配合由浙江省、杭州市人大代表和省、杭州市相关部门负责人等组成的跟踪检查组，对《浙江省饮用水水源保护条例》在建德的贯彻实施情况开展检查。

9月11日、12日，市人大常委会根据杭州市人大义务教育法执法检查工作安排，分别暗访建德市杨村桥中心小学、寿昌镇第一小学、乾潭初中、寿昌初中四所学校，就学校的体育锻炼情况、素质教育情况、均衡发展情况、安全管理情况等方面内容进行现场查看和询问，提出：要合理配置教育资源，加快教育优质均衡发展；深化教育教学改革，加大教育教学发展后劲；积极争取教育资金，加大教育经费保障力度。

10月20日，市人大常委会督查老年人权益保障法在全市的贯彻实施情况，先后考察乾潭镇胥江村敬老院和乾潭福利中心，听取市民政局汇报，提出：要注重规划引领，不断完善社会保障、养老服务等政策机制；加大有关政策宣传，重视年轻一代孝道教育，积极营造敬老、养老、助老氛围；强化家庭赡养作用，鼓励社会力量参与居家养老服务，解决老年人求医、护理等问题；不断完善养老机构功能设施建设。

【开展评议工作】 2014年，市人大常委会对市人力社保局、市民政局、市统计局、市林业局、市城管局、市教育局等6个部门开展工作评议，同时对2013年度市科技局、市卫生局评议意见整改落实情况进行跟踪评议。9月29日，市人大常委会召开评议会对上述部门工作进行满意度测评，会后，就市人大常委会组成人员和人大代表提出的意见建议，分别形成评议意见书，交市政府及相关部门整改落实。

【构建代表履职平台】 推进履职平台建设，至年底，全市建立43个代表联络站，实现代表联络站乡镇（街道）全覆盖。依托联络站，广泛开展代表接待选民活动，全市各级人大代表全年接待选民1100余人次。12月10日，按照杭州市人大常委会要求，8名在建德市的杭州市人大代表向市人大常委会进行述职。

【开展法官履职评议】 10月31日，听取市人民法院5名法官的述职报告，并进行满意度测评，促进法官强化“忠诚、为民、公正、廉洁”理念，提高办案能力水平。

【考察检查16次】 3月13日，听取工业企业发展绩效评价管理工作情况汇报，就《建德市工业企业绩效评价管理办法(试行)》进行讨论。提出：要提高评价指标的针对性、可行性，发挥引导作用；办法的实施要充分结合当前建德经济发展和企业实际情况，坚持以促进企业转型升级为目的。

3月20日，听取市政府关于公共资源交易工作情况汇报。提出意见建议：要切实把关好公共资源交易过程中的各环节；按照行业类别和项目大小，进行分类管理，完善招投标体制；充分做好重大项目招标前期工作；加大行业扶持力度，培育人才队伍，提高公共资源交易效率；规范发展各方中介服务机构，维护公共资源交易市场正常的竞争秩序；要提升政府采购效力，确保交易工作公开、公平、公正；重视群众监督的重要作用。

3月20日，实地考察航头垃圾中转站、寿昌垃圾填埋场的情况，听取市城管局关于全市环卫工作情况的汇报。提出意见建议：环卫处进一步研究垃圾减量化工作，完善公厕等的规划，政府加大财政投入，进一步保障环卫职工权益。

4月10日，考察市消防大队消防教育馆和廉政教育馆，现场查看消防工作相关设备，了解消防执勤工作情况，听取市公安局和消防大队关于2013年消防工作情况汇报，就突出工作重点、减少新增隐患、落实工作责任、加强宣传教育、加大工作投入等提出意见建议。

4月29日，督查市国资公司运营情况，听取市国资公司情况工作汇报，要求市国资公司进一步明确职能，把握当前阶段性工作重点，加强对政府投资性项目的绩效管理。同时建议市政府进一步加大对市国资公司的支持力度，加强国资的管理力度。

5月7日，就城市治堵工作进行督查。专题听取城市治堵工作情况汇报，提出意见建议：要超前规划，完善政策，建立政府主抓、部门联动、社会参与的工作格局；完善城区道路和停车规划体系，加快规划大型客车、货车公共停车场；加大投入建设，大力开发地下停车场；提高城市综合管理水平，各部门协调配合加强交通整治、完善交通组织、强化公交优先；加大宣传，做到治堵措施公开，让群众参与献计，倡导绿色出行。

6月24日，考察由市移民局帮扶的建德市增土生态农业开发有限公司和杭州九仙生物科技有限公司，专题听取移民工作情况汇报，提出意见建议：树立大移民思想，顾全大局，通盘考虑，发展大项目；进一步加强与上级部门沟通，了解最新扶持政策；进一步科学包装项目，争取移民资金，加强专项资金管理，提高资金利用绩效；做好库区维稳工作，认真倾听移民呼声，积极回应移民诉求，注重移民动态信息化管理，促进社会和谐稳定。

7月11日，专题听取计生工作情况汇报，考察市计生指导站。提出意见建议：要进一步强化计生政策和生育观念的宣传教育，落实计生工作重心下移和考核严厉的政策；采取综合治理措施，破解计生工作难题，强化经费保障；围绕性别比偏高等存在问题重点予以解决。

8月14日，就“三江两岸”综合整治工作进行跟踪督查。考察梅城乌石滩和绿道，听取相关工作情况汇报，提出意见建议：政府要高瞻远瞩做好产业规划；新安旅投有限公司要配合政府牵头谋篇布局全市旅游产业，把规划细化成项目，把项目做成前期，把具体项目推向市场；科学处理环境整治与美丽乡村、与项目建设、与产业基础设施区域和产业规划的关系。

8月19日，考察市部分重大工业项目推进情况，实地察看农夫山泉四期、大同镇卡洛实业高档PU合成革和建德经济开发区(寿昌镇)航空产业园等项目现场，了解项目完成进度、存在困难并提出意见建议。

8月21日，督查全市科技工作。实地察看洋溪街道逸龙文创园，听取市科技创新工作、新安江科技城和逸龙文创园建设情况汇报。提出意见建议：要进一步提高对科技工作重要性认识，突出重点，加强研究，精心扶持有关产业；努力实施创新驱动发展战略，强化科技孵化作用，加大科技经费、功能配套资金投入，加快研究制订招商引资、人才引进等扶持政策，帮助企业获取更多智力支持；细致规划，逐步推进，积极推进新安江科技城建设，着力为企业打造集研发中心、金融服务、娱乐休闲为一体的平台，带动传统产业转型升级和新兴产业蓬勃发展。

8月28日，就“六五”普法规划实施情况进行督查。听取全市近年来“六五”普法规划实施情况的汇报，提出意见建议：依普办要发挥牵头作用，按照年度列出各项重点任务，完善依普例会制度，结合市委、市政府中心工作扎实推进普法工作；要切实加强宣传，注重普法宣传形式创新，多从百姓关注的民生问题切入，分类施普，增强普法工作时效性；要进一步提高考核刚性。

◎4月23日，市人大代表在杨村桥镇官路村考察“三改一拆”暨“无违建市”创建工作

9月4日，跟踪督查杭新景高速公路建德段（寿昌至李家）工程建设情况。考察位于航头镇和大同镇路段的杭新景高速公路施工现场，实地了解工程具体进度，听取有关建设情况汇报，分析探讨当前存在问题并提出意见建议。

10月23日，就加快“一区一园”工业平台建设决议落实情况进行督查。考察马南高新园部分在建项目，了解土地平整、基础设施建设等情况。听取了关于加快“一区一园”工业平台建设决议落实情况相关汇报。提出意见建议：统一思想，形成合力，充分抓住当前要素资源集聚力度大、各级各部门思想高度重视的良好机遇，继续加快发展；切实做好产业规划，利用好“一区一园”现有的优势资源，科学定位，持续发展；加大招商引资力度，做好立项，选好招商引资载体，在争取大项目上有所突破；强化融资平台运作，加强土地要素保障；立足当前，谋划长远，多途径充实专业人才队伍，增强做好“一区一园”平台建设各项工作的信心。

11月4日，组织部分人大代表对我市食品安全工作开展跟踪检查，检查组一行先后前往白沙农贸市场、桥南校园周边小店和卤味作坊，考察了食品加工间、售卖窗口，现场翻阅相关检测台账，就食品安全监管体制机制建设、有机产品示范区建设、食品安全宣传方面提出建议。

11月4日，就全市农业特色产业发展情况进行督查。听取相关工作情况汇报，提出意见建议：要突出重点，培养有潜力、有优势、附加值高的产业进一步发展；通过政策推动、龙头带动、项目拉动、品牌驱动、改革促动全市特色农业产业发展；通过规划式引领，发展一批新型的农业产业；通过农业和第三产业结合，实现从农业观光游到休闲体验游的转变，实现融合式发展；依靠科技抓好龙头产业，打造特色农业品牌。

【首启向宪法宣誓制度】 12月4日国家首个宪法日，市人大常委会举行市人大机关宪法专题学习会。在常委会第二十三次会议上，首次组织19名人大任命的国家机关工作人员向宪法宣誓，激励公职人员弘扬宪法精神、履行宪法使命、维护宪法权威，增强依法履职和自觉接受监督的责任感和使命感。

【督查“三改一拆”】 4月23日，市人大常委会就“三改一拆”暨“无违建市”创建工作，到杨村桥镇和乾潭镇拆违现场进行督查，了解工作进度、拆后改建、群众反响等情况;召开座谈会,广泛听取意见和建议。提出:"三改一拆"工作要与推进产业规划、发展规划相结合,注重城市开发建设和老百姓生产生活实际需求;要研究新情况、新问题,广泛听取各方意见,进一步完善政策实施细则;要建立长效机制,完善违法建筑分类处置,强化拆后利用,全面控制新违建;要加大政策宣传力度,切实扩大宣传的深度、广度,尽可能争取群众的理解、参与和支持。

【助推"五水共治"】 引导和支持12名人大代表联名向全市五级人大代表发出《投身"五水共治",共建美丽江城》倡议书,全市各级人大代表带头宣传政策、带头解囊捐款、带头纳管治水,积极履职监督。组织开展农村生活污水治理工程质量专项监督活动,发动200余名代表,历时4个月,深入工地现场进行质量监督;9月26日,组织开展五级代表专题接待日活动,收集意见200余条,整合提出完善项目设计、严格项目施工、加强项目管理三方面13条综合性建议意见。各级代表和代表小组全年开展相关专项调研、考察、检查活动300余次,捐款1017万元。5月28日,市人大常委会会议专题听取和审议市政府"五水共治"工作情况报告,提出了坚持以规划为导向、以质量为重点、以实效为目标的工作要求。

【财政预算审查监督】 3月27日,专题听取和审议政府负债规模和债务收支计划情况汇报,要求政府优化负债结构、控制负债规模、建立偿还机制、化解债务风险。9月30日,专题听取和审议政府财政预算调整报告,作出2014年财政预算调整方案的决议。12月29日,就2015年度预算编制工作进行督查,提出意见建议:要想方设法宣传新预算法,围绕有效载体确保宣传到位;要切实加强对接工作,包括与部门和各国资公司的对接沟通,强化全口径预算管理;要做好预算执行情况的后期监督和绩效评价工作;同时,要进一步细化部门预算工作,保证部门预算开支。

【开展代表联络站建设】 推进履职平台建设,至年底,全市建立43个代表联络站,实现代表联络站乡镇(街道)全覆盖。依托联络站,广泛开展代表接待选民活动,全市各级人大代表全年接待选民1100余人次。

【深化代表主题活动】 深化"进厂入企,服务发展"主题活动,各级代表联系企业124家,集中开展走访座谈,了解情况,梳理并交办证照办理、贷款融资、节能减排以及用工难等问题201个。开展"查找不适宜深化改革要求法律法规条文"主题活动,各级代表共梳理出28条具体立、改、废意见。

【落实"六领衔"工作任务】 按照市委"六领衔"(市级领导领衔重要工作、重点工程、重大项目、招商引资、信访包案、难题破解)工作部署,市人大常委会领导深入项目一线、基层一线,牵头抓总、协调推进,及时解决领衔项目存在的困难和问题。领衔的42项工作实施进展顺利,7件信访包案得到有效化解,"一区一园"、航空产业园、大慈岩机械产业园和桥东区块开发建设有序推进,农房改造、交通隐患整治等工作取得初步成效。

重要会议

【市十五届人大第三次会议】 1月21日至24日,建德市第十五届人民代表大会第三次会议在市文化中心召开。应到会议代表224名,出席会议代表214名,列席人员199名。会议听取和审查市人民政府市长陈震山所作的《政府工作报告》、市发展和改革局受市人民政府委托提出的《关于建德市2013年国民经济和社会发展计划执行情况与2014年国民经济和社会发展计划草案的报告》(书面),市财政局受市人民政府委托提出的《关于建德市2013年财政预算执行情况与2014年财政预算草案的报告》(书面),市人大常委会主任程茂红所作的《建德市人民代表大会常务委员会工作报告》,市人民法院院长梁以东所作的

◎7月15日，省人大代表环境与资源保护专业小组考察莲花溪治理工作情况

《建德市人民法院工作报告》，市人民检察院检察长江波均所作的《建德市人民检察院工作报告》等6个报告，并通过相应决议；大会补选何根华为建德市第十五届人民代表大会常务委员会委员。会议期间，共收到代表议案98件、建议79件。

【八次常委会会议】 2014年，市十五届人大常委会共举行8次常委会会议。

1月9日，市十五届人大常委会举行第十六次会议。会议审议通过市第十五届人大常委会代表资格审查委员会《关于补选代表的代表资格审查和代表变动情况的报告（草案）》。会议审议通过《关于接受董悦辞去杭州市第十二届人民代表大会代表职务的决议（草案）》。会议听取和审议市民政局负责人受市政府委托所作的《关于建德市殡仪馆桃坞公墓扩建工程银行融资情况的报告》和市交通局负责人受市政府委托所作的《关于320国道路面改造工程项目银行融资情况的报告》。会议根据市政府提交的议案和会议审议情况，作出《关于同意市殡仪馆桃坞公墓扩建工程项目融资的决议》和《关于同意320国道路面改造工程项目融资的决议》。

3月27日，市十五届人大常委会举行第十七次会议。会议听取和审议市政府市长陈震山和市人民法院院长梁以东分别提请的人事任免议案，以无记名投票表决的方式通过有关人事任免事项。会议听取和审议了市政府《关于政府负债情况及债务收支计划的报告》。

4月18日，市十五届人大常委会举行第十八次会议。会议听取并审议《关于提请审议市"五水共治"项目融资的议案》和《关于市"五水共治"项目融资事项的报告》，通过了《关于同意市"五水共治"项目融资的决议（草案）》。会议听取并审议《关于提请审议高新园融资项目的议案》和《关于高新园融资事项的报告》，通过了《关于同意高新园融资的决议（草案）》。

5月28日，市十五届人大常委会举行第十九次会议。会议听取和审议市人民法院院长梁以东提请的人事任免议案，以无记名投票表决的方式通过有关人事任免事项。会议对本年度工作评议进行动员部署。会议跟踪询问建德经济开发区开发建设情况。会议听取和审议市政府《关于提请"五水共治"生态环境整治建设项目的议案》和《关于提请洋安区块、洋溪区块土地收储融资有关事项的议案》，形成并通过《关于同意"五水共治"生态环境整治建设项目决议（草案）》和《关于同意洋安区块、洋溪区块土地收储融资有关事项决议（草案）》。会议听取和审议市政府关于"五水共治"工作情况报告。

7月31日，市十五届人大常委会举行第二十次会议。会议听取并审议市政府《关于提请审议建德市2013年财政决算（草案）的议案》《关于建德市2013年财政决算报告和2014年上半年预算执行情况的报告》《关于2013年市本级财政预算执行和其他财政收支情况的审计工作报告》和市人大常委会财经工委所作的《关于建德市2013年财政决算的审查报告》。会议通过《关于批准建德市2013年财政决算的决议(草案)》,决定批准市政府提出的2013年财政决算。会议听取和审议审计整改意见落实情况相关报告。会议听取和审议《关于建德市2014年上半年国民经济和社会发展计划执行情况的报告》和《关于建德市2014年上半年国民经济和社会发展计划执行情况的调查报告》。会议听取并审议市政府《关于提请审议"五水共治"项目融资事项的议案》和《关于"五水共治"项目融资事项的报告》,会议通过《关于同意市政府"五水共治"项目融资的决议(草案)》。会议听取和审议市政府市长陈震山提请的人事任免议案,以无记名投票表决的方式通过有关人事任免事项。会议审议杭州市人大代表辞职申请,决定接受王健辞去杭州市第十二届人大代表职务。

9月29日至30日,市十五届人大常委会举行第二十一次会议。会议听取市科技局、市卫生局2013年市人大常委会工作评议意见整改落实情况的报告,并进行满意度测评。会议听取市人力社保局、市民政局、市统计局、市林业局、市城管局、市教育局六个部门工作报告,市审计局关于六个部门的专项审计报告和市人大六个评议调查组专项调查报告,并进行无记名满意度测评。会议补选杭州市第十二届人民代表大会代表。会议听取和审议市人民检察院检察长江波均提请的人事任免议案,以无记名投票表决的方式通过有关人事任免事项。会议听取和审议《关于提请审议建德市2014年预算调整方案的议案》和《关于建德市2014年预算调整方案(草案)的报告》,市人大财经工委作《关于建德市2014年预算调整方案的审查报告》。会议形成并通过《关于批准调整建德市2014年财政预算的决定(草案)》,决定同意调整2014年市本级财政预算。会议还听取和审议《关于2014年政府重点投资项目计划实施情况的报告》《关于2014政府重点投资项目计划实施情况的调查报告》。

11月7日,市十五届人大常委会召开第二十二次会议。会议听取和审议市政府市长陈震山提请的人事任免议案,以无记名投票表决的方式通过有关人事任免事项。会议听取和审议市公安局《关于提请许可对李卫平采取行政拘留处罚的报告》。会议听取和审议《关于提请审议2014年新增市重点项目的议案》和《关于新增2014年市重点项目的报告》,形成并通过《关于批准建德市2014年新增政府重大投资项目的决议(草案)》,决定同意梅城古城保护示范街建设项目一期工程增补为2014年实施类重点项目。

12月10日,市人大常委会召开第二十三次会议。会议听取部分杭州市人大代表述职报告。会议听取市府办《关于市十五届人大三次会议代表建议意见办理情况的报告》和9件重点建议意见承办单位办理情况报告。会议听取和审议市人大常委会主任会议、市政府代市长童定干、市人民法院院长梁以东、市人民检察院检察长江波均分别提请的人事任免议案,以无记名投票表决的方式通过有关人事任免事项。会议审议陈震山向市十五届人大常委会提出辞去杭州市第十二届人大代表职务的请求,会议决定接受陈震山辞去杭州市第十二届人大代表职务,补选童定干为杭州市第十二届人民代表大会代表。会议审议吕平等10名市十五届人大代表提出辞去建德市十五届人大代表职务的请求,会议决定接受吕平等10人辞去建德市第十五届人大代表职务。会议形成并通过《关于补选建德市第十五届人大代表名额分配的决定》。会议听取关于市十五届人大四次会议筹备意见的报告,决定召开市十五届人大四次会议相关事项。 (李文涛)

编辑:邹爱民

建德市人民政府

Jiande City People's Government

综　述

【概况】 2014年是全面深化改革的开局之年，也是完成“十二五”规划的关键之年。面对极为严峻复杂的内外环境，全市上下一心，克难攻坚，围绕市十五届人大三次会议确定的工作目标，深化改革创新，全力拆违治水，加强项目攻坚，各项目标任务得到较好落实，经济社会发展呈现“稳中向好”的良好势头。全年共召开市政府全体成员扩大会议1次，市政府常务会议13次，市长办公会议21次。

【综合实力稳步提升】 全市实现生产总值299亿元，比上年增长8%，其中第三产业增加值107亿元，增长10%。实现工业销售产值695亿元，增长3.2%，其中规上工业销售产值425.2亿元，增长7.6%；农业总产值45.9亿元，增长6.2%；财政总收入33.3亿元，其中地方财政收入18.7亿元，分别增长8.5%和8%；社会消费品零售总额87.7亿元，增长13.5%；全社会固定资产投资143.3亿元，增长21.8%。

【经济发展稳中有进】 招商引资稳步增长，农夫山泉四期、云创安全轮胎、快到网电商基地等符合产业转型方向的重大项目签约落地，全年实到内资62.5亿元，比上年增长20%；实际利用外资1.4亿美元，增长27.8%。项目推动扎实有力，54个政府投资重点项目完成投资40.2亿元，增长28%，杭黄铁路开工建设，杭新景高速二期、铁路货场迁建等项目稳步推进，320国道大中修工程完工通车。中策橡胶一期、克莱伯电梯、正和钙业、丛晟食品等项目完成建设，江干新安江休闲特色街完成主体工程，盛德国际广场、“山田—致中和”百草园等项目进展顺利。产业结构逐步向优，实施“五换三名”工程，五大潜力产业实现销售产值135.4亿元，新能源、新材料、节能环保产业实现销售产值近4亿元；启动全域旅游目的地建设，实现旅游总收入46.5亿元，增长30.3%；电子商务、文化创意产业等新业态加快发展，阿里巴巴·建德产业带和农食馆上线企业224家，线上交易9000万元，带动线下交易4.2亿元；逸龙文创园一期开园，实现产值1.4亿元，创建成为省级电子商务产业基地；农业主导特色产业实现产值35.1亿元，在农业总产值中所占比重达76.4%，现代农业与休闲旅游产业加快融合，“建德果蔬乐园”成为省内知名的乡村旅游品牌。平台建设成效显著。省级经济开发区卜家蓬区块二期路网及配套工程顺利推进，高新技术产业园开展规划修编，各类工业平台共计平整土地140公顷、基础设施投资2.5亿元，盘活存量土地70.7公顷、闲置厂房11万平方米。高新技术产业园被列为杭州市全国云计算和大数据产业中心培育区块，省级经济开发区和逸龙文创园列入杭州市智慧经济发展规划。农业“两区”建设深入推进，新建粮食功能区522.3公顷。

【城乡面貌焕然一新】 “美丽江城”建设持续推进，桥东征迁进入扫尾阶段，洋安城防工程和江滨公园建设进展顺利，新安江高速出入口景观工程基本完工；交通治堵成效明显，城市环境持续改善，成功创建省示范文明城市。中心城镇加快建设，梅城堤防加固二期工程和新城一期路网加快建设，寿昌建区造城步伐加快，乾潭镇列入全省第二批小城市培育试点镇，乡村旅游、民宿、文创等城镇服务业进展良好，大同集镇区块开发有序推进、功能日趋完善。“美丽乡村”纵深推进，完成中心村、精品村、风情小镇、精品线路建设项目194个，完成“四边三化”整治79.8万平方米，新建“三江两岸”景观林带33.3公顷。实施区市协作项目24个，争取年度协作资金1.3亿元；大洋镇成为杭州市土地综合开发试点镇，乾潭镇幸福村、李家镇沙墩头村创建成为省级农村住房改造示范村；完成下山移民2025人，改造农村住房3066户；垃圾填埋场梅城处理中心投入使用。

【生态建设成效显著】 推进“五水共治”，城东污水处理厂扩建项目加快建设，7座乡镇污水处理厂（站）提标改造同步到位，城镇污水处理率达87.5%；开展“清水治污·环境整治”零点行动，查封、取缔涉污企业158家；全面落实“河长制”，水陆并进“清三河”，完成144个村的生活污水治理项目，1977户畜禽养殖户实现转产转型。开展“清水治污·环境整治”零点行动，获“浙江最具魅力新水乡”称号，获得全省首批治水优秀县（市）“大禹鼎”。推进“三改一拆”，共拆除违法建筑331.5万平方米，改造旧厂区、城中村、旧住宅55万平方米，在杭州地区率先完成涉及宗教和民间信仰场所违法建筑整治，各村（社区）全部通过“无违建村（社区）”考核；拆后腾出土地253.3公顷，通过复耕、复绿、复建等方式，有效利用率达76.7%。

【社会事业均衡发展】 教育事业：教育基础设施日趋完善，城东实验学校投入使用，寿昌中学扩建和更楼小学迁建工程顺利推进，更楼、洋溪、乾潭等中心幼儿园完成主体工程。外来人员子女入学问题妥善解决，教育教学质量稳步提高，高考第一批上线人数居杭州地区五县（市）第二。医卫事业：“国卫”成果不断巩固，通过省级卫生强市考核，更楼、乾潭等5个镇（街道）创建成为省级卫生镇（街道）。市妇保院迁建主体工程完工，市中西医结合医院（市第三人民医院）迁建工程开工建设。优质医疗资源不断下沉，市二医院与杭州市一医院集团开展业务合作；公共卫生服务和应急防控处置能力进一步加强，5家乡镇卫生院通过省等级卫生院评审。区域医疗信息系统实现市、镇、村三级医疗机构全覆盖，建成五县（市）首个“医疗云”综合卫生应用平台。落实“单独”两孩政策，多措并举降低出生人口性别比，控制多孩违法生育，人口自然增长率2.8‰。文化事业：文化遗产保护不断加强，严州古城正大街保护示范点工程加快推进，大南门、小南门城台及古城墙保护全面启动。全省历史文化村落保护利用工作现场会在新叶村召开，李村、上吴方村列入第三批中国传统村落名录。推进传统文化创新发展，新编婺剧“五水共治建德美”获得“浙江好腔调”奖，新叶村被评为省传统戏剧特色村。成功举办全省第八届排舞大赛、全省传统戏剧展演电视颁奖晚会。搭建群众文化平台，建成农村文化礼堂40家。民生事业：全民健身日趋兴盛，成功举办全国老年人健身球操等大型赛事，乡镇（街道）、村（社区）积极举办全民运动会，三都镇创建为省级体育强镇。“放心市场”建设得到加强，新安江、梅城农贸市场创建成为省级放心市场。市老年活动中心投入使用。

重要会议

【市政府第一次全体成员（扩大）会议】 3月17日召开。会议贯彻落实市委十三届六次全会和十五届人大三次会议精神，部署2014年政府工作和政府廉政工作重点任务。市委常委、常务副市长郭坚主持会议，市委副书记、市长陈震山作重要讲话。会议指出，要强化大局意识，把握改革、政策动态，认真分析研究，力求在大局中谋划、在大局中施策，因势而动，抢抓机遇，主动作为；强化发展意识，各部门、乡镇（街道）在抓好“五水共治”“三改一拆”等重点专项工作的同时，要围绕既定发展目标，集中精力、集中资源推进发展，抓好平台建设、项目攻坚、招商引资、企业服务等工作；强化敬业意识，把心思集中在“想干事”上，把胆魄体现在“敢干事”上，把目标锁定到

“干成事”上；强化担当意识，在克服困难、化解矛盾、解决问题中抓落实、促发展、出实绩；强化廉政意识，结合党的群众路线教育实践活动，持之以恒抓“四风”问题整改，切实加强政府廉政建设。

【市政府第十五届二十次至三十二次常务会议】1月7日召开。市长陈震山主持会议。会议审议并原则通过2014年3个“十大”产业项目、《杭州市基本医疗保障办法建德市实施细则》《调整全市公务员医疗补助政策的实施意见》。

1月16日召开。市长陈震山主持会议。会议审议并原则通过《2014年政府工作报告（送审稿）》《建德市2013年国民经济和社会发展计划执行情况与2014年国民经济和社会发展计划草案的报告》《建德市2013年财政预算执行情况和2014年财政预算草案的报告》，以及《2014年建德市一般性政府投资项目建设计划》《改革完善食品药品监管体制的建议》。会议还研究有关人事工作。

2月19日召开。市长陈震山主持会议。会议研究并原则通过央视曝光新安江水源遭污染事件相关人员问责处分情况。

3月7日召开。市长陈震山主持会议。会议专题审议并原则通过《建德市拥军优属若干规定》。

4月21日召开。市长陈震山主持会议。会议审议并原则通过《深化行政审批制度改革的实施意见》和《开展部门职权清理推行权力清单制度的通知》。会议还研究并通过有关人事工作。

6月13日召开。市长陈震山主持会议。会议审议并原则通过《开展撤村建居改革工作的实施意见》及相关配套政策、《加强市政府投资预算管理的实施意见》《进一步加强建德市国有土地使用权出让收支管理的通知》。会议还研究并通过有关人事工作。

8月1日召开。市长陈震山主持会议。会议专题研究并通过有关人事工作。

8月11日召开。市长陈震山主持会议。会议审议并原则通过《调整建德市征地区片综合价标准的通知》《调整全市最低工资标准的通知》。

8月27日召开。市长陈震山主持会议。会议专题研究政府部门权力清单工作。会议还研究并通过有关人事工作。

10月24日召开。市长陈震山主持会议。会议审议并原则通过《建德市征收集体所有土地房屋补偿管理实施意见》和《建德市征收集体所有土地房屋补偿安置实施办法》；审议《建德市妇女发展规划（2011～2015年）》和《建德市儿童发展规划（2011～2015年）》中期监测评估情况。

12月12日召开。代市长童定干主持会议。会议审议并原则通过《建德市城乡居民最低生活保障实施办法》，以及《调整完善被征地农民基本养老保障政策的通知》《调整城乡居民基本医疗保险部分政策的通知》《完善城乡居民基本养老保险制度的意见》；研究并通过国资办推荐城投、

◎4月25日，全市推行权力清单制度暨行政审批制度改革工作会议（市审管办供稿）

交投等四大投资公司董、监事成员的请示。会议还研究并通过有关人事工作。

12月24日召开。代市长童定干主持会议。会议审议并原则通过《建德市人民政府职能转变和机构改革实施意见》《建德市部门责任清单》，以及洋溪街道洋安村、朱池村、城东村撤村建居改革方案。会议还研究并通过有关人事工作。

12月31日召开。代市长童定干主持会议。会议审议并原则通过建德市城乡居民最低生活保障标准调整、居民生活用水价格改革，以及下放中心镇第三批经济社会管理权限有关事宜。会议还研究并通过有关人事工作。

【21次市长办公会议】 1月7日召开。市长陈震山主持会议。会议研究并原则通过《建德市林地保护利用规划(2010～2020)》《建德市柴油车淘汰补助实施细则》。

1月16日召开。市长陈震山主持会议。会议研究并原则通过《建德市生态文明建设规划》《建德市"无燃煤区"建设实施方案》《建德市大气复合污染防治实施方案》。

1月26日召开。市长陈震山主持会议。会议研究并通过《2013年目标管理综合考核奖励方案》，以及2013年度征迁专项考核、固投专项考核、招商引资专项考核、经营性用地专项考核、"三改一拆、四边三化、三江两岸"专项考核、信访维稳专项考核、效能服务专项考核等专项奖励相关事宜。

2月19日召开。市长陈震山主持会议。会议研究并原则通过2014年《政府工作报告》任务分解、农村工作会议方案及《2014年城乡区域统筹发展(社会主义新农村建设)工作要点》、工业经济暨招商引资会议方案及相关政策、人口计生国土资源节能减排和生态环保工作会议方案、旅游业发展大会方案、"三改一拆"暨"无违建市"创建工作动员大会及《"无违建"创建活动实施意见》，以及市政府全体(扩大)会议方案、市政府全体(扩大)会议报告。

3月7日召开。市长陈震山主持会议。会议研究并原则通过《建德市预拌砂浆管理试行办法》《建德市企业房地产顺位抵押贷款登记管理办法(试行)》《对承担平移贷款企业进行扶持的办法》《建德市畜禽养殖污染治理实施方案》《建立金融支农长效机制的实施意见》《切实保障现代农业发展配套建设用地的实施意见》，以及《建德市"无违建"村(社区)创建工作违法建筑处置办法》和《在全市范围内开展"一户多宅"专项整治工作的通知》。

3月27日召开。常务副市长郭坚主持会议。会议研究并原则通过《建德市2014年度土地征收和房屋征迁工作专项考核办法》《建德市2014年度"三改一拆"暨"无违建市"创建工作专项考核办法》《2014年建德市招商引资和吸引浙商创业工作考核奖励办法》《建德市2014年度固定资产投资专项考核办法》《建德市2014年度经营性用地供地、储地、做地专项考核办法》《建德市2014年度"五水共治"和"四边三化""三江两岸"工作专项考核办法》《建德市2014年度平安、信访、社会应急(治安)防控体系建设专项考核办法》。

4月21日召开。市长陈震山主持会议。会议研究并原则通过高新园融资合作事项、《建德市城市照明管理办法》《建德市市级机关、事业单位房地产管理实施意见》《建德市新世纪实验学校师资队伍建设的意见》，以及建德市交通安全隐患治理有关事宜。

4月30日召开。市长陈震山主持会议。会议研究并原则通过《建德市工业企业发展绩效评价管理执行办法(试行)》《桥东区块开发建设项目房屋拆迁依法执行社会稳定风险评估报告》《桥东区块开发项目强制执行拆迁裁决的实施预案》《大洋镇农村土地综合整治整镇推进试点工作方案》。会议还通报1月～4月份建德市重点(重大)项目推进、招商引资、信访维稳工作情况，并研究市政府5月份重点工作安排。

5月28日召开。市长陈震山主持会议。会议研究并原则通过《在碳酸钙行业开展以电控税试点工作的实施意见》《建德市公务用车制度改革实施意见》及其配套政策、《健康北路路口改造工程房屋征收工作实施方案》《进一步做好市级预算公开的通知》《建德市信访接待中心项目建设方案》《2013年政府投资项目工程变更情况》《建德市与杭州网舆情合作项目协议》。

6月13日召开。市长陈震山主持会议。会议研究并原则通过《进一步加强乡镇(街道)政府性债务管理的通知》《关于涵养服务业税源的若干意见》《关于做好参与上级财政资金竞争性分配工作的通知》《清渚溪综合整治实施方案》《新安江自来水厂取水口上移后饮用水源保护区划分方案》《黄木岗水晶集聚点情况说明及补偿方案》《扶持乾潭镇开展小城市培养试点的若干意见》。

7月21日召开。市长陈震山主持会议。会议研究并原则通过《市国有公司调整优化方案》《进一步规范乡镇(街道)公共资源交易工作的若干意见》《进一步促进来料加工业发展的若干意见》《全面实施杭州残疾人基本生活保障政策的方案》《调整城乡居民最低生活保障标准的方案》,以及《市中西医结合医院(市第三人民医院)建设项目资金拼盘方案》。会议还通报2014年半年度交通管理工作情况和安全生产工作情况。

8月1日召开。市长陈震山主持会议。会议研究并原则通过《建德市中心城区污水处理设施建设(2014—2016)三年行动实施方案》《建德市集镇污水处理设施建设(2014—2016)三年行动实施方案》《加强事业单位改制后退休人员管理的意见》《调整城乡居民养老保险基础养老金标准方案》《加强危化品运输事故应急救援处置的意见》《建德市低收入农户收入倍增计划实施意见》《进一步加强垦造耕地后续管护工作的实施办法》《进一步加强和改进统计工作的若干意见》,以及《天天快递运输公司招商协议》《建德市人民政府与上海股权托管交易中心、上海仟家信资产管理有限公司战略合作协议》《建德市大洋镇农村土地综合整治整镇推进专项规划(2013～2017年)》。

8月11日召开。市长陈震山主持会议。会议研究并原则通过《清退乡镇(街道)个人筹资实施方案》,听取建德市节能降耗有关情况通报,并就2014年7月份市政府重点工作完成情况和8月份市政府重点工作预安排进行交流。

8月27日召开。市长陈震山主持会议。会议研究并原则通过《进一步加快现代农业发展实施意见》《加大畜禽养殖户停养转产扶持力度的意见》《建德市生态畜牧业控制规划》《建德市发展全域旅游三年行动计划(2014—2016)》《建德市加快发展全域旅游的指导意见》《建德市第二轮农贸市场提升改造实施方案》《加强农村剩余电流动作保护器安装管理的意见》《加快分布式光伏发电应用、促进产业健康发展的实施意见》,以及《建德市人民政府与浙江大学环境与资源学院科技合作协议》。会议还研究市政府各位市长工作分工安排。

9月24日召开。市长陈震山主持会议。会议研究并原则通过《建德市"十三五"规划编制工作实施方案》《建德市大气污染防治行动计划(2014～2017年)及2014年实施计划》《"五水共治"建设项目资金组合方案》《建德市农民饮水安全工程2014～2016年实施计划》《扶持新安江城区公交发展的若干意见》《企业资金链、担保链风险防范与化解工作方案》《参股浙江电联担保有限公司的建议方案》《2014年政府重点投资项目调整方案》《2014年1月至7月部分政府投资项目工程变更情况》。会议还通报全市中小企业融资风险专项资金运行情况。

10月24日召开。市长陈震山主持会议。会议研究并原则通过《2015年度水利建设计划》《建德市洋安区块项目合作开发建设协议》。

10月31日召开。市长陈震山主持会议。会议研究并原则通过《农夫山泉四期项目协议》《外海月亮湾大酒店改扩建项目协议》《市中医院周边地块收储及项目建设事项会议备忘录》。会议还研究《杨村桥美丽乡村国际营地度假区合作协议》相关事宜。

11月14日召开。代市长童定干主持会议。会议专题研究桥东地块有关工作。

12月12日召开。代市长童定干主持会议。会议研究并原则通过《新一轮农村客运经营权改造配置实施方案》。

12月15日召开。代市长童定干主持会议。

会议研究并原则通过《建德市制砂产业布局规划（2014—2020年）》《建德市鼓励建筑业企业发展奖励办法》《建德市物业服务企业考核管理办法》《建德市化工企业搬迁入园计划》《申报2014年高于国家标准淘汰落后产能项目相关事宜》《建德市天然气汽车（船）加气站布点规划（2014—2020年）》。会议还研究明确代市长工作具体分工及有关副市长工作分工调整事项。

12月24日召开。代市长童定干主持会议。会议研究并原则通过《建德航区船舶拆解政府补贴方案》《千岛湖源新安江生态经济示范区项目下步工作指导意见备忘录》。会议还研究《建德市土地利用总体规划（2006~2020年）中期调整完善空间指标分配方案》等工作，讨论《政府工作报告》。

应急管理

【完善应急预案体系】 2014年，市应急办编制完善《建德市地震应急预案》《建德市安全供水应急预案》《高新园区突发事件应急预案》等11个市级专项应急预案，配套修订操作手册11本，明确了相关突发事件的防范措施和处置程序，确保各级、各类相关预案的衔接，增强了预案的针对性和实效性。

【加强应急预案演练】 2014年，先后组织开展建德市突发群体性事件演练、建德市森林消防演练等12个预案的演练，有效普及应急预案和应急知识，积累应急处置经验，增强各成员单位对预案的熟悉程度，提升应急队伍综合素质，提高应急联动协作能力和救援队伍应急处置能力。

【推进“110”社会应急联动】 根据机构调整情况，对60余家“110”社会应急联动单位进行相应调整，提升110应急联动指挥平台，增加人员和设备。完善联动考核制度和应急机制，把应急联动工作情况列入市年度综合考评，修改完善《建德市“110”社会应急联动工作考核办法》（建联通〔2014〕1号），加强检查督查和报警回访等工作，实行每月对工作情况通报制度，每季联动单位召开例会进行讲评，年终对整体情况组织综合考核。专题召开会议对该项工作进行部署、细化，提高社会应急联动工作效率，发挥了“110”社会应急联动工作在维护稳定、化解矛盾、服务群众中的重要作用。

【突发事件基本情况】 2014年，全市发生Ⅳ级以上自然灾害3起，洪涝灾害2起，直接经济损失5750万元；发生大小森林火灾16起，直接经济损失2700万元。发生各类安全生产事故99起、死亡48人、受伤93人、直接经济损失238.59万元，比上年分别下降7.5%、11.11%、5.1%、17.0%；未发生较大或较大以上事故。其中：工矿商贸企业发生亡人事故5起、死亡5人、直接经济损失225万元，分别下降16.7%、16.7%、16.7%；道路交通共发生事故94起、死亡43人、受伤93人、直接经济损失13.59万元，分别下降6.9%、10.4%、5.1%、21.5%；未发生水上交通事故。发生公共卫生事件1起，2月7日发现下涯镇金洲村潘村自然村小溪内有700多羽死鸡。发生意外事件4起：6月27日上午7时左右，大洋镇江东村村民何叶春、舒爱香夫妻，自驾带柴油发动机小木船横渡兰江过程中发生翻船，两人失踪，后在富春江桐庐段水域找到时已死亡；6月27日10时35分左右，寿昌镇河南里村一辆三轮电动车翻入位于该村的南浦溪，驾驶员李承善经医院抢救无效死亡；8月23日16时左右，航头镇航川村一山塘（总库容5万立方米，实际蓄水量约3.5万立方米）发生渗水产生管涌，后经处置，排除险情；12月10日19时00分左右，乾潭镇自来水厂发生备用氯气瓶少量气体泄漏，于19时40分氯气泄漏及时处置到位。

【2起重大突发事件处置情况】 “4·10”新安化工农药厂微毒气体少量泄漏事件。4月10日23时50分，新安化工农药厂内的杀虫剂混配装置溶解釜，因加热蒸汽阀门泄漏蒸汽，导致釜内约30千克浓度4.5%的敌百虫·毒死蜱颗粒剂熔融

物发生冲料。事件发生后，市领导带领安监、环保、下涯镇及企业迅速组织人员查明原因，切断蒸汽来源，对溶解釜夹套内的蒸汽进行了泄压处理，对现场少量泄漏的物料用干砂、活性炭进行吸附。至0时20分左右，现场得到有效控制，无人员伤害。事后，市政府成立事故调查组，责成建德农药厂部分停产，着手调查处理。

“5·15”危化品运输车泄漏事件。5月15日21时30分左右，东阳市为民危险品运输队所属的槽罐车浙GD6787(浙GD216挂，司机吴祥利，安徽蚌埠人，1968年9月2日生)途经建德市寿昌镇永嘉桥路段(330国道302.3千米处)时，发现槽罐车体内化学品泄漏(化学品为50%的氢氟酸，属危化品，共22吨)。接警后，市领导带领应急、公安、消防、安监、环保、寿昌镇等部门单位相关人员和化学专家赶赴现场进行处置，并及时通知运输厂家莹光化工有关人员赶到现场。在应急专家的指导下，对泄漏的化学品进行妥善处置，将槽罐车体内剩余的化学品进行倒罐转移，2小时后全部转移完毕；对泄漏的危化品用石灰进行中和处置，在公路边沟设置两道拦截坝。经现场及时处置后，该泄漏事件得到有效控制，泄漏的化学品未流入河中，无人员伤亡。（陈 济）

外事工作

【出入境管理】 2014年，建德市共办理因公出国(境)任务报批25批65人次，主要出访美国、加拿大、英国、澳大利亚等地，以参团形式为主出访交流、学习等；自组团3批，其中2批为市婺剧团应邀赴韩国演出团。同时，做好建德市企业邀请外国人员到访发邀请函电申报审查工作，基本做到随到随审；是年，企业邀请外国人员到访7批11人次，主要是经贸商务洽谈。

【外事接待】 多年来，建德市一直高度重视引智工作，近五年共引进74批342人次专家到建德市传授国外先进技术。

5月16日，非洲英语国家智力引进官员研修班到建德市考察引智工作，来自肯尼亚、坦桑尼亚、尼日利亚等10个国家和地区共16名引智官员，先后走访了杭州艾利斯玫瑰科技有限公司和格林生物科技股份有限公司，与两家企业在引进人才和先进技术开发成果方面进行交流，加深相互了解，增进双方友谊。

6月17日，来自美国的中国留学生创业协会的农业专家委员会主任段宪明博士到睦山农公司的蓝莓基地，考察2013年由他引进的蓝莓管理新技术落实情况。段博士表示要从品种、管理技术等方面提升蓝莓产业水平，让农民获得更好的收益。

11月7日，英国伦敦大学学院Therese Hesketh教授一行，在浙江大学周旭东副教授等的陪同下到建德调研留守儿童项目，主要考察建德市农村留守儿童现况和儿童俱乐部开展情况。

【建德婺剧团赴韩国演出】 7月31日至8月3日，建德婺剧团作为中国唯一的演出团队，在第十届韩国浦项国际表演艺术节演出印度史诗剧《宝弓奇缘》。CCTV-4中文国际频道报道了该团在第十届韩国浦项国际表演艺术节上的演出盛况。9月17日，受韩国原州国际动态艺术节组委会邀请，建德婺剧团再度赴韩演出，参加原州国际动态艺术节(狂欢节踩街)。（宋 莹）

住房制度改革

【概况】 2014年，住房制度改革工作围绕“完善住房保障体系，推进和谐社会建设”目标，组织实施经济适用住房、廉租住房等保障性住房的分配和申购工作，推进住房分配货币化、公有住房资金管理、房改房维修基金管理等各项工作。

实施保障性住房“阳光工程”建设，做到阳光建设、阳光分配、阳光审核和阳光管理。在市政府门户网站、市住房与城乡建设局网站和《今日建德》、建德新闻网等媒体，公布全市城镇住房保障年度建设计划、开工和在建项目信息、竣工项目信息及配售配租对象信息，公开内容包括项目名称、建设地址、建设方式、建设总套数、开工时间、年度计划开工套数、配售配租对象等方面信息。

做好保障性住房质量安全监督工作，在保障房项目的建筑物外立面明显位置挂设永久性质量责任标牌，载明建设、勘察、设计、施工、监理单位名称和主要责任人姓名。市住建局职能科室坚持定期、不定期到在建保障性住房建设工地开展检查，确保保障房项目建设质量。

开展住房保障分配系统建设，至年底，完成与杭州房管局保障性住房分配系统专线建立并试通，实现主要数据转换开始试运行。

【完成保障性住房建设1014套】 10月，汪家区块保障性住房综合项目主体工程通过竣工验收，共有住宅1014套，其中经济适用住房600套、公共租赁房（廉租房）98套、人才房204套、安置用房112套。总建筑面积13.31万平方米，概算总投资3.77亿元。 该工程于2011年开工，采取“整体规划，分期建设”的方式施工。

【完成汪家区块600套经济适用房申购】 汪家区块600套经济适用房申购自4月15日发布申购公告，通过社区受理、街道初审，共有997户申购家庭进入到部门联合复审阶段；经相关部门联合审核，共有822户申购家庭符合条件，通过电脑公开摇号的方式产生600户申购家庭的顺序号；12月12日至16日，进行了选房工作。

【廉租住房配租】 5月，组织全市第四批廉租住房实物配租分配工作。6月，开展廉租住房享受家庭资格复审工作，清理不符合享受 资格家庭退租工作，完成12户廉租房转公租房工作。2014年，全市廉租住房累计享受保障321户，累计发放租金6.5万。年底，有在保121户，其中实物配租54户、租金补贴33户、租金核减34户。

【住房资金管理】 完善住房资金管理规定，严格各项审批制度，确保资金安全增值。年底，全市住房资金余额7709.05万元，其中单位住房资金2290.22万元、住房维修基金4422.68万元、住房租赁保证金3.61万元、应付维修费993.54万元。全年审批使用维修基金申请共 75个（次）、单位831户，支付维修基金利息67.77万元。

【职工住房补贴审核】 贯彻落实《建德市行政事业单位住房分配货币化实施细则》规定，全年全市新核批住房补贴241户、补贴金额 455.72万元，累计发放住房补贴人数1.02万人、补贴金额1.05亿元。 （陈卫东）

侨务工作

【概况】 2014年，市侨联凝聚侨心、汇集侨智，围绕“五水共治”，开展侨务助力工程；完善“两网两库”，开展引资引智。完成建德市第四届留联会换届工作和全市基本侨情调查。全年接待和处理6件涉侨信访。

6月和9月，分别在大同镇、新安江街道开展漫画版侨法宣传展板巡回宣传。6月22至23日，浙江省、杭州市侨办到建德市开展侨法宣传和出入境及教育等咨询服务活动。

【侨务助力工程服务“五水共治”】 发挥侨务资源优势，主动联系浙大海归环境工程教授官宝红（浙江大学环境与资源学院博士研究生导师、教授，环境工程研究所副所长），并与马南园区和多家企业对接。2014年，官宝红教授到建德20余次，走访企业、乡镇和村居，协力帮助建德市解决各类环保问题。为马南园区解决污水处理技术和工程设计方面的难题，为建业有机、萧宏铝业、IFF等企业解决环保疑难问题，为大同镇黄垄溪、乾潭镇下梓村、莲花镇莲花溪的污水治理提供治理方案，为“二固中心”项目提出合理建议。撰写《浙江大学建德环保科技创新与创业平台（中心）可行性研究报告》，促成9月9日建德市政府与浙江大学资源与环境管理学院签订科技合作框架协议。11月20日，浙江大学建德环保科技创新创业中心成立。

【创建“全国侨法宣传角”】 9月，协助新安江街道沧滩社区创建“全国侨法宣传角”，建立侨法宣传主题公园和宣传橱窗。主题公园内悬挂宣传口号，宣传橱窗里设置“侨法宣传”的专栏，专栏内以漫画形式宣传《归侨侨眷权益保护法》内容；社区阅览室内设置“侨法宣传读书角”，有《归侨侨眷权益保护法》《涉侨政策法规问答》等侨法宣传书籍和杂志。

【市第四届留联会换届】 12月12日，建德市第四次留学人员和家属代表大会召开。全市留学人员和家属代表、特邀代表共90余人参加会议。大会审议通过了第三届理事会题为《汇聚人才 同心筑梦 开创新时期留联会工作新局面》的工作报告，通过留联会更名和修改《章程》的决议。大会选举产生建德市留联会第四届理事会和领导班子。

【完成全市基本侨情调查】 2013年9月至2014年6月，开展一次全面的侨情调查工作。1月，各乡镇（街道）全面开展入户登记。2月，开始侨情数据录入。4月底，进入查漏补缺阶段。5月底完成所有数据录入工作。经过侨情资料汇总分析，撰写调查报告，提交建德市委市政府。6月，按照浙江省、杭州市侨情调查办要求，上报侨情调查工作总结。此次调查结果显示，至2014年12月1日，全市有涉侨家庭1421户，涉侨总人数5200人，其中省内涉侨人数2949人、海外涉侨人员2251人（其中香港同胞130人），有重点涉侨人士214人；有侨资企业21家，华侨华人参与的海外社团16个，华文学校3所，华文媒体1家。

（练月珍）

行政审批服务管理

【概况】 2014年，市行政审批服务管理办公室（市公共资源交易管理委员会办公室）以“打造杭州审批最快县（市）”为目标，深化行政审批制度改革，推进“两集中、两到位”工作，不断提升审批服务效能，加速审批进程，着力打造“行政审批、资源配置、公共服务、效能监察”四位一体的综合性政府服务平台。全年共受理各类审批服务事项10.4万件；完成公共资源交易项目673个，交易额31.15亿元，其中建设工程交易项目433个，交易金额21.75亿元；政府采购项目154个，交易金额0.81亿元；土地出让77宗，交易金额8.54亿元；产权交易9宗，交易额0.05亿元。

2014年，市公共资源交易管理委员会办公室分别出台《建德市工程建设项目勘察设计招标投标实施细则》《建德市政府投资项目建设工程施工合同（示范文本）》《建德市工程建设项目监理招标投标实施细则》，进一步完善了公共资源交易制度。

【启动审批制度改革】 4月，根据国务院、浙江省、杭州市关于深化审批制度改革的要求，市审管办代拟《建德市深化行政审批制度改革实施意见》（市委办发〔2014〕58号），提出6个方面15项审改任务，突出“集中”“创新”“便捷”三大重点，全面深化项目投资领域和便民服务领域的审批改革。同月，市政府召开全市推行权力清单制度暨行政审批制度改革工作会议，启动审批制度改革。

【精简审批元素】 3月，与市法制办共同对全市590项行政审批事项进行梳理；8月中旬，审批事项梳理结果经市编委办统一审核并列入权力清单，确定保留行政审批事项209项（行政许可事项200项，非行政许可事项9项），减少行政审批事项381项，削减率64.5%。

4月，对投资2000万元以下政府投资项目的项建书和可行性报告执行合并审批，至年底按此程序共审批72个项目，总投资额2.15亿元；5月，出台《建德市政府投资项目方案设计、初步设计“二合一”审批操作办法（试行）》，对建德市级审批权限内总投资在2000万元以下的政府投资项目方案设计、初步设计实行“二合一”审批管理，“二合一”审批时限设立为5个工作日，比原审批时限提速了70%以上。

5月，会同市环保部门出台《关于进一步优

◎8月1日，“投资项目联合审批专窗”开始运作

化环保审批环节提升投资项目审批效能的几点意见》（建环发〔2014〕34号），对开发区、工业功能区等特定区域的环评予以简化；对编制环境影响登记表的政府投资项目，由业主自行填报环境影响登记表等资料，取代环评中介服务；对农村中小型河道环境整治、水土流失治理等9类投资项目豁免环保审批。同月，会同气象部门出台《建德市气象局关于进一步简化气象审批环节提高投资项目审批效能的函》（建气发〔2014〕5号），对建（构）筑物高度在100米以内的政府投资和工业性投资项目，其建（构）筑物为非人员密集场所且内无易燃易爆等危化物的，取消雷击风险评估。

【升级联合审批模式】 7月，出台《建德市投资项目联合审批操作办法》，对原有联合审批模式进行结构优化，整合联合审批环节，将投资项目审批流程整合为立项、方案设计、施工许可、竣工验收四个阶段，每个审批阶段都有责任单位牵头，明确各阶段审批时限和职责，控制政府部门整体审批时限，实现政府投资项目、社会投资（工业类）项目、社会投资（三产服务类）项目审批用时从原平均184天，压缩到分别不超过38个工作日、33个工作日、46个工作日（不包含中介环节时限、各类公示时间和工程竣工验收阶段时间）。至年底，完成浙江天石纳米科技有限公司、建德市顺发化工助剂有限公司、建德大慈岩加油站有限公司等10家企业的联合审批，平均提速率达50%以上。

【深化“两集中、两到位”工作】 3月，审管办代拟《关于深化“两集中、两到位”工作的实施意见》（建政办函〔2014〕47号），会同市编委办完成27个审批职能部门的审批职能归并和行政审批科设置工作，并编制各部门人员、事项进驻方案。8月，对行政服务中心大厅临柜场地进行扩容和整合，建立了投资项目联合审批专窗，增加进驻市发改局、市经信局、市国土资源局、市住建局、市民政局、市安监局、市林业局等7个部门涉及投资项目审批的10名工作人员及审批科长，实现投资项目审批一条龙服务，为项目审批提速提供保障。

【规范乡镇（街道）公共资源交易】 8月，审管办代拟出台《关于进一步规范乡镇（街道）公共资源交易工作的若干意见》（建政办函〔2014〕143号），提高梅城、寿昌、乾潭、大同四个中心镇的交易权限，将全市一区（浙江省建德经济开发区）一园（杭州市建德高新技术产业园）的小型项目纳入乡镇（街道）平台交易。明确10万元以下的勘察、设计、监理项目由业主直接发包，部门10万～50万元、乡镇（街道）30万～50万元项目进市交易中心公开选择，50万元以上项目必须正常招标。 （杜京芝）

机关事务

【概况】 2014年，市机关事务管理局围绕全市中心工作，强化管理工作职能，完成房产建设、政务接待、节能减排、机关安保、后勤服务等各项任务。

以深化“平安机关”创建为抓手，增设消防应急指示灯、逃生标志72处。与机关大院内13家单位签订《建德市机关大院消防安全目标管理责任书》。确定每年5月、10月为安全生产检查月，针对房屋安全、消防安全、车辆安全、工地安全等内容，进行全方位检查，保护机关干部职工生命财产安全。

实施机关食堂、机关大院线路、会议中心音响设备三大改造工程，全年保障落实会议695场次，安排各类公务用车670余趟次。引进家政服务公司，推进机关大院内卫生保洁服务外包工作，提升了社会化管理水平。

【房产建设与管理】 负责组织实施市老年体协气排球馆、市信访接待中心建设工程、市公安局新安江派出所装修工程、市人民法院办公楼加固维修工程、市检察院高清视频会议室改造等工程，概算总投资3244万元。牵头开展市党政机关办公用房清理整改工作，清理整改办公室面积8710.28平方米。探索办公用房调配新机制，先后完成“五水共治”办、市考核办、市工商联、市司法局、市市场监管局等单位办公用房调配工作，协调做好市城管局、环卫所及福利院房产出租管理工作，初步建立起统一权属、统一调配、统一维修、统一建设、统一出租的“五统一”管理机制。

【规范政务接待】 严格执行中央八项规定、《党政机关国内公务接待管理规定》等公务接待规定，厉行节俭，务实高效。全年共接待来宾168批、1.38万人次，其中省部级以上领导19批、地厅级领导30余批。承担全国老年人健身球操交流活动、全省历史文化村落保护利用工作现场会、全省传统戏剧之乡授牌仪式暨展演晚会、湖南卫视《爸爸去哪儿》走进新叶拍摄等大型会议活动的后勤接待保障工作。

【推进机关节能减排】 制订建德市公共机构节能工作方案、计划，淘汰不符合节水标准的用水设备和器具，实施卫生洁具、食堂用水设施等节水技术改造，以机关节水工作实效助力“五水共治”工作。坚持每周节能短信发送，组织开展世界环境日、节能宣传周、世界无车日等宣传活动，发放节能减排宣传手册2000余册、节能灯“以旧换新”100余只、节能插座200余只。（叶李毅）

编辑：邹爱民

政协建德市委员会

Jiande City Committee of the Chinese People's Politica Consultative Conference

综 述

【概况】 2014年,市政协常委会围绕全市改革发展大局,深入一线主动作为,认真履行政治协商、民主监督、参政议政职能。重点围绕"五水共治",组织委员开展多层次、多形式的协商活动,促进各方意见的有序表达、各界共识的有效形成。首次开展民主评议监督,以委组活动为平台,组织在建德市的浙江省、杭州市政协委员和建德市政协委员,联合开展查找污染源、考察"清三河"等监督活动。把加强生态环境保护与促进产业转型升级作为重要履职内容,充分发挥参政议政功能,积极为全域生态化发展贡献力量。在"三改一拆"全面开启阶段,组织部分政协委员和机关工作人员深入农村一线开展调研,及时向市委市政府反映"三改一拆"过程中需要注意的新情况新问题。进一步提高提案、社情民意科学化工作水平,有效发挥提案、社情民意在收集民意、反映民声方面的重要作用。编纂出版《古城寿昌》《玉泉寺轶事》《建德古树名木》等书籍。

全年共收到以提案形式提交的意见建议301件,立案224件,并案处理32件,实际交办192件。至年末,提案已全部办复,对提案办理情况满意的186件、基本满意的6件,满意率100%。全年收到社情民意信息231条,编报《社情民意》32期,转《市长信箱》办理165件,办复率达84%。其中,《医疗体制改革应重视维护医卫工作者的合理权益》上报全国政协并被录用。

【履行协商建言职责】 6月5日,市政府、市政协联合召开市政协十三届三次全会建议案办理协商会,协商办理市政协全会建议案——《关于以"五水共治"为突破口,加快推进全域生态化建设的建议案》。会议由市政协主席吴铁民主持,市长陈震山出席会议并讲话。

7月11日,市政协主席吴铁民主持召开市政协十三届45次主席会议,对市委十三届七次全会工作报告专题协商讨论。市委常委、市委办主任周友红应邀参加会议。会议首先听取了市委办公室就市委十三届七次全会工作报告起草情况的介绍。会议还就市委全会工作报告的结构条理、加快经济发展和城乡统筹等方面工作提出具体建议。周友红在听取发言后表示,会后将根据大家提的意见,围绕经济工作的重点,分析问题,进一步充实报告。

12月24日,市政协主席吴铁民主持召开市政协十三届53次主席会议,专题协商建言2015年政府投资重点项目安排。市发改局负责人介绍政府投资重点项目2014年完成情况及2015年预安排情况,与会同志围绕政府投资重点项目安排建言献策。市政协主席吴铁民对下年政府投资重点项目安排提出四点建议。一是"一区一园"的基础设施项目要确保安排,在破解政策处理难上要有新举措,征地拆迁要干净、彻底,确保地块无障碍承接项目。在破解基础设施配套上要有新举措,花大力气完善道路框架、供水排污设施。二是要以重点项目建设来进一步完善城市规划布局,建议对市行政中心搬迁进行可行性研究,同时围绕杭黄高铁布局好项目,统筹谋划好东入城口项目。三是要高度重视民生保障,医院方面,加快三院迁建工程,同时争取早日实施二院、四院的改扩建项目,还要加强一院病房建设。教育方面,要综合群众呼声反映、征地拆迁、融资等情况，合理安排，加快项目上马实施，切实改善主城区教育资源不均衡的现状。四是要完善项目推进工作机制，重点要深化市领导“六个领衔”工作机制，同时着力破解要素制约。

12月31日上午，市政协召开十三届54次主席会议，协商讨论市委十三届八次全会工作报告（征求意见稿）。会议听取了市委办有关市委十三届八次全会工作报告（征求意见稿）起草情况和主要内容的介绍。在协商讨论时，与会人员畅所欲言，从报告内容、文章结构、语言表述方式、用词准确性等方面提出修改意见。吴铁民指出，在发展氛围上，要进一步突出“工业强市”战略，通过营造氛围、集中精力、改善服务，保障“工业强市”战略全面实施；在发展问题上，要进一步突出传统产业改造提升，尤其要着力推动化工企业入园、水产业基地建设与规划有效落实；在转型问题上，要按照浙江省委、省政府提出的未来需要大力发展的七大重点产业要求，结合建德产业结构调整实际，在引导上突出环保、健康、旅游等产业；在民生事业保障上，要加快实施市三医院迁建项目和市二医院改建工作，推进全市医疗资源区域化均衡发展。

【专题议政】 4月1日，市政协召开十三届41次主席会议暨化工企业入园集聚发展专题议政会，围绕我市化工企业入园集聚发展为市委、市政府谏真言、献良策。主席吴铁民一行现场考察了新德环保、格林生物、建业化工及建德高新园IFF、白沙化工、顺发助剂搬迁项目选址地。在之后召开的专题议政会上，市环保局、市经信局、市国土局、建德高新园管委会汇报化工企业入园集聚发展各自工作情况，白沙化工、顺发助剂、建业化工、福斯特药业、新德环保等企业代表和部分委员代表发言。随后，与会领导也分别讲话。大家分别围绕化工企业入园集聚发展的卫生防护距离农户搬迁、企业搬迁入园政策、园区形象推广、项目审批服务、基础设施配套等方面发表意见。吴铁民在听取大家发言后指出，要认清形势，切实增强化工企业入园集聚发展的紧迫感，坚持集聚发展思路，坚定搬迁目标，坚决推动发展，政企合力做强企业。要对照要求，明确目标，及时制订搬迁政策。统一要求，明确入园时间；明确期限，确保如期完成；下定决心，引导主动入园；周密安排，统筹整个搬迁工作。要加快建设，加强服务，引导推动保障化工企业加快入园。加强引导推动，抓紧出台搬迁入园实施意见；加大搬迁力度，保障安全距离；加强周边控制，防止新增建筑。要加大组织协调，确保指标内项目能尽快实施。要加大设施建设，保障企业正常生产。通过实施化工企业搬迁入园集聚发展，进一步做强建德市化工企业，并继续为全市经济社会发展做贡献。

4月23日，市政协召开十三届42次主席会议暨旅游业发展专题议政会，围绕建德旅游二次创业为市委、市政府建言献策。会议组织考察梅城严州古城提升工程、三都三江口村旅游提升工程和梅城“三江两岸”绿道建设工程。下午，以主席会议形式对全市旅游业发展进行集体议政建言。会议听取市风景旅游局有关旅游发展情况以及提案办理情况的汇报，市国资公司、市农办等涉及旅游工作的相关部门补充汇报。随后，与会人员围绕旅游业发展的规划编制、项目招商、宣传推广、配套建设、体制机制、项目建设、产业融合等方面发表建议和意见。吴铁民讲话时指出，2014年全市旅游业发展大会提出的建德旅游二次创业，非常具有针对性、指导性和现实性。当前旅游业所面临的发展趋势、发展阶段、发展条件、发展机遇，为建德旅游实现二次创业提供有利条件。我们要抓住机遇，乘势而上，扎实推动旅游二次创业。推动旅游二次创业，要把准定位，发挥优势，着力打造旅游核心产品。要挖掘最有比较优势的资源，发挥建德生态优势，特别是水的优势；要丰富旅游内涵，突出文化传承，提升旅游的生命力；要集中资源打造核心产品，突出做好新安江、严州府、大慈岩等区域。要强化保障，有机结合，加快提升旅游整体发展环境。要坚定实施建德旅游二次创业的信心和决心，齐心协力、强化要素保障，整合资源，推进融合发展。要做深发展规划，改善配套设施，强化项目建设，推动产业融合，抓好旅游营销，强化工作保障。

◎市政协考察农业基地化品牌化建设

5月29日，市政协主席吴铁民主持召开市政协十三届43次主席会议，对全市生态环保设施建设运行情况进行专题考察建言议政。与会人员实地考察了大慈岩污水处理厂、李家污水处理厂、梅城污水处理厂、杨村桥污水处理厂和乾潭污水处理厂，深入了解在建污水处理厂进展情况和已建成运行污水处理厂存在的问题。与会人员听取市环保局关于全市生态环保设施建设运行工作总体情况的汇报、市住建局关于生态环保设施管网配套建设等相关情况的汇报，并着重围绕城镇污水处理厂规划、建设、管理、运行等方面发表意见。主席吴铁民指出，全市污水处理设施建设运行存在重建设轻管理、重检查轻实施、重投入轻绩效、重主体工程轻配套项目的现象。下步工作中，一要科学谋划，完善区域污水治理规划，做到污水处理设施建设与各类规划相结合、与地方建设发展计划相衔接、与乡镇地理地貌相适应。二要加强建设，推动污水处理设施全面完工，明确时间节点，倒排进度计划，加快在建工程及其配套设施建设。三要严格管理，保障污水处理设施正常运行，在建设管理上要确保质量，在日常管理上要确保安全，在运行管理上要确保成效，在监督管理上要真正到位。四要加强研究，科学谋划运行的保障问题，市镇两级要树立“谁污染谁治理”的理念，乡镇主体意识要增强，财政补助要到位，运行管理模式要研究，预警风险防范要高度关注。

7月7日，市政协召开十三届44次主席会议，专题议政重大工业项目推进情况。与会人员首先实地考察三都花点电站设备项目、三都融聚太阳能储能设备项目、梅城万家创新充电机项目、下涯建成生物复合B族维生素项目项目、下涯云计算项目，了解项目推进和建设进展情况。市经信局在会上就全市重大工业项目推进情况进行介绍。与会人员纷纷就如何推进重大工业项目工作发言。市政协主席吴铁民指出，要进一步关注项目重点、切实增强抓工业尤其是抓项目推进的紧迫感。要抓住难得机遇，有效解决项目的难点问题，借助“五水共治”“三改一拆”的契机，加快推进全市产业升级。要强化基础建设，全力保障工业项目有序推进。要注重大工业主平台建设，提高承载力、发挥集聚力；加快推进成熟型项目，加大重点产业扶持力度。要加强组织协调，保障工业经济稳定和持续发展。

8月25日，市政协召开十三届47次主席会议，专题考察“无违建市”创建工作。考察组实地考察寿昌镇旧城改造、南浦村灰钙厂、乌石村养殖场和大慈岩镇檀村“一户多宅”、双泉村养殖场的拆后情况，观看建德市“无违建市”创建工作视频片，听取市“无违建市”创建办关于全市“无违建市”创建工作情况汇报以及寿昌镇、大慈岩镇“无违建镇”创建工作情况汇报，并围绕落实长效管理、保障群众权益、优化建房审批、拆后土地利用等方面发表意见建议。吴铁民听取大家发言后指出，建德市“无违建市”创建工作已进入关键时期，各级各部门要围绕创建目标，集中时间、集中精力全面冲刺，确保全市年内创建成为全省首批“无违建市”，“无违建乡镇（街道）”创建率达到100%。一要保障需求，合理审批及时到位，将农民建房需求纳入政府资源配置过程中的有序管理，加强规划引导，重视建房用地保障。二要拆建结合，全面提升新农村建设成果，把“三改一拆”工作和“四边三化”、农民建房等有机结合，统筹推进美丽乡村建设。三要突出重点，着力塑造城市新形象，重点关注主城区、城郊接合部、中心镇、集镇、中心村、重点项目以及沿路、沿江等部位和区域，重点关注重点人群，拆出新形象、新局面、新发展、新空间和新声势。四要依法管理，强化制度严格执行，强化巡查，提高防控水平；完善政策，疏堵结合；强化考核问责，确保制度落实。

9月15日，市政协召开十三届48次主席会议，专题考察“五水共治”重大项目推进情况。与会人员实地考察了城东污水处理厂二期、寿昌江汪家至更楼段治理工程、寿昌江乌龙溪出口至郑山段治理工程、航头镇白岭坑水库饮水工程（管网铺设）。随后，听取市五水共治办和市环保局、水利水产局、城投公司有关“五水共治”重大项目推进情况汇报，并对加快“五水共治”重大项目建设进行议政建言。吴铁民指出，要保护施工，保障进度，保证质量，保持效果，全面完成“五水共治”项目建设目标任务。一要高度重视，加强项目建设的组织领导，推进“五水共治”项目建设，是形势所逼、机遇所在，必须加强组织领导，上下齐心协力，才能加快项目建设。二要破解难题，切实保障项目无障碍施工，项目所在地乡镇（街道）必须承担起征地拆迁任务，涉及杆线迁移的项目要尽早与杆线单位加强对接，市镇两级要加大对非法阻工的打击力度。三要强化监管，真正发挥项目投绩效，要加强对项目建设的监管，确保工程质量，同时要加强对搬迁企业监管，推进化工企业集聚入园。要加强日常监管，防止污染反弹。要加强运行管理，确保设施正常运行，确保“五水共治”目标实现。

9月26日，市政协主席吴铁民主持召开市政协十三届49次主席会议，对新安江城区污水治理工作进行专项督查。先对江村埠至洋安、电厂大桥至庙嘴头、皇冠假日酒店污水管网和借山楼雨污分流改造工程建设情况进行考察。随后，市住建局等部门汇报 主城区治污水的进展情况。与会人员就推进城区污水治理工作发言。吴铁民指出，一要顺应形势，高度重视城区污染治理，凸显城区污染治理在全市“五水共治”中尤其是在治污水中重中之重的位置，集中财力、集中力量，推进一批治污水项目建设，保护“风凉水清雾奇”特色，推进城市品牌建设。二要突出重点，着力推动三年行动实施，关键是解决好雨污分流、雨污管错接问题以及重点区域的纳管并网，从根本上保障城区水环境。三要落实责任，推进排污整治有效实施，着力推进餐饮服务行业、洗车行业、石材加工行业、车库和柴间改变用途、医疗卫生机构排污等五大整治行动，有效控制污染源头，规范城区污水排放。四要强化保障，切实提高治污绩效，加大舆论宣传力度，加强日常监管，强化资金保障，提升污水处理能力。同时，要高度重视城区基础设施建设的资料档案管理。

10月16日，市政协十三届50次主席会议与市委统战部双月座谈会联合召开，对新叶古村保护与利用工作开展专题议政建言。在实地考察新叶古村后，与会人员听取市文广新局、市风景旅游局、大慈岩镇和新安旅游投资有限公司关于新叶古村保护与利用工作情况汇报。主席吴铁民在听取大家发言后指出，新叶古村保护与利用正处于重要机遇期和转折期，要抓住机遇，加大投入，全面提升接待水平。要实现新叶古村保护利用和旅游业发展双赢，必须加快补上景区标志、停车、吃饭、公厕、购物等“短板”，同时要防止破坏性建设，规范村民建房、商业经营等管理。要统筹规划，做好“大新叶”旅游文章。一方面要依托“新叶”核心，统筹谋划大区域旅游；另一方面要坚持规划引导，处理好保护与利用关系。要齐心协力，保障各项措施有效落实。在严格坚持统一规划、统一改造、统一经营、统一宣传、统一管理“五统一”原则下，加强组织领导，充分发挥新叶古村保护利用管委会作用，各负其责，抓好各项工作有效落实；合理配置资源，统筹政府与百姓、公司与村民的利益关系，合心合力把新叶古村保护与利用好。

12月12日，市政协召开十三届52次主席会议，专题考察市二医院、市三医院（市中西医结合医院）建设工作。与会人员先后考察市二医院院区和市三医院迁建项目工地，听取相关部门和梅城镇、寿昌镇负责人有关市二医院、市三医院发展情况汇报，并围绕两家医院发展建言献策。吴铁民指出，市第二、三医院的发展有利于优化政府资源配置，有利于梅城、寿昌及周边乡镇老百姓就医，有利于缓解市一医院看病难、看病拥挤的问题，有利于缓和新安江主城区交通拥挤的问题。要坚定决心，加大投入，以市二医院的改建、市三医院迁建为契机推进建德市医疗资源区域化均衡发展。要求加快进度，保质保量推进项目建设。坚持高标准、严要求，保质量推进市三医院迁建项目建设；坚持按时间节点要求，倒排工作计划，完成市三医院的建设任务；坚持多渠道筹措资金，缓解资金难的问题。同时，要加快二、三医院周边基础设施建设，完善配套功能。围绕医院特色，做强做优两家医院；抓住与杭州医院挂钩对接的有利时机，推动全市医疗管理水平的提升；坚持区域领先，统筹镇村的医疗发展。

【《古城寿昌》《玉泉寺轶事》出版发行】 1月20日，由建德市政协主编的《古城寿昌》《玉泉寺轶事》两书出版发行。《古城寿昌》是全面反映寿昌地域从远古直至近现代的政治、经济、文化的综合性地方文化读物，全书共10个章节，35万字，涵盖寿昌城垣变迁、山川风貌、乡土风情等资料内容。《玉泉寺轶事》是一部逸闻轶事和新编故事集，讲述了关于少康大师和玉泉寺的内容，同时收集了历代名人雅士赞誉玉泉寺及少康大师的诗篇。这两本著作的发行，对建德的文化资源传承发展、建德历史文化资源保护起到了积极作用，体现了建德对传承历史传统文化的责任感和使命感，有助于提升建德的城市发展品位。

重要会议

【市政协十三届委员会第三次会议】 1月20日至23日，中国人民政治协商会议建德市第十三届委员会第三次会议在新安江召开。应到委员226名，出席委员220名；应到列席人员227名，出席221名。会议审议通过吴铁民代表政协建德市第十三届委员会常务委员会所作的工作报告和程旭受政协建德市第十三届委员会常务委员会委托所作的提案工作情况报告。会议期间共收到以提案形式提出的意见建议228件，其中市各民主党派、团体等集体提案36件，委员个人或联名提出192件；经济科技方面的意见建议59件，城乡建设和管理方面的意见建议84件，教育、文化、卫生、体育方面的意见建议38件，民生保障与社会管理方面的意见建议47件。

会议期间，委员们列席了建德市第十五届人民代表大会第三次会议，听取并讨论陈震山市长所作的《政府工作报告》和会议其他报告。委员们以高度的政治责任感和历史使命感，就突出重点工业平台建设、强化“五水共治”、重视招商引税、加快重大项目建设、完善民生保障体系等方面提出许多建设性意见和建议。会议审议通过“以‘五水共治’为突破口、加快推进全域生态化建设”的政协全体会议建议案。全体政协委员积极响应“助力‘五水共治’，共建美好家园”倡议，踊跃捐款。

会议在广泛民主协商的基础上，补选产生政协建德市第十三届委员会常务委员6人。中共建德市委书记戴建平在闭幕会上作重要讲话。杭州市政协副主席朱祖德出席开幕会。

【六次常委会会议】 2014年，市政协十三届常委会共举行6次会议。

1月21日，市政协主席吴铁民主持召开市政协十三届十一次常委会议，市政协副主席严凌云、谢春风、吕勇、张早林、程旭、洪国根，秘书长蒋华以及其他常委出席会议。市委常委、组织部部长沈波列席会议。会上，市委常委、组织部长沈波介绍补选市政协十三届委员会常务委员候选人情况，并协商产生补选市政协十三届委员会常务委员候选人建议名单。在各组汇报市政协常委会工作报告、提案情况工作报告讨论情况后，吴铁民充分肯定委员们的讨论结果，并希望委员们继续按照市委市政府的决策部署，扎实履职。会议协商《选举办法》（草案）；协商产生总监票人、副总监票人、监票人建议名单；协商产生市政协十三届三次会议建议案（草案）、决议（草案）。

1月22日，市政协主席吴铁民主持召开市政协十三届十二次常委会议，市政协副主席严凌云、谢春凤、吕勇、张早林、程旭、洪国根，秘书长蒋华以及其他常委出席会议。会议听取各组关于政府工作报告等讨论情况汇报；审议并通过《选举办法》（草案）；审议并通过总监票人、副总监票人名单（草案）和监票人名单；审议并通过补选市政协十三届委员会常务委员会候选人名单；审议并通过市政协十三届三次会议决议（草案）、建议案（草案）；审议并通过市政协十三届三次会议提案收集和初审情况报告。

8月13日，市政协主席吴铁民主持召开市政协十三届十三次常委会议，交流“五水共治”重点调研课题成果。市委书记戴建平出席并讲话，市委常委、副市长梁克东应邀出席。市政协副主席严凌云、谢春凤、吕勇、张早林、程旭、洪国根，以及其他市政协常委出席。是年，市政协组成7个课题调研组，围绕“五水共治”这一主题，就生态化处理生活垃圾、农村生活污水生态化处理、生态河流建设、畜禽养殖污染综合整治、统筹推进美丽乡村建设和“五水共治”工作、低丘缓坡开发利用、化工产业转型升级等专题开展深入调研，并形成了研报告。会上，各课题调研组分别交流专题调研成果，会议还审议通过市政协常委会关于“助力‘五水共治’、推进生态文明”的建议案。市委书记戴建平在讲话中指出，市政协重点调研课题成果充分体现市政协围绕市委、市政府中心工作，按照“六个领衔”的要求，既干在当前、冲在一线，又注重思考、谋划长远，为进一步推动全市经济社会发展上做大量深入细致的调查研究工作，提出了一些很好的意见建议。这次调研课题成果议政调研“把脉”准、解剖麻雀“问诊”深、建言献策“开方”实，为市委、市政府的科学决策提供了重要依据。政协主席吴铁民在会上指出，戴建平书记的重要讲话对推进政协工作具有重要的指导意义，各级政协组织、政协各参加单位和广大政协委员要顾大局识大势，在服务大局中定准方向；要强责任勇担当，在参与中心工作中主动作为，着力推进调研成果转化，主动参与“五水共治”监督评议，关注发展重点献计出力，选准课题早行动；要接地气知民情，在协调关系中凝聚合力，重点要在了解实情增进共识上下功夫，在提高协调关系水平上下功夫，在“聚合力”上下功夫；要牢记光荣使命，在履职尽责中做好表率，着力发挥委员主体作用。

11月11日，市政协主席吴铁民主持召开市政协十三届十四次常委会议，对市卫生局、市水利水产局、市农业局、市农办、市住建局、市环保局等6个部门的2014年“五水共治”专项工作进行民主评议。市政协副主席严凌云、谢春凤、吕勇、张早林、程旭、洪国根和秘书长蒋华以及其他常委出席会议。市委常委、副市长梁克东列席会议。会上，常委会组成人员听取了6个部门“五水共治”专项工作报告和6个监督评议小组的调查报告，与会人员进行评议发言，最后由常委会组成人员现场测评。依据6个部门的“五水共治”专项工作报告、各监督评议组的调查报告和市五水共治办提供的“五水共治”专项工作完成情况统计表，以及日常掌握的情况，各位常委按照“实事求是、客观公正”的要求填写满意度测评表，会议现场宣布测评结果。政协主席吴铁民在现场测评后指出，历经四个月的评议工作取得了预期效果，提升部门抓治水的工作效率，浓厚合力抓治水的工作氛围，“五水共治”成效有目共睹，治水与评议工作实现有效互动、互为促进，达到治水与评议双赢的目的。但这次常委会评议，并不代表评议工作的结束。如果说前一阶段是查找问题、提出建议的过程，下一步的整改是评议工作的关键环节，要及时部署整改，抓好整改落实，强化跟踪监督，巩固提高评议工作成果。市委常委、副市长梁克东指出，各牵头单位、责任部门和各乡镇（街道）要认真采纳市政协民主评议监督意见，全面抓好整改落实，全力抓好协同推进，全心抓好深化提升，努力完成“五水共治”三年行动计划年度目标任务。

12月5日，市政协主席吴铁民主持召开市政协十三届十五次常委会议。与会人员集中学习党的十八届四中全会精神，听取市政协“一办六委”关于2014年工作完成情况和2015年工作思路的汇报，并围绕前两天外出学习考察情况，着眼于建德市“十三五”规划编制积极建言。同时总结回顾2014年市政协常委会工作，对下年的工作思路提出建议。会议审议通过常务委员会工作规则、专门委员会通则、关于加强委员管理办法、关于委员密切联系群众的若干规定、提案工作条例等文件，审议通过有关人事任免事项。

【全市政协工作会议】 8月22日，市委召开全市政协工作会议。会议全面贯彻落实中共十八大、十八届三中全会和浙江省委、杭州市委政协工作会议精神，总结回顾近年来建德市人民政协工作和实践经验，研究部署下一步的人民政协工作。市委书记戴建平作重要讲话，市委副书记、市长陈震山主持会议并讲话，市人大常委会主任程茂红、市政协主席吴铁民、市委副书记童定干以及各市委常委在主席台就座。戴建平在讲话中首先肯定全市政协的工作。他说，近年来，全市各级政协组织始终坚持和依靠党的领导，牢牢把握团结和民主两大主题，围绕全市工作大局，积极主动履行职能，为推进建德科学发展做了大量卓有成效的工作，发挥非常重要的作用。全市各级政协组织胸怀大局，紧扣中心履职尽责；情系民生，促进社会和谐稳定；同心同德，广泛凝聚各方力量；创新引领，切实强化自身建设。戴建平强调，充分发挥人民政协的独特优势，为建德市加快科学发展凝聚智慧和力量。人民政协具有突出的智力优势、强大的组织优势、畅通的渠道优势和显著的功能优势。要进一步发挥政治协商优势，促进科学民主决策；进一步发挥民主监督优势，推动重大决策部署落实；进一步发挥参政议政优势，服务推动中心工作；进一步发挥桥梁纽带作用，努力营造改革发展良好环境。不断加强和改善党对政协工作的领导，强化政协履职的支撑和保障。健全组织领导机制，发挥政协党组作用，支持履职能力建设，加大工作保障力度。陈震山结合政府工作，就如何贯彻落实好会议精神，更好地支持政协履行职能提出要求。一是高度重视运用政协履职成果推进政府工作，运用好政协全会协商成果、政协常委会重点调研成果、政协主席会议专题议政建言成果、政协委员提案成果。二是合心合力促进政协履职作用进一步发挥，支持政协履职、畅通民主渠道、提高服务保障水平、关心支持委员履好职。

【庆祝人民政协成立六十五周年座谈会】 9月30日，市委、市政府召开庆祝人民政协成立65周年座谈会，学习贯彻习近平总书记在庆祝人民政协成立65周年大会上的重要讲话精神，回顾总结建德市政协事业取得的成绩，展望人民政协事业美好的发展前景，为开创建德市政协工作新局面、推进全市科学发展汇聚智慧和力量。市委书记戴建平出席会议并讲话。市政协主席吴铁民，市委常委、副市长梁克东，市人大常委会副主任朱启鸿，市政协副主席严凌云、谢春凤、吕勇、张早林、程旭、洪国根，秘书长蒋华等出席会议。座谈会上，市政协老领导代表，民主党派、工商联代表，浙江省、杭州市政协委员代表，曾担任政协委员的代表以及政协乡镇工委代表，围绕学习贯彻习近平总书记重要讲话精神、建德政协的发展历程等畅所欲言，特别是市政协老领导和曾担任政协委员的代表以自己亲身经历，诠释对政协的深厚感情和高度责任感。戴建平在讲话中指出，2014年是人民政协成立65周年，也是建德政协走过58周年的喜庆之年。58年来，建德市政协在市委的领导下，牢牢把握团结和民主两大主题，充分发挥协调关系、汇聚力量、建言献策、服务大局的重要作用，为全市改革开放和现代化建设做出了突出的贡献。吴铁民主持会议时指出，站在新的历史起点上，使命光荣，我们要倍加努力，认真学习贯彻好中央、省市各级领导重要讲话精神，坚持和深化好政协紧扣中心履职的工作作风，运用和发挥好历届政协积累的有效履职方式，巩固和完善好政协有效的履职机制和良好环境，不断提高政协的政治把握能力、形势判断能力、调查研究能力和建言献策能力，使政协工作更加充满活力和生机。

（方　韦）

编辑：邹爱民

国防建设

National Defense Construction

人民武装

【概况】 2014年,建德市人武部系统学习习近平主席提出的“三个着眼”“三个见到成效”的重要思想,学习全军政治工作会议精神,围绕创建先进人武部目标,坚持“抓班子带队伍、抓基层打基础、抓风气聚人心、抓法制求规范、抓落实创一流”的工作思路,以“三严三实”标准,践行强军要求,全市国防后备力量建设和人武部全面建设发展呈现新的向上态势,在思想政治建设、民兵预备役部队整组训练、国防动员、兵员征集等方面取得显著成效。

组织党委中心组带机关理论学习,准确把握习主席系列讲话精神的重大意义、基本内涵和精神实质,着眼实现党在新形势下的强军目标,巩固深化战斗力标准大讨论活动成果。修订《人武部党委议事规则》,健全党委民主集中制建设,提高科学、民主、依法决策水平。贯彻落实军委各项规定和军区、省军区、警备区的各项措施,增强党委班子的凝聚力战斗力。

在干部职工中开展理论教育、专题教育,用理论指导实践,用实践印证理论,增强听党话、跟党走的信心。分类抓好党委班子、干部职工、专武干部、民兵连长、基干民兵五个层次的理论学习教育。组织干部职工和乡镇专武干部到市看守所进行警示教育,到双童烈士墓前进行革命传统教育,增强教育的针对性和实效性,确保干部职工政治上坚定和思想道德纯洁。

按照“能打仗、打胜仗”要求做好军事斗争准备的各项工作。深入贯彻军委、军区大抓军事训练一系列指示精神,坚持以作战任务为牵引,着眼实战化要求,提高军事训练的质量和效益。严格按纲施训,抓实基础训练、抓精专业训练、抓好联合训练,取得突出成绩,市人武部被省军区评为军事训练先进单位,市人武部军事科被省军区评为先进军事科。乡镇(街道)专武干部在杭州警备区组织的集训考核比武中,取得优异成绩。围绕构建国防动员体系,加大战时行动演练力度,成功组织新安江水电厂重要目标防卫演练。抓好日常战备制度落实和“三室三库”建设,推进人武部战备规范化和信息化建设。

提升后勤保障能力,规范物资采购,做到“先审后批,先批后用”,严格把好贵重物资的“审批关、购买关、登记关、保管关和移交关”,做好贵重物资统计登记工作,进一步健全规章制度,落实责任制,确保军队资产不流失。完成财经领域“两项整治”整改工作,完成xx余名民兵训练后勤保障工作,完成xx余人征兵后勤保障工作。支持配合西湖、滨江、桐庐、富阳、防化连、钱塘江管理局、农夫山泉等多批次多人数训练保障。做好各项应急预案,随时准备执行突发任务的后勤保障工作。

【获省级“双拥模范城”称号】 7月31日,浙江省召开的“纪念建军87周年暨双拥模范城(县、区)命名表彰大会”,建德市被浙江省委、省政府、省军区授予“浙江省双拥模范城”称号。建德市自2011年申报创建“浙江省双拥模范城(县、区)”后,始终坚持“党管武装、军地协同、社会参与、提升发展”总体思路,立足实现和维护广大军民的根本利益,全面落实拥军优属政策,先后出台了《建德市域国有企业和财政保障与资助型组织等单位安置符合政府安排工作条件退役士兵规定》

（试行）和《建德市人民政府关于符合人民政府安置条件的退役士兵安置规定》，从政策上解决退役士兵安置难问题，特别是《建德市拥军优属若干规定》《建德市优抚对象子女教育优待办法》的出台，规定了优抚对象在交通、旅游、华数电视减免、子女教育优待等方面"优先优待"内容，提升了优抚对象的政治待遇和优抚待遇，丰富了双拥工作新内涵，提升了双拥工作整体水平。

【召开武装工作会议】 3月7日，建德市召开2014年武装工作暨国动委第十一次会议，传达贯彻省军区、杭州警备区的部署要求，回顾总结2013年全市武装工作，分析形势，研究部署2014年工作。市人武部部长李广运作工作报告，市委书记戴建平作重要讲话，市委副书记童定干通报人民武装战线上的先进集体和先进个人，市委常委、常务副市长郭坚，市委常委、市人武部政委李顺华出席大会。戴建平书记在会上要求，要加强领导，确保人民武装各项工作落到实处，人民武装工作涉及军地双方，衔接军事与经济，关乎平时与战时，是一项全民性、社会性的系统工程，面对新形势、新任务、新要求和新机遇，各乡镇（街道）各部门都要把做好人民武装工作作为一项重要任务，切实加强领导，推进武装工作全面发展。

【组织民兵投身"五水共治"】 2月21日，市人武部响应市委、市政府号召，向全市基干民兵发出《投身"五水共治"守护母亲河共建美丽家园》倡议，开展"党员干部带头，普通民兵参与"，争做"五水共治"的宣传者和实践者。动员各乡镇（街道）民兵预备役人员积极参与"五水共治"，增派民兵参与新安江、兰江、富春江3条省级重点河道和县级、乡镇级河道的保洁工作。组织民兵预备役人员参与完善防洪减灾工程体系建设，推进建德市域防洪体系建设、中小河流治理工程、小流域堤防加固工程、农村河道综合整治工程、山塘水库加固保安工程、农村电站升级改造工程和山洪灾害防治项目建设。针对建德市化工企业和养殖业较多的特点，组织各乡镇（街道）民兵开展江河排污管道巡查工作，防止乱排乱倒现象，确保达标排放，有序引导环保生产和生态养殖良性循环发展。

【完成民兵整组工作】 2月，成立以常务副市长郭坚为组长，市人武部部长、政委为副组长，有关部门负责人为组员的民兵整组工作领导小组；市政府、市人武部联合下发《关于做好2014年度民兵预备役部队组织整顿工作的通知》，明确指导思想、基本程序、主要内容、目标要求和各单位具体任务。3月6日召开2014年民兵整组工作任务部署会，并开展学习辅导和理论培训，提高整组质量，促进整组落实。民兵整组工作按照"编组科学化、人员专业化、训练实战化、保障一体化"要求，分筹划设计、部署任务、全面展开、检查验收四个阶段开展，至4月中旬结束。经过整组，基干民兵中退伍军人占68.8%，党团员占93.7%，高中以上文化程度占71%。市人武部采取电话抽点与现场拉动、集结点验与现地演练相结合的方式，组织点验45批次。

◎5月30日，组织民兵连长集训考核（陈刚摄）

【创新组训方法】 注重按纲施训，依法从严治训，创新组训方法和手段，推动战备训练工作有效落实。围绕省军区组织的主官集训考核和警备区组织的年度军事训练考核，主动作为，科学组训，坚持按计划组织体能训练和业务训练，强化首长机关指挥训练。抓好专武干部民兵骨干训练，先后两次集中组织专武部部长强化训练，4月22日至25日，组织17名基层武装部部长参加杭州警备区集训考核，在杭州市182名乡镇(街道)武装部长参加的考核比武中，建德有11人进入前30名；5月至6月，市人武部分两批组织民兵连长集训，参加集训的有专武干部、民兵连长、基干民兵分队骨干，主要开展了队列动作、盾牌警棍操、轻武器射击、森林灭火常识、民兵工作政策法规辅导、政治教育等课目训练，参训人员能够做到严格要求、刻苦训练，达到相互学习、共同提高的目的。

【完成重要目标防卫现地实兵演练】 4月中旬至5月中旬，市人武部结合基干民兵分队组织整顿，以《民兵军事训练考核大纲》和《“三个现地”整组训练组织实施指导手册》为依据，以遂行防卫作战任务为牵引，着重研究新安江水电厂重要目标防卫的战法和手段，重点演练防卫准备和破袭组织，快速机动与抗袭扰破坏等行动，组织重要目标警戒分队人员在电厂现地集结，现地展开演练。演练分为筹划设计、直前准备、组织实施三个阶段，设置两个课目，一是敌我双方指挥员分析判断情况，定下防卫决心和破袭计划；二是组织防敌侦察监视和防敌潜入破坏两个战斗行动。参加演练的任务分队是重要目标警戒一分队、二分队，由新安江街道24人、更楼街道20人、电厂30人组成。通过演练，提高参演人员对重要目标防卫重要性的认识，提高重要目标防卫的组织指挥能力，提高重要目标警戒分队遂行防卫作战能力。

【高标准完成征兵任务】 2014年是征兵时间调整改革的第二年，市人武部坚持早筹划、早部署、早准备，以提高新兵质量为核心，强化组织领导，狠抓宣传教育，严格检查把关，坚持依法征兵。新兵中大部分为独生子女，文化水平、身体素质等方面较往年有所提高。市征兵办、乡镇(街道)武装部主动与新兵所在部队做好沟通与协调，了解新兵训练、生活等情况，配合部队做好新兵的思想工作。

【构建“三位一体”网评体系】 9月，按照南京军区、省军区和杭州警备区有关网络宣传管理的要求，市人武部建成“三位一体”网络评论员体系，由人武部网评指导中心成员、各乡镇网评员队伍、当地市委网宣系统网宣员构建而成，其中核心网评员8人，乡镇(街道)骨干网评员112人，其余为基层网评员。骨干网评员在建德论坛、新浪微博、腾讯微博中拥有个人账号，核心网宣员除在以上社交网站拥有账号外，在国内、省内、建德市内影响较大的社交平台拥有注册用户名；核心网评员和骨干网评员建有“新安江17℃”QQ群，确保信息沟通及时。基层网评员联系群由骨干网评员负责建立，并将基层网评员的联络方式上报部网评指导中心存档。网评工作主要利用当地建德新闻网、建德论坛和新浪微博、腾讯微博等网络媒体的网宣平台，及时发布国防建设的相关信息，对相关突发事件快速作出正面评论，及时杜绝虚假信息。针对敌对势力和别有用心者的造谣、歪曲和攻击，开展坚决的舆论斗争，澄清事实、批驳谣言、回击污蔑，提高网民是非辨别能力和政治辨别能力，抵御西方价值理念的渗透，把握网络评论主动权。以正确的导向、准确的事实、客观的态度、网民的口吻准确解读国防政策、冷静思辨相关社会现象、理性分析相关新闻事件、着力引导网上热点，从而达到析事明理、解疑释惑、舒缓情绪、化解矛盾、批驳谣言、团结网民的目的，做强网上正面舆论，牢牢把握舆论导向。

【李大清少将到建德检查防汛防台工作】 6月5日，省军区副司令员兼参谋长李大清少将率领省军区、杭州警备区工作组到建德检查指导防汛防台工作。检查组到新安江电厂检查民兵应急连和防汛防台器械设备，考察新安江水库水域情况，听取新安江电厂负责人就大坝设施设备和防汛防台工作情况介绍。在防汛防台工作专题座谈会上，李大清少将强调要高度重视防汛防台工作，把工作做在前，有防大汛、抗大险的思想准备；要贯彻落实省“五水共治”部署、巩固第二批群众路线教育实践活动的成果；要建立军地联合响应机制，加强军地联合预测预警、方案计划的研究修订、汛期信息的互联互通等，部队要加强值班，保持指挥顺畅；要抓好重点防范，突出抓好人员安全防范、重要地带堤坝的安全防范、次生灾害的防范、薄弱环节的防范、部队自身的防范等；要加强力量建设，建好民兵组织和应急分队，加强训练，科学用兵；研究复杂情况下的救灾行动，确保汛期人民群众生命和财产安全。

【举办“情系国防、踊跃参军”文艺晚会】 7月15日，市人民武装部、市委宣传部在百姓纳凉大舞台共同举办“情系国防、踊跃参军”为主题的征兵宣传动员文艺晚会。73812部队、市消防大队、武警中队、广播电视台、婺剧团等单位参加表演，晚会主题鲜明、内容充实、形式丰富，有歌舞表演、征兵知识问答，反映了建德市广大人民群众支持国防建设、军民鱼水情深的光荣传统，展示了人民解放军“威武之师、文明之师”的良好形象，激发了广大适龄青年应征入伍的积极性。

（陈　刚）

消　防

【概况】 2014年，市消防大队以“工作作风明显改进，服务能力明显增强，办事效率明显提高，人民群众确实满意”为目标，加强部队管理教育，打造现代化公安消防铁军，夯实火灾防控基础，维护辖区消防安全形势稳定。全年接警210起，比上年下降10.0%；出动消防车253辆次、消防官兵1552人次，抢救被困人员53人、疏散人员47人、抢救财产价值15.4万元。在“6·14”李家镇鑫伟钙业立窑坍塌事故救援中，全体官兵深入窑内进行勘查挖掘，在体力透支的情况下仍坚持战斗在最前线，历时38小时，最大限度地抢救了被困人员的生命。

【有序推进火灾防控】 针对重点时段和重点区域，先后部署开展了“消防安全大排查大整治”“重大火灾隐患整治”等专项工作，重要节点时期开展了人员密集场所、彩钢板房、物业小区等11项专项行动，有序推进火灾防控，未发生较大以上火灾事故。全年检查单位1269家，发现隐患174处，下发《责令改正通知书》151份，行政处罚95起，“三停”14家；办理临时查封案件5起，拘留3人，处罚金额54.69万元；办理建筑工程审核、验收项目47个，设计抽查项目21个、验收抽查项目26个、开业前检查项目46个。

【加强部队正规化建设】 以《正规化管理规定》为依据，全面规范部队日常管理、内务设置、官兵行为、内部关系、安全防事故。战备秩序上，下属中队严格了值班、交接班、车场日、器材装备管理等秩序，确保人员在岗在位，装备器材完好有效，随时拉得出、打得赢。在上年度营房改造的基础上，先后对训练塔、客房、营区景观、大中队营房进行修缮和改建，为全体官兵营造良好的学习、工作、生活环境。

【规范作战能力训练】 定期组织查摆剖析、开展专项业务理论学习，从检查执勤器材装备性能和个人防护装备是否符合安全防护要求、规范作战程序、严密训练过程中安全管控等多方面入手，增强官兵安全防护技能，健全安全防范制度和机制，严格落实灭火救援和业务训练安全工作规程。组织官兵结合辖区开展“六熟悉”工作，针对不同场所开展日常实战化训练工作，促使日常实战化训练和“六熟悉”工作同步展开，强化官兵日常对执勤器材装备的熟练操作。提高官兵临场控火救灾能力，立足辖区灾害事故、人员装备和作战编成，强化全勤指挥部业务技能训练，提高多队协同作战指挥能力；强化中队全员全装实战训练，提高独立攻坚作战效能；进一步规范指挥作战程序，规范各类灾害事故处置战斗行动，提升部队灭火救援实战能力。全年完成全市400余只消火栓维护保养工作，制订作战信息卡150余份，各类对象预案70余家，组织各类实战拉练100余次。

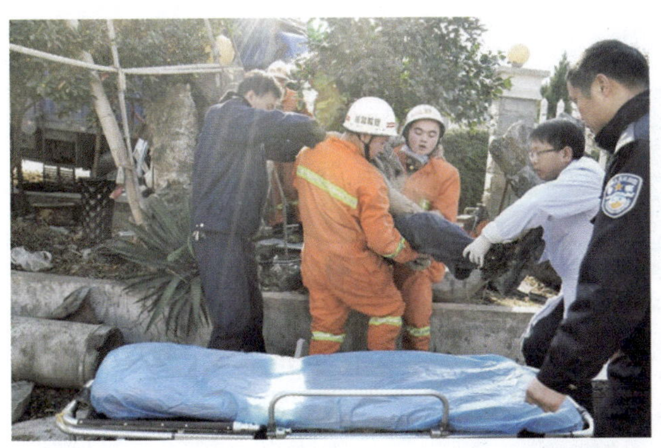

◎12月14日，在杨村桥境内车祸中开展消防紧急救援（蓝芳摄）

【开拓消防宣传新局面】 以"创满意"和"重大火灾隐患"专项整治活动为抓手，打造"全民消防"，利用"全国防灾减灾日""防震减灾日""安全生产月""橙色护校""开学第一课"等活动，向社会民众宣传消防安全知识。消防官兵走进农村、学校、社区、家庭、企业等人员密集场所开展消防宣传教育工作、灭火逃生演练等活动，普及消防知识，提升社会群众消防安全意识和抵御火灾能力。全年共开展社会化宣传活动100余次，消防站对外开放30余次，接待群众1600余人次，开展各类消防培训40余期、培训群众1万余人，悬挂消防宣传横幅60余条，张贴消防宣传标语500余条，发放各类消防宣传资料2万余份。在建德电视台、建德广播电台、《今日建德》报刊、政府门户网站开辟消防宣传专栏、隐患曝光专栏，播放消防公益广告、温馨提示和消防安全知识，定期曝光火灾隐患。 （刘世杰）

武　警

【概况】 2014年，武警建德市中队围绕铸牢军魂抓根本，按照"发展走前列、工作求精细、建设上层次"的思路，开展了"牢记强军目标、献身强军实践，永远做党和人民忠诚卫士"主题教育活动，不断强化官兵"听党指挥、服务人民、英勇善战"的军魂意识和"听党指挥、能打胜仗、作风优良"的强军目标。抓好"一个班子、三支队伍"建设，使党支部真正成为中队的"战斗堡垒"，推动了中队全面建设持续发展进步，中队连续16年被总队评为"先进中队"，被总队树为"基层建设标兵中队"。

【做好新兵培训和老兵退伍工作】 2月，新兵开始陆续下连队，中队结合实际情况，对新兵进行了系统的培训，中队主官找新兵谈心聊天，及时掌握新兵思想动态，并组织老兵对新兵进行"传、帮、带"，使新兵们很快适应了连队的生活秩序。同时，条令条例的教育学习和岗前培训的展开使新兵在理论知识和执勤业务能力都有了较好的掌握，缓解了中队执勤压力。11月老兵退伍期间，为稳定好退伍老兵的思想和做好老兵退伍的各项工作，中队主官对老兵退伍工作进行了分析研究，并制订实施方案，为即将退伍的老兵解决现实思想困惑和困难，使退伍老兵们保持了良好的心态和稳定的思想，为营区创造了良好、稳定、和谐的内部环境。

【开展练兵和比武】 5月，总队组织一年一次的卫士演习实兵拉动，中队严密部署卫士演习实兵拉动相关工作，通过演习，提升了中队官兵整体综合实战素质。8月，支队组织百日强化大练兵活动，中队支部以此为契机，以"工作有头绪，训练有质量，后勤有保障"的工作思路，投入百日强化大练兵活动，提升了中队官兵整体军事素质。9月，支队在南山基地进行建制班大比武，中队建制班战士发扬"不怕苦，不怕累，掉皮掉肉不掉队，流血流汗不流泪"的精神，在比武中取得了优异的成绩。 （马宇烽）

人民防空

【概况】 2014年，市人防办围绕"融合发展、统筹发展"的思路，坚持"两防一体"建设主线，推进人防各项工作。主城区及寿昌、梅城两个重点镇全年共征收人防易地建设费315.35万元。

5月12日，按照上级统一部署，对全市警报

◎4月24日，新安江水力发电厂防空综合演练（蒋文荟）

系统进行试鸣，警报鸣响率和完好率均达100%。同时，结合试鸣工作组织新安江第一小学开展防护和疏散演练，提高师生的安全防范和自救意识。

以人防（国防）宣传教育基地为平台，在“5·12”防灾减灾日、“9·18”事变等纪念日，组织学校、社区、企业、机关单位开展人防（民防）知识宣传。制作《建德人防》宣传画册，联合建德广播电视台制作建德人防的宣传片，全年发放宣传资料3000余册、展出宣传展板10余次。

【加强重要经济目标单位人防工作】 1月，在重要经济目标单位——新安江水力发电厂设立人防办，开展人防工作。4月，市人防办联合电厂组织了防空综合演练，包括指挥部综合指挥演练、职工疏散演练、防空预案运行演练等。5月，浙江省暨杭州市重要经济目标现场在新安江水力发电厂召开。11月，电厂成为南京军区基层人防规范化建设现场会的观摩点之一。

【推进重点镇、社区人防规范化建设】 3月，市人防办与人防重点镇——梅城镇、寿昌镇以及9个社区人防工作站签署《2014年目标管理责任书》。根据责任书，从组织落实、工作场所、宣传教育等6个方面开展基层人防工作，全年共投入资金10万元，配备各类物资价值1万余元。

【南京军区基层人防建设现场会在建德召开】 11月28日，新安江水力发电厂作为南京军区基层人防规范化建设现场会的一个观摩点。南京军区副参谋长兰政、国家人防办副主任柳庆山、南京军区人防办副主任江兆全，以及上海、南京、杭州、合肥、南昌、福州等八个地区的30多名人防办公室主任参观了新安江电厂的基层人防工作开展情况，现场查看了电厂人防指挥中心、防护工程建设、应急避灾场所、应急救援器材储备库情况，观摩了应急队伍的防护演练，了解了人防组织机构、救援队伍建设、人员应急疏散方案、人防宣传教育等情况。

（章　欣　蒋文荟　陈　刚）

编辑：方建黎

民主党派·工商联

Democratic Parties & federations of industry

民革建德市委员会

【概况】 2014年,中国国民党革命委员会建德市委会围绕全市中心工作,履行参政党职能,做好各项工作。年内发展民革党员6名。年末,下辖支部7个、党员98名。

是年,市委会被评为杭州民革2013年度参政议政先进集体二等奖。在杭州民革召开的"同心博爱"社会服务活动经验交流中,寿昌支部被杭州民革推荐参加省民革的十佳基层组织评选;在浙江民革开展的骄傲人物推荐中,叶桂昌老师作为候选人参与了评选。

研究制订《民革建德市委会关于坚持和发展中国特色社会主义学习实践活动实施方案》,重点提出"七个一"活动:一次动员会、一个专题讲座、一个主题学习、一次大型社会服务、一项调研、一次征求意见会、一次经验交流会。5月,市委会召开学习实践活动动员会,号召全体党员开展党史党章主题学习活动,并邀请党校老师为党员讲解了《之江新语》。围绕中心开展调研撰写报告《我市农村生活污水生态化处理工作思考》,被杭州市政府《调查研究》录用。围绕治水、城市管理、教育等方面撰写社情民意10余篇。

5月,全国人大常委会副委员长、民革中央主席万鄂湘考察"美丽桐庐"建设情况期间,建德民革的班子成员得到万鄂湘主席的会见,主委严凌云代表市委会向万鄂湘主席赠送《建德民革30年》一书,并汇报建德民革相关工作。

【"两会"平台谏诤言】 2014年,市委会有2位人大代表和17位政协委员参加杭州市和建德市"两会",共提交议案 2件、提案20件、社情民意8件。市委会的集体提案《关于发展我市小微农业企业的几点对策建议》获2013年度优秀提案,《对我市农业产业的几点建议》被确定为市政协重点提案,并由市委书记戴建平领衔督办。《关于重视新农村建设中建筑垃圾处理管理的建议》获评优秀社情民意。

【助力"治水"献良策】 民革党员汪丽萍的书法作品入选建德、浦江和兰溪三地政协围绕"五水共治"联合举办的书画作品展。民革党员中的政协委员以委组为单位分赴全市各乡镇,考察农村生活污水治理情况。参与对7个公诉民评参评单位的"五水共治"工作进行现场测评打分。《关于建立寿昌"八三"洪水纪念碑的建议》在《今日建德》刊登、《关于河道整治的几点建议》得到时任市长陈震山的批示、《关于治理梅城镇宋家湖和小西湖的环境污染问题》被市委统战部录用。

【围绕中心开展专题调研】 2014年,市委会围绕中心开展调研,完成了《对我市畜禽业健康持续发展的几点建议》《关于促进新叶古村保护与利用的建议》两个调研报告,被市委统战部编印进2014年民主党派工商联知联会调研材料汇编,并在中共建德市委召开的民主党派、工商联和无党派人士调研成果交流会上进行交流。

【重点提案获市委书记领衔督办】 2014年,市委书记戴建平领衔督办市委会的集体提案《对我市农业产业的几点建议》,对提案内容给予了高度肯定。《联谊报》(12月20日第2版)、《浙江日报》

(12月29日第12版)分别对书记领衔办理民革此提案进行了报道。全年市委会共上报信息30余篇次,被录用28篇次,其中民革中央录用1篇、杭州市政府录用2篇并有市领导批示。

【拓展社会服务新内涵】 响应市委统战部开展的同心社会服务专家团建设,共推荐24名民革党员加入同心社会服务专家团,分别服务于工业经济、农业科技、旅游商贸、财经法律、医疗卫生、文化教育、文学艺术等行业。依托两个"同心博爱"社会服务基地开展社会服务活动。党员叶桂昌配合新叶村的保护与开发,自发创办"新叶古村"网站,至年末共刊发文章1500余篇,点击率达34.9万人次,为介绍宣传新叶村提供了优质平台。 (胡文静)

民盟建德市委会

【概况】 2014年,民盟建德市委会坚持以"同心思想"为引领,组织开展坚持和发展中国特色社会主义学习实践活动,开展了"学盟章,读盟史"及"五个一"活动,通过调研提升党派履职水平,各项工作全面完成。盟市委被民盟浙江省委会评为2013~2014年度先进盟组织,新安江科技支部、新安江文教支部、新安江医卫支部、寿昌支部、新中支部、新一中支部被民盟杭州市委会评为优秀基层盟组织。年内发展新盟员4名。年末,下辖支部10个,共有盟员156人。

盟市委围绕"三改一拆""五水共治""旅游业发展"三大主题,开展调查研究,广泛收集社情民意,撰写的《关于加强我市的心理健康和精神卫生工作的建议》等12条信息被民盟杭州市委会采用,《金融支持实体经济发展要"接地气"》等6条信息被民盟浙江省委会采用。聚焦建德市经济社会发展、城市建设、生态文化,教育卫生等方面,撰写的《采取链式管理,妥善处置农药包装废弃物》和《地方性债务风险防范刻不容缓》分别被杭州市政府办公厅和中央统战部《零讯》采用。在全国各级刊物上发表论文22篇。全年编印《建德民盟》2期。帮助出版《雪泥鸿爪——汪积功人生散忆》一书。

【重点提案和优秀提案创历史新高】 2014年,盟员个人共提交议案、提案29件,其中杭州市人大议案和建德市人大议案共3件、建德市政协提案26件。盟市委向市政协十三届三次全体会议共提交5件集体提案,其中《关于我市秀美山村建设的几点建议》和《关于我市化工产业转型发展的建议》两件提案被确定为重点提案,分别由市长和分管工业副市长领衔办理。《关于加大我市"失独家庭"养老扶助力度的建议》《关于在我市开展文化旅游的建议》《关于大力发展以休闲旅游业为龙头的生态经济的建议》等3件个人提案,经并案处理后均被确定为重点提案。连同个人提案《关于加大服务业政策导向,促进产业结构优化升级的建议》,共6件提案被评为市政协年度优秀提案。

【民主监督取得新进展】 参与纪委作风效能监督,唐长生等盟员受聘担任市纪委作风效能与政风行风监督员,代表盟市委全程参与全市"满意基层站所"评选,部门"公述民评"以及日常的行风效能监督工作。主动参与政协民主评议监督,李新富等3名盟员担任评议小组成员,为科学规范全市"五水共治"工作发挥监督作用。在省政协组织的"三级政协联动、万名委员同行、助推五水共治"活动中,姚勤、钱志翔等盟员多次参与农村生活污水治理项目的现场监督考察。参与联系部门协商监督,与市教育局、市文广新局、市国土局等对口联系部门探索对口联系新方式,推进协商民主。

【"盟员之家"实现全覆盖】 2014年,盟市委扎实推进基层组织履职平台建设,市委会及下属10个支部的"盟员之家"全部建成,实现了"盟员之家"全覆盖,走在全省前列。盟市委通过"盟员之家"这一平台,促进了基层盟务工作规范化、制度化,将"盟员之家"打造成为盟员的"和谐温馨之家""学习交流之家""才华展示之家"。

【创建社会服务品牌】 一是开展“同心”实践基地建设，盟市委联合杭州民盟，组织6名书法艺术家到三都镇马宅村开展“迎新写福送春联”活动；组织部分盟员和村里党员共同开展“五水共治”，帮助整治入村口河道，清洁乡村，美化环境。开展支教活动，邀请杭城部分重点中学的特级教师，到新安江中学进行高考前备考指导，帮助指导高考学子进行考前最后冲刺。开展“社区大讲堂”活动，6月，为新安江街道150位社区居民作《隔代教育》专题讲座；10月，为梅城镇宝华洲社区100余位居民作《水浒与梅城》专题讲座。推进“三送”社会服务工作，科技服务组组织农作物病虫害防治知识培训，开展“有机知识进校园”活动，向中学生普及有机农产品知识；教育服务组送教到梅城千鹤绿洲小学，并结对帮扶困难学生；科技服务组在“全国爱眼日”到明珠小学开展“关爱视力健康·校园行”活动，为该校三年级小学生做爱眼护眼知识讲座；医卫服务组深入各社区宣传普及健康知识。各基层支部结合实际开展社会服务，寿昌支部开通“心灵加油站”，为高三学生缓解思想压力；梅城支部开展留守儿童微心愿的征集和认领活动，帮助小朋友实现心愿；严新支部继续开展临界生帮扶活动，帮助困难学生争取助学金。 （徐新平）

民建建德市委员会

【概况】 2014年，民建建德市委会围绕全市改革与发展大局，开展调查研究，履行参政党职能，各项工作取得新进展。全年共发展新会员4名，其中企业家1名、经济界4名。至年末，共有会员107名，平均年龄51岁。

制订《民建建德市委会关于开展坚持和发展中国特色社会主义学习实践活动的实施方案》，广泛开展学习实践活动。8月，召开民建建德市第七届委员会领导班子届中述职评议会议，市委会班子、主副委分别述职，接受会员代表打分评议，自觉接受会内监督。坚持贯彻市委委员联系基层支部制度，市委委员参加基层组织生活20余次；市委会、基层支部和专委会班子走访老会员、会员企业、会员工作单位56人次。

开展《建德民建三十年》会史资料的收集、整理、编撰工作，并完成初稿。

【建言献策助发展】 在2014年建德市“两会”上，民建人大代表、政协委员积极参政议政、建言献策，就扶持企业机器换人、加强企业主税法会计知识教育、加快解决中小企业融资难、加强垃圾分类管理等方面提交提议案共33件。其中，市委会集体提案《关于完善“律师进村”工作，加大统筹城乡法律服务的建议》《关于加强我市城区社区卫生服务中心建设的若干建议》，以及会员个人提案《关于创新社区养老服务机制的建议》等3篇提案，分别被评为市政协2014年度重点提案和优秀提案。

组织会员围绕全市“五水共治”“三改一拆”、党风廉政建设、党的群众路线教育实践活动、畜禽养殖户退养转产、工业园区建设、全域旅游发展、古镇古村保护以及《政府工作报告》和《全委会工作报告》意见征求等重点内容，积极建言献策，《关于梅城古城保护的建议》《关于新叶古村保护的几点建议》《关于全域旅游发展的建议》等相关建议被市委统战部专报、市委办“领导参阅”录用刊登。市委会报送的调研文章《关于“五水共治”工作的几点建议》被杭州市委统战部专报全文录用刊发。市委会提交的《关于打造“中国养生美食文化城”，打响“吃在建德”城市品牌的建议》《关于我市旅游产业发展的建议》《关于解决老小区停车难的几点建议》等3篇调研报告，被评为民建杭州市委会年度优秀参政议政成果二等奖。

【开展四大重点调研】 2014年，民建建德市委会发挥联系经济界的特色，选好课题，深入开展调研。围绕如何利用建德生态旅游资源，提升全市全域旅游产业开展调研，撰写调研报告《关于打造“一起度（17度）爱在建德，婚纱旅游胜地”的建议》；根据全市新兴产业发展不平衡、规模整体偏小的情况开展调研，撰写调研报告《关于加快发展我市新兴产业的几点建议》;针对当前社会矛盾纠纷易发多发的实际,围绕如何进一步加强人民调解工作,有效预防和化解社会矛盾,维护社会和谐稳定开展调研,撰写调研报告《关于进一步加强人民调解工作的几点建议》;针对政府采购工作中存在的问题和发展瓶颈,就完善政府采购工作开展专题调研,形成调研报告《关于进一步完善我市政府采购工作的几点建议》。

【落实转化调研成果】 市委会就集体提案的办理与相关部门进行多次协商,建议落实成效显著。市委会集体提案《关于积极应对人口结构变化,科学谋划经济社会协调发展》被市发改局充分采纳,成为建德市"十三五"经济社会发展规划编制的子课题,并委托杭州市经济信息研究院开展《人口总量、结构、流向变化新特点及其应对策略研究》的专题研究;民建集体提案《关于加强我市城区社区卫生服务中心建设的若干建议》,相关部门根据提案建议调整了城区服务站点布局,理顺服务中心与市级医院关系,加强人员配备,提升服务能力,为孕妇、老年人、残疾人提供上门医疗服务;市委会提出的《关于完善"律师进村"工作,加大统筹城乡法律服务的建议》,促进了律师深入农村基层,发挥其在化解基层矛盾纠纷、依法维护农民权益等方面的积极作用。

【加强与对口部门联系协作】 贯彻落实市委常委联系党派工作制度,就加快社会养老事业发展、加强中小企业主培训、促进碳酸钙产业发展、注重农村文化大礼堂作用发挥、打响建德养生菜系等建德市经济社会发展的热点问题积极建言,共同推动民主协商在基层实践。加强与部门的联系协作,市委会围绕"三个注重"(即注重年初工作计划的讨论安排、注重加强联系沟通、注重服务民建会员企业),开展对口联系工作,与市风景旅游局联合开展《关于我市全域旅游发展的几点建议》的课题调研,联合承办12月份市委统战部双月座谈会,参与"2014年建德市导游服务技能大赛"等;与市科技局联合开展《关于加快我市新兴产业培育发展的建议》的课题调研,加强对民建会员企业的科技指导服务,帮助和指导民建会员企业申报各级各类科技创新项目21项,申报各类专利127项,帮助民建会员企业争取科技贷款2800万元;与市国税局联合开展国税基层站所(窗口)行风效能监督活动,联合走访调研民建会员企业,了解企业生产经营情况,上门征求工作意见建议。

【深化"民建社会服务基地"品牌】 2014年,市委会、各基层支部与各社会服务基地多次对接,做到基地社会服务活动"有计划、有安排、有落实"。开展"建德民建爱心助学"系列活动,梅城支部赴市培智学校开展慰问活动,赠送学生用床等生活物品;寿昌支部、新安江三支部到童家小学开展书法教学,助力学校特色化办学;新安江三支部到市儿童福利院开展慰问活动,赠送儿童书籍、玩具、冬被等慰问品;开展市图书馆民建少儿书架"六一"赠书活动。开展社区扶贫帮困活动,新安江一支部到府东社区,开展为社区20户困难家庭赠送"全家福"活动;新安江二支部到明珠社区开展慰问困难家庭活动等。 (陈茜)

民进建德市委员会

【概况】 2014年,民进建德市委会以"创先争优"活动为载体,各项工作取得较好成绩。文化支部获得"民进全国组织建设先进基层组织"称号,新安江支部被评为省级优秀基层组织,市委会、寿昌支部、二院支部被评为杭州民进先进集体。新发展会员7名,至年末,共有会员146人,会员平均年龄54岁。更新和完善会员信息资料,为会员发放会籍证。

开展《建德民进三十年》会史资料的收集、编撰工作,组织采访老会员和骨干会员的先进事迹,形成口述会史资料6篇。新安江支部的"七项制度"工作经验,丰富了民主党派建设的理论和实践,扩大了民进组织的影响力。新安江支部现场教学点全年接待前来考察人员13批438人次。

7月11日，全国政协副主席、民进中央常务副主席罗富和到建德考察调研，参观新安江支部现场教学点，并召开基层组织建设座谈会，民进建德市委会的部分建议得到罗富和副主席的重视。8月，召开届中述职评议大会，听取市委会领导班子集体述职报告和主委、副主委4人述职报告。

【参政议政取得实效】 2014年民进建德市委会的人大代表、政协委员共提出建议、提案24个，内容涉及职业教育、旅游规划、公共交通、科技人才、古城保护、社区管理等方面，大部分得到落实。发挥民情观察员的作用，上报社情民意60多篇。助力"五水共治"等重点工作，关注全市水土保持工作，与市水利水产局开展联合调研，形成《高度重视水土保持工作 切实增强治水工作的成效》等调研报告。举办"美丽江城五水共治"油画作品展，民进中央社会服务部副部长刘文胜出席开幕式。关注经济发展和企业转型升级，调研企业会计人才队伍建设工作，形成调研报告《关于我市企业会计人才队伍建设的调查和思考》，提出加强企业会计队伍建设的建议意见。

【打造服务品牌】 在新安江职业学校新建社会服务"同心基地"，开设同心大讲堂。为偏远农村送医送药的机制得到丰富和延伸，连续10年组织医生为钦堂乡以及葛塘村百姓义诊、送药。二院支部到大洋、严东关敬老院等地开展医疗义诊。一院支部连续三年到大慈岩镇双泉村送医送药，为乾潭医疗服务中心人员培训心肺复苏与呼吸球囊，到乾潭幸福村送医下乡开展"送知识、防骨病、促健康"活动。全年医卫界共为群众义诊和咨询服务800余人次，免费赠送药品价值9000余元。继续参与民进中央"同心·彩虹"行动等结对助学活动，结对帮扶贵州省7名困难学生，每人每年资助2000元。做好杭州企业家会员与建德市3所学校22个贫困学生的助学帮困工作。

【建德开明画院】 2014年，开明画院发挥自身特长，为利群村等农村文化礼堂建设谋划思路，为工艺企业提供产品设计美学指导，为双泉村、利群村小学开展书画培训，为农村学校"春泥计划"提供艺术指导，举办新年书画展、美丽江城五水共治小幅油画展等大型书画展4次。考察十里埠旅游精品线路建设并提出建议。参加杭州动漫节建德分会场文创作品展览，开展名家书画作品进入百姓家庭活动；参加西湖艺术博览会12个展位展览，获得组织奖；参加宁波、金华、建德三地开明画院"庆祝民进成立70周年"联合写生活动。

（楼凤琴）

市工商联（总商会）

【概况】 2014年，市工商联围绕中心、服务大局，全面实施素质提升和网络拓展工程，提升参政议政和企业服务两大品牌，连续四年被评为杭州市工商联综合先进单位，被评为浙江省第一批县级"五好"工商联。全年新发展企业会员175家，在册会员1891家（人）。

两会期间，提交人大议案36件、政协提案34件，大会发言1件，《关于我市新生代企业家培养的几点建议》《整合资源、优化管理，全力推进我市"一区一园"建设的建议》分获杭州市工商联系统调研成果一等奖、三等奖。

创建"建商大讲堂"培训品牌，组建专业讲师团，开启菜单式培训。全年先后举办TPS管理培训、专利与知识产权、审计与会计、税案说法、企业融资风险防控、和谐劳动用工等大型培训9次，1300余家企业参加。组织企业赴永康、义乌博览会考察。联合市国税局创建"建商税案讲堂"，印发稽查专刊2期。

动员会员投入"五水共治"活动，296家企业为"五水共治"捐款1855万元。52家常执委企业带头"三改一拆"，自拆面积达4万余平方米。莲花商会积极投入到养殖户退养活动中。

【实施网络拓展工程】 4月3日，建德市电动车商会成立，是建德市第一家行业商会，有会员62

名。4月16日,义乌市建德商会成立。市工商联(总商会)与宁夏平罗县工商联结为友好商会,梅城镇商会与贵州省岑巩县工商联结成友好商会。至年末,所属乡镇(街道)商会16家、异地商会5家、行业商会1家。

【企业服务品牌和新生代培养】 “小微企业互助管理资金基金”并入浙江省工商联互助金大池。架起工商银行服务异地商会的桥梁,为41位义乌市建德商会会员提供优惠的异地金融结算服务。

举办第二届“十年树木,百年树企——新安彩虹创业林”活动。组织企业新生代参加“品质杭商”清华研修班,推荐2名新生代参加杭州市非公有制新生代出资人培训示范班。《中国工商》编辑部专题调研和采访建德市新生代培养工作。

【招商引资工程】 开展“水产业招商”和“人脉招商”,以“走出去”和“引进来”的形式开展投资交流,先后承办全国高频行业年会、全国电动车行业技术交流会,邀请厦门大同商会、江干区、拱墅区企业家组团到建德考察,组织企业参加上海美国年会。2014年,总商会引进投资3000万元的东润货物运输项目;基层商会引进项目5个,总投资3.15亿元。

【基层商会规范化建设】 乾潭商会大厦完成土建施工,杨村桥商会大厦完成规划设计。大同商会走访会员56家,收集问题14件,解决10件;下涯商会走访会员30家,收集问题20件,帮助解决8件,提交市里解决3件;更楼商会开展《装饰用品 玻璃烫钻》联盟标准推广工作;李家商会成立全市首家碳酸钙服务企业,联合7家金融机构开展银企对接;梅城商会建立警企联动机制,组织医疗队为严州中学高考学生提供刮痧服务;莲花商会出资12万元赞助莲花中心幼儿园建设。上海市建德商会开展贵州“天天爱心”夏令营活动;义乌市建德商会到马目小学、长林小学开展爱心书包赠送、结对活动。 (杜 玲)

编辑:洪淳生

群众团体

Mass Organizations

职工

【概况】 2014年,全市乡镇(街道)总工会16个,部门(系统)工会工作委员会12个,产业工会3个;基层工会1350个,比上年净增50个,基层工会涵盖基层单位3278个。建工会单位职工11.17万人,工会会员人数10.97万人,职工入会率98.2%,工会会员比上年净增5369人。

创新工会组建模式,完成卫生、金融工会联合会的组建工作。加强基层工会规范化建设,在全市基层工会中启动"小三级"联创"先进职工之家"活动。加强乡镇(街道)总工会建设,招录14名工会工作者充实到了乡镇(街道)总工会。全年组织1415人次参加工会干部业务培训,提升工会的能力水平。职工服务中心通过省总工会的达标验收,成为集救助、维权、服务三位一体的综合性服务平台,为职工提供了便捷的服务。

全年组织2.02万名女职工参加团体安康保险,为1000名困难女职工免费办理,共为20名女职工发放补助金37.3万元。组织开展"牵手小候鸟·圆梦在建德"关爱活动,举办"小候鸟"暑期班20余期,1000余名留守儿童参加。

【开展社会主义劳动竞赛】 以推进"五水共治"为重点,以杭州市"四治"重点工程为着力点,动员组织职工立足岗位,创先争优,开展以进度、质量、安全、投资控制、技术创新、廉政建设等为主要内容的社会主义劳动竞赛。围绕企业生产经营、生产效率、产品质量开展"我为建德创业再出发献一计"合理化建议征集活动,收集革新、发明、创造、设计等方面的意见建议2291条,征集优秀"金点子"5个。选树"工人先锋号"15个,命名"创新工作室"4个,职工先进操作法3项。组织市职工技术服务队开展技术攻关活动4次,帮助企业解决技术难题7个。实施"138"蓝领素质提升工程,累计资助172名优秀农民工免费上大学。举办市级职业技能大赛22项,参赛职工1.6万余人次,授予技术能手称号48人,实现技能晋级289人。选树市级以上职业技能带头人127人次,共帮带徒弟400余人。

【劳模(先进)管理】 修订《建德市劳动模范(先进)专项补助资金使用管理办法》,调整离退休劳动模范(先进)的荣誉津贴,首次将建德市级劳动模范纳入补助对象,降低医药费补助申请门槛,全年补助困难劳动模范17人次,补助金额9.2万元。

【企业社会责任建设】 2014年,全市183个在和谐劳动关系创建活动中达标的规模以上企业,有155个参与杭州市第三轮企业社会责任建设,参与率84.7%,其中达到C级以上标准98个,青岛啤酒(杭州)有限公司达到企业社会责任建设A级标准。

【推行工资集体协商机制】 贯彻执行《杭州市企业工资集体协商条例》,根据"示范引路、全面推进"工作思路,1120家企业签订集体合同,创建工资集体协商示范企业40个、示范区域3个、示范行业1个。

【工会法律援助和劳动争议调解】 为职工提供"一站式"法律援助,全年接待来访咨询近400人

表 24　　2014 年五一劳动奖章、劳动模范光荣榜

荣誉称号	获奖人（单位）
全国五一劳动奖章	陈静（浙江新安化工集团股份有限公司）
全国工人先锋号	国网新源水电有限公司新安江水电厂
	维护分场自动化班
浙江省劳动模范	王建坤（建德市建坤农业开发有限公司）
	雷振平（建德市公安局刑侦大队）
	于建云（杭州佳琦工艺品有限公司）
杭州市五一劳动奖章	浙江致中和实业有限公司
杭州市五一劳动奖章	钟忠惠（杭州建铜集团有限公司）
	欧阳光霞（建德市水务有限公司）
	金雄鹰（建德市新安江中学）

次，代写法律文书40件，直接参与承办调解、仲裁、诉讼法律援助案件30件，为受援当事人避免和挽回经济损失400余万元，维护了职工合法权益。

【工会劳动保护工作】 推进企业工会劳动保护分级管理，开展“安康杯”竞赛等群众性活动，强化工会劳动保护源头参与和监督，推动企业提升劳动安全卫生保障能力，825个企业完成网上劳动保护分级自评申报。

【关心关爱职工】 以“全国工会就业援助月”活动为依托，组织专场招聘，成功介绍实现就业1904人次。开展元旦、春节“送温暖”“金秋助学”“爱心透析”等活动，慰问各类困难职工448户，发放救助款94.86万元。组织155名一线职工免费疗休养。夏季慰问高温作业一线职工1.5万人。启动职工医疗互助保障工作，动员1.06万名职工参加首期职工医疗互助，向112名职工发放互助保障金13.9万元。开展外来务工人员迎新春同吃年夜饭和“平安返乡”活动。

【企业文化和职工文化建设】 开展“争当好职工、奉献中国梦”主题教育实践活动，在全市职工中组织开展“最美职工”评选活动，授予王万云等10位同志为2014年度建德市“最美职工”称号。创建全国“职工书屋”1个、省级“职工书屋”5个、“新杭州人文化家园”2个、杭州市“职工之家”示范单位1个，评选30个建德市级先进“职工之家”。出资10万元，为13个“新杭州人文化家园”职工书屋赠送新书5000余册。参加杭州市“争做‘五爱’好职工、同心共圆中国梦”绘画、书法、摄影、演讲比赛。依托文体协会，整合全市职工文化艺术资源，成立建德市职工艺术团，在外来务工人员集聚区开展“送文化进企业”活动4场次。举办第二届“情定江城、牵手幸福”单身青年男女联谊暨集体婚礼活动，主办第二季“建德好声音”歌手大赛。举办建德市首届职工“五一杯”气排球比赛，全市共58支队伍520余名职工参加比赛。开展女职工素质提升工程，全年举办“职业道德大讲堂”20场。　（赵志刚）

青少年组织

【概况】 2014年，全市各级共青团组织从服务党

政工作中心、服务社会、服务青年出发，以一条心、一股劲、一盘棋的“三个一”精神为统领，以“提振精气神、深化三个年”为主线，发挥团组织的生力军和先锋队作用，广大团员青年在实现建德创业再出发的征程中务实重干、奋发有为，团的各项工作取得新进展。全市各级团少组织共获省级荣誉8项、杭州市级荣誉29项，推优入党254名，发展新团员2523人，年末，全市共有团员2.12万人。

创新开展“共青团与青年心贴心”“我做基层团支书”“传递正能量 助力青春梦”等活动，组织直属团干部深入青年、深入基层、转变作风，促进青年群众工作能力提升。深化“双网互动”，从功能化向区域化改进，重新划分网格152个，组建服务队314支，摸清团青情况，实现与70%的网格内青年单向联系，25%的网格内青年双向联系；以网格为单位开展走访关爱、志愿服务、就业创业服务共600余次，服务青年2.2万余人次。优化基层组织，将基层团建纳入党建的整体格局，新增广播电视台和市农办两家直属团委，新建“两新”组织、青年自组织、农村青年专业合作社等新型团组织53家。

召开市青联四届一次全体会议，坚持服务青年为导向，丰富活动内容，延伸工作覆盖，举办各类青联组织活动30余场。改进驻外青联分会运作机制，充实整合上海青联分会力量，成立建德市青联上海分会学委会，新吸纳建德籍优秀学子185名。召开少先队建德市工作委员会九届二次会议，组织全市少先队员开展“红领巾相约中国梦”“雏鹰争章”、爱水护水、社会实践、社团文化节等活动，有8.6万余人次参与。强化农村青年致富带头人协会、青年企业家协会建设，举办青年科技大讲堂、电子商务培训、实地考察、爱心结对等各类活动20余场。

【青少年思想引领】 深化“中国梦”主题教育活动，开展“我为核心价值观代言”“我的青春梦想”微信微语征集、“缅怀先烈，铭记历史”诗歌朗诵、“网上祭英烈”等青少年主题教育实践活动20余场，引领全市青少年结合自身融入“我的中国梦”教育实践活动。强化青少年思想道德建设，开展“村村都有好青年”“最美青工”“美德少年”等典型选树活动，宣传弘扬青少年身边可亲、可信、可学的先进典型，帮助青少年树立正确的“三观”，引导青少年走健康成才之路。开展共青团网宣工作，打造“新安青年”五位一体的全媒体工作格局，健全网络文明志愿者队伍建设，构建贴近青少年的新媒体“精神家园”，掌握青少年网络舆情动态的主动权，把握舆论导向，传递青春“正能量”。

【助力建德旅游提升】 引进《爸爸去哪儿》第二季落地新叶村，整合上海青联分会和全市各部门资源，及时掌握栏目选点信息，经过6个月全程持续跟进和对接，使新叶村成功入选为拍摄地。对接阿里巴巴淘宝旅游等平台，把握《爸爸去哪儿》节目播出效应，同步在淘宝网首页上线建德智慧旅游产品，并借助杭州青联、民宿协会等平台做好后续招商宣传工作。推广“乡村旅游 果蔬采摘”，与市农办等单位沟通联系，设计推广方案，向在杭州市的高校、企业推广建德自助采摘、17℃新安江、生态休闲等旅游产品。

【青春助力“五水共治”】 开展集中整治行动，将各级团少组织、志愿服务组织分配至各乡镇（街道）集中行动点，全年开展各类整治活动580余场，参与达5.1万余人次。利用微博、微信、广场LED屏等媒体，招募社会志愿者1100余名。开展各类主题活动，举办“五水共治”征文、演讲、绘画和书法比赛、寻访“最美小溪”“小鱼治水”、节水治污“小小监督员”“绿色承诺”废旧电池回收、金点子征集等活动。开展植绿护绿活动，举办“绿色家园”“青年林”“红领巾林”“绿色文明号”、护岸绿化等绿色环保活动，共植树8000余株，参与达2.1万余人次。承接全省唯一的全国保护母亲河解放军青少年绿色家园项目。

【服务青年创业增收】 推进“青年网商”行动，举办电子商务培训班、青年网商交流会10余场，培训青年300余人次，为网商从业者搭建沟通交流

◎6月，建德市“雷锋角”志愿服务活动启动

平台。加强与银行的合作，实施大学生创业小额贷款、浙江创业创新行动扬帆工程，全年发放贷款3750.6万元（其中扬帆工程发放免息贷款50万）。深化“青字号”工程，实施青年文明号、实用技能培训等，促进就业能力提升和青年增收，举办市级青工技能比武活动5场，开展技能培训20余场，参与2500余人次。

【志愿服务品牌建设】 规范志愿者工作指导中心建设，完善直属志愿服务组织备案登记制，全年新增志愿者2000余名，开展志愿服务指导和培训50余次，新增优秀志愿服务社区（队伍）培育项目10个，并给予一定的资金扶持。组织各级志愿服务组织开展“雷锋角”、交通文明劝导、“五下乡”、社区为老志愿服务、第十六届中国·17℃建德新安江旅游节、全省古村落保护利用工作现场会等各类服务活动480余场次。

【爱心助学】 开展圆梦助学、彩虹计划等助学活动，全年共青团系统筹集善款335.06万元，资助学生2590人次，新增希望小学1所。实施爱心助学联席会制度，完善助学资金专管制度，健全学子数据库，严格实地走访程序，接受社会公众监督，着力打造“阳光工程”“放心工程”。加大助学、助医、助业力度，开展心理关爱、兴趣培养、能力素质提升等项目，深化爱心助学内涵。深挖助学典型事迹，获取《青年时报》《都市快报》、浙江教育科技频道“小强热线”的支持与配合，通过爱心助学专栏专版的形式，传播爱心助学理念，扩大品牌影响力。

【青少年维权】 深化青少年法制教育，开展普法宣传、禁毒防艾、网络文明行动等主题教育活动。拓展青少年校外教育阵地，举办安全自护教育、青春期健康教育、防灾避险等活动课堂，成立建德市首个省级青少年法治教育基地。开展青年人才联谊，举办“青春牵手”“果蔬乐园”“金秋联谊”等青年交友活动10余场，落实关爱人才优待政策。关爱重点青少年群体，围绕青少年心理健康辅导、课外学业辅导、关爱留守儿童等主题，开展流动少年宫、公益夏令营等活动30余场。 （吴量）

妇 联

【概况】 2014年，全市妇女工作牢牢把握促进妇女发展和维护妇女儿童合法权益两条主线，狠抓重点，培育亮点，实现了妇女工作和妇女事业的新发展。大洋镇村委会主任徐美英被全国妇联授予“全国三八红旗手”称号。

【促进来料加工业发展】 2014年，市委、市政府出台《关于进一步促进来料加工业发展的若干意见》（市委办发〔2014〕97号），明确今后三年，市财政每年安排300万元专项资金用于奖励扶持来料加工业发展。市妇联与市信用联社联合出台《建德市农村信用合作社经纪人创业贷款管理办法》，为16名来料加工经纪人发放小额贷款324万元。3月9日，市妇联在新安江广场举办来料加工产品展示展销会，30名从事家纺、串珠、工艺品加工生产的经纪人，以及来料加工企业进行了展出，活动共达成合作54个。4月29日，市妇联和市移民局组织各乡镇（街道）60余名来料加工从业者赴义乌市参加来料加工经纪人培训和商务对接，50余名学员在专业测试后取得来料加工经纪人执业资格证。8月，建德市驻义乌来料加工业务联络处成立，建德市妇女创业就业网开通。年底，全市共有来料加工经纪人650人，从业人员4.78万人。全年发放加工费 3.53亿元，人均年增收7380元。其中，从事来料加工的低收入户为1832户、1991人，发放低收入农户加工费1781万元，争取杭州市低收入农户来料加工财政扶持补助资金212万元。

【开展农村妇女素质培训】 2014年，全市各级妇女组织不断更新培训内容，将餐饮服务、家政服务、计算机技能等内容列入农村妇女素质培训课程，不断提高广大农村妇女创业就业能力。全年共培训农村妇女劳动力22期、2049人，实现农村妇女劳动力就业转移1872人，转移率91%。

【举办女性就业招聘会】 2月、10月，市妇联分别举办新春妇女就业专场招聘会和女大学生专场招聘会，搭建双向选择、互动交流的就业平台，推进妇女创业就业。共有71个企业参会，提供岗位1337个，达成初步就业意向269人。

【“投身‘五水共治’共建美丽家园”主题活动】 2月27日，市妇联组织各乡镇（街道）妇联主席、机关妇委会主任、妇联幼儿园的10对家庭和市妇联机关工作人员共计70余人，在新安江街道牛头山开展了“巾帼林”植树造林活动。3月5日，与市林业局、市农办联合在杨村桥十里埠岱头自然村开展“送绿进庭院”活动，共赠送树苗3000余株，200余户农户参与。全年组织开展巾帼环保志愿者活动88次，发放倡议书9万余份，2600余名志愿者参与活动。全市232个行政村均开展了“美丽庭院”创建工作，11.58万户家庭达到“清洁庭院”合格家庭标准、35.1%达到“美丽庭院”创建标准。

【开展“最美家庭”系列评选活动】 3月，市妇联开展“最美家庭”“最美妈妈”“最美婆媳”等最美系列的寻找活动，引导广大妇女和家庭倡扬传统美德、树立优良家风。通过晒家庭幸福生活照片、讲家庭和谐故事、探家规家训、开展“我心中的好妈妈”主题征文等活动，挖掘、选树和宣传群众身边的“最美家庭”及感人故事。活动共评选出“最美家庭”10户、“最美妈妈”10名、“最美婆媳”10对。

【“同在蓝天下，欢乐共成长”留守儿童关爱系列活动】 1月，开展“打拼在他乡”留守儿童征文活动，通过组织留守儿童对父母在外工作经历的描写，让他们了解和感受父母在外打拼的不易，增进相互之间的交流沟通，共收到留守儿童征文180余篇。3月，组织80余名“代理家长”与留守儿童赴富阳野生动物园开展亲子活动，通过活动增进了解、促进感情交流。4月，开展留守儿童俱乐部图书援建活动，共收到图书6000余册，分送到12个留守儿童俱乐部，改善了留守儿童的阅读条件。2014年，全市2526名留守儿童与“代理家长”结对关爱实现全覆盖。全年新建13个留守儿童俱乐部，全市留守儿童俱乐部达到50个。建德市留守儿童关爱工作获得杭州市妇联系统“2014年特色品牌项目”称号。

【“巾帼微服务·圆梦微心愿”活动】 2014年，市妇联推进巾帼志愿服务行动，开展了“巾帼微服务·圆梦微心愿”活动，通过征集、认领、兑现，帮助弱势群体圆梦“微心愿”。共帮助留守儿童、流动留守妇女、困难妇女家庭、老龄妇女、创业就业困难妇女等弱势群体点亮微心愿292个，发动女企业家、女村民代表、女党员干部、巾帼文明岗、五好文明新家庭等先进妇女（组织）认领微心愿197个。

文　联

【概况】 2014年,市文联以“二为”和“双百”方针为指导,以多出精品、多出人才为目标,团结动员广大文艺工作者,推动文艺精品创作,深化文艺惠民活动,履行联络、协调、服务职能,为推进文化强市建设做出新的更大贡献。

出台《加强协会(团体)与会员联系的若干意见》《建立建德市中青年文艺人才库》,两项长效机制为老文艺会员发挥作用创造条件、搭建平台,为中青年文艺骨干出作品提供良好服务,通过加强协会与会员的联系,进一步发挥市文联作为市委市政府联系文艺界的桥梁和纽带作用,增强了全市文艺界的凝聚力、向心力。

加强全市文化品牌的研究、开发与利用,提升建德市的文化软实力,形成具有建德风格和文化特色的优秀地域民族文化,助推全市旅游改革,成立了三国水浒文化研究会、新安文化艺术研究院、建德摄影艺术研究会、公安文联等四个研究会(院),其中市公安文联是建德市第一个行业文联,填补了市文联三十年来行业文联的空白。

全年举办全国、省、市文艺大赛十次。市文联承办“大美建德”全国摄影大赛,第一、二季收到稿件1.50万余件;和省摄协、乾潭镇主办“幸福乾潭 诗画田园”全国摄影;和市旅游局协办“美丽大洋杯”全省摄影大赛;市作家协会、大洋镇政府主办“美丽乡愁”故事大赛;和《钱江晚报》生活刊共同主办“康庆杯”首届建德中学生文学大奖赛;举办“百幅新叶优秀摄影精品”征集活动,收到摄影精品100幅,作品将长期在新叶村展览;开展“浙江魅力水乡·建德五水共治”摄影作品征集活动;举办“五水共治”曲艺节目征文比赛;举办“五水共治”征文比赛;与机关党工委联合举办的“最美建德景最美建德人”摄影大赛。

2014年,市文联与10个建设文化礼堂的村自愿结对,“村会结对”显成效。市文联与市作协到下涯之江村送书100余册,市书协到寿昌桂花村、梅城龙泉村、更楼于合村、洋溪朱池村等地为群众义务书写春联500余幅,市摄协为幸福村村民拍摄幸福照166张,市戏协送戏下乡连续送7场新剧,市美协在梅城西门街绘制墙画2000余平方米,新安江画院为钦堂村等送书画作品,作家协会为结对村创作了散文集《秀美山村》、长篇小说《马侍郎的故事》、幸福村村歌歌词《幸福之歌》和全市第一支古琴曲《空山新雨》。在协会与村的结对中,通过一个会员以带好一个农民徒弟的形式,对村民文艺兴趣的引导培养,对有基础的文艺人员进行培训辅导,带出了一支新的农民文艺队伍,培养出大批的农村文艺爱好者。其中,大慈岩镇里叶村农民吴伟良的小楷作品入展在浙江省书法展;大洋镇杨桥村农民蒋建忠的小楷在全省书法比赛中获奖,并被吸收为杭州市书法家协会会员;大同镇上马村农民刘巧云的农民画在浙江美术馆“水生土长——浙江新农民绘画提名展”中获得提名,为杭州地区唯一一人。

◎4月28日,市三国水浒文化研究会成立

【建德市被授予“中国水浒文化名城”称号】 4月28日，市三国水浒文化研究院成立大会在新安江街道四楼会议室召开，首批会员67名。该研究会重在加强对三国水浒的研究，先后参与国家、省市等多级水浒学术研究，发表《谈方腊与宋徽宗的较量》《宋江征讨方腊考》等论文，为建德在全国水浒研究方面奠定了一定基础。11月22日，建德市被中国水浒学会授予“中国水浒文化名城”称号，为全国首批八个被命名的县(市)之一，也是浙江省唯一。

【39件文艺作品在国际、国家、省获奖】 2014年，全市共有22件作品在国际、国家级的比赛、刊物、展览上崭露头角，17件作品出现在省级比赛、刊物、展览上。其中:《大雁飞渡》在第五届PSAChina国际摄影大赛上获银奖，《呵护》在首届国际摄影大赛获铜奖;《禅茶》在第六届“雪花纯生·中国古建筑摄影大赛”获三等奖，《乐在其中》入选第二届中国·开化“国家东部公园”全国摄影大展，5件美术作品入选全国展并获优秀奖，丁小平的诗在由中华散文网、《诗潮》杂志社、华夏国际文化交流中心联合举办2014中外诗歌散文邀请赛中获一等奖，《遗我独大洲》获全国中学生“读者杯”征文大赛三等奖，《倾湖之恋》获千岛湖旅游集团杯全国浓情微电影剧本大赛银奖;《你要钱有啥用》《活人的丧礼》《小锣书传奇》《老虎屁股摸得》等作品在“中国梦·我的梦”浙江省故事征文比赛中分获二、三等奖和创作奖，《小锣书传艺》《石疙瘩开窍记》《有求必应》等作品在“中国梦想·美丽浙江”省第八届新故事征文比赛中获二、三等奖，沈嫣芬中篇小说《孤独的港湾》在吉林省的《参花》上发表。

【6部本土文艺著作出版发行】 2014年，市文联共推出本土文艺著作6部。由团结出版社出版、李玉贵创作的反腐长篇小说《惑城》，该书主题鲜明，文风朴实，既反映了时代积极阳光的一面，又揭露了社会的黑暗面，是一部反腐倡廉的好教材，也是建德市唯一一部反腐小说;由西泠印社出版社出版、李葆荣和林乾良合著的《甲骨文与书画印》;由中国文联出版社出版、吕根红创作的诗集《七色鸟》，这是他个人出版的第四部诗歌集;由杭州出版社出版、胡建文创作的游记《行走天下》，是建德市首部旅行记;由中国文联出版社出版、吾建闵创作的诗集《无花果》;由中国文联出版社出版、李新富长篇纪实文学《雪泥鸿爪——汪积功人生散记》。

【新安文化艺术研究院成立】 3月27日，市新安文化艺术研究院成立大会在紫金山居召开，同时举办了首届“新安文化论坛”。该研究院主要是开展新安江文化、旅游研究，发掘资源优势，促进建德市文艺繁荣、文化旅游发展，并分别成立了文史、视觉艺术、戏剧艺术、音乐艺术等研究部，首批20位研究员均为全市具有省级以上资质的专业人士。

【皖浙赣三省十县(市)作家联谊文学采风首次走进建德】 8月7日至9日，以“幸福乾潭，诗画田园”为主题的浙皖赣三省十县(市)作家采风联谊暨建德市古琴雅集活动在乾潭镇举行，省、杭州市作家协会相关负责人出席活动。三省作家采风联谊活动缘起2012年，由临安市作家协会和《浮玉》杂志社发起，得到了浙皖赣三省各县(市)作家的积极响应，各县(市)作协每年轮流做东。活动期间，来自安徽省歙县、绩溪县、江西省宜春市，以及浙江省临安、江山、桐庐、淳安、龙游、兰溪等县(市)的50余名作家在幸福村听古琴演奏，在艾利斯玫瑰园领略美景，在葫芦峡尽享生态漂流，住农家屋、吃农家饭、赏农家景，体验一番“幸福田园、都市老家”的亲切感。活动后，收到40多篇稿子，准备出版《归园田居在乾潭》文集，涵盖散文、诗歌和小说。

【“美丽浙江水之韵暨走进钱塘江”全省摄影采风活动第一站走进建德】 5月29日，“美丽浙江·水之韵暨走进钱塘江”全省摄影采风活动在乾潭镇启动，摄影采风活动由浙江省文学艺术界联合会主办，浙江省摄影家协会承办，建德市人民政府协办，是省委宣传部关于推进“中国梦想·美丽浙江”主题宣传系列活动之一。省文联动员全省著名摄影家和中青年摄影艺术新秀，以及钱塘江流域的13个县(市、区)的摄影家代表，顺江而下，以艺术的视角聚焦浙江的自然风光、历史文化、改革进程，宣传浙江的山水之美、人文之美、发展之美，记录浙江人民积极投身“五水共治”的劳动场景、新人新事，弘扬亲水、爱水、保水的思想意识和先进典型。启动仪式后，省内外摄影家和摄影爱好者赴梅城、三都、大洋、下涯等地开展摄影采风活动。(房顺利)

红十字会

【概况】 2014年，市红十字会系统依法履行职责，抓好“三救”“三献”等各项目标任务的落实，发挥好市委、市政府在人道领域的重要助手作用，探索新的发展要求和空间，完成了全年目标任务。市红十字会工作连续第五年获得杭州市区(县、市)红十字工作考核优秀等级。市红十字会获浙江省红会红十字青少年工作先进集体、浙江省干细胞捐献先进集体等称号。

拟定《推动建德市红十字事业发展实施意见》，经市长办公会议和常委会议研究通过。投入资金10万余元，在府东社区建设救护技能演练馆，为市民日常学习救护技能提供操作训练场所；投入6万元经费，在大洋镇三河小学建立红十字留守儿童爱心俱乐部，丰富弱势儿童的业余生活，传递社会的关爱。创建浙江省级红十字达标学校1所、杭州市级红十字示范学校2所、建德市级红十字示范学校4所。

【加强红十字公益宣传引导】 新开通红十字急救小知识短信平台，每月两次向二代表一委员、乡镇(街道)、市级机关群发急救小常识，宣传传播红十字文化。投入经费10万余元，制作下发一批红十字宣传活动用品。开展了红十字“3·5”学雷锋志愿服务活动，举办了以“奉献一管青春热血，播撒一份生命希望”为主题的造血干细胞采样入库活动，开展了学校防灾减灾知识竞赛、红十字青少年夏令营活动，关爱留守儿童、关爱流动儿童。开展了“五·八”博爱周大型系列活动，“博爱周”活动做到四个结合，即与学雷锋志愿服务相结合，与纪念中国红十字会建会110周年开展防灾减灾知识竞赛相结合，与“最美浙江人——红十字感动人物”推选活动相结合，与慰问造血干细胞、人体器官(角膜、遗体)志愿捐献者相结合，整个活动重点突出了“基层”二字，服务在基层，服务为基层。

【实施初中生应急救护培训实施工程】 2014年，市红十字会联合市教育局落实初中生应急救护培训实施工程，有序推进“进课程”工作。年初开始筹划，至8月底前完成了师资培训、教材编印、器材招标，9月份全市初中学生在学校开展了红十字课程培训，覆盖率100%。全年开展群众性现场应急救护培训1.66万人次，其中救护员培训1.03万人次，普及培训6335人次。

◎新安江街道府东社区救护技能演练馆普及性救护培训知识

【"三献"事业不断推进】 2014年，建德市造血干细胞采样入库新增 73人，累计438 人加入中华骨髓库；有4304人次参加无偿献血，献血量达1544.2 升；有11人完成遗体器官捐献登记；实现了建德市第三例器官捐献和第二例遗体捐献。9月份，造血干细胞捐献志愿者阎琼杰在浙江省中医院顺利完成造血干细胞的采集，挽救了他人的生命，是建德市第4例造血干细胞捐献志愿者。

【推进人道救助】 全年发放各类救助慰问金24.1万元、物资价值21.82万元，募集救助款66万余元，救助困难群众2700余人次。开展博爱送万家暖春行动，共有300户贫困家庭从中受益，慰问款物总额26.1万元，该项行动还特别延伸到生活困难的环卫工人，把通过博爱公益救助项目争取到的近10万元慰问物资送到他们手中；开展送医送药义诊救助慰问活动，将关爱送到偏远村和敬老院等地，共计赠送药品和慰问物资3万元，服务1700余人；开展突发事件应急救助，对因突发事件受损的家庭进行第一时间的慰问救助，共慰问救助16户，送上人道救助金4万元；开展云南鲁甸地震捐款活动，募集到爱心捐款2.61万元，统一由省红会转赠灾区；启动情暖杭州·红十字特殊家庭关爱活动，争取到12.2万元用于慰问122户失独困难家庭。 （陈东升）

残疾人事业

【概况】 2014年，市政府残疾人工作委员会成员单位增加市信访局、市新闻传媒中心、市红十字会3个单位，成员单位调整到33个。解决了市残疾人劳动就业服务所（市残疾人康复中心）机构和人员经费形式自收自支问题，劳服所（康复中心）机构和人员转为财政全额补助事业单位和人员。4月，新安江街道、大同镇被命名为"杭州市扶残助残爱心乡镇（街道）"，成为建德首批"杭州市扶残助残爱心乡镇（街道）"。

市残疾人托养中心（楼）项目（位于洋溪街道朱池村，市残疾人康复中心的二期工程）完成建设项目环评、项目建议书、可行性研究报告。通过市交易中心完成建筑设计招标，确定设计单位并签订设计合同。完成建设项目的初步设计方案的审批、对用地范围的土方进行测绘和地质勘探，完成土方量的测绘和地勘的取样。以及施工图设计工作。2014年，争取到位省、杭州市补助资金272.5万元。新建2家工疗站——健安社区工疗站、明珠社区工疗站。改造盲道1200余米；改善公共卫生间残疾人设施8个，新建改造残疾人无障碍通道15处，完成残疾人"无障碍进家庭"改造52户。

2014年，建德康复医院门诊817人次、住院504人次，床位使用率达到90%以上。开展"十场千人"康复知识进社区活动，共举办康复知识进社区讲座10场，为1000人次残疾人、残疾人家属和基层残疾人康复工作者进行了康复知识培训。3月，由市残联、市卫生局主办，建德康复医院承办的"建德市2014年康复医生和康复协调员培训班"举行，对100名康复医生和协调员进行系统的培训。5月，明珠社区申报创建省级社区残疾人康复示范站通过省级检查组检查验收，成为建德首家省级康复示范站。组织5人参加省级手语老师提高班培训和杭州市残疾人康复服务站协调员培训。

调整残保金征缴标准，机关、团体、事业单位从429元/人·年缴纳，调整为475元/人·年缴纳；企业、民办非企业单位从265元/人·年缴纳，调整为300元/人·年缴纳；其中劳动密集型企业（指家纺、五金、低压电器）其用工人数超过50人以上的部分从132元/人·年缴纳，调整为150元/人·年缴纳。2014年残保金征收1336.54万元，完成省、杭州市残保金征收较上年增长10%的要求。

根据杭州市残疾人工作城乡统筹工作要求，杭州市江干区和经济开发区残联继续对口帮扶建德市残联，签订残疾人帮扶项目12个，帮扶资金60万元。至年末，帮扶项目全部完成。

【保障残疾人基本生活】 2014年，全市列入城乡最低生活保障（残保）的残疾人4160人，其中纳入城乡最低生活保障有2726人、残疾人基本生活补助的有1434人;1722名残疾人享受特困补助;1428名重度残疾人享受托安养工程,其中机构集中托养147名、居家安养1258名、日间照料23名。走访慰问困难残疾人家庭670余户,共发放27.40万元慰问金和实物。实施18周岁~60周岁无固定收入残疾人生活补贴政策,1908人享受补助。全市有133户困难残疾人家庭优先得到农村住房救助。建德市残疾人单独施保政策经市政府第十五届三十次常务会议审议通过。

【实施残疾人千人康复工程】 年初,制订千人康复工作计划,全年完成困难残疾人康复1231人,其中白内障复明手术386例、60只助听器和25只助视器验配工作、10人假肢验配工作,免费发放轮椅、拐杖等辅助器具155件,为150名精神病人提供免费服药,为345户困难残疾人家庭开展康复服务、为100名重度残疾人上门评残办理残疾人证。开展了0~6周岁残疾儿童抢救性康复项目,完成康复训练30名。全年新办残疾人证1116人,其中0~6周岁儿童办证18人;遗失补办残疾人证87人。

【促进残疾人创业就业】 依法征收残疾人就业保障金,促进企业安置残疾人。41家福利企业和3家工疗站共集中安置残疾职工1326人,244家非福利企业分散安置残疾人453人。向3家工疗站发放超比例安置残疾人就业奖励金和社会保险补贴19.43万元。5月,开展残疾人就业专项执法检查,分别到新安化工等企业,对企业开展按比例分散残疾人就业情况进行检查。举办残疾人就业招聘会,为残疾人和企业搭建就业平台。组织314人参加石蛙养殖、白茶种植、西红花种植、白莲种植、重度残疾人护理等内容的培训班,组织7人参加中残联与清华大学共同举办的"就业指导员培训",组织7人参加杭州市盲人按摩、电脑、美发等各类培训。创建省、杭州市级基地各1家,扶持建德市级基地3家、创业大户157户、贴息38户,共补助资金188万元。

【开展残疾人专项调查工作】 制订残疾人专项调查实施方案及选调、培训、调研督导、宣传等配套方案,建立市、乡、村三级调查领导小组及工作机构,推进残疾人状况和需求专项调查工作。编制《残疾人专项调查工作手册》,把"建德市残疾人基本保障服务资金补助提示卡"编入手册中,内容有各类补助标准,有利于调查员掌握。12月底前,完成了入户调查工作。同时,配合省残联开展了240户残疾人的状况监测工作。

【残疾人教育补助231人】 2014年,共为12名在全日制高校就读的残疾大学生落实了2013年度的学费和住宿费补助,补助金额11.01万元;会同市教育局做好残疾儿童学前教育助学工作,按照每人每年3000元的补助标准,资助10名残疾儿童用于学前教育训练和生活费补贴;为209名残疾学生及残疾人家庭子女发放教育补助。

【开展残疾人文化体育活动】 组织27名运动员参加杭州市第九届残疾人运动会,获得6.5块金牌、9.5块银牌、9块铜牌,获团体"体育道德风尚奖"。16名智力残疾人学生参加杭州市第六届特奥运动会,取得12金、9银、5铜的成绩。3月,市残联、市聋人协会组织40名会员参加交流座谈活动;10月,组织30名聋人会员参加登山交流活动,提高聋人群体的文化素质和开展思想交流工作。5月,联合杭州之声、江干区盲协、桐庐县残联等单位,组织开展盲人电影进社区活动,邀请100余名市盲人协会的视力残疾人免费观看(听)。7月底举办了残疾人文艺进社区纳凉晚会。组织参加杭州市第六届残疾人技能竞赛,获团体三等奖,为建德市历次技能竞赛的最好成绩。 (翁朝晖)

编辑:洪淳生

法 治

Rule by law

政法委与综合治理

【概况】 2014年，全市政法系统以创建“平安建德”“法治建德”为主线，不断完善治安防控体系，完成十八届四中全会、APEC大会期间维稳安保；在保障“五水共治”“三改一拆”、重点项目建设等急难险重任务方面，发挥了不可替代的作用，为促进全市科学发展、和谐发展创造了良好的社会环境。全市社会治安状况评估排名列杭州各区(县、市)第一位，群众安全感调查知晓率、参与率、满意率等3个主要指标均位居杭州各区(县、市)前三位。市委政法委被省委、省政府授予全省社会管理综合治理先进单位；梅城法庭、乾潭法庭被授予“省级模范五好法庭”；检察院反渎局被省人民检察院授予“集体二等功”；公安局被评为“全国公安机关执法规范化建设示范单位”；司法局被授予“省社区矫正工作先进集体”，杨村桥基层司法所被授予“省五星级规范化司法所”。

【平安创建位列杭州第一】 2013年，建德市的“平安创建”因3起较大的交通事故被一票否决。面对严峻形势，2014年，建德市提出“知耻后勇、争先进位”目标，开展了“领导重视谋平安、部门合力建平安、各行各业创平安、群防群治筑平安、基层基础固平安、服务管理助平安、文化引领颂平安”七大工程，全力打赢平安创建翻身仗，平安创建总分位列杭州市第一位，进入全省前20位。

【建立“3+3+3”工作机制】 2014年，市委政法委牵头全市政法机关开展“三比、三全、三进”的“3+3+3”工作机制，打好法律服务、法律保障、法制宣传和法理支撑的“组合拳”，全力保障“五水共治”“三改一拆”等中心工作。“三比”，即政法机关根据各自职能通过比服务特色、比服务干劲、比服务实绩，针对重点工作(项目)提供个性化服务，做到提升服务主动性、创造性和有效性。“三全”，即按照白加黑、“5+2”开展全天候保障，按照事先预测宣传、事中建设保障、事后执行到位开展全过程保障，实行项目警(法、检察)官制全覆盖保障。“三进”，即建立重点工作(项目)法律服务协调小组和“法律服务专家团”实现送法进一线，健全完善矛盾纠纷调处机制实现调解进一线，开展企业园区周边治安秩序整治行动实现打击进一线。工作开展后，全市政法机关参与重点工作(项目)现场保卫218场(次)，公安机关共出动警力2480人次，查处涉重点工作(项目)等违法案件6起，审结拆迁行政案件27件，调处相关矛盾纠纷470件。

【弘扬“平安文化”】 把弘扬平安文化作为推进平安建设深入开展的一项重要举措，通过搭建平安宣传平台，创新平安宣传载体，丰富平安宣传内涵，挖掘平安文化资源，使全市平安创建工作走在全省前列。以“驻进访”活动为契机，把平安宣传、治安防范的知识送到每一户家庭，每一个企业，并做到“三个一”，即上门发放一份平安宣传品、做好一份调查问卷、送达一张平安网格联系卡。全年累计发放平安宣传资料21.6万份、平安宣传品7.5万份。整理和创作了一批平安建设文艺作品，形成《平安三字经》《平安五字诀》《人民调解六部曲》《防盗防抢十不要》《平安防范十个点》等系列“平安文化”。同时，在村级文化礼堂中注入平安元素，向群众普及平安文化知识、传播平安文化、增强平安意识、推动平安创建。全市共设置大型平安创建宣传广告牌18处、平安创建主题公园（长廊）69个、村级固定宣传牌7850块。

【完善应急处置机制】 完善市机关大院安全保卫工作预案，市委维稳办、机关事务管理局、公安局、信访局等部门，共同研究制订了《建德市政府机关大院信访维稳应急处置方案》，实现及时稳妥处置群体性突发事件和妨碍信访秩序等行为的目的。明确指挥体系，及时变更《建德市群体性突发事件应急处置指挥部成员通讯录》，理顺各级群体性事件应急处置的指挥体系，加强处置群体性事件的指挥体系建设。组织开展实战演练，11月21日在市工业技校举行2014年群体性突发事件应急处置实战演练，模拟某工程实施过程中发生的群体性突发事件为背景，市公安局、寿昌镇、维稳办、信访局、宣传部等部门150余人参加演练，提高了全市应对群体性突发事件的组织指挥能力和应急处置能力，增强对《建德市处置群体性突发事件应急预案》熟悉程度和应用能力。

【健全涉法涉诉信访工作机制】 市委政法委牵头召集公、检、法、司出台《依法处理涉法涉诉信访问题的实施意见》，明确政法各部门的相关职责，做好来信来访等接待、阅信、登记、转办、交办、督办等工作，实现涉法涉诉信访事项在政法各部门有序流转，全年受理的41起涉法涉诉信访案均办结或化解。对重点信访人员的信访事项开展集信访人员信息、信访诉求、政法部门审理、处置、信访事项答复、认定等为内容的档案资料，一人一档，已完成6名重点信访人员信访事项的建档工作。落实涉法涉诉信访改革，坚持诉访分离，规范涉法涉诉信访的办理流程，对上级交办、领导批示的涉法涉诉信访和重点信访案件，组织核查工作，对办案程序、适用法律、法规进行深入探讨，强化接访工作，依法保障合法权益、保护合法信访，同时落实终结案件从司法程序中退出的机制，对于执意违法上访、闹访的，依法予以惩处，维护正常的信访秩序和法治秩序。全年完成2起领导批示件的自我调查办理、5起来信来访事项的调查工作。

【健全司法救助制度】 对照浙江省、杭州市关于司法救助的实施意见、办法，市委政法委拓宽救助范围，采取“以救助金救助方式为主，思想疏导相结合，法律援助相配套、社会救助相衔接”的救助模式，加大对司法救助金的申请配比和刑事被害人救助力度，提高司法救助保障水平。全年审核批准15人次的司法救助申请，发放救助金额21万元。

◎新安江街道明珠社区反邪教警示教育基地

【建立反邪教警示教育基地】 2014年，全市开展了反邪教警示教育基地群建设，其中在新安江街道明珠社区建立了市级层面的反邪教警示教育基地。该基地共分三个部分：第一部分介绍反邪教知识，重点介绍邪教由来，邪教的本质、种类和特征、危害；第二部分为科普反邪，将反邪教知识融入科学知识；第三部分为警示教育播报厅，以影像资料揭露邪教的危害。

【服务型政法队伍建设】 2014年，市政法委利用政法部门在社会管理、综合治理、维护社会稳定工作中的主力军作用，结合“走村不漏户、户户见干部”活动，组织政法机关205名政法干警在50个中心村、重点村开展“政法干警联乡进村入户”活动，发挥政法干警在收集民情、化解矛盾、为民办事、宣传法律等方面的作用，打通联系服务群众“最后一千米”。通过梳理清单，建立53项重要工作、35项重大项目、34件信访积案等方面的“工作难题题库”，并围绕题库落实“镇、村、户、人”四级走访制进行解决；参与联乡进村入户的政法干警做到“三公开”，即公开联络方式、公开服务承诺、公开服务时间，对可以现场化解的矛盾和纠纷“坐堂调解”，实现“小问题不出村（社区），一般问题不出镇，疑难问题不上交”目标；延伸为民服务内容，主要包括解答法律咨询，代写法律文书，为当事人进行诉讼和非诉讼代理，为社区矫正、归正帮教等人员提供法律服务，宣传“两抢一盗”防范措施，为社区孤寡老人和经济困难者提供法律援助等；各工作组每月至少开展一次送法下乡活动，全年共到50个村开展各类现场宣传活动37场次，向村民发放安全防范知识、法律法规和“平安建德”宣传资料、图片3500余份。全年累计走访1.80万人次，成功调处各类矛盾682件，预防化解群体性事件6起，开展法制培训52次。 （陈 钢）

法治政府建设

【“权力清单”清减率达60%】 4月，开展权力清单审核工作。经“三报三审”工作程序，至8月15日完成“建德版”权力清单审核，并在建德市政府门户网站公布，向社会征求意见。全市行政权力数量从最初的11013项梳理减少至4361项，清减率达60%，特别是行政审批类权力事项，坚持做到应减尽减。对于行政许可事项，明确在前几轮审改中被取消的行政许可事项不再予以“回归”；对于非行政许可审批事项，按照国务院、浙江省政府的要求严格清理、能减则减。“一报”时全市确认有行政许可359项、非行政许可审批163项，共计522项。经过清减，行政许可保留200项、非行政许可审批保留9项，共计保留209项，减少313项，削减60%。

【开展行政执法案卷评查】 6月底，部署开展行政执法案卷评查活动，对全市36个主要行政执法系统的行政许可和行政处罚案卷进行抽查，重点对规范行政处罚裁量权、开展说理性行政处罚决定书、依法行使行政强制权等方面作检查。评查小组共抽查75卷行政执法案卷，发现6大类、30余个问题，未发现不合格案卷，未发现违法或明显不当案件，未发生国家赔偿案件。

【规范行政机关合同管理】 9月，印发《关于确定重大行政机关合同具体标准的通知》（建政办函〔2014〕172号），确定重大行政机关合同标准。文件明确：市国土资源局签订的住宅、商服用地标的额为1亿元以上的合同，工业用地标的额为5000万元以上的合同，以及其他单位签订的标的额为500万元以上的合同，自签订之日起15个工作日内，须报送市政府法制办公室备案。

【依法办理政府信息公开申请案件】 2014年，市政府收到信息公开申请12件，其中市政府或政府办公室答复8件、政府工作部门和乡镇政府（街道办事处）答复4件。答复义务机关均在法定期限内作出答复或处理，及时答复率100%，全年未发生政府信息公开方面的行政复议和行政诉讼案件。

【强化复议监督职能】 坚持畅通行政复议渠道，引导群众通过合法途径表达诉求。在办理行政复议案件中，坚持依法、公开、诚信原则，坚持原则性与灵活性相结合，对事实清楚、争议不大的行政复议案件，采取协调和解方式化解行政争议。2014年,市政府新收复议申请11件,上年存案2件,办结复议案件13件,其中维持7件、依法不予受理2件、通过协调和解促成申请人自愿撤回申请2件、告知向法定复议机关申请1件、依法驳回申请人的复议申请1件,无复议决定维持原具体行政行为后再起诉的案件,复议监督职能得到较好发挥,案结事了率100%。 (黄仕军)

公 安

【概况】 2014年,市公安局围绕“建设幸福美丽和谐新建德”,提升公安机关服务中心保障发展和维护公平正义的能力,全面实现“社会大局稳定有序、服务中心措施有力、公共安全坚守底线、创新创优形成品牌、人民群众安全满意”五大目标,实现全市有效治安刑事总警情连续17个月下降,侵犯财产案件连续9个月下降,黄赌毒警情连续24个月下降,社会治安状况评估工作名列杭州15个区县市第一名。全市共立刑事案件2113起,比上年下降5.8%;刑事拘留959人,移送起诉947人,分别上升14.4%、3.4%,呈现出发案下降、打处上升良好态势。是年,全市社会治安状况列杭州市15个区县市第一名,市公安局被评为“全国公安机关执法规范化建设示范单位”。

是年,市公安局设有综合管理机构2个、执法勤务机构14个、派出机构10个、监管场所1个,有民警454人、协警410人。严格队伍管理,刚性落实队伍教育管理各项措施,完善“岗位能手”评比、“身边人物故事”宣传、“随手拍”,加大教育管理、正面引导力度。加强检查督察力度,严格警纪警规执行,全年共开展实地督察、网上督察180余次,发布督察通报20期、正风肃纪通报13期,主动处理民警9人。

【创建全国执法规范化建设示范单位】 2014年,市公安局建立常态练兵模式,基本完成派出所执法管理中心建设改造,细化完善执法流程,创新“四查一提醒一约谈(单位自查、日常巡查、交叉检查、问题倒查,挂牌提醒和问题约谈)”工作法,自行研究开发《案件管理系统》,加大执法平台培训和考核考评力度。将执法办案质量和数量与民警政治待遇挂钩,通过完善各项评比办法,激发工作积极性和主动性。强化执法过错“问责制”,严格落实案件主办民警责任制。市公安局成为杭州市唯一一家被公安部命名为“全国执法规范化建设示范单位”的县级公安机关。

【保障重点项目建设】 4月,市公安局建立局领导、科所队领导、基层民警三级联系重点项目制度和“警务进项目”工作机制,主动对接重大项目、重点工程,常态化开展上门走访,关注推进情况。组织开展企业、园区周边治安环境整治专项行动,主动、依法打击非法阻工等违法犯罪活动。全年共排摸涉及重点工程(项目)不稳定因素136条,查破强迫交易、敲诈勒索、阻挠施工等案件24起,行政拘留21人、罚款3人;刑事拘留22人,取保候审14人,移送起诉13人。

【护航“三改一拆”“五水共治”】 紧跟全市“三改一拆”工作步伐,全年化解涉及“三改一拆”矛盾纠纷140余起,现场强制带离53人,传唤教育56人,训诫82人;查破案件22起,行政拘留18人、罚款1人;刑事拘留12人,取保候审7人。从6月份开始建立河道警长制,对3条省级河道、49条县级河道和168条乡镇级河道配置河道警长,分段包干、责任到人;会同环保等部门开展“零点行动”65次,查破案件11起,行政拘留5人、罚款1人;刑事拘留5人,取保候审6人,移送起诉11人。其中,侦破全市首例潘某等人环境污染案,移诉犯罪嫌疑人7人。

【维护社会稳定】 做好情报收集处置工作,及时掌控千岛湖配水工程、杭州市第二固废处置中心、民师、涉军群体等网上网下舆情信息,全年采集情报线索1600余条,查控网络重点群组45个,落地查控重点人员60余人,及时制止多起落地行为,特别对在网上发布煽动性言论的重点骨干人员开展落地核查、上门警告、训诫震慑，确保全年全市相关舆情事态平稳。强化突发事件处置，落实突发事件第一时间赶赴现场掌握情况、第一时间联动相关职能部门、第一时间控制现场局势的“三个第一”工作措施，全年妥善处置各类突发事件50余起。

◎建德市公安指挥中心

【侦破一批大案要案】 以“破大案、打团伙、端窝点、捣网络”为目标，履行职责，广泛排摸线索，强化内外联动，循线追根深挖。破获故意杀人案3起、抢劫案3起、抢劫强奸案1起和“3·13”抢劫出租车驾驶员案、“4·1”月亮湾小区16万余元重大盗窃案、“5·29”寿昌手机店重大盗窃案、“8·16”强奸案、“8·12”交通肇事致2人死亡逃逸案等一批社会影响较大的案件。破获省厅督办的非法持有、买卖枪支弹药案，抓获涉案人员22人，移诉14人，缴获非法持有的枪支10支、弹药5188发。在“猎狐2014”专项行动中，劝返姚某君、张某娟等2名境外逃犯。严厉打击食品、药品犯罪活动，共侦破该类刑事案件10起，采取刑事强制措施12人。

【严打黄赌毒犯罪】 加大查处涉黄赌案件的力度，全年共查处涉黄赌案件256起，查处违法犯罪人员949人，比上年分别上升5.8%、31.9%；关停星级宾馆内设洗浴场所3家。加大打击涉毒案件力度，侦破省目标案件“10·10”贩卖毒品案”，全年查处涉毒案件274起，抓获涉毒犯罪嫌疑人89人，查获吸毒人员259人，强制隔离戒毒62人。

【打击侵犯财产案件】 推进现场统勘、DNA实验室升级改造，自主开发刑嫌调控平台、汽车租赁管理平台，加强合成作战。全年共立侵犯财产案件1638起，比上年下降9.5%，破获侵财案件722起，刑拘侵财犯罪嫌疑人292人、上升30.4%，移送起诉侵财犯罪嫌疑人260人、上升8.3%。开展打防通信诈骗案件工作，全年共受理通讯（网络）诈骗案件158起，其中通信诈骗案件70起、网络诈骗88起，分别下降20.5%、8.3%。通过劝导止损工作，防范通信诈骗案件23起，避免损失人民币50余万元。破获3个通信诈骗团伙，抓获犯罪嫌疑人14人，涉案价值100余万元。

【提升社会治安防控力】 开展党员义务巡防、“红袖章”志愿者巡防、保安联动队巡防、农村邻里守望等群众性巡逻防范活动，促进社会治安防控工作社会化，形成优势互补、力量叠加、全天候架网的“联勤联巡”巡防工作模式。完善巡防工作考核办法，调动巡防队伍工作积极性，形成良性竞争氛围和正面导向效应。以社会治安状况评估工作为引领，合理布局防控重点区域、科学划定巡防重点时段、精确投放点面巡防力量，提高巡防工作的前瞻性、精确性。

【开展“一所一品”创建】 2月，城南派出所开展护村队“守村口”，实现农村侵财发案明显下降；杨村桥派出所实施“警务执勤点进园区”（杭橡项目园、马目园区），保障重点项目顺利推进；大洋派出所建设“天眼工程”，增强农村地区治安掌控力。3月，梅城派出所推行“警企服务直通车”，为企业发展提供保障；寿昌派出所建立“村警组团”调解工作机制，聚拢村警合力化解农村矛盾纠纷。4月，新安江、乾潭派出所运行“微信110”警民互动平台，提供全新的警民互动、宣传服务平台。5月，新安江派出所设立桥东警务室，前移工作阵地。6月，大同派出所尝试“一村一评、一村一屏、一村一品”的“六个一”农村警务工作模式，延伸工作触角；三都派出所探索“二三三”防控模式（二个防区、三块牌子、三支队伍），织密点线面防控网。

【健全反恐防暴机制平台】 构建“建强一支队伍、健全三项机制、搭建三个平台”实战化运行模式，落实指挥长工作岗位和职责，健全扁平化指挥机制、快速响应机制和处突工作预案，搭建扁平化调度平台、可视化指挥平台和精准化研判平台。城区派出所一警、二警执勤警力全部投放街面，与PTU防控机动队、专兼职义务巡防队伍形成力量叠加，在指挥中心建设GPS指挥系统，在出警车、巡逻车辆上安装GPS定位系统，出警人员和巡逻人员配备对讲机，并借助PGIS系统调集路面巡防力量开展设卡盘查、围追堵截，实现各类警情快速反应和高效处置。

【严守安全管理底线】 严守交通安全管理底线，全年共查纠各类交通违法行为16.52万起，排查隐患路段227处，完成治理218处。全市交通死亡人数比上年下降2.3%。开展货车超载超限专项整治行动，全年涉重型货车死亡事故及死亡人数分别比上年下降17.7%、32%。严守监所安全管理底线，创新医务“随手记”（值班医生在每日巡诊中对在押人员情况进行及时记录）、“病犯管理牌”（针对患病在押人员制作记录详细病患情况牌，插在每个监室门口和监控室墙上，便于突发情况处置），保障在押人员合法权益。“三定位”（统一时间、统一口令、统一动作）工作管理法在全省监管系统推广实施。 （徐珊）

检　察

【概况】 2014年，建德市人民检察院坚持把促进社会和谐稳定、服务经济发展大局作为检察工作的重要标准，把强化检察职能、创新服务举措作为推进检察工作科学发展的主要途径，以严格规范执法、提升办案质效、建设过硬队伍为重点，全面履行法律监督职责，服务经济社会和谐稳定发展，加强自身队伍建设，推动检察工作全面进步。市检察院集体获得国家荣誉2次、省级荣誉1次、市级荣誉2次；干警个人获得国家级荣誉1人、省级荣誉6人、杭州市级荣誉14人。

继续加强检察队伍建设，开展“增强党性、严守纪律、廉洁从政”教育活动和“三思三增”大讨论、“检察职业良知”征文、“我与品质检察”演讲比赛等活动，提升干警廉洁意识和职业素养。开展集中培训、辩论赛、岗位技能竞赛等岗位练兵活动，提升队伍专业素养。对看守所监区和特审室联网监控、自侦办案区进行升级改造；完成案件管理中心的建设，规范使用“检察机关统一业务应用系统”，实现了案件从受理、办理到结案的办案流程集中管理。成立未成年人检察科，专门办理未成年人犯罪案件。

【加大打击刑事犯罪力度】 履行刑检职能，营造发展环境，全年共受理审查逮捕各类刑事案件321件444人，经审查批准逮捕288件402人；受理审查起诉各类刑事案件695件970人，提起公诉648件888人。重点打击故意杀人、故意伤害、强奸等严重暴力犯罪，维护社会稳定。严厉打击“两抢一盗”等多发性侵财犯罪，增强人民群众的安全感；着力打击“黄、赌、毒”犯罪，维护社会管理秩序；集中打击非法经营、合同诈骗、非法吸收公众存款等破坏社会主义市场经济秩序犯罪，保障全市良好的经济发展环境。

贯彻宽严相济刑事政策，注重宽与严的有机统一，该严则严，维护社会稳定，当宽则宽，缓和社会矛盾；推行轻微刑事案件和解机制，加强对未成年人的司法保护；严格落实合适成年人参与诉讼、“三分开”、犯罪记录封存制度。对2013年1月以后作出批准逮捕和不起诉决定的46件未成年人案件按照新刑诉法要求全部予以封存。

【防惩结合反腐败】 创新举措，探索职务犯罪预防的新途径，完善职务犯罪大要案件预防与查办通报、便捷职务犯罪举报工作机制，综合运用网络举报、举报信箱、举报电话等多种方式，方便社会各界和人民群众举报职务犯罪。改进行贿犯罪档案查询工作，正式受理后24个小时内将查询结果告知查询单位和个人，全年共受理行贿犯罪档案查询1700余次。运用新媒体方式，联合新安江水力发电厂共同拍摄廉政微电影《坝》，该影片在检察机关预防微电影评比中，获全省一等奖、全国二等奖。注重运用微信、微博等各种新媒体平台，加强检察宣传，完善民意收集、研究、采纳、回应机制，使人民群众更多了解检察工作，更好地做好预防检察工作。

坚持有案必查、有腐必反，始终保持反腐败的高压态势，加强与纪检监察、审计等部门的配合协作，形成合力。全年共立案查处贪污贿赂犯罪11 人，涉案金额在100万元以上的5人，共挽回经济损失1300余万元。其中，重点查办了洋安、洋溪新城开发中征地拆迁、工程建设、新农村建设等领域的职务犯罪。围绕推进法治建德，以保障和促进依法行政、公正司法为主线，重点查办国家机关工作人员侵害民生民利的渎职侵权犯罪案件，全年初查各类渎职侵权案件线索17件，参与各类事故调查和分析8起，查处渎职犯罪3人。

【不断强化法律监督】 加强立案监督和侦查活动监督，对应当立案而未立案的，依法监督侦查机关立案7人；对不应当立案而立案的，监督侦查机关撤案6人。证据不足不批准逮捕34人。无罪不起诉3人，证据不足不起诉6人；追诉漏罪漏犯5人；建议侦查机关撤回起诉13人。增强非法证据排除意识，审查侦查机关同步录音录像20余次，排除瑕疵证据5份；发出纠正违法建议4件。

加强审判监督和民事行政检察监督，依法强化刑事审判监督，坚持检察长出庭支持公诉和列席审判委员会制度。开展量刑建议工作，促进量刑公正，全年共发出书面量刑建议400余份，均被采纳。拓展民事行政检察监督渠道，推动民行检察多元化发展，全年办理各类民事行政检察案件29件，其中支持起诉9件，行政执法监督1件，息诉调处5件。

加强刑罚执行和监管活动监督，坚持日常监督和重点检查相结合，加强动态监督，确保监管场所安全和稳定。全年向市看守所发出检察建议6份，均被采纳并及时整改。开展社区矫正执法活动专项检察，发出检察建议4份，建议收监3人。开展减刑、假释和暂予监外执行专项检察，建议收监1人。加强羁押必要性审查工作，向相关办案单位建议变更强制措施8人，均被采纳。

（傅凡轩）

法　院

【概况】 2014年，市法院围绕“让人民群众在每一个司法案件中都感受到公平正义”的目标，充分发挥审判职能作用，抓住执法办案第一要务，深化能动司法、践行司法为民，着力服务改革发展大局、努力提升司法公信，维护社会公平正义。全年共受理各类案件12290件，办结12189件，比上年分别上升1%、1.5%，结案率99.2%；一线法官人均结案229件，超全省平均数35件，是全国平均数的2.6倍。市法院首次被评为“全省优秀法院”；梅城法庭、乾潭法庭成功争创为“省级模范五好法庭”；法官俞颖被评为“全国法院办案标兵”；法官黄曙光被最高人民法院评为“全国人民法庭工作先进个人”，被杭州市委市政府评为杭州市基层站所“十佳公务员”，是杭州两级法院中唯一获得这两项荣誉的干警。

【履行审判职能维护公平正义】 全年共审结刑事案件662件，判处被告人908人，同比上升8.7%和11.1%。审判中坚持惩罚犯罪和保障人权并重，在审理原洋溪开发办工作人员徐某、原城建公司工作人员黄某等8人贪污、受贿案件中，联合市预防职务犯罪领导小组并邀请各部门纪检监察人员、拆迁工作人员等200余人旁听庭审，以案说法，深化反腐倡廉。对情节较轻、社会危害较小的犯罪和未成年人犯罪，依法从宽处罚，判处缓刑，单处罚金378人，对11名未成年人判处非监禁刑。在司法行政部门和律师的配合下，为被告人通知援助律师出庭辩护75人次，可能判处三年以上有期徒刑的被告人辩护率达98%。妥善审理民商事纠纷，依法保障当事人的诉讼权利和实体权利，共审结民商事案件6269件，下降1.7%。协调化解行政争议，共审结行政诉讼案件44件，同比上升105%，审查非诉行政案件471件，同比上升6.6%。

【首次设立“三江两岸”环保巡回法庭】 年初，制订司法服务和保障全市“五水共治”工作的十项意见，为环境保护和生态建设保驾护航；首次设立“三江两岸”环保巡回法庭，打击环境污染犯罪，支持环保部门处罚违法排污、违规生产等行为，加强对水环境整治的司法保护力度。全年以污染环境罪判处罪犯7人，审查和执行环保非诉行政案件27件，查封25件次，司法拘留4人，对1家拒不执行的企业罚款5万元。

【诉前调解实现交通案件首降】 加强诉前调解，促进矛盾纠纷通过诉前方式化解，全年以调解撤诉方式结案1342件，调解撤诉率达60.9%。交通事故调解委员会、医疗纠纷调解委员会共调解案件732件，有效减少交通事故赔偿纠纷、医疗纠纷成讼率。进入诉讼渠道的交通事故赔偿纠纷比上年减少232件，下降46.5%，为2007年之后该类案件收案量首次下降。

【依法审理涉企案件】 按照“分类甄别、有扶有破”的原则，对涉诉困难企业采取差异化处置方式，通过审理、执行各类涉企案件，帮扶前景向好的企业脱困重生，推进无力再起的企业有序退出。全年共审理各类涉企纠纷1656件，结案标的金额12.4亿元。对确无帮扶价值的“僵尸企业”，通过破产或执行清算的方式，加速有效资产依法重新配置，共完成建德市新安江电工器材有限公司、建德市新安江望江宾馆有限公司等26家企业的债务纠纷处置工作，盘活资产1.65亿元、释放土地资源28.6公顷、厂房等房产18.8万平方米。其中，杭州宏达办公家具制造有限公司经过司法处置，促成了列入“三改一拆”范围的12家小企业入驻，使原企业厂区成为乾潭小企业的“孵化园”；依法审理建德市雅居房地产开发有限公司、建德景程置业有限公司两家房地产企业破产案件，充分发挥破产审判的平台作用，促成“西湖雅居”“望江豪庭”房产项目顺利结顶并陆续开始交付。

◎8月22日，大同巡回法庭在该镇丰贩村开庭审理赡养纠纷案件

【强化信用惩戒机制】 在民事强制执行中，树立“强制在先”理念，贯彻执行的强制性，先后将8534名被执行人纳入最高人民法院失

信被执行人名单库，禁止其乘坐高铁、飞机以及办理贷款、信用卡等。通过报纸、电视发布公告以及居住地张贴公告的形式，对1115名被执行人的拒不履行行为进行曝光。对决定拘留但下落不明的216名被执行人，通过公安协助机制实行布控，加大查控力度。完善执行备勤机制，实行24小时全天候执行备勤，实现与公安的顺畅对接。全年共执结案件4743件，同比上升4.3%。

【搭建便民服务网络平台】 主动深入群众，把服务触角延伸到群众家门口，在原有3个人民法庭的基础上，恢复设立大同人民法庭，方便大同镇、李家镇群众参与诉讼。开展民生案件专项执行活动，依法保护工资债权，为1907名职工执行到位工资2549万元。加大司法救助力度，减轻群众诉讼负担，为经济困难的当事人缓、减、免交诉讼费106.7万元，为刑事案件被害人和申请执行人发放救助金22万元。推进“零佣金”网络司法拍卖，为意向竞买人搭建贷款平台，提高司法拍卖的成交率和溢价率。全年共通过淘宝网拍卖各类资产167件，拍卖成交率94%，成交额3.2亿元，平均溢价率43%，为当事人节省佣金1218万元。

【打造“阳光司法”】 推进审判流程公开、裁判文书公开、执行信息公开三大平台建设，形成司法公开长效机制，以公开规范司法行为、促进司法公正。全年共通过微博和法院门户网站直播、录播庭审33件次，举行“法院开放日”活动11次，在中国裁判文书网公布各类裁判文书4771篇。

（陈晓波）

司法行政

【概况】 2014年，市司法局充分发挥法制宣传、法律保障和法律服务的职能作用，人民调解、社区矫正、律师管理、法律援助等工作取得显著成效，服务“五水共治”“三改一拆”等市委、市政府中心工作被市主要领导肯定批示，为全市经济建设和精神文明建设营造了良好的法治环境。该局被评为“全省社区矫正工作先进集体”，成功创建了建德市首家省五星级司法所。

【法治文化“季风行动”】 部署开展“法治文化建设年”暨法治文化“季风行动”，整合各单位资源优势，策划、组织一批普法项目，提升法制宣传教育辐射面和影响力。全年共收到各单位报送普法项目100个，经筛选，共推出重点普法项目85个。完善建德普法网站、严州普发微博等网络普法载体，营造浓厚的法治氛围。全年录制“建德148”普法专题片6期，在《今日建德》报纸新开辟专栏，共刊登41期内容。联合新安江街道共建青少年法制教育基地，拓展青少年学法空间。每周利用党政网短信平台向全市领导干部和公务员发送普法短信，共计发送短信10万余条。利用市教育局校讯通平台，每周向全市教师及学生家长发送普法短信，共计发送短信15万余条。

【创建星级司法所两家】 按照省厅和杭州市局要求，结合实际推进司法所规范化建设，通过健全组织机构、强化队伍建设、完善基础设施、规范业务工作、加强制度建设，分步实施星级司法所创建工作，不断夯实司法行政基层基础，提升司法所的服务水平。2014年12月31日，寿昌司法所被省司法厅命名为省三星级司法所，杨村桥司法所创建成为建德市首家省五星级司法所。

【推行新型调解模式】 2014年，在“吴良俊个人调解工作室”试点成功基础上，为10名“新安和事佬”与10名“调解能手”组建个人调解工作室。将“新安和事佬”引入法院和人民法庭，设置资源库菜单供诉讼当事人自由选择“和事佬”进行调解。同时，积极探索人民调解、行政调解、司法调解“三调联动”的调解模式。以“多元化、专业化、社会化”为方向，建立环境保护纠纷人民调解委员会、学生伤害纠纷人民调解委员会、婚姻家庭纠纷人民调解委员会。

全年全市各类人民调解组织共受理调处矛盾纠纷7856件，调解成功7831件。其中交调会受理纠纷697件，全部调处成功，涉案金额1988余万元，并成功打造3小时“案结事了”快速通道。成功调处的矛盾纠纷中较为典型的有：大同镇、李家镇调委会共同调处的半挂槽灌车装石灰粉时发生的当事人死亡案件；乾潭镇调委会调解的宋某在杭州圣马特毛绒有限公司厂区道路上被货车撞伤致死案件；莘食客餐饮有限公司装修过程中雇工意外死亡事件；新安江调委会调解的物流公司员工在上班时突发脑溢血死亡案件；大同镇调委会调处的多起金额达上百万的民间借贷纠纷。

【深化社区矫正工作】 继续深化“一令一表一菜单”社区服务模式，不断丰富社区服务的内容和组织形式，将该模式列入社区矫正人员考核和司法所工作目标管理考核，全年共组织社区矫正人员参与社区服务2204人次。继续推行“中途之家”做法，依托农业龙头企业——三弟兄农业开发有限公司，建立社区矫正集中教育、公益劳动和“三无”归正人员过渡性安置帮教基地，增强“中途之家”的生命力，三都司法所建立“憩园”社区矫正劳动基地，探索社区服务模式。继续开展“互、联式”集中教育机制，三都司法所首用“弟子规”开课教育，梅城司法所建立菜单式自学教育模式，全年共组织集中教育2600人次。全年共接收社区矫正人员415名，期满解矫376名，撤销缓刑、收监执行10人，警告26人。年底，全市在册社区矫正人员429人，其中缓刑345人、假释72人、暂予监外执行12人。无脱管、漏管现象发生，无社区矫正人员严重刑事犯罪案件。完成审前调查评估案件330件。

【推进律师管理与服务】 指导各律师事务所、基层法律服务所和律师、法律工作者开展年度考核工作，初审和上报9家律师事务所、7家基层法律服务所和47名律师、30名基层法律工作者的考核材料，经省市审核，全部通过年检考核。组织律师开展“法律体检”，全年各律师事务所为中小企业解决各类法律纠纷问题213件，为企业规范合同文本429份。每周三派律师到市人力社保局值班，处置欠薪案件，解答法律咨询，全年共接待咨询324人次，协调讨薪金额165万元。推进“律师进村”工作，全年各进村律师到村开展值班法律服务300次，为群众提供法律咨询2000人次，参与矛盾纠纷调处90起，开展法制宣传30次、法律讲座27次，为村提供法律意见和建议24条，提供免费法律服务35件。

【提升“法律援助”工作】 通过线上和线下相结合，解答群众法律疑惑。发挥“12348”法律咨询专线作用，在《今日建德》开设专栏，加大“12348”专线宣传力度，提高群众知晓率。以“科普下乡”“五下乡”等活动为载体，先后6次赴洋溪街道朱池村等地开展送法下乡活动。全年市法律援助中心“12348”法律援助专线共接待群众来电来访2610 人次，其中来电820人次、来访1790人次。受理审核指派法律援助案件329件，其中刑事117件、民事212件，避免和挽回经济损失2029.8万元。

【助力“三改一拆”“五水共治”】 建立“三改一拆”“五水共治”信息快速共享机制和矛盾纠纷信息研判网络体系，实行司法所“零报告”制度；制订矛盾纠纷排查专项活动实施方案，指导各人民调解组织对两项行动矛盾纠纷开展全方位、多角度摸排，严格落实每月一次集中排查制度。全年各司法所共参与走访2978户家庭，累计开展矛盾纠纷排查387次，受理矛盾纠纷76件，调处成功74件，调解成功率为97.4%，有效预防矛盾纠纷30余起。建立法律公证团队，发挥公证的证据保全作用，全年办理“三改一拆”相关公证50余件。组织律师、基层法律工作者和法律援助工作人员成立专业便民服务团队，依托村便民服务中心及时为群众提供法律服务，全年解答群众“三改一拆”法律咨询147人次，化解“三改一拆”矛盾纠纷18件，代理民事诉讼案件2件。开展涉水涉污企业“法律体检”，引导企业严格遵守法律法规，自拆违法建筑，增强治污责任和环保意识。成立“五水共治”“三改一拆”律师讲师团和流动法律宣讲团，组织律师宣传《水法》《环境保护法》《水污染防治法》等法律法规。全年制作发放“三改一拆”“五水共治”法制宣传挂图4000余份、宣传手册8000余份、宣传折页8000余份，举办专题法律讲座20余场次，开展送法下乡、法治文艺演出28场，发放普法短信5万余条。（赖 莎）

案 例

【快速侦破“1·15”杀人案】 2014年1月15日12时许，大慈岩镇大慈岩村徐某某家中发现2具尸体，证实死者系徐某某（女，62岁）、吴某（男，20岁，系徐某某外甥），2名死者身上有多处刀伤。市公安局多警种快速反应、缜密侦查、合成作战、全力攻坚，99个小时后抓获犯罪嫌疑人张某某（男，46岁，兰溪市诸葛镇长乐村人）。

【侦破“1·25”重大涉枪案件】 2014年1月25日晚，市公安局接报警称：市一医院发现一起疑似枪伤病例，受害人生命垂危。市公安局立即成立专案组，开展案件侦查，通过不断深挖，破获该起省厅督办的非法持有、买卖枪支弹药案，抓获涉案人员22人，移诉14人，缴获非法持有的枪支10支、弹药5188发。

【侦破“4·1”月亮湾小区重大盗窃案】 2014年4月1日，市公安局接报警称：新安江街道月亮湾小区家中被盗金器一批，损失价值16.6万余元。接警后，刑侦大队联合城南派出所开展案件侦查，通过案件串并、视频追踪、网上作战等侦查手段，串并出同类案件5起。4月2日上午，在金华永康抓获焦某某（男，23岁，贵州省紫云苗族布依族自治县人）、王某某（男，27岁，贵州省紫云苗族布依族自治县人）、李某某（男，25岁，贵州省紫云苗族布依族自治县人）嫌疑人3人，4月3日上午，在江苏抓获犯罪嫌疑人童某某（男，24岁，贵州省紫云苗族布依族自治县人）。

【破获建德首例环境污染案】 2013年10月间，潘某（男，42岁，桐庐人）等5名犯罪嫌疑人为牟取非法利益，将从省内金华、丽水等地区电镀企业中运出的9车次共计332.74吨电镀污泥运输至建德市寿昌镇原横钢一分厂厂区内，以填埋方式非法处置，造成周边环境严重污染。11月1日，市公安局立案调查。办案民警通过四个月调查取证，先后抓获潘某等犯罪嫌疑人5人。（徐 珊）

【叶国山贪污、滥用职权案】 叶国山，男，1963年3月5日出生，汉族，高中文化程度，中共党员，原系建德市洋安新区开发建设领导小组办公室（以下简称“洋安开发办”）拆迁安置政策解释组和拆迁安置裁定组组长。

该案系建德市人民检察院自行发现，于2014年8月4日经检察长决定立案侦查。同日依法传唤叶国山到案，次日依法将其刑事拘留。同年8月22日，经报请杭州市人民检察院审查决定，将其依法逮捕。

一、贪污罪

2009年，被告人叶国山的妹妹叶惠珠（另案处理）以许义生想在洋溪街道洋安村购买旧房以获取拆迁安置资格为由，向被告人叶国山寻求帮助，被告人叶国山遂帮助联系房源并从郑丽仙处得知洋安村民金雪坤有一幢旧宅欲出售，后通过郑丽仙以许义生的名义从金雪坤处购得该房。为规避拆迁安置工作“自2006年3月1日起拆迁红线范围内房屋交易不得作为安置依据”的规定从而使购得的房屋可以作为安置依据，被告人叶国山授意郑丽仙将购房合同的时间倒签为2002年，同时被告人叶国山又向洋安开发办拆迁工作人员徐利根（另案处理）打招呼，让其违规帮助签订拆迁安置协议。在徐利根的帮助下，许义生户凭借上述购房合同与建德市城市建设开发有限公司（以下简称城建公司）签订一份拆迁安置协议，被告人叶国山利用担任拆迁安置裁定组组长的职务之便，在明知许义生户不具备拆迁安置资格的情况下，仍在审核拆迁安置协议的时候予以通过。2011年11月，叶惠珠又以许义生名义委托他人办理选房、结算等手续，取得位于洋溪街道洋安家园21幢403、404室拆迁安置房以及24

号、5号柴间,并于2011年12月以及2012年12月分别缴纳拆迁安置房和柴间的房款共计人民币148272元。经建德市价格认证中心鉴定,上述拆迁安置房共计价值人民币97万元;上述柴间共计价值人民币39419元。被告人叶国山伙同他人贪污国有财产共计价值人民币861147元。2014年7月16日,许义生书面委托被告人叶国山将上述房产退出。

二、滥用职权罪

2009年,洋安拆迁户方吉云根据洋安区块拆迁政策,选择按人口进行安置,其位于本市洋溪街道洋安村下洋安自然村的房屋亦已补偿并拆除。2010年,吴建杏、吴建林、马彩云为获得安置房,通过他人找到被告人叶国山以及徐利根等人主张对方吉云的旧房享有产权并要求安置,被告人叶国山亦知该三人不具备拆迁安置资格。后吴建杏、吴建林、马彩云以不损害方吉云一家的利益做保证,与方吉云签订虚假的房屋分割协议,并以此为依据分别与城建公司签订拆迁安置协议,从方吉云已补偿并拆除的旧房中各分得一间45平方米的正房,并以此为依据分别与城建公司签订拆迁安置协议。被告人叶国山作为拆迁安置裁定组组长,明知吴建杏、吴建林、马彩云不具备拆迁资格,对该三人的拆迁安置协议仍予以审核通过,使吴建杏、吴建林、马彩云获取位于建德市洋溪街道洋安家园的拆迁安置房各1套,面积分别为90.11平方米、63.35平方米、63.65平方米。吴建杏于2011年11月30日,吴建林、马彩云于2011年12月4日缴纳房款共计人民币220864.5元。经建德市价格认证中心鉴定,上述三套拆迁安置房共计价值人民币1208300元,实际造成国有财产损失共计人民币987435.5元。

经建德市人民法院审理认为,被告人叶国山身为国家工作人员,利用职务上的便利,侵吞国有财产为其直系亲属谋利,其行为已经构成贪污罪;被告人叶国山身为国家机关工作人员,不正确地履行职责,使公私财产遭受重大损失,其行为还构成滥用职权罪。犯罪事实清楚,证据确实充分,判处叶国山犯贪污罪,判处有期徒刑八年;犯滥用职权罪,判处有期徒刑一年六个月,决定执行有期徒刑九年。后叶国山不服建德市人民法院的判决,向杭州市中级人民法院提起上诉,杭州市中级人民法院作出二审裁定:驳回上诉,维持原判。

【张宝坤、徐忠平、姜保良、许建文贪污、受贿案】

张宝坤,男,1963年9月17日出生,浙江建德市人,汉族,初中辍学,非人大代表、政协委员,系建德市洋溪新城开发工作领导小组办公室征迁员,张宝坤于2001年因受贿犯罪被建德市人民法院判处有期徒刑一年六个月,缓期两年。

张宝坤涉嫌贪污一案系建德市人民检察院在侦查中发现。于2013年11月7日经检察长决定立案侦查。11月8日依法传唤张宝坤到案,并于当日依法将其刑事拘留。2013年11月25日,经报请杭州市人民检察院审查决定,将其依法逮捕。

徐忠平,男,1971年1月10日出生,浙江建德市人,汉族,中共党员,本科文化程度,非人大代表、政协委员,系建德市洋溪新城开发工作领导小组办公室副主任。

徐忠平涉嫌贪污、挪用公款、受贿一案,系建德市人民检察院在侦查张宝坤(并案侦查)一案中发现。于2013年11月26日经检察长决定补充立案侦查。同日依法传唤徐忠平到案,并于当日依法将其刑事拘留。2013年12月10日,经报请杭州市人民检察院审查决定,将其依法逮捕。

姜保良,男,1956年11月1日出生,浙江建德市人,汉族,中共党员,大专文化程度,非人大代表、政协委员,曾任建德市洋溪街道洋溪社区党委书记。

姜保良涉嫌贪污一案系建德市人民检察院在侦查中发现。于2013年11月28日经检察长决定补充立案侦查。同日依法传唤姜保良到案,2013年11月28日,对姜保良采取取保候审强制措施。

许建文,男,1971年1月14日出生,汉族,浙江建德市人,大专文化程度,群众,非人大代表、政协委员,系建德市洋溪街道办朱池村村民。

许建文涉嫌挪用公款一案系建德市人民检察院在侦查中发现,于2013年12月5日经检察长决定补充立案侦查。同日传唤许建文到市检察院接受讯问，12月6日依法将其刑事拘留。12月20日经报请杭州市人民检察院审查决定，将其依法逮捕。

（一）贪污罪

1. 2009年11月至2010年7月间，被告人徐忠平利用担任建德市洋溪新城开发工作领导小组办公室副主任的职务之便，在洋溪新城拆迁安置工作中，伙同被告人张宝坤，通过改动拆迁房屋评估报告，虚增被告人张宝坤拆迁房屋正房、附房拆迁面积及装修、附属物补偿费共计人民币87145元；并非法套取拆迁安置房三套［新安江街道康安路119幢（以下简称“地下空间”）一单元601室，建筑面积83.64平方米；地下空间602室，建筑面积83.64平方米；新安江街道南宁巷9幢1单元501室，建筑面积77.63平方米。上述三套房屋共支付安置结算款人民币391856元］，经鉴定以上三套房屋价值共计人民币1174200元。被告人徐忠平、张宝坤共计非法占有国有财产价值人民币869489元。2013年3、4月份，被告人徐忠平退出非法套取的新安江街道康安路119幢一单元601室拆迁安置房。

2. 2012年1月至2013年3月间，被告人徐忠平利用职务之便，非法占有中交第二航务工程局有限公司（以下简称“中交二航局”）支付给建德市洋溪新城开发工作领导小组办公室的场地租金，共计人民币8万元。

3. 2013年2月，被告人徐忠平利用职务之便，为洋溪街道洋溪社区村两委争取了2012年度工作补贴人民币12万元，由被告人姜保良从城建公司领取出来后交给徐忠平，徐忠平和姜保良将其中人民币6万元予以隐瞒私分，两被告人各分得人民币2万元。

4. 2013年7月，被告人徐忠平、许建文经预谋，在拆迁户郑卫红拆迁安置过程中，先将尚未安置的拆迁安置房出售，后用卖房款以被告人许建文妻子李娟的名义买下郑卫红的拆迁房，再以李娟的名义参与拆迁安置，将已经卖掉的拆迁安置房安置到李娟的名下，套取其中的差价。后被告人徐忠平利用担任洋溪开发办副主任的职务之便，伙同被告人许建文非法将未被安置仍属国有资产的四套拆迁安置房（朱池新村3号楼503室、朱池新村9号楼102室、朱池新村11号楼102室、朱池新村排屋32幢101室）以被告人许建文、李娟夫妇名义非法出售给他人，获取资金人民币242万元，再以李娟名义以人民币213万元向郑卫红买下拆迁房并参与拆迁安置，并将李娟与郑卫红签订房屋买卖合同的时间提前至被告人徐忠平、许建文出售四套拆迁安置房之前。被告人徐忠平、许建文从中从中非法占有国有财产人民币29万元。之后，被告人徐忠平又利用职务之便，通过改动评估报告的方式，虚增李娟向郑卫红购买的拆迁房屋面积及装修、附属物补偿费196063元，并非法套取地下空间601室房屋一套。经鉴定，地下空间601室房屋价值人民币575400元（未结算）。综上，被告人徐忠平单独非法占有国有财产价值人民币771463元；伙同被告人许建文非法占有国有财产价值人民币29万元。案发后，被告人许建文退出赃款人民币10万元。

5. 2008年下半年，被告人徐忠平利用担任洋安开发办（以下简称“洋安开发办”）拆迁组组长，从事建德市洋安新区集体土地房屋拆迁安置工作。同年10月份，被告人徐忠平伙同拆迁组工作人员江林根、徐利根（均另案处理）利用职务之便，通过伪造“赡养协议”的方式，虚构江林根将自身所有的位于建德市洋溪街道洋安村上洋安自然村并已参加拆迁安置的一间面积为77.38平方米老房子转移给俞建忠（原名江建忠）的事实，后以“江建忠”的名义冒充拆迁安置户参加拆迁安置，与城建公司签订拆迁安置协议，获得位于洋安A区面积为90.5平方米安置房一套。后被告人徐忠平介绍将该房屋卖给朱某，并利用职务之便将位于洋安A区90.5平方米的安置房调整为位于清源新居14幢1单元102室，建筑面积122.92平方米的房屋一套。2009年11月14日，江林根与朱某签订购房协议书，同月17日，朱某向洋安开发办支付结算款人民币101667元（应付安置结算款人民币136500.50元，补偿费用人民币34834元，市级支付安置结算款人民币

101667元)。经鉴定,清源新居14幢1单元102室的房屋价值人民币460950元。被告人徐忠平及江林根、徐利根非法占有国有财产价值人民币359283元。

(二)受贿罪

1. 2013年年初,被告人徐忠平利用其担任建德市洋溪新城开发工作领导小组办公室副主任的职务之便,非法收受拆迁户林禄文现金人民币3万元。

2. 2013年年初,被告人徐忠平利用其担任建德市洋溪新城开发工作领导小组办公室副主任的职务之便,非法收受其负责拆迁安置的洋溪街道朱池村书记周亮所送现金人民币1万元。

案发后,被告人徐忠平、张宝坤、许建文、姜保良如实供述自己的贪污犯罪事实,被告人徐忠平在被采取强制措施期间如实供述了司法机关尚未掌握的受贿事实;被告人徐忠平退出赃款人民币30万元,被告人姜保良退出赃款人民币2万元。

经建德市人民法院审理认为,被告人徐忠平身为国家工作人员,利用职务之便,单独或伙同被告人张宝坤、许建文、姜保良侵吞、骗取国有财产,其等行为均已构成贪污罪;被告人徐忠平身为国家工作人员,利用职务之便,非法收受他人财物共计人民币4万元,为他人谋取利益,其行为还构成受贿罪,犯罪事实清楚,证据确实充分,判处徐忠平犯贪污罪,判处有期徒刑十二年,并处没收财产人民币80000元;犯受贿罪,判处有期徒刑两年,决定执行有期徒刑十三年,并处没收财产人民币80000元。判处张宝坤犯贪污罪,判处有期徒刑十年,并处没收财产人民币50000元。判处许建文犯贪污罪,判处有期徒刑六年六个月。判处姜保良犯贪污罪,判处有期徒刑两年六个月,缓刑三年。徐忠平退出的受贿犯罪所得人民币4万元,予以没收,上缴国库;徐忠平退出的贪污犯罪所得人民币26万元、许建文退出的贪污犯罪所得人民币10万元、姜保良退出贪污所得人民币2万元,予以发还被害单位建德市城市建设开发有限公司;责令徐忠平、张宝坤继续退出剩余贪污犯罪所得,予以发还被害单位。

(傅凡轩)

【崔某妨碍公务案】 2014年6月19日,建德法院对暴力抗拒法院执行,造成法院干警受伤的被告人崔某妨碍公务一案进行公开审理,被告人崔某当庭被判处一年有期徒刑。

2014年4月1日8时30分许,建德市人民法院工作人员在依法对被执行人王某(系被告人崔某的岳父)占用的位于建德市梅城镇黄栗坪农机生态实验养殖场的场地、厂房进行强制腾退时,被告人崔某启动事先准备好的汽油链锯并向执行人员挥舞,采用暴力方式阻碍强制执行工作,造成司法警察所持的警用盾牌割裂破损,并致使司法警察手部受伤。

市法院审理认为,被告人崔某以暴力方法阻碍国家机关工作人员依法执行职务,其行为已构成妨害公务罪,公诉机关指控罪名成立。被告人崔某归案后如实供述自己的犯罪事实可以从轻处罚。遂依照《中华人民共和国刑法》相关规定作出上述判决。

(陈晓波)

编辑:方建黎

人力资源和社会保障

Human Resources and Social Security

人力资源

【概况】 2014年,全市共举办各类招聘会41场,提供就业岗位1.89万个,达成初步求职意向5800余人次。畅通信息渠道,通过人力资源信息网发布岗位信息6.07万个。深化创业带动就业工作,举办创业项目展示会,推出32个创业项目,786人次与参展商洽谈,有意向需再次洽谈的169人次。洋溪街道大学生创业园成功创建成为杭州市级大学生创业园,同时依托浙江逸龙文创园拓展大学生创业平台,逐步实现"一园多点"的大学生创业园格局。

出台《关于进一步加强干部队伍交流调动管理的通知》规定,加强和规范全市干部队伍特别是乡镇干部队伍交流调动的管理,有序推进人员合理交流调动。严格控制和规范各类评比达标表彰活动,非上级指定项目一律不得审批和暂停开展。组织3批60余名优秀公务员外出休养。完成3224人次机关工作人员和7100人次事业人员正常工资调整等工作。起草建德市《人才专项住房管理办法》和《企业人才专项住房配额制实施办法》,在汪家保障性住房综合项目中安排人才专项住房218套。

【完善就业政策】 出台积极就业政策、大学生实习见习实施办法,降低门槛、简化流程,月灵活就业转化稳定就业率得到提高。兑现灵活就业、企业及城乡公益性岗位社保用工补助及培训等各类补贴1980.8万元,其中失业保险基金促进就业支出1309.6万元(建德市为失业保险基金扩大使用范围试点,该工作在促进就业创业的同时,减轻了当地财政资金压力),惠及企业47家、帮扶对象1.09万人;为6254人次失业职工及3105名农合工支付失业保险金1188万元。

【城镇登记失业率控制在2.66%】 2014年,全市城镇新增就业人员5826人,引导和帮助3226名失业人员实现再就业,其中就业困难人员502人。农村公益性岗位进村达标率88.4%,发放小额贷款48笔。培养高技能人才1187人,再就业培训1373人,其中创业培训83人。

【失业动态监测】 在原60家失业动态监测企业及32家块状经济监测企业的基础上,新增11家监测企业,提高了就业形势分析研判能力。开展农村劳动力补充调查,建立农村劳动力资源库,至5月31日零时,全市农村劳动力人数占全市农村劳动年龄段人数的87.9%,总体就业率达99.3%,转移就业率达84.5%。

【人才引进和培养】 出台《引进高层次创新型和紧缺型人才补助政策》《引进海内外高层次人才"535"计划的实施意见》《调整与规范选聘到村工作高校毕业生待遇保障》等3个政策,全年引进高层次和紧缺人才702人,其中博士4名、硕士40名。新选拔150名"282人才培养工程"培养人选,蓝地球微粉科技有限公司张辉入围省"千人计划"人选,新安集团5名博士后一次性进站开题,新安集团邵月刚入选享受国务院特贴人员,格林生物胡建良入选省151第一层次培养人选。利用杭州市级以上人才培养平台推荐各类人才培养对象38人,新增"钱江特聘专家"岗位2

个、杭州市“131”三层次资助培养人选1人。杭州市115引智计划立项21项，其中引进高端外国专家年薪资助项目1项、国家引智计划立项1项。通过“评价认定”“校企合作”“名师带徒”“社会培训”等模式，全年共培养高技能人才1187人。

【人才服务】 开展一对一市领导联系科技人才代表活动，组织全市千余名高层次人才参加健康体检、组织高层次人才外出健康休养。及时下拨2013年度各类人才配套经费308万元。全市50家重点企业、40家成长型企业均确定人才工作联络员，对接省“151”人才开展“百名专家入基层进企业服务活动”建德行活动，确定新安集团、新化化工、秋梅食品等10家企业与10名省“151”人才开展专家对接指导。组织全市31家企业的51名分管人力资源副总及人力资源经理、主管，参加薪酬设计方案讲座；全年举办杭州市高级研修班4项、知识更新班10项，培养3000余人次；推荐中、高级职称申报410人次，完成371人次初级职称初（认）定，全市新增高级职称154人（其中正高5人）。组织9家企业参加2014中国（浙江）人力资源服务博览会，提升企业人才服务水平。致力构建“评价认定、校企结合、名师带徒、社会培训”四大模式，通过技能大师工作室培养技能人才228人次，开展技术交流47人次，帮助企业降本增效，在推进“机器换人”等工作上提供技术保障。

【人事招考和录用】 2014年，全市计划招考录用公务员105名，95名考生被批准录用，6名考生因怀孕未完成体检暂缓录用，1名考生放弃录用资格；公开招聘事业人员4次210名，8名考生因怀孕未完成体检暂缓聘用。完成3名军转干部安置任务，面向12名转业士官确定4个事业人员安置名额，均安置到位。采取择优、公开相结合新选聘大学生村官13名，完成7名2011年选聘大学生村官续聘工作，按照省定新标准完成大学生村官待遇保障的调整规范工作。

（姚　芳　程建全）

劳动保障

【概况】 1月1日，出台《建德市医疗保险实施细则》，职工医保门诊统筹政策实现全覆盖，建立了城乡居民重大疾病医疗补助制度。12月19日，出台《关于调整完善被征地农民基本养老保障政策的通知》及《关于完善城乡居民基本养老保险制度的意见》，被征地农民养老保障、老农保与职工养老保险政策衔接。城乡居保基础养老金提高至每月130元，企业退休人员连续第10年增资，人均月增资257.70元；共争取到位职工基本养老保险调剂金2.98亿元。

2014年，建德市城乡居民基本医疗保险参保率及城乡居民基本养老保险参保率分别为99.8%、95.3%。职工基本养老、医疗、工伤、生育、失业保险分别净增参保4589人、1011人、1625人、1223人、2522人，社保扩面任务全面完成。

全市规模以上企业劳动合同签订率98.7%，独立建工会企业集体合同签订率94.2%。受理处置各类劳动纠纷欠薪案413件，涉及劳动者1756人、涉及经济标的2438.5万元，未发生因欠薪引发的重大群体性突发事件。受理劳动仲裁案件130件，涉劳动者1085人、经济标的2800余万元，为劳动者挽回损失1500余万元，调解率及结案率分别为87.5%、90.8%。

【创新基金监管机制】 建立部门合作机制，利用部级平台核查多领养老待遇信息，应追回69人违规基金56.48万元，实际追回29.59万元；探索上门追偿新机制，追回违规基金10.86万元，追回率77%。首次运用网上认证系统开展异地领取待遇人员资格认证。

【开展医保“亮剑”行动】 3月底开始，通过多部门联合，在全市开展医保整治专项行动，对欺诈冒领基金、违规违法等医保行为进行检查。4月至9月，全市医保范围费用金额比3月份累计下降1460万元。定点医疗机构、定点药店医保结算的医疗费用增长率从一季度末的27.7%、24%

分别下降到三季度末的20.6%、18.1%。实施"医保监管3457式管理法",有效控制医保大额费用支出过快增长势头,保障了医保基金安全高效运行。

【开通银行代办个体参保业务】 把灵活就业人员参保和续保登记、中断参保、账户变更等社保业务下沉至工行建德支行所有网点,改变以往仅社保代扣一项业务在银行办理的情况,方便了群众办理业务。至年底,共受理灵活就业劳动者个体办理各项社保业务计8515笔。开通灵活就业参保人员到达法定退休年龄时办退提醒业务,敦促其及时办理退休手续,及时享受养老金待遇。

【推行社会保险网上申报系统】 2014年,市人力社保局推出社会保险网上申报系统,企业经办人员通过该系统便可完成增减参保人员、申报缴费基数、查询企业及职工参保缴费信息和打印各类企业参保证明等社保业务。至年底,有1545家企业通过网上申报社保业务2.65万笔。同时,开发了查询系统,实现参保人员足不出户"网上查"推广网上政务办事大厅,受理事项985件,办结972件。

【开通"就业110"服务热线】 10月,建德市"就业110"(64727110)服务热线开通,该热线与一般政策咨询热线不同,"就业110"服务热线更侧重于服务,变被动服务为主动服务,对失业人员进行就业指导和援助;对就业困难人员进行岗位援助、培训援助、资金援助和就业指导,做到不挑不拣48小时就业、不嫌不弃长期就业;对相关缺工企业及时派专人上门详细了解情况,帮助制订招工方案,落实招工措施,并实行跟踪服务,直到解决问题。

【市工业技术学校】 2014年,市工业技校体育馆、田径场完成竣工验收。增添实训教学设备,其中电子工艺实训考核装置20套、投影仪34台,总投资115万元。

加强教师培训,先后组织16位教师参加浙江省技工学校省级培训、8位教师参加2014年中等职业学校省级培训、12位教师参加省安全生产师资培训,组织全校教师参加浙江省中小学心理健康教育教师上岗资格培训。推行小组合作自主探究型课堂教学改革,以自主、合作、探究、参与为核心,鼓励学生变被动为主动,成为课堂的"主人",提高课堂教学效果。毕业生双证取得率、一次就业率达100%,就业岗位专业对口率得到提高。

全年开展各类培训118期,培训学员5027人次。其中,技能培训鉴定1067人、安全培训3431人、双证制培训246人、培训军地两用人才 44人、其他各类培训239人。以职业技能文化为核心,组织车工、数控、电子商务等技能比赛,引导提高专业操作技能。成人高考再创佳绩,上线率达100%,取得学校历史性突破。 (姚 芳)

编辑:徐健

教育

Education

教育综述

【概况】 2014年，市教育局贯彻落实市委、市政府坚持优先发展教育战略，以办人民满意的教育和提升教育教学质量为目标，变管理为服务，以服务为宗旨，提高教育行政管理与服务的水平，教育事业各项工作协调科学健康发展。

全市全年教育总投入9.02亿元，比上年增加4200万元，其中预算内教育经费拨款（含预算内其他经费拨款）7.9亿元、教育费附加5146万元、地方教育费附加1479万元、各项事业收入3644.2万元。全年人员经费支出5.2亿元，公用经费支出3.82亿元。全市教育装备总投入2260.9万元，其中财政拨款1999万元，占经费总投入的88.4%。至年末，全市中小学校电脑总拥有量达1.24万台，生机比达到4.12∶1；多媒体教室装备1765套，其中多媒体进普通教室1084套；中小学建有图书室的学校65所（含11个教学点），拥有率100%，建成电子阅览室21个，新增图书量7万册，图书藏书总量达186.8万册。

经各学校（幼儿园）自评、市教育局考核，新安江中学、寿昌中学、严州中学新安江校区、新安江成人文化技术学校、新安江第二初级中学、新安江第三初级中学、寿昌初级中学、安仁中心学校、新安江第一初级中学、航头初级中学、新安江第一小学、明珠小学、新安江第三小学、实验小学、航头中心小学、上马小学、明镜小学17所中小学，被确定2013学年度学校目标管理考核一类学校；市实验幼儿园、新安江中心幼儿园、大慈岩中心幼儿园、寿昌幼儿园4所幼儿园被确定为一类幼儿园。

【均衡优质发展指数实现新增长】 义务教育标准化学校覆盖率达89.6%，超过2014年全省标准化中小学校比率达65%的目标。义务教育公办学校骨干教师交流率17.2%，超过省厅要求的15%的交流比例。幼儿园持教师资格证教师比例达到78.2%，比2013年上升11个百分点，超过全省74.0%的持证率。

【完成学校基建工程13个】 2014年，共实施政府投资项目21 个，项目总投资2.53亿元，建筑面积8.27万平方米。完成建德市城东实验学校、寿昌中心幼儿园陈家分园、严州中学梅城校区宿舍楼、实验小学综合楼等13个项目。寿昌中学学生公寓楼、洋溪中心幼儿园、乾潭中心幼儿园等工程基本建成，更楼中心幼儿园、寿昌中学体艺馆等工程投入建设。制订出台《建德市学校基建工程管理办法（试行）》，加强对教育系统基建工程项目的规范化管理。

【开展部门权力和责任清单编制工作】 开展部门权力清单梳理编制工作，经梳理确定保留事项52项，共性权力8项；审核转报事项5项，保留事项包含行政许可2项，行政处罚24项，行政给付1项，行政裁决2项，行政确认2项，其他行政权力21项。开展部门责任清单编制工作，经梳理确定11项主要职责，1项与市公安局存在职责边界的事项，9项事中事后监管制度和5项公共服务事项。全年共办理行政许可案件152件（其中准许许可150件、不予许可2件），无行政处罚案件。

【开展“四进五送千万访”活动】 组织开展教育系统“走进课堂、走进食堂、走进办公室、走进寝室”活动，查找问题，指导工作；开展为广大教职工“送理念、送关怀、送温馨、送鼓励、送健康”活动，举办了教育系统第二届教职工运动会；启动“千名教师访万户家庭”活动，全体教师参与，加强家校联系。在“杭州湖州嘉兴片区教育系统第二批党的群众路线教育实践活动推进会”上，市教育局作为杭州市教育系统区、县(市)唯一发言单位作典型经验介绍。

【加强校园食品安全管理】 对全市59家中小学和36家幼儿园食堂实行规范化管理，学校大宗食品统一配送或定点采购率100%。对15所学校食堂进行了升级改造，食堂量化分级A、B等级达到76.2%；20家学校食堂建立食堂在线监控，同时做好中小学生饮食安全宣传教育工作。

【建立扶持困难家庭学生机制】 创新留守学生“家园式”管理服务模式。扩大资助受益面，全市各学校1.81万人次享受到1137万元的资助金额，其中义务教育段学生享受营养餐 6420人次，资助金额241万元。安排外来务工人员子女教育专项经费项目10个，投资877万元，解决了744名外来务工子女的义务教育就学问题。

【师生素质全面提升】 深化核心价值观教育，开展“十佳美丽学生”“十佳美丽教师”“建德教育贡献奖”评选，加强宣传教育系统正面典型。新增2名特级教师，大同一中陈建华老师被评为全国教育系统模范教师。举办全市中小学生艺术节、田径运动会，逐步实现“人人会唱校园歌曲、人人会奏一件乐器、人人会跳校园集体舞”的目标。在浙江省大学新生体能抽测中，建德市排名第14位；在杭州市2014年中小学生体能素质检测中，排名第2位，其中义务教育阶段排名第1位。全市有3332名教师持有省心理健康教育资格证书，持证率86.1%，列全省第2位。在省、杭州市各类科研成果评比中获奖53项，在教师各类专业技能比赛中有40余人获杭州市级及以上奖项，其中一等奖12人。

【举行庆祝第三十个教师节颁奖晚会】 9月10日，建德市举行庆祝第三十个教师节颁奖晚会，对在教育工作中做出突出贡献的优秀模范教师进行表彰奖励。其中，陈建华(大同第一初级中学)被评为全国教育系统模范教师，李小玲(实验幼儿园)、吴志芳(严中新校区)、何文高(新安江三中)、俞伟(新安江街道)被评为浙江省第25届春蚕奖、第23届绿叶奖，赖明辉(严州中学新安江校区)、邵锋星(新安江第一小学)被评为浙江省第十一批特级教师；蔡爱芳(严州中学梅城校区)、叶海燕(寿昌初级中学)、徐江波(新安江第一小学)、陈来法(大洋中心小学)、叶桂昌(寿昌中学)、韩旻(李家初级中学)、赵雪琴(梅城中心小学)、张艳(机关幼儿园)、寿子炎(乾潭初级中

表25 **2014年建德市各类中小学、幼儿园情况**

类别	校(所)总数	毕业生数(人)	招生数(人)	在校生(在园幼儿)数	
				2013年(人)	为上年(%)
普通高中	5	3034	2922	8946	98.6
职业高中	4	1099	797	2599	86.8
初中	20	4765	3494	11917	90.0
小学	28	3586	3568	20851	99.3
幼儿园	36	3702	4275	12545	100.6
培智学校	1	2	3	29	103.6

学)、万红(新世纪实验学校)被评为建德市首届"十佳美丽教师"。晚会由"桃李情怀、至高荣耀、追逐梦想"三个乐章组成,包含了歌舞表演、情景表演、"教师之家"现场采访、教师宣誓仪式等。

学前教育

【概况】 2014年,全市共有教育部门和集体主办幼儿园、分园35个(16所),社会力量办幼儿园19所,其他部门办幼儿园1所;在园幼儿总数1.25万人。有省一级幼儿园4所,省二级幼儿园、分园31个(25所),省三级幼儿园、分园13个(5所);杭州市农村示范幼儿园12所,标准化建设达标幼儿园、分园29个(20所)。全市3周岁~5周岁幼儿入园率98.6%。寿昌镇、航头镇通过杭州市学前教育先进镇复查。严州幼儿园、莲花中心幼儿园、童家幼儿园、陈家幼儿园等4所幼儿园创建成为杭州市标准化建设达标幼儿园。

【学前教育经费投入增大】 2014年,公办园非编教师补助标准为年人均4.8万元,达到在编教师平均工资的90%;民办园补助标准为年人均1.44万元,补助比例从24%提高到30%。全市602名学前教育非在编教师享受补助经费共计1323.68万元,比2013年增加300万元。学前教育生均公用经费由原来的210元增加到220元,公用经费补助总额260.27万元;无证幼儿园补助整治、学前教育先进乡镇创建奖励和教师培训经费等补助124.79万元;幼儿园园舍租赁补助66.58万元。

【整治无证办学点13所】 出台《建德市民办幼儿园年度考核办法(试行)》(建教普〔2014〕8号),对民办幼儿园考核结果分等级进行奖励。市政府出台《关于印发〈建德市社会非学历教育培训机构和民办学前教育机构专项整治行动方案〉的通知》(建政办函〔2014〕112号),从2014年开始对不规范无证办学点进行综合整治,通过撤并、取缔、整改提升发证等形式,整治无证办学点13所,占全部无证幼儿园的30.2%。

【多举措提升幼儿教师素质】 试行民办园教师公办派驻制,向更楼幼儿园和乾潭万乐幼儿园2所民办幼儿园派驻公办教师2名。建立公办、民办师资培训一体制,举办全市未取得教师资格证教师培训班1期,198人(其中民办120人)参加;保育员、炊事员技能等级考级培训班6期,共培训保育员220名(其中民办100名)、炊事员50名(其中民办24名)。承办杭州市幼儿园教师风采展示活动之"微教具制作比赛",获1金1银2铜的成绩;举办全市幼儿园教师职业技能大赛。组织幼儿园教师参加"原创儿童文学作品大赛""自主性游戏视频案例研修月""幼儿园精品课程"、教科研论文和游戏案例评比等各类活动,获浙江省级奖项2个、杭州市级奖项23个。幼儿园教师持证比例比2013年提高了11个百分点。

【"千名儿童画家乡"绘画大赛】 5月13日,第三届建德市"千名儿童画家乡"绘画大赛结果揭晓,在征集到的502幅作品中共评定一等奖20名、二等奖30名、三等奖50名、优秀奖若干名,并分别对获奖者和获奖单位颁发荣誉证书和奖品。此次赛事以"五水共治、美丽建德 "为主题,旨在培养少年儿童热爱家乡的情感,不断增强他们保护美丽家园的责任感和使命感,进一步提高他们绘画兴趣和艺术水准,让儿童们通过手中的画笔,充分展现美丽家乡。赛事由建德市文广新局、建德市教育局主办,建德市文化馆承办,各乡镇(街道)综合文化站、幼儿园协办。

义务教育

【概况】 2014年,全市小学新入学学生数3568人,初中新入学学生数3494人。全市初中、小学适龄儿童入学率及巩固率均达100%,初升高比例99.7%。

德育科研有突破,在杭州市德育科研论文(成果)评选中获一等奖2项、二等奖1项、三等奖3项。更楼初中的《让每朵花儿绽放美丽农村初中留守孩子梯架推进培育策略研究》获浙江省中小学德育论文评选一等奖，乾潭二小的《新农村少年培育的主题活动设计与实施》获浙江省二等奖，新安江一小的《城镇学校班级休闲共同体的创建与运作》、明珠小学的《微视串：小学安全教育新载体的设计与实施研究》获浙江省三等奖。

◎5月7日，2014年建德市中小学生艺术节启动

【第四十一届中小学生田径运动会】 10月29日，由市教育局和市体育局主办共同主办的建德市第四十一届中小学生田径运动会在新安江中学举行。57个代表队、700余名运动员，代表全市4.4万余名中小学生，在5个组别19个田径项目上展开角逐。寿昌一小周羽、新一小潘慧等14人次创造了400米、垒球等四个项目的新纪录。实验小学、寿昌第二小学、新安江一中、更楼初中、严州中学业新安江校区分获各组别团体总分第一名。明珠小学、麻车小学、马目中心学校、三都初中、大同一中、寿昌中学等6所学校获得体育道德风尚奖。

【举办中小学生艺术节】 5月7日，组织召开2014年杭州·建德中小学生艺术节启动仪式，先后举办中小学生独唱独奏比赛、小学生讲故事预决赛、中小学生合唱合奏预决赛、中小学生音乐类综合比赛、幼儿园专场展演等16个类别音乐类比赛，举办了绘画、书法、篆刻、摄影、工艺等6个类别美术类比赛。比赛分小学组、初中组、高中组、幼儿园组，共19场预决赛，直接参加市级比赛和艺术节活动的学生达1.03万人，参赛率17%，校级比赛和艺术节活动的参与率达100%，基本实现"人人会唱校园歌曲、人人会奏一件乐器、人人会跳校园集体舞"的艺术教育目标。在杭州市艺术节比赛中，获音乐表演类二等奖8项、三等奖14项。

高中段教育

【概况】 2014年，全市初中毕业生升入高中段学校学生4729人，比例达99.7%，其中初中毕业生升入普通高中的人数为2486人、比例为52.6%，升入职高人数2243人、比例为47.4%。普通高中在校学生数8946人，比上年减少131人，在校教职工数734人；职业高中在校学生数2995人，减少532人，在校教职工人数211人。

【高考成绩获佳绩】 2014年，全市共有413人上第一批分数线(不含艺术、体育类)，居杭州五县(市)第二位。其中，文科126人、理科287人，第一批上线人数比上年增加51人。理科700分以上有8人，文科690分以上有6人。严州中学新安江校区方敏芝、傅丽樾同学分别以708分、707分名列全省文科第71、89位；陈加航、叶梓萱同学分别以718分、717分进入全省理科前500名。

【普通高中新高考选课走班】 继续推进新课程改革，为对接2017年新高考，各高中学校制订了实施方案，先后开展校内宣传、家长会政策解读、学生选课选考调查等活动，并汲取联谊学校的经验，推进普通高中新课程改革，各校基本建成选修课程体系，全面实施走班选课、学分制等新型教学运行和管理制度，开设了体验课程和职业规划课程，并有计划地开展了必修课程分层分类走班教学。

【提升职业技能】 成立学前教育专业指导委员会，借助幼儿园园长和骨干教师资源，对学前教育学生职业生涯和专业知识进行培训，开发了软陶艺术、景泰蓝制作、农民画等课程，提高学生的技能与综合素质。举办第三届中职技能大赛，学生参与率达100%。参加杭州市技能大赛，共获二等奖2项、三等奖9项。全市中职毕业生技能初级工比例达到100%、中级工比例达到61.8%。

【推广校企合作“订单式”培养模式】 按照《建德市教育局关于中等职业教育专业课教师下企业实践锻炼的实施意见》，落实中等职业学校专业课教师每两年下企业锻炼两个月的规定，并开展新聘专业课教师岗前下企业锻炼试点工作。致中和酒业有限公司和新职校进行“酿酒人才培训班”联合办学尝试，培训班以培养储备致中和新厂所需一线操作骨干为目的，实行企业与校方合作管理，公司选取研究院与基地关联度较高员工为讲师进行教学，对学生进行为期3个月的企业文化与职业规划、酒类发展概论、五加皮酒知识、自动化酿酒工艺、质量与食品安全知识等培训。

【严州中学梅城校区】 浙江省严州中学始创于1901年，是浙江省一级重点中学。浙江省严州中学梅城校区校园占地面积6.7公顷，建筑面积3.39万平方米，绿化面积3.37万平方米。校园古朴典雅，精致和谐，内有两幢历史保护建筑，教学楼、办公楼、科技综合楼、图书馆、体育馆、学生公寓、食堂等设施齐全，图书馆藏书近8万册、报纸杂志种类300余种。经过多年探索实践，学校逐步完善了学校的德育规章制度、评价制度，逐步构建了“健康—人品—能力”三维教育的德育管理模式。学校先后获得“浙江省文明单位”“浙江省卫生先进单位”“浙江省现代教育技术实验学校”“浙江省科研兴校200强”“浙江省绿色学校”等荣誉称号。

2014年，学校有高中班36个，学生1700余名；在职教职员工136人，其中专任教师130人、具有中级以上职称的98人、建德市级及以上优秀教师或教坛新秀60余人。

【严州中学新安江校区】 2001年，严州中学分校在新安江城东新区建成。该校区占地面积17.6公顷，建筑面积5.78万平方米。内有严州中学游泳健身中心，建筑面积1.34万平方米，设有恒温游泳馆、大型羽乒馆、健身馆和室外网球场。学校坚持“务本求实，创新求真”的办学理念，以“进德修业”为校训，倡导师生“增进道德，建立功业”，以“培育进德修业文化，打造价值教育品牌”为办学追求，以“重构师生关系、重建校园生活、重塑学校文化”为实践指向，推进教育教学改革，构建校本课程体系，探究转变育人模式，促进学校科学发展。先后获得“浙江省文明单位”“浙江省科研兴校200强”“浙江省百年名校100强”“省现代教育技术实验学校工作突出先进单位”“省先进示范基层党校”等荣誉称号。高考质量跻身于省重点中学先进行列。

2014年，校区有班级36个，在校学生1900余人；在编教职工161人，专任教师144名，其中高级教师83名、省特级教师2人、省劳动模范2人。

【新安江中学】 新安江中学创建于1958年，2006年迁址于新安江街道白沙社区苏州苑三和路，同年12月，学校晋升为浙江省二级重点中学。校园占地面积13.9公顷，建筑面积6.2万平方米，绿化面积5.6万平方米。按省一级重点中学标准配备田径场、篮球场、计算机教室、实验室等教育教学设施。校图书室藏书20余万册、报刊种类400余种。学校坚持“弘毅教育”的办学理念，以“培养志存高远、学有所长、行有恒持的现代公民”为培养目标，先后获得“浙江省国防教育先进单位”“浙江省先进基层党支部”“浙江省绿色学校”“浙江省共青团工作示范学校”“浙江省卫生先进单位”等荣誉称号。

2014年，学校有48个班级，学生2300余名；

教职工186人，其中省市骨干教师，优秀教师，高级教师，硕士研究生等占50%左右，35周岁（含）以下的青年教师有101人，占54%。

【寿昌中学】 寿昌中学创建于1939年，2004年2月被确认为浙江省三级重点中学。学校占地10.3公顷，建筑面积3.40公顷，绿化面积6.22万平方米。学校教学区、运动区、生活区布局合理，实验、电教、劳技、音乐、体育、美术设备均按I类标准配备。“和美教育”成为学校德育特色，以“三和四美”（即和平、和谐、和乐；环境美、言行美、仪表美、心灵美）为基本的德育目标，致力于培养学生开拓创新的现代意识，团结互助的协作精神，真实诚信的传统美德，文明守纪的行为习惯。学校先后被评为“浙江省治安安全示范单位”“浙江省绿色学校”“杭州市文明单位”“杭州市文明学校”“杭州市‘群体师德’创优先进集体”“杭州市教育科研先进集体”等荣誉称号。

2014年，学校有班级40个，在校学生2019人；教职工161人，其中专业技术人员157人、中学高级教师45人、中学一级教师65人。

成人教育

【概况】 全市共有乡镇成人文化技术学校16所，其中区域性成人教育中心5所、省标准化成校11所。校园总占地4.46公顷，校舍总建筑面积1.81万平方米。有社区学院1所，社区教育中心5所，社区学校11所。

8月，出台《关于开展扫盲工作考核和评比的通知》（建教职成〔2014〕9号）文件，从组织管理、工作开展、目标达成、工作创新等四个方面对成校的扫盲工作进行考核，以考核和评比结果下拨扫盲经费。全年有4407人脱盲，为全年任务的143.1%。

【创建省标准化成校3所】 全年两次召开成校创建工作推进会，布置创建工作任务、分析创建的困难，介绍创建的经验。投入70余万元，用于成校的改造和维修。大慈岩、航头、三都3所成校通过浙江省标准化乡镇成校验收，全市浙江省标准化成校达到11所。标准化成校的创建，带动了成校培训工作的开展，全年共培训6.41万人次。

【超额完成双证制培训任务】 3月，分解落实2014年度2700名农民“双证制”教育培训指标，与各培训基地签订培训责任书。培训基地开展了调查摸底、宣传发动工作，研究制订农村“双证制”教育培训工作的具体方案和年度工作计划，全年实际参加农民“双证制”教育培训考试人数达3308人。10月，组织杭州市农村“双证制”教育教研活动，建德市两位老师进行了语文、公民与道德课授课。

师资队伍

【概况】 2014年，全市有教职工3507 人（其中专任教师3359人），幼儿园、小学、初中、普通高中、职业高中专任教师的学历合格率分别为100%、100%、100%、99.7%、98.7 %；小学专任教师专科及以上学历和初中专任教师本科及以上学历的比例分别达到94.4%和90.4%。面向社会公开招考、录用教师77名，其中高中11名、初中17名、小学19名、幼儿园30名。完成3691名教职工的考核工作，其中优秀517人、占教师比例14%，合格3090人、占83.7%。全市义务教育学校符合交流条件的骨干教师总数为58人，其中参加交流的10人，占17.2%；参加交流的校长5人、普通教师81人。

【师德师风建设】 抓好《中小学教师职业道德规范》教育、专题师风师德培训，全体教职工全年听取上党课、师德师风讲座40余场；树立教育系统正面典型，评选“十佳美丽教师”、第三届教育贡献奖，开展教师读书征文活动。开展师德师风问卷调查和测评，把教师的不良行为记录进师德师风记载卡，作为教师评优评先、职称评定等的重要依据，26名责任督学对责任区学校坚持每月一督导，15名行风督查员随时监督检查。全年对学

◎党员教师重温誓词

校进行明察90余次、暗访10余次，对存的问题做到即整即改。

【教师专业技术职务评审】 2014年，全市教育系统有194名教师晋升或确认各类专业技术职务，其中晋升高级职称42人（含小学中学高级教师10人）、中级职称68人（其中42人晋升为中学一级教师、24人晋升为小学高级教师、1人晋升为幼儿园高级教师、1人为实验师）、认定初级职称84人（其中28人被认定中学二级教师、14人被认定小学一级教师、42人被认定为幼儿园一级教师）。

【教师资格认定】 2014年，面向社会分别受理幼儿园104人、小学25人、初中23人、高中14人、中职7人申请教师资格证，经过笔试、面试等考核工作，有幼儿园104人、小学24人、初中22人、高级中学教师14人、中等职业学校教师6人得到认定。

（舒新华）

在建德大中专院校

【杭州科技职业技术学院严州校区】 2014年1月，杭州科技职业技术学院严州学院更名为杭州科技职业技术学院严州校区管理办公室，增挂严州师范学院牌子。聘任在编教工20人、非编人员32人，教育学院和公共教学部派驻严州校区管理和教学人员15人。学校安排教育学院学前教育专业一年级学生在严州校区就读，2月~6月有2013级学生390人，9月~12月有2014级学生368人。

组织实习和考级工作，培养学生良好职业素养。6月组织学生到新安江、梅城、寿昌等地幼儿园进行专业见习；全年两次组织学生参加全国大学英语等级考试和浙江省普通话水平测试、计算机等级考试。

开展课外文体活动，促进学生全面发展。举行2期学生课余党校培训班；举办了羽毛球团体赛、第二届“育才杯”辩论赛、“我的舞台我的梦”心理剧会演、“行知杯”故事演讲赛、主持人选拔大赛、“秋之声·金色的旋律”十佳歌手大赛和“艺韵之夜”新年晚会；开展了志愿服务·爱心义卖、义务献血、80分钟无手机、勿忘国耻——“12·9”观看战争题材影片和学生摄影作品展评等活动；心巧巧手工社、新月文学社、美舞社、麦田话剧社、民谣吉他社、BLACK动漫社、Justking摄影俱乐部、户外拓展社、礼仪社以及跆拳道、武术等学生社团。

推进校友校史工作，筹备建校百年纪念活动。到富阳、建德、淳安、永康、杭州等地，拜访了10余位早期毕业的老校友和曾经在学校工作过的老教师、老校长，对有关校史资料进行抢救性挖掘。联系、走访各地校友，协商成立校友会，并于6月底成立了严师淳安校友会。征集、收集校史校友资料和校友捐赠著作、作品、照片、证书、奖章等40余件，并落实专门场所保存。整理研究校园十大文化景点，相关资料送设计单位，形成初步设计方案。整理、编辑30位知名校友的资料，制作“校友风采”展板，在校区展出。

主动对接属地政府，促进校政合作。根据建德市政府与杭州科技职业技术学院签订的战略合作框架协议，双方将共建梅城幼儿园，3月5日，在梅城幼儿园新园区（杭科院附属幼儿园）建设方案设计论证的基础上，举行了共建工作对接会。校区管理办经过多次调研、协商，与原附小区块相关建筑物承租人初步达成拆迁、赔偿协议，为幼儿园项目开工做好前期准备工作。 （廖 望）

【国网浙江省电力公司培训中心浙西分中心】2014年，浙西分中心围绕创建“一流培训中心”目标，按照国网浙江省电力公司培训中心“质量年”活动要求，提升培训质量、管理质量、服务质量，年度工作任务全面完成。

全年共举办各类培训班493期，共3345人次，14.28万人天数；完成技能鉴定64期，鉴定考核2219人，培训计划完成率100%。培训质量满意率99%，综合质量满意率98%。2014年，所负责的集训项目分获国家电网公司《电力安全工作规程》调考团体第二、国家电网公司220千伏架空输电线路带电作业技能竞赛项目竞赛团体三等奖、国网浙江省电力公司农村用电安全管理和技能知识调考团体三等奖。

创新培训模式，推广“问题解决式培训”，并按照中心问题解决式培训的八个步骤（8S即甄选培训主题，组建开发团队，搜集现场问题，梳理关键问题，寻求解决方案，编写特色教材，组织互动教学，评估培训效果）实践，陆续开发了“架空输电线路带电作业问题解决式培训”“施工企业项目管理问题解决式培训”。在推广应用问题解决式培训的同时，分中心充分利用电力公司系统各种资源，以多种培训形式组织办班，解决企业员工的工学矛盾等实际问题，2014年共实施网络培训项目22个、共计1.43万人·天，完成送教上门6项，实施劳模跨区域培训1项。

推进培训基地建设，交直流同塔特高压教学实训线路建设项目施工基本完成，500千伏输变电带电水冲洗科技开发项目初显成果，该项目共申报3项实用新型专利、3项发明专利，编写《浙江省公司500kV输变电设备带电水冲洗技术导则》1部，参编全国带电作业标委会《500千伏输变电设备带电水冲洗》行业标准。 （胡婷婷）

编辑：吴康福

科技 信息

Scientific Technology & Information

科学技术

【概况】 2014年,市科技局围绕省委、省政府提出的“八倍增、两提高”目标,创新专利申请代理券制度、“新三板”挂牌得到零的突破、顺利通过浙江省科技强市复查,区域创新能力进一步提升,为经济结构转型升级提供了科技支撑。

实施科技型企业培育工程,制订培育服务计划,新增杭州市级以上高新技术企业14个,其中国家级2个(杭州稳健钙业有限公司、杭州三耐环保科技有限公司),新认定“蒲公英”计划企业39个、省科技型中小企业38个。全市累计高新技术企业93个,其中国家级20个、杭州市级73个,省级科技型中小企业123个。

组织实施杭州市以上科技创新项目 141项,其中国家级6项,争取经费1770万元。组织实施市级科技创新、高新技术产业化、专利产业化、农业科研攻关、成果转化、创新平台建设等科技专项150余项。

开展产学研科技合作,实施假日导师计划,聘请中科院沈阳自动化研究所、浙江工业大学等高校专家教授为建德市假日导师,利用节假日走访建德工业企业,指导企业新产品研发,为企业产品换挡提供技术支撑。

【创新科技平台建设】 指导逸龙文创园成功创建杭州市级科技企业孵化器,入孵企业22家,主要集聚电子商务产业、文化创意产业、科技教育等产业。发挥碳酸钙研究中心等公共技术服务平台作用,通过实地走访等方式服务全市碳酸钙重点企业10余个,为碳酸钙产业窑炉改造、产品提升等提供技术支持。鼓励企业与高校联合共建研发中心(技术中心、工程中心)、重点实验室、中试基地和博士后工作站,促进科技成果产业化,全市累计杭州市以上高新技术企业研发中心47个,其中国家级1个、省级18个。

【实施知识产权保护】 创新企业外观设计专利免费申请委托代理券制度(企业凭券自行委托专利中介机构,实行外观设计专利免费申请代理),实现企业外观设计专利申请零成本,提高了企业专利保护意识。开展专利申请百日会战活动,全年专利授权量1213件;专利申请量1456件,增长67.9%,增长幅度位居杭州市各县(市、区)首位。举办“和乐杯”产品创新设计营,围绕五金工具(旋具)、玫瑰产品包装等产业选出获奖作品27件,其中特等奖作品1件。这是建德市首次以乡镇为平台举办工业设计大赛,部分设计产品经改良后实现产业化。

【深化科技支农】 组织实施杭州市级以上农业科技项目33个,帮助企业争取资金410万元。开展农村科技特派员工作,实施农村科技特派员项目16个,开展实用技术培训5期,受训人员达200余人次,2人获评省级优秀科技特派员。新增杭州市以上农业科技企业8个,其中省级5个,全市累计农业科技企业73个,其中省级 32个、杭州市级28个。

【开展科技金融合作】 进一步扩大科技型中小企业贷款风险池规模,为解决科技型企业因担保链断裂而引发的融资难题,新增200万元,与杭州市高科技担保公司、杭州银行科技支行按照4.5:

表26　　2014年建德市承担的国家科技项目清单

项目名称	计划类型	承担单位
杭州市五金旋具试验检测创新资源共享服务平台	国家创新基金项目 国科发计[2014]166号	建德市欧美特检测技术有限公司
丁位格林酮产业化	国家火炬计划项目 国科发计〔2014〕303号	格林生物科技股份有限公司
环保增塑剂对苯二甲酸二辛酯产业化		浙江建业化工股份有限公司
抗球虫病药盐酸氨丙啉清洁生产产业化项目		浙江大洋生物科技集团股份有限公司
63%草甘膦钾盐可溶粒剂	国家重点新产品 国科发计〔2014〕303号	浙江新安化工集团股份有限公司
XHPFR1010无卤阻燃剂		浙江新化化工股份有限公司

4.5∶1的比例，扩大风险池贷款基金，专项用于科技型企业因担保链断裂而给予信誉贷款。通过固定资产质押、剩余价值质押、专利权质押等模式，帮助企业新增贷款1.15亿元，其中列入风险池项目8050万元。指导科技型企业“新三板”挂牌上市，在全省科技系统内率先邀请全国中小企业股份转让系统、申银万国、浙江智仁律师事务所到建德市开展“新三板”挂牌业务培训对接，引导企业运用“新三板”挂牌，开展股权融资。杭州沈氏节能科技股份有限公司成功在“新三板”挂牌上市，实现建德市科技型企业“新三板”挂牌上市零的突破；远力健药业、三耐环保与券商签订“新三板”服务协议，启动“新三板”挂牌业务。

【开展科技宣传和服务】 从资金、税收等方面激励企业加大科技投入，促进高新技术产业的发展。落实工业科技创新扶持奖励经费500万元，比上年增长4.6%；落实企业研发经费加计扣除税收减免3278万元，增长54.9%；落实高新技术企业所得税减免1968万元，增长43.4%。完成杭州市党政领导科技进步工作责任制考核、杭州市创新发展专项考评工作，首次将R&D经费支出、专利申请量列入乡镇（街道）综合考评，增强科技创新氛围。开展建德市“五下乡”、杭州市“三下乡”、杭州市科技活动周（建德站）等科普活动，开展科技政策咨询、农村实用技术推广等系列活动，发放科技宣传资料4000余份，进一步扩大科技认知度。　（许明净）

科普活动

【概况】 2014年，市科协围绕市委、市政府工作中心，坚持“三服务一加强”工作定位，在促进经济社会发展、提高全民科学素质、服务广大科技工作者方面开展工作，完成了年初制订的各项目标任务。

加强科普阵地建设。大同镇创建杭州市全民科学素质先进乡镇通过考核验收。罗桐社区和横山社区建设社区科普馆基地。确定科普宣传融入农村文化礼堂建设2家，并改造村级和社区科普宣传栏，在大同镇富塘村、梅城镇洋程村和梅花社区各新建10米科普宣传长廊1处。创建建德千岛银珍科普示范基地和建德石斛科普示范基地等2个杭州市科普示范基地。实施两批、共55个建德市科普工作项目，其中“市级专项公民科学素质提升活动”“特色产业科普助农系列活动”“科普惠农系列培训、服务活动”等3项被列入杭州市科普工作项目；下涯红群草莓基地示范推广应用“大棚立体草莓套种铁皮石斛栽培技术”被列入杭州市厂会协作项目。

开展科普宣传活动。编印“五水共治”宣传手册、科普宣传环保袋，利用农村庙会、基层调研、召开会议、大型广场科普活动等时机，到更楼街道于合村、李家镇沙墩头村、大慈岩镇新叶村等地开展科技服务。农函大讲师团成员全年举办实用技术培训220期、培训9000余人次。市科协牵头组织市农学会、林学会、水产行业协会、医学会、中医学会、环境科学学会、计生协会，以及科技局、司法局等10余个单位的科技人员和科普志愿者，送科技知识到寿昌镇。组织开展“五水共治，建设美丽建德”主题活动，科普微视频进公交、进广场电子显示屏科普宣传活动，组织社区居民代表进行“走进环保、社区科普体验活动”，参观城东污水处理厂和市环境监测站。9月23日，市科协牵头在新安江文化广场主办“2014全国科普日暨杭州市第28届科普宣传周（建德市）活动”，现场接受市民咨询，发放科普宣传资料2万余份（册）。

【获全国科技工作优秀调查站点称号】 2月，中国科协调研宣传部会同中国科协发展研究中心，对全国654个调查站点2013年度工作进行考核评级，评出全国A级（优秀）以上站点共51个，建德市科协以考核总分第一的成绩位居“AAA级优秀调查站点”榜首。

【承办“五水共治”助推生态环保产业发展论坛】 6月25日，市委、市政府和杭州市科协在市机关会议中心联合主办“杭州市科协第七届学术年会建德分会场——‘五水共治’倒逼建德市生态环保型企业发展论坛”，邀请浙江省“五水共治”专家、省水利厅副总工程师朱法君作《“五水共治”——浙江治水思路的历史性突破》专题报告。各乡镇（街道）、社区领导，市五水共治工作领导小组办公室、市科普工作领导小组成员单位、市级有关学会（协会），以及相关化工企业管理和技术人员等，共220余人参加论坛。

【建德市第二十届优秀论文评选】 开展建德市第二十届优秀论文评选，通过各市级学会、协会（研究会）和各乡镇（街道）科协推荐，社会推荐及自荐等多种形式并行，经有关主管部门审核上报，共收到参评论文144篇。先分农业、工业、教育、卫生和政史等系统行业小组进行初评，再由市政府领导牵头召开评选领导小组会议综合评定，并经市级新闻媒体公示，最终评出获奖论文65篇，其中一等奖10篇、二等奖20篇、三等奖35篇。获奖论文由市科协编印《论文集》。

【加强反邪教协会工作】 印制“美丽江城，幸福江城”反邪教警示卡片1万份，翻录“小法科科历险记”光盘50盒，下发反全能神邪教宣传挂图50套。联合新安江街道明珠、沧滩、溪头、新安社区，以“崇尚科学、反对邪教，倡导文明、健康生活”为主题，举办“党群共建迎中秋纳凉晚会”江边纳凉晚会。全年累计开展反邪教警示教育科普宣传23次。 （张永祥）

电信通信

【概况】 2014年，中国电信股份有限公司建德分公司贯彻上级公司市场化推进工作部署和“一二三四五”工作思路，围绕年度预算指标和各阶段重点工作，克难攻坚，基本完成杭州分公司下达的年度预算指标。至年末，全市移动电话用户11.69万户，净增4384户，增长3.9%；普通电话用户7.41万户，净减1.14万户，下降13.3%；小灵通用户270户，净减3678户，减少93.2%；宽带用户7.5万户，减少3.4%。完成主营业务收入1.19亿元，下降6.0%；实现税前利润1348万元，增长14.4%。

【扩大市场营销】 先后开展广场购机盛宴、国庆4G精品手机特卖会、渠道经理及营业店长炒店暖店PK赛、“精三扫”PK赛和“1+1+1”现场营销等活动，净增移动电话用户4384户。借助“天翼巡防”、对讲定位、“天翼绿网”、翼校通、“综治e通”等行业应用，共发展移动电话用户1000户、警务通用户220户、巡防用户100户，签约翼校通7家，“综治e通用户”突破5个乡镇，智慧水利、校园信息化签约、公安执法、林业巡防等业务取得新突破。通过开展iTV多部加装、“天翼欢享季”和百日冲刺iTV业务营销活动，共发展iTV用户7612户。通过开展全渠道“流量为王”营销劳动竞赛、每周流量通报、关注天翼流量800和流量包销售在客户触点上的执行等举措，净增流量包用户8909户，净增率181.2%；出账流量产品(流量套餐+流量包)渗透率49.2%，实现流量经营收入1785万元。

【优化网络和服务质量】 完成新安江S-1240母局6.83万线退网工作，以及所有节点的S-1240设备的退网工作，进一步优化网络，提升网格新业务承载能力；完成81个L网(4G网络)配套站点建设。通过“兑现五项承诺，用心装维服务”活动和压缩待装工单、维修工单等举措提升服务质量，至年末，平均安装时长从年初的32小时压缩到24小时内，其指标处于当地网前列；平均修障时长从年初的9.17小时压缩到7小时。

【实施强渠计划】 按照杭州分公司“强渠计划”的要求，着眼渠道的拓展、运营和转型，重点做好渠道建设的规划、选商和激励。至年末，新建天翼卖场5个、专营店4个、代理电脑店4个，使核心商圈和乡镇商圈的网点布局更加合理；完成9个门店的“四化改造”(门头中性化，终端多样化，服务差异化，营销主体化)，被杭州分公司授予渠道建设奖。

【推进市场化改革】 4月，对原杨村桥网格和大慈岩网格进行裂变，裂变后的网格数由14个增加至16个，实现网格与乡镇的一一对应。完成包括支局局长和网格经理承包在内的9项承包工作，支局局长和支局局长助理兼任的网格经理实行认购承包；其他网格以竞标方式承包，推行承包年薪制和交纳风险抵押金。通过“楼内人下沉”、调整岗位设置等形式，推进人员前移；充实渠道经理队伍，从4人调整至16人，为每个网格配备1名渠道经理。实施公司领导、职能部门挂钩支局和16个网格直管直考的管理模式，建立部门与支局、网格问题响应和帮扶机制，各职能部门的月度绩效30%与支局、网格的业绩相挂钩。

【加强FTTH建设】 全年完成宽带提速光改第一批19个村和第二批12个村的项目及16个乡镇(街道)所在地的改造；完成中石化加油站、信用社、行政村医保网等行业光缆改造；完成南峰葛家村南苑等一批社区FTTH项目改造，使公司具备9万线FTTH覆盖能力，为宽带提速和宽带跨越式发展奠定了基础。 (宋慧芬)

移动通信

【概况】 2014年，中国移动通信集团浙江有限公司建德分公司围绕“发展创优、转型创先”企业发展主线，克难攻坚，稳中求进，全面推进“4G一号工程”，较好完成年度生产经营各项任务，保持分公司良好的发展态势。全年完成运营收入2.24亿元，增长4.4%；通话用户数23.5万户，通话份额达75.6%，整体年度生产经营业绩排名杭州地区第5位；累计缴纳地方税费566万元。

4月，分公司综合大楼从新安东路221号搬迁至汇金大厦2号楼9—11层。启动劳动派遣制内部转聘工作，新增转聘人员21名，实现分公司合同制员工占比达到47.1%。启动百名特困生爱心助学活动，主办建德市“移动4G杯”首届甲乙级暨新安篮协第十四届篮球联赛。

年内，分公司寿昌营业厅、乾潭营业厅、综合办分别被授予“浙江省巾帼文明岗”“杭州市巾帼文明岗”和“建德市巾帼文明岗”称号，分公司获“杭州市无吸烟单位”称号。

【4G网络发展成果显著】 TD-LTE网络站点累计建设并开通424个，其中宏站386个、室内分布38个，完成城区、乡镇、杭新景高速公路等交通要道全覆盖，行政村覆盖率达到80%。4G用户数达3.15万户，4G数据流量占比大幅上升，日均流量1181GB，约占总流量的52.1%，远超2G、3G。全年累计发展4G资费用户9.29万户、终端

用户3.7万户;4G活跃用户达到3万户,资费活跃用户2.7万户,存量换卡用户13万户,渗透率53.2%,各项目标完成率居杭州地区前列。

【巩固拓展市场】 抓好务工、农村、家庭三大市场,开展现场营销、集团进驻以及送机下乡、送卡上门等服务,全年新增移动用户数9.18万户,新增份额62.9%。精细化运营存量市场,利用终端、话费等惠民政策做好提升合约用户规模,全年目标存量合约达5万余户,列杭州地区第一名。新增社会渠道14家,直供网点10家。持续开展农村服务网点建设,扩大服务覆盖面,新增农村网点94家,为偏远村民提供便利。推进宽带促销、资费下调、提高速率,开展宽带进村进户、触点延伸,宽带用户净增4843户,累计1.69万户,渗透率22.2%。严格实行实名制管理,保障客户信息安全。启动垃圾短信投诉处理平台,对行业短信端口进行整改,垃圾短信投诉量下降明显。

【助力信息化产业发展】 发挥网络规模与质量优势,推进全业务转型,深化信息化业务在市政工程以及重点工程上的应用,全年信息化总收入942万元。校讯通产品签约82家,用户数达3.5万户。综合接入、宽带业务等信息化产品在客户中认可度高,形成一定用户规模。通过信息化应用合作为智慧建德发展做贡献,与大洋政府合作开发了“大洋镇民情户户通”平台,解决大洋镇19个村民情互动问题;助力中策橡胶新厂扩建提效益,利用一卡通、视频监控、手机OA等智慧企业产品,为企业提高管理效率,节约成本提升生产力。助力智慧旅游建设,对建德旅游在宣传、管理、服务方面提高效率,降低成本;深化政府合作,通过短信平台协助公安发送安全防范类信息,中标司法局视频会议项目,提升政府单位信息化水平。 (徐 蕾)

联通通信

【概况】 2014年,中国联合网络通信有限公司建德市分公司围绕“2G稳定发展,3G、4G规模发展”的经营目标,以“宽带业务”为核心,加大“宽带+手机”“宽带+固话”捆绑营销力度,全年累计新增3G、4G用户数9440户,2G用户数1.9万户,实现主营业务收入3520万元。

通过树样板、转观念,以中高端沃店积分体系为主,创富计划、阶段性奖励为辅,以节假日炒店促销、日常能力提升为手段,提升渠道发展量,提高渠道信心,稳定渠道结构,提升渠道效能。成功引入教育考试院监控、公安移动监控、“智慧工地”和校园食堂安全监控等项目。

【打造“智慧工地”项目】 “智慧工地”建设项目以最好的网络、最前沿的技术、最快的速度迅速搭建一个测试工地演示环境,继而深入工地,抢

◎客服技能大赛

时间、抓进度,合理布局,打地垄、放光纤,在塔吊上装网桥、摄像机。成功搭建"智慧工地"系统,实现了工地出入口车牌自动识别与高清抓拍、塔吊鸟瞰工地360度全景等功能。

【提升服务质量】 结合"满意在联通"服务活动和行风评议,开展巾帼文明示范岗、营业厅服务满意度评比活动、明星营业厅评比,各项技能比武大赛等形式多样的争创活动。践行"一二三四五"(一个原则:客户永远是对的;二个提高:不断提高服务意识,不断提高服务技能;三要:接待客户要文明礼貌,处理问题要实事求是,对待工作要热情主动;四心:接待客户热心,解答询问耐心,接受意见虚心,工作认真细心;五主动:主动了解客户需要,主动为客户排忧解难,主动征求客户意见,主动协调投诉处理,主动介绍公司业务),提升营业厅文明服务形象。坚持"首问负责制",及时处理,不推诿扯皮。加强投诉处理结果核查、监督及后台支撑,提高客户投诉一次性解决率,降低重复投诉和升级投诉。 (鲁明珍)

邮 政

【概况】 2014年,市邮政局围绕"信息转型、向善利民、韧者精神"三项实践法则,转作风、重管理、提品质,全年完成业务总收入6185万元,增长10.8%,完成确保目标的107.6%,名列杭州地区第二。其中:代理金融收入2650万元,增长5.2%,名列杭州地区第三;函件收入2605万元,增长31.5%;报刊业务收入345万元,下降9.0%,集邮收入155万元,下降29.8%;国内小包收入1081万元,增长16.6%;国际小包收入1202万元,增长48.3%;电子商务及信息代理收入111万元,增长25.0%。至年末,全市邮政网点19处,邮路4条,邮路总长度147千米;投递道段52条,总长度2291千米,妥投点5.09万个。

【"一金两包"业务取得跨越式发展】 根据省公司、杭州市分公司的统一部署,确定以"一金两包"(一金指代理金融,两包指国内小包、国际小包)为邮政支撑项目和重点发展项目。通过市场的深度挖掘、考核机制激励机制的不断完善、人才及营销团队的培育,两项业务全年收入4932.65万元,占总收入的79.8%。其中,代理金融收入2650万元,余额规模达17.25亿元,年净增2.04亿元。

【电子商务服务平台建设】 利用邮政网络资源优势,发挥邮政物流和信息流作用,积极介入"电子商务进万村"项目,初步形成"村邮站""村邮网购""农村电商代投中心""E邮站"四大综合服务平台,较好地规划建设了城市以E邮柜主导的电商物流快递公益性基础设施平台,以实现各家快递公司的信息互通和用户的交互服务,有效解决城市最后100米的投递难题;农村以村邮站为基础建设的电商代投中心作为公用服务性平台,打造村村通达快递的农村电商物流通道,为推进全市现代化、智能化建设,服务广大城乡居民起到重要作用。年末,建成首家电子商务示范点——大洲电子商务服务站。同时,基本完成其余6个标准电子商务服务站的建设,完成村邮站和社会加盟点115处邮掌柜的安装。12月,完成建德主城区6个试点E邮站建设(建德市邮政局办公楼、红枫花园小区、新安财富城小区、财富城写字楼、紫金家园小区、巴萨名门小区);12月16日,挂牌成立建德邮政农村电商代投中心,并与1家快捷快递签订代投协议。

【加大基础设施投入】 自行开发"在线考试"平台、"员工工资信息查询"系统及"库料管理系统"和"设备网上维修系统"等信息化管理系统,进一步提高信息化手段。投入资产140余万元,分别在洋溪营业所、钦堂营业所、李家营业所所等网点安装ATM、CRS等3台,城东营业所更新CRS1台,对李家营业所网点进行装修改造,洋溪营业所、钦堂营业所进行自助区装修改造,提升了邮政对外服务形象,提高客户用邮的体验度和满意度。

(刘小飞)

编辑:何彬

文化·体育

Culture & Sports

文化事业

【概况】 2014年，建德市文化系统共有文化馆、图书馆、文物保护管理所（非物质文化遗产保护中心）、大慈岩文物保护管理所、严州文化研究院和文化市场行政执法大队等6个事业单位，文化经营单位381家，文物保护单位97家。

市文化中心剧院逐步完善免费开放服务模式，从申报、方案制订、活动实施形成制度化和常态化管理，全年对外提供免费服务200余场次。三都镇、寿昌镇和洋溪街道综合文化站实施提升改造，航头镇和三都镇被评为杭州市示范综合文化站。指导文化礼堂建设村开展文化活动，新建成文化礼堂40家。

市图书馆累计总藏量达54.3万册，新增馆藏图书3.34万册，完成浙江省古籍普查著录古籍6156册。全年接待读者25.2万人次，借阅书刊22万册；乡镇分馆、村图书室"一证通"借阅图书6万册。开展基层图书室建设，全年送图书下乡3.05万册。举办乡镇分馆图书志愿者及村级图书管理员培训12场。举行"新安讲坛"10期，开展各类读者活动35场，内容涉及有谜会、讲座、展览、农民讲书比赛、生活才艺比赛、故事会、专题书展、图片展、视频展播等。

市文化馆全年举办各类公共文化服务活动近500场，其中专项文艺演出50场、辅导培训400余场次、各项赛事10场，受益人数10万余人。主办2014年千名儿童绘画大赛、建德市排舞大赛等活动；协办建德市"五水共治"文艺晚会、航头镇首届农民文化节开幕式、航头文化节闭幕式、航头镇排舞邀请赛、李家镇诸家村庆国庆、乾潭幸福村第五届老年节文艺晚会等文艺活动。

推进传统村落整体保护利用，新叶全国古村落保护利用综合试点工作领导小组和保护利用管委会成立，由清华大学编制的《新叶村传统村落保护利用综合试点规划》通过审批，《新叶村传统村落整体保护利用概念性方案》获国家文物局批准。新叶村乡土建筑列入"全国文物消防安全百项工程"，为杭州市唯一一家。新叶昆曲参加"杭州市第四届传统戏剧曲艺巡回演出活动""浙风越韵"等演出，获"浙江好腔调"奖。

完成2013年跨年度历史建筑修缮和2014年20处重点修缮和30处抢救性修缮工作。推进可移动文物普查，对700件文物藏品进行测量、拍摄以及信息采集，同时对内部馆藏文物进行认定、定名以及信息录入。配合杭州市考古所对梅城古城墙遗址300米范围进行考古发掘，编制严州古城墙试点修复方案，按照"原材料、原工艺、原尺寸"的要求完成大南门以西80米的修缮工作。联合杭州市考古所，对寿昌江及支流沿线李家、大同、航头、寿昌、更楼境内早期遗存进行系统调查。

开展第七个"服务传承人月活动"。李家镇"江南亲传统水碓油坊"成功申报为首批杭州市"非遗"宣传性展示基地。省级"非遗"名录项目天罡拳传承基地寿昌中学在编写天罡拳校本教材的基础上，先后设立天罡拳教学班、社团、选修教学班、教师培训班，举办了"我与建德天罡拳"征文等活动。三都渔村常态化开展"九姓渔民"婚俗表演。新叶昆曲在古村游高峰期间每周五天的坐堂表演，有效促进"非遗"保护与旅游相结合。"严州虾灯"参加杭州西博会风雅颂荣获银奖，并参加浙江省“非遗”春晚演出。

文化市场行政执法大队全年开展联合执法10次，检查文化经营场所2294家次；行政处罚立案调查33件，办结案件32件，警告25家次，罚款5.59万元，停业整顿2家次，重大案件2家次，没收违法物品5403件，查处无证歌舞娱乐场所14家，无证经营游戏机房1家，取缔黑网吧1家，无证音像制品摊点6家。受理各类举报26件，反馈率达到100%。举办全市文化市场经营单位业主和从业人员开展法律法规、安全生产、禁毒、安全保障等培训班7期，参训人员达600余人次。

【浙江省传统戏剧之乡授牌仪式暨展演晚会在新叶村举行】 11月6日，“浙江好腔调”浙江省传统戏剧之乡授牌暨展演晚会在中国首批古村落保护利用综合试点村之一的大慈岩镇新叶古村举行。来自全省各地的300余位传统戏剧新老传承人同台演出。浙江省委常委、宣传部长葛慧君，副省长郑继伟，省级有关部门负责人，各市、县（市）相关领导和建德市主要领导，以及千余名群众共同观看了展演。晚会分“听多彩乡音”“看异彩纷呈”“怀国家情愫”“追美丽梦想”“护精神家园”“舞龙腾盛世”六个篇章，浙江老剧种悉数登台。同时举行了《“浙江好腔调”56个传统戏剧集萃》和《“浙江好腔调”56个传统戏剧微纪录》的首发式，由省内四位代表性传承人分别向新叶村村民代表和大慈岩中心小学代表赠书、赠碟。省领导为传统戏剧特色市、县、镇、村授牌。建德市新叶村获传统戏剧特色村荣誉称号。

【《宝弓奇缘》赴韩国演出】 7月28日，受韩国浦项国际艺术节组委会邀请，市婺剧团作为此次韩国国际表演艺术节上唯一一支中国演出团队，在第十届韩国浦项国际表演艺术节开幕式上演出印度史诗剧《宝弓奇缘》。CCTV-4中文国际频道报道了该团在第十届韩国浦项国际表演艺术节上的演出盛况。9月17日，受韩国原州国际动态艺术节组委会邀请，建德婺剧团再度赴韩演出，参加原州国际动态艺术节（狂欢节踩街）。

【建德婺剧团亮相第十七届亚运会】 9月23日，受韩国方面邀请，市婺剧团作为中国唯一的一支特邀表演团队，参加了第十七届韩国仁川亚洲运动会文化演出。这是建德市婺剧团亮相第十六届广州亚运会专场演出后，第二次登上亚运会的演出舞台。市婺剧团表演了舞龙节目《和谐中国龙》、婺剧折子戏《挡马》《公孙子都》、婺剧笛子独奏《三五七》、中国武术、婺剧变脸等带有浓厚中国传统文化特色的节目。演出期间，应韩国汉阳大学中文系的邀请，婺剧团专家小组出席了在汉阳大学人文科学院举办的“中国传统戏剧研讨会”，并为70多名中文系学生现场示范、讲解婺剧的桥段。演出结束后，剧团演员接受了韩国KBS电视台的现场采访。

【婺剧《天下第一疏》入选中国戏剧节】 建德婺剧团创作的廉政主题婺剧《天下第一疏》入选11月9日在苏州举行的第十三届中国戏剧节。中国戏剧节作为中国戏剧界最高层次的一项全国性的戏剧展演评奖活动，每两年举办一次。全国国家级院团、地市级剧团、基层民营剧团等共选送了200多个节目参赛，最终有23个入选。《天下第一疏》是全国唯一的县级民营剧团节目。《天下第一疏》是融入浙西地域文化特色，融合当前为民务实清廉的主基调，讲述了一代清官海瑞冒死进谏的生动故事，刻画了一位古代清官坚忍、孤独、悲情、希望的内心世界。中央电视台戏曲频道对该剧进行了专题拍摄，该剧先后还获得过杭州市新剧目会演优秀剧目金奖、杭州市精神文明建设“五个一”工程奖、浙江省第十二届戏剧节优秀剧目大奖、浙江省精神文明建设“五个一”工程奖等一系列奖项。

【《严州遗韵》获“金陵文脉——2014年全国中国画作品展”最高奖】 8月10日，由中国美术家协会和南京市人民政府共同主办的“金陵文脉——2014年全国中国画作品展”复评评选结果揭晓，共有57幅作品获优秀奖、241幅作品获入选作品奖，建德市新安江第二小学美术教师、市美术家协会理事、新安江画院画师徐支农的作品《严州遗韵》成功入选，并获比赛最高奖项——“优秀奖”。这是建德市近四十年来首次获此殊荣，也是建德市中国画创作上的一次重大突破。

【建德市农民讲书比赛】 10月21日，建德市农民讲书比赛在市图书馆报告厅举行。活动由市文广新局主办，市图书馆组织实施，各乡镇（街道）文化站负责组织选手报名参赛，参赛对象为建德市广大农民群众和乡镇（含）以下基层单位从事农村公共文化服务建设工作的相关人员。比赛以“我在农家书屋读书”为主题，讲述读者通过阅读农家书屋书籍的心得体会和人生感悟，通过比赛拓展农家书屋功能，促进广大农民朋友以书为友，与技结伴，不断进步，加快培养有文化、懂技术、会经营的新型农民，提高农民综合素质。通过演讲内容、演讲技巧、仪表形象、整体效果四个方面进行综合评分，寿昌镇潘金水、杨村桥镇张浩、下涯镇骆彩君获得优胜奖。

【“百姓纳凉大舞台”系列活动】 6月23日，建德市2014年“百姓纳凉大舞台”系列活动在新安江江滨公园音乐喷泉处小广场启动，至9月28日落幕，共举办文艺演出34场。“百姓纳凉大舞台”是建德市委、市政府于2009年启动，为提升十里江滨长廊文化品位、打造地方精品文化、丰富休闲纳凉百姓文化生活、提升文化品质之城服务。每年从6月下旬开始到9月中旬，百姓纳凉大舞台每周安排1至2场演出，部门单位、乡镇（街道）、社区、民间艺术团体等自发组织文艺骨干，编排健康向上的精品文艺节目进行展示。纳凉大舞台活动的开办，赢得了百姓的称赞和社会各界的高度评价，成为建德市群众文化品牌。

【2014·建德市农村文艺调演】 12月6日，由市文广新局、更楼街道办事处主办，市文化馆承办的2014年建德市农村文艺调演在更楼街道于合村文化礼堂举行，来自16个乡镇（街道）的文艺团队登台演出。建德市农村文艺调演集中各地极富地域特色的演出，为城乡文化交流搭建桥梁和纽带，为各乡镇（街道）文艺团队提供展示才艺的平台，拓宽文艺爱好者视野，丰富农村群众文化生活。演出形式不限，内容以反映各乡镇（街道）在开展“五水共治”中取得的成果为主线，各代表队通过自编自导自演、将具有地方特色的节目以艺术表演的形式展现在舞台，体现“五水共治”行动中建德农村环境发生的喜人变化。新安江街道、更楼街道、大同镇、大慈岩镇、大洋镇、下涯镇、杨村桥镇、洋溪街道、梅城镇的表演队获得金奖。

【“文化治水”文艺活动】 3月27日，由市文广新局、市广播电视台联合主办的“五水共治、共建美好家园”文艺演出在大同镇文化中心举行。演出通过歌舞、快板、婺剧、武术及有奖问答等表现形式，向群众宣传“五水共治”的治水理念，让群众在欣赏演出的同时学习政策法规，加深对“五水共治”的认识，丰富群众的精神生活。4月开始，“文化治水”文艺会演在全市各乡镇（街道）、企业、学校、厂矿等地展开。10月，开展了16个乡镇（街道）“五水共治”为主题的农村文艺会演，展示“五水共治”建设成果。

【新叶昆曲参加“浙江好腔调”传统戏剧展演】 6月12日，“浙江好腔调”传统戏剧系列之一的“浙风越韵”在浙江永康开演，大慈岩镇新叶昆曲作为建德市唯一一支参演曲目在此次系列展演中演出，并获“浙江好腔调”奖。此次戏剧展演恰逢我国第九个“文化遗产日”，共分10站，旨在推动传统戏剧的抢救保护和传承发展，展示浙江省传统戏剧的不竭魅力。此次参演的剧目为《火焰山·狐思》，为《西游记》中的一个故事，该折自清代中期至清末常有演出，民国后演出极少。1929年，苏州昆曲“传字辈”中姚传芗曾从老艺人钱宝卿在病榻前学《寻梦》《题曲》及《狐思》三折，在《狐思》未学完时，钱宝卿便病死，苏州昆曲中《狐思》一折便成绝响。但金华昆曲中此剧仍存，也仅有新叶村将此剧复排到舞台上。

【“五水共治，钱江源之韵”六县（市）职工摄影展在建德举行】 12月8日，“五水共治，钱江源之韵”六县（市）职工摄影展——建德展开幕式在绿城房产春江明月会所举行。此次摄影联展以“五水共治，钱江源之韵”为主题，由开化、常山、龙游、桐庐、建德、富阳六县（市）总工会主办，六县（市）工人文化宫承办，旨在大力宣传钱塘江源头灵秀的山水资源、优美的自然风景、和谐的生态环境，提升职工参与“五水共治”、建设美丽浙江的热情，同时为广大职工摄影爱好者搭建了交流平台。展出的120余幅优秀作品，从不同的角度、不同的手法，聚焦沿钱塘江水系的秀丽山水、风土人情和精神面貌，展现了广大职工爱水、惜水、节水、亲水的深厚感情。

【《建德非遗概览》出版】 12月，由市文广新局组织编撰，陈寅生主编的《建德非遗概览》由浙江古籍出版社出版发行。这是建德市首部以“非遗”名义系统盘点当地“非遗”传承状况的普及性读物，全书采用集中、分类的方式，全方位地展示建德入选各级“非遗”名录项目的古志概貌与当代风姿，凸显出严州文化的多样性和丰富性，辑录项目围绕历史渊源、基本内容、表现形式、个性特征以及传承与濒危状况等方面，解读其内涵与外延、意趣与品味，并珍视其潜存的思想高度与见识深度。全书图文并茂、文以载道，兼具资料性、艺术性、文献性和可读性。

【微电影《坝》获深圳第二届微电影节“最佳影片奖”】 2014年11月28日，深圳第二届微电影节颁奖典礼揭幕，由市人民检察院和新安江水力发电厂联合出品、建德市婺剧团和深圳峰云天下影视投资有限公司联合摄制的“检企共建”廉政文化建设项目——微电影《坝》获“最佳影片奖”。微电影《坝》以反腐为题材，以独特的“预防反腐”视角讲述在人情与原则中如何做出正确抉择的故事。

【6家农家书屋获省“星级农家书屋”称号】 1月，浙江省评比表彰了全省200家五星级农家书屋和200家四星级农家书屋，新安江街道黄泥墩村、乾潭镇幸福村、寿昌镇桂花村三家农家书屋被评为“五星级农家书屋”，大同镇富塘村、下涯镇马目村、梅城镇西湖村三家农家书屋被评为“四星级农家书屋”。建德市农家书屋工程建设由建德市政府牵头，建德市财政、杭州图书馆给予经费、图书支持，在全市232个行政村实现全面覆盖，共配送图书约30万册、音像制品2万余册。其中，建德市财政共投入图书购置费218万元，共购置图书19.3万册、音像制品2万册；杭州图书馆赠送农村扶持书10万册。

【建德图书馆开通移动阅读服务】 12月，建德市图书馆开通移动阅读服务，以帮助任何读者在任何时间、任何地点获取任何图书馆的任何信息资源，让读者随时随地享受到图书馆的服务，实现让阅读走进生活。移动图书馆终端放置于图书馆一楼大厅，读者可在手机、Pad等移动设备上自助完成个人借阅查询、馆藏查阅、图书馆最新咨询浏览等功能，同时拥有大量电子图书、电子报纸以及中外电子期刊文献等供用户自由选择下载，每月即时更新，为用户提供方便快捷的移动阅读服务。读者用手机或Pad使用图书馆免费无线网络下载其APP或安卓软件，进入软件登录界面后输入自己的借书卡号与密码即可完成注册登录。完成登录后，读者即能不受限地享受到免费的移动图书馆服务，利用碎片化的时间，随时随地阅读海量资源，提高学习效率。

【寿崇德艺术馆开馆】 12月26日，寿崇德艺术馆开馆典礼暨寿崇德书画展在洋溪街道瑞涵艺术书画院举行。建德市领导以及市内外众多书画艺术家近百人出席，邵华泽先生亲笔题匾“寿崇德艺术馆”。寿崇德艺术馆坐落在洋溪街道洋溪商务大酒店二楼瑞涵书画院内，占地面积450平方米。此次开馆共展出寿崇德先生作品60幅，作品涉及他各个时期创作的水粉画、山水画、书法等。1927年生于诸暨的寿崇德先生是位德艺双馨的书画家、美术教育家、艺术品收藏家，曾把极其珍贵的石涛《练江归钓图轴》捐赠给浙江省美术馆。

【戴不庸书法篆刻展在北京举行】 6月15日至21日，由新华书画院主办、严州画院承办的“戴不庸书法篆刻展”，在北京新华书画院展出。此次展览共展出作品40余件，多为戴不庸先生近年来在书法及篆刻方面的成果。戴不庸先生为浙江省书法家协会会员、严州画院院长、严州文化研究会常务理事。出版有《戴不庸书法篆刻作品集》《戴不庸书严州古今诗选》，篆书作品集《戴不庸书唐宋词一百首》。 （翁 玲）

【新华书店】 2014年，浙江建德市新华书店有限公司（以下简称公司）完成销售总额3170万元，比上年增加205万元。实现浙江省新华书店集团下达的利润指标228万元，增长29.1%，上缴利税102万元。

公司获得省店集团文教书营销奖、2014年“百日教科文”营销创意大赛杰出营销创意奖、浙江教育出版社及省集团公司百校·百品百万书香童年暑期精品读物大联展二等奖、2013年～2014年度连锁经营业务竞赛鼓励奖、2014业务竞赛第八类店门市考核分项第一名等荣誉，新安书城获浙江省“巾帼文明岗”称号。

全年组织开展“聚畅销”“世界读书日”“百日教科文”等专项优惠促销活动110场；开展“名家进校园”签名售书及“暑假读好书”流动供应活动；邀请知名作家赴部分学校举办讲座，为学生创造与作家面对面的学习交流机会。拓展多元化经营渠道，设立微信、公众信息平台，发布新书及优惠信息、推广网购业务，线上网购平台图书销售等业务。完善推销员制度，实行全员营销，形成由教材科、业务科、营销部及各门市营销“三位一体”的营销方式。推进农村新华书店小连锁网点在中心乡镇的发展，建成大同镇、乾潭镇两家农村小连锁，为农村读者提供了多层次、多样化的文化需求。

秉承“服务教育，回报教育”的经营理念，与市教育局共同举办建德市“新华杯”中小学生篮球赛；联合开展“与梦同行”中小学生演讲比赛；与当地教育部门共同举办首届建德市教育系统“书香校园、智慧园丁”教师读书征文大赛，为支部共建村、三都镇新和村提供援助款项。

开展党的群众路线教育实践活动，在卖场设立“教育实践活动”图书专架。强化人才队伍的能力建设，向浙江省新华书店集团公司推荐“管理型人才”“经营型人才”各1名。 （王伟民）

文化创意产业

【概况】 2014年，市文创办围绕“加快产业转型发展，打造人文建德名片”目标，抓住杭州市“文创西进”发展契机，打造以“名牌、名企、名家、名村”为重点的文创产业“四名”工程。全市共有各类文化创意产业经营单位4703家，新增经营单位112家，从业人员2.68万人，实现营业收入37.7亿元，比上年增长11.5%，实现增加值22.26亿元，增长12.4%。其中，限额以上文化创意产业企业从业人员3051人，主营业务收入10.3亿元，增加值1.62亿元，增长11.9%。

积极扶持文创企业，组织文创企业参加杭州、建德两级文创项目申报活动，全年共受理和上报杭州市级文创项目62个（立项29个、争取资金466万元）、杭州市文化类民办非企业6个（立项3个、争取资金40万）、文创人才项目7个（立项2个、争取资金18万）、动漫项目2个（立项1个、争取资金20万元），受理建德市级文创项目63个，立项补助37个，共扶持28.3万元，杭州市配套项目6个，共87.5万元。

【三都镇三江口村被列为杭州市文创小镇培育对象】 9月，三都镇三江口村以九姓渔民文化为特色，成功申报为杭州市首批“文创小镇”培育对象，争取扶持资金每年50万元，建设期限3年。近年来，该村以“九姓渔民”特色文化为内涵，将文化创意与特色产业融合发展，进行整体提升，打造成具有浓郁地方特色的“中国九姓渔民第一村”。“九姓渔民”是指常年漂泊在新安江、富春江、兰江上以捕鱼为生的渔民，分别是陈、钱、林、袁、孙、叶、许、李、何九家姓。相传陈友谅兵败鄱阳湖后，其子孙九族沿江而下来到新安江，后被朱元璋严令不准上岸居住。长期以来,这些世代生活在水上的族群形成了自己独特的“九姓渔民”文化传统。

【建德首个文创园被评为杭州市文化创意产业园】 11月11日,建德首个文创园——洋溪文化创意产业园被评为杭州市文化创意产业园,获50万元扶持扶持资金。洋溪文化创意产业园包括逸龙文创园、洋溪中小文创企业孵化楼、洋溪历史风情老街、科技工业园和休闲旅游产业集聚区,其中核心区块逸龙文创园于5月8日开园,共有70余家企业签订入驻意向,56家企业入驻办公,解决就业人员600余人,先后被评定为建德市大学生创业园、建德市大学生见习训练基地、建德市电子商务公共服务中心、淘宝大学电子商务培训中心、移民培训就业基地,成为建德、杭州市大学生创业园,建德、杭州市科技孵化器,杭州市文化创意产业基地,浙江省电子商务产业基地,浙江省级小企业创业基地,浙西网商城,国家文化产业示范基地拓展区。

【第十届中国国际动漫节建德分会场在新安江广场举行】 4月22日至23日,由杭州市文化创意产业办公室、中国国际动漫节节展办公室、中共建德市委、建德市政府主办,建德市委宣传部、建德市文创办等单位承办的“第十届中国国际动漫节建德分会场暨‘创意建德’文创产品展会”在新安江广场举行。展会分为动漫区和文创区两部分,动漫分会场活动包括Cosplay表演、漫画家大手牵小手和酷卖街等内容,大型精品动漫舞剧《熊猫奇侠传》首次在市文化中心表演,建德动漫分会场被评为中国国际动漫节最佳分会场;文创展区分设八大主题,汇集了50家建德文创企业和单位,展示了根雕、剪纸、铜工艺、竹编工艺、石绘工艺、树叶书签、名家书画等各类文创展品,同时开展了文创互动体验,集中展示了近年来建德市文创产业发展取得的优秀成果。

【“创意建德家居生活馆”首次参展杭州文博会】 10月16日至20日,建德市尚域家居、野木家居、慧芝源茶艺、太铜铜工艺品4家文创企业,参加2014年度第八届杭州市文化创意产业博览会。4家企业以“铜器·木器在新安江邂逅”为主题,企业产品以家居馆的形式进行展示,并辅以建德画家的新安山水画卷以及描绘新安江风光的油画作品,打造出别具一格的建德文创品牌。文博会期间,建德展区共发放各类资料5000余份,接待各类参观者3万余人,实现现场销售额5万余元,比2013年增长140%,达成意向500余万元,增长200%。建德馆获2014年度第八届杭州文博会最佳人气奖。

【举办建德首部原创动画片首映式】 5月16日,由建德雨歌动漫制作有限公司、杭州今古时代电影制作有限公司、BTV卡酷少儿卫视联合出品的建德首部原创动画电影《新地雷战——神勇小子》,在建德金马时代电影大世界举行首映式。动画电影《新地雷战—神勇小子》讲述的是在抗

◎参加2014年度第八届杭州市文化创意产业博览会(汪源摄)

日战争时期，失守沦陷的内地，机灵敏捷的麦包年纪小小，为了查日军秘密忍辱混入集中营作卧底，并召集在集中营的旧日同村好友们，与鬼子进行周旋，斗智斗勇，找出内奸，巧设地雷阵，帮助八路军战士大败日军并成功营救出父老乡亲的历险故事。影片延续了麦包系列动画电影作品新颖、时尚、幽默的创作风格，在剧情上曲折多变，充满无穷智慧，在人物设计、故事情节、电脑制作、观众定位上更有新的提升。（王　钰）

体　育

【概况】 2014年，全市体育工作围绕“夯实群众体育领域，着力加强体育民生实事”目标，落实“五小工程”的实施计划，超量完成“三重项目”任务。完善体育设施，营造了“环境健身”的健康氛围；强化体育创建，推进了“特色体育”的活动开展；举办品牌赛事，提升了“主题效应”的建德品味；抓好“市队联办”，提高了竞技水平的培育机制；发展体育产业，实现了“增量计划”的总体目标；转变了工作作风，完成了“46610”（四个带头、六项制度、六项行动、十件实事）的实施工程。三都镇成功创建为省级体育强镇；超额完成45个省级小康体育村、16个省级村（社区）体育俱乐部和9个省级先进体育社区创建工作。39个体育彩票销售点完成体育彩票销售3200余万元，其中集中即开型体彩销售127万元。

完成新安江街道白沙社区体育健身广场、梅城镇滨江村体育健身公园、三都镇梓里村体育健身公园3个杭州市级公共体育设施提升工程，超额完成1个。建成村级体育公园9个、体育广场4个、国家级优秀体育主体公园1个、新安江运动健身长廊1处。当年新增健身点17个，健身苑点总数达到610个；新增篮球场10个，篮球场总数达到272个；乒乓球室新增25个，乒乓球室总数达到445个，社区、行政村健身苑点普及率达100%。完成老年气排球活动中心建设项目，新安江主城区9所学校和乡镇20所学校体育设施实行有序向社会开放。在主城区科学规划社区体育场地，对居民小区体育场所建设设置、布局进行调研，定期对高危项目进行督查。

完成全国第六次体育场地普查工作任务，被评为浙江省场地普查先进集体。完成国民体质监测2650人，合格率91.5%。举办社会体育指导员培训，新增三级社会体育指导员101人。全年共开展了147项体育竞赛和健身活动，参加人数2.17万人次。老体协开展比赛和培训活动65次，参加健身和比赛有5860人次，交流和培训达1.19万人次。举办各类体育培训班70项次，受训人数9119人次。举办第六届全民健身日活动和“万人同跳一支舞，共创排舞吉尼斯世界纪录”活动。按计划组织了20场老年体育健身节目进农村（社区）活动。成立了建德市排舞协会等5个体育社团。

组织参加浙江省、杭州市跆拳道、射击、排球、乒乓、围棋、摔跤、射箭、篮球等项目的青少年比赛12次，共获金牌132枚、银牌75枚、铜牌67枚。联合市教育局举办建德市第四十一届中小学生田径运动会等8项赛事。围绕“17℃建德新安江”主题打造特色品牌赛事，承办了2014·中国知名高校建德新安江龙舟比赛、“华数杯”耐寒勇士泳闯寒江活动以及具有规模的品牌赛事。

【公共体育设施十年增长5倍】 2月，启动全国第六次体育场地普查，历时5个月。普查结果显示，近十年建德市公共体育设施建设速度在杭州市位居前茅，全市共有体育场地1388处，较10年前增长了5倍；总面积76.4万平方米，增幅160%；人均体育场地面积1.53平方米，增加0.58平方米。

【三都镇创建为省级体育强镇】 2014年，三都镇省体育强镇创建成功，建德市省体育强镇（乡）创建率达到83%。市体育局根据体育公共设施建设创强优先原则，为三都镇19个行政村配齐健身器材，实现各行政村健身苑点全覆盖。助推主题健身体育公园建设，其中三都镇梓里村体育公园建设总面积达3000平方米，总投资150余万元，有篮球场、门球场、乒乓球场、健身器材等体育设施。9月20日，三都镇首届全民运动会在三都初中举行，来自全镇19个村、5个部门共22支代表队的353名运动员，参加了环镇健身长跑、拔河等10个项目的竞赛。

◎8月8日，建德市全民健身启动仪式暨排舞表演赛（陈启浩供稿）

【严州中学游泳健身中心运行】 1月18日，严州中学游泳健身中心开馆运行。该中心是严州中学新安江校区二期工程，由市政府投资建设，是杭州市、建德市重点工程，杭州市城乡统筹资助建设工程。中心占地面积1.83公顷，总建筑面积1.23万平方米，投资约5500万元。游泳健身中心内设1个游泳馆、1个健身馆及两个室外网球场。游泳馆内分别有50米标准游泳池和25米标准训练池各1个，游泳池水温常年恒温28℃。健身馆内设有乒乓球馆、器械健身房、动感单车房和羽毛球馆各1个。游泳健身中心首先满足学校教育教学和新课程改革的需求，为师生提供健身的理想场所，同时作为全市公共设施建设的新亮点，面向广大市民开放，是建德城市的第三生活空间。

【学校体育设施向社会有序开放】 2014年，学校体育设施开放成为建德市“十大民生工程”内容之一。建德市围绕“惠及民生、服务大众、全民健身”目标，以创建周围居民心目中理想的健身场所为抓手，通过顶层调研、营造氛围、分层推进、强化落实、完善考核等机制，为免费对外开放工作解决了诸多困难，取得明显成效，其中新安江城区学校对外开放率100%，城镇学校对外开放率65.6%，缓解了全市体育锻炼人数多而体育设施不足的矛盾，减少了城市建设中的重复投资。至年底，每所开放学校平均每天健身人数达400余人。

【浙西地区第四届登乌龙山大会】 11月29日，建德市2014年浙西地区第四届登乌龙山大会在梅城古镇举行，来自建德各界和浙西地区的登山爱好者共480余人参加。登山大会推广了全民健身活动，也是对严州文化历史的传承，提升了建德的地方知名度和美誉度。

【两名勇士成功横渡琼州海峡】 5月24日，建德市李文龙和蒋跃平成功横渡琼州海峡，分别用8小时35分和9小时38分。横渡从海南省海口市白沙门海滩下水，在广东省湛江市徐闻县海安镇排尾角东侧礁石登陆。李文龙的横渡成绩在当天11名横渡选手中名列第一。两人的成功，实现了浙江省游泳爱好者横渡琼州海峡的“零突破”。

（陈启浩）

编辑：方建黎

传 媒

Media

广播电视

【概况】 2014年,建德广播电视台以“五水共治、深化三个年、打造六大升级版”,建设美丽江城幸福建德为总抓手,坚持“走转改”,坚定政治性,增强敏锐性,突出导向性,坚持群众性,各项事业取得了新进展。

围绕市委、市政府中心工作、重点工作开展宣传,主题报道唱响主旋律。年初,对学习贯彻市委十三届六次全体(扩大)会议、深化作风建设大会精神进行集中报道。“五水共治”动员大会后,立即开设专栏,到年底播出有关“五水共治”新闻100余条,为全市“五水共治”行动营造了声势和氛围。党的群众路线教育实践活动部署会召开后,开设“党的群众路线教育实践活动”专栏。3月,播出“责任心执行力大家谈”电视访谈。4月底开设《进企走访 帮企解困 助企发展》专栏。全市“三改一拆”行动开始后,开设“全力推进无违建市创建工作”和“三改一拆曝光台”两个栏目,播出有关“三改一拆”的新闻200余条,推进了建德市“三改一拆”和无违建市创建工作。第十六届中国·17℃建德新安江旅游节开始后,开设“中国·17℃建德新安江旅游节”专栏,对每项活动都进行了报道。策划了“边界行——新中国成立65周年”大型主题采访活动,选取与桐庐、淳安、衢江、龙游、兰溪、浦江等周边县(市)交界的20个村进行采访报道,9月25日至10月29日在《建德新闻》《建广新闻》、建德网同步播出,全面反映新中国成立65年来建德市的发展变化。开设“争创省示范文明城市”专栏,播出有关“省示范文明城市创建”的新闻40余条,对有关部门的创建行动、市民的广泛参与情况作了全面深入的报道,营造了争创省示范文明城市的舆论声势。与市人大法制办、市政府法制办、市法院、市检察院、市司法局等法制部门进行对接,对全市依法行政、依法治市的先进经验、典型做法进行宣传报道。

全年在中央电视台和中国之声播出20条、在浙江卫视新闻联播中播出70条,其中“最美乡村”累计播出23条;在浙江之声等省级广播播出103条、在杭州市级广播播出120条、在杭州市级电视播出110条。全年省级用稿量在全省排名第26位。选送2013年优秀广播电视节目参加省、杭州市广播电视新闻奖评奖和省、杭州市对农节目工程考核,获省级奖项1个、杭州市级奖项22个。

加大投入提升技术保障力,完成了广播设备改造、数字电视节目字幕插播系统的上线使用、非编网络高标清兼容改造等多项技术升级和改造工作。通过数字电视节目字幕插播系统的上线使用,实现四个频点共23个数字电视频道游字。在电视机房建立两套节目双备份的录制系统。媒资入库完成,新资料入库正常化。建立非编联媒资、广播系统联媒资的安全策略,制订了媒资入库视音频技术规范要求,确保入库资料的安全和质量。

【专题栏目弘扬正能量】 2014年,《新安先锋》围绕党的建设和组织工作的方针政策,围绕党的群众路线教育实践活动和“三改一拆”“五水共治”等共采制播出47期。广播对农节目每周六档,栏目时长30分钟,并从录播改成了直播;电视对农节目每周三档。对农节目紧跟“三农”工作前沿的新变化和新鲜事，挖掘报道美丽乡村、历史文化村落等题材，在节目内容、质量上有新突破，呈现出全市“三农”工作中的新气象和正能量，并立足民生视角，关注“五水共治”“三改一拆”后畜牧养殖农民的转型生产、违建拆除、农房集聚改造等“三农”工作中的热点、难点和焦点问题，做好群众的教育引导工作。广播对农节目《寿昌镇：走村不漏户、户户见干部》获得杭州市广播电视政府奖一等奖。《农家春秋》栏目获杭州市广播电视政府奖三等奖。在省、杭州市电视对农节目抽查、考核评比中，取得全省电视对农节目鼓励奖和杭州市电视对农节目政府奖二、三等奖各1个。

【“责任心执行力大家谈”电视访谈活动】 2月，建德市组织开展“责任心执行力大家谈”电视访谈活动，活动主题是“治理庸懒散、增强责任心、提高执行力”。参加访谈的各单位“一把手”围绕全年目标任务，谈项目、谈责任、谈执行，并对照单位自身存在的问题，谈整改措施和长效机制；分管领导和科室（站所）负责人根据自身岗位职责，从提振精神风貌、优化服务水平、强化责任意识、提高执行能力等方面谈如何推进新年度的作风效能建设。整个访谈活动的采编播工作从2月份开始到4月底，全市16个乡镇（街道）、26个部门单位一把手党政主要领导、相关分管领导及科室（站所）负责人及42名党代表、人大代表或政协委员参加了采访活动，累计刊播42期。

【第二季《建德好声音》总决赛暨颁奖晚会】 10月25日，“南山·福邸”杯第二季《建德好声音》总决赛暨颁奖晚会在建德市文化中心上演。第二季《建德好声音》歌手大赛由建德市委宣传部、市文广新局、市总工会、市文创办、建德广播电视台联合举办，由建德市世通房地产开发有限公司承办。建德好声音歌手大赛以弘扬主旋律、唱响建德梦为主旨，旨在挖掘文艺新星，为建德市音乐爱好者搭建展示平台。自5月21日海选开赛，众多选手经海选、初赛、复赛、半决赛、总决赛，最后由张宇（女）夺得冠军，林焕焕、彦臻分获亚军和季军。

《建德好声音》广播电视歌手大赛是建德历史上规模最大的一次选秀活动，创建德市同类活动影响力之最，是一次基层群众文化展示，有助于音乐爱好者提高音乐素养，有利于音乐文化的传播和市民百姓的文化娱乐。

【整治广告净化荧屏声频】 严格按照规定播放广告，加强内容审查力度特别是对医疗、药品广告的审查。7月份开始对养生类栏目进行审查登记，并做好备案，全年共整改医疗、保健品、药品广告18条，停播7条。限制广告播出总量，增加公益广告的数量和播出次数，每天在黄金时间安排播出公益广告4次，各频道公益广告日均播出16次以上，并增加了“社会主义核心价值观”“平安创建”“中国梦”等方面内容的公益宣传。落实责任，拓展创收渠道，与市级重点部门单位加强

◎10月25日，“南山·福邸”杯第二季建德好声音总决赛暨颁奖晚会

合作,合办栏目,增加收视率。（吴素萍）

新闻传媒

【概况】 2014年,市新闻传媒中心围绕市委、市政府中心工作,把握正确舆论导向,发挥党和人民的喉舌作用,唱响主旋律。开辟“三改一拆”在行动“五水共治”在行动“三转一争”大行动等专题专栏,深化主题报道,完善服务体系,做强新媒体,全年在新闻网首页通过专题专栏重点推荐方式报道重点稿件1000余篇,有效发挥了新闻宣传的整体合力。

【开设“三转一争”专题报道】 11月,开设“三转一争”专栏,服务中心大局。转变新闻理念,引导主流舆论,深入挖掘和宣传先进典型和先进事迹,巩固壮大积极健康向上的主流思想舆论;强化主题宣传,发挥曝光台作用,推进市委市政府各项中心工作的推进。转变作风,做活民生报道,深化“走转改”活动,鼓励采编人员深入基层,更多地关注民生,创作出更多符合新媒体规律、能打动人心的好作品。转变发展方式,拓展新兴平台,做好“建德发布”微博微信管理,做好了掌上建德APP建设,做强本地服务和商圈版块;提高今日建德官方微博微信以及建德手机报的影响力,以视频直播室建设为契机,开辟新栏目,让建德新闻网更现活力。

【深化主题报道】 2014年,市新闻传媒中心发挥新闻宣传的整体合力,在“‘三改一拆’在行动”“‘五水共治’在行动”“环境执法行动”“清水治污零点行动”“村官谈拆违”“河长谈治水”“提振精神气、深化三个年”“三转一争”大行动、工业经济及乡镇点睛、经济、文化、城乡统筹、城市建设、教育、转型升级、特色产业等重点内容稿件中,通过高频率、重点推荐方式给予突出报道,在新闻网首页通过专题、专栏、重点推荐方式报道重点稿件1000多篇,其中环境执法行动及清水治污零点行动共完成近70篇报道。

【完善为民服务体系】 在《今日建德》设立健康专版,在报道上做出特色和亮点,贴近生活贴近民心,更好地服务于建德百姓生活。开辟“建德味道”栏目,挖掘建德本土非物质文化,在“老张推荐农家宝”和“心动GO”栏目的基础上,打造了一档为农服务栏目。办好“夕阳红”专栏,为更多的老年读者做好服务。对2014年百姓网民关心的“如何治堵部门谈”“严控违停大家谈”“早餐涨价了”“严州中学游泳健身中心价格贵不贵”等社会热点问题进行深度报道,取得良好的社会效益。组织多名采编人员参加浙江卫视开展的城区道路文明劝导行动大型采访报道,为服务惠民增添色彩。

【强化原创视频栏目策划】 2014年,经过多次走访和收集资料,完成《严陵问古——新桥村》和《严陵问古——梅城古城门》的拍摄和制作。2月,推出了《〈初夏日记〉将于寒假与杭城观众见面》《“圆梦传媒”在文化创意产业上转型升级》等系列报道。3月,制作了《“欧文”的十年志愿服务》《志愿者“清洁”乌龙山 》系列报道。6月,制作了大嘴巴视频。9月开始,原创视频推出了新的专题栏目《美味建德》,至年底推出了《美味建德——三都“灰汤粽”》《美味建德——“方顺和”酥饼》《美味建德——三都螃蟹》《美味建德——枫坞塘美食推荐》和《美味建德——莲花镇的传统小吃》5期节目。

【推进“新闻媒体强”】 在新浪和腾讯分别推出“今日建德”和“建德新闻网”官方微博,网络互动频繁,有新浪微博粉丝1.1万人。先后推出手机报、生活周刊、户外LED显示屏、建德网视等新业务,形成了立体的全方位的宣传平台。APP新版本上线后显示装机数9500余个,广场上的商户数量近1700户。商圈有名优、美食、购物、休闲娱乐、酒店、生活服务、旅游、丽人8个栏目;分类信息包含跳蚤市场、招聘求职、教育培训、家政服务、旅游酒店、生活服务、房屋租售7个栏目。新媒体针对微信微博APP进行了推广,有网络报纸手机大屏之间的消息互动,开展了送电影票、送文创节门票、送手机支架、服装、创意产品、“今日建德这厢有礼了”等活动，每周开展一次与商家合作活动，策划实施了“心动GO”活动。

【“建德发布”网络平台上线】 8月，由建德市人民政府新闻办公室实名认证的“建德发布”网络平台与广大网民见面。“建德发布”网络平台是建德市唯一官方政务信息发布平台，由建德市委宣传部（建德市政府新闻办）组织实施，建德市新闻传媒中心负责编辑发布工作。7月10日，“建德发布”网络平台完成内部测试，7月20日纳入“杭州发布”微博集群，8月10日开通上线，8月31日组建政务微矩阵，36家子平台开通上线。“建德发布”网络平台包括新浪微博、腾讯微博、新华网微博和腾讯微信，发布的信息类别有“建德速递”“权威发布”“民生服务”“建德滋味”“美在建德”等，是一个权威信息发布的平台、热点事件回应的平台、民生信息服务的平台。“建德发布”微博平台日均推送信息约15条，微信平台日均推送信息约5条，全年微博粉丝突破4万人，微信收听量突破2000人次。

市委报道

【概况】 2014年，市委报道组以服务全市经济社会建设、服务市委中心工作为出发点，以聚民心、集民智、鼓民劲、树形象为工作目标，把握新闻舆论导向，发出好声音，弘扬正能量。全年在杭州市级以上媒体发表新闻稿件100余篇，其中省级以上发表45篇（含《人民日报》头版1篇、新华每日电讯头版头条1篇、《浙江日报》头版10篇、专版7个）。逾百篇稿件被人民网、新华网、凤凰网、新民网等网站转载，稿件数量和质量较上年大幅提升，创近年来新高。

【围绕中心引领宣传】 以国家、省市主流媒体为依托，围绕建德在推进经济转型、扩大有效投资、加快科技创新、狠抓招商引资、提升服务效率、保障改善民生等方面的工作成效，多形式、多角度开展宣传，集中突出了一批重大主题和重点工作的报道。深入挖掘教育实践活动、“五水共治”“三改一拆”中涌现的先进事迹和经验做法，营造了良好舆论氛围。在浙江日报刊出《三江两岸送清流——建德以治水促转型纪事》《建德3年投50亿元整治黑河臭河垃圾河》《零点，新安江畔在行动》等专稿，以及《杭州市建德高新技术产业园筑巢引凤》《一江清水送下游 打造治水升级版》等专版特刊；在杭州日报头版头条刊发《新安江，零点之后》《“铁腕”治污水 臭河换清颜——解读劣五类河道莲花溪的治水样本》等重点大稿，写出了转型升级的新思路。

【全面展示工作成效】 先后在《人民日报》、新华每日电讯、《浙江日报》、《杭州日报》头版刊出《走村不漏户 户户见干部》系列稿件；在《杭州日报》头版刊发《建德市梅城镇民主生活会纪实》《远学焦裕禄 近学身边人》等重点稿件，展示党建工作的新亮点。在《浙江日报》刊出《日日晒不足 周周有督查——建德设立曝光台推进重点工作》《建德干部入企解难题》等重点稿件，并连续在《杭州日报》头版发表《建德“电商换市”驶上快车道》《建德兰溪“五水共治”跨区域大会战》《无情拆违 有情操作——建德“三改一拆”把群众情绪作为第一信号》等系列报道，集中反映重点工作的创新成果和有效经验。

【聚焦民生宣传报道】 在《浙江日报》《杭州日报》等媒体刊出《建德养路工拦车救人垫付药费——平凡有为是老黎》《百位病友为云南截肢男孩捐款送物 爱在病房流淌》等稿件，弘扬最美建德人新风尚。在《浙江日报》刊出《建德：打造没有围墙的果园》《走进“中国明清古民居建筑露天博物馆”——新叶古村，风华正茂》等稿件，对节庆活动、休闲旅游、民生建设等专题进行多次图文报道。依托微博、微信及浙江新闻APP等新媒体平台，反映全市实体经济发展、重点项目推进、教育实践活动和改革创新的优秀成果，扩大建德的知名度和美誉度，拓宽了市委报道工作渠道。

数字电视

【概况】 2014年,建德华数数字电视有限公司秉承“创新、执着、精致、和谐”的企业精神,坚持全市广播电视网络统一规划、统一设计、统一管理、统一运行,把扩大网络覆盖、提升网络质量、完善网络管理和追求用户满意为主要目标,按照现代企业制度开展经营有线广播电视网络工程建设、维护管理服务,广播、数字电视的信息服务,网络相关设备的安装、设计、销售、制作,数字电视、互联网传输接入和增值业务产品销售等主营业务,全年实现主营业务收入6500余万元。获“浙江省广播电视安全播出先进集体”称号。

公司内部机构设总经办、财务部、市场部、技术工程部、信息部、客服部,以及新安江、梅城、大同、寿昌、乾潭五个中心站。

公司服务倡导“优质化”,“96371”客服热线24小时双人值班,随时为用户提供咨询;建立用户报修响应制度,按照华数客服“八项规范”要求开展业务受理、安装、维护。

【有线广播电视网络建设】 2014年,公司拥有建德城区到各乡镇一级传输光缆290千米、乡镇至村二级光缆1277千米、行政村以下网络联通线路3200千米,750MHz双向传输网络385千米,中心机房和乡镇以及小区骨干机房32个。年底,公司固定资产原值7000余万元,有线数字电视用户12.5万户。其中,互动数字电视用户突破1万户、华数宽带用户突破2万户。

【承担六大社会职能】 承担有线广播电视“村村通”“村村响”的维护。承担建德市域范围内有线广播电视一、二、三级网络的日常维护,确保网络传输安全和有线广播电视节目播出安全。履行广电惠民工程职责,城乡低保家庭免收有线数字电视初装费和视听维护费。为政府、教育、医疗、学校、金融等系统提供信息化网络应用平台和技术服务。搭建华数电视信息化综合平台,及时发布预警信息、“三务”公开等信息,并提供政策法规、就业招聘、市场供求等信息查询。打造平安建德,开发智能化数据监控平台,建设与公安、城管以及有关乡镇互联互通的实时视频监控系统,为构建和谐平安建德提供技术支撑和服务。

编辑:洪淳生

卫 生

Public Health

卫生综述

【概况】 2014年，全市各级各类医疗卫生机构372所，其中三级乙等综合性医院1所、二级甲等医院1所（中医院1所）、二级乙等医院5所（综合医院1所、专科医院1所、中西医结合医院1所、专业公共卫生机构2所）、疾病控制中心1所、卫生院20所；病床2154张，其中公立卫生机构床位1766张，每千人拥有医疗床位4.22张；固定资产原值6.64亿元（含在建工程）。卫生专业技术人员3037人，平均每千人拥有卫生技术人员5.96人、执业（助理）医师2.07人、注册护士2.42人。

全市卫生事业投入1.62亿元，增长19.7%，卫生支出占财政支出的5.9%。全年医疗机构诊疗总数337.69万人次，急诊 123.1万人次，健康体检29.12万人次，入院5.18万人次，出院 5.18万人次，住院病人手术8762人次。医疗机构总收入11.95亿元（其中业务收入10.03亿元），总支出11.87亿元。

总投资1.2亿元的市中西医结合医院（市三医院）完成年度投资2013万元；市一医院投入5000余万元，完成53个流程改造和医疗设备购置。市二医院维修改造项目列入政府投资项目计划（预备类）。市妇幼保健院新建项目主体工程全面结顶，进入设备安装阶段。

建成区域检验、影像中心，服务半径延伸至20家市级医院和乡镇卫生院；市民卡“一卡通”工程基本完成；“边诊疗边付费”模式在5家市级医院成功运行；全市区域医疗信息系统实现市、镇、村三级医疗机构全覆盖；依托华数数据库资源，建立了杭州市县域范围内首个“医疗云”综合卫生应用平台，为分级诊疗的实施提供了数据存储的空间支撑。市一医院成功推出手机APP软件，方便病人就诊。

全年公开招聘并实际录用卫生事业人员86人（含往应届毕业定向委培生招聘录用15人）。引进人才13人，完成社区护士岗位培训招生招收19人。完成2014年30名“招录并轨农村社区医生定向委培”招生工作，分配2014年毕业的20名农村社区医生定向委培生。选送基层放射、超声、检验和心电图四个岗位共12名学员，参加浙江省基层医技人员岗位培训。

【创建成为省级卫生强县（市）】 近年来，建德市高度重视卫生事业发展，将创建工作作为重点民生工作来抓，基础设施建设不断完善，医疗服务能力不断提升，医疗卫生改革不断深化，薄弱环节不断得到加强，全市卫生事业健康持续发展。坚持立足自身、创新思路，基本落实27项重点整改意见，破解了一批制约卫生事业发展的瓶颈性问题。12月23日，省专家考核组经过综合考核和评审，确定建德市基本达到省卫生强市创建标准，将考核结果交省考核办讨论并报省政府审批，建德市成功通过浙江省卫生强市（县）考核验收。

【完成机构整合】 12月5日，市卫生局、市人口和计划生育局合并成立市卫生和计划生育局，为市政府工作部门，不再保留市卫生局、市人口和计划生育局；撤销中共建德市卫生局委员会、纪律检查委员会，中共建德市人口和计划生育局党组、纪检组，建立中共建德市卫生和计划生育局委员会、纪律检查委员会。在职责划分上明确，

◎12月5日，市卫生和计划生育局成立

用人单位职业卫生监督检查等相关职责划入市安全生产监督管理局，研究拟订人口发展战略、规划及人口政策等职责划入市发展和改革局。

【推进城市优质医疗资源“双下沉”】 2014年，市第二人民医院与杭州市一院集团签订帮扶协议，至年底，辖区内共有3家市级医院与省、杭州市三甲医院依托“双下沉”机制建立合作关系。是年，市第一人民医院门急诊比上年增加11.3万人次，增幅22.0%，住院增加2409人次，增幅11.61%；市第二人民医院手术增加462人次，增幅42.5%；三类以上手术增加208人次，增幅54.7%；市中西医结合医院中药饮片增长215.3%。3家城市医院的专家累计接诊达3万人次。市第一人民医院以浙医二院的管理和技术为支撑并学习借鉴宝贵经验，在杭州地区县级医院率先启动JCI认证，促进医院医疗质量与管理模式与国际接轨。制订出台市一医院与乾潭、大同等中心镇的市域内帮扶方案，分别派驻长期专家进行业务指导，推动中心镇医疗能力提升。（王惠明）

【电力医院】 2014年，根据国家电网公司转发的中央编制办室文件，明确国家电网公司原有的7家实业单位性质，电力医院作为唯一一家公益二类的事业单位予以保留，并以创建浙江省工伤康复中心、职业病等特色专科为方向，拓展健康服务内容。

电力医院加强医疗护理质量管理，促进安全医疗、安全生产及医院工作规范化建设，全年未发生医疗事故及安全生产事故，医疗差错和医疗投诉继续保持较低水平。在杭州市卫生监督所职业健康检查机构信誉等级考评中被评定为AAA级；成立了“两个中心”（浙江省电力公司健康管理中心、省电力公司应急救援医疗保障中心）。加强医疗保险服务管理，规范医疗行为、严格收费标准。全年总收入6709万元，其中医疗业务收入5291万元。年末有职工178人，其中卫生技术人员155人。

行业标准制订工作成效显著。国家层面：2014年10月1日起，由电力医院院参与起草的国家职业卫生标准《职业健康监护技术规范》（GBZ188-2014）开始实施。电力行业层面：与山东电力集团公司电力科学研究院合作完成的《电力行业缺氧危险作业监测与防护技术规范》的编制项目，获第六届全国电力职工技术成果奖一等奖。国网公司层面：初步完成2012—2014年国网公司重大课题《220kV及以上电压等级输变电作业场所职业性有害因素影响预测技术及评价模式研究》第四子课题“供电企业职业人群健康状况及影响因素调查与分析”的相关任务；参与国网公司后勤工作部健康安全环境（HSE）项目《员工健康手册》的编写工作；参与并完成国网公司科技部对《环境健康准则EHC238》译文出版前的审稿校核任务。浙江省层面：作为浙江省卫生监督协会常务理事单位，参与浙江省二级鉴定专家委员会工作，参与浙江省职业病诊断和执业健康检查资质评审；参与杭州市尘肺病的一级鉴定等工作。

鼓励医护人员参与临床科研，撰写医学论文。完成电力员工职业健康体检1.41万人、地方体检及职业体检近万人。制定体质测试、亚健康检查和体检指标相结合的健康效果监测评估方案，并给予试点实施。编写“应急救援医疗救护技能培训”教材，为省电力公司近千名员工做好医疗急救技能培训。（陈晓亮）

公共卫生

【概况】 2014年，全市基本公共卫生服务项目全面落实，共开展免费产前筛查3555人，产前筛查率89.5%；流动人口产前筛查290例，产筛率69.1%；免费新生儿疾病筛查3980人，筛查率99.3%；免费婚前医学检查4172对，婚检率90.1%；2014年落实农村妇女住院分娩补助2629人，服用叶酸3053人，高危孕产妇管理率100%。对6.31万名已婚育龄妇女开展妇女常见病和妇科肿瘤普查普治工作。

2014年，创建杭州市三星级妇保门诊3家、三星级儿保门诊4家，全市所有妇保、儿保门诊均创建成为杭州市星级门诊。乾潭镇、杨村桥镇、大同镇卫生院创建成为浙江省甲等卫生院，三都镇、下涯镇卫生院创建为浙江省乙等卫生院。市一医院、市二医院、市中西医结合医院通过省爱婴医院复评，市妇保院创建成为省爱婴医院。

【开展农民健康体检】 创新下乡入户制、镇乡集中制、联合体检制等多种模式，推动参合农民健康体检。2014年，完成60岁以上老人健康体检5.91万人（其中60岁以上参合农民体检57946人）、0岁～6岁儿童2.67万人、中小学生4.31万人、其他4.42万人，检出高血压1.65万人、糖尿病4092人、高脂血症5923人、肝功能异常2941人、肾功能异常2895人、疑似恶性肿瘤14人、良性肿瘤942人、胆囊炎（胆石症）5784人、泌尿生殖系统疾病3351人、慢性阻塞性肺疾病COPD172人、精神疾病125人、肺结核10人以及心脏、脂肪肝、肾结石等其他疾病1943人。

【试点慢病联合诊疗中心建设】 在6个乡镇推行慢病联合诊疗中心试点工作，按分片就近原则与3家市级医院签订合作协议，由市级医院派驻专家定期到联合诊疗中心开展慢性病诊治、带教及工作指导。至年底，6家诊疗中心开展联合诊疗工作42次、义诊20余人次、业务查房34人次、业务培训演练12次，医务人员受训426人次，举办健康讲座5次受益152人次。

【实施全科医师签约】 实施全科医生有效签约制服务，有384名医务人员组成124个责任团队开展签约服务。各单位结合健康体检、慢病随访等工作，以慢病人群为主，面对面通过杭州市社区卫生服务信息系统与服务对象签约，全年共完成签约任务6.02万人。

疾病预防控制

【概况】 2014年，全市乙类传染病报告13种1057例，发病率250.42/十万，比上年增长4.2%，死亡6例（肺结核4例、艾滋病及H7N9各1例）；丙类传染病5种1073例，发病率254.21/10万，下降2.6%。全年处理自动预警信号69起，其中麻疹18起、其他感染性腹泻29起、手足口病12起、戊肝4起、流行性腮腺炎3起，痢疾、丝虫病及人感染H7N9禽流感各1起，均排除传染病暴发疑似事件，信号及时响应率100%。

市疾控中心实验室资质认定项目255项、食品检验机构资质认定项目129项，通过浙江省质量技术监督局认定复评审。中心质量体系文件实现第五次修订改版。全年完成检验样品3.44万件、12.61万项，出具检测报告702份。

【强化卫生应急】 2月，建德市发生1例H7N9病例，市疾控中心开展病例流调，对调查发现的5名密切接触人员开展医学观察，对疫点实施终末消毒，未出现续发病例；在病例所在村开展禽流感监测，共计169份标本，3份标本检出H7N9病毒RNA阳性。起草《建德市卫生局埃博拉出血热疫情应急处置预案（试行）》，组织38名卫技人员学习防控知识。规范开展疫区来华人员健康监测工作,每天上报健康监测报表,完成2名返华人员的健康监护。12月,举办生活饮用水污染事件卫生应急处置模拟演练,采取现场演示、现场观摩和知识测试相结合的形式进行,由市卫生局、市"120"急救中心、市疾控中心和市卫生监督所等单位应急人员组成的卫生应急小分队参演。

【重大传染病防治】 艾滋病:全年记录62例HIV/AIDS,随访60例,随访率96.8%,免费检测CD4+179人次。41例接受春风行动救助2000元/例,49例享受免费抗病毒治疗,1名艾滋病儿童享受600元/月补助。14家卫生院建立艾滋病快速筛查检测点。

结核病:执行《建德市肺结核病人免费查治方案》,肺结核病人转诊率100%(463/463),转诊到位率97.8%(453/463),病人追踪到位率93.6%(147/157)。对所有在治活动性肺结核病人实行免费查治,全年新登记肺结核病人388例,定点医院免费拍摄X光胸片908张、痰涂片4852张,痰培养328人次、肝功能2726人次,直接免费查治金额16.30万元。开展涂阳肺结核密切接触者筛查工作共计580人,筛查率100%。

狂犬病:4月,增设市二医院、市三医院、乾潭卫生院和大同卫生院为犬伤门诊。全市犬伤门诊共接诊5561人。

【地方病及慢性病防治】 开展"三热"病人疟疾血检4990人,未发现疟疾病人。春季查螺73.84万平方米,在大洋镇倪家村杨梅山老螺点再次发现钉螺,面积1300平方米,有螺点3处,解剖活钉螺70个,结果均为阴性。对有螺环境开展药物喷杀灭螺5次,实际灭螺面积4200平方米,反复扩大灭螺面积2.46万平方米。开展流动人口血吸虫病查病工作,完成血吸虫病血清学查病1940人,阳性1人。全市共上报死亡3594例,出生217例,肿瘤2689例、糖尿病3625例、心脑病2806例,其中新发肿瘤1874例、新发糖尿病2512例、新发心脑病2638例;共随访脑卒中病例7382例、冠心病急性事件955例、糖尿病病例8290例、肿瘤病例5649例。各医疗机构首诊测血压14.24万人次,测压率98.6%,发现血压异常者8885人次。全市累计电子建档14.09万户44.36万人。

【实施卫生监测】 "四害"常规监测:监测蝇密度2.4只/笼,蚊平均密度1.17只/小时,蟑螂平均密度2.06只/张,鼠平均密度0.61只/夹。蚊媒监测工作:新安江街道和下涯镇春秋村开展密度监测工作,伊蚊幼虫密度监测共调查500户居民房屋,阳性80户;调查容器1163个,阳性160个。幼蚊布雷指数(BI)32.0%,容器指数(CI)13.75%,房屋指数(HI)16%。消毒隔离质量监测:全年完成医疗机构监测21家,样品401件,合格372件,合格率92.8%;全市256家医疗机构的医疗废弃物由杭州大地维康公司集中回收处理,集中处置率100%。职业卫生监测:开展作业场所职业病危害因素监测16家次,监测点数209个,合格点数200个,合格率95.7%。食品安全风险监测工作:全年开展食品中化学污染物和有害因素监测270件、微生物及其致病因子监测230件。设市一医院为特定病原体的食源性疾病病例监测哨点医院,累计完成病例上报287例,上报及时率100%。农村水质卫生监测工作:全年各类项目水样监测863件,检测15448项,采样点覆盖全市集中式农村水厂(站)。公共场所卫生监测:全年监测宾馆9家、歌厅1家、公共浴室1家、理发店1家美容店6家、游泳馆1家、住宅1家;监测样品183件,合格174件,样品合格率95.1%;样品监测项目数494项次,合格485项次,监测项目合格率98.2%。

【开展中小学生防龋项目】 实施中小学生口腔窝沟封闭项目,全市65所学校3925名学生自愿接受窝沟封闭,对其中符合封闭要求的3318人实施了免费口腔窝沟封闭,封闭牙数8893颗,封闭率99.8%。随机抽取4所学校开展口腔窝沟封闭完好率调查,复查学生335人,复查牙数1093颗,其中完好牙数883颗,完好率80.8%。

【居民死亡原因监测及平均期望寿命】 2014年，全市报告死亡3507例，粗死亡率6.91‰。死因前五位依次为循环系统疾病(2.2‰)、恶性肿瘤(1.8‰)、呼吸系统疾病(1.4‰)、损伤与中毒(0.6‰)和消化系统疾病(0.2‰)。是年，居民平均期望寿命为80.64岁，其中男性78.47岁、女性83.12岁。 (曾凡荣)

人口与计划生育

【概况】 2014年，全市共上报出生5250人，计划生育符合率95.1%，人口出生性别比109.14，免费婚前医学检查目标人群覆盖率90.1%，免费孕前优生健康检测目标人群覆盖率87.5%，下达征收社会抚养费决定书339例，共征收社会抚养费1099万元。

经综合考评，洋溪街道、李家镇、新安江街道获年度人口与计划生育基层基础双示范单位；莲花镇、梅城镇、三都镇获人口与计划生育目标管理进步单位；市法院、市教育局、市财政局获人口与计划生育目标管理优胜单位。

修订《建德市计划生育公益金管理实施办法》，明确规定计划生育公益金是政府设立的用于扶持特殊计划生育家庭的公益金性资金，纳入财政管理，由财政部门专项安排，享受对象为建德市符合七种条件的计划生育家庭。计生公益金发放程序为个人申请、乡镇(街道)审核、市里审批和发放。年底，共向153个计生困难家庭，发放计生公益金35.27万元。

【审批通过“单独两孩”再生育658例】 1月27日，建德市开始实行“单独两孩”政策。至年底，共审批通过“单独两孩”再生育658例，政策实施总体平稳，未现高峰。在审批符合“单独两孩”政策的对象中，年龄在30岁～34岁的妇女有320例，25岁～29周岁的198例，35岁～39岁的115例，24岁以下的19例，40岁以上的6例。

【开展“六访两进”活动】 3月，市人口计生部门开展“六访两进”活动。“六访”即访计生特殊家庭、访计生并发症家庭、访新婚家庭、访产后家庭、访两女家庭、访单独两孩家庭，“两进”即增进计生关爱、促进家庭幸福。活动中共走访16个乡镇(街道)、152个村(社区)415个计生家庭，其中走访失独家庭208个、走访计生并发症家庭143个，收集群众反映的意见47条。

【实施“少生快富”项目】 2014年，全市实施杭州市计划生育“少生快富”项目10个，争取项目资金50万元。至年底，10个项目解决就业人口202人，其中重点扶持计生困难户63个，人均增收6100余元；开展生产和计划生育知识培训47次，接受教育培训1685次，开展生殖健康服务5227人次。

【计划生育保险】 审核市、镇、村计生干部意外伤害保险、计生家庭意外伤害保险、独生子女平安保险和计生特殊家庭意外伤害险名单，全年投入保费88.23万元。其中，计生干部意外伤害险投保631人，保费16.41万元；独生子女子女平安险34115人，保费31.12万元；计划生育家庭意外伤害险19765人，保费33.51万元；计生特殊家庭意外伤害险383人，保费3.06万元。

【计生特殊家庭扶助】 从2014年开始，建德市59周岁以下计生特殊家庭人员的特别扶助金，每人每月由200元提高到500元，60周岁及以上每人每月由200元提高到700元。全年为4559名农村独生子女家庭发放计生奖扶金437.7万元，为383名计生特殊家庭人员发放计生特殊扶助金278.8万元，为农村干部独生子女父母发放社保补贴348.99万元。 (徐前民)

卫生监督

【概况】 2014年，共监督检查单位2886家次，受理各类卫生许可办件1578件，办结率100%。受理投诉举报26件，办结率100%。行政处罚立案48件，其中一般程序37件、简易程序11件，结案47件，罚没款总额17.64万元，未发生突发公共卫生事件。

【整治医疗广告】 制订整治医疗广告专项工作方案，现场检查85家医疗机构，不定期监测辖区内主流媒体3家，发现监测户外广告20处，进行行政处罚2起，给予医疗机构不良执业计分12分。

【职业病防治监督】 2014年，共收到并按规定处置职业病危害检测报告36份、职业健康检查报告130份、职业病诊断报告5份，发现职业禁忌工人64人、疑似职业病人1人。对14家化工、印染、造纸企业进行建设项目职业病防护设施进行现场检查，开展竣工验收，保障劳动者权益。

【开展校园卫生行动】 开展校园卫生1、2、3号行动，完成61所中小学校传染病防控专项监督检查工作。重点对20所学校进行现场教学环境生活设施卫生监督监测，完成30%的监测目标。对20所学校食堂病媒生物防治工作进行检查开展学校饮用水卫生监督监测工作，共采集水样15件，覆盖全市自备供水、二次供水、直饮水学校和部分水厂供水学校，工作完成率100%。

【环境卫生和饮用水监督监测】 在元旦、春节、国庆期间开展公共场所及饮用水卫生专项执法检查，共监督检查各类场所61家次。继续做好分级量化工作，对全市569家单位进行量化分级公示，量化分级率和公示率均达100%。抽检游泳场所18件次、健康相关产品(场所)94件次、生活饮用水水样195件次。

【餐饮具消毒监管】 全年抽消毒餐饮具340件，对抽检中出现的不合格情况，实行行政处罚，共立案处罚6起，罚款1.60万元。召开全市餐饮具集中消毒服务监督管理工作会议和餐具集中消毒通报分析会，提高集中整治与日常监管相结合、监督管理与技术指导相结合的长效监管效果。 (杨伟成)

妇幼保健

【概况】 2014年，建德市孕产妇系统管理率96.3%，住院分娩率100%，高危孕产妇住院分娩率100%，产后访视率97.7%，孕产妇死亡率24.94/10万，0岁～7岁儿童保健覆盖率97.1%，0岁～3岁儿童系统管理率98.1%，新生儿疾病筛查率99.3%，新生儿出生缺陷发生率7.95‰，婴儿死亡率4.23‰，5岁以下儿童死亡率4.98‰，新生儿破伤风发生率为0，婚前医学检查率90.1%，妇女病普查率86.8%。开展妇女健康促进工程，普查6.31万例。

【实施妇幼公卫项目】 2014年，全市婚姻登记4629对，参加婚前医学检查4172对，婚检率90.1%，比上年增长0.9%。农村孕产妇住院分娩补助2629人，发放补助金131.45万元；发放叶酸3053人，服用率95.9%；签发婴儿出生医学证明3826份，办理补证70份；全市3974名孕妇中，孕28周以上县级水平筛查3869人，筛查率97.4%，筛查出高危孕产妇 2101人，其中重度高危263例、危重13例；新生儿疾病筛查3980例，筛查率99.3%；全市流动人口孕妇产前筛查290人，产筛率69.2%；0岁～3岁流动儿童的系管率为1093人，管理率94.4%。

【强化艾梅乙母婴阻断】 全年共有1.30万名服务对象接受艾滋病检测，全部为阴性；梅毒检测4697人，检出阳性22例；乙肝检测4697人，244例乙肝阳性分娩孕妇接受免费乙肝免疫球蛋白针注射，乙肝母婴阻断率为100%。管理携带梅毒孕妇所生儿童23例，结案4例，继续随访19例；系统管理携带艾滋病毒孕妇所生儿童2例。

【落实母婴健康工程与妇女健康促进工程】 推进孕产妇和新生儿抢救中心及分中心的服务功能建设，举办“母婴健康大讲堂”6期，开展“孕妇学校”和健康知识讲座35次，制作宣传栏8期，参与大型义诊活动5次，接受咨询和义诊8000余人次，发放宣传资料5000余份。全市6.31万名已婚育龄妇女参加健康体检，查出妇科疾病1.22万例，其中宫颈癌7例、乳腺癌2例。

【规范妇幼卫生监测和托幼机构卫生保健管理】 加强医疗机构围产儿管理工作，全市15家围产期保健门诊经过量化评分审核，有3星级门诊10家、5星级门诊1家，围产儿死亡监测和出生缺陷监测覆盖率达100%，各项指标达到杭州市妇幼卫生监测要求。全市托幼机构儿童保健网络建设、服务质量得到加强，儿童健康水平进一步改善。全市60余家托幼机构1126名保育员接受健康体检，合格率100%，200余名保健老师参加了保育员上岗培训。3家甲级幼儿园卫生监测合格率100%、21家乙级幼儿园合格率100%、其他6家幼儿园合格率100%。 （陈利民）

中医中药

【市中医院被评为二级甲等中医院】 2013年，市中医院对照新版《二级中医医院评审标准实施细则》开展创建工作，中医药特色、医疗、护理、医技、药剂、管理等各项工作质量和水平显著提高。12月23日，国家级二级中医院评审专家组赴市中医院进行评审。专家组在听取等级医院的创建情况及医院未来发展理念和规划的汇报、观看创建专题片后，分成管理组、临床、重点专科组等7个小组，从中医药服务功能和综合服务能力入手，对市中医院各方面工作进行了全面、严谨、细致的评审检查。评审反馈会上，专家组宣布二甲评审中18项核心指标全部达标，建议国家中医药管理局进行审核批复。2014年，国家中医药管理局下文，市中医院被评为国家二级甲等中医医院。医院按功能、设施、技术力量，可分为一、二、三级，每级确定甲、乙、丙三等，三级依次高于二、一级。

【新开设中医针灸推拿病区】 借力杭州市中医院建德分院医疗合作项目，在建德市中西医结合医院新开设中医针灸推拿病区，设30张床位，开展10余种中医护理技术应用。组织开展全市中医适宜技术技能比武，推进全市中医非药物治疗的开展。

【中医药服务能力提升工程】 乡镇卫生院全部设立中医科和中药房，能开展10种以上中医适宜技术，大部分村卫生室能开展4种以上中医药适宜技术。在12家乡镇卫生院运行中医药综合服务区，组织8人参加规范化培训，开展名中医师承带教工作，86人参加杭州市第十二期“西学中”学习班，组织175人次的中医适宜技术培训，开展6.5万余名居民的中医体质辨识和健康教育活动。2014年，全市中药饮片业务收入比上年增长28%、中药饮片帖数增长26%，帖均费38.65元，全市中医药综合服务能力得到提高。 （饶圣艺）

医政管理

【概况】 2014年，全市医政管理工作以“加强优质医疗资源共享，规范医疗服务行为，持续改进医疗质量”为抓手，推进各医疗机构落实基本药物、医疗合作、无偿献血、医疗质控等各项工作。全市门诊就诊337.69万人次，住院5.18万人次，住院均费9027.91元，比上年上升3.2%，符合省定控费要求；门诊患者均费137.57元，实现零增长。

【深化基本药物制度】 全市227家公立基层医疗机构全部实行基本药物制度，包括1家社区卫生服务中心、19家卫生院和实行一体化管理的35家社区卫生服务站、172家村卫生室，实现16个镇乡（街道）全覆盖，同时规范基药采购范围和途径。2014年，基层医疗机构门急诊119.82万人次，增长13.2%；基本药物使用比例达76.1%，其中市一医院基药使用率达到31.5%、市内二级医院基药使用率50%。全年共下达财政补助资金3320万元，医改后累计补助1.79亿元。

【医疗机构准入管理】 2014年，全市医疗机构校验346家、新注册4家、注销16家。注册执业医师(含助理)1418人,比上年增长2.6%,其中新注册59人、变更注册180人;注册护士1426人,增长4.25%,其中新注册80人、变更注册130人。对165人进行医师资格考试报名资格审查,158人通过资格审查,66人通过考试获得医师资格证书,通过率41.8%,上升5.8%。重新核定市中医院、德生眼科医院、富春骨伤医院、康复医院4家民营医院的床位数,全市民营医疗机构核定床位420张,占比20%。

【强化医疗质量管理】 加强重点领域医疗质量管理,落实院内感染、抗生素、手术室等重点领域医疗质量管理。实施"阳光用药工程"公示8批次20个单位12个项目信息。2014年度,市级医院药品占比38.5%,比上年下降12.5%;抗生素使用占比21.2%,下降10.5%;不合格处方占比2.0%,下降25.5%。完善医疗安全防范和处置机制,落实医疗争议事件责任追究评析制度,全年发生医疗纠纷52起,经医调会协调解决38起。开展基层医疗机构集中整顿监管工作,规范医疗机构执业行为。规范医疗废物处置流程,加强医疗废物安全管理。增设乾潭急救点,增加4辆抢救型救护车,投入30万元完成分中心调度指挥信息系统改造升级,完成6期120人次的院前急救医生现场急救培训,举办全市急救技能竞赛,提升区域急救能力。

【医学科技教育和学科建设】 推进新老模式住院医师规范化培训,121名学员参加新模式、32名学员参加老模式住院医师规范化培训。市一医院心内科、重症医学科、普外科被批准为杭州市重点建设学科,其中心内科作为浙江省县级龙头学科。批准11个学科进入建德市级重点学科。开展科研项目申报,全年有12个医卫项目成功立项。

【组织开展无偿献血】 新开展血液核酸全面检测工作,全年共检测4771人次。新组建血液质量控制管理小组,对全市用血单位开展检查指导。全年完成无偿献全血4304人次(比上年下降3.3%),献血量1544.2升(下降3.8%),一次献血300毫升以上的有4040人次(下降5.9%),占总献血人次的93.9%;供应临床用血1501.3升(增长10.24%)。成分输血率100%。机采血小板采集467人次(下降4.5%),成分血量6132单位(下降6.7%)。做到临床用血100%来自无偿献血。 (饶圣艺)

爱国卫生

【概况】 2014年,结合"五水共治"等中心工作,推进爱国卫生工作,更楼、寿昌、乾潭、三都、大洋5个乡镇创建成为浙江省卫生镇(街道),1个街道创建成为杭州市卫生街道。完成144个行政村2.7万户的"五水共治"(农村改厕)任务。

全年印制公民健康素养和卫生日活动相关健康教育资料16类6.80万份,其中制作禁烟标志8000份、吸烟区标志1000份、控烟倡议书1000份,发放健康教育资料162类5.37万份。城市和农村居民基本卫生防病知识知晓率分别为85.1%、80.1%,重点卫生防病知识知晓率为81.9%、80.3%;基本卫生防病行为形成率为76.0%、75.3%;健康技能掌握率为62.6%、62.9%。

【推进农村改水改厕】 在乾潭镇选点建立改厕样板,以6个示范村开展改厕试点,并向137个行政村铺开。对施工单位负责人等4类不同人员培训30余场次,多次召开改厕现场会。在钦堂乡举办建德市首届施工单位农村改厕技能比武,并印发《农村改厕宣传画》3000份。全年完成农村改厕2.7万户,改厕率90.5%。

【"走进百村万户"健康为民服务工程】 在全市232个行政村开展"走进百村万户"健康为民服务工程,组织市、镇两级健康教育讲师团到全市各个社区、行政村开展健康知识讲座,完成256个行政村(社区)403场次健康讲座,受益群众2.15万人次,健康知识巡讲向农村全面延伸。(廖爱军)

编辑:吴康福

社 会

Society

民政工作

【概况】 2014年,市民政系统发挥民政保障基本民生、优化社会服务、创新社会治理等职能作用,全面完成年度各项目标任务。

改革行政审批制度,设立行政审批科,推进由被动审批型向主动服务型、传统审批型向智能服务型、单一审批型向综合服务型的转变。取消审批事项3项,调整办事流程2项,简化资料3项。出台"一审一核"和"两集中两到位"制度,"一审一核"率超过90%。基金会登记、养老机构设立许可、福利企业资格认定等业务进驻窗口。窗口全年共办理各类事项2.07万件。

成立民政局信息中心,完善社会救助家庭收入核定系统和"66810"社区为民服务追踪平台建设。"96345"社区公共服务暨"数字养老"平台建成试运行。

【社会救助体系建设】 修订完善《建德市城乡居民最低生活保障实施办法》,规范申请低保家庭的收入核定标准和内容,全面实施残疾人基本生活保障扩面工程。两次调整提高城乡最低生活保障标准,扩大了残疾人最低生活保障对象范围,城镇低保金标准达到540元/月,农村低保金标准达到405元/月,分别比上年提高12.5%和20.5%。重视低保动态管理,促进阳光低保,全年新纳入714户、959人,退出521户、814人,全市登记在册享受城乡低保待遇7284户、10134人,全年发放低(残)保金2800万元。

【困难群众生活救助】 实施新修订的困难群众临时救助办法,困难群众临时救助最高标准从上年的2000元提高5000元,乡镇(街道)临时救助审批权限扩大,全年为2224户困难家庭发放临时救助金247万元,比上年增加219户、73万元。实施困境儿童分类救助制度,对事实无人抚养困境儿童实行基本生活补贴,全年发放救助金63万元,75名孤儿和困境儿童得到救助。开展流浪乞讨人员救助和"110"社会联动行动20余次,实施救助68人次。

【优抚和安置工作】 全年为1570名重点优抚对象社会化发放抚恤和生活补助资金1580.28万元,为2762名农村籍60周岁以上退伍军人发放生活补助174.879万元,为258名在乡生活困难退伍军人发放补助91.34万元。实现优抚医疗与城乡医保制度同步结算,全年为354名重点优抚对象结报住院医疗费用175.73万元。义务兵家庭优待金标准提高至12120元,发放优待金613户742.96万元,为100名立功受奖义务兵发放奖励金5.74万元。从1月1日起,对在乡退伍军人生活困难补助对象进行收入核定,取消712名不符条件的人员定补发放,占总数的73.4%。完成残疾军人抚恤关系转移、补评残和等级调整10名,完成带病回乡退伍军人病情鉴定55名、认定带病回乡退伍军人31名,审批认定非全程单位参保的参战军队退役人员26名,新增认定60周岁以上农村籍退役士兵老年生活补助857名,为462名残疾军人换发新式"残疾军人证",换发率95%。全市4354名(其中重点优抚对象1592人、农村籍60周岁以上2762人)享受国家抚恤和生活补助的优抚对象,通过集中采集录入居民二代身份证信息4288人,录入率达98%以上。

313名退役士兵全部安置到位。退役士兵自主就业补助标准首次实现城乡一体化，为303名退役士兵核发自主就业经济补助金541.57万元。动员和鼓励广大退役士兵参加政府组织的免费职业技能教育培训，233名退役士兵自愿参训。举办2014年退伍军人专场招聘会，70余位退役士兵与相关企业签署就职意向。

【城乡社区建设】 出台《关于开展撤村建居改革工作的实施意见》等"1+7"文件，指导洋溪街道朱池村、洋安村、城东村完成撤村建居工作。新安江街道罗桐社区成功创建"全国和谐社区建设示范社区"。

出台《关于深入整治村(社区)"牌子多"等问题的通知》，全市232个行政村、24个社区共摘掉牌子12288块，其中组织机构牌子315块、功能性标识牌3205块、上墙制度8768块；村、社区工作任务减少到29项，村、社区考核评比保留3项。出台《建德市工作事项进村(社区)申报准入制度》，从准入范围、准入原则、准入程序、监督考评四个方面确保准入工作有章可循，有据可依，集中完成村(社区)减负增效。

【社会组织发展和管理】 把好登记初审关，对公益慈善类、城乡社区服务类、行业协会商会类、科技类社会组织实行直接登记。全年新注册登记社会团体13家、民办非企业单位17家，依法注销登记3家，年底，全市共有社会组织340家，其中民办非企业136家、备案类社会组织723家。完成295家年度检查工作，年检率达98.66%。开展社会组织等级评估工作，建德市康复医院、建德市大地培训学校获评AAAA等级，建德市休闲农业乡村旅游协会获评AAA等级。社会组织开展公益服务活动15场，服务2000余人次。投入13万元福彩公益金扶持14家社会组织开展公益服务项目。

【婚姻登记】 全年办理结婚登记4814对、离婚登记1317对，补发婚姻证1200对，办理无婚姻记录证明8076份，合法结婚率和登记合格率均为100%。

【殡葬服务与管理】 出台《关于进一步加强和推进生态殡葬工作的通知》《关于印发〈建德市生态殡葬设施建设补助资金管理暂行办法〉的通知》《关于进一步加强生态墓地建设与管理的通知》等文件。全年处置乱葬乱埋、乱建寿坟案件57件，办结率100%。拆除6座违建寿坟，以及三都镇乌祥村郑家坞自然村古坟新迁等一批违建案。新建村级生态墓地7处，改扩建12处。投资1450万元的市殡仪馆改造提升工程投入使用。全年减免殡葬惠民基本费用217.2万元，火化遗体3540具，安放骨灰192穴。

【区划地名公共服务】 完成《建德市地名志》初稿，出版发行《建德市行政区划地图》，印行《建德市地名录》，完成《政区大典》市级词条和乡镇词条相关内容的补充完善工作。完成住宅小区和大型建筑物地名命名11件，道路命名7条，设置住宅楼幢门牌9597块，增补和维修路牌9块，重新设置行政村地名牌61块，办理门牌证6610本。完成更楼街道、洋溪街道、寿昌镇、梅城镇、乾潭镇的门牌编制增补工作，增补门牌6000余块，整理地名档案347盒、89卷。

【慈善事业】 2014年，市慈善总会募集慈善款1815万元，发放各类救助款1888.8万元，直接资助困难群众1.57万人次。第十四次"春风行动"共有466家单位企业、1.18万人参加捐赠，筹集慈善资金1013.13万元，"春风行动"资金使用经市审计局审计并在媒体公开。筹集市级福利彩票公益金500万元，比上年增长30%。 (郑　胜)

人民生活

【城镇居民人均生活水平】 2014年城镇居民人均可支配收入35117.14元，比上年增长10.5%。其中，从职工单位得到的工薪收入占家庭总收入的43.0%、个体经营者经营净收入占9.5%、财产性收入占10.7%、转移性收入占36.8%。城镇居民人均消费支出为27517.21元，增长8.98%。其中，食品消费支出6870.16元，增长3.67%，恩格尔系数为25.0%；衣着人均支出1919.71元，下降2.4%；居住人均支出6616.15元，增长6.4%；设备用品及服务人均支出1703.82元，增长3.2%；医疗保健人均支出2748.48元，增长2.4%；交通和通信人均支出3278.51元，增长10.6%；娱乐文教服务人均支出3882.79元，增长76.5%；其他商品和服务人均支出497.58元，下降47.2%。

【农村居民人均生活水平】 2014年农村居民人均纯收入18295元，比上年增长11.4%。其中，从各类企业、集体组织和其他单位得到的劳动报酬人均收入为11394元，增长11.4%，占农村居民纯收入比重为62.3%；家庭经营第一产业收入2148元，增长5.8%；家庭经营第二产业得到的人均收入为236元，增长44.1%；家庭经营第三产业人均收入为2429元，增长9.2%。据农村住户抽样调查，农村居民人均生活消费支出为10945元，增长11.2%。其中，食品消费人均支出3489元，增长21.4%，恩格尔系数为31.8%；衣着消费人均支出664元，增长23.8%；居住人均支出2874元，增长28.3%；家庭设备、用品及服务人均支出684元，增长13.1%；医疗保健人均支出702元，下降0.5%；交通和通信人均支出1455元，下降10.8%；文化教育娱乐服务消费人均支出943元，下降8.1%；其他商品和服务性消费人均支出133元，下降40.1%。（王新华）

移民工作

【概况】 2014年，市移民局贯彻落实国家移民工作的各项方针政策，不断加强全市水库移民工作，库区和移民安置区经济社会持续发展。全年争取到位各类移民资金6800余万元。

开展直补人口复核与资金发放工作，核减直补人口人员193人，补登、恢复1人，做好相关的公示、报批和建档等工作，及时发放后扶直补资金，发放率100%。

对13个乡镇、29个样本村、200个样本户及移民项目的2013年度数据进行收集和录入分析，撰写《建德市水库移民后期扶持监测评估工作的做法和体会》。

【争取超发电量分成】 争取新安江水库超水位发电货币分成政策，从浙江省没有建德市的分配方案到建德占浙江省18.8%的分配方案，落实了自2008年之后新安江水库超发电量货币分成资金共2306万元（含税），实现历史性突破。

【移民项目管理】 完成产值100万元以上涉及移民创业致富产业新建基地3个、扶持整镇推进农业产业转型建设钢架大棚项目1个、集体经济发展项目10个。完成项目验收254个，其中后扶项目147个、结余验收项目107个；完成2014年立项项目258个项目，其中后扶项目117个、结余项目97个、小库项目41个、省级创业致富专项资金项目3个；完善2014年项目库建设，项目库项目共168个。（毛贤龙）

民族宗教工作

【促进民族村经济社会发展】 梳理少数民族经济发展、文化传承保护、特色村寨建设和“五水共治”等专项扶持资金项目，确定省民宗委扶持项目3个、杭州市民宗局扶持项目6个，建德市对民族村的配套和自然村扶持项目16个。落实省、杭州市及建德市扶持资金196.5万元。开展各民族村扶持资金管理和使用情况及项目实施的检查，落实少数民族项目资金63.5万元。开展全市清真拉面店有关情况的调查，服务外来经商务工的少数民族群众。做好杭州市“社村结对共建”民族村（学校）的联络服务工作，杭州市区的5个社区和德天实验小学，分别与建德5个少数民族行政村和大同民族小学开展结对共建。

【依法规范管理宗教事务】 完成民宗局权力和责任清单编制工作。鼓励全市宗教界开展“五水共治、五教同行”活动，捐款12万余元。开展全市宗教活动场所房屋质量和安全检查工作,委托杭州中能工程检测有限公司作危房鉴定,进行排危和拆除处理。开展全市佛道教寺观管理专项整治工作,对好运岛好运阁民间信仰点存在擅自容留僧人问题,约谈场所负责人,责令改正。牵头乡镇(街道)开展涉及宗教违建的调查摸底,全市共拆除宗教违建场所351处,面积2.58万平方米;改作他用51处,面积7245平方米;拟作民间信仰场所77处(不包括108处"三普"文保点)。向全市76处基督教堂点发送《浙江省"三改一拆"涉及宗教违法建筑处置工作公告》的函。召开全市宗教工作管理现场会,交流宗教管理工作,巩固整治成果,落实长效管理。协助指导市基督教协会,市基督教"三自"爱国运动委员会向全市76个基督教聚会点发出倡议,开展"正言正行,发挥正能量,共筑中国梦"主题活动。市基督教协会会长分别赴杭州市和开化县作题为《浅谈从基督教正言正行来看其发挥的正能量》和《宗教与邪教的区别》的讲课。上级部门及省、杭州市宗教团体沟通对接,推荐乌龙山玉泉寺释演通法师认定备案为玉泉寺住持。对推荐按立为基督教的12名长老人员进行政审,11人申报杭州市基督教"两会",1人暂缓。 (胡家俊)

老龄工作

【概况】 2014年年底,全市60周岁及以上老年人口105013人,占户籍总人口20.67%,比上年增加0.91个百分点,老龄化程度高于全国、浙江省和杭州市平均水平。其中:60周岁~69周岁低龄老人59866人,占老年人口57%;70周岁~79周岁老人30303人,占老年人口28.9%;80周岁及以上高龄老人14844人,占老年人口14.1%。高龄老人中百岁(虚岁)老人24人。新安江街道和大同镇老年人口总数超过万人,分别达到14715人、11682人;13个乡镇(街道)老龄化程度超过20%,其中梅城镇最高,占到当地人口总数23.5%。

全年办理老年优待证5922本。发放80周岁以上高龄老人生活津贴总人数1.44万人、总金额928.56万元。在新安江街道罗桐社区、梅城镇西湖村试点"独居老人暖巢计划"。建成市老年人健身培训中心。组织老年体育赛事65场、体育培训班70场、体育健身进村(居)20场,参加老年近6000人。组织"致中和杯"全国老年人健身球操交流。

组织各成员单位和志愿者队伍开展每月一天"雷锋角"服务、每周一天交通劝导、社区为老志愿服务。3100余名"五老"工作者参与关心下一代,结对留守儿童385名。发动各基层老年协会参与"五水共治"义务宣传和督导,成立"新安夕阳"老干部志愿服务队,206名老干部志愿者参加查污染找臭河、交通治堵劝导、拆违宣传等活动。

全年筹集资金102.44万元,实施项目扶持29个、81万元,慰问困难高龄老人363人、10.13万元,年底基金累计净结余656.9万元。

开展法院涉老案件清理月活动,受理审结和执行涉老案件91件。提供涉老法律援助40件。受处理涉老来信来访纠纷835件,调整成功率超过97%。

【机构养老】 实施乡镇养老服务中心改建提升工程10个,投资总额6126万元,其中莲花镇建成使用,寿昌、大慈岩两镇基本完工,大同、下涯、钦堂三个乡镇完成主体工程。推进民办养老机构,乾潭梓洲村养老服务中心、李家沙墩头村养老服务中心建成交付,梅城隆盛百福院基本完工,大同镇敬老院实行民建公助改革,吸引民间资本1000万元。年底,全市共有养老机构31家,机构养老总床位3543张,其中民办占49.8%。

【居家养老】 全市累计完成居家养老服务照料中心建设157家。政府购买养老服务补贴人数6865人,占老年人口总数6.5%,其中购买居家养老服务人数5610人、178.34万元。开展"养老护理知识技能进万家"活动,当年培训失能和半失能老人家庭护理人员3722名,累计达到7294名。投资205.4万元建成"96345"居家养老呼叫系统暨社会公共服务中心,开通服务项目12类88项,吸收加盟服务商240余家。市养老服务信息管理系统立项实施。

【集中供养】 创建AAAA级杭州市农村五保供养服务中心机构2家、AAA级3家。两次调整农村“五保”和城镇“三无”人员集中供养市级补助标准，分别达到每人每月农村540元、城镇864元，全年供养支出总水平达到每人9242元。全市共有农村“五保”和城镇“三无”人员479人（农村424人、城镇55人），其中在院供养452人、户院挂钩22人、分散供养5人，集中供养率98.6%。

【全国第六个敬老月活动】 活动期间，共组织慰问各类老人近3万人，举办广场为老公益服务、老年诗书画影作品巡回展和老干部“五水共治”书画展、第二个全国老年节文艺晚会和第二届老干部文化艺术节，承办“同心共筑中国梦”杭州市老干部庆祝新中国成立65周年文艺会演和杭州市七县（市、区）第二十届“长寿杯”门球联谊赛、浙江省

表27 **2014年建德市百岁老人名单**

乡镇（街道）	村（社区）	姓名	性别	出生日期	年龄
大同镇	丰畈村	黄秀英	女	1911年8月30日	104岁
大同镇	西垅村	毛水凤	女	1914年6月12日	101岁
大同镇	劳三村	叶宝珠	女	1912年5月31日	103岁
更楼街道	张家村	邓卸娘	女	1914年11月7日	101岁
航头镇	青坞村	陈水娣	女	1915年4月11日	100岁
航头镇	青坞村	夏秋英	女	1915年6月22日	100岁
航头镇	航头村	吴姣姣	女	1915年8月25日	100岁
李家镇	曙光村	黄爱玉	女	1915年10月31日	100岁
梅城镇	宝华洲社区	卢秀林	女	1915年11月1日	100岁
乾潭镇	下包村	张光宝	女	1915年8月13日	100岁
乾潭镇	安仁村	何春仙	女	1914年3月09日	101岁
乾潭镇	后山村	余树香	女	1915年6月15日	100岁
钦堂乡	庄丰村	楼开罗	男	1913年11月22日	102岁
三都镇	下钱村	汪秋菊	女	1915年6月20日	100岁
三都镇	松口村	何兰香	女	1915年10月20日	100岁
寿昌镇	小剌源村	朱秀兰	女	1914年9月01日	101岁
寿昌镇	桂花村	邵香香	女	1915年2月24日	100岁
寿昌镇	周村村	蒋秀凤	女	1913年9月10日	102岁
新安江街道	府西社区	王汇东	男	1915年12月23日	100岁
新安江街道	府西社区	马惠琴	女	1915年06月02日	100岁
新安江街道	罗桐社区	钱雪琴	女	1909年11月13日	105岁
新安江街道	叶家社区	金卸妹	女	1913年10月09日	102岁
杨村桥镇	黄盛村	潘桂姣	女	1915年10月09日	100岁
杨村桥镇	岭脚村	方梅英	女	1915年12月20日	100岁

"为老年人送文化下乡"文艺晚会。开展"最美家庭"评选并产生"最美家庭""最美妈妈"和"最美婆媳"共30对;组织"我心中的好妈妈"主题征文和"好家风好家训"主题宣传活动。（赵卫军）

关心下一代工作

【概况】 2014年,全市89名关工委宣讲员在中小学、企业和社区进行以"五水共治""中国梦"为主题的宣讲,共宣讲126场,撰写宣讲材料33篇,受教育学生6万余人次,并开展"五水共治,从我做起"主题征文活动。市关工委牵线搭桥积极多渠道筹集帮困助学资金15.5万元,资助大中小学生109人。组织关爱工作团开展集中帮教活动2次,并对社区矫正对象进行授课。市关工委被评为浙江省关工委工作先进集体。

【关爱帮教工作常态化】 2014年,市关工委关爱工作团先后两次到新安江街道府东社区和溪头社区,对21名35岁以下矫正对象和全市12名未成年人社区矫正对象进行集体帮教。关爱工作团成员引导矫正对象系好人生第一粒扣子,领会一个普通人的生活和老百姓的生活如何获得健康、快乐和幸福。

【开展帮困助学】 2014年,市关工委新联系结对李家、乾潭、大同等乡镇5位贫困学子。8月,从杭州市争取帮困经费7.5万元,资助48位贫困大学新生和高中学生。9月和10月,开展"福彩牵手、梦想接力"活动,先后两次从省福彩中心争取经费共8万元,帮助6名大学生和严州中学(梅城校区)50名特困高中学生。评选杭州市关工委"奋飞助学"奖14名,发放奖金8400元。

【假日学校和基地建设】 7月,"假日学校暨青少年活动项目建设工作"现场会在三都镇马宅村召开。通过交流经验和再落实,全市16个乡镇(街道)全年共创办"假日学校"72所,3000余名中小学生参加学习活动。多数失管少年儿童学生做到暑期离校不离教,学习生活健康、安全、充实和有意义。全市青少年活动基地达到10个。

（张秀云）

编辑:陆进

乡镇(街道)

Towns and Community

新安江街道

【概况】 新安江街道是建德市政治、经济、文化中心。2014年，该街道行政区域面积102.6平方千米(上年度为101平方千米，从2014年开始，均采用市统计局公布数据，下同)，辖11个社区、4个行政村，总户数29291户，常住总人口79503人，其中非农业人口70257人(人口数据采用各乡镇街道提供数据，部分乡镇与市统计局有出入，下同)。全年共出生765人、死亡302人，人口自然增长率5.84‰，当年计划生育率95.95%。实现全社会固定资产投资30.76亿元，实现社会消费品零售总额46.19亿元，比上年增长14.6%。工农业总产值63.49亿元，增长3.88%。生产总值74.58亿元，增长12%，其中第三产业年度新增限上服务业28家，第三产业增加值53.59亿元，增长12.1%。财政总收入7.55亿元，增长25.42%；其中地方财政收入2.57亿元，增长10.3%。城镇居民人均可支配收入35117元，增长10.53%；农村居民人均纯收入18418元，增长14.63%。

有工业企业208家，其中规模以上企业30家，年度新增产值2000万元以上企业3家(建德市天一玻璃制品有限公司、浙江飞帆旅游用品有限公司、杭州喜洁日用品制造有限公司)。工业总产值62.01亿元，比上年增长3.3%。工业销售产值61.29亿元，增长3.4%，其中规模以上企业工业总产值45.82亿元(增长3.35%)，占该街道工业总产值的73.9%。销售产值45.43亿元(增长3.35%)，占该街道工业销售产值74.1%，规模以上企业支柱作用明显。全年核准备案工业项目25个，其中限额以上项目24个(投入500万元以上)，完成工业生产性投入4.46亿元，减少24.8%；盘活存量厂房2.51万平方米，超额完成年度任务的2.1倍。年度招商引资项目7个(其中重大项目：农夫山泉四期项目，投资额8亿元，用地面积28.5公顷，位于新安江街道梅坪村)，协议资金12亿元，年内实到内资6.78亿元，实到外资500万美元。新产品产值率34.5%，工业功能区平整土地3.33公顷、盘活存量土地6公顷。

农业总产值1.48亿元，增长4.96%；全街道农村经济总收入19.69亿元，增长12.42%。农作物播种总面积585公顷，减少5.2%；其中粮食作物191.8公顷(减少15.06%)，总产量1005.86吨(减少15.5%)，粮食播种面积、总产量萎缩趋势明显；油料作物72.4公顷，油料总产量157.21吨；甘蔗11.33公顷，总产量957.8吨；蔬菜(含菜用瓜)217公顷，总产量1.14万吨，与上年相比略减；果用瓜64.53公顷，总产量1614.42吨；花卉园艺21.17公顷，出售盆栽26.4万盆，猛增65%。庭院绿化及村庄美化等零星植树1.66万株，幼林抚育面积5公顷，成林抚育面积8.7公顷，封山育林面积3149.07公顷。

全年拆除违法建筑922处、面积16.7万平方米。拆除一户多宅152处、面积4.1万平方米；“沿江沿路类”整治拆除193处、面积1.8万平方米。对部分依照“有偿使用”办法处理的相关建筑，收取有偿使用金1508万元。对年度内发现的104起新违建，劝停自拆82起、即查即拆9起共计599.7平方米，责令停工补办手续13起。各社区(村)利用“三改一拆”拆出的空间，建设白沙社区小塘坞自然村等居民文化广场5处；实施叶家社区汪家道路硬化工程(全长300米，投资11万元)，拓宽修建梅坪村主道路、源口道路、里阳道路等农村道路。

完成改厕1093户，截污纳网管接入农户1236户，接户管铺设13.5千米，主管、支管铺设20.2千米，完成终端池26座，自然净化污水池6座。清理、关停山河村砂场2家、豆制品作坊4家、塑料粒子加工小企业3家。畜禽养殖点整治，共关停拆除畜禽养殖点65处(其中生猪养殖场58处、肉蛋鸡养殖场7处)、面积1.4万平方米，至年末，原有养殖户82%退出养殖业。开展境内水域网箱养殖整治，搬迁网箱养殖场(户)67处，整治4545只网箱约12万平方米水域面积。实施寿昌江堤坝工程，该工程全长2.76千米，征用土地9公顷。丰产村自来水安装一期工程竣工，岭后社区自来水管网改造完成，两处工程受益人口2700人。

年末，有街道所属学校8所，其中小学3所，专任教师177人；初中2所，专任教师199人。职业教育机构1所，专任教师7人。幼儿学前教育机构14所(其中民办12所，比上年减少1所)，专任教师18人。全年发放各类临时救助、困难救助14.7万元，发放医疗救助金50余万元。对全街道(含外来在册非常住人口)育龄妇女实施免费婚前医学检查、孕前优生检测及国家免费孕前优生健康检查工作，发放计生奖励扶助资金10.5万元，各类补助57.1万元。

新(修)建新蓬村、丰产村文化大礼堂，配设道德讲坛、舞台、音响设备等硬件设施及文化长廊、大礼堂的统一标识。4月，溪头社区建成社区图书馆，配有各类藏书2000册、报刊40种，并实现与市图书馆一证通。6月，在溪头社区建成新安江街道禁毒教育基地，至年末，共接待参观人员3000余人。2014年，该街道被中共杭州市委评为杭州市社会管理综合治理先进街道。

【重点项目建设】 2014年，建德市十大工业项目——农夫山泉四期签订协议，部分农户土地征迁、土地农转用报批到位。3个十大服务业项目中，千岛湖源新安江生态经济示范区项目开展情人谷、好运岛景区规划编制；同鑫商厦汽车展销中心项目完成主体工程，累计完成投资656万元；盛德国际广场项目完成1号～4号楼第三3层梁板浇筑等主体建设，累计完成投资8885万元。

市十大农业项目——新安农业服务中心项目完成投资1205万元，农业综合服务楼和农资储备仓库、加工厂房投入使用。市重点项目——李家坞安置房项目完成投资额3370万元，其中1号、3号楼进入室外工程施工阶段，次入口道路、配套边坡治理及挡墙工程基本完工。千岛皇冠假日酒店建设项目完成路网工程及95%的酒店外立面装修，着手附楼基础实施、湖岸边坡治理及景观工程，累计完成投资8549万元。

【新安江街道有机硅B区块建设】 新安江街道有机硅B区块为省级高新技术产业基地，2002年开始建设，至2014年年底，有入园企业47家(投产企业45家、在建企业2家)，其中规模以上工业企业14家、限上贸易企业4家，投产企业实现工业销售产值9.4亿元，基本形成了以机械制造、化工、医药、五金工具、家纺、仓储物流等为主体的经济发展格局。2014年度累计投资21.78亿元，平整土地69公顷，出让土地54.63公顷，农转用地75.55公顷。完成水自来水管3640米、排污管3700米、雨水管铺设4100米、排水暗渠900米，挡墙1.84万立方米，道路基础硬化4.86万平方米，安装路灯管线4100米、路灯74杆，实施10座高压铁塔移位，在320国道(园区路口)设置交通信号指示灯1组。

【罗桐社区被命名为全国和谐社区建设示范社区】 8月，罗桐社区成功创建"全国和谐社区建设示范社区"，为杭州地区五县(市)唯一入选社区。近年来，该社区党委在"加强队伍建设、融合资源优势、完善基础设施、创新服务形式"四方面下功夫，夯实党员战斗堡垒作用、强化公共设施资源、发挥社区服务职能、提升全体居民凝聚力，建设成为一个服务完善、管理有序、充满活力、和谐幸福的新型社区。

【新安江街道首家天然气技改工程投入使用】 8

月,总投资1568万元的农夫山泉(建德)新安江饮料有限公司天然气技改工程投入使用。该工程总占地面积为6740平方米,建筑面积1013.3平方米。该公司实施该项技术改造后,以天然气作为锅炉燃料代替燃料油,改善了企业应用能源结构现状,减少硫化物、氮化物、碳化物等有害气体的排放,同时可节省20%的燃料年成本。经测试,热效率比油、煤分别提高14.3%、33.3%。 (陈萌)

更楼街道

【概况】 2014年,更楼街道行政区域面积80平方千米(上年度为81.6平方千米),辖14个行政村、2个社区(更楼、更化社区),年末总人口23331人。全年出生249人、死亡179人,人口自然增长率3.02‰,当年计划生育率93.6%。工农业总产值25.77亿元,比上年增长2.79%。生产总值9.30亿元,增长13.41%;其中第三产业增加值2.20亿元,增长10.2%。财政总收入1.08亿元,增长25.88%,其中地方财政收入2858万元,增长18.2%。农村居民人均纯收入15504元,增长13.8%。

有工业企业253家,其中规模以上企业12家。工业总产值24.02亿元,增长2.43%,销售产值23.76亿元,增长2.5%;其中规模以上企业总产值14.75亿元,增长5.1%,销售产值14.68亿元,增长5.6%。全年完成工业生产性投入3.93亿元,增长19.5%,其中500万元以上项目投入2.5亿元。新产品产值率41.9%。招商引资实到内资4.22亿元。自营出口交货值393万美元,增长30.2%。全年固定资产投资额5.95亿元(含工业生产性投入),减少16.1%。建德南方水泥有限公司实施年产200万吨石灰石开采项目,至年底完成投资5048万元;公司当年度实现销售产值9275万元,增长35%,创历史新高;总纳税额4053万元,被评为2014年度建市“十大税收贡献企业”。1月,青岛啤酒公司年产20万千升啤酒扩建项目全面建成投产,当年新增投入4800万元,全年销售产值突破2亿元、年缴纳税收2500万元;国大建材家居市场成功创建省级四星级市场,全年营业额突破6.5亿元。至年底,工业园区建成面积110.4公顷(规划面积450公顷),基础设施投入8000余万元;有企业28家,其中亿元企业两家,主要产业建材、饮料、机械加工、电子等;全年销售产值8.5亿元。

农业总产值1.70亿元,增长4.94%。农作物播种面积2444.2公顷,其中粮食播种面积1023公顷(小麦47公顷、玉米113公顷、单季稻419公顷),油菜358公顷,按国家扶持政策对种植春粮的5120农户、种植秋粮的5530农户做好粮食直补工作。种植草莓苗12.4公顷、西瓜127公顷、蔬菜842公顷。年末生猪存栏3331头,家禽存栏7.16万羽;全年生猪出栏4125头、家禽出栏6.12万羽、肉蛋产量643吨。完成绿化造林36.87公顷,其中珍贵树种10公顷、用材林13.53公顷、山核桃6.67公顷、油茶6.67公顷。完成森林抚育86.67公顷,完成林权流转40.33公顷。建成省级林区道路计划8千米、杭州市级林区道路计划2千米。完成山塘除险加固工程2处、堤防加固工程1处、农村河道综合整治工程1处、渠系配套工程1处,总投资280万元,工程量2.83万立方米。

11月,开工建设街道中心幼儿园、小学迁建项目。该项目位于更楼街道西侧,毗邻更楼初级中学,通过BT项目实施。其中,中心幼儿园占地面积9018平方米,建筑面积约6000平方米,总投资1200万元;小学占地面积2.46万平方米,建筑面积1.45万平方米,总投资3600万元。至年底,幼儿园教学楼主体工程结顶,小学综合楼、体艺楼等完成第二层整体浇筑。年末,有街道所属学校2所(小学1所、初中1所),在校学生1122人,教职员工117人。

年度新增低保家庭38户,及时予以落实各项政策;对166户发放慰问、助学、结对、临时救济(助)金,共计30万余元。新农村合作医疗保险参保人数17006人,参保率98%。

【开展环境综合治理】 年内开展“三改一拆”“四边三化”“清水治污”“服务企业”等多项环境治理

行动，全年拆除违法建筑783处、面积9.2万平方米；拆除“一户多宅”177处、总面积3.7万平方米；拆后利用55420平方米，收取有偿使用金179.76万元。开展畜禽养殖整治，关停、拆除22户生猪养殖户棚舍面积1.11万平方米，减少存栏3381头；关停拆除10户鸡、鸭养殖场面积4194平方米，减少存栏量4万羽。对重点监管的污染企业实施整治，关闭整治砂场2处，整治水晶行业5家。完成甘溪村、许乐村、骆村村3个村自来水管网铺设。完成于合、许乐、甘溪、湖岑畈4个村的农村污水治理工程，完成21个终端池建设（容积共1142立方米），31.6千米管道埋设和749个农户改厕。

【国大阳光建材市场停车场建设】 该项目由建德国大阳光建材市场有限公司总投资4000万元建设，位于更楼街道办事处东侧，用地面积8223平方米，建筑面积1.18万平方米，设停车位440个，非机动车停车面积4759平方米，分为地上、地下各1层，利用屋顶层停放小型车辆及绿化，配套建设配电房、公厕、洗手间等，为全市规模最大停车场。2013年5月开工建设，至2014年年底完成整体工程，部分投入使用。

【水晶烫钻行业联盟标准修订】 7月，由新世纪烫钻工艺品厂、砾华玻璃饰品有限公司、纳祥星水晶饰品有限公司等14家水晶烫钻企业组成的水晶烫钻行业联盟，对2013年10月颁布施行的《装饰用品玻璃烫钻标准》进行修订完善。该联盟标准为建德市首个水晶烫钻行业标准，为水晶烫钻企业组织生产、销售、检验提供依据，解决了地产水晶烫钻产品标准参差不齐的弊病。

【黄张线道路提升工程】 该项目为黄张线黄泥墩立交桥至更楼街道段改建工程，总长1275米。2012年动工建设，至2014年年底完成路面改造、拓宽工程及道路美化、亮化、绿化建设并交付使用，共计投入资金3000万元。改造后，路面宽度从原来的9米、2车道拓宽至18米、4车道，道路两旁各加设2.5米宽的人行道，并配备节能路灯72盏。

【城乡统筹建设】 完成湖岑畈村精品村建设，并通过杭州市级的验收。推进农村住房改造、下山移民项目，其中安置房二期共建设13幢，安置172户农户，投资3000万元，至年底完成主体工程，进行扫尾工作。完成于合村省级农村住房改造示范村创建，包括外立面整治、危旧房改造，违法建筑拆除、村容村貌整治、美丽庭院建设。完善城乡保洁长效管理制度，落实9条河道的河长制度，确保城乡河道清洁、有序。

◎1月9日，2014杭州市文艺志愿者共建特色农村文化礼堂活动在更楼街道于合村启动（市文联供稿）

【更楼街道农村保洁推向市场】 5月28日，更楼街道11个村（社区）与建德市炜达物业有限公司签订五年农村卫生保洁合同，从6月1日起，更楼街道11个村（社区）的农村卫生保洁由炜达物业承担，保洁内容包括进村主道、支道、巷道路面以及二侧沟、村民房前屋后、健身场所、绿地、村中水塘、公厕等村区域范围内的日常生活、生产性垃圾以及杂草的收集、清除、清运。标志着该街道打破了传统的保洁模式，将农村环卫作业推向市场，率先走出了一条“作业市场化、运营企业化、服务社会化、发展产业化”的农村垃圾治理新路子。合同对环境卫生保洁的范围、标准、承包价格、双方责任作出了明确的规定。 (吴 炜 蒋辰子)

洋溪街道

【概况】 2014年，洋溪街道行政区域面积74.4平方千米(上年度为74.62平方千米)，辖4个社区、2个行政村，总人口14402人(其中非农业人口1187人)。全年出生171人、死亡92人，人口自然增长率5.49‰，当年计划生育率97.7%。工农业总产值43.08亿元，比上年减少4.35%。生产总值11.35亿元，增长2.44%，其中第三产业增加值1.57亿元，增长9.02%。财政总收入1.79亿元，减少11.39%，其中地方财政收入6500万元，增长4.47%。农村居民人均纯收入15447元，增长11.6%。

有工业企业85家，比上年减少8家，其中规模以上企业27家、亿元产值企业6家。实现工业总产值43.37亿元，减少2.3%，工业销售产值42.44亿元，减少3.0%，其中规模以上工业销售产值27.36亿元，增长5.1%。全社会固定资产投入9亿元，增长18.4%；工业生产性投入2.58亿元，减少16.2%。招商引资实到内资4.37亿元，增长4.2%，实到外资450万美元，增长4.7%。新化化工被列入国家高新技术企业、国家火炬计划重点高新技术企业，无卤阻燃剂项目列入国家级新产品；新马电梯被列入国家高新技术企业、杭州市创新型试点企业；三耐环保被列入国家扶持高新技术企业。有省级科技型企业3家，5个项目列入省级新产品，授予各种专利72项。全年实施较大工业技改项目9个。年内，“勇华物流”开工建设，该项目为洋溪街道最大的物流项目，位于青龙头社区，项目占地面积1.30公顷，建筑面积6000余平方米，总投资5000万元。

耕地189.3公顷，林地6090公顷。农业总产值6776万元，比上年增长3.5%。农作物播种面积521公顷，其中粮食播种面积194公顷，粮食总产量74.71吨。全年向农户发放粮油综合补贴16.74万元、良种补贴1.7万元。生态公益林补助资金126.14万元，新种植香榧10公顷、珍贵树种造林10公顷，定向培育27公顷，中幼林抚育100公顷；高山蔬菜12公顷、铁皮石斛2.3公顷。实施移民项目7个，扶持资金196万元。

河道长效保洁机制，全年清理、整治河道73千米，清运河道垃圾200余吨。完成畜禽养殖治理，拆除新安江两侧500米内、莲花溪两侧200米内、其他河道100米两侧范围内的养殖场(户)120家，拆除面积2.36万平方米，其中生猪养殖场105家、家禽养殖场(户)15家，至年末生猪存栏量下降60%，家禽存栏量下降40%。完成农村生活污水治理，在友谊、团结、城东、洋安4个村共铺设污水管网25千米，建终端处理池16座，完成农村“改厕”1050户，新增受益农户3000余户，受益率82%以上。实施莲花溪综合整治，关停水晶厂1家，取缔砂石料加工场2家，拆除莲花溪沿岸破旧房屋90余处、面积6300平方米，整治重钙加工厂3家。

全年共组织“三改一拆”暨“无违建市”创建工作集中行动40余次，共拆除各类违法建筑1129处，建筑面积20.83万平方米；拆后腾出土地17.17万平方米，拆后利用土地13.66万平方米，其中复绿1.02万平方米、复垦1.59万平方米、项目建设9.25万平方米，土地利用率79.6%。在拆除违法宗教活动场所中，洋溪街道总结提升的“三个匠”工作法得到了省委主要领导的批示肯定，经验做法在全省推广。

街道所属学校1所(洋溪小学)，有班级18个，在校学生760人。医院1家，床位60张，农村卫生室4个。全年办理城乡医疗保险11450人。参加失地农民养老保险5202人。农村劳动力转移就业人数210人。5月，城东方家坪安置房一期工程开工建设，规划建设公寓楼10幢，建筑面积3.30万平方米，概算总投资4.5亿元。

2014年，洋溪街道成功创建为杭州市卫生乡镇，被杭州市委命名为2014年度社会管理综合治理工作示范乡镇（街道）。

【逸龙文化创意产业园开园】 5月8日，建德市洋溪逸龙文化创意产业园开园。该文创园由浙江逸龙文化创意发展有限公司利用原杭州新安江味精有限公司闲置厂房改扩建而成，建筑面积1.40万平方米，项目总投资3000万元。当年入园企业56家，实现销售额7000万元，为洋溪三产服务业发展创造了新的平台。2014年，逸龙文创园被命名为浙江省电子商务基地、杭州市级文化创意产业园。

【洋溪文化中心改建竣工】 12月，洋溪文化中心改建工程竣工，经验收交付使用。该项目位于洋溪复兴街1号，占地面积3000平方米，建筑面积1200平方米，改建投资100余万元。文化中心共设综合文化站、建德图书馆洋溪分馆、洋溪革命斗争史纪念馆、文化展示厅和多功能厅共五个功能板块。

【3个村撤村建居】 12月30日，市政府批复同意洋溪街道洋安村、朱池村、城东村3个村撤村建居。撤销洋安村，设立洋安社区；撤销朱池村，设立朱池社区；撤销城东村，设立青龙头社区。洋溪街道所辖社区由1个增加到4个，行政村由5个减少为2个。 （童来清）

莲花镇

【概况】 2014年，莲花镇行政区域总面积87平方千米（上年度为86.12平方千米），辖6个行政村、1个居委会，总人口10192人（其中非农业人口332人）。全年出生96人、死亡83人，人口自然增长率1.2‰。当年计划生育率95.5%。全年实现工农业总产值8.93亿元。生产总值4.23亿元，下降9.2%；其中第三产业增加值1.2亿元，增长8.1%。财政总收入3368万元，增长68.4%，首次突破3000万元大关；其中地方财政收入1712万元，增长60.6%。农民人均纯收入17670元，增长11%。

有工业企业296家，其中规模以上企业3家。工业总产值6.63亿元，工业销售产值6.52亿元，分别减少34.68%、34.8%。其中，规模以上企业总产值1.85亿元，占全镇工业总产值的27.6%；销售产值1.8亿元，占全镇工业销售产值的12.1%。工业生产性投入1.01亿元。新引进杭州瑞天石材有限公司，该公司注册资本2000万元，主营石材销售，属省外投资。杭州三意农业开发有限公司建设的年产5.4万吨食品加工项目，完成一期食品车间内外装修、主体设备及其他附属工程安装；杭州果谷生物科技有限公司新建饲料加工生产线项目基本建成。实到内资9059万元，完成年度目标任务113.2%；自营出口308万美元；全社会固定资产投资1.2亿元，增长6.5%；新产品产值率30.8%。

耕地面积377公顷，林地面积7752.53公顷。农业总产值2.30亿元，增长7.0%。全年粮食播种面积321.33公顷，粮食总产量1640吨。特色经济作物铁皮石斛种植面积22公顷，薄壳山核桃种植面积16.67公顷。全年造林、抚育333.22公顷。年内生猪出栏600头、家禽出栏25万羽；年末家禽存栏55万羽，产鲜蛋2.3万吨，产值1.5亿元。全年新建道路12.7千米（含林区道路4.5千米），桥梁3座，渠道建设12千米。完成戴家、林茶2座水库除险加固工作，启动戴家水库的清淤工程。莲花污水处理厂主体工程全面完工。

林茶村、莲花村文化礼堂投入使用，展示有村规民约、名人名家等内容，能开展各类文体活动和培训场地，成为村民的“文化之家”。戴家中心村一期项目交付使用，配套实施光伏太阳能发电项目，并创建完成省级农房改造示范村。莲花精品村建设通过杭州市农办考核验收。“三改一拆”工作持续推进，共拆除违章建筑938处，面积约17.1万平方米，6个村均通过“无违建村”验收，莲花溪创建成建德市第一条“无违建河道”。做好7户困难建房救助工作，完成农房改造29户，解决农房改造遗留问题2户。莲花信用社大楼主体工程完工。

确定实施转型创业园、养老服务中心等6大“联乡结村”重点民生项目，其中农民增收类2个、民生设施类4个，涉及5个行政村，全年到位帮扶资金约393万元。完成转型创业园、养老服务中心一期工程建设；开展河道干支流清淤清障70余千米，修缮林茶村文化礼堂及4处来料加工场地；改造中低产田33.33公顷，受益农户达200人。

年末，有镇属学校2所，其中小学1所，在校学生256人，专任教师32人；有幼儿园1所，在园幼儿196人，专任教师18人。新型农村合作医疗保险参保人数达1.01万人，参保率99.8%；落实各项优抚救助政策，发放各类救助资金50.5万元，受益人数386人。2014年，该镇成功创建“零上访镇”和“农产品质量标准乡镇”，获评杭州市“五水共治”先进乡镇；戴家村分别获评浙江省、杭州市农房改造示范村。

【莲花溪综合整治工作成效明显】 该镇以治污水为重点，开展畜禽污染专项整治，组织开展“凌晨行动”28次，检查养殖场所107家(次)，查处各类偷排行为23起，拆除养殖场473家，其中拆除生猪养殖房6.27万平方米，实现生猪减量2.1万头，实现整镇退出；拆除蛋鸡养殖房6.28万平方米，减少蛋鸡102.6万羽，养殖房复耕7.5万平方米。对齐平、昴畈等村的10个农村生活污水治理站点进行整改提升，建设管网12.5千米，完成改厕897户，新建人工湿地275.6平方米；实施并完成莲花溪63.4千米的干支流清淤工程，对莲花溪沿溪200米范围内企业进行整治，关停樟村和杨家2处砂场。年底，市环保局对莲花溪10个水质点位检测显示，有3个点的水质检测结果为二类、7个点为三类，莲花溪出境水质达三类，实现莲花溪综合整治总体目标。

【建设转型创业园助力退养户转型】 2014年，该镇投入200余万元，在莲花村向农户流转土地4公顷，用于建设转型创业园，助力退养户转型。创业园内建设标准钢架大棚3万平方米以及配套沟渠、道路，由镇政府返租给畜禽退养农户从事种植产业，并由九仙铁皮石斛专业合作社提供技术指导，做到种苗、技术、管理、销售“四统一”。年底，创业园建成投入使用，30余户原养殖户入驻园内从事铁皮石斛、草莓、药材等种植业转型。

【开展“莲花—凯旋”招商项目对接会】 10月，首届“莲花镇—凯旋街道”招商引资对接会在莲花镇举行，杭州市江干区工商联和凯旋街道办有关负责人携20余名企业主参加对接会。会上莲花镇主要负责人对该镇9个重点招商项目进行推介，并组织与会人员实地察看奔洋新厂区、岩山综合体项目、荣盛房产开发地块、石灰山铁皮石斛基地。会后，多名企业主与该镇达成初步投资意向。

【养老服务中心投入使用】 12月，位于莲花村的养老服务中心投入使用。该养老服务中心总占地面积2260平方米，建筑面积1500平方米，累计投入资金465万元，主要为莲花籍无生活来源、无劳动能力、无法定抚(赡)养义务人员的“三无”人员以及农村“五保”老人、全镇社会老人提供生活照料、营养配餐等综合服务，可容纳150余名老年人居住。是该镇第一所综合性养老服务中心。 (童　燕)

梅城镇

【概况】 2014年，梅城镇行政区域面积153.2平方千米(上年度为152.4平方千米)，辖13个行政村、5个社区，户籍人口41987人(其中非农业人口16235人)。全年出生396人、死亡286人，人口自然增长率2.61‰，当年计划生育率97%。工农业总产值102.32亿元，比上年增长2.73%；生产总值28.67亿元，增长9.4%；其中第三产业增加值6.65亿元，增长10.0%。财政总收入1.61亿元，减少7.47%；其中地方财政收入5039万元，增长12.6%，首次突破5000万元大关；农村居民人均纯收入16836元，增长16.2%。

有工业企业533家，其中规模以上企业47家、亿元以上企业15家。工业总产值98.87亿元，增长2.6%，其中规模以上企业总产值47.18亿元，占全镇工业总产值的47.7%，增长1.2%；销售产值97.23亿元，增长2.5%，其中规模以上企业销售产值46.63亿元(减少3.25%)，占全镇工业销售产值的48.0%。外贸自营出口1.42亿美元，增长10.9%。工业生产性投入12.32亿元，增长30.8%。招商引资到位内资5.67亿元，外资1000万美元。完成土地征用45.3公顷、平整33.3公顷，签订拆迁协议101户。一批工业项目相继落户园区并将陆续投产，总投资6.6亿、用地28公顷的建业化工迁建二期主要建设有机胺、增塑剂等化工产品生产基地，其中仲丁胺产品投产；投资1.5亿、用地4.3公顷的深蓝科技项目完成一期厂房建设；投资5000万元、用地0.8公顷的斯洛玛格磁电项目厂家基本结顶；由全市13家电镀企业重组成4家入园的电镀产业园项目用地5.3公顷，基本完成厂家建设和设备安装，其中雅鼎镀业开始试生产；盘活利用存量厂房的陶瓷轴承项目进入原材料生产阶段；投资5000万元、用地1.3公顷的日耀涂料项目完成土地“招拍挂”。五马洲安置房主体工程基本建成，南峰至五马洲道路沿线绿化工程完工；新增雪勇服装店、杭州华联商超连锁梅城加盟店等限上服务业企业3家。社会零售品消费总额8.49亿元，增长13%。

耕地面积1100.7公顷，林地面积7619公顷。农业总产值3.45亿元，增长6.5%。农作物播种面积2155公顷，其中粮食作物播种面积1207公顷，粮食总产量5993.9吨。年末生猪存栏8134头、耕牛143头、山羊1447只，家禽存栏26.18万羽。市十大农业产业项目——三弟兄畜禽深加工项目完成土地平整1.67公顷，投入资金1000万元；千岛银珍新增茶园面积13.3公顷，覆盖面积2000公顷，年销售7000余万元；新龙食品进入萧山、宁波、济南等机场，并试水网络销售，全年销售额达到3000万元；睦山农种苗组培、蓝莓种植及深加工，年销售3500余万元；丰收禽业自动化养殖示范基地总规划面积5.3公顷、投资1200万元，基本完成10幢自动化养殖棚及3幢办公用房建设；南峰村集休闲观光于一体的大雁养殖基地投入资金200余万元，大雁养殖5000羽。

完成《梅城镇城镇总体规划(2005—2020)修改》《建德市梅城镇古镇保护规划》编制。完成梅城城防大坝二标段除大、小南门间因古城墙变更外的坝体工程，启动大、小南门城台建设及古城墙保护修复工程；完成老城区西入城口、东入城口及严东关等景观改造，总投资393万元；启动开元路二期、西湖四路、大坝安置地配套道路等城镇道路建设；实施完成大桥路改造、严东关和姚坞绿道建设。投资80余万元的数字城管指挥中心及监控安装完成并投入运行。完成滨江村老年活动中心、便民服务中心及江滨公园建设，投资190余万元实施村庄道路改建1800米；完成望山村蒋家、桥下中心公园建设，启动姜坞、余家、王山顶精品区块建设。

全年拆除违法建筑1729户(1584处)，面积33.6万平方米，拆违总量排名全市第二；腾出土地面积15.83万平方米，拆后利用11.48万平方米。实施农村生活污水治理工程，13个行政村共新建处理池36个，铺设管道3.50万米，完成改厕2867户；对乌龙山溪、工农溪、黄栗坪溪等进行清淤提升，整治沿溪畜禽养殖污染135户；基本完城乌龙堤坝加固工程、乌龙山农民饮用水工程，启动西湖集雨池和污水提升泵站建设。

年末，辖区有初中1所(含2所分校)、小学1所(含3所辅导完小)，在校学生2982名，教师202名；各类幼儿园8所，在园幼儿1420名；入园率、入学率均达100%，初中升高中升学率98%。完成滨江村、利群村、洋程村、伊村村、西湖村、龙泉村、城西村、龙溪村、望山村、总府社区、严陵社区、梅花社区和宝华洲社区等13个村(社区)居家养老日间照料中心建设，共计面积4800平方米，设置床位207个。新型农村合作医疗保险参合率98%以上。对困难家庭临时救助114人次，金额8.5万元。

2014年，该镇被认定为“国家新型工业化产业示范基地拓展区”“杭州市现代服务业培育类集聚区”、建德市首个推广杭州市环卫行业标准化管理中心镇。12月，通过省历史文化名镇评选,成为建德市首个“省级历史文化名镇”。

【梅城新城建设】 12月19日,新城安置房A区块项目竣工并通过验收,该项目于2012年6月开工建设,区块总用地面积43633.8平方米,总建筑面积为9.29万平方米,建成多层(6+1)楼盘22幢和小高层(11层)楼盘4幢,共661户,总投资1.9亿元。杨梅公路以北纵向下路山路、康宁路、黄栗坪路及横向中兴路、新严路等“三纵两横”道路通过验收。年末,新城段标高抬升工程完工并通车。

【“联乡结村”和移民帮扶】 实施低收入农户二头乌养殖增收、望山村葡萄基地建设、银珍一号良种繁育和高产栽培、良种山羊杂交繁育、野鸭标准化养殖等“联乡结村”帮扶项目9个,总投资758万元。完成乌龙堤坝加固、红化桥拓宽改建、姜山村路灯亮化和滨江村1700余米道路改建等基础设施项目。至年底,共落实移民资金总额890万元,联乡结村到位资金总额160万元。

【古城保护示范街改造】 古城保护示范街改造项目涉及全长400米的正大街、南大街沿街两侧10米范围内的修缮、改造,以及配套市政管网的新建和修复。项目用地面积2.35公顷,建筑面积2.29万平方米,景观面积1645平方米,涉及改造房屋90幢(国有35幢、私房55幢)、沿街商铺205间。该项目采取先行试点、分区招标、分段建设的方式进行。至年底,完成金钟汉故居、泰和瓷器店等9个点位的施工,完成年度投资1655万元。

【严州古城墙遗址保护】 “严州古城墙”是浙江省重要的文化遗产,省内现存最早的古城墙。2014年,建德市启动严州古城墙遗址保护工程,并多次调整工程方案,尽可能减少对古城墙的破坏,确保文物遗存的安全。5月,建德市会同杭州市考古所对古城墙保存状况实地进行调查,并形成调查报告上报市政府;7月开始,配合杭州市考古所对古城墙遗址300米范围进行考古发掘。同时,结合新大坝、旧城墙的实际,严格按照文物尽可能最少干预的原则,编制严州古城墙试点修复方案。至年底,按照“原材料、原工艺、原尺寸”的要求,完成大南门以西80米的修缮工作。

【实施“机器换人”技术改造】 2014年,勇华车业、飞龙电器和五星车业3家市重点企业,共计投资720余万元实施“机器换人”项目,改造生产设备。设备升级后工人数由68人减至27人,减少60.3%,自动化程度和生产效率显著提高,综合电耗和生产场地有效缩减,促进了企业的可持续发展。

【“严州虾灯”参加省“非遗”春晚演出】 1月18日,建德市“非遗”项目“严州虾灯”参加“中国梦想·美丽浙江”2014浙江省“非遗”电视春晚。“严

◎古城保护示范街改造现场

州虾灯”始于元末明初，是古严州的一种民间艺术，被列入浙江省第二批“非遗”名录。10月19日，“严州虾灯”参加“风雅颂”·2014杭州市第七届民间艺术展演，获银奖。

【严州画院成立】 3月6日，严州画院成立揭幕仪式在梅城镇宝华洲活动中心举行，来自建德市及杭州、桐庐、淳安等地的100余位书画艺术家和爱好者参加仪式。严州画院的成立得到广大书画艺术家的响应，纷纷加入画社并赠墨宝。严州画院坚持“文艺为人民服务、为社会发展服务”的方向，为广大艺术家提供良好的交流平台，以书画会友，以笔墨联谊，广泛团结同仁，扩大社会影响，服务地方百姓，助力建德市书画文化发展。

【“六进三联创”工作】 2014年，该镇推行“六进三联创”工作，通过网格化的管理、广泛性的宣传，结合示范点的建设，全面推进反邪教进社区、进村、进校园、进楼宇、进宗教场所、进企业，并开展市、镇、村三级联创。共设置大型反邪教宣传广告牌5处、主题公园2个、宣传长廊1个、固定宣传牌20余块，结合文艺晚会、普法、驻进访等活动，开展反邪教宣传。建立反邪教工作站及宝华洲社区、五星车业等反邪教示范点，依法严厉打击邪教活动，帮扶转化邪教痴迷者。同时，结合社会治安巡防，加强反邪教日常监管和防控。年末，“六进三联创”工作被评为省级优秀示范乡镇。

【南峰小学改造】 南峰小学迁建工程位于原南峰初中范围内，项目总投资730万元，新建教学楼建筑面积1800平方米，按12个班级标准设计；食堂建筑面积1100平方米。2012年下半年开工建设，2014年10月1日投入使用。

【建成全市首个乡镇规范信访谈话室】 12月，该镇建成全市第一个乡镇规范信访谈话室。谈话室严格按照上级纪检监察机关谈话室的设置标准，安装了高清摄像头、台式电脑、打印机、高清声控器等硬件设备，实现信访谈话、答复过程全程录音录像。并专门制订谈话室管理使用和保密制度，有效规范乡镇纪委的办案行为，提升办案安全文明水平。

（徐惠珠）

杨村桥镇

【概况】 2014年，杨村桥镇行政区域面积138平方千米，辖13个行政村、1个居民区，总人口20702人（其中非农业人口1219人）。全年出生261人、死亡149人，人口自然增长率5.4‰，当年计划生育率95.4%。工农业总产值28.98亿元，与上年基本持平。生产总值8.94亿元，增长8.8%；其中第三产业增加值1.55亿元，增长10%。财政总收入3229万元，减少19.1%；其中地方财政收入1113万元，增长12.7%。农村居民人均纯收入18169元，增长13.14%。

有工业企业119家，其中规模以上企业13家，年度新增2家（浙江东方集团凯业进出口有限公司、杭州固科塑胶有限公司）。工业总产值25.16亿元，比上年增长4.9%；工业销售产值24.76亿元，增长3.9%。其中，规模以上企业总产值11.88亿元（增长5.13%），占全镇工业总产值的47.2%；销售产值11.76亿元（增长12.3%），占全镇工业总产值的46.7%。工业生产性投入5.1亿元，增长13%；新产品产值率30.21%，增长14.8%；自营出口504万美元，增长51.16%。招商引资实到内资2.71亿元，增长10.0%；外资200万美元。全社会固定资产投入6.3亿元（其中工业生产性投入3.9亿元），增长15.7%。共盘活闲置土地5.33公顷、闲置厂房2.50万平方米。10月17日，致中和迁扩建项目莲子酒车间开始试生产。至年底，克莱伯电梯（2015年改称奥利达）项目厂房内设备开始安装调试，杭州史密斯重工机械有限公司成套输送设备项目厂房开始建设，投资1.08亿元的杭州微尖精密科技有限公司年产4000万支精密刀具项目启动，杭州荣恩自行车有限公司投资5000万元的年产50万套自行车零配件、20万辆自行车整车组装项目（一期整车组装项目）开工建设。

耕地面积951公顷，林地面积1.12万公顷。全年完成土地流转40公顷。农业总产值3.82亿元，增长6%。粮食作物播种面积1151公顷(其中水稻播种面积504公顷)，粮食总产量6343吨；油料作物播种面积209公顷，总产量452吨。完成种粮直补发放，计5908人次、资金100.5万元，涉及补贴面积1673.5公顷；完成良种补贴发放，计7022人次、补助金额11.81万元。大棚草莓种植面积333.3公顷，产值1.1亿元；外出种植草莓农户907户、面积440公顷，当地和异地草莓育苗面积126.7公顷。白茶茶园面积100公顷，产值460万元。完成林业迹地更新面积60.6公顷，珍贵树种造林7.33公顷，平原绿化2.4公顷，在岭源村等村实施香榧造林13.33公顷，景观林建设用珍贵树种定向培育12.33公顷，发展毛竹精品园33.33公顷，森林抚育260公顷。草莓—水稻高效生态种植模式推广面积80公顷，草莓产业喷滴灌等节水技术应用面积166.67公顷。开展十里埠岱头旅游综合体建设项目城乡统筹项目1个，十里埠岱头旅游综合体、中学及幼儿园基础设施建设、低收入农户增收、杨村桥镇环境整治建设工程、绪塘村考里道路拓宽工程、龙源村文化长廊等联乡结村项目6个，到位资金168.47万元。

全年拆除违法建筑1368处21.64万平方米，其中涉及宗教场所26处、面积5820平方米；坚持拆绿结合、拆改结合、拆转结合，利用拆后土地14.06万平方米。10月，开展杭黄铁路用地征迁工作，完成岭源村0.52公顷(7.8亩)先行用地土地及青苗征迁工作，征迁协议全部签订完毕；至年底，全面开展涉及全镇59户的房屋征迁与7个行政村红线内48.47公顷土地征迁工作。

年末，有镇属小学、初中、成人学校各1所，专职教师84人，在校学生1117人，其中九年制义务教育阶段学生730人。参加城乡居民医疗保险16018人，参保率98.2%。实施农村独生子女父母养老补贴政策；各类困难人员临时救助6.01万元、医疗救助77.30万元，并开展助听、复明、助学等各项助残活动。以孤寡、空巢(独居)、经济困难、失能(残疾)和高龄等五类老人为服务重点，总投入140万元，新增徐坑村、长宁村、梓源村、龙溪桥村、上山村等5个村的老年食堂，并将文化礼堂建设与居家养老服务站、文化礼堂、理发室、休息室、阅览室、棋牌室等功能进行整合，满足老年人的需求。

【创建成为全市首家省级五星级司法所】 该镇司法所配置百姓接待室、谈话教育室、调解室、档案资料库、社区矫正宣告室、心理宣泄室等功能室，以五星级司法所成功创建为抓手，推进深化司法行政工作，提高工作效率、解决实际问题、方便群众办事，及时化解各类矛盾纠纷，维护社会和谐稳定。2014年，全镇各调委会共受理矛盾纠纷747件，调处成功746件，其中帮助外出莓农维权5次，惠及户数达481户。2012—2014年连续三年实现群众零进京上访。年底，经考评验收，该镇成功创建成为建德市首家浙江省五星级规范化司法所。

【岱头旅游综合体项目建设】 十里埠岱头旅游综合体是该镇全域旅游规划中的基点，2014年完成投入500万元，基本完成框架基础建设，包括基础环境整治(10平方米农业景观带改造，含1200米游步道建设、3万平方米农田整理并种植果树、3万平方米沼泽地清淤整理及荷花种植)、部分旅游设施及旅游项目建设(登山休闲、传统农副产品加工、开心农场、水上娱乐、骑行健身等板块)，并进行试运营推广。完成第一批5家民宿、8家餐饮的建设，同时做好该项目与全镇乡村旅游规划的对接。年末，十里埠岱头区块旅游项目与杭州万韬公司初步达成合作意向，并签订设计协议。

【杭州市创新农作制度示范乡镇创建成功】 2014年，该镇围绕“优势特色农业做大、优势主导产业做优、传统农业做强”主题，以农业新品种、新技术推广为支撑，创建、推广粮经结合型、水旱轮作型、种养结合型的新型农作制度，主要有草莓大棚综合利用、白茶园林茶套种、畜禽养殖农牧结合和资源化利用、“西红花—水稻”水旱轮作、“草莓—水稻”水旱轮作等农作制度模式，单位面积产出率提高明显，加快了该镇农业增长方式转变，推进了高效生态农业发展。2015年1月，该镇通过杭州市创新农作制度示范乡镇验收，成为建德市第二个创建成功的乡镇。

【乡镇对农广播“杨村桥之声”开播】 5月20日，“杨村桥之声”开播。“杨村桥之声”为该镇自办的对农广播节目，旨在发挥综合文化站广播室的宣传功能，利用有线广播“村村响”网络和镇综合文化站广播室设备，在转播好上级台广播节目的同时，按照“围绕中心、正面引导、服务“三农”、关注民生”的宗旨，开办“本镇新闻、乡村快讯、民情速递、信息直播、文化娱乐”等节目内容，宣传党的路线方针政策，向村民传递市场和科技致富信息，传播涉农的有关法律、法规，弘扬社会主义核心价值观，为建设社会主义新农村，构建和谐社会营造良好的舆论氛围。

【“政府让路 文化登台”公共文化创新模式】 该镇实施“政府让路、文化登台”文化发展战略，以文化为突破口，通过乡镇综合文化站平台建设，强化基层、夯实基础，加大投入，契合当地文化产业发展，探索出乡镇综合文化站建设路径，为丰富群众文化生活、保障群众基本文化权益奠定基础。12月23～25日，浙江省基层公共文化创新工作推广会暨市县分管局长培训班在温州市瓯海区召开，建德市将该做法提炼为“政府让路 文化登台”公共文化创新模式在会上作了经验交流。

2010年5月，杨村桥镇腾出位于集镇中心地带的政府办公大楼，改建综合文化站，让路给文化、让位给百姓，2011年杨村桥镇综合文化站建成并免费对外开放，文化站融学习、办公、培训、运动等功能为一体，书画室、电子阅览室、图书室、多功能厅、培训室等一应俱全。之后，杨村桥镇继续加大文化基础设施建设力度，将建设重点向村一级延伸，2013年建成村级文化大礼堂4个，农家书屋14家，2014年建成文化礼堂2个，以镇带村的公共文化基础设施布局基本形成。

杨村桥综合文化站先后被评为杭州市示范性综合文化站、浙江省一级文化站、浙江省公共电子阅览室基层示范点，该镇先后被评为杭州市文化示范乡镇、浙江省文化强镇。 （包双希）

下涯镇

【概况】 2014年，下涯镇行政面积158.4平方千米（上年度为161.78平方千米），辖11个行政村、1个居民区。年末总人口26929人，全年出生306人、死亡211人，人口自然增长率3.53‰。当年计划生育率98.0%。工农业总产值82.13亿元，比上年增长12.1%；生产总值20.67亿元，增长5.7%；其中第三产业增加值2.08亿元，增长9.4%。财政总收入2.2亿元，增长2.23%；其中地方财政收入5565万元，增长35.8%。农村居民人均纯收入13053元，增长11.2%。

工业企业105家，其中规模以上企业15家。工业总产值77.23亿元，增长12.6%；工业销售产值76.91亿元，增长12.5%。其中，规模以上企业总产值69.20亿元，增长15.9%，占全镇总产值84.06%；销售产值69.04亿元，增长15.7%，占全镇工业销售产值的89.76%。外贸自营出口0.29亿美元，增长104%。工业生产性投入6.8亿元，减少28.6%。招商引资到位内资4.5亿元，减少23.7%，到位外资1350万美元。10月，中策橡胶第一区块全线投产，日产全钢子午胎5000条；至年底，中策橡胶6万吨炭黑项目主体工程结顶，2条生产线开始安装。完成致中和国际度假区项目宋都一期用地及安置地用地内的14户征迁及房屋拆除，高新技术产业园新安化工二期项目47.13公顷土地征用、102户拆迁。全年共征地120.7公顷，拆除征迁房屋183户，平整土地42公顷。加强企业排污监管力度，关停千岛湖精细化工有限公司等3家化工企业、1家电镀企业和6家塑料粒子企业。

农业总产值4.9亿元，增加5.2%。全镇农作物播种面积2374公顷，其中粮食播种面积960.4

公顷,粮食总产量5130吨。全镇草莓种植户2502户(当地696户、异地1806户),种植面积1400公顷(当地242.2公顷、异地1157.8公顷),比上年增长1.28倍;草莓产值2.5亿元(当地8736万元、异地1.63亿元),增长11.1%,草莓种植产业成为农户第一致富产业。完成大洲村、金洲村、联和村标准农田建设和提升等项目,总投资520万元。年末生猪存栏2.1万头,存栏10头以上的养殖户有251户;蛋鸡存栏149.5万羽,存栏2000羽以上的养殖户有153户。制订《下涯镇生态畜禽养殖规划》,与102户蛋鸡养殖户签订"零排放"承诺书,对符合条件的养殖场进行提升改造。全年造林面积77.2公顷,幼林抚233.3公顷,森林抚育168公顷,珍贵树种定向培育23.3公顷,毛竹抚育13.3公顷。全年审批林木蓄积8000立方米。

完成下涯—山边、马目白章线—胡家畈、下北线—日晒坞3条道路大中修项目,总投资275万元。完成白章线塘庄坞、洪村及大洲上畈北坞3座危桥改造,总投资109万元。11个村共敷设主管28千米、支管30.5千米,建成35座终端池,完成改厕、截污纳管等计划目标,大洲溪流域水质由劣5类提升到3类水质或2类水质标准。投入300余万元,完成丰和村新安江供水管网延伸工程,敷设自来水管网20千米,受益人口810人。实施唐村景观河道建设,至年底完成主体结构,完成投资300万元。完成马目村道桩坞塘坝、丰和村下西塘塘坝、大洲村北坞堰坝和丰和村排洪渠道4个水利项目的建设任务。6月,开工建设"和美家园"安置房二期项目,共17幢618套安置房,至年底完成工程量的38%。

全年拆除违法建筑1923处,面积21.68万平方米,11个村全部创建成为"无违建村",并通过杭州市"无违建镇"创建验收。腾出拆后土地1917处、面积17.4万平方米,用于拆后利用土地924处、面积12.6万平方米,利用率72.6%,其中,用于保障民生、基础设施、重大产业建设的4.36万平方米,复垦5.48万平方米,复耕1.91万平方米,复绿0.85万平方米。

实施下涯镇五保供养服务中心改建项目,至年底完成投资200余万元。年末,马目、乌驹市、施家等5个村的居家安养中心通过验收,完成建德侯庙、李氏祠堂维修。组织3万人次参加农民体检、职工体检、学生体检,投入144万元补贴2.05万人参加城乡居民医疗保险,农村居民参保率99%。

【创办全国首家草莓文化创意产业园】 2014年,红群农业科技有限公司以海峡两岸草莓文化创意产业园为载体,以"乐活草莓·点亮建德"为切入点,结合主题乐园、创意产品、科普教育、休闲餐饮等,成功创办全国首个草莓文化创意产业园。12月,草莓产业园开园,整体建设投入1300余万元,一期年接待游客量可达2万人次,年产值及营业收入约2000万元,并辐射带动周边1467公顷草莓种植基地。

【实施畜禽养殖产业转型工程】 2014年,该镇以"五水共治"为契机,实施全镇畜禽养殖产业转型工程,为全镇350余户畜禽"退养户"提供技术支持,实现转产致富。先后邀请省、杭州市各级农业专家到镇、村,开展早稻、草莓、蓝莓、铁皮石斛等种植技术培训26场(次),服务群众2000余人次、发放技术培训资料6000余册;联系外地草莓基地,为农户提供田地租赁、草莓秧、钢架棚等信息;鼓励平坡生态农业有限公司、红群草莓科技有限公司等大型种植基地做强做大,蓝莓、草莓两大采摘基地吸收"退养"人员80余人;三叶青基地扩产5.33公顷、铁皮石斛基地扩产6.67公顷,直接吸收"退养户"50余人就业;新增来料加工点7个,吸收"退养"人员100余人就业。

【下北线改建工程竣工通车】 5月28日,下北线(下涯至春秋段)公路改建工程通过杭州市验收,并交付使用。该工程系杭橡迁建项目配套工程之一,起自320国道下涯段,终于春秋村,全长4.40千米。按二级公路标准建设,路基宽15米,设计速度60千米/小时。2012年5月开工建设,至2013年底完成主体工程,2014年进行道路标志等配套设施的完善。

【下涯镇社会服务管理中心投入使用】 7月，新改建的下涯镇社会服务管理中心投入使用。该中心服务大厅面积600平方米，配备电子屏幕、村级财务查询终端、气象服务电视、招工信息电视等硬件，设立计生服务、水利移民、建房审批、民政残联、劳动保障、失地农民保险、全程代办、党员服务、政策咨询、信访受理等18个服务窗口，服务大厅采用“一站式”服务模式，22名代办员实行集中坐班制，方便群众办理各类事项。该中心是市内服务面积最大、服务窗口最多、代办员最多的镇级社会服务管理中心。

【2起“见义勇为”事件受到表彰】 在杭州“7·5”公交车燃烧事件中，下涯镇江湾村党员潘樟友临危不惧，见义勇为，参与营救出了3名伤员，被授予“杭州市见义勇为积极分子”的称号。8月18日，一辆载有7人的五菱荣光面包车翻入下涯镇马目村胡家畈村一处池塘中，该村村民谢礼财、谢群跳入水中，齐力将包括4名儿童在内的7人救上岸。谢群被授予“建德市见义勇为积极分子”。

【公益养老照料服务中心投入运营】 10月，下涯镇施家养老照料服务中心投入运营。民间资金投入150万元，是全市第一家民间资本参与建设的公益养老中心。该中心占地面积900余平方米，建筑面积2000余平方米，共有房间20个、床位58张。配设图书室、棋牌室、电子阅览室、文艺室、多功能展厅、餐厅、厨房、洗衣房等设施。居室内设有单独卫生间，配设空调、热水器、电视机等电器设备。该中心采取半经营模式，除住宿外，其余服务均为免费提供。

【建德侯庙举行祭祀大典】 2014年，该镇丰和村孙家自然村投入资金30余万元，修复建德侯庙，重新雕塑建德侯孙韶塑像。10月16日，建德侯庙举行祭祀仪式，孙氏子孙200余人参与祭祀祖先大典。孙家村建德市境内侯庙是建德唯一的奉祀孙韶的场所。 （郑益华）

大洋镇

【概况】 2014年，大洋镇行政区域面积252.4平方千米（上年度为241.26平方千米），辖19个村、3个居民区，总户数10630户，总人口33834人。全年出生312人、死亡203人，人口自然增长率3.22‰，当年计划生育率93%。工农业总产值40.05亿元，与上年持平。生产总值12.0亿元，增长6.67%，其中第三产业增加值1.78亿元，增长9.2%。财政总收入6961万元，减少17.75%，其中地方财政收入2090万元，减少5.94%。农村居民人均纯收入13000元，增长12.56%。

有工业企业60家，其中规模以上企业9家，年度减少2家（远通化工、紫山湾精细化工两家规上企业因小化工整治而关停）。工业总产值35.92亿元，下降0.6%；工业销售产值35.31亿元，增长0.89%；其中规模以上工业企业总产值19.88亿元（占全镇工业总产值的55.4%），下降1.0%；销售产值19.61亿元（占全镇销售产值的55.2%），与上年持平。自营出口6740万美元，增长3.06%。完成工业生产性投入4.04亿元（包括限下企业投入），增长24.3%。全年实到内资1.73亿元，实到外资300万美元。4月，新化化工年产5万吨氨水稀释项目、高分子复合材料项目（投资3000万元）建成试产。6月，旭阳新型墙材项目投产，完成投资3000万元；建德市宏安货运有限公司和申浙货运有限公司物流基地开工建设。10月，贝家生物奶粉添加剂（OPO）项目（投资3000万元）、维丰饲料年产2.5万吨甘氨酸亚铁（锌）饲料添加剂项目（投资3500万元）均完成厂房建设和设备安装，进行试运行。11月，大洋生物科技与浙江省盐务局合作开发的食品级氯化钾项目一期（投资5000万元）建成试产；建德杭石徐店加油站动工建设，为该镇首个规模性的加油站。完成小化工整治和“三江两岸”砂石码头整治，拆除砖瓦窑2座。

耕地面积1389.7公顷。农业总产值4.13亿元，比上年增长5.4%。全年农作物播种面积3183.9公顷，增长6.3%，其中粮食作物播种面积

1596.8公顷,粮食总产量6354吨;油料作物609.9公顷。花卉苗木114.7公顷;茶园443.5公顷,茶叶产量333吨;橘园740.7公顷,柑橘产量1.12万吨;枇杷园432公顷,产量1514吨;杨梅园487公顷,产量885.2吨。全年新发展油茶20公顷、薄壳山核桃6.67公顷。年末生猪存栏6365头,家禽存栏65.2万羽,其中蛋禽63.2万羽。鱼种放养面积169.33公顷,河蟹养殖面积53.33公顷,新增建德市吴庄石蛙养殖有限公司和建德市仙人湾石蛙养殖有限公司2个石蛙养殖点,总面积3.2公顷。主要水产养殖品种为石蛙、河蟹、甲鱼、龙虾、珍珠及青、草、鲢、鳙四大家鱼,总产量637.2吨。

完成麻车内湖堤坝、建南枫树塘清淤整治加固、高垣外樟桥水库除险加固和倪家村“血吸虫综合防治”等一批农田水利工程,总投资800余万元。完成贺宅村、胡店村粮食功能区建设,面积100公顷;完成徐店村中低产田改造,面积33.33公顷;完成涉及5个村的标准农田提升工程,面积133.33公顷。4月,大洋镇被列入杭州市土地综合整治整镇推进试点乡镇(杭州市首批2个试点)。通过一户多宅整治、集镇整治、三沿整治、畜禽养殖整治、非法宗教场所整治,共自拆助拆违建829户15万余平方米。19个村共建设终端池46座,改厕3380户,铺设管网54千米,新增收益农户8000余户,全镇农村生活污水治理建制村覆盖率100%。6月,森禾种业股份有限公司“花木产业园”项目开工,该项目位于大洋镇三河区块,为杭州市首个集花木产业及养生养老于一体的建设项目,总投资3亿元,规划用地133.33公顷,建设项目包括国家级特色基因种苗基地、浙西花木交易中心及占地10公顷的养生养老基地。

标准化改造镇中心幼儿园及三河分园,关停麻车片小太阳等3家无证幼儿园;11月,开工建设大洋中心幼儿园麻车分园,至年底,形成“一中心、二分园”的布局模式。年末,有初级中学1所、小学3所,在校学生1478人,教师148人。全年新增新型农村合作医疗保险参加人数436人,总参保人数达31535人,参保率98%。

【实施“美丽大洋”三年行动】 1月,大洋镇政府出台《美丽大洋三年行动纲要》,启动“美丽大洋”三年行动。该纲要以“生态环境自然美丽,农业休闲特色鲜明,村庄建设风味浓郁,农村生活幸福和谐”为建设目标,结合“三改一拆、清水治污、四边三化”等工作要求,围绕该镇“杭州市城乡区域统筹发展农村土地综合整治”(在2013—2017年间,投入资金15亿元,完成宅基地复垦100公顷、土地开发266.26公顷,建设兰苑新村等五大安置区块,安置农户3000户)的中心工作,在2014—2016年,开展“规划大洋、清洁大洋、产业大洋、风情大洋、文化大洋”五大行动。2014年,该镇推行产业提升“六优先”行动、各村从“民俗休闲、自然休闲、宜居休闲、商贸休闲、体育休闲”等角度定位“风情点”。

【创建浙江省卫生强镇】 2014年,该镇结合“美丽大洋”行动,加强基础设施配套,投资逾10万元,改建公共厕所2处,添置垃圾清运车10辆、垃圾桶和果壳箱150个;结合“五水共治”,开展“五小行业”专项整治,共开展上门检查6次,对55户持证情况和污废水排放等情况提出整改要求;结合“三改一拆”改善集镇环境,对沿街违搭乱建、占道经营户进行拆除、整治,总面积1700平方米,有效改善集镇面貌。12月31日,大洋镇被命名为浙江省卫生强镇。

【年产5万吨食品添加剂级氯化钾项目落户大洋】 3月,大洋生物科技集团股份有限公司和浙江绿海制盐有限责任公司签订“年产5万吨食品添加剂级氯化钾”项目合作协议。该项目属于零增地项目,采用“三级真空闪发连续结晶工艺”技术,项目选址大洋工业功能区,分两期建设,共占地1.33公顷,总投资1亿元。

【“美丽大洋杯”全省摄影大赛】 3月,“美丽大洋杯”全省摄影大赛启动,该活动由杭州市摄影家协会和大洋镇人民政府联合举办,市农办、市风景旅游局、文联协办。至11月30日,吸引了省内外摄影人到大洋境内采风创作5000余人次,收到摄影作品近2000幅。经7轮评选，共评选出摄影精品52幅，其中《新源村的歌声》和《古桥上》获一等奖。

【开启“一户一牌”建房审批绿色通道】 4月，大洋镇创新农民建房审批程序，在农户提出建房申请、材料备齐交国土所初审通过后，由国土所、镇城建办联合现场踏勘绘图，符合审批条件的公示7个工作日，不符合审批条件的退回处理，对公示无异议的发放规划许可牌并附建房审批牌，由建房申请人上交建新拆旧押金后领取许可牌悬挂至施工现场，施工结束验收后收回许可牌发放土地使用证。许可牌上标明新房占地面积、建筑面积等要素。建房户在建房期间主动接受群众监督，未悬挂许可牌擅自施工、少批多建、乱建的视作违章建筑进行处理。该建房审批方式缩短了农民建房审批时间，减少新违章建筑的产生，农户按照规划进行建房，保障村庄建设整齐、有序。

【化工企业工业污水管网连通】 7月，位于大洋工业园区内、连通新化化工和大洋生物科技工业两家企业的化工污水管网建成交付使用。此为建德市首条不同企业之间的污水应急处理互通管网，总投资200万元，共铺设管道2600米。发生突发事故时企业污水排入对方应急池处理，构筑第二道应急防线，防止直排入江。

【航空生物煤油中试生产】 9月，由美国波音（中国）投资公司、中国商飞北京研究所、大洋生物科技集团有限公司共同投资建设的航空生物煤油项目的1000平方米中试生产基地建成，并完成生产装置安装，10月进入中试阶段。该项目总投资1200万元，采用国际先进的HRC制备航空生物燃料新技术，用地沟油等废弃油脂制作航空生物煤油。

【大洋“百姓庭院文化”活动】 近年来，大洋镇发挥农户庭院聚集便利和当地文化资源丰富的“地利”优势，借助邻里关系亲近和茶余饭后走家串户的“人和”氛围，创新开展农村百姓庭院文化（即依托农村每家每户的庭院、祠堂，发挥群众参与文化活动的积极性、主动性和创造性，通过字画挂置、图书陈列、茶具座椅摆放、花草盆景点缀、地面硬化等方式进行景观布置和庭院美化，广泛开展读书、下棋、说唱、排舞、曲艺、戏曲、乐器演奏、民俗表演等群众喜闻乐见的文体活动）。2014年，在经过前期调研和试点的基础上，“一村一品牌”的农村庭院文化在全镇19个行政村推广。《中国文化报》《中国水利报》、新华网、《浙江日报》等媒体进行了采访报道。

◎航空生物煤油项目竣工投产

【庆丰村垃圾分类处理试点】 2014年，建德市垃圾分类处理试点工作在该镇庆丰村开展，通过“村集—镇运—市处理”运行机制，实行全村垃圾分类处理。按自然村将全村489户农户划分成38个卫生责任区，竖立卫生责任区标牌，注明负责农户户名及编码，完善管理和考核制度。综合考虑全村农户居住、生产、工作、交通等情况，确定农户垃圾投放点、固定收集点、可回收物品堆放点、可堆肥处置点、建筑垃圾堆放点五个垃圾处置站，集中处理各类生产、生活垃圾。累计投入资金42万元，配备垃圾分类基础设施，发放垃圾袋7万余只、各类垃圾桶1500只，配置垃圾箱1600余只。对保洁员、宣传员、卫生监督员实行专项考核，对农户实行可回收垃圾积分奖励制度，定期评选垃圾分类示范户和警示户。该村垃圾总量由每周5吨减少到1.6吨，大部分垃圾及时得到处理，垃圾外运量下降40%。（戴旭旸）

寿昌镇

【概况】 2014年，寿昌镇行政区域面积145平方千米（上年度为146平方千米），辖23个行政村、4个社区，总人口46073人（其中农业人口35347人）。出生483人、死亡318人，人口自然增长率3.6‰，当年计划生育率94.2%。工农业总产值46.8亿元，比上年增长9.78%；生产总值18.15亿元，增长9.4%，其中第三产业增加值5.62亿元，增长10.2%。财政总收入2.68亿元，增长10.74%；其中地方财政收入7467万元，增长25.16%。农村居民人均纯收入14956元，增长11.12%。

有工业企业470家，年度新增40家；新增限上服务单位2家。工业总产值43.64亿元，增长10.2%；工业销售产值42.84亿元，增长9.3%，其中20家规模以上企业工业总产值25.98亿元（增长11.8%），销售产值25.93亿元（增长9.9%），占全镇工业销售产值的59.53%。自营出口1036.06万美元，增长30.7%。工业生产性投入4.0亿元，下降16.9%。全年招商引资实到内资7.04亿元，增长9.5%。

有耕地1265.07公顷，林地942.07公顷。农业总产值3.16亿元，增长5.2%。粮食播种面积1757.8公顷，粮食总产量1.17万吨。油菜播种面积743.8公顷，产量1650.1吨。西瓜种植面积48公顷，产量1356.3吨。蔬菜种植面积467.4公顷，产量9200吨，其中设施栽培面积43.3公顷，主要生产苦瓜、小尖椒、草莓等。年内生猪出栏1.13万头，年末存栏8829头；兔出栏1.80万只，年末存栏1.16万只；家禽出栏11.12万羽，年末存栏12.38万羽。完成新浇筑道路5千米，新修渠道7千米，建设高标准农田73.33公顷，完成林区道路建设13.0千米。启动翠坑溪、童家溪、南浦溪、澄源溪、马江山溪等堤防建设7.8千米。投资150万元，完成镇农民文化中心改造一期整修工程并投入使用。陈家、乌石、十八桥等3个村饮水工程基本完工，总投资570万元。周村、三岩、山峰3个村文化礼堂建设通过初步验收。完成寿昌中心幼儿园陈家分园建设和成校改造搬迁。11月12日，与杭州华东医药集团有限公司签订《杭州华东医药集团有限公司援助建德市寿昌镇中心镇建设项目协议书》，项目主体百草园由10个区块组成，规划面积8公顷，共收集拟栽植药用植物200～300种。

全年拆除违建1639户2213处，共计27.4万平方米。其中拆除企业违建94处，基本解决红狮水泥项目征迁遗留问题；拆除农房23处，为后续发展腾出空间。关停砂场7家、化工企业2家、灰窑厂2家，完成9家水晶烫钻企业排污整改；关停拆除畜禽养殖场83户，共2万平方米。在永嘉桥村、大塘边村、山峰村、河南里村、卜家蓬村、绿荷塘村等增设6座病死牲畜无害化处理池，至年末，全镇无害化处理池达到17座，总容积1650立方米。完成水电坑、卜家蓬工业平台等共计5230米污水管网的建设；实施绿荷塘、西华、周村等11个村农村生活污水治理项目，总投资3345万元，至年底，完成终端池建设55座，埋设主管网33千米、支管网46千米，改厕2286户（新建1847户、旧厕修复439户），截污纳管1193户。实施"联乡结村"项目14个，项目总投资1898万元，其中帮扶资金390万元，完成童家溪新城桥梁建设、西华下山移民安置房配套工程等14个项目年度计划。

年末，有镇属中小学校4所，在校学生2915人，教师234人。全年农村居民参加新型农村医疗合作保险37122人，“参合”率99.2%。镇农村五保供养服务中心迁建工程一期1号楼、2号楼以及食堂、活动中心建设项目完成主体工程。12月，寿昌镇通过浙江省卫生镇验收，成为省级卫生镇。

【“寿昌经验”得到中央领导肯定批示】 寿昌镇于2011年启动“百名干部访万户”大走访活动，在实践中不断完善工作方案、丰富活动载体、总结经验，极大地推动了全镇各项工作的开展，干部群众关系得到根本性的好转。该做法被浙江省有关部门总结为“寿昌经验”，并得到中央领导人的充分肯定。3月18日，中共中央政治局常委刘云山批示：第二批教育实践活动要总结推广一批联系群众、服务群众的典型，寿昌镇做法和经验值得宣传和推广。3月19日，中共中央政治局委员、组织部部长赵乐际批示：云山同志批示要求，对总结推广典型和宣传寿昌经验做出安排，有序实施。

【新城和集镇建设】 11月，寿昌新城A-02地块安置房建设项目通过竣工验收，该项目总投资1.09亿元，建设内容包括12幢六层住宅建筑（共有住宅344套）及4座地上车库，总建筑面积4.35万平方米。A-01地块沿江安置房至年底完成主体结顶。新城路网主要工程——希望路基本完工，新城与老城实现联通。省重点项目寿昌江整治工程寿昌段完成建设，航头段主体工程基本完工。10月10日，建德市中西医结合医院（市第三人民医院）建设工程开工，该项目位于西门村，占地面积2.8公顷，建筑面积2.49万平方米，概算投资1.22亿元。湖滨路改造工程完成500米排水沟渠修复、污水管网铺设及水泥路面浇筑并通过验收，总投资80余万元。解放南路拓宽改造基本完成规划区域搬迁。

【农房改造安置房（一期）项目】 该安置房项目位于寿昌镇城北，总投资1203万元。一期建设项目占地面积6528平方米，建设六层公寓楼3幢共54套，建筑面积8123平方米。1月完成住房分配，第一批入住农户35户，多为地处石泉、南浦、乌石等边远乡村的农户。

【江南春堂入选省中医药文化养生旅游示范基地名单】 4月，江南春堂同来湾中药材种植基地（杭州江南春堂生物科技有限公司）入选浙江省中医药文化养生旅游示范基地，为全省仅有的5家单位之一。该公司位于寿昌镇周村村，拥有13.33公顷名贵药用植物植物文化园，栽培与展示多种珍稀名贵天然药用植物，是专业从事名贵药用植物和特色农产品种植、加工与销售的农业科技与文化型企业。

【精制米厂技改项目】 10月，建德市十大农业项目——年产3万吨精制米厂技改项目建成投产。该项目投资2380万元，新建生产厂房、办公用房1.08万平方米，引进日产150吨精制米生产线和烘干36吨生产线各1条。

【河南里村乡村民宿对外营业】 民宿经济为河南里村发展养老养生、乡村旅游项目的重要组成部分。该项目从5月份开始筹备，至年底开始对外试营业，完成投资30余万元，实施5户试点农户房屋整修，设有38间房、50个床位，配置有道路指示牌等辅助设施。

【寿童公路新线建成通车】 12月29日，寿童公路新线改建工程通过验收并通车。该工程起点为320国道桂花村，与320国道平面交叉，终点在杭新景高速公路分离立交处余洪村，与寿童公路原路线相接，全长3129米，双向4车道，单向行车道宽7米，路基宽24米，按一级公路标准建设，设计行车速度为60千米/小时。 （卜旖旎）

大慈岩镇

【概况】 2014年，大慈岩镇行政区域面积81.5平方千米(上年度为84.2平方千米),辖12个行政村、1个居民区,年末总人口21332人。全年出生192人、死亡190人,人口自然增长率10‰,当年计划生育率96.21%。全镇工农业总产值27.81亿元,比上年增长12.04%。财政总收入3804万元,减少4.2%,其中地方财政收入1336万元,增长1.06%。农村居民人均纯收入11488元,增长12.56%。

有工业企业193家(其中24家驻工业园区内),工业总产值26.43亿元,增长14.56%;工业销售产值25.93亿元,增长13.73%。其中21家规模以上企业总产值17.4亿元(增长8.73%),销售产值17.07亿元(增长7.2%),占全镇销售产值的66%。市十大工业项目——义乌机械产业园项目有3家(杭州拓博工程机械有限公司、杭州东工机械有限公司、杭州锦浩自动化设备有限公司)企业进场施工,至年末完成投资5000万元。年度招商引资共引进签约项目27个,其中投资1000万元以上项目8个,至年末实到内资3.0亿元,增长66.6%;实到外资150万美元。建德市级重点企业三狮松涛水泥有限公司年销售产值6.1亿元、易通金属粉材有限公司销售产值1.6亿元,两家企业销售产值占全镇销售产值的45.1%,重点企业支撑作用明显。

耕地面积1005公顷,林地面积6136公顷。农业总产值1.88亿元,增长6.8%。粮食作物播种面积1041公顷,粮食总产量1.07万吨。具有区域产业优势的经济作物有白莲、西瓜、柑橘、毛竹、李子、枇杷、蚕桑等,其中白莲482公顷("十里荷1号"种植面积366.67公顷);西瓜42.8公顷,产量972.4吨;桑园16.8公顷,桑蚕饲养56张,产茧4吨;柑橘88公顷,产量3626.5吨。年末生猪存栏0.7万头、家禽存栏12.6万羽,年内生猪出栏2万头、家禽出栏12万羽。发展新品种油茶基地16公顷,全镇建设建德市级粮食功能区26.7公顷。飞凤公司在吴山村建立莲田养鱼示范基地6.67公顷,推广旱粮示范基地10余公顷。山田百草园项目完成檀新公路沿线23.33公顷中药材种植及休闲体验园提升,完成投资750万元;葆元生态农庄项目完成基础设施建设,完成投资1200万元。实施"联乡结村"共建项目11个,落实帮扶资金200万元。实施大中型水库移民扶持项目18个,落实移民资金200余万元。来料加工业发展迅速,吸收低收入农户从业450人,总计发放来料加工费4879.3万元,人均增收9800余元。

全年完成12条乡镇级以上河道清理工作,累计清理河道44.5千米,清除卫生死角50余处,清运垃圾500余吨,清除河道淤积物8000余立方米。共拆除畜禽养殖场99家,减少生猪养殖1.0万头、各类家禽2.0万羽,退出养殖产业的养殖场(户)占原总户数的90%。完成李村村、檀村村的农村生活污水治理工程,累计新建污水处理终端池6处、新建污水管网12千米,完成"改厕"任务600户。8月9日,建德、兰溪两市在该镇组织了游东风水库、"保护母亲河,畅游家乡水"的活动。全年拆除违法建筑578处,总面积13.35万平方米。其中,涉及"一户多宅"224处、面积4.29万平方米;办理缓拆8处、面积333平方米;按有偿使用处理606户,征缴金额234万元;拆后利用412处、面积11.34万平方米,拆后利用率达85%。完成旧厂区改造1.53万平方米。年末,经验收和公示,12个行政村全部创建成为"无违建村",该镇被命名为"无违建镇"。

有中小学校各1所,在校学生1096人,教师95人。5月,大慈岩镇中心幼儿园李村分园开工建设,概算总投资163万元。11月,大慈岩镇农村五保供养服务中心迁建一期工程完成结顶,新增床位100张,总投资480万元,至年底入住"五保"老人24人。里叶、陈店、汪山居家养老服务照料中心投入使用。全年参加新型农村合作医疗保险19775人,"参合"率98%。全年发放各类困难户生活补助、临时救济金等扶困济贫资金58万元。完成新叶、李村、陈店村文化大礼堂建设,总投资203万元。5月,大慈岩镇双泉村的村歌《莲香入梦梦摇曳》获得杭州市首届"村歌"大赛决赛表演银奖。

【招商引资签约项目27个】 2014年,招商引资共引进签约项目27个,其中投资1000万元以上项目8个，分别是浙江佳森农牧有限公司、杭州拓博工程机械有限公司、杭州东工机械有限公司、杭州锦浩自动化设备有限公司、建德岩峰建材有限公司、建德市中磐新城镇建设有限公司、杭州岩泰建材有限公司、建德市环城建材有限公司、项目涉及机械、建材、农业、民生等各领域。

【“里叶白莲”获国家地理标志登记】 7月21日，“里叶白莲”获得农业部“农产品地理标志登记证书”，“里叶白莲”成为继“建德草莓”“千岛银针”之后，建德市第三个国家地理标志登记的农产品。2014年全国第一批农产品地理标志登记产品共79个，“里叶白莲”以其知名度和地域特色及产业规模获得此项殊荣，成功跻身浙江省国家地理标志保护农产品行列(共32个)。

【2个村入选中国传统村落】 11月，该镇上吴方村、李村村成功获评第三批中国传统村落。根据传统村落调查评价体系，认定此2个村传统现存建筑有一定的久远度、文物保护单位的等级达到标准，其占地规模以及现存传统建筑(群)和周边环境保存完整性，建筑的造型、结构、材料或装饰有较高的美学价值，体现了对传统技艺的传承；村落的选址、规划等代表了浙西明清两代典型特征，在科技、文化、历史以及考古上具有较高价值；同时，与周边的自然环境相协调。

【新叶村文化活动活跃】 5月24～30日，湖南卫视综艺节目《爸爸去哪儿2》到新叶村，完成节目实景摄制。6月12日，组织“新叶昆曲”赴永康市参加2014“浙江好腔调”传统戏剧系列展演活动。6月下旬，浙江省“古村落保护利用”现场会在新叶村召开，全省各县(市)200余人与会并参观新叶古村保护成果。10月22～29日，中央电视台百集大型纪录片《走遍中国，记住乡愁》节目组在新叶村拍摄纪录片《记住乡愁——浙江建德新叶村》，该纪录片从中国传习几千年的“耕读”文化入手，向外界展示了新叶村“崇文重教”的文化传统。11月6日，浙江省“传统戏剧之乡”授牌仪式暨展演晚会在新叶村举行，新叶古村凭借“新叶昆曲”被授予“浙江省传统戏剧特色村”，成为全省首批10个特色村之一。

【慈岩·印象新城一期开盘】 5月25日，由中磐新城镇建设有限公司开发建设的慈岩·印象新城一期开盘。该项目坐落于大慈岩镇政府南侧，总投资约3.5亿元，建筑面积12.8万平方米，分两期建设。一期共有466套住宅、136间商铺，含7000平方米的特色商业街、8800平方米的商贸城、1家星级商务酒店和1处活动广场。慈岩·印象新城是杭州市与建德市的城乡统筹重大民生项目，建成后，将有效改善当地的居住、购物、旅游度假、商业服务、物流中转、休闲娱乐等民生需求。

◎中国传统村落——上吴方村

【“第四届杭州市传统戏剧曲艺巡回演出”到陈店演出】 6月17日，由杭州市文化广电新闻出版局、杭州中华文化促进会戏剧发展研究会主办的“第四届杭州市传统戏剧曲艺巡回演出”活动，到巡回演出站——建德站大慈岩镇陈店村演出，表演了一批列入杭州市级及以上非遗保护名录的传统戏剧项目和曲艺项目，包括越剧、杭剧、滑稽戏、独脚戏等多种充满“杭韵”风味的戏剧曲艺项目，以及建德婺剧《鼓韵魁星》、新叶昆曲《火焰山狐思》、寿昌中学的天罡拳等，陈店村表演了排舞《零度桑巴》。（吴 奇）

航头镇

【概况】 2014年，航头镇行政区域面积152.3平方千米（上年度为153.1平方千米），辖18个行政村、1个居民区，年末总人口34797人（其中农业人口33581人）。全年出生381人、死亡243人，人口自然增长率3.96‰，当年计划生育率93.9%。工农业总产值17.92亿元，与上年持平。生产总值7.57亿元，增长10%；其中第三产业增加值2.26亿元，增长10.24%。财政总收入3747万元，增长16.91%，其中地方财政收入1276万元，减少1.69%；农村居民人均纯收入14078元，增长16.78%。

有工业企业91家，其中规模以上企业13家，当年完成个转企18家。工业总产值15.43亿元，销售产值15.18亿元，均与上年基本持平。其中规模以上企业销售产值6.76亿元，增长9.5%。完成全社会固定资产投资3.45亿元，其中工业投资2.17亿元，分别增长37.7%和3.8%。完成自营出口交货值522万美元，增长104.7%，新产品产值率30.4%。全年招商引资实到内资1.47亿元，增长22.7%；实到外资150万美元。镇工业功能区完成征用土地4.67公顷、平整土地3.33公顷，新建标准厂房1万平方米，基础设施投入300万元，20家入园企业实现“用地零增长”技改2090万元。

耕地面积1577.9公顷，林地面积1.15万公顷。全年实现农业总产值2.49亿元，增长7.9%。有完成注册的农民专业合作社38个，家庭农场11个。完成航头村、乌龙村两处总面积121公顷的省示范高标准农田建设，以及南屏村53.33公顷低产田改造，新建梅岭粮食功能区1600米排水渠。航头草莓专业合作社、瑞德和绿博等龙头企业现代农业设施建设力度加大，投资165万元新建玻璃日光温室2180平方米，投资237万元新建连栋钢架大棚2.96万平方米，投资65万元完成现代农业园区微滴灌节水灌溉项目35.33公顷。完成农民饮用水工程航头片管网入户和大店口片主管网铺设工程，总投735万元；完成乌龙村乌龙桥、航头下青坞桥等4座桥梁建设，总投资208万元；实施公曹至石林、东村至高桥等6条乡村道路建设，至年底完成投资373万元。

开展环境整治，拆除违法违章建筑1270处、面积20.06万平方米，完成道路沿线绿化4.6万平方米。完成镇污水处理厂改造提升，溪沿、航头、罗源、南屏和乌龙5个村完成农村生活污水处理设施建设；重点整治碳酸钙、水晶烫钻行业以及3家农家乐。推进畜禽养殖整治，全年共拆除生猪、蛋鸡等养殖187户，拆除面积6.6万平方米。

全年实施“联乡结村”帮扶项目建设8个（低收入农户增收、大店口片饮用水工程、中小学教育基础设施改善、省级现代农业园区建设，以及田畈、东村、罗源和珏塘4个行政村基础设施建设项目），落实帮扶资金236万元。

年末有中学1所，小学3所，幼儿园1所，义务教育阶段在编教师176人，在校学生1771人。新型农村合作医疗参保率99.1%，完成失地农民参保152人。全年新申报低（残）保64户，困难家庭72户，临时救助93次，申报低保、困难家庭医疗救助52户。慈善春风助学共发放困难助学金24万余元。开展乌龙村、珏塘村的村级避灾安置场所和石屏村等8个村级居家养老服务照料中心建设。新建乌龙村生态公墓并交付使用。落实残疾人小康工程建设，开展助听、助行工程和光明行动，为12户残疾人家庭赠送无障碍辅助器具。

【举办“田野风采”首届农民文化节】 6月7日，该镇“田野风采”首届农民文化节拉开序幕。此次“田野风采”首届农民文化节集文化交流、体育竞赛等为一体，从6月启幕，持续至9月，期间开展了全民运动会、排舞邀请赛、书法比赛、戏曲展演、电影黄金周、文化下乡展演、最美航头人评选、纳凉晚会等活动。

【石屏村溶剂用石灰岩采矿权完成网上挂牌出让】 7月，石屏村溶剂用石灰岩采矿权挂牌出让，浙江天石纳米科技有限公司以4260万元竞得采矿权。此为全市首个网上挂牌出让的矿山。其标的为熔剂用石灰岩矿879.30万吨、开采年限9年，按省级绿色矿山标准进行矿山建设和开发利用，矿产品优先供应建德市碳酸钙企业。

【“沈氏节能”登陆中小企业“新三板”】 10月，杭州沈氏节能科技股份有限公司(简称“沈氏节能”，证券代码831224)登陆全国中小企业股份转让系统(简称“新三板”)，此为全市首家“新三板”上市公司。该公司专业致力于高效节能换热器的研发、生产与销售，为国内最大的同轴换热器生产商、管式换热器首创者与标准起草单位，并储备有国际领先的微通道换热器技术，建有浙江省级高新技术研发中心，拥有独立知识产权和自主掌握核心技术的产品10余项，拥有专利数十项。

【虎鼎产品获杭州重点领域项目首(台)套产品】 11月，浙江虎鼎机械制造有限公司的“HDCNC-70全自动高效金属切断圆锯机”，进入杭州市经信委公布的2014年46个装备制造业重点领域首台(套)产品名单，成为建德市首个获认定的杭州市重点领域项目首(台)套产品。该产品为该公司自主研发的系列产品之一，产品控制系统和圆锯片等关键部分被授权3项实用新型专利、受理5项发明专利，其主要技术指标达到国内同行业领先水平。2012年下半年投入生产后，该产品在国产金属锯床市场的占有率达到30%。

【成功打造省级“创新农作制度”重点乡镇】 近年，该镇依托省级现代农业综合区建设，以航头草莓专业合作社、珏塘粮油专业合作社等11家专业合作社、村经济合作社和瑞德、绿博和禾运等7家农业企业为项目主体，实施农作制度创新。2012～2014年，共培育和推广现代高效设施农业蔬菜复种宅送、粮经结合等套(复)种模式项目58个，模式实施面积913.3公顷，累计实现利润1.27亿元，亩均年利润7755元，农村居民人均收入达到年均增长17%。11月，该镇通过首批浙江省创新农作制度重点乡镇验收。

【成立全市首个农业产业联合协会】 11月28日，建德市首个农业产业联合协会在航头镇成立，该协会由航头镇农业企业、农民专业合作社及种养殖大户组成，首批会员单位51家。年末，全镇有农业企业19家、农村经济合作社36家，其中投资100万以上农业企业23家。该协会的成立，有助于克服辖区农业企业、专业合作社散、小、弱的现状，协调其通过加大设施投入、科技创新、规范行业标准增强合作组织活力，推进农业产业化纵深发展。

【粮食生产再创新高】 该镇通过培育种粮大户和粮油合作社，依托省级现代农业园区的综合服务中心实现专业化、社会化服务全覆盖，提高粮食综合生产能力。全年组织种粮大户和合作社成员参加培训216人次，强化栽培技术面积达到733.3公顷，实施品种、育秧、栽培管理、机耕、防治和机收的“六统一”，服务面积333.3公顷。经市农业部门验收，2014年最高亩总产量900千克，单产560千克，分别比上年增加50千克和30千克，水稻总产量达到8000吨，增长5%，全年粮食生产1.20万吨。其中珏塘粮食功能区100公顷晚稻平均亩产超过600千克，攻关田百亩示范方平均亩产达到700千克以上。

【唐代诗人翁洮诗作研讨会】 11月28日，唐代诗人翁洮诗作研讨会在航头村召开。翁洮，字子平，号青山，唐代著名诗人，中进士，与李频、方干等诗人共同构架了唐末睦州诗人群,《全唐诗》收录其诗作13首。据民国《寿昌县志》及翁氏家谱记载,翁洮作为当地乡贤,隐居后曾创办青山书院,题诗航头桥,被传为佳话。翁洮后裔第35代孙、杭钢集团教授级高工翁伟民经多年研究,从家谱寻访中收集翁洮诗作120余首,并认为:翁洮为建德、龙游一带青山派翁氏开基始祖,翁洮叔父翁明为清泉派开基始祖。 (蒋羽剑)

大同镇

【概况】 2014年,大同镇行政区域面积162平方千米(上年度为163平方千米),辖34个行政村、3个居民区,年末总人口56125人。全年出生562人、死亡430人,人口自然增长率2.34‰;当年计划生育率93%。工农业总产值40.39亿元,比上年增长4.12%。生产总值15.54亿元,增长11.1%。其中第三产业增加值3.5亿元,增长11.5%。财政总收入9613万元,增长26.33%;其中地方财政收入3552万元,增长27.82%。农村居民人均纯收入12113元,增长12.5%。

有工业企业94家,其中规模以上企业18家(亿元以上企业6家)。工业总产值37.04亿元,增长3.87%;销售产值36.51亿元,增长4.3%。其中,规模以上企业总产值18.24亿元,增长19.1%;销售产值18.04亿元,增长19.3%。全镇工业生产性投入5.56亿元(其中规模以上企业投入4.54亿元),增长43.7%。外贸出口生产企业7家,自营出口交货值196.35万美元,下降63.9%。全年招商引资实到内资3.67亿元,增长48.6%。全年来料加工收入5294.77万元,从业人员1.01万人。大同工业功能区年度投入基础配套资金555万元,征用土地4.67公顷,平整6.53公顷;新出让土地5.9公顷,盘活存量土地4.4公顷。新架设100千伏高压线700米,新上250千伏公变1台。完成工业园区至集镇、工业园区内污水管网建设工程,总长2.5千米;浇筑道路1000米,道路绿化4000平方米。5月,杭州杭路建材有限公司沥青混合料项目完成工商注册登记,该项目用地面积3.33公顷,主营沥青混凝土加工、水泥稳定土加工、混凝土构件预制。11月,浙江通用防火门年产15万樘钢木防火门项目完成工商注册,该项目盘活存量土地3.32公顷,厂房2.10万平方米,主要生产木质、钢质防火门,防火卷帘门。

耕地面积2230公顷,山林面积9634公顷。农业总产值3.35亿元,增长7.0%。农作物播种面积4735公顷,其中粮食作物播种面积2720公顷,粮食总产量1.76万吨;油菜籽等油料作物播种面积898公顷,总产量1496吨。建设草莓基地20公顷,新发展中药材种植6.67公顷,桑园总面积404.3公顷(当年采摘面积348公顷),饲养蚕种5658张,产茧270.69吨;蔬菜种植681.2公顷,总产量2.2万吨;茶园297公顷,产茶叶382.5吨。年内出栏家禽69.69万羽、生猪1.92万头,年末存栏家禽78.78万羽、生猪7315头、牛263头、羊2231只。淡水产品总产量673吨。全年新增流转耕地面积85公顷。申报茶叶、草莓等农业主导产业项目6个,总投资1270万元。举办水稻标准化生产技术培训班12期,受训人次600人;推广强化栽培技术1000公顷;对1200公顷小麦、油菜良种发放补贴22万元,发放有机肥4195吨;实施333.3公顷浙江省水稻统防统治项目。实施家畜免疫3万头次、家禽165万羽次。8月中旬,组织种植大户25人,赴浙江省农业科学院杨渡科研创新基地学习现代设施农业相关种植技术。

大同集镇建设完成府东(镇政府以东)区块、大同第一小学区块、杨柳畈区块土地征收3公顷,土地平整4公顷,拆迁房屋2幢;完成4.6公顷土地出让。完成大同一小区块农村住房改造安置房主体工程(总投资2000万元)、周家大桥主体工程(总投资200万元)、商贸市场主体工程(总投资3000万元)。石郭源水库除险加固工程完成年度投资850万元。完成集镇至工业园区、至污水处理厂道路浇筑。5月20日,开工建设大同镇商贸城项目,该项目位于杨柳畈区块,总投资4500万元,占地面积0.67公顷(10亩),建筑面积1.0万平方米,建成后将成为大同镇首个大型综合市场。12月,农民住房改造(农民公寓)完成主体工程，占地面积1.53公顷，总建筑面积2.67万平方米，包括10幢房屋土建工程和室外工程，共有房屋160套、车库160个。

开展“三改一拆”“四边三化”专项行动，拆除违法建筑1501处、20.95万平方米，按有偿使用处理2391户、面积14.4万平方米，征缴有偿使用金383.64万元；补办手续63户、面积1.69万平方米；拆后利用面积35.40万平方米。完成2013—2014年河道边绿化项目（黄垄溪、大同溪徐韩村段）5千米、黄垄溪黑臭河全面治理（总投资450万元）、葛岭溪垃圾河清理（总投资82万元）、劳村溪堤坝建设1.3千米并清淤1.5千米（总投资230万元）。全年清淤疏浚河道5千米（总投资320万元），河道保洁里程105千米。

3月，开展碳酸钙行业整治工作，淘汰一批工艺落后、低产能、高能耗、污染严重的产业，至年底关停和拆除小灰窑51座，完成对25家个体灰钙企业生产工艺和技术改造、提升。7月，21个行政村开展农村生活污水生态化治理工程，至11月底完成交工验收。全镇新建污水终端处理设施81座，完成改厕农户3600余户，敷设管网130千米。

年末有中小学校5所（小学3所、初中2所），在校学生2525人，教师240人。11月10～13日，在大同集镇举办以“书香大同，幸福百姓”为主题的镇第二届“文化周”活动。完成18个村的居家养老服务站建设，实现21个村全覆盖。新型农村合作医疗保险参加人数52861人，参保率达99.5%。对393名城乡低保、农村五保和困难家庭人员，下发医疗救助金163.8万元。完成大同镇颐养院（敬老院）主体工程建设，以及上马、盘山、劳村3个村文化大礼堂改造建设。

【农业招商引资创新高】 全年完成农业招商引资项目4个，协议总投资额达7800万元，4个项目共需流转土地143.33公顷。其中，杭州旷野绿化有限公司投资2500万元，建设杭州市最大的湖羊养殖场；建德畲寨印象家庭农场有限公司总投资1000万元，建设花卉、药材种植项目；杭州光宗生态农业开发有限公司总投资500万元，建设水果、花卉、蔬菜种植项目；建德市旺枝生态农业开发有限公司的茶叶项目，一期计划投资300万元。至年末，实际到位资金5400余万元，总投资额为市下达的农业招商任务的20倍，创历史新高。

【完成农田建设项目5个】 投资1000万元完成劳村垦造地项目，该项目列入山改田实验项目。投资1000万元完成溪口、松溪、富塘等8个村杭州市高标准示范片项目。投资1800万元完成镇源、万兴、禹甸等8个村266.67公顷新建高标准农田项目。投资120万元完成胡村源、黄家、黄垅80公顷高标准农田提升项目。完成劳村、溪口、上马3个片及永盛村4个土地综合整治项目实施复垦14.5公顷的验收工作。

【青年网商创业培训】 1月，大同镇团委、大同青年创业联盟、大同成人学校联合举办“创业在农村”第一期电子商务培训班，此为全市首个由乡镇一级自主开办的电子商务培训班。课程涉及电子商务发展政策解读、淘宝网店该如何开、网络视觉营销、农村创业经验分享等，一批有意向网络创业的青年参加培训，为该镇电子商务转型升级打下人才基础。10月，举办建德市首届“慧芝源”杯青年网商创业实训大赛，共分理论环节、网店环节和微商环节等三个环节，最后有8支队伍进入实训赛程，此次大赛是全市首个以实训方式、以赛代练的网络创业大赛。

【大同镇“数字城管”投入运行】 1月，大同镇“数字城管”系统正式投入运行。该项目投资75万元，覆盖范围面积1.5平方千米，可共享杭州市数字城管统一平台的资源；同时自建视频监控系统、信息采集设备、无线网络运营服务、地理信息普查建库和数字城管信息系统网络基础平台等，提升了城管工作的水平和效率。

【浙江省首个少数民族家庭农场成立】 3月，大同镇“畲寨印象”家庭农场完成注册，成为全省首个少数民族家庭农场。该农场位于黄家村和高桥村，主要种植薰衣草、药材等，并通过农产品深加工,延长产业链,打造花茶、精油、头枕小熊等“畲寨印象”薰衣草系列产品,提升产业附加值。至年底,共完成26.67公顷土地流转并签订土地承包合同。

【黄垄溪综合整治】 3月,黄垄溪综合整治工程开工建设,该工程为大同镇“五水共治”实施的重点工程,投资400余万元,重点对黄垄溪进行生态河道治理,整治河段3.3千米,新建堤防4.9千米,防洪标准为5年一遇,堤防为5级建筑物。整治内容主要包括对河道进行清淤疏浚、堤坝建设,改善河道污染,提高防洪能力,保护河道两侧的村庄及农田。

【启动全市首个农民增收工程】 8月7日,该镇与建德信用联社签订首个现代设施农业合作协议,启动“农民增收工程”。根据协议,现代农业种植户除可获联社优惠贷款外,当年新建集中连片种植设施农业规模在0.67公顷(10亩)以上的种植户,每亩可获政府一次性扶持补助2000元。至年底,共扶持发展现代设施农业40公顷。

【农村饮水工程建设】 9月,大同镇石郭源水厂供水一期工程厂区主体工程(包括厂区道路建设、绿化)及主管网安装工程完工。10月底,完成二期16个行政村到户管网工程,上马、城山、万兴等8个村实现与雅坑水厂并网供水。自来水供应范围由原来的10个行政村增加到18个。该工程于2013年6月开工,总投资3500万元。

【永平村篮球队获竞赛佳绩】 11月25日,大同镇永平村篮球队代表建德市出征杭州市首届“市长杯”篮球友谊赛(总决赛),夺得第三名。该赛事由杭州市农业和农村工作办公室、杭州市体育局、杭州市体育总会联合主办,杭州市篮球协会承办,杭州市各县(市、区)的109支农村业务篮球队,经选拔最终有12支球队进入总决赛。

(刘玉宏)

李家镇

【概况】 2014年,李家镇行政区域面积98.5平方千米(上年度为105平方千米),辖10个行政村、1个居民区,户籍人口20452人(其中非农业人口608人)。全年出生182人、死亡163人,人口自然增长率0.93‰,当年计划生育率97.3%。工农业总产值24.35亿元,比上年增长1.8%。生产总值 10.61亿元,增长12.0%。其中第三产业增加值2.2亿元,增长11.5%。财政总收入1.44亿元,增长35.15%,其中地方财政收入3368万元,增长36.3%。农村居民人均纯收入14566元,增长13.6%。

有工业生产单位320家,工业总产值22.65亿元,增长12.5%;工业销售产值22.2亿元,增长15%。其中,10家规模以上企业总产值15.48亿元,增长24.5%;销售产值15.19亿元,增长21.52%。完成工业生产性投入2.2亿元(完成年计划的118%),增长46.7%。招商引资实到内资1.44亿元(完成全年计划的110.8%),与上年持平。工业功能区全年平整土地2.67公顷,征用土地6.67公顷。来料加工从业人员4000人,全年发放来料加工费2008万元。

有耕地面积749公顷,林地面积8155公顷。农业总产值1.70亿元,比上年增长7.59%。粮食播种面积1065.9公顷,粮食总产量5653吨。完成土地流转40.4公顷,其中耕地27.07公顷。垦荒复耕6.67公顷,引导种粮大户流转抛荒田种植水稻、旱粮面积28.0公顷。完成林业产业中各类营林建设任务138.27公顷,木本油料项目(位于李家村、石鼓村、龙桥村、沙墩头村、白马村、新联村)造林67.67公顷,完成涉及石鼓村、白马村、三溪村、新联村低产林地改造108.33公顷。新增中药材种植面积11.33公顷,主要种植黄玉竹、浙贝母、元胡等;新建长林村蓝莓基地,面积3.33公顷;佳和生态农场新增莲子、泥鳅套种养面积2公顷。完成林地流转13.33公顷。新建林区道路8条14.7千米。发放各类涉农补贴46.8万元,落实政策性农业保险(油菜、小麦、水稻)1141公项。组织各类涉农培训班10期，参加培训农民1120人次。

推进"秀美山村"建设，实施长林村重点推进中心村项目、李家村精品村项目、新联及白马村一般整治村项目建设。9月，启动新桥村东坑山塘除险加固工程、李家村曙光溪1.5千米农村河道综合整治工程。完成新联、长林、白马3个村联村联网公路建设。

6月，启动上杨线（龙桥至沙墩头）大修工程路基铺设，投资604万元，至年底全面完成。完成长林农民饮用水工程，完成四灵水厂管网延伸（龙桥村）工程主管网铺设，总投资180万元，惠及龙桥村300户农户。12月，杨家口水库除险加固工程竣工，总投资1500万元，该工程于2003年12月启动。完成新联村、石鼓村、沙墩头村、李家村、诸家村、龙桥村 7个村（社区）服务中心改造提升。

全年拆除违建871处、14万平方米，10个村全部创建成为"无违建村"，其中沙墩头村在全市无违建村示范考核中综合总分位列全市第一。10月，李家镇通过杭州市"无违建镇"创建验收。完成三溪村、长林村、李家村、龙桥村、新联村5个村农村生活污水生态化处理工程，建成6座沼气池、容积800立方米，2座干粪收集池、容积200立方米，3座三格式污水处理池、容积780立方米等。改厕1194户，铺设主管网17.0千米。拆除养殖场89户（处），清运各类垃圾856吨。

全年新增低保33户，办理各等次残疾证212人，救助各类困难家庭300余户，发放临时救助款5万余元。完成农民建房审批193户、农村住房改造120户。

【重点工业企业转型改造】 7月，海螺水泥年产100万吨轻钙石综合利用项目建成投产，实施回转窑烧成系统技改项目、水泥粉磨节能环保技改项目，总投资3360万元，总用地面积1000平方米，建筑面积1300平方米。总投资4000万元的建德市华宇纳米建设有限公司年产6万吨纳米钙项目实现当年签约、当年开工，至年底完成投入3000万元。双超钙业、宏鑫钙业、向新碳酸钙、正发碳酸钙、盈亿塑化、欣兴钙业、国丰钙业等15家企业生产线技改及环保改造项目基本完成。

【李家镇污水处理厂建成运行】 11月，李家镇污水处理厂第一期项目完工，管网接纳三溪村、李家村、龙桥村、新联村等5个村农村生活污水，进入试运行阶段。该污水厂整体项目于2009年开工建设，总投资737万元，污水处理能力为1000吨/日。

【推行"一会三所六联九诊"大调解模式】 建立多网合一的社会服务管理网络，在全镇实行网格化、组团式的"一会三所六联九诊"大调解新模式（一会：行政村治理调解委员会，三所：司法所、派出所、律师事务所，六联：社会治安联合防控、矛盾纠纷联合调解、重点工作联勤联动、突出问题联合治理、基层平安联合创建、流动人口联合服务管理，九诊：排查矛盾用"预诊"、分类处理用"分诊"、受理调处用"坐诊"、主动化解用"巡诊"、联合调处用"会诊"、突发处置用"急诊"、转处矛盾用"转诊"、事后回访用"复诊"、外地调解用"出诊"）。全年召开民情分析会4次，各村累计召开60余次，共调解各类矛盾纠纷298件，调解成功295件，调处设计金额644.3万元。

【建成首批文化礼堂示范村3个】 2014年，沙墩头村、李家村、长林村3处文化礼堂建成投入使用，成为全镇首批文化礼堂示范村。其中，沙墩头文化礼堂全年举办免费举办4场婚礼、大型法律宣传1场、银行信贷宣传2场、排舞表演4场、禁毒宣传1场、计生宣传3场以及道德讲堂，接待外来参观学习人员批次有300余次。长林村、李家村文化礼堂被广泛利用于举行婚嫁宴请、送戏下乡、歌舞晚会、"五下乡"等活动。

【江南亲成为首批杭州市非物质文化遗产宣传展示基地】 6月，杭州市启动第一批杭州市非物质文化遗产宣传展示基地申报认定工作，江南亲传统榨油技艺展示馆成为第一批杭州市非物质文化遗产宣传展示基地之一。该公司先后投入资金120余万元,在新联村新修复一座占地面积450平方米的"江南水碓油坊",设立传统榨油技艺展示馆,按古法榨油作坊传统布局,重现11道传统手工技艺的全流程。展馆免费对群众开放,由传承人现场传教榨油技艺、传播油茶文化,提升了广大民众对保护"传统榨油技艺"重要性的认识。 (周文芳)

乾潭镇

【概况】 2014年,乾潭镇行政区域面积389平方千米(上年度为386平方千米),辖24个行政村、1个社区,总人口45034人。全年出生494人、死亡347人,人口自然增长率1.9‰,当年计划生育率95%。工农业总产值111.55亿元,与上年持平。生产总值29.17亿元,增长8.2%;其中第三产业增加值5.8亿元,增长13.73%。财政总收入1.82亿元,增长8.33%;其中地方财政收入5196万元,增长35.38%。农村居民人均纯收入19362元,增长12.12%。

有工业企业748家,其中规模以上企业83家。工业总产值107.46亿元,与上年持平;工业销售产值104.93亿元,增长0.57%。其中,规模以上企业总产值53.96亿元(增长1.81%),占全镇总产值50.4%;销售产值52.5亿元(增长8.3%),占全镇工业销售产值的50%。自营出口1.75亿美元,增长35.66%。工业生产性投入10亿元,增长18.3%。招商引资到位内资4.89亿元、外资500万美元。全社会固定资产投资14.8亿元。园区平台建设完成投入1100余万元,平整土地3.33公顷,铺设截污管道3.1千米,并实施道路建设、绿化、亮化等基础配套工程。富春旅游驿站、溪西畈水墨文创园、旭进堂健康养生基地等项目签订投资意向,成功盘活雪虹家纺、梅园工艺、宏达办公、泉林稀土等地块6.7公顷,推进环宇工具、SE、南方家园、惟思特、瑞德寝具等闲置资源招商工作。开展政府资产盘活,全年共评估清查资产5596万元,整合土地7.71公顷,实现闲置资产直接变现220万元。建德市十大农业产业项目——浙江天赐生态科技有限公司有机红茶、有机茉莉花茶、有机乌龙茶3条生产线建设完成,投入1500万元。

耕地面积1523公顷,林地面积23519.5公顷。农业总产值4.09亿元,增长6.51%。粮食播种面积2993公顷,粮食总产量1.07万吨,建立 5个水稻高产示范方,面积166.7公顷。完成四大产业造林和补植面积114.67公顷,完成中央资金立项木本油料香榧、山核桃基地建设,完成梓洲、罗村两地香榧、山核桃以及造林、复合生态经营99.33公顷,完成天富家庭农场山核桃精品园建设20公顷。完成造林225.33公顷、森林抚育500公顷,林区道路建设19.8千米,森林消防水池新建12只。年末生猪存栏 1.9万头,家禽存栏32万羽。

完成胥溪精品景观河道建设、安仁溪和包家溪农村河道综合治理、十里长垄下梓段防洪堤坝建设等项目,完成沛市、下梓两个村81.33公顷低产田改造工程及下包村杭州市级粮食功能区建设;实施前陵、后山、万龙等村山塘水库除险加固工程,推进姚村等村的农民饮水工程。

完成乾潭集镇康乐路、龙门路、育才东路改造工程。乾潭商会大厦完成投入3200万元。12月,实施"菜篮子"工程,对乾潭农贸市场实施购回和改造,概算投资1625万元。配合完成320国道乾潭段大修工程,工程总投资1.2亿元;配合推进安钦线改造提升工程。完成胥江精品村验收、梓洲精品村年度节点工程及幸福村风情小镇规划、乡村旅游节点规划,新建和提升安仁、下包、梓洲、幸福等4个村农村文化礼堂;完成胥江村三江两岸精品河道绿化6.4万平方米、高速出入口两侧及乌龙山脚绿化抚育7.7万平方米。

全年拆除各类违章建筑35.9万平方米,所有行政村全部创建成"无违建村"。11月24日,被命名为"浙江省卫生乡镇"。先后举办全国摄影大赛、工业设计大赛、乾潭"生态健康型小城市"形象宣传、三省十县(市)作家笔会暨古琴雅会、"归园田居在乾潭"乡村体验游暨招商推介等活动。基本完成11个村的农村生活污水综合治理工程,共铺设污水管网86千米、建设窨井2300

只、改厕2800户，污水纳管率93%，受益群众3000余户，胥江村、幸福村、下梓村为全市农村生活污水综合治理示范村。拆除畜禽养殖点75处、1.75万平方米，完成辖区内的6条黑河、臭河、垃圾河综合整治。

年末，有学校2所、初中2所、职高1所及镇中心幼儿园、万乐幼儿园，教师276人，学生4200人。

【设立小企业孵化园】 2014年，该镇利用宏达办公厂房，设立小企业孵化园，开展小企业集聚发展和存量厂房盘活探索实践。至年底，完成20家小型企业的入园工作，并为其提供优质的公共服务和低廉的厂房租赁价格。其中，五金工具孵化园初步形成，年产值达3亿元。

【乾潭污水处理厂试运行】 12月，乾潭污水处理厂建设完成，进入试运行阶段。该项目2007年开工，累计投入资金3000余万元，配套城市污水管网3.3千米，日处理污水能力2000吨/天。承担污水处理范围为包括乾潭村、大畈村等约4平方千米建成区，以及城中工业园区、黄立垟园区、国道沿线的新程村、万龙村等。

【出台服务业扶持办法】 12月，该镇设立杭州地区中心镇首个“服务业办公室”，并配套落实每年80万元的服务业专项引导资金，同时制定出台《关于加快服务业发展的扶持办法》。全年发放奖励资金76万元，其中艾利斯玫瑰科技有限公司获20万元、大悦生态农庄获10万元。

【“幸福乾潭　诗画田园”全国摄影大赛】 该赛由浙江省摄协和乾谭镇政府主办，市摄协承办，市农办、市文联、市旅游局、市文创办协办，向全国摄友征集反映该镇经济和社会发展状况、自然风光、民风民俗、人文景观、新农村（风情小镇）建设及人民精神风貌的摄影作品。至10月底，共收到摄影作品近3000幅。经过评委的六轮评选，评选出62幅摄影精品，其中《神女峰上拍日出》和《正是采茶时》获大赛的万元大奖。

【幸福村创建成为“幸福田园”风情小镇】 2014年，幸福村列入杭州市第三批风情小镇创建（2014—2015年度），被命名为“幸福田园”风情小镇，这是继新叶古民居（大慈岩镇新叶村，首批）、三江渔家（三都镇三江口村，第二批）风情小镇成功创建之后，建德市第三个杭州市级风情小镇。幸福村综合推进“宜居”“宜业”“宜文”“宜游”四宜建设项目6个，总计划投资1005万元，主要包括农村生活污水治理工程、4000平方米停车场、7.1千米游步道、2.3千米道路拓宽和两侧绿化、新建4座改造5座公厕以及村域环境改造提升工程。至年底，共完成农村生活污水治理、停车场、公厕新改造建设项目3个，完成投资700余万元。

【实施学生营养餐补贴制】 9月，该镇启动义务教育阶段在校学生营养餐补贴工作。根据该方案，由镇财政每年投入130余万元，用于改善义务教育阶段学校实施学生伙食，补助学校食堂运行（包括6月份试运行阶段）过程中产生必要的人工费、水电费、燃气费，其中义务教育阶段各学校教师、学生中餐补助标准为每人5元/餐。由镇教办及学校共同实施对学校食堂食材采购包括食材的安全、质量、价格等方面的监管。

【举办第28届万乐节】 12月，该镇举办以“经济搭台，文化唱响”为主题的第28届万乐节，活动分为服务业展、工业展、书画展、文艺晚会、排舞赛、踩街表演等活动。其间，共设小商品摊位300余个，15万余人参与活动，各类营业收入总额650余万元，远高于历届展会。省、杭州市电视台均组织人员采访拍摄，宣传、报道乾潭的生态优势、节庆盛况、百姓生活、和谐人居。（卢林平）

三都镇

【概况】 2014年，三都镇行政区域面积193.6平方千米，辖19个行政村、1个居民区，年末总人口

25414人(其中非农业人口1307人)。全年出生281人、死亡218人,人口自然增长率2.48‰,当年计划生育率95.4%。工农业总产值31.74亿元,比上年增长3.56%。生产总值1.94亿元,增长8.3%;其中第三产业增加值2.18亿元,增长8.5%。财政总收入2977万元,减少12.26%,其中地方财政收入1090万元,下降32.72%。农村居民人均纯收入12389元,增长13.09%。

有工业企业355家,其中规模以上18家(年度新增1家),主要涉及伞业、家纺、造纸、铸造、五金、农产品加工等行业。工业总产值27.23亿元,增长1.5%;销售产值26.75亿元,增长1.7%。其中,规上企业总产值8.96亿元,增长2.6%;销售产值8.84亿元,增长3.2%。全社会固定资产投入4.0亿元,其中限上工业企业生产性投入2.0亿元。浙江振发农光互补综合开发项目协议投资2.5亿元,新上30兆瓦光伏发电和农业种植项目;浙江联政科技等投资单位的先进技术转化产业园项目,一期普拉斯注塑、天龙亚麻食品等子项目通过工业项目准入;邦特科技新型塑料和保护开关制造项目协议投资4000万元,新增用地1.33公顷,11月开工建设;恩典家居仿木成品家具项目协议投资5000万元,新增用地2公顷,完成环保评估。至年末,招商引资实到内资2.03亿元,实到外资200万美元。投入园区基础设施建设资金700万元,重点实施工业园区入口改造、华电、德邦区块道路建设以及园区生态化改造工程。启动工业园区饮水工程,建成园区生活用水管网设施。

耕地面积1190公顷,林地面积1.61万公顷。农业总产值4.10亿元,增长7.1%。粮食播种面积1101.4公顷,粮食产量5509吨,其中水稻2470吨、小麦130吨。油料作物种植面积262公顷、产量446吨。蔬菜种植面积352公顷,产量7992吨。主要经济作物柑橘产量6万吨、产值8400万元,西红花产量2300千克、产值7176万元,香榧产量50吨、产值940万元。生猪饲养量4297头,家禽饲养50.88万羽。水产养殖面积233.5公顷,网箱养鱼315箱、产量420吨,鱼塘养殖面积157公顷、产量3722吨,渔业总产值7200万元。完成镇头村、樟村畈村下山移民680人,其中镇头村94户308人、樟村畈村138户372人,实施农民住房改造498户。完成山改地40公顷、宅基地整理4.13公顷。实施三都、春江源、和村、凤凰、樟村畈、寿峰、羊峨等7个村农村生活污水治理工程并通过初验。

完成三江口村大坞山水库、寿峰村谢高岭塘坝、前源村螺丝漩塘坝除险加固;完成圣江村十亩丘堤坝建设、三都村潘溪堤坝建设,完成前源溪、后源溪精品河道建设及凤凰高丘渠道建设。标准农田建设项目完成投资280多万元,其中镇头、梓里、新和村提升类项目102公顷,和村、圣江、新和村建设类项目39.33公顷。

全年拆除违法建筑1145处,面积19万余平方米。其中“一户多宅”346户、面积9万余平方米,违章养殖房331处,面积6.8万平方米,其他生产性用房、辅房、危旧房、沿路沿河违章用房等各种历史性违建438处、面积3.2万余平方米。开展畜禽养殖业整顿减量工作,退养生猪存栏2.85万头、家禽8万羽。开展“三河”(黑河、臭河、垃圾河)整治工作,前源溪、后源溪“垃圾河”整治39.9千米,龙门溪“臭河”整治2.5千米,共清理占用河道1.2千米、河床清淤2万立方米。关停塑料粒子企业1家。1月,青藤湾水库饮用水源保护合格创建工作通过验收。

有镇所属学校3所(初中1所学生450名,小学2所学生665名),三都幼儿园在园幼儿286名。投入资金300余万元,完成中心小学、中心幼儿园等改造工程。新型农村合作医疗保险参保人数1.9万人,参保率99%。办理低(残)保、困难家庭申请共98件,新增申请低保户22户(其中新增残疾人低保18人)。完成镇级临时救助116人,发放补助款11.3万元;市级临时救助 8人,发放补助款3.7万元。新增圣江村、樟村畈村两个避灾点建设项目,争取资金22万。完成和村、樟村畈、凤凰、乌祥、圣江等7个村居家养老照料中心建设,完成梓里、和村体育公园建设。9月,举办首届“乡长杯”篮球赛、三都镇首届全民运动会。2014年,该镇被命名为省级体育强镇、省级卫生乡镇。

【省级现代农业综合区建设】 推进三区四园(柑橘示范区、香榧示范区、高山蔬菜示范区,水产精品园、白茶精品园、蓝莓精品园、西红花精品园)省级现代农业综合区建设,涉及19个行政村,区域总面积9567公顷,其中综合区面积1906公顷,村镇、道路、溪流水面、山林等面积7661公顷。至年底,累计投入资金8000万元,新建产业基地73.33公顷,柑橘品种改良6.67公顷,建设设施管理用房、农产品加工培育用房1.3万平方米;投入资金572万元,完成柑橘标准化推广、德泽山地有机蔬果等两个省级现代农业示范园项目,引进果蔬类新品种20余项,新增"德泽"农产品有机品牌1个。实施西红花标准化种植示范和省级现代农业发展资金项目。

【集镇新区建设】 实施三都镇总体规划编制,对土地利用总体规划进行局部调整。推进农房改造集中安置工程项目,一期工程1号~8号楼共204套公寓房交付使用,道路、绿化等配套设施全部完工;开工建设二期工程共15幢楼房,至年末竣工6幢。投资1100万元,征用土地2.87公顷,完成入集镇入口停车场、红绿灯以及一期景观绿化提升、旅游集散中心等工程。规范化改造柑橘交易自发市场实施,新建配设柑橘摊位126个。投资1200余万元,建成景观中心公园。投资100万元,完成府前路、卫生院门口道路改造提升。

【打造乡村旅游品牌——"醉美三都"】 成立镇旅游发展办公室、建德市九姓渔民文化旅游研究会,全年争取旅游项目资金150万元,接待游客10万余人次。完成指示牌标识系统、特色风情美食街、建德果蔬乐园春江源柑橘采摘基地等旅游基础设施建设,成功申报三江口村为杭州市首批、建德唯一"文化创意小镇培育对象"。出台扶持政策,新增民宿示范点2家、改造3家。以九姓渔民文化为核心,开发"九姓九菜"品牌,提升渔家乐菜品。成功打造和推介"九姓渔民婚礼表演""九姓渔火""四季果蔬采摘""特色美食"等旅游休闲体验项目。设计开发"吉宝宝"旅游纪念品,拍摄制作旅游宣传片。开通"醉美三都"旅游资讯平台,成功举办"建德市第六届柑橘节""九姓九菜厨艺大赛""千亩高山蓝莓自驾游""浙江卫视流动大舞台"等系列活动。

【三都镇首届全民运动会开幕】 2014年,三都镇按照省级体育强镇的创建标准,开展申报和创建工作,全镇拥有篮球、太极操等40支体育团队,队员人数达761人;19个行政村健身器材全部配备齐全,满足了村民们对文体生活的需求;投资150万元、占地面积3000平方米的梓里村体育公园主体工程完工。9月20日,三都镇首届全民运动会开幕,全镇19个行政村和5个部门单位的353名运动员参加。运动会设投篮、乒乓球、拔河、跳大绳、象棋等传统项目,并专门设置挑橘子接力赛。

(沈 林)

钦堂乡

【概况】 2014年,钦堂乡行政区域面积57平方千米(上年度为57.38平方千米),辖7个行政村、1个居民区,年末总人口8875人。全年出生96人、死亡59人,人口自然增长率4.19‰,当年计划生育率91.9%。工农业总产值21.32亿元,与上年持平。生产总值6.19亿元,增长9.2%,其中第三产业增加值1.06亿元,增长10%。财政总收入5874万元,增长26.76%,其中地方财政收入2259万元,增长28.72%。农村居民人均纯收入16893元,增长12.03%。

有工业生产单位140余家,其中规模上企业15家。工业总产值20.42亿元,销售产值20.14亿元,均与上年持平。其中,规模以上企业总产值12.80亿元,下降0.7%;销售产值12.67亿元,下降0.6%。自营出口交货值2324.45万美元,下降15.4%;完成全社会固定资产投入1.29亿元,其中工业生产性投入7240万元(7个限上投资项目完成投资7230万元),减少43.0%(因往年同时统计数据包含线上线下企业投入,2014年开始仅统计线上企业投入,数值下降明显)。精细钙业年产

5万吨填充母料生产线、勤客鞋业500万双胶鞋生产线、耀恒光电二期、欣瑞企业电站提升等工业项目均完成年度投资计划。工业主导产业主要有碳酸钙系列产品母料、织带、履带、橡胶制品、塑料、家纺、铸造、五金工具等,其中重质碳酸钙为钦堂支柱产业。境内碳酸钙近期储量1.5亿吨以上,含钙量高于98%,白度超过90度,年开采量100余万吨,为华东地区规模最大的优质重质碳酸钙基地。新引进石祥建材装饰条生产线等项目4个,新引进税源企业2家,协议资金8345万元,年末实到资金8345万元。实现"个转企"12家。

耕地面积476公顷,林地面积4562公顷。农业总产值9067万元,增长7.0%。粮食生产播种面积658.5公顷,总产量3534吨,其中水稻334.5公顷。年内生猪出栏4.17万头,年末生猪存栏2.98万头。完成林业基地建设80.13公顷,毛竹造林16.87公顷,防护林造林23.33公顷,新造林30.6公顷,浙江楠、浙江樟、金钱松等珍贵树种完成定向培育20公顷,平原绿化造林1.73公顷,森林培育103.33公顷。新建省级林区道路5千米、杭州市级林区道路3千米,森林消防水池3座共96立方米。完成杭州市松林改造16.2公顷、松幼林培育120公顷项目及433.33公顷松毛虫防治。

完成市十大农业项目——国茂公司生物质能发电项目建设,初步实现养殖废气废料的规范排放和有效利用。在庙前村、钦堂村发展铁皮石斛、猕猴桃等特色效益农业,面积7.33公顷,并开展果蔬自驾采摘游活动,全年吸引游客1500人次。投入水利基础项目建设资金424万元,完成军塘渠道、大溪边堤坝、上杜畈堤坝及宦塘溪河道整治项目建设,综合整治土地4.67公顷。完成钦堂村等5个村级股份经济合作社改造,申请"一事一议"、水库移民扶持项目14个,总投资359万元。

以旧村改造、沿路拆违、涉水排污企业整治为重点,推进"无违建乡"创建,共拆除违法建筑10.8万平方米,拆后腾出土地5.68万平方米,有效利用率81.3%,7个村全部成功创建"无违建村"。推进碳酸钙行业整治,关停塑料粒子企业5家、提升1家,关停砖瓦厂1家。完善河道保洁机制,"三河(黑河、臭河、垃圾河)"治理初见成效。基本完成国茂公司养殖污水处置和养殖量削减任务,完成乡污水处理站、信用社路口排涝水工程、下坞垄水源保护区创建等项目。新建农村污水处理终端池14座,完成农户改厕1164户,农村生活污水治理实现行政村全覆盖。

有学校3所(小学1所,在校学生219人,教师22人;幼儿园2所,其中钦堂中心幼儿园在校学生173人、专职教师14人,谢田分园在校学生59人、教师4人)。实施困难群众住房改造30户。实施区市协作项目1个,争取年度协作资金50万元。建成钦堂村、谢田村大文化礼堂,其中谢田村通过省级示范村验收。全年发放各类困难救助、临时救济等资金198万元。完成乡养老服务中心主体工程,居家养老服务站建设全覆盖。新型农村合作医疗保险参保人数8521人,"参合率"99.1%。建德市迪旺家纺有限公司、浙江钦堂钙业股份有限公司等7家企业工会484名企业员工参与职工"医疗互助"工作,参与企业数及参保职工数,为全市16个乡镇(街道)前列。

【地方财政收入首次突破2000万元】 2014年,该乡地方财政收入达到2259万元,比上年增长28.7%,完成年度计划的142%,人均总量居全市第3位。其中,祥达运输等重点引税企业全年税收贡献达1100万元;实施"营改增"后,全乡增值税增长48%;重点规模以上工业稳定带动,17家规上企业中有2家企业税收超500万元、6家企业超100万元。

【"平安钦堂"建设】 全乡7个行政村全部完成网格划分和规范化建设工作,全乡2500余户农村居民划分为29个网格,做到横向到边、纵向到底,无盲区,无重叠,每个网格均落实"一长六员"和矛盾纠纷、义务平安、法律援助、抢险救灾、文化卫生5个基础服务团队,共有乡村干部、党员、村民代表等98人参与。全年共排查调处各项纠纷、矛盾68起,全部成功调解,受理各类来电、来信、访件147件,办结率、反馈率均达100%,基本

◎钦堂村文化礼堂

实现“矛盾纠纷零激化、民意诉求零障碍、为民服务零距离、社会管理零空白”建设目标。

【创建全市首家全国工会职工书屋示范点】 近年，该乡先后投入200余万元，在工业园区文化中心建设职工书屋、职工学校和职工俱乐部等基础设施，通过举办“小候鸟”学校、职工读书文化节、文明礼仪培训等活动，培育社会读书尚文新风。其中“职工书屋”配有12组书架、15台电脑，藏书10000余册、报纸杂志100余种；配备书屋专职管理人员1名，实行与市图书馆“一证通”借阅管理制度；该书屋年平均阅读人次800余人，借阅量1000余册，年更新藏书2000余册。2013年成功创建为全市首家省级农民工文化家园。2014年12月，乡工业园区文化中心被全国总工会命名为2014年工会职工书屋示范点，成为建德市首家全国工会职工书屋示范点。

【开展“清洁乡村”专项活动】 全年完成7个村各类垃圾清运基础设施建设，新建垃圾房5处、配备垃圾清运车2辆、配置垃圾桶728只，总投入58.9万元。大溪边村、庙前村、葛塘村、庄丰村列入全市垃圾分类第二批示范村，实施垃圾分类处理。3～4月，开展“治垃圾、治污水、治粉尘、治乱搭建”专项工作，并在全乡范围（以清渚溪沿岸、乡道徐七线两侧为重点）开展为期1个月的治垃圾专项行动，彻底消除垃圾河、存年垃圾和卫生死角。

【粮食生产创历史新高】 以建德市建坤农业开发有限公司为依托，在省级粮食功能区建立千亩高产示范方，推行强化栽培，“甬优12”和“浙优18”两个品种示范方16.4公顷经杭州市现场验收，平均亩产达773千克，创钦堂乡粮食生产历史最高水平。

（方　璐）

编辑：黄建生

人 物

People

新任市领导简历

周徐胤:男,汉族,1977年6月生,浙江临安人,2001年8月加入中国共产党,1999年9月参加工作,在职研究生学历,MPA硕士学位。

历任:中共临安市委办公室干部,综合科副科长;临安市太阳镇党委委员;中共临安市委办公室副主任;临安市人民政府驻上海工作处副主任,主任;中共杭州市委政策研究室经济发展研究处处长;中共杭州市委办公厅秘书二处处长;中共杭州市委办公厅副主任;2014年12月任中共建德市委副书记。

王伟平:男,汉族,1972年12月生,浙江仙居人,1995年1月加入中国共产党,1995年7月参加工作,浙江省委党校研究生学历,英国诺丁汉特伦特大学MPA。

历任:共青团杭州市委组织部干事、部长助理;杭州市下城区武林街道挂职任团工委副书记;共青团杭州市委组织部副部长、办公室主任;共青团杭州市委党组成员、办公室主任、组织部部长;中共杭州市纪委办公厅副主任(正处);中共杭州市纪委办公厅副主任、监察综合室主任;中共杭州市纪委办公厅副主任、监察综合室主任(副局长级);中共杭州市纪委干部室主任(副局长级);2014年3月任中共建德市委常委、纪委书记。

梁克东:男,汉族,1971年11月生,浙江新昌人,1995年6月加入中国共产党,1996年8月参加工作,大学学历,教育学硕士,副研究员职称。

历任:浙江师范大学党委、校长办公室干部;浙江师范大学党委、校长办公室秘书科科长,副主任;浙江师范大学党委、校长办公室副主任,机关党委副书记、书记;浙江师范大学党委、校长办公室主任,机关党委书记;浙江师范大学党委委员,党委、校长办公室主任;浙江师范大学党委委员,学校办公室主任;2014年7月任建德市委常委、副市长(省下派挂职干部)。

汤文全:男,汉族,1972年8月生,浙江富阳人,1994年7月加入中国共产党,1991年8月参加工作,在职大学学历。

历任:富阳市公安局富阳派出所刑侦组民警,警长;富阳市公安局刑侦大队副大队长,大队长;杭州市公安局刑侦支队党委委员、副支队长,指挥中心政委、情报中心主任,科技通信管理局局长,科技信息化局局长;2014年12月任中共建德市委常委。 (邱立成)

新闻人物

【救火英雄——潘樟友】 潘樟友是下涯镇江湾村高畈自然村的莲农，种植莲子有5.3公顷。潘樟友一家三口在杭州租了间旧房子，作为临时生活和分拣莲蓬的地方。2014年7月1日，下涯镇表彰了全镇2013年优秀共产党员，潘樟友就是其中的一位。

7月5日下午，潘樟友骑着电瓶车送完莲蓬回出租房，突然看到前面一辆公交车冒出了浓烟。他赶紧把电瓶车停在路边跑了过去，看到公交车车里很多人都在拍窗户喊救命。潘樟友手里拿着电瓶车车锁就向窗户砸去，但是锁太轻没有用。这时有位女士从车里拿来了灭火器，想砸窗户救人，但她举不上去。身强力壮的潘樟友接过灭火器，举起来砸向玻璃，砸了几下就把钢化玻璃砸开了，同时开启灭火器往车里喷。车里有人顺势从车窗缺口往外爬，有人出来潘樟友就帮着拉一把。一个灭火器很快就用完了，有人又递上另一个灭火器，附近店家也把大灭火器拿了过来……

公交车车门砸开后，潘樟友和两名男同志一起往里冲进去。车里都是泡沫，车前面有个人被烧得很厉害，他们一起抬了好几次才把他抬出来，放在人行道上。一直到检查完车上没人后，潘樟友才下车。

回到家时，潘樟友才发现自己被划伤了。后来有记者问他当时有没有想过汽车会爆炸、会出危险？潘樟友说："当时没去想这个事情，那时大家都顾着救人了。现在你们提起，我才想到，当时也很危险。但不管怎么样，下次碰到了我还会照样冲上去救人的。而且我也没做什么事情，只是做了一名共产党员应该做的事情。"

建德市精神文明建设委员会授予潘樟友等10位同志为第四届建德市道德模范（感动人物）。杭州市政府为潘樟友颁发了见义勇为二等功奖章和证书，表彰他在杭州"7·5公交车纵火案"中奋不顾身救火救人的英雄行为，潘樟友成为建德市第一位获此殊荣的人。

2015年8月7日晚，潘樟友不幸因病去世。

【国家女足队长——吴海燕】 吴海燕，1993年出生在建德市洋溪街道洋溪社区合坑中先村，2002年进杭州市体育中心练足球，2008年进入国家少年足球队，2011年起为中国女足主力右后卫，2014年2月，出任新一届国家女足队长。

出任队长后，迎来的第一场比赛是四国邀请赛，吴海燕带领中国女足在重庆永川以1:0小胜新西兰队，以3:1胜墨西哥队，最终以1:0击败朝鲜，在她的人生历史上第一次捧起永川杯的冠军。2014年5月，由她带队的中国女足重新走回了上升通道——在亚洲杯比赛中，表现出色的中国女足战胜韩国，获得第三名，将参加2015年6月6日至7月5日在加拿大举行的女足世界杯。

（杨忠平）

第四届建德市道德模范(感动人物)

王继莲：十几年来待公婆如亲生父母。1997年，婆婆查出直肠癌，手术后大小便失禁，生活难以自理，王继莲毫无怨言，从端汤送药到端屎端尿，样样都做。2011年婆婆又遭遇重大车祸，手术后神志不清，王继莲更为细心地照顾，为她洗脸梳头、剪指甲、擦身子。公公在2003年因高血压突发瘫痪在床,丧失自理能力,并经常发脾气,王继莲不断开解并始终耐心照料。这些年来,她用实际行动,展现了中华民族尊老、爱老的传统美德。

许金标:退休后担任农办离退休干部党支部书记。他发挥特长为“三农”问题建言献策,执笔写的调查报告有50多篇共计40余万字,是老“三农”的佼佼者。18年来,他写了《求索》《建德农村60年》等书13本,计281.7万字,印刷发行1.42万册。他还有一副热心肠,近年来为公益事业和灾区捐款8000多元。他以老骥不叹夕阳晚,无须扬鞭自奋蹄的爱岗敬业、自强不息的精神,发挥着老干部的表率作用。

何卫生:1991年何卫生到大洋初中代课时工资只有76元,入不敷出,但他一干就是九年。1996年开始清退代课老师,他无畏清贫,婉拒好意,坚持继续代课。为补贴家用,他经常不怕苦、脏、累,去干农活和当临时工,只因他热爱学生,热爱教师职业。23年来他一直担任班主任,做到了一家一访,走遍了每个村庄,几乎年年被评为优秀班主任。何卫生无惧艰苦,坚守梦想,一心向教,是新时期农村教师的优秀代表。

邱爱来:10年前,因公公去世,婆婆无人照顾,邱爱来把婆婆接到杭州生活。丈夫工作繁忙,照顾73岁精神残疾婆婆的重担就落到了邱爱来身上。每天从超市下班后,她还要担负起为婆婆做饭、洗衣服、梳头等生活琐事,但她毫无怨言。她还买来各种老年保健书籍,为婆婆精心安排饮食起居,提高婆婆晚年生活质量。邱爱来十年如一日地照料婆婆,用无声的语言感动着周围的人,谱写了一曲敬老孝亲的文明之歌。

吴庭槐:是航头镇一名退休教师,从事教育工作四十余年,退教后仍担任校外辅导员,发挥着光与热。2007年,航头镇作为杭州市开展代理家长结对留守儿童工作的试点镇,身为航头退教分会会长的他,不仅主动担任代理家长,还积极动员家人、身边的退休教师共同参与。在他的引导下,有50余人次退休老师担任过代理家长,全镇的留守儿童关爱工作走在全市前列。吴庭槐用真心、热心、爱心,带给留守儿童一个健康、快乐的童年。

郎有金:1983年起一直在乡镇工作,多年来始终勤勤恳恳,奋发努力。2010年他改任调研员,但他退职不退色,深入基层,热心服务广大群众。在2012年开始的“进村入户”大走访活动中,他坚持每年走访1000户,为群众解决实际困难,他的民情联系记录本,已有厚厚八本。工作之余,他学思结合,利用多年的乡镇工作经验,撰写各类调研文章。郎有金作为一个扎根基层的乡镇干部,充分展现了一位共产党员一心为民的公仆情怀。

罗雪珍:她的丈夫在一次手术后不能站立,后又得了高血压,落下半身瘫痪。为了治病,罗雪珍带着丈夫四处求医,每次治疗期间,她既要照顾医院里的丈夫,又要兼顾家里的老人和孩子,但她从未言弃。由于丈夫的病始终没法治愈,罗雪珍肩负起了养家糊口的重任,她挑过砖,走几十里路卖冰棍、卖零食……靠着自己的辛苦,养活一家老小。28年来,她从不叫苦叫累,始终坚持对丈夫不离不弃,她的事迹感动了许许多多的人。

蒋建平:是一名普通投递员,他工作细致周到,工作以来收到各类感谢信20多封。他热心公益,凭着一手维修家电的好手艺,义务为群众维修电器,无论什么时候,只要接到电话,他立刻前去服务。四年时间里,蒋建平义务服务1400多人次,免费维修家电2000余件。每当夏日,他还自己掏钱购买材料,在江边为纳凉的人们放映电影,仅2014年夏天就免费播放电影400余场。他的事迹被市民广为称道,大家都叫他“活雷锋”。

黎国忠:是大同养护公司一名养护工。2013年12月的一天,在大同镇溪口村信用社门口,发生了一起电动三轮车与中巴客车追尾事故,坐在电动三轮车里的67岁老人徐海发被甩出三轮车,头部重重地摔在沥青路上,立刻失去知觉。路过的黎国忠,急忙冲向公路中间拦车求救,连拦六辆车,终于将老人送去医院抢救,最终徐海发老人脱离险境。黎国忠助人为乐是常态,此次他见义勇为的义举也被当地群众传为美谈。

(市文明办)

编辑:方建黎

名录
Lists

2014年建德市组织机构及负责人名录

【市委和市委工作部门、直属单位】

中共建德市委员会

书　记:戴建平
副书记:陈震山(11月免)　童定干
　　　周徐胤(11月任)
常　委:汪华瑛(女,7月免)　高国飞(1月免)
　　　郭　坚(11月免)　吕　平
　　　洪晓明(3月免)　郑学龙(11月免)
　　　沈　波　周友红　李初排(挂职,6月免)
　　　李顺华　王伟平(3月任)
　　　叶万生(7月任)　梁克东(挂职,6月任)
　　　尤荣福(11月任)　汤文全(12月任)

中共建德市纪律检查委员会(监察局)

书　记:洪晓明(3月免)　王伟平(3月任)
副书记:张启成　林　立
常　委:封纪祥　陈小龙　邵永明　徐建新
　　　吴水星(兼)　许　勇(兼)
监察局局长:张启成
监察局副局长:封纪祥　吴　霞(女)
办公室主任:雷庆红
党风廉政建设室主任:徐敏红(2月免)
纠正行业不正之风室主任:王志强(2月免)
执法监察室主任:陈小龙(2月免)
效能监察室主任:章红兵(11月免)
党风政风监督室主任:王志强(2月任)
信访室主任:封纪祥(11月免)　李　炜(11月任)
案件监督管理室主任:陈小龙(2月~11月)
　　　　　　　　　吕　坚(11月任)
纪检监察室主任:吴建军(11月免)
纪检监察一室主任:吴建军(11月任)
纪检监察二室主任:章红兵(11月任)
案件审理室主任:徐建新(2月免)
副局级纪检员:陆洁宏(11月免)　王柏洪
　　　　　　王毅生　阎洪伟

市委办公室(政策研究室、保密局、台办)

主任(保密局局长):周友红(12月免)
　　　　　　　　尤荣福(12月任)
副主任:何瑞洪(12月免)　黄　炜
　　　徐敏红(2月任)　娄樟锡(兼)
　　　郑泽挥(兼)　乐照明(兼,12月免)
　　　戴高强(挂职,兼)
办公会议成员:李　俊
台办主任:何瑞洪(12月免)
政策研究室副主任:徐敏红(2月任)
机要局局长:张　蕾
保密局副局长:张　蕾(2月任)

组织部

部　长:沈　波
常务副部长:吴岳炎
副部长:陈建芳　何来信(兼)　钱一军(兼)
　　　余小途
部务会议成员:童志云(女,兼)　吴学东
　　　　　　樊江平　赖艳芬(女)　林　立
人才办主任:吴岳炎
人才办副主任:吴学东

"两新"工委书记:余小途
"两新"工委副书记:赖艳芬(女)

宣 传 部

部　长:汪华瑛(女,8月免)　吕　平(8月任)
常务副部长:吴献军
副部长:吴元标
部务会议成员:方永章(兼)　谢伟东(兼)
　　李　萍(女)　严卫华
文创办主任:吴献军
文创办副主任:王献萍(女)
文明办主任:李　萍(女)

统 战 部

部　长:吕　勇
常务副部长:陈友明
副部长:翁永良　黄宣人
部务会议成员:戚秀娟(女)
民族宗教事务局局长:陈友明
侨办主任(侨联主席):翁永良

老干部局

局　长:钱一军
副局长:何其卫　傅卫红
关工委专职副主任:张秀云(女)

政法委(综治办)

书　记:沈　翔(兼,1月免)
　　童定干(兼,1月~12月)
　　周徐胤(兼,12月任)
副书记:郭　坚(兼,12月免)　李顺华(兼)
　　郑学龙(兼,12月免)　周友红(兼)
　　尤荣福(兼,12月任)
　　汤文全(兼,12月任)　娄樟锡
　　李建中(11月免)
委　员:梁以东(兼)　江波均(女,兼)
　　王建雄(兼)　诸葛益龙　何武军
　　邵永忠
综治办主任:娄樟锡
综治办副主任:诸葛益龙

市委农业和农村工作办公室

主　任:杨福泉
副主任:赖志斌(11月免)　蔡剑毅　蒋建强
　　陈春芬(女)　戴高强(挂职)
办公会议成员:邹宗根

市编委办

主　任:陈建芳
副主任:赖裕生　甘雁智(女)

市直机关工委

书　记:童志云(女)
副书记:应永江
党工委委员:乐照明(12月任)　倪浩群
纪工委书记:倪浩群(12月免)
市纪委派驻市直机关工委纪检组组长:
　　乐照明(12月任)

信 访 局

局　长:赖红芳
副局长:许柏生　王一叶　朱文献

党史研究室(地方志办公室)

主任(党组书记):吴康福
副主任(党组成员):徐　健(女)
　　方建黎(12月任)

市委党校

校　长:沈　翔(兼,1月免)
　　童定干(兼,1月~12月)
　　周徐胤(兼,12月任)
常务副校长(党委书记):胡伟钰(12月免)
　　仇康君(12月任)
副校长(党委委员):王春根　王　平
纪检组组长:王春根

新闻传媒中心

总编辑(党组书记):谢伟东
副总编辑:蒋秀英(女)　吴　鹏

党组成员：蒋秀英（女） 吴时力

广播电视台

台长（党委书记）：方永章
副台长（党委委员、纪委书记）：沈友君（女）
副台长（党委委员）：钟清鸿
党委委员：朱 言

【市人大和人大机关】

市人大常委会

主 任：程茂红
副主任：童文扬 朱启鸿 张锡根 饶秋林
赵志荣 吕建月（女）

市人大常委会办公室

主 任：邱韵芬（女）
副主任：周 明（12月任） 许珍红（女） 李寿根

法制和内务司法工作委员会

主 任：王 煦
副主任：赵礼义

财政经济工作委员会

主 任：黄福明
副主任：傅殿红

教科文卫和民族宗教工作委员会

主 任：林大宏

城建环保工作委员会

主 任：董光和

代表工作委员会

主 任：何根华
副主任：汪建勋（12月任）

农业和农村工作委员会

主 任：汪杭京

【市政府和政府工作部门、直属单位】

市人民政府

市 长：陈震山（11月免）
代市长：童定干（11月任）
副市长：郭 坚（12月免） 周友红（12月任）
李初排（挂职，7月免） 叶万生
梁克东（挂职，7月任） 徐建华
郑 冰（女） 张早林（12月任） 祝 军
尤荣福（12月免） 吴引引（女，挂职）

市政府办公室

主任（党组书记、外事办主任、人防办主任、民防局局长）：夏喜生
副主任：杜立新 王 田 胡卫明 张勇明
黄卫平 陈 新（女） 郎 栋 叶孝富
章晓腾 陈 勇（兼） 郑泽挥（兼）
赖红芳（兼） 乐明照（兼，12月免）
陈春芬（女，兼） 戴高强（兼，挂职）
党组成员：杜立新 王 田 胡卫明 张勇明
黄卫平 陈 新（女） 郎 栋
叶孝富 卢 萍（女）
应急办主任：杜立新
应急办副主任（民防局副局长）：黄卫平
法制办主任：王 田

行政审批服务管理办公室

主任（党组书记、公共资源交管办主任）：陈 勇
副主任（党组成员、公共资源交管办副主任）：
张成仁
副主任（党组成员）：张建楠
党组成员（纪检组组长）：陆亚玲（女）
党组成员（公共资源交易中心主任）：吴勇富

发展和改革局

局长（党委书记兼粮食局局长、物价局局长）：
许维元
党委副书记（副局长、纪委书记）：程建军
副局长（党委委员）：程 霄 杨 强
谢黎琴（女）

党委委员:赖文武

经济和信息化局

局长(党委书记):王来生
党委副书记(副局长):骆志春
副局长:叶 鹍(女) 许文权 方 向(12月免)
党委委员:陈永平 许文权 余 泉(5月任)
纪委书记:陈永平

教育局

局长(党委书记):郑志华
党委副书记(纪委书记):邵益娟(女,11月免)
副局长(党委委员):汪增祥 丁能权
副局长:陈向阳
党委委员:王 征 罗志光(12月任)
市纪委派驻市教育局纪检组组长:
罗志光(12月任)

科学技术局

局长(党组书记兼知识产权办主任、地震局局长):王奕鑫
副局长:熊 兴(12月免) 韩建强
蒋富华(12月任)
党组成员:熊 兴(11月免) 韩建强
鲍雅珍(女,5月任) 蒋富华(12月任)

公安局

局长(督察长):郑学龙
党委书记:郑学龙(12月免) 汤文全(12月任)
政委(党委副书记):翁磊松
常务副局长(党委副书记):蒋文忠
副局长:邵亚臣(12月免) 李海芳 冯慧超
党委委员:邵亚臣(11月免) 谭徐彪(11月免)
马有生 李海芳 冯慧超 汪永刚
纪委书记:马有生
副政委:汪永刚
政治处主任:谭徐彪(11月免)
指挥中心(办公室)主任:陆 勇
指挥中心(办公室)教导员:胡秋法
交警大队大队长:汪永刚
交警大队教导员:吴 竣
刑侦大队大队长:吴中华
刑侦大队教导员:饶应忠
巡(特)警大队大队长:娄卫星
巡(特)警大队教导员:陈明芳
经侦大队大队长:方惠明
经侦大队教导员:夏卫诚
治安大队大队长:叶志平
治安大队教导员:颜 宾
国保大队大队长:潘 弘
国保大队教导员:张言生
森林警察大队大队长:陈建平

民政局

局长(党委书记):包海洋
党委副书记(纪委书记):吴建杭
副局长(党委委员):胡建明 舒小青(女)
程 斌

司法局

局长(党组书记):王建雄
党组副书记(副局长):胡俊成
副局长:巫海武
党组成员(纪检组组长):毛建兰(女,11月免)
徐建明(12月任)

财政(地税)局

局长(党委书记):高建军
党委副书记:储高清
副局长:何国良 宁卫珍(女)
党委委员:徐福君(11月免) 何国良 王江平
宁卫珍(女) 陈 刚
地税局副局长:徐福君(11月免) 陈 刚
市纪委派驻市财政局纪检组组长:王江平

人力资源和社会保障局

局长(党委书记):何来信
党委副书记:童 政(5月任)
副局长:孙雪娟(女,12月免) 郑芳华 夏献军
徐 斌

党委委员：孙雪娟(女，11月免) 孙施伟 郑芳华
纪委书记：孙施伟

住房和城乡建设局

局长(党委书记兼规划局局长)：周献锦
党委副书记：吴元福
副局长：赖建华(12月免) 倪宪红 陈 健
党委委员：陈锦富 赖建华(11月免) 倪宪红 陈 健
市纪委派驻市住房和城乡建设局纪检组组长：陈锦富
总规划师：余志军

交通运输局

局长(党委书记)：黄朝光
党委副书记：潘群民 范秋华(12月任)
副局长：潘向阳 潘群民 刘金坤(12月任) 何建松
党委委员：潘向阳 刘金坤(12月任) 何建松 吴红忠 张旭东(11月免) 罗志光(12月免) 施兴华(兼)
总工程师：邵卫红
道路运输管理处处长：张旭东(12月免)
公路段段长：吴红忠
市纪委派驻市交通运输局纪检组组长：罗志光(12月免) 范秋华(12月任)

农 业 局

局长(党委书记)：唐晓良
副局长：金建桥 潜建军 郭顺洪
党委委员：金建桥 潜建军 王毅锋
纪委书记：金建桥
总农艺师：何建红
畜牧兽医局局长：王毅锋

林 业 局

局长(党委书记)：徐 俊
副局长(党委委员)：叶建新 王志平 卢梅富
党委委员(森林公安局局长)：陈建平
党委委员(市纪委派驻市林业局纪检组组长)：刘金文
总工程师：夏根清

水利水产局

局长(党委书记)：王建平(12月免) 金 斌(12月任)
党委副书记(纪委书记)：钱保卫
副局长：王寅彪(5月免) 汪建平 李 成
党委委员：王寅彪(2月免) 汪建平 李 成
总工程师：胡同发

商 务 局

局长(党组书记兼经合办主任)：章 明
党组副书记(副局长)：金鹏飞(12月任)
副局长：方红月(女) 蒋 宁(8月免) 孙 巍
党组成员：方红月(女) 蒋 宁(7月免) 孙 巍 孙 健

风景旅游局

局 长：徐拥军
党组书记：陈 刚
党组副书记(副局长)：沈光炎
副局长(党组成员)：刘光星

文化广电新闻出版局

局长(党委书记)：邱剑娟(女)
副局长：李友彬 何 群 许宏斌
党委委员：李友彬 林坤荣 许宏斌
纪委书记：林坤荣
文化市场执法大队大队长：许宏斌

卫生局(12月撤销)

局 长：徐亚娟(女，12月免)
党委书记：王雪霖(12月免)
党委副书记(纪委书记)：范红杰(12月免)
副局长：王 珏(女，12月免) 俞早荣(12月免)

人口和计划生育局(12月撤销)

局长(党组书记):邵国金(12月免)
副局长(党组成员):徐军潮(12月免)
党组成员:张　鲲(12月免)

卫生和计划生育局(12月组建)

局　长:徐亚娟(女,12月任)
党委书记:王雪霖(12月任)
党委副书记(纪委书记):范红杰(12月任)
副局长:徐军潮(12月任)
　　王　珏(女,12月任)
　　俞早荣(12月任)
党委委员:徐军潮(12月任)　张　鲲(12月任)

审计局

局长(党组书记):吴水星
副局长(党组成员):刘晓鸿　孟　洁(女)
纪检组组长:孟　洁(女)
总审计师:余银良

统计局

局长(党组书记):童国方
副局长(党组成员):吴建新　黄伟斌(12月免)
党组成员(社会经济调查队队长):徐晓路

环境保护局

局　长:高旭芳(3月免)　洪国根(3月任)
党组书记:高旭芳(2月免)　洪国根(2月任)
党组副书记(纪检组组长):李建涛
副局长:毛国兴　丁江桥(5月免)
　　王永宏(5月任)
党组成员:毛国兴　丁江桥(2月免)
　　王永宏(2月任)　陈　宁(2月任)
总工程师:徐彭浩(5月免)

食品药品监督管理局(5月撤销)

局　长:童　政(7月免)
党组书记:童　政(5月免)
副局长:胡早明(6月免)　王永宏(5月免)
党组成员:胡早明(5月免)　王永宏(2月免)
　　鲍雅珍(女,5月免)　邵亦宏(5月免)
纪检组组长:鲍雅珍(女,5月免)
食品安全委员办公室副主任:邵亦宏(6月免)

市场监督管理局(5月组建)

局长(食品药品监督管理局局长、工商局局长、质监局局长、食安办主任):占志忠(7月任)
党委书记:占志忠(5月任)
党委副书记:汪　宏(5月任)　邵世忠(5月任)
副局长:汪　宏(6月任)　胡早明(6月任)
　　江　涛(6月任)　郑子清(6月任)
党委委员:胡早明(5月任)　江　涛(5月任)
　　郑子清(5月任)　邵亦宏(5月任)
　　季建平(5月任)　徐进荣(5月任)
食品安全委员办公室副主任:邵亦宏(6月任)

城市管理局

局长(党委书记兼综合行政执法局局长):楼春棋
党委副书记(副局长、纪委书记):王志洪
副局长:余志林　陈根良　宣永培
党委委员:余志林　陈根良　罗清武

安全生产监督管理局

局长(党组书记兼安全生产办主任):吕一华
党组副书记(副局长):夏金庚(12月任)
副局长(党组成员):洪介明
　　方建黎(12月免)
　　张成刚

体育局

局长(党组书记):李志才(12月免)
　　邵国金(12月任)
副局长(党组成员):陶国强(12月任)　郎忠魁
　　张乃辉(12月免)

机关事务管理局

局长(党组书记):郑泽挥
副局长(党组成员):杨志瑜
副局长:刘爱莲(女)

档案局(馆)

局(馆)长(党组书记):陶国强(12月免)
曹剑波(12月任)
副局(馆)长(党组成员):陈华强(11月免)
王满香(女,12月任)
汪建林

杭州市住房公积金管理中心建德分中心

主任(党组副书记):金 革(女)
党组成员:陈淦涛

移 民 局

局长(党组书记):钟樟军
副局长:刘水泉 孙爱春(女)
党组成员:廖文平(12月任) 孙爱春(女)
储 斌(11月免)
市纪委派驻市移民局纪检组组长:
廖文平(12月任)

国有资产经营有限公司(7月撤销)

董事长(党委书记):祝昌国
总经理(副董事长、党委副书记):吴小龙
副董事长(副总经理、党委委员):项智东
党委副书记(副总经理、纪委书记):王建廷
副总经理(党委委员):汪德文 李寿良
黄志良
党委委员:廖文平 徐旭飞
总工程师:叶建辉

城市建设发展投资有限公司(8月组建)

董事长:吴小龙
总经理:徐旭飞
副总经理:徐京山
总工程师:叶建辉

新安旅游投资有限公司(8月组建)

董事长:项智东
总经理:朱红霞
副总经理:蒋祖云

资产经营投资有限公司(8月组建)

董事长:王建廷
总经理:李寿良
副总经理:王建强

交通发展投资有限公司(8月组建)

董事长:汪德文
总经理:黄志良
副总经理:夏炳华

浙江新安化工集团股份有限公司

董事长:王 伟(7月免) 季诚建(7月任)
名誉董事长:王 伟(7月任)
总 裁:林加善
党委书记:王 伟
党委副书记:季诚建 林加善(7月任) 潘秋友
副董事长:季诚建(~7月)
副总裁:刘 侠 方江南(10月免) 任不凡
姜永平 吴严明(10月任)
周卫星(7月任)
党委委员:刘 侠 方江南(10月免)
姜永平(7月任) 吴严明(10月任)
周卫星(7月任) 陆冬云(女,7月任)
纪委书记:潘秋友

【市政协和政协机关】

市 政 协

主 席:吴铁民
副主席:严凌云 谢春凤(女) 吕 勇 张早林
程 旭 洪国根
秘书长:蒋 华
副秘书长:吴 霞(女,1月免)
胡文静(女,1月任) 徐新平
陈 茜(女) 楼凤琴(女) 王利民
陈春芬(女)

市政协办公室

主 任:蒋 华(兼)

副主任:方　韦　陈立刚

政治协商工作委员会

主　任:厉红寿

民主监督工作委员会

主　任:王建辉

参政议政工作委员会

主　任:邵益文

提案工作委员会

主　任:方致远

文史工作委员会

主　任:金伟媛(女)

委员学习和工作联络委员会
(5月更名为:委员工作委员会)

主　任:沈伟娣(女,12月免)　胡伟钰(12月任)

【人民武装】

人 武 部

部　长:李广运
政　委:李顺华

【检察、审判机关】

检 察 院

检察长(党组书记):江波均(女)
常务副检察长(党组副书记):许　勇
副检察长:张碧林　胡　明　周伟清(12月任)
党组成员:巫伟农　张碧林　胡　明　范艳春
　　　　　夏育宏(11月任)
纪检组组长:巫伟农
政治处主任:范艳春
反贪局局长:周伟清(11月免)
　　　　　　夏育宏(11月任)
反贪局教导员:夏育宏(11月免)
反渎局局长:王光辉
检察委员会专职委员:叶建强　洪颜妹(女)

法　院

院长(党组书记):梁以东
常务副院长(党组副书记):胡振华(女)
副院长:胡建强　洪锦平　刘国平
党组成员:胡建强　洪锦平　刘国平　邹向东
　　　　　饶冬良　仇　盛
纪检组组长:邹向东
政治处主任:饶冬良
执行局局长:仇　盛
寿昌法庭庭长:刘展红
乾潭法庭庭长:胡永红
审判委员会专职委员:张　振　沈小明
　　　　　　　　　　章荣生

【群众团体】

总 工 会

主席(党组书记):赵银松
党组副书记(副主席):胡造林
副主席(党组成员):汪为骏
副主席:汪丽萍(女,7月免)

团 市 委

书记(党组书记):金鹏飞(12月免)
　　　　　　　　蒋哲远(12月任)
副书记(党组成员):蒋哲远(~12月)　吴　琴(女)

妇　联

主席(党组书记):章健梅(女)
副主席(党组成员):叶晓敏(女)　褚建英(女)

科　协

主席(党组书记):姜自力
副主席(党组成员):何秋鸣(11月免)
　　　　　　　　　何玉君(女,11月免)
　　　　　　　　　丁江桥(2月任)
党组成员:张永祥

文　联

主席（党组书记）：盛振宇
副主席（党组成员）：钟德智

残　联

理事长（党组书记）：邓景祥
副理事长（党组成员）：吴小明　唐晓东

工 商 联

主　席：潘余明
党组书记（副主席）：黄宣人
副主席：王利民　曹建东（12月免）　王拥军（兼）
包江峰（兼）　毕国财（兼）　吴飞星（兼）
吴康孟（兼）　胡益飞（兼）　项建平（兼）
唐　郡（兼）　徐竹清（兼）　蒋宝锡（兼）
党组成员：王利民　曹建东（12月免）　李永祥（5月任）

供销总社

主任（党委书记）：程卫根
副主任（党委委员）：徐伟民　孙博伟

红十字会

会　长：郑　冰（女，兼）
常务副会长：方撮富

【双重和垂直管理单位】

杭州市工商行政管理局建德分局（5月撤销）

局长（党委书记）：占志忠（6月免）

建德市国税局

局长（党组书记）：朱　烈

建德市国土资源局

局　长：钱晓华（女）
党组书记：朱春福

建德市质量技术监督局（5月撤销）

局　长（党组书记）：汪　宏（6月免）

杭州出入境检验检疫局建德办事处

主　任：刘　强

中国人民银行建德市支行

行　长：顾锦杰

浙江银监局建德监管办事处

主　任：童小芳

中国工商银行建德市支行

行　长：沈春平（6月免）
副行长（主持工作）：何　静（女，6月任）

中国银行建德支行

行　长：王贞义

中国农业银行建德市支行

行　长：汪维明

中国建设银行建德市支行

行　长：苏志春（5月免）　丁卫阳（5月任）

交通银行杭州分行建德支行

行　长：宋家强

建德市农村信用合作联社

理事长：倪鸿斌（11月免）　丁松茂（11月任）
主　任：丁松茂（11月免）　王锦芳（女，11月任）

中国农业发展银行建德市支行

行　长：张国红

中国邮政储蓄银行建德市支行

行　长：陈忠华

杭州银行建德支行

行　长：宁建萍（女，10月任）
副行长（主持工作）：宁建萍（女，~10月）

浙江建德湖商村镇银行

行　长:朱和平(1月任)

浙江民泰商业银行杭州建德支行

行　长:徐军芳(2月免)　邵晓光(2月任)

中国民生银行杭州建德支行

行　长:程世云

泰隆商业银行建德支行

行　长:胡伟明

中国人民财产保险公司建德支公司

总经理:陈　烈

中国人寿保险公司建德支公司

总经理:张锡良

建德市邮政局

局　长:焦　冰

中国电信股份有限公司建德分公司

总经理:李晓明(5月任)
副总经理(主持工作):李晓明(~5月)

中国移动建德分公司

总经理:叶郁萌

中国联通建德分公司

总经理:方　伟

建德华数数字电视有限公司

常务副总经理(主持工作):马湘诚

建德市烟草专卖局

局　长:平维云

建德市气象局

局　长:丁卫华

建德市供电局

局　长:操吴兵

【乡镇(街道)】

新安江街道

党工委书记:俞　伟
党工委副书记:刘国金　方　华(12月免)
沈　龙(12月任)
党工委委员:余新荣(12月免)　雷国军
吴秀梅(女,12月任)　韩铁峰
徐国平　肖　虎　赵　斌
孙宁春(女)
纪工委书记:韩铁峰
人大工委主任:郑田贵(12月免)
人大工委副主任:赵向明(12月免)　余新荣(12月任)
办事处主任:刘国金
办事处副主任:余新荣(12月免)　雷国军
吴秀梅(女,12月任)　肖　虎
叶　强　周　治(12月免)
汤志文
政协工委副主任:方　华(12月免)

洋溪街道

党工委书记:钱志明
党工委副书记:林益平　洪树华
党工委委员:李晓清　黄　伟(12月免)
邓碧云(女,11月免)
蒋一新　朱　军　吴　峰
徐序红(女,12月任)
钱航军(12月任)
纪工委书记:朱　军
人大工委主任:张生友(12月免)
姜炳水(12月任)
人大工委副主任:傅土樟
办事处主任:林益平
办事处副主任:李晓清　黄　伟(12月免)
蒋一新　邵仪鹏
徐序红(女,12月任)　邵丽娟(女)

更楼街道

党工委书记:曹剑波(12月免)
王百金(12月任)
党工委副书记:倪国芳 游国平
党工委委员:余小群(12月任) 方雪松(11月免)
郑朝红 邵卫明 李献忠(12月任)
邱伟军 吴海华 程 璐(女)
纪工委书记:程 璐(女)
人大工委主任:蒋跃中
人大工委副主任:余 明
办事处主任:倪国芳
办事处副主任:余小群 郑朝红 邵卫明
江 徽 傅 宇(女)
政协工委副主任:游国平

莲花镇

党委书记:仇康君(12月免) 谢照昌(12月任)
党委副书记:谢照昌(~12月) 程星火
吴 雯(女,12月任)
党委委员:宋有军 李献忠(12月免) 徐国友
李伟锋(12月任) 童孝廉
纪委书记:程星火(12月免)
吴 雯(女,12月任)
人大主席:仇康君
人大副主席:戴志亮
镇 长:谢照昌
副镇长:宋有军 叶月玲(女) 谢作华
政协工委副主任:程星火(12月免)

梅城镇

党委书记:张国潮(12月免) 傅定辉(12月任)
党委副书记:傅定辉(~12月) 施树康
沈小来(12月任)
党委委员:陈 琳 黄松霖 饶 斌 钱海山
朱红霞(女,8月免) 陈伟强
吕 晶 张建明
纪委书记:钱海山
人大主席:刘新奎
人大副主席:叶建宁
镇 长:傅定辉
副镇长:陈 琳 黄松霖 饶 斌 邱锦平
彭思远(女) 吴宽宏
政协工委副主任:施树康(12月免)

杨村桥镇

党委书记:王百金(12月免)
党委副书记:方新卫 徐志强(9月任)
党委委员:沈小来(12月免) 彭樟梅(女)
刘正中 曾向阳 吴建军 阮镇江
徐玲莉(女,12月任)
纪委书记:徐志强
人大主席:王百金
人大副主席:张三元
镇 长:方新卫
副镇长:沈小来 彭樟梅(女) 姚根伟
徐玲莉(女) 兰胜平

下涯镇

党委书记:韩 勇
党委副书记:马永红(12月免) 唐正彪
叶胜平(12月任)
党委委员:王满香(女,12月免) 蔡新春(12月免)
李志良(11月免) 严 华
周 明(12月免) 章秋松(12月任)
吴建卫(12月任) 江远新(12月任)
张晓勇 黄园凤(女,12月任)
纪委书记:周 明(12月免)
黄园凤(女,12月任)
人大主席:赖荣明
镇 长:马永红
副镇长:王满香(女) 蔡新春 章秋松
严 华(1月任) 华爱民 杨成军
政协工委副主任:唐正彪(12月免)

大洋镇

党委书记:刘先锋
党委副书记:鲁 斌(12月免)
陈正清(12月任) 周继发(12月免)
叶 姣(女,12月任)

党委委员:钱向军　吕建忠　吴建卫(12月免)
吴　雯(女,12月免)　王剑飞
何洪宇(12月任)　李锡斌　翁益明
纪委书记:吴　雯(女,12月免)
人大主席:徐春娥(女)
镇　长:鲁　斌
副镇长:钱向军　吕建忠　何洪宇　王路达
政协工委副主任:周继发(12月免)

开发区(寿昌镇)

党委书记:吕　平(兼,8月免)　姜建生(8月任)
党委副书记:姜建生(~8月)　吕鹏云(8月任)
徐志龙　蒋　华
党委委员:张建平(12月任)　吴秀梅(女,12月免)
邹　泉　宋良宏　王培森　徐爱芳
乐照明(12月免)　张云宏　孙　斌
陈　飞　钭志强
纪委书记:徐爱芳
人大主席:范秋华
人大副主席:高志才
镇　长:姜建生
副镇长:宋良宏　吴秀梅(女)　刘建成
方建卫　王金郎
政协工委副主任:蒋　华
管委会主任:叶志高(8月免)
管委会第一副主任:姜建生(9月免)
吕鹏云(9月任)
管委会常务副主任:徐志龙
管委会副主任:邹　泉　张云宏　乐照明(12月免)
孙　斌　刘建成　方建卫　王金郎
傅胜英(女,12月任)

大慈岩镇

党委书记(人大主席):郑希平
党委副书记:龚　鑫　李　刚
党委委员:吴建新(12月免)　汪丽君(女)
周国林　赖如平　唐晓晖
骆旭华(12月任)
纪委书记:李　刚
人大副主席:毛丁梦
镇　长:龚　鑫
副镇长:吴建新　汪丽君(女)　骆旭华
盛　夏(女)
政协工委副主任:李　刚

航头镇

党委书记:钟利平
党委副书记:李　俊(女)　徐　强(12月免)
黄伟斌(12月任)
党委委员:叶胜平(12月免)　苏雪平(12月免)
毛晨婴　叶筱寅(12月任)　刘复文
章菊芳(女,12月任)
黄园凤(女,12月免)　郑广明(12月任)
纪委书记:苏雪平
人大主席:鲁连忠
镇　长:李　俊(女)
副镇长:叶胜平　叶筱寅　刘复文(1月任)
章菊芳(女)　诸葛杰成
政协工委副主任:徐　强(12月免)

大同镇

党委书记:徐恒辉
党委副书记:蔡爱珍(女)　陈正清(12月免)
蒋建成(12月任)
党委委员:徐序红(女,12月免)　蒋建成(~12月)
宋国平　刘自强　吴建新(12月任)
罗建忠　周　伟　周　治(12月任)
纪委书记:宋国平(12月免)　刘自强(12月任)
人大主席:翁祝青
人大副主席:唐永松
镇　长:蔡爱珍(女)
副镇长:徐序红(女)　蒋建成　俞利海
傅　佳(女)　赖江平(1月任)
董　风(1月任)
政协工委副主任:陈正清(12月免)

李家镇

党委书记:金　斌(12月免)　马永红(12月任)
党委副书记:胡国正　翁炳昌
党委委员:张建平(12月免)　章晓行

谢林伟　叶　晔(女)　刘晓鹏
李建军(12月任)
纪委书记:翁炳昌
人大主席:金　斌
人大副主席:徐射宏
镇　长:胡国正
副镇长:张建平　章晓行　吴志兵
王素平(1月任)
政协工委副主任:翁炳昌

乾 潭 镇

党委书记:方建铃
党委副书记:陈观宝　吕鹏云(8月免)
苏晓明(12月任)
党委委员:傅建明(12月免)　苏晓明(~12月)
江远新(12月免)　胡志斌
章万林(12月任)　徐利平
沈　龙(12月免)　朱月琴(女)
曹建东(12月任)　方　聪(12月任)
纪委书记:胡志斌
人大主席:吴晓峰(1月任)
人大副主席:吴荣华
镇　长:陈观宝
副镇长:傅建明　苏晓明　江远新　李伟锋
谢双明　张　宏

钦 堂 乡

党委书记:姜炳水(12月免)　何瑞洪(12月任)
党委副书记:周爱花(女)　王　鑫
党委委员:章万林(12月免)　姚士军　吴平昌
王晓慧　王卫华(12月任)
纪委书记:王　鑫
人大主席:姜炳水
人大副主席:雷如海
乡　长:周爱花(女)
副乡长:章万林　姚士军　王素平(女,1月免)
叶　萌(女,1月任)

三 都 镇

党委书记:蒋智鸿
党委副书记:王　坚(12月免)
方　华(12月任)　官建强
党委委员:张建民　卢根土(11月免)　盛礼权
许来友　李可大　余　岩
何海斌(12月任)
纪委书记:许来友
人大主席:程新炉
人大副主席:郑一新
镇　长:王　坚
副镇长:张建民　卢根土　何海斌　严　俊
游佩芝(女)

说明:

1. 该"名录"收录2014年各单位在任市管领导干部(未包括挂牌机构)。

2. 任免职时间(月份)已经注明,凡未标明时间的,均系职务未变动。如有差错,以任免文件为准。

(邱立成)

编辑:杨忠平

重要文件选录

Documents Selection

重要文件目录

【中共建德市委文件】

市委〔2014〕1号　中共建德市委关于全面深化改革再创体制机制新优势的决定

市委〔2014〕2号　中共建德市委关于深入开展党的群众路线教育实践活动的实施意见

市委〔2014〕3号　关于开展撤村建居改革工作的实施意见

市委〔2014〕4号　关于进一步加强和改进人民政协政治协商的意见

市委〔2014〕5号　关于进一步加强和改进人民政协民主监督的意见

市委发〔2014〕7号　关于落实“走访不漏户、户户见干部”要求进一步深化乡镇（街道）干部“驻乡进村访户”活动的通知

市委发〔2014〕8号　关于印发《市委常委会带头深入开展党的群众路线教育实践活动实施方案》的通知

市委发〔2014〕9号　关于印发《2014年城乡区域统筹发展（社会主义新农村建设）工作要点》的通知

市委发〔2014〕14号　关于印发《完善惩防体系、建设廉洁建德2014-2017年实施办法》的通知

市委发〔2014〕23号　印发《建德市关于加快发展全域旅游指导意见》的通知

【市委办公室文件】

市委办发〔2014〕4号　印发《关于严肃整治“会所中的歪风”暨“三还于民”专项行动方案》的通知

市委办发〔2014〕6号　关于印发《建德市调整不适宜担任现职领导干部实施办法（试行）》的通知

市委办发〔2014〕7号　关于印发《关于全面实施“河长制”进一步加强水环境综合治理工作的实施意见》的通知

市委办发〔2014〕19号　关于印发《建德市领导班子和领导干部作风状况评价细则（试行）》的通知

市委办发〔2014〕20号　关于印发《建德市机关工作人员作风效能问责暂行办法》的通知

市委办发〔2014〕21号　关于印发《建德市机关工作人员约谈规定（试行）》的通知

市委办发〔2014〕25号　关于进一步加强和推进生态殡葬工作的通知

市委办发〔2014〕44号　关于印发《建德市党代表大会代表巡查制度（试行）》的通知

市委办发〔2014〕58号　关于印发《建德市深化行政审批制度改革实施意见》的通知

市委办发〔2014〕69号　印发《关于实行党委（党组）履行党风廉政建设主体责任报告制度的实施办法（试行）》的通知

市委办发〔2014〕70号　关于印发《建德市引进海内外高层次人才“535”计划的实施意见（试行）》的通知

市委办发〔2014〕76号　关于印发《建德市工业企业发展绩效评价管理办法（试行）》的通知

市委办发〔2014〕84号　印发《建德市关于建设平安医院长效工作机制的实施意见》的通知

市委办发〔2014〕95号　关于建德市市级国

有公司调整优化实施意见

市委办发〔2014〕97号　印发《关于进一步促进来料加工业发展的若干意见》的通知

市委办发〔2014〕99号　关于印发《2014—2018年建德市党外干部队伍建设规划》的通知

市委办发〔2014〕100号　印发《关于实施低收入农户收入倍增计划的若干意见》的通知

市委办发〔2014〕103号　关于进一步加强社区矫正工作的实施意见

市委办发〔2014〕104号　关于集体资产所有权置换股份合作社股权的指导意见

市委办发〔2014〕105号　印发《关于进一步加快现代农业发展实施意见》的通知

市委办发〔2014〕109号　关于深入整治村(社区)"牌子多"等问题的通知

市委办发〔2014〕120号　关于印发《建德市领导干部署名推荐实施办法(试行)》的通知

【建德市人民政府文件】

建政〔2014〕1号　关于印发《杭州市基本医疗保障办法建德市实施细则》的通知

建政〔2014〕2号　关于印发《建德市拥军优属若干规定》的通知

建政〔2014〕3号　关于印发《建德市城乡居民最低生活保障实施办法》的通知

建政函〔2014〕23号　关于印发《建德市"无违建市"创建活动实施意见》的通知

建政函〔2014〕25号　关于印发《建德市2014年度固定资产投资计划》的通知

建政函〔2014〕52号　关于印发《建德市2014年度地质灾害防治方案》的通知

建政函〔2014〕79号　关于调整离退休劳动模范荣誉津贴标准的通知

建政函〔2014〕83号　关于印发《建德市"普惠金融工程"实施意见》的通知

建政函〔2014〕89号　关于加强市政府投资预算管理的实施意见

建政函〔2014〕95号　关于印发《建德市进一步加强村级集体经济组织留用地管理实施意见》的通知

建政函〔2014〕96号　关于印发《建德市村级集体经济组织留用地管理实施细则》的通知

建政函〔2014〕108号　关于调整建德市城乡居民社会养老保险基础养老金标准的通知

建政函〔2014〕111号　关于调整全市最低工资标准的通知

建政函〔2014〕120号　关于命名更楼街道邓家村等46个村(社区)为建德市"无违建村(社区)"的通知

建政函〔2014〕132号　关于印发《建德市大气污染防治行动计划(2014-2017年)及2014年实施计划》的通知

建政函〔2014〕133号　关于发布"两江一湖"风景名胜区新安江—泷江分区规划的通知

建政函〔2014〕137号　关于调整完善被征地农民基本养老保障政策的通知

建政函〔2014〕152号　关于发布建德市城乡商业网点发展规划的通知

建政函〔2014〕166号　关于完善城乡居民基本养老保险制度的意见

建政函〔2014〕167号　关于调整城乡居民基本医疗保险部分政策的通知

【市政府办公室文件】

建政办函〔2014〕10号　关于印发《建德市河道保洁实施方案》的通知

建政办函〔2014〕11号　关于印发《建德市林地保护利用规划(2010—2020)》的通知

建政办函〔2014〕18号　关于做好"河长制""一河一档""一河一策"工作的通知

建政办函〔2014〕47号　关于深化行政审批"两集中、两到位"工作的实施意见

建政办函〔2014〕52号　关于完善城乡就业困难人员积极就业政策的通知

建政办函〔2014〕54号　关于印发《建德市畜禽养殖污染治理实施方案》的通知

建政办函〔2014〕55号　关于建立金融支农长效机制的实施意见

建政办函〔2014〕56号　关于切实保障现代农业发展配套建设用地的实施意见

建政办函〔2014〕58号　关于规范设置“河长”公示牌的通知

建政办函〔2014〕63号　关于印发《建德市企业房地产顺位抵押贷款登记管理办法(试行)》的通知

建政办函〔2014〕64号　关于印发《建德市大气复合污染防治实施方案》的通知

建政办函〔2014〕76号　关于印发《建德市保障性住房综合建设项目经济适用房申购实施方案》的通知

建政办函〔2014〕80号　关于开展部门职权清理推行权力清单制度的通知

建政办函〔2014〕81号　关于印发《创建浙江省卫生乡镇(街道)三年行动计划(2014—2016年)》的通知

建政办函〔2014〕85号　关于印发《2014年建德市治理城市交通拥堵工作实施意见》的通知

建政办函〔2014〕94号　关于印发《工业企业资金链风险监测预警工作机制》的通知

建政办函〔2014〕99号　关于印发《建德市农村应急广播体系建设方案》的通知

建政办函〔2014〕111号　关于印发《建德市计划生育公益金管理实施办法》的通知

建政办函〔2014〕117号　关于规范我市撤村建居改革条件和报批程序的通知

建政办函〔2014〕119号　关于涵养服务业税源的若干意见

建政办函〔2014〕120号　关于下达2014年度森林采伐限额的通知

建政办函〔2014〕122号　关于印发《建德市城乡居民最低生活保障对象集中核查工作实施方案》的通知

建政办函〔2014〕123号　关于印发《建德市服务业项目准入审查办法》的通知

建政办函〔2014〕128号　关于印发《建德市开展“个转企巩固提升暨长效机制建设年”活动实施意见》的通知

建政办函〔2014〕130号　关于印发《建德市撤村建居改革住宅建设管理规定》的通知

建政办函〔2014〕131号　关于印发《建德市撤村建居改革村居民就地“农转非”管理办法》的通知

建政办函〔2014〕136号　关于加强危化品运输事故应急救援处置的意见

建政办函〔2014〕139号　关于印发《建德市中心城区污水处理设施建设三年行动(2014—2016)实施方案》的通知

建政办函〔2014〕140号　关于印发《建德市集镇污水处理设施建设三年(2014—2016)实施方案》的通知

建政办函〔2014〕143号　关于进一步规范乡镇(街道)公共资源交易工作的若干意见

建政办函〔2014〕145号　关于印发《2014年建德市整治违法排污企业保障群众健康环保专项行动实施方案》的通知

建政办函〔2014〕147号　关于进一步加强垦造耕地后续管护工作的实施意见

建政办函〔2014〕149号　关于印发《建德市城区高污染车辆通行管理实施方案》的通知

建政办函〔2014〕151号　关于进一步加强和改进统计工作的若干意见

建政办函〔2014〕163号　关于进一步建立健全社会价格监督服务组织的通知

建政办函〔2014〕166号　关于印发《加强农村剩余电流动作保护器安装管理意见》的通知

建政办函〔2014〕167号　关于印发《建德市第二轮农贸市场改造提升实施方案》的通知

建政办函〔2014〕170号　关于印发《建德市生态畜牧业发展规划》的通知

建政办函〔2014〕179号　关于扶持新安江城区公交发展的若干意见

建政办函〔2014〕180号　关于印发《建德市雨雪冰冻灾害预警应急预案(2014年修订)》的通知

建政办函〔2014〕181号　关于印发《建德市“十三五”规划编制工作实施方案》的通知

建政办函〔2014〕187号　关于印发《建德市全面推进农村普惠金融工作的实施方案》的通知

建政办函〔2014〕191号　关于印发《建德市主城区“门前新三包”实施方案》的通知

建政办函〔2014〕196号　关于印发《工业企业资金链、担保链风险防范与化解工作方案》的通知

建政办函〔2014〕202号　关于明确我市农村土地经营权抵押贷款相关问题的通知

建政办函〔2014〕205号　关于建立建德市物业管理联席会议制度的通知

建政办函〔2014〕207号　关于进一步加强老年体育工作的通知

建政办函〔2014〕209号　关于印发《建德市2015年度城乡居民基本医疗保险组织实施方案》的通知

建政办函〔2014〕210号　关于印发《建德市新一轮农村客运经营权改造配置实施方案》的通知

建政办函〔2014〕211号　转发人行建德市支行关于《建德市农村土地经营权抵押贷款管理办法》的通知

建政办函〔2014〕215号　关于在全市范围内开展道路交通安全管理工作专项整治行动的通知

建政办函〔2014〕217号　关于印发《建德市2015年农村困难群众住房救助工作实施意见》的通知

建政办函〔2014〕220号　关于印发《建德航区船舶拆解政府补贴实施方案》的通知

重要文件辑录

中共建德市委关于全面深化改革再创体制机制新优势的决定

市委〔2014〕1号

为全面贯彻落实党的十八届三中全会精神，根据中央、省委、杭州市委的决策部署，紧密结合我市实际，现就全面深化改革作出如下决定（简称建德改革二十五条）。

一、深入贯彻三中全会精神，准确把握改革的总体要求

1. 坚定全面深化改革的信心决心。十八届三中全会通过了全面深化改革的决定，这是党在新的时代条件下带领人民进行的新的伟大革命，是大势所趋、发展所需、人心所向，也是当前我市加快发展的最重要的红利和法宝。因此，我们要深刻认识全面深化改革的重大深远意义，增强推进改革的信心和勇气，奋力突破思想观念的障碍、传统路径的依赖、格局利益固化的藩篱、体制机制的障碍，着力解决约束发展和群众反映强烈的突出问题，努力把全市各项改革不断引向深入。

2. 明确全面深化改革的指导思想。深入贯彻党的十八届三中全会精神，认真落实中央、省委、杭州市委一系列决策部署，坚持以重大问题为导向，以推动转型发展为重点，以理顺政府与市场的关系为核心，以提高群众幸福指数为出发点和落脚点，全面深化经济体制、城乡体制、政府体制、社会体制、党建体制改革，坚决破除各方面体制机制弊端，再创建德体制机制新优势，为建设幸福美丽和谐新建德提供强大动力和坚强保障。

3. 把握全面深化改革的目标任务。到2015年本决定提出的一批改革具体项目取得突破性进展；到2017年，在重要领域和关键环节改革上取得决定性成果，基本完成决定提出的改革任务；到2020年，形成系统完备、科学规范、运行有效的科学发展制度体系。

二、深化经济体制改革，着力增强经济发展活力

4. 创新发展民营经济。落实支持民营经济发展的各项政策措施，进一步减轻企业负担。按照“非禁即入”原则，消除隐性壁垒，鼓励社会民间资本参与中心镇、小城镇建设，进入基础设施、教育、卫生、文化、健康服务、养老服务、公用事业等领域，促进我市民营经济持续健康发展。加强对全市民营经济的战略引导，完善引导民营企业做大做强引导机制，抓好“个转企、小上规、规改股、股上市”工作，引导企业制度创新、管理创新。健全优胜劣汰市场化退出机制，完善企业破产制度。完善支持浙商杭商创业创新的长效机制，深化实施“建德人回归工程”，优化区域创业环境。推进改先证后照为先照后证工作步伐，实现注册资本从实缴制向认缴制改革，把企业年检

制度改为年度报告制度。

5. 加快金融创新发展。坚持完善金融联席会议制度，重视解决金融发展重大问题，推进金融机构不良资产处置及破产企业资产盘活，改善金融生态环境。大力培育发展各类金融机构，创新抵质押担保方式，丰富金融产品，规范金融市场。探索出险企业贷款债务平移办法，防范化解企业担保链风险传导。加强对担保公司、保险公司的管理和扶持，规范担保机构（保险公司）、银行和企业之间利益关系。推动投融资平台和融资产品创新，引导企业积极进入多层次资本市场融资，支持中小企业加快股改步伐，尽早进入省股权交易市场、新三板交易市场，努力实现境内外上市。深化社会信用体系建设，加快信用户、信用村、信用乡镇创建，推进小微企业信用创建，建立健全失信惩戒机制。加快实质性推进农村金融领域的改革，拓宽农户融资渠道，着力发展普惠金融。

6. 加快要素配置改革。建立要素配置竞争性机制，积极推进要素市场化配置综合改革试点，建设要素交易中心，先行开展土地、用能、排污权、林权、股权五大交易，提升资源要素的使用效率。建立完善以企业亩均绩效为核心的综合评价体系，推行要素配置与企业质量和效益相挂钩的机制，在项目用地、生产用电、融资支持、排污指标、能耗指标、财政扶持等方面实施差别化要素配置，支持鼓励发展高效益、高产出、低污染、低排放的企业，倒逼高污染、高排放、低效益、低产出的企业加快转型发展。探索建立矿山、碳酸钙、电镀、水晶行业倒逼发展机制，着力扶优汰劣。

7. 创新平台建设机制。完善“一区一园”运营体制，创新平台投（融）资机制，加大市级财政对“一区一园”基础配套的投入力度，积极探索建立信息共享、项目共引、园区共用 、产业共建、成果共享的招商机制，统筹安排大项目选址落地，引导产业集聚发展，避免基础配套重复建设。进一步完善政府投资管理体制，健全国资监管体系，创新经营机制和管理模式，建立有效激励约束机制，加大资产整合力度，盘活存量经营性资产资源，增强有效投资，努力实现国资公司的规模化、集团化发展，从而提升投融资能级，扩大承载投融资功能，全力打造强势、高效、灵活、规范的投融资平台。积极建立合作更加紧密、机制更加灵活、效益更加突出的产学研协调创新平台，深化专利融资质押等科技金融机制，扩大“风险池”基金规模，加快创新成果转化，不断增强科技支撑经济发展的能力。

8. 鼓励发展生态经济。高度重视生态文明建设，加大生态整治建设投入力度，大力彰显发挥山水生态比较优势。完善发展生态经济激励机制，大力发展生态工业、生态农业和生态服务业，探索建立集约、绿色、环保、循环的新型产业发展模式。坚持大旅游业引领，开展全域旅游综合改革，加快推进全域旅游目的地建设，提升建德旅游品质和魅力。创新生态环境保护管理体制，建立严格的源头保护、损害赔偿、责任追究制度，落实“河长制”，实施“五水共治”，强化交接断面水质考核和奖惩，推进梅城镇“五水共治”先行区和莲花镇生态环境先行区建设，全力创建国家生态市。完善“三江两岸”“四边三化”等长效工作机制，推行资源有偿使用和生态补偿制度，健全大气、水、农村面源污染等突出问题的综合防治机制，着力构建杭州西部生态屏障。

三、深化城乡体制改革，着力加快美丽建德建设

9. 完善城乡一体化建设机制。建立健全“一主两副两组团”统筹规划、协调发展体制机制。加快主城区开发建设，建立“三改一拆”“交通治堵”、无违建市镇村三级联创等长效管理机制，提升“美丽江城”品牌。深化中心镇扩权强镇改革，理顺市镇财力分配关系，给予中心镇资源要素配置优先权，加大中心镇对所在辖区的科室站所的协管权限，提高集聚辐射能力。以培育小城市为目标，建立中心镇与周边乡镇基础设施、公用事业、社会事业共建共享的体制机制，乾潭镇争取列入新一轮省小城市培育试点镇，梅城镇、寿昌镇、乾潭镇争创全国重点镇。创新城镇建设投融资机制，做强市、镇两级合作融资平台。健全加快中心村、精品村建设的体制机制，实施新叶村

全国首批古村落保护利用试点，争创省"美丽乡村"建设先进县（市）。除主城区城市规划区外，农民建房审批权全面下放。深化户籍管理制度改革，引导更多农村人口有序向城镇转移。

10. 创新现代农业经营体制。推进农业经营方式创新，培育和发展专业大户、家庭农场、合作农场、农民合作社、农业企业等新型农业生产经营主体。探索建立土地流转风险防范和保障制度，加快推进适度规模经营。鼓励农民和合作社以土地承包经营权入股形式与企业、科研单位等组建股份合作农业经营主体。推进生产合作、供销合作、信用合作"三位一体"合作体系建设，引导农民合作社通过资产重组扩大规模、提升能力，支持合作社发展农产品加工，开展资金和保险互助，促进合作社组建联合社。

11. 推进农村产权制度改革。加快村经济合作社股份合作制改造，实行农民经济权利长久化与社会权利属地化的管理制度。加快农村土地确权登记，保护农民合法权益。保障农户宅基地用益物权，探索建立农村宅基地跨社置换、有偿退出、有偿使用的机制，积极稳妥开展农民住房财产权抵押、担保、转让试点。建立健全农村产权流转交易市场体系，引导土地承包经营权、集体经济股权、农民住房财产权等规范流转。深化林权制度改革，开展林地经营权流转证发放试点。转变村级集体经济发展方式，鼓励农民与村集体经济组织合股发展股份合作经济。加快实施农民持股计划，促进更多农民增加财产性收入。

12. 健全土地节约集约利用机制。积极探索土地科学合理利用，提高土地利用率。完善耕地保护共同责任机制，开展耕地保护有偿机制建设，加快低丘缓坡土地开发利用，着力缓解土地供需紧张矛盾。加强征地制度改革研究，合理制定征地区片综合价调整方案，探索建立多种模式的农村集体经济发展留用地制度和农村集体经营性建设用地入市交易制度，建立城乡统一的建设用地市场。健全农村住房改造政策体系和工作机制，积极探索跨乡镇（街道）集聚建设农民住宅小区的模式和途径，大力推进农村土地综合整治，扎实推进大洋镇土地利用综合整治试点。创新农村土地承包经营权流转机制，开展农村土地承包经营权确立登记，加快推进适度规模经营。

四、深化行政体制改革，着力构建高绩效服务型政府

13. 加快转变政府职能。厘清政府权责边界，处理好政府与市场、政府与社会的关系，逐步建立法制型、服务型、效能型政府。加大简政放权力度，强化监管职能，减少对微观事务的管理，集中精力抓好事后监管，推动政府职能真正向创造良好发展环境、提供优质公共服务和维护社会公平正义转变。加大机构和职责整合力度，进一步解决部门间职责交叉问题。按照增减平衡、有保有压的要求，不断优化编制结构，推动机构编制资源向基层和一线倾斜。积极推进部门权力下放、重心下移、管理下沉，深化市场监管领域体制改革，探索完善乡镇综合执法管理体制，理顺市镇权责关系，提高基层执法能力。

14. 深化审批制度改革。做好行政审批事项"接、减、整、联、放、管"文章，进一步减少审批程序和时间，提高审批效率。简化审批程序，合并项目建议书审批和可行性审批，合并规划设计方案会审和初步设计方案会审。探索推行容缺受理、容缺预审、限时补交工作机制。扩大"形式审查"范围，完善项目审批协调和预案机制。减少审批申报材料，探索推进投资项目批文网上共享机制。规范审批事项，推动行政审批"两集中、两到位"。清理和规范审批事项之间相互牵制问题。深化完善"模拟审批""并联审批""多证联办"等审批模式。探索建立区域性行政审批服务平台，健全三级便民服务体系。重点整合投资项目审批流程，对社会投资项目试行"简核简批"，对政府投资项目试行"联审联办联验"，对为民服务事项试行"就近就便"。加强中介技术服务市场培育，建立"中介超市"，消除行业垄断和地方保护。完善中介诚信评价体系，加大失信行为惩戒力度。健全中介组织监管体系，探索对中介组织的服务、收费、准入、退出等方面的管理，试行中介服务和部门审批捆绑考核机制。营造公平

公开、竞争充分的中介技术服务市场环境，促进审批服务全面提速提效。

15. 完善绩效评价体系。按照科学、客观、公正、全面的原则，构建和完善系统的政府绩效评估指标体系和程序。着力改变条块分割的绩效管理和评估模式，从实效性和可操作性出发，加强政府绩效评估指标之间的整合和联系，使各指标之间相互协调、相互促进，形成合力。对乡镇（街道）考核评估逐步建立分重点、分类型、个性化的综合考核评价体系，努力实现乡镇（街道）差异化、特色化科学发展。对机关部门考核评估重点体现鼓励创新创优、鼓励协作提效。加大考核奖惩力度，完善大督查落实体系，着力打通执行梗阻，确保市委、市政府各项重大决策部署贯彻落实到位。进一步完善项目领导联系、协调推进、动态管理、督查考核等制度，加大奖惩力度，着力保障重点项目顺利推进。

16. 创新财税管理机制。树立公共财政理念，深化公共财政改革，创新支持经济发展方式、创新财政支出保障机制，完善财政管理机制。推进预算绩效管理改革，建立健全公开、透明、规范的预算绩效管理制度。完善优化税收管理制度，健全地方税体系，建设有利于结合优化、社会公平的政府收入体系。构建规范合理的地方政府债务管理及风险预警机制，加大对乡镇负债的考核问责力度，逐步控制、化解乡镇债务。优化支出结构，加大专项资金清理、整合力度，积极研究专项资金竞争性分配办法，探索建立转型升级、投入产出达标和取得财政绩效相匹配的增量扶持引导机制，着力提高财政资金使用绩效。推进乡镇财政公共服务平台建设，发挥乡镇财政就近就地管理职能。创新政府采购方式，破除市场壁垒，力争质量、价格与效率三平衡。推进公务用车货币化改革，减轻财政负担。

五、深化社会体制改革，着力提高群众幸福指数

17. 统筹民生领域改革。深化教育体制改革，统筹城乡资源配置，推进教师轮岗交流，整合职业教育资源，调整职教专业设置，创建教育现代化市，办好人民满意的教育。深化医药卫生体制改革，推进公立医院综合改革，完善城市优质医疗资源协作机制，建立健全逐级帮扶体系，逐步提高市、镇、村三级医疗服务水平。深化就业和社会保障体制改革，建立政策扶持、创业培训、创业服务工作机制，完善养老、医疗、失业、救助等制度，建立更加公平可持续的社会救助、社会福利、社会优抚和社会保障体系。推进殡葬改革。深化收入分配制度改革，规范收入分配秩序，改革机关事业单位工资、津贴补贴制度。健全最低工资保障制度，完善结对帮扶机制，促进低收入家庭加快增收。构建公共安全体系，完善食品药品监管体制，实行最严格、全过程的监督，保障食品药品安全。

18. 加强法治建德建设。完善法治工作领导和协调机制，完善法治建设指标体系和考核标准。加强民主政治制度建设，完善人大、政协工作机制，推进预算审查监督和政府重大投资项目监督，深化完善政协改革创新试点，充分发挥人大代表、政协委员作用。全面推进依法行政，探索依法行政责任倒查追究制度。推进司法体制改革，健全司法权力运行和内部监督机制，规范司法行为，促进公平正义。完善村民自治机制，创新基层民主建设载体。完善律师执业权利保障制度和违法违规行为查处办法，探索劳动教养制度废止后对轻微违法犯罪行为的惩治和办理机制。

19. 创新社会治理体制。加强社会治安综合治理，完善立体化社会治安防控体系，严密防范和依法打击违法犯罪活动，建立依法处置项目阻工行为长效机制，营造健康安全有序社会环境。创新信访工作机制，坚持完善信访联席会议，建立涉法涉诉信访依法终结制，构建预防、化解矛盾体系，加快重大决策稳定风险评估机制，完善人民调解、行政调解、司法调解联动机制。加强乡镇社会服务管理中心、村便民中心规范化建设，完善网组片管理，优化城乡社区公共服务。加强社会组织培育，激发社会活力。稳步推进撤村建居，健全新型城乡社区（村）管理机制。创新人口管理服务机制，健全实有人口动态管理体系。建立健全安全生产隐患排查治理、预防控

制体系,有效防范安全事故。

20. 深化文化体制改革。改革创新完善公民道德建设方面的制度,建立完善中国梦宣传教育机制,深化社会主义核心价值体系建设,健全群众性精神文明活动的体制机制,大力弘扬建德精神,不断提高公民道德素质。围绕“美丽江城·幸福建德”城市品牌推介,整合宣传资源,科学统筹力量,打造特色亮点。充分挖掘历史文化资源,扎实推进梅城省级历史文化名镇建设。坚持完善正确舆论导向的体制机制,加强队伍建设和阵地建设,做好对互联网等新型媒介的管理和监督,健全网络突发事件处置、舆情研判导控服务机制,把握舆论主动权和话语权。坚持以激发文化创造活力为中心环节,深化文化管理体制改革,深入实施“种、引、育”文化活动,加快文化创意产业发展,积极培养文化骨干企业,建立有利于出精品、出人才、出效益的文化发展体制机制。

六、深化党建体制改革,着力强化改革保障措施

21. 建立深化改革的领导体制。成立全面深化改革领导小组,负责全市改革的组织领导、总体设计、统筹协调、督促落实,及时研究解决深化改革过程中的重大问题。各级党委要切实履行对改革的领导责任,完善科学民主决策机制,以重大问题为导向,把各项改革措施落到实处。加强领导班子建设,进一步解放思想、转变观念,强化改革意识,切实改进作风,提高各级领导班子和领导干部推动改革的能力。

22. 落实深化改革的目标责任。建立重大改革事项领导牵头协调、部门责任落实机制,制定年度改革计划,明确责任单位和责任主体,有效落实重大改革事项。建立工作落实责任制和绩效考核评价机制,对态度消极、阻挠和抵制改革,造成严重后果的,依法严格追究责任。市人大常委会要通过法定程序,作出促进改革创新的决定。市政府要制定实施方案,并抓好组织实施。市政协要积极建言献策,加强对改革措施落实的监督。各乡镇(街道)和市级机关各部门要结合实际,突出重点,制定贯彻本决定的配套文件和具体意见,按照学在深处、谋在新处、干在实处、改在真处的要求,切实抓好市委决策部署的贯彻落实。

23. 强化组织保证和人才支撑。深化干部人事制度改革,建立有效管用、简便易行的选人用人机制,完善干部教育培养、选拔任用、考核评价、管理监督、激励保障等机制,发挥党组织领导和把关作用,破除唯票取人和唯分取人等现象,充分调动发挥各年龄段干部积极性。加强领导班子及干部状况常态化研究,建立完善领导干部调整机制,畅通领导干部能上能下渠道。打破干部部门化,加强干部交流。加强基层服务型党组织建设,探索实施党员退出机制。加强党内监督,发挥党代表作用。强化党管人才原则,创新人才培养、引进、使用、评价、激励机制,造就一批高层次、高技能人才队伍。

24. 狠抓作风效能和纪律保障。坚持党的群众观点和群众路线,健全改进作风常态化制度,开展教育实践活动,坚决纠正“四风”,深化驻进访、双联系、民情观察员、“真诚面对面”等工作机制。开展文风会风集中治理,形成务实高效的办文办会机制。坚持厉行节约反对浪费,健全严格财务预算、核准和审计制度,规范执行公务接待、外出考察等制度,控制“三公”经费支出。推进权力阳光运行,依法规范对主要领导行使权力的制约和监督。深化党风廉政建设责任制,完善党的纪律检查工作双重领导体制,推进派驻纪检机构统一管理。加强行政监察和审计监督,深化对财政资金、村级财务、重点项目等监督。完善领导干部经济责任审计制度,加大领导干部个人有关事项报告核查力度。

25. 营造鼓励改革的良好氛围。注重发挥人民主体作用,尊重基层和群众的创新实践,鼓励和支持各地大胆地试、大胆地闯。及时总结宣传深化改革的新鲜经验和先进典型,加强正面宣传和舆论引导,凝聚改革共识,形成改革合力。建立鼓励创新、宽容失败、允许试错、责任豁免机制,形成支持改革者、鼓励干事者、宽容失误者的良好氛围,最大程度汇聚推进改革的正能量。

印发建德市关于加快发展全域旅游指导意见的通知

市委发〔2014〕23号

各乡镇(街道)党(工)委、政府(办事处),市级机关各单位:

《建德市关于加快发展全域旅游指导意见》已经市委、市政府同意,现印发给你们,请结合实际认真贯彻执行。

中共建德市委
建德市人民政府
2014年10月14日

建德市关于加快发展全域旅游的指导意见

为充分发挥我市旅游资源优势,切实把旅游产业培育成市域经济战略性支柱产业,根据国家、省、杭州市关于加快旅游产业发展的有关文件精神,结合我市实际,现就加快发展全域旅游提出如下指导意见:

一、指导思想

坚持以科学发展观为指导,深入贯彻落实十八大、十八届三中全会精神和市委十三届六次全会精神,进一步解放思想、深化改革、整合资源、集中优势,以振兴建德旅游二次创业为契机,以扎实推进"13530"工程为突破口,坚定不移地实施以全域旅游发展为核心的"服务业兴市"战略,把我市旅游业打造成为推动经济发展、调整经济结构、改善生态环境、增加居民收入的重要支撑和战略性支柱产业。

二、发展目标

通过全面实施全域旅游发展战略,至2016年末,我市城乡旅游协调发展新格局初步形成,全域景区化和长三角休闲度假旅游目的地建设初显成效,旅游生态及基础设施配套明显改善,旅游产品实现质的突破,城市品牌美誉度明显提升,旅游业作为我市战略性支柱产业地位全面确立。全市年接待游客达到750万人次,旅游人均消费水平达到1000元,旅游业总收入达到75亿元。至2020年末,我市基本建成"生态环境优美、主题特色鲜明、空间布局合理、产品体系完善、基础设施便利、服务品质优良、产业基础雄厚"的国内知名休闲度假全域旅游目的地。

三、基本原则

(一)坚持全景观打造。充分挖掘我市特有的自然山水、生态环境及人文资源优势,以全域景观化理念引领市域各类规划,按照精品工程的要求推进各类项目建设,全力打造"景色优美、宜居宜游"的市域大景区。

(二)坚持全市域覆盖。深化旅游产业目标、战略及规模体系在全域空间上的落实,统筹优化城乡规划布局,完善旅游基础设施建设,大力推进重点旅游项目开发,以点带面,着力打造旅游产业集聚区,进一步形成全市"串得成线、留得住人、赚得了钱"的泛旅游产业结构,促进全市旅游产业协调发展。

(三)坚持全资源整合。大力整合市域范围内山、水、农、林、渔以及城镇乡村、历史建筑、人文民俗、自然生态等各类旅游资源,提升资源的旅游功能特性,集聚我市山清水秀雾奇和古城古村古寺等地域及文化特色,放大旅游效应,实现旅游产品差异化发展,提升我市旅游吸引力。

(四)坚持全产业融合。深入推进旅游与传统农业、现代工业、健康服务、文化创意等产业的融合发展,充分利用一、二、三产的产业资源优势,围绕食、住、行、游、购、娱六要素,深度挖掘及延伸产品的产业链,做大做强我市三大传统产业的旅游文章,着力打造城乡互动、产业融合、特色鲜明的旅游产品。

(五)坚持全社会参与。充分依托我市良好的旅游业发展基础和旅游发展共识,充分调动各级政府、部门及社会各界积极性,加快推进城乡旅游发展一体化进程;大力倡导全民健康旅游、文明旅游、绿色旅游,共享全域旅游发展成果,通过旅游二次创业,不断改善民生,提高城乡居民生活品质,促进社会和谐发展,推动"美丽江城,幸福建德"建设。

四、主要任务

（一）合理布局全域旅游发展空间。按照“策划优先、规划同步、点上突破、面上推开”的原则，加快开展全域旅游策划，合理确定全市旅游产品定位；强化规划引领和各类规划有机融合，加快编制全域旅游规划，进一步完善旅游项目规划体系，优化旅游产业规划布局。以创建大新安江国家5A级旅游景区为目标，通过实施全域旅游发展战略，形成“一城一轴三线多点发展”的空间框架和产业布局，最终建成“以城带乡、城乡统筹；以线串点、点面结合；各具特色、全面发展”的全域旅游发展体系。

一城（主城区）：按照“城景交融，和谐优美，统筹兼顾，功能复合，品质生活，全民共享”的原则，着力提升主城区旅游业发展的首位度。优化新安江、洋溪、更楼3个街道旅游、商贸产业空间布局。加快东入城口、洋安、洋溪区块基础配套设施建设；打造双江休闲美食特色街、南山路休闲街区、洋溪文创产业园和更楼商贸物流街区；加快沿新安江两岸景观提升改造工程，合理布局沿江休闲旅游产业项目，深度开发水上旅游产品；完善城区交通、游览、住宿、餐饮、娱乐、购物以及信息咨询等综合服务设施，加快旅游集散中心建设，强化主城区的旅游枢纽和集散功能。

一轴三线：打造“两江一湖”旅游发展轴、提升三大旅游板块。富春江—新安江—千岛湖旅游发展轴：加快旅游发展轴的景观化、产品化、网络化建设，打造宜居宜游的旅游景观廊道。加快沿江绿道和景观林建设，实施洋溪老街、西岸、黄饶、十里埠、姚坞、乌石滩等沿线及重要节点的景观改造和项目布点；加快旅游综合码头布点规划及建设，开辟“两江一湖”水上旅游线。加快沿线旅游标识系统建设，全面改善提升旅游交通环境。东线旅游板块：加快东线旅游发展规划编制和基础配套设施建设，整合农林、渔水、文化等各类资源，加快发展运动休闲、养生度假、文化体验、森林探险、乡村游乐等旅游项目，推进东线由观光型旅游向休闲度假型旅游转型。实施严州古城保护开发工程，积极创建“文化旅游综合保护利用实验区”，打响严州府城历史文化品牌；加快乾潭“杭州都市圈生态健康城”建设。南线旅游板块：加快南线旅游资源整合，完善基础配套设施建设，改善区位交通条件，提升旅游景区品质。以创建省级旅游度假区为目标，加快推进温泉小镇旅游综合体及千岛湖空中休闲俱乐部建设，打造以乡土建筑、农耕、佛教文化为主题的大慈岩—新叶旅游综合发展区，推进灵栖洞、绿荷塘楠木林、航头生态休闲农业园、十里荷花等景区升级改造，着力打造特色旅游经济圈。西线旅游板块：加快新安江水电站、好运岛等传统旅游景区改造提升，加快推进千岛湖源生态经济示范区项目建设，完善旅游景区道路、码头等基础配套设施。

多点发展：结合各乡镇产业特色和区位优势，加强村镇综合整治、优化产业布局，提升旅游基础环境，转化资源优势为产业优势。近期重点培育建设新叶环玉华山户外休闲基地、下涯黄饶汽车越野摄影基地、杨村桥果蔬采摘基地、三都渔村文化休闲基地、大洋生态农业休闲基地等五大乡村休闲旅游基地。以新安江主城区为中心，以旅游乡镇为基础，重点推进主题酒店、特色餐饮、乡村民宿等“三个10”旅游产业项目建设，打造精品工程，满足多元化消费市场需求，提升旅游服务环境。其他乡镇要结合各自实际，加快镇村旅游设施建设，多点发展特色乡村旅游。

（二）推进全域旅游产业融合发展。深化旅游业态发展研究，加快传统产业与旅游业融合发展，促进我市经济结构调整和产业转型升级。一是推进旅游与农业融合。充分利用草莓、柑橘、白莲、果蔬等农特产业基地，通过景观改造、设施配套、线路整合等途径，打造“果蔬乐园”精品项目，逐步发展成为集农业观光、科普认知、农耕体验、采摘垂钓等功能于一体的农业休闲旅游区。加强森林资源与人文资源、林业开发与旅游项目的有机结合，大力推进生态旅游业发展。二是旅游与工业融合。充分利用传统工业遗存、水产业、特产加工等相关产业，着力打造工业与旅游相结合的产业链发展模式，积极推进工业旅游开发。依托千岛银针、绞股蓝、西红花、铁皮石斛等地方特色产品，着力发展茗茶文化和养生文化旅游。三是推进旅游与文体融合。挖掘建德婺剧、九姓渔民、五茄皮制作技艺等非物质文化遗产，深度开发旅游创意产品和纪念品，发展文化休闲旅游；依托资源优势，开展登山、越野等户外运动和水上赛事活动，大力发展体育文化旅游。四是推进旅游与特潜融合。加快推进美食、茶楼、养生养老、工艺美术、演艺等特色潜力行业发展，培育特潜行业精品休闲场所，促进特潜资源向旅游产品转化。

（三）实施全域旅游品牌营销。全力塑造建德城市旅游品牌，彰显建德人文之乡、水电之城、诗画之路、田园山水、品质生活的城市特质。加强营销策划。围绕建德城市特质，贯穿创意理念，突出营销主题，积极做好自驾（助）旅游、休闲运动旅游、采摘体验旅游、度假养生旅游等系列个性化旅游项目及产品的营销策划，增强旅游营销的针对性和实效性。加大宣传推广。整合全市宣传、文化、旅游等资源，加大建德城市旅游品牌集中推广力度，充分借助新媒体优势，创新传播手段，大力推进网络营销、机会营销、事件营销等多渠道营销方式，提高建德旅游形象的知名度。深化市场拓展。立足长三角区域，有计划、有策略、有重点地拓展国内客源市场，择机开辟国际市场。积极借助国内旅游目的地游客资源互补优势，寻找区域间横向合作，发挥旅游运营商和网络平台作用，提高客源市场份额。充分调动当地旅游行业协会和企业的积极性，整合产业链优势，凝聚创业合力，增强整体市场竞争力。彰显活动特色。专业策划、集中精力举办好旅游节重点活动，着力打造“新安江旅游节”节庆品牌。按照节庆常态化，活动项目化，项目产业化的原则，结合地域历史文化、民俗风情和自然资源，精心策划，集中培育一批主题特色、内涵丰富、产业互动的旅游活动项目，做到“景区有活动、镇乡有特色、市域有品牌”。

（四）完善旅游服务支撑体系。实施“城区交通畅通”工程，完善交通服务体系，建立市域旅游交通便捷路网，构筑通达全域旅游腹地的交通网络，充分发挥我市水、陆、空立体交通基础优势，打造集水运、陆地、空中游览为一体的旅游新干线。完善全域旅游标识标牌系统，配套覆盖全域的基础服务设施。推进建德“智慧旅游”建设，建成建德旅游信息咨询（形象推广）中心，提升建德旅游信息化水平。加强旅游行业管理，加大执法检查和安全整治力度，优化旅游整体环境。整合教育培训资源，建立完善政府、协会、企业三级培训体系，加强行业人才队伍建设，提升旅游服务水平。加强城市服务行业职业道德教育，建立旅游志愿服务队伍，切实提高市民素质和城市文明水平。

（五）完善旅游管理体制机制。深化旅游体制机制改革，建立健全与全域旅游发展相配套的管理与运作保障体系；成立建德市旅游产业推进工作领导机构，研究部署全市旅游发展战略性决策，协调解决全市旅游产业重大问题；实行市级领导领衔旅游服务业重大项目制度，切实有效推进旅游项目建设；建立大旅游、大管理、大协调的工作格局，打破部门、乡镇之间条线分割、资源分散的局面，强化风景旅游管理部门在产业促进方面的牵头抓总作用，增强在全域大旅游发展中的综合协调、规划统筹、营销宣传、市场监管等职能，充分发挥旅游业在现代服务中的龙头带动作用。探索旅游综合执法模式。成立以风景旅游、公安、市场监管、交通运输等部门组成的旅游联合执法办公室，开展旅游监督检查，受理和查处各类涉旅投诉举报案件，实施长效管理，打击各类破坏旅游环境秩序的违法行为。做强国有公司旅游投融资平台。积极探索创新旅游投融资机制，构建起以国有投资为引导、带动社会多元化投资的资金体系；盘活国有资产，做大做强市级国有旅游投资公司，充分发挥“旅游投资、项目建设、市场运营”三大主平台作用；转变经营理念，充分运用国有景区门票的杠杆作用，降低景区进入门槛，大力提升完善景区业态，集聚人气，带动全市旅游市场繁荣发展。强化乡镇（街道）旅游发展责任。各乡镇（街道）成立旅游发展工作领导小组，由党（工）委书记任组长，统筹协调本区域内旅游发展工作，下设旅游办公室，明确分管旅游领导，落实专人负责；有条件的村成立旅游办公室，由村书记任主任，进一步完善市、乡镇(街道)、村三级旅游管理体制与工作机制,形成推进全域旅游发展的工作合力。

五、保障措施

(一)加强组织领导。成立建德市旅游产业推进委员会,由市委书记任主任,市长任第一副主任,有关市领导任副主任,市级相关部门、乡镇(街道)主要负责人为成员,负责统筹、协调、组织各项工作。委员会下设办公室,承担领导小组日常工作,督促指导《建德市全域旅游发展三年行动计划》各项内容的落实。各乡镇(街道)要按规定成立相应机构,合力推进全市旅游业发展。

(二)加强资源整合。坚持“合理开发、有效利用”原则,加快各部门、单位国有旅游资源的整合,促进市域旅游资源保护和合理利用;加大对闲置旅游资源的处置,对建设缓慢、投资不力、经营不善的旅游项目,督促投资主体加快建设;对供而未用的旅游用地,由国土部门依法收回后重新盘活,促进旅游资源有效利用。各乡镇(街道)、部门要把旅游项目建设作为推进旅游发展的重要载体,在资金、土地等要素上重点安排与倾斜,要建立旅游项目储备库,全力做好项目前期工作,组织人员加强项目招商,重点引进接地气、聚人气的旅游好项目、大项目,实现全市旅游业更好更快发展。

(三)加大政策扶持。研究制订促进全域旅游发展扶持政策,加大对旅游业的资金投入和扶持力度,由市财政部门统一整合各部门专项资金和国有资金,定向用于旅游基础配套设施建设。市财政另行每年安排一定的旅游发展专项资金,专项用于旅游策划规划、宣传营销和行业管理等,并根据财政收支情况,逐年增加,充分发挥财政资金对旅游业的引导作用。研究全域旅游发展用地政策,对推动全域旅游发展的重大项目,优先保障土地供应。在符合规划的前提下,鼓励利用闲置的集体建设用地、农民闲置宅基地、工业仓储用地等发展旅游业。鼓励已不适应城市建设要求的工业用地“退二进三”。 对休闲、会展、养生、文创等重点旅游项目,优先争取省重点建设项目、重大服务业项目和资金扶持。实施招才引智工程,创新制定国有旅游企业用人激励政策,积极引进旅游高端、复合型人才,强化人才支撑;积极开展校企合作,大力培养旅游紧缺人才,加强旅游人才队伍建设。

(四)强化督查考核。全面落实旅游三年行动计划,明确责任单位和工作要求,制定评价考核办法,统一纳入到市委、市政府对乡镇(街道)、部门的年度综合考评。要加强督查,实行旅游项目推进情况月度通报制度,确保各项工作扎实推进。

(五)合力营造氛围。各乡镇(街道)、部门要充分认识全域旅游发展工作的重要性,通过各种媒体加大宣传力度,注重挖掘全域旅游推进过程中的典型事例,加大宣传,扩大影响,形成全市上下齐心协力抓旅游、促发展的良好工作氛围。

名词解释:“13530”工程是指突出新安江主城区的旅游首位度,全力推进东线、南线、西线三大旅游板块建设,集中打造五大乡村休闲旅游基地,每年提升10家精品酒店、培育10家特色餐饮名店、建设10家乡村民宿样板。

附件:建德市旅游产业推进委员会及部门职责分工

建德市旅游产业推进委员会

为进一步深化落实全市旅游发展大会提出的工作目标和要求,整合资源,形成合力,加快旅游产业发展,有效推动“旅游资源变为旅游产品、旅游产品变为旅游产业、旅游产业变为旅游经济”,建立大旅游、大管理的工作格局,打破部门、乡镇之间条线分割、资源分散的局面,合力推进建德旅游二次创业,经市委、市政府研究,决定成立建德市旅游产业推进委员会。名单公布如下:

主　任:戴建平

第一副主任:陈震山

副主任:童定干　吕　平　童文扬　祝　军　吕　勇

成　员:何瑞洪(市委办)
杜立新(市府办)
吴献军(宣传部)
陈友明[统战部(民宗局)]

杨福泉(市农办)
许维元(发改局)
王来生(经信局)
翁磊松(公安局)
高建军(财政局)
周献锦(住建局)
钱晓华(国土资源局)
黄朝光(交通运输局)
唐晓良(农业局)
徐　俊(林业局)
王建平(水利水产局)
章　明(商务局)
徐拥军(风景旅游局)
邱剑娟(文广新局)
徐亚娟(卫生局)
杨成军(环保局)
童国芳(统计局)
楼春棋(城市管理局)
吕一华(安监局)
占志忠(市场监管局)
丁卫华(气象局)
陈　勇(审管办)
李志才(体育局)
操吴兵(供电公司)
吴小龙(城投公司)
项智东(旅投公司)
俞　伟(新安江街道)
曹剑波(更楼街道)
钱志明(洋溪街道)
张国潮(梅城镇)
姜建生[开发区(寿昌镇)]
徐恒辉(大同镇)
方建铃(乾潭镇)
蒋智鸿(三都镇)
王百金(杨村桥镇)
韩　勇(下涯镇)
郑希平(大慈岩镇)
钟利平(航头镇)
金　斌(李家镇)
刘先锋(大洋镇)
仇康君(莲花镇)
姜炳水(钦堂乡)

下设一办四组,办公室设在市风景旅游局。

1. 办公室:(负责贯彻执行委员会的决策决议,负责全市旅游发展的统筹协调、相关政策制定和实施、考核督查等工作)

主　任:祝　军
副主任:杜立新　徐拥军
成　员:许维元　高建军　周献锦　章　明　占志忠　沈光炎

2. 规划策划组:(负责全市旅游发展规划制定、相关规划衔接和组织实施,策划定位全市旅游产业布局和旅游经济发展方向等工作)

组　长:许维元
成　员:杨　强　余志明　陈　健　沈光炎　项智东

3. 项目推进组:(负责整合全市涉及旅游项目的建设内容和标准,协调解决全域旅游三年行动计划确定的项目建设、推进以及重点难点问题等工作)

组　长:徐拥军
成　员:蒋建强　谢黎琴　陈　健　沈光炎　吴小龙　项智东

4. 招商宣传组:(负责全市旅游产业项目的宣传营销、招商引资和活动组织等工作)

组　长:章　明
成　员:严卫华　孙　健　刘光星　蒋祖云

5. 服务环境组:(负责全市旅游环境提升及旅游市场监管、秩序维护、联合执法等工作)

组　长:占志忠
成　员:陈　刚　汪永刚　叶志平　邵亦宏　余志林

各乡镇(街道)成立相应的旅游发展工作领导小组,由党(工)委书记兼任组长,统筹协调本区域内旅游业发展。有条件的村成立旅游发展工作办公室,由村书记兼任主任,形成自上而下、合力推进、完整科学的旅游管理体制。同时,强化工作考核,将旅游发展工作列入乡镇(街道)和部门的年度综合考核内容,每年评选旅游发展工作先进单位和优秀旅游企业,由市政府给予奖励。

推进旅游产业相关部门、乡镇(街道)主要职责分工

宣传部:统筹全市宣传资源,加大城市形象和旅游品牌的宣传,提升建德城市品牌和文化软实力;加强文创旅游产品的指导、开发和推广。

农办:负责全市乡村旅游的产业发展、产品宣传、教育培训、环境优化和服务提升等工作;制定并执行休闲农业与乡村旅游发展的扶持政策。

编委办:根据旅游发展需要,加强旅游工作力量。

史志办:发掘、整理地方史志,丰富风景旅游产品的历史文化内涵,开展地方史志展览、作品征集等形式宣传旅游。

新闻传媒中心:加强报刊、网络对旅游业的宣传。

广播电视台:加强广播、电视对旅游业的宣传。

总工会:组织开展旅游行业各类技能比赛。

团市委:负责旅游志愿者的招募、组织和培训;配合做好重大旅游节庆活动、节假日的旅游志愿服务工作的安排落实。

文联:发掘、宣传与文艺相关的风景旅游资源,组织开展文艺采风、展览、比赛等活动宣传旅游。

工商联:做好市内外工商界的旅游推介、项目招商等工作。

发改局(物价局):牵头组织全市旅游产业规划修编,指导和促进旅游专项规划、乡镇旅游规划编制,优化旅游产业空间布局;加快推进旅游产业集聚区建设,明确旅游产业发展重点,提出旅游产业发展保障措施,梳理旅游产业重点项目,负责旅游项目审核(核准、备案),配合旅游主管部门推进旅游业重大项目建设;加强旅游市场的价格监管。

经信局:研究和指导工业产业与旅游产业的融合发展;指导全市旅游信息化建设工作。

民宗局:挖掘整理少数民族文化和宗教文化资源,发展畲乡文化和宗教文化旅游产业;加强宗教场所旅游环境的管理。

公安局:负责全市旅游市场的治安管理和交通安全管理,重点加强重大旅游节庆活动和节假日期间的安全保障和交通疏导等工作;配合做好旅游市场管理和联合执法等工作。

民政局:研究提出养老服务体系建设发展规划和扶持政策,研究和指导养老产业与旅游产业的融合。

财政局:会同旅游主管部门共同研究制定旅游业发展财政资金扶持等政策,合理编制旅游产业发展专项资金预算,保证旅游产业发展的资金安排落实;根据省、市相关文件政策规定,及时完成旅游业扶持资金的资料审核、申报以及兑现工作。

人力社保局:负责旅游行业从业人员技术等级的培训、考试和评定工作。

国土局:配合做好土地利用总体规划与旅游业发展规划衔接工作;做好旅游业项目用地土地资源保障工作。

住建局:按照旅游产业发展规划和风景旅游专项规划,优化城乡规划空间布局,充分考虑旅游项目发展需要,在主城区段新安江两岸预留旅游项目发展空间;按照主客共享的要求,完善城市基础设施和旅游公共服务配套设施建设;优化城区旅游企业周边环境及交通设计;优化旅游项目审批服务工作。

交通运输局:负责市域交通路网特别是旅游景区、重点旅游乡镇、项目的道路规划建设,增加景区客运班线和停靠站点;完善进入我市主要道路及市内主要路网沿线的旅游标识系统建设,提高游客市民进入景区、乡村旅游点等地的便捷性;加强对超限、超载等破坏道路和影响行车安全行为的查处和追责力度;重点整治旅游市场中的非法营运行为。

农业局:加强涉旅农产品的培育发展和技术指导;引导农业农产品向特色采摘旅游产品的转化。

林业局:按照旅游发展规划,做好旅游产业项目中涉及林地征用、占用地块的手续报批工作;配合做好涉旅产业项目地块的林权流转评估工作,指导林地所在政府做好林权流转的相关工作;做好林业规划与旅游产业发展规划的对接工作;推进林业资源与旅游产业的融合发展,鼓励和促进森林资源向森林旅游产业转化,发展乡村林业旅游;做好国有林场森林经营方案和三个森林公园规划,加大森林公园基础设施建设力度,推出林业旅游招商项目;积极向上级争取资金,

用于沿江、沿路实施彩化、美化；为乡村旅游绿化及特色果园建设提供技术服务。

水利水产局：积极向上争取资金，鼓励发展休闲渔业项目；加大对风景区、乡村旅游区域的渔政管理；做好水利旅游项目审批服务。

商务局：加强旅游招商项目的策划、包装、推介，开展商贸、旅游项目招商和指导服务；加强商贸服务业对旅游业的配套建设；培育提升本地特色餐饮企业，发展特色餐饮和美食旅游；促进特色商业街区建设，培育特色旅游商品，提升与优化游客的购物环境。

风景旅游局：研究和起草推进旅游产业发展战略，负责编制旅游业发展的中长期规划、市域旅游发展总体规划和年度计划并组织实施；负责大新安江国家AAAAA级景区创建工作；负责乡村民宿规划制定及建设指导工作；负责全市旅游整体形象宣传、重大推广活动策划和组织实施国际国内旅游市场营销；负责本市旅游行业管理和旅游市场监管。

文广新局：研究制定古建筑、古村落、古街等地方文化传承的规划方案，加强综合保护和开发利用；指导非遗与地方特色文化向旅游产品转化；开展涉旅文化市场行政执法工作。

卫生局：开展旅游行业的卫生检查，指导旅游企业开展爱国卫生工作；加强卫生监督执法。

统计局：开展全市旅游产业发展情况调查统计，加强对旅游产业经济的统计分析研究；细化旅游行业经营情况统计和月度报表工作，做好新形势下的旅游统计分析、指标设计和监测工作。

市场监管局：加强全市旅游餐饮企业的监督管理和执法检查，重点整治旅游市场中的虚假广告及涉旅无照经营行为，查处旅游经营活动中的商业贿赂和商业欺诈行为。对全市及景区景点的市场交易进行监管执法，受理旅游消费投诉，严肃查处欺客宰客和销售假冒伪劣商品的违法行为。组织开展旅游服务业标准化工作，开展旅游服务业标准化试点。负责制定乡村旅游、休闲观光旅游、旅游特色街区、特色餐饮等地方行业标准规范。组织开展旅游景区（点）索道、滑道、观光车等游乐设施监管，督促企业落实安全管理责任和措施。

城管局：加强城区市容秩序和环境卫生管理，加强市容环卫设施运营和维护，展示良好旅游城市形象；加强旅游标示牌、指示牌、宣传牌设置的服务和引导规范；提升城区公共停车场（点）规范化服务水平；协助做好重大旅游活动的现场保障工作；打击城市化管理区域内占道经营、人行道车辆违章停靠等行为。

安监局：加强旅游企业、旅游项目建设的安全生产工作指导和监督管理。

体育局：牵头负责全市运动休闲项目发展工作，配合旅游部门组织开展体育旅游类活动，促进特色体育项目向运动休闲旅游项目转化；组织和鼓励举办各类群众性体育赛事。

城投公司：负责市政府明确由城投公司承建的基础配套设施的融资和建设工作，按照全域旅游发展总体规划承担具体项目的组织实施。

旅投公司：整合全市各类旅游资源，加强旅游基础设施配套建设，参与旅游产业规划及重点区块旅游策划，负责市属国有景区旅游基础设施提升的投资、建设与管理，组织大新安江景区旅游项目招商引资，负责市政府指定的旅游项目建设运营等工作，配合全市开展旅游市场宣传、公益性旅游活动，推出阶段性和长期的门票优惠或免费政策。

气象局：加强旅游气象信息服务和预警预报工作。

供电局：负责保障全市旅游企业生产运营的配套电力基础设施建设；制订促进旅游产业发展的电力设施优惠政策。

港航建德管理处：加强旅游船舶、旅游码头、水上娱乐等设施和水上活动的安全管理；指导旅游码头规划建设工作；做好水上活动的安保及相关审批服务工作；查处职权范围内的违章违法行为。

消防大队：加强旅游企业消防安全工作检查指导、违法查处，做好企业消防安全的相关审批服务工作。

各乡镇（街道）总体职能要求：负责本行政区域内风景旅游资源的调查、保护和开发工作；按照市域总体旅游规划，牵头组织制定本区域旅游产业规划、布局和项目组织实施；指导旅游产业培育和建设，协调推进旅游业与第一、二产业融合发展。研究制订推进区域旅游产业发展政策；综合协调区域内各类适合旅游业态发展的资源整合、优化配置与规划指导。组织和协调旅游公共服务体系建设，提升旅游综合服务功能，优化旅游服务环境。

乡镇（街道）重点旅游工作要求

新安江街道：负责区域内重大旅游项目的建设工作，配合做好大新安江国家AAAAA级景区创建工作，做好新安江沿线旅游产业项目策划。

更楼街道：重点推进乡村旅游、生态休闲和工业旅游产业发展。

洋溪街道：配合做好大新安江国家AAAAA级景区创建工作，重点推进文创产业与旅游产业融合发展，研究洋溪老街开发策划。

梅城镇：配合做好大新安江国家AAAAA级景区创建工作，加强严州文化资源的保护和开发，重点推进古城改造、体验街区建设、姚坞码头驿站以及玉泉寺佛教养心产业策划，争取创建省级“文化旅游综合保护利用实验区”。

寿昌镇：以航空体验、温泉养身、楠木林欧洲风情小镇为主题，重点开展以空中休闲为主题的省级旅游度假区规划和创建工作。

大同镇：指导开展全镇旅游产业培育和建设。

乾潭镇：配合做好大新安江国家AAAAA级景区创建工作，扎实推进“引智引资”工程，开发东线旅游新景点、培育旅游新景观、打造旅游新景区，有序拓展旅游文化新内涵，提升小城市整体品位。重点推进乾潭旅游码头建设、子胥生态休闲文化产业园以及相关基础设施建设。

三都镇：配合做好大新安江国家AAAAA级景区创建工作，重点加强旅游业与渔业融合发展；发展民宿旅游，打造民宿示范区，创建中国九姓渔民第一村；做大做精果蔬采摘游，推进渔村民俗文化滨水休闲基地建设。做好养生产业基地前期土地、空间清理等工作。

杨村桥镇：组织指导乡村旅游开发，负责果蔬观光采摘基地建设等工作。配合做好大新安江国家AAAAA级景区创建工作，重点做好岱头村整村乡村旅游样板工程、杨村桥绪塘草莓采摘基地建设工作。

下涯镇：配合做好大新安江国家AAAAA级景区创建工作；协调推进旅游业与文创、运动产业、山水休闲的融合发展；重点推进乡村休闲汽车越野基地与摄影基地的创建。

大慈岩镇：指导全镇旅游产业培育和建设；协调推进古村资源保护与开发，加强旅游产品研究与开发，重点推进以大慈岩—新叶为核心的大景区提升创建和新叶古村综合保护工作。

航头镇：确立打造休闲旅游名镇的发展目标；加强传统景区、现代农业和特色餐饮之间合作的工作指导，协调推进旅游业与农业种植园的融合发展。结合特色产业设计推出蔬果采摘、农事体验、休闲观光等乡村旅游线路。

大洋镇：以美丽大洋为目标指导，开展现代休闲农业游，推出农业生态观光、农事体验游、浪漫赏花游、四季水果采摘游等产品。重点做好生态农业休闲观光基地建设。

李家镇：做好“建德人遗址”周边环境整治和保护方案。

莲花镇：利用乡镇区位优势，重点开展生态养生休闲产业的培育发展。

钦堂乡：重点做好农业生态休闲采摘游产业培育。

关于印发《建德市深化行政审批制度改革实施意见》的通知

市委办发〔2014〕58号

各乡镇（街道）党（工）委、政府（办事处），市级机关各单位：

《建德市深化行政审批制度改革实施意见》已经市委、市政府同意，现印发给你们，请认真组织实施。

中共建德市委办公室
建德市人民政府办公室
2014年4月23日

建德市深化行政审批制度改革实施意见

为贯彻落实市委十三届六次全会和全市机关作风建设大会精神，根据国务院、省、杭州市行政审批制度改革和市群众路线教育实践活动的要求，经市委、市政府研究决定，现就我市深化行政审批制度改革工作提出如下意见。

一、指导思想

深化行政审批制度改革要以党的十八大、十八届三中全会精神为指导，深入贯彻落实科学发展观，坚持社会主义市场经济改革方向，解放思想、与时俱进，按照"减字当头、优字为要、治字为本"的方针，以充分激发社会活力和发挥市场机制作用为基点，切实转变行政理念和政府职能，深化作风建设，着力创新制度，变革审批方式，规范审批行为，提高行政效能，促进勤政廉政。

二、总体目标

按照"应减必减、能放则放"的要求，以打造"杭州审批最快县(市)"为目标，以减少审批事项、审批环节、前置审批和审批层级的"四减少"为核心内容，以整合审批职能、优化审批流程、深化联合审批、强化中介管理为主要抓手，重点突出项目投资和为民服务两大领域的改革，全面推进行政审批制度改革，使行政服务中心"一站式"服务功能得到充分发挥。

三、主要任务

(一)全面清理审批事项

1. 减少审批事项

进一步清理行政许可事项、非行政许可事项及带有审批性质的管理事项；对取消调整的审批事项要加强事中事后监管。

清理原则：没有法定依据的审批事项一律取消；对于法律、行政法规、部门规章或省、杭州市政府部门已经取消的审批事项一律取消；虽有法定依据，但与现实需求不相适应，难以达到管理目的的审批事项，按程序予以取消或调整；对所有市场能够有效调节，公民、法人及其他组织能够自主决定，行业组织能够自律管理的，政府都要退出；对于连续两年无人申请办理的"零办理"审批事项按规定程序予以清理；对审批内容相同、作用相似，可以通过一个审批事项达到管理目的的审批事项，一律合并减少；对行政机关之间财务、人事、外事等不列入社会实施的审批事项，按要求给予调整；各类年检、备案等行政机关日常监管事项转为行政服务事项进行管理；法定实施主体属于上级政府或部门，且受上级委托或交办的审批事项，不作为我市行政审批事项。

2. 减少审批环节

对受理程序不规范和群众普遍反映办事环节烦琐的事项，应对审批流程进行再造，对审批环节进行缩减，对行政审批实行标准化运作。总投资2000万元以下的政府投资项目，进行项目建议书审批和可行性报告审批合并、规划设计方案和初步设计方案合并的改革。

3. 减少前置条件

无法律法规依据，市政府和部门自行设定的前置条件，应予取消，转为日常监管；市场能够有效调节、行业组织能够自律管理的领域，取消前置审批，原则上所有可以采用事后监管和间接管理方式的事项不设前置审批；编制行政审批前置清单，并向社会公布。对不纳入环境影响评价审批目录的建设项目不再办理环评审批，简化通过区域性综合环境评价审查的开发区和工业功能区内落地的单个项目环境影响评价和审查，编制环境影响登记表的投资项目业主可自行填报资料取代中介服务；建(构)筑物高度在100米以内的政府投资和工业性投资项目，其建(构)筑物为非人员密集场所且内无易燃易爆等危化物的，取消雷击风险评估。

4. 减少审批层级

按照谁实质性审查谁审批的要求，明确审批事权划分；对下放乡镇(街道)的行政审批，相关职能部门不得审批，可通过事后备案督查的方式，加强对下放审批事项的监督管理。按照"部门下放事项类别与乡镇承接能力对等"的原则，重新整合原"扩权强镇"下放的审批和管理事项。

(二)优化整合审批职能

5. 深化行政审批"两集中、两到位"工作

出台《关于深化行政审批"两集中、两到位"工作的实施意见》，对全市40个具有审批事项的部门进行内部职能归并，逐步建立"批管分离"的

行政管理体系。办公场地确定到位的情况下,年底各有关部门完成“两集中、两到位”的各项工作。出台“一审一核”目录,实现事项窗口集中率和授权率90%。

6. 推行为民服务事项的便捷、高效办理

对为民服务事项的办理,要以“便捷、高效”为核心,简化办事内容,缩短办事流程,创新办事方式,延伸服务网点,实现就近办理和网上办理。扩大房产所有权、土地所有权和房屋抵押权登记业务的即受即办范围。

7. 建立权力清单和负面清单制度

围绕理顺政府与市场的关系和政府层级、部门之间的关系,以转变政府职能、提升治理能力为核心,通过部门职责清理和履职分析,编制部门职权清单,明确和强化责任,改进履职方式,规范权力运行。出台企业投资负面清单,清单外的企业投资项目政府不再审批。

8. 开展工商登记制度改革

贯彻落实国务院对企业登记制度改革要求,对除直接涉及国家安全、公共安全以及直接关系人身健康、生命财产安全等特定活动以外,选择业务量大、与企业和群众生产生活密切相关的行业试行“先照后证”制。全面推行注册资本认缴制和企业年度报告制,降低市场主体注入门槛,激发社会投资活力。

(三)规范中介管理

9. 加强中介服务机构管理

完善中介诚信评价体系和“清单管理模式”,试行中介服务机构“黑名单”制;健全中介组织监管体系,试行中介服务和部门审批捆绑考核机制。建立从业备案、执业公示、合同管理、承诺办结、质量评定、服务评议和黑名单(警示)七项日常管理考核制度,形成较为完善的中介运行和监管的体制机制。

10. 积极培育中介服务市场

加强中介技术服务市场培育,消除行业垄断和地方保护,推进中介机构与政府部门彻底脱钩;建立“中介超市”,打造服务功能齐全、链条完整、高效优质的中介服务集中平台,营造公平公开、竞争充分的中介技术服务市场环境,促进中介技术服务全面提速提效。

(四)推进投资领域改革

11. 深化投资项目模拟审批和代办服务机制

市审管办要修改和完善《投资项目审批代办考评办法》,加强乡镇(街道)项目代办考核,建立项目审批“大代办”机制,凡投资项目审批涉及部门职能的,由该部门负责项目审批的协办,项目审批涉及上级部门的,相关部门负责与上级部门协调与沟通。市委组织部和市审管办加强代办员队伍建设,严格按程序筛选乡镇(街道)和部门的代办员,将业务水平高、综合素质好的后备干部选拔到代办员队伍来。完善投资项目协调机制,落实项目模拟审批运作机制,扩大模拟审批范围。

12. 完善投资项目联合审批机制

根据“一门受理、抄告相关、同步办理、统一许可”的联合审批要求,再造投资项目审批流程,在行政服务中心设立投资项目高效审批专窗,建立投资项目“分包”审批运行机制。重点深化联合图审、联合踏勘等工作机制,探索投资项目联合专项验收制度。积极探索新建餐饮业、新设旅馆业等行业的主体设立联合审批机制。

(五)完善三级政务服务体系

13. 完善政务服务平台

加快市级政务平台的建设步伐,市审管办要主动与相关部门进行衔接,谋划好新中心设计、功能布局等工作,确保市级中心按时搬迁。各乡镇(街道)要加强辖区内的镇村两级行政(便民)服务体系建设,提高业务水平,增强服务能力,方便群众办事。

14. 推进电子政务建设

大力推进电子政务和电子监察系统建设,有计划的引导和推进各部门窗口进行网上审批工作,对能实现网上审批的业务,将强势推进。探索推进投资项目批文网上共享机制,实现申报材料、批文资料网上共享。

(六)强化行政审批监管

15. 建立健全行政审批制度改革监督管理机制

加强行政审批制度改革落实情况的督查，严禁将取消、下放、调整、合并和改变管理方式的审批事项作为前置审批条件，不得以备案、认定、确认等实行变相审批。建立行政审批管理工作考核机制，将行政审批制度改革工作列入市机关部门年度目标管理综合考评内容。健全问责机制，严厉追究行政审批制度改革工作中有不作为、慢作为、乱作为等失职渎职行为的相关部门和人员责任。

四、工作要求

（一）统一思想，提高认识

行政审批改革是行政管理体制改革的重要内容，是经济社会转型升级的需要，是广大人民群众的期望，是进一步改革机关作风提升行政效能的有效路径，是推动服务型、法治型、效能型政府建设必然要求，是建德创业再出发的有效保障。全市各级各部门要充分认识深化行政审批制度改革的重要性和紧迫性，切实把思想和行动统一到市委、市政府的要求上来，采取更加有力的措施，进一步深化行政审批改革。

（二）加强协调，精心组织

市审改办要加强对部门审改工作的指导和协调，定期汇总和通报工作进展，及时解决存在的困难和问题，总结推广改革工作中的好经验、好做法，确保审改工作顺利推进。各相关部门根据审改要求，成立专门工作小组，制定工作方案，分解任务，落实责任，认真做好上下、左右的衔接联动。

（三）严肃纪律，强化监督

各乡镇（街道）、各相关部门要确保审改政令畅通、决不允许各行其是、有令不行、有禁不止。市督查考评办要将部门审改工作纳入今年市机关部门年度综合考评范围。市纪检监察机关要将审改督查工作纳入行政效能统一监察，加强行政审批全程监管，对违法违纪行为进行查处。同时，市纪检监察机关和组织人事部门要建立审改责任约谈与通报机制，加强对审改工作中失职渎职行为的问责力度，对不配合审改工作的单位领导班子或相关科室责任人采取组织措施。

附件：深化行政审批制度改革工作任务分解表

序号	工作项目	工作举措	工作步骤	完成时间	牵头单位	责任单位
1	减少审批事项	进一步清理行政许可事项、非行政许可事项及带有审批性质的管理事项；对取消调整的审批事项要加强事中事后监管	3月初前，市法制办和市审改办在2013年审批事项清理的基础上提出2014年审批事项清理的工作方案	8月底	市法制办 市审改办	市各审批部门
			4月上旬前，市审改办会同各审批部门进行意见征求			
			4月底前，市法制办对清理后的事项进行法制审核			
			8月初，将法制审核之后的事项报市政府对外公布			
2	减少审批环节	对受理程序不规范和群众普遍反映办事环节烦琐的事项，应对审批流程进行再造，对审批环节进行缩减，对行政审批实行标准化运作	4月底，完成此项工作	5月底	市审改办	市各审批部门

续表

序号	工作项目	工作举措	工作步骤	完成时间	牵头单位	责任单位
2	减少审批环节	总投资2000万元以下的政府投资项目，进行项目建议书审批和可行性报告审批合并、规划设计方案和初步设计方案合并的改革	4月上旬前，市审改办组织市发改局和市住建局等相关部门召开落实会 4月中旬前，牵头部门起草操作办法报市审改办。市审改办完成相关意见征求 5月份，正式实施	5月底	市发改局 市住建局	—
3	减少前置条件	无法律法规依据，市政府和部门自行设定的前置条件，应予取消，转为日常监管；市场能够有效调节、行业组织能够自律管理的领域，取消前置审批，原则上所有可以采用事后监管和间接管理方式的事项不设前置审批；编制行政审批前置清单，并向社会公布	6月底，完成此项工作	6月底	市审改办	市各审批部门
		对不纳入环境影响评价审批目录的建设项目不再办理环评审批，简化通过区域性综合环境评价审查的开发区和工业功能区内落地的单个项目环境影响评价和审查，编制环境影响登记表的投资项目业主可自行填报资料取代中介服务	5月初，市环保局下放“简化通过区域性综合环境评价审查的开发区和工业功能区内落地的单个项目环境影响评价和审查”的通知，明确具体操作办法 4月底，完成“编制环境影响登记表的政府投资项目业主可自行填报资料取代中介服务”的落实工作	5月底	市环保局	—
		建(构)筑物高度在100米以内的政府投资和工业性投资项目，其建(构)筑物为非人员密集场所且内无易燃易爆等危化物的，取消雷击风险评估	5月份初，市气象局下放通知，落实该举措		市气象局	—
4	减少审批层级	按照谁实质性审查谁审批的要求，明确审批事权划分；对下放乡镇(街道)的行政审批，相关职能部门不得审批，可通过事后备案督查的方式，加强对下放审批事项的监督管理。按照“部门下放事项类别和乡镇承接能力对等”的原则，重新整合原“扩权强镇”下放的审批和管理事项	5月底，市发改局做好中心镇下放审批事项的检查方案 6月底，市发改局组织一次中心镇下放审批事项落实情况的检查 7月上旬，市法制办、市审改办和市发改局根据近年中心镇下放事项运行和检查情况，对原下放事项进行整合梳理 7月下旬，市法制办、市审改办和市发改局完成重新整合下放事项目录的征求意见工作 8月份开始，市法制办、市审改办和市发改局做好全年下放事项的业务指导和监督检查工作	10月底	市法制办 市审改办 市发改局	各乡镇(街道)、市各审批部门

续表

序号	工作项目	工作举措	工作步骤	完成时间	牵头单位	责任单位
5	全力推进“两集中、两到位”工作	出台《关于深化行政审批“两集中、两到位”工作的实施意见》，对全市40个具有审批事项的部门进行内部职能归并，逐步建立“批管分离”的行政管理体系。办公场地确定到位的情况下，年底各有关部门完成“两集中、两到位”的各项工作。出台“一审一核”目录，实现事项窗口集中率和授权率90%	3月份，市审改办完成《关于深化行政审批“两集中、两到位”工作的实施意见》成文下发工作；6月份，市审改办完成第一批行政审批“一审一核”目录	12月底	市审改办 市编委办	市各审批部门
			5月份，市审改办和市编委办对全市40个具有审批事项的部门进行内部职能归并工作，拟要求14个部门单设行政审批科，拟要求17个部门以增挂方式设立行政审批科，将分散在各相关业务科室的行政审批职能统一归并到行政审批科实施，逐步建立“批管分离”的行政管理体系			
			7月上旬，各有关部门按要求明确进驻人员和事项进驻中心的工作方案；市审管办完成第二批“一审一核”目录，基本实现事项窗口集中率和授权率90%以上			
			11月份，根据新场地建设情况，各有关部门有计划地完成“两集中、两到位”的各项工作。			
6	推行为民服务事项的便捷、高效办理	对为民服务事项的办理，要以“便捷、高效”为核心，简化办事内容，缩短办事流程，创新办事方式，延伸服务网点，实现就近办理和网上办理。扩大房产所有权、土地所有权和房屋抵押权登记业务的即受即办范围	5月份，市审改办列出一批需简化程序为民服务事项的目录	10月底	市审改办	市各审批部门
			8月份，市审改办编制民生服务事项的办事指南，公开办事程序，接受社会监督			
			9月份，试点一批事项网上申报工作		市住建局 市国土资源局	—
			10月份，扩大房产所有权、土地所有权和房屋抵押权登记的即受即办范围			
7	建立权力清单和负面清单制度	围绕理顺政府与市场的关系和政府层级、部门之间的关系，以转变政府职能、提升治理能力为核心，通过部门职责清理和履职分析，编制部门职权清单，明确和强化责任，改进履职方式，规范权力运行	4月份，市编委办下发通知开展部门职责清理工作	12月底	市编委办	市各审批部门
			12月份，市编委办完成全部权力清单编制工作			
		出台企业投资负面清单，清单外的企业投资项目政府不再审批	6月份，市审改办会同市发改局、市经信局、市环保局起草企业投资负面清单的初稿	8月底	市发改局 市经信局 市环保局	市各审批部门
			8月份，完成企业投资负面清单编制工作，并对外公布			
8	开展工商登记制度改革	贯彻落实国务院对企业登记制度改革要求，对除直接涉及国家安全、公共安全以及直接关系人身健康、生命财产安全等特定活动以外，选择业务量大、与企业和群众生产生活密切相关的行业试行“先照后证”制。全面推行注册资本认缴制和企业年度报告制，降低市场主体注入门槛，激发社会投资活力	5月份，工商建德分局起草改革工作方案	12月底	工商建德分局	各有关审批部门
			12月底，试行部分行业“先照后证”工作			
			3月份，全面推行注册资本认缴制；10月份，推行企业年度报告制			

续表

序号	工作项目	工作举措	工作步骤	完成时间	牵头单位	责任单位
9	加强中介服务机构管理	完善中介诚信评价体系和“清单管理模式”，加大失信行为惩戒力度；健全中介组织监管体系，试行中介服务和部门审批捆绑考核机制。建立从业备案、执业公示、合同管理、承诺办结、质量评定、服务评议和黑名单（警示）七项日常管理考核制度，形成较为完善的中介运行和监管的体制机制	5月份，市纠风办和市审管办完善中介综合评价考核办法 6月份，市纠风办和市审管办结合审批事项清理工作，起草并出台中介服务和部门审批捆绑考核办法 7月份，市纠风办和市审管办结合半年度考核等工作强化中介服务机构日常监管工作	9月底	市纠风办 市审管办	各行业主管部门
10	积极培育中介服务市场	加强中介技术服务市场培育，消除行业垄断和地方保护，推进中介机构与政府部门彻底脱钩；建立“中介超市”，打造服务功能齐全、链条完整、高效优质的中介服务集中平台，营造公平公开、竞争充分的中介技术服务市场环境，促进中介技术服务全面提速提效	8月份，市纠风办和市审管办会同各行业主管部门梳理进驻中心中介服务机构的名单，有计划、有步骤完成“中介超市”的组建和完善工作 9月份，有关部门加强对部分中介行业的监管，积极引进相关中介服务机构，打破区域性垄断	10月底	市纠风办 市审管办	各行业主管部门
11	深化投资项目模拟审批和代办服务机制	市审管办要修改和完善《投资项目审批代办考评办法》，加强乡镇（街道）项目代办考核，建立项目审批“大代办”机制，凡投资项目审批涉及部门职能的，由该部门负责项目审批的协办，项目审批涉及上级部门的，相关部门负责与上级部门协调与沟通。市委组织部和市审管办加强代办员队伍建设，严格按程序筛选乡镇（街道）和部门的代办员，将业务水平高、综合素质好的后备干部选拔到代办员队伍来。完善投资项目协调机制，落实项目模拟审批运作机制，扩大模拟审批范围	3月份，市委组织部和市审管办严格按程序筛选乡镇（街道）和部门的代办员 4月份，市委组织部和市审管办完成《投资项目审批代办考评办法》的修改和完善工作。同时项目审批“大代办”机制 3—12月份，全面加强代办项目日常跟踪服务和管理工作 3月份开始，市审管办进一步落实项目模拟审批运作机制，扩大模拟审批范围 4月份，市审管办起草并出台《投资项目审批协调工作意见》，规范协调程序。同时，做好全年各类审批难题的协调	12月底	市委组织部 市审管办	市各审批部门
12	完善投资项目联合审批机制	根据“一门受理、抄告相关、同步办理、统一许可”的联合审批要求，设立投资项目高效审批专窗，建立投资项目“分包”审批运行机制。重点深化联合图审、联合踏勘、联合专项验收等工作机制	4月份，市审改办排出相关联合审批实施计划 4月份，市发改局、市经信局和市住建局等牵头单位明确相关联合审批的操作办法，实施流程等 5月份，市审改办会同住建局起草并出台联合竣工验收的试行办法 8月份，各类联合审批工作有序开展	9月底	市审改办 市发改局 市经信局 市住建局	各有关审批部门
		积极探索新建餐饮业、新设旅馆业等行业的主体设立联合审批机制	6月份，工商建德分局起草并出台联办操作办法 7月份，试行旅馆业联办工作；9月份，餐饮业全面推开联办工作	9月底	工商建德分局	各有关审批部门

续表

序号	工作项目	工作举措	工作步骤	完成时间	牵头单位	责任单位
13	完善政务服务平台	加快市级政务平台的建设步伐，市审管办要主动与相关部门进行衔接，谋划好新中心设计、功能布局等工作，确保市级中心按时搬迁。各乡镇(街道)要加强辖区内的镇村两级行政(便民)服务体系建设，提高业务水平，增强服务能力，方便群众办事	市审管办对市级政务平台建设进行全程跟踪。同时，各有关部门加强对镇村两级行政(便民)服务中心的业务指导	11月底	市审管办各乡镇(街道)	市农办、市民政局等有关部门
			3—11月份，各乡镇(街道)按照相关要求加强辖区内镇村两级行政(便民)服务中心的制度化和规范化建设			
14	推进电子政务建设	大力推进电子政务和电子监察系统建设，有计划的引导和推进各部门窗口进行网上审批工作，对能实现网上审批的业务，将强势推进。探索推进投资项目批文网上共享机制，实现申报材料、批文资料网上共享	4月份，市审管办开展项目批文网上共享的网络技术开发工作	10月底	市审管办	市各审批部门
			5月份，市审管办选择一批审批事项进行网上申报和审批工作试点			
			7月份，市审管办完成项目网上批文共享的网络技术开发工作			
			8月份，网上批文共享工作全面推开			
			10月份，对网上批共享工作进行总结			
15	建立健全行政审批制度改革监督管理机制	加强行政审批制度改革落实情况的督查，严禁将取消、下放、调整、合并和改变管理方式的审批事项作为前置审批条件，不得以备案、认定、确认等实行变相审批。建立行政审批管理工作考核机制，将行政审批制度改革工作以附加分形式列入市机关部门和乡镇(街道)的年度目标管理综合考评内容。健全问责机制，严厉追究行政审批制度改革工作中有不作为、慢作为、乱作为等失职渎职行为的相关部门和人员责任	市纪委监察局根据全年审改实施情况进行专项督查工作，对在审改工作中不作为、慢作为、乱作为等失职渎职行为进行问责	12月底	市纪委监察局市审改办	市各审批部门
			5月份，市纪委监察局和市审管办起草并出台《行政审批管理绩效评价办法》			
			5—12月份，市审改办对行政审批运作进行长效管理			

建德市人民政府关于印发《杭州市基本医疗保障办法建德市实施细则》的通知

建政〔2014〕1号

各镇、乡人民政府，各街道办事处，市政府各部门、单位：

《杭州市基本医疗保障办法建德市实施细则》已经市政府第十五届二十次常务会议研究同意，现印发给你们，请认真贯彻执行。

建德市人民政府

2014年1月20日

杭州市基本医疗保障办法建德市实施细则

一、职工基本医疗保险

（一）下列人员应当参加职工基本医疗保险(以下简称职工医保)：

1. 国家机关、事业单位、社会团体、各类企业、民办非企业和有雇工的个体工商户等(以下统称用人单位)的在职职工和雇工。

2. 按规定参加职工医保并已按月领取基本养老金或退休费(以下统称基本养老金)的人员。

3. 按规定协议缴纳基本养老保险费和基本医疗保险费的人员（以下简称协缴人员）。

4. 符合国家、省、杭州市规定的其他人员。

（二）下列人员可按灵活就业人员身份参加职工医保：

1. 建德市户籍，未在用人单位就业，且按规定参加建德市职工基本养老保险，尚未办理按月领取基本养老金手续的人员。

2. 非建德市户籍，劳动年龄段内，与用人单位终止或解除劳动关系，在建德市灵活就业，且按规定参加建德市职工基本养老保险的人员。

3. 在建德市领取失业保险金期间的失业人员。

（三）用人单位和个人应按照《建德市社会保险费征缴暂行办法》（建政〔2005〕9号、建政〔2009〕3号）、《建德市社会保险费征缴实施细则》（建政办函〔2009〕158号）、《建德市关于社会保险费征缴若干问题的补充意见》（建劳社字〔2010〕82号）的规定，及时到社会保险经办机构办理参保登记、变更、注销和基数申报等手续。

（四）职工医保费按以下规定缴纳：

1. 各参保单位每月按当月全部职工工资总额（以下简称单位缴费基数）的8%缴纳职工医保费。在计算单位缴费基数时，职工当年月平均工资低于上年度全省在岗职工月平均工资（以下简称省平工资）60%的，按60%计入，其中机关、事业单位和社会团体的编制内人员及企业单位中保留机关事业养老保险缴费渠道的在职职工，当年月平均工资低于上年度省平工资的，按上年度省平工资计入。上年度省平工资未公布的，按上上年度省平工资预收，待上年度省平工资公布后调整。

单位缴纳的职工医保费用于建立个人账户、统筹基金和重大疾病医疗补助资金。

职工因工致残被鉴定为一级至四级伤残，退出生产工作岗位的，以其伤残津贴为缴费基数，按月缴纳职工医保费至按月领取基本养老金止。

六级及以上残疾军人应由单位缴纳的职工医保费由财政全额补贴。

2. 在职职工的个人缴费基数按本人上年度月平均工资确定，按月缴纳2%的职工医保费，由用人单位按月代扣代缴。职工本人上年度月平均工资高于上年度省平工资300%的，按300%核定缴费基数，低于60%的，按60%核定缴费基数，其中机关、事业单位和社会团体的编制内人员及企业单位中保留机关事业养老保险缴费渠道的在职职工，本人上年度月平均工资低于上年度省平工资的，按上年度省平工资核定缴费基数。上年度省平工资未公布的，按上上年度省平工资预收，待上年度省平工资公布后调整。

职工个人缴纳的职工医保费用于建立个人账户。

六级及以上残疾军人个人不缴费。

3. 灵活就业人员以上年度省平工资（上年度省平工资未公布的，按上上年度省平工资确定）的7%按月缴纳职工医保费，用于建立个人账户、统筹基金和重大疾病医疗补助资金。其中，持有效期内“建德市就业援助证”的“4050”人员，自到社会保险经办机构办理登记手续的当月起，以上年度省平工资的60%为基数缴纳；持有效期内“建德市城乡居民最低生活保障金领取证”（以下简称“低保证”）、“建德市困难家庭救助证”（以下简称“救助证”）、“建德市残疾人基本生活保障证”（以下简称“残保证”）或二级及以上“中华人民共和国残疾人证”（以下简称“残疾证”）的人员，自到社会保险经办机构办理登记手续的当月起，个人应缴纳的职工医保费由财政全额补贴。

在领取失业保险金期间的人员，以上年度省平工资的60%为基数，按7%的比例缴纳职工医保费，其个人应缴纳的职工医保费由失业保险基金支付。

六级及以上残疾军人个人不缴费。

4. 距离退休5年外办理协缴的人员，按灵活就业人员标准缴纳职工医保费；距离退休5年内办理协缴的人员，按上年度省平工资1%缴纳职工医保费。协缴人员再就业期间，按在职职工的标准缴纳职工医保费。

（五）建立重大疾病医疗补助资金。重大疾病医疗补助资金由两部分组成，一部分按职工医保缴费基数0.2%的标准，从职工医保缴费总额中划转计入；另一部分由参保人员每人每月缴纳5元（其中1元划入医疗困难救助资金）。

（六）参保人员应缴纳的重大疾病医疗补助费按以下规定办理：

1. 在职职工由用人单位按月代扣，并随职工医保费一并缴纳。

2. 社会化发放的退休人员按月从基本养老金中代扣；其他退休人员由用人单位代扣，并随其单位职工医保费一并缴纳；

3. 灵活就业、协缴人员在缴纳职工医保费时一并缴纳，其中在领取失业保险金期间的人员，由失业保险基金支付。

4. 六级及以上残疾军人由市财政全额补贴。

5. 持有效期内"低保证"、"救助证"、"残保证"或二级及以上"残疾证"的人员由财政全额补贴。

（七）政府按职工医保参保总人数每人每月3元补贴重大疾病补助资金。

（八）参保人员的个人账户由社会保险经办机构统一建立和管理。每年底，由社会保险经办机构对参保人员的个人账户进行年度结转，根据结转时人员类别、缴费或划账基数及年龄等预设次年的个人账户当年资金。年度内新参保或跨年度续保人员，其个人账户当年资金在办理参（续）保手续的当月预设。个人账户当年实际计入资金从缴费当月起按月划入。个人账户当年结余部分，年度结转后转为历年资金。

1. 在职职工个人账户当年资金由两部分组成：一部分为本人缴费基数的2%，由个人按月缴纳；另一部分根据不同年龄段，按本人缴费基数的一定比例按月划入。具体划入比例为：35周岁（含）以下0.4%；35周岁以上至45周岁（含）0.7%；45周岁以上1%。

2. 协缴人员、灵活就业人员个人账户当年资金，以本人的实际缴费基数，根据不同年龄段的一定比例按月划入。具体划入比例为：35周岁（含）以下0.4%；35周岁以上至45周岁（含）0.7%；45周岁以上1%。

3. 退休人员的个人账户当年资金，以上年度省平工资为基数，根据不同年龄段按一定比例按月划入，本人上年度基本养老金高于上年度省平工资的，按本人上年度基本养老金的一定比例划入。具体划入比例为：70周岁（含）以下4%；70周岁以上5%。

4. 参保人员因跨年龄段、人员类别变动、缴费或划账基数调整、异地转入、补退职工医保费等原因造成个人账户当年预设资金额度与实际计入资金额度不符的，其差额部分在下一年度的个人账户中调整，其中差额部分为正数的，划入历年账户，差额部分为负数的，划入当年账户。

（九）有下列情形之一的，停止划入个人账户资金：

1. 未按规定缴纳或停止缴纳职工医保费的。

2. 退休人员被停发基本养老金的。

3. 杭州市社会保险行政部门规定的其他情形。

（十）个人账户当年资金用于支付符合医保开支范围的普通门诊（含急诊，下同）医疗费。

（十一）个人账户历年资金用于支付以下费用：

1. 浙江省社会保险行政部门公布的基本医疗保险药品目录、医疗服务项目范围内，按规定应由个人承担的普通门诊、规定病种门诊和住院医疗费。

2. 浙江省社会保险行政部门公布的基本医疗保险药品目录、医疗服务项目范围内，超过限定支付范围的医疗服务项目或药品费用。

3. 普通挂号费、急诊挂号费、复制片费、洁齿费、计算机图文报告费、彩色打印照片费、彩色一次成像（波拉）照片费、煎药费。

4. 健康体检费（限浙江省社会保险行政部门公布的基本医疗保险医疗服务项目内范围）。

5. 除国家扩大免疫规划以外的预防性免疫疫苗费用：狂犬病疫苗、23价肺炎球菌多糖疫苗、7价肺炎球菌结合疫苗、流感疫苗。

6. 国家和省规定的其他项目。

（十二）个人账户资金在年度结转时，按当年12月31日执行的银行活期存款利率计息一次，产生的利息划入其个人账户的历年资金。个人账户的本金和利息归个人所有，可按规定转移、清算和依法继承。

（十三）参保人员跨统筹区流动就业的，应按国家、省有关规定办理转移接续手续。

1. 参保人员与用人单位终止或解除劳动关系后，在其他统筹区参保的，可按规定办理职工医保缴费年限和个人账户实际结余资金的转移；非建德市户籍且未在其他统筹区参保的，在办理基本养老保险关系转移时，可按规定办理个人账户清算。

2. 参保人员在建德市参保后，可按规定将原参保地的职工医保缴费年限和个人账户实际结余资金转移至建德市。转入的个人账户已区分当年资金和历年资金的，分别划入新建立个人账户中的当年资金和历年资金；转入个人账户资金未区分当年资金和历年资金的，全部划入当年资金。

3. 原参保地职工医保缴费年限可累计计算至办理转移手续的当月，但与建德市职工医保实际缴费年限不重复计算。

4. 按原参保地政策已支付的门诊、住院起付标准及医疗费不予累计计算。

5. 已享受职工医保退休待遇的参保人员，医保关系不予转移。

（十四）参保人员因医保关系转出、出国（出境）定居注销户籍、死亡等原因，转移或清算个人账户的，须先结清相关医疗费用后，再按规定划转或发还个人账户实际结余资金并注销个人账户。其中当年账户出现透支的，先由历年账户结余资金冲抵，历年账户结余资金不足冲抵的，再由本人现金补足。死亡人员当年账户出现的透支部分资金统一从职工医保统筹基金中核销。

个人账户实际结余资金未办理转移或清算手续的，再次参加建德市职工医保后，可按规定继续使用。

（十五）参保人员死亡后，其个人账户实际结余资金，由其合法继承人或受遗赠人凭死亡证明（由医疗机构或民政、公安、司法等部门出具）、继承人或受遗赠人本人身份证、继承人与死亡人员的关系证明或遗赠公证书，至社会保险经办机构办理继承手续。

（十六）在用人单位参保的人员，用人单位应在符合参保条件的3个月内办理参保缴费手续，并连续缴费至按月领取基本养老金。其医保待遇自缴纳职工医保费的次月起享受，当月未缴费的，次月不享受职工医保待遇。

灵活就业人员首次参加建德市职工医保的，在连续缴纳医保费满6个月后，方可享受医保待遇。

持有效期内“低保证”、“救助证”、“残保证”或二级及以上“残疾证”的人员，办理登记手续并缴费后次月方可享受医保待遇。

（十七）符合参保条件的人员，未在规定时间内办理参保缴费手续或连续中断缴费3个月的，视为中断参保。在中断后办理参保手续并连续缴费满6个月（以下简称等待期）后，方可享受医保待遇。

出国（出境）期间未缴纳职工医保费的，不视作中断参保。

（十八）因用人单位原因未按规定缴纳职工医保费导致参保人员中断参保的，由用人单位按规定补缴；用人单位足额补缴所欠的职工医保费的次月起，恢复其单位职工的医保待遇。参保人员在中断期间发生的医疗费，除应由个人承担的部分外，其余医疗费由用人单位承担。

因参保人员个人原因中断参保的，可按规定补缴中断期间职工医保费。在中断期间和等待期内发生的医疗费，不列入医保开支范围。

（十九）参保人员在办理补缴时，按应保未保期间的不同身份补缴职工医保费，具体补缴标准按以下规定确定：

1. 以单位职工身份补缴的，当年补缴时段的缴费基数按本人当前缴费基数确定，缴费比例为当前单位缴纳该职工的医保费比例；以前年度的缴费基数按办理补缴时上年度省平工资的100%确定（上年度省平工资未公布的，按上上年度省平工资确定），缴费比例为当前单位缴纳该职工的医保费比例。

2. 以灵活就业人员身份补缴的，缴费基数按办理补缴时上年度省平工资的100%确定（上年度省平工资未公布的，按上上年度省平工资确定)，缴费比例为当前灵活就业人员的医保费比例。

3. 补缴起始时间不得早于此类人员按规定纳入职工医保的起始时间且不早于其参加职工养老保险的时间。

4. 参保人员补缴职工医保费的同时，应一并补缴重大疾病医疗补助资金。

5. 社会保险经办机构应按规定补划补缴期间的个人账户资金。

(二十)按规定延期缴纳职工医保费的参保人员，在缴费期间享受职工医保在职人员待遇。

参加职工医保的退休人员，基本养老保险待遇暂停发放的，职工医保待遇应同时暂停；基本养老保险待遇恢复后，其医保待遇同时恢复。待遇暂停期间发生的医疗费，不列入医保开支范围。

(二十一)参保人员应连续缴纳职工医保费至按月领取基本养老金或退休费时止。

参保人员退休时，应按规定办理医保退休待遇审核手续，并进行缴费年限审定。其中，缴费年限满20年及以上的，自办理医保退休待遇审核手续的次月起享受退休人员医保待遇；缴费年限不足20年的，由参保人员一次性补缴满20年，并从办理补缴手续后的次月起享受退休人员医保待遇。参保人员退休时，缴费年限不足20年、未办理补缴手续的，中断医保待遇。

职工医保缴费年限包括职工医保实际缴费年限、经社会保险行政部门认定的视同缴费年限、2002年12月31日前符合国家规定的连续工龄，以上年限不重复计算。

(二十二)职工医保一次性补缴的费率按办理补缴手续时灵活就业人员的缴费标准确定，补缴基数为上年度省平工资(上年度省平工资未公布的，按上上年度省平工资确定)。其中补缴时持有效期内“低保证”、“救助证”、“残保证”或二级及以上“残疾证”的，其补缴基数为上年度省平工资的60%，其余部分由财政补贴。一次性补缴的医保费用不予划入医疗保险个人账户。

在办理一次性补缴手续时，应同时补缴重大疾病医疗补助资金。其中补缴时持有效期内“低保证”、“救助证”、“残保证”或二级及以上“残疾证”的人员，个人应补缴的重大疾病医疗补助资金由财政补贴。

(二十三)在一个结算年度内，参保人员发生的符合医保开支范围的住院医疗费按以下规定结算：

1. 统筹基金支付设立最高限额。最高支付限额(以出院日期为准累计计算)为24万元。

2. 承担一次住院起付标准，具体为：三级及相应医疗机构(以下简称三级医疗机构)800元，二级及相应医疗机构(以下简称二级医疗机构)和其他医疗机构600元，社区卫生服务机构300元。

3. 在建德市内医保定点医疗机构发生的，起付标准以上最高支付限额以下部分医疗费，统筹基金承担的比例为：

住院起付标准以上至4万元(含)以下部分医疗费，在三级医疗机构发生的，退休前80%，退休后85%；在二级医疗机构和其他医疗机构发生的，退休前83%，退休后88%；在社区卫生服务机构发生的，退休前85%，退休后90%。

4万元以上至最高支付限额(含)以下部分医疗费，在三级医疗机构发生的，退休前88%，退休后94%；在二级医疗机构和其他医疗机构发生的，退休前90%，退休后95%；在社区卫生服务机构发生的，退休前92%，退休后96%。

4. 在建德市内医保定点医疗机构发生的，统筹基金最高支付限额以上部分医疗费，由重大疾病医疗补助资金和个人共同承担，其中重大疾病医疗补助资金承担的比例为：三级医疗机构85%；二级及以下医疗机构90%。

5. 在建德市外医保定点医疗机构发生的医疗费用，其报销比例相应降低5个百分点。

(二十四)在一个结算年度内，参保人员发生的符合医保开支范围的普通门诊医疗费按以下规定结算：

1. 先由个人账户当年资金支付，个人账户当年资金不足支付的，由个人承担一个门诊起付标准。具体为：

(1)退休前的参保人员为800元；

(2)退休人员为400元。

参保人员退休当年的门诊起付标准按医保退休待遇审核前后的实际月份数换算确定。当年度个人实际支付的门诊起付标准已超过应支付部分的，超过部分按80%的比例划入其个人账户的历年资金。

2. 在建德市内医保定点医疗机构发生的，门诊起付标准以上部分医疗费，统筹基金的承担比例为：在三级医疗机构发生的，退休前75%，退休后80%；在二级医疗机构和其他医疗机构发生的，退休前80%，退休后85%；在社区卫生服务机构发生的，退休前85%，退休后90%。

3. 在建德市外医保定点医疗机构发生的医疗费用，其报销比例相应降低5个百分点。

二、城乡居民基本医疗保险

(二十五)下列人员可参加城乡居民基本医疗保险(以下简称城乡居民医保)：

1. 建德市户籍，未满18周岁的少年儿童或虽已满18周岁但仍在我市中小学校就读的学生；非建德市户籍，在我市中小学校就读，且其父母一方已参加我市职工医保的中小学生，以及在我市内居住、其父母一方已参加我市职工医保并累计缴费满3年的学龄前儿童。

2. 建德市户籍，18周岁以上，未参加本市或异地基本医疗保险的人员。

3. 与建德市户籍人员结婚，并在建德市长期居住的外地户籍人员和与其共同生活的非本市户籍子女，可参照建德市户籍人员参加城乡居民基本医疗保险，参保费用由个人全额缴纳。

(二十六)城乡居民医保的参(续)保期和经办地点分别为：城乡居民医保的参保人员应在每年的规定缴费期限内到户籍所在地镇乡(街道)办理下一结算年度的参(续)保手续。参(续)保期的具体起止时间以当年公告为准。

(二十七)新符合参保条件的人员，应在纳入参保范围的3个月内办理参保手续，并自缴费的次月起享受该结算年度剩余月份的城乡居民医保待遇。其中，符合参保条件并在出生之日起3个月内办理参保缴费手续的新生儿，自出生之日起享受该结算年度剩余月份的城乡居民医保待遇。符合免缴条件的人员，办理登记手续后，方可享受城乡居民医保待遇。

(二十八)符合参保条件的人员，应持下列有效证件办理参(续)保手续。

1. 首次办理参保手续的人员，应提供本人身份证、户口簿的原件和复印件、一寸彩照一张。

2. 办理续保手续的人员，应提供本人中华人民共和国社会保障卡(含杭州市市民卡，以下简称社保卡)、《杭州市基本医疗保险证历本》(以下简称《证历本》)或身份证。

3. 符合免缴条件的人员，在办理参(续)保手续时，还应按规定提供相关免缴证件或证明(含原件和复印件)。

4. 非建德市户籍，在建德市中小学校就读，其父母一方已参加建德市职工医保的学生，在办理参(续)保手续时，需提供学生证或学校的学籍证明，学龄前儿童应提供父母一方已参加我市职工医保满3年的证明。建德市各中、小学校应配合做好宣传发动工作，并为有需要的中小学生开具学籍证明。

(二十九)城乡居民医保费由参保人员按年度缴纳，财政给予补贴，用于建立城乡居民医保统筹基金。城乡居民医保费同一结算年度内缴费标准不变，具体按以下标准筹资：

1. 总筹资标准：按上级要求建立增长机制，其中，个人缴费额原则上不低于我市城乡居民医保年人均筹资标准的三分之一，具体按当年市政府确定的金额筹集，今后随经济发展适时调整。

2014年度所有以户为单位参加城乡居民基本医疗保险的人员，按每人每年650元(含健康体检补助)标准进行资金筹集，其中城乡居民个人缴纳180元，镇乡(街道)财政补助70元，其余资金全部由市级及以上财政筹集。

2. 镇乡(街道)财政按照市政府确定的最低参保人数给予财政补助，超过最低参保人数的按实际参保人数给予财政补助。

3. 参保人员中属低保户、五保户、重点优抚对象、二级及以上残疾人、低收入农户户主、持有效期内“救助证”家庭户主，免缴个人应缴部分的医保费，其个人缴费部分，按现行低保和优抚筹资途径由市、镇乡(街道)两级财政划缴。

(三十)未在规定时间内办理参(续)保缴费手续的,视为中断参保。中断参保后,经本人申请,可补办当年度参(续)保缴费手续,并在缴费后满6个月方可享受当年度剩余月份的城乡居民医保待遇。

(三十一)在一个自然结算年度内,参保人员发生的符合医保开支范围的住院及规定病种门诊医疗费按以下规定结算:

1. 城乡居民医保的统筹基金支付设立最高限额(以出院日期为准累计计算),连续缴费3年及以上的参保人员最高支付限额为11万元,其他参保人员最高支付限额为6万元。

2. 起付标准:承担一个住院起付标准,市内医保定点的社区卫生服务机构为300元,其余医保定点医疗机构均为500元;非医保定点医疗机构为500元。

3. 起付标准以上部分医疗费,按以下规定比例支付:

(1)医保定点医疗机构。

建德市内医保定点医疗机构发生的医疗费用,社区卫生服务机构基金承担75%,其余医疗机构基金均承担70%。

建德市外医保定点医疗机构发生的医疗费用,三级医疗机构基金承担50%,二级及以下医疗机构基金承担70%。

因患儿童白血病、儿童先天性心脏病的0—14周岁(含14周岁)参保儿童,在医保定点医疗机构发生的住院医疗费用,基金承担80%。

(2)非医保定点医疗机构。

因急诊、抢救及长期在市外务工而在当地非营利性医疗机构发生的医疗费用,基金承担50%。去市外非营利性医疗机构发生的医疗费用,基金承担40%。去市外营利性医疗机构发生的医疗费用,基金不予报销。

(三十二)在一个自然结算年度内,参保人员发生的符合医保开支范围的普通门诊医疗费按以下规定结算:

1. 不设门诊起付标准。

2. 最高支付限额为20000元。

3. 普通门诊医疗费,统筹基金的承担比例为:

在建德市内医保定点的三级、二级医疗机构发生的,基金承担20%,其中中药饮片和中医及民族医诊疗项目25%;在社区卫生服务机构发生的,基金承担35%,其中中药饮片和中医及民族医诊疗项目42%;在其他医疗机构,基金承担25%,其中中药饮片和中医及民族医诊疗项目30%。

在建德市外医疗机构发生的普通门诊费用,基金不承担。

4. 在我市市级公立医院综合改革试点医院及已实施基本药物制度的基层医疗卫生机构发生的基本医疗保险门诊一般诊查费,基金报销70%。

(三十三)符合国家计划生育政策的参保孕产妇住院分娩发生的医疗费用,按定额每人次顺产1000元、剖腹产1600元的标准报销;符合规定的门诊产前检查费用参照普通门诊医疗费的报销标准执行(参加生育保险或其他基本医疗保险的人员住院分娩发生的医疗费用除外)。

(三十四)建立城乡居民重大疾病医疗补助制度。在一个自然结算年度内,城乡居民基本医疗保险参保人员发生的符合医保开支范围的住院及规定病种门诊医疗费,基本医疗保险最高支付限额以上,50万元(含)以下部分,由城乡居民重大疾病医疗补助资金和个人共同承担,其中重大疾病医疗补助资金承担50%。

(三十五)每年从当年基金的总筹资额中提取1%作为城乡居民基本医疗保险的年风险金,以防范基金风险。

三、医疗困难救助

(三十六)建立医疗困难救助资金。医疗困难救助资金主要由两部分组成,一部分由财政安排的专项资金;另一部分由职工医保的参保人员每人每月缴纳1元(从职工医保重大疾病医疗补助资金中划转)。

(三十七)参保人员应缴纳的医疗困难救助资金按以下规定办理:

1. 在职职工由用人单位按月代扣,并随职工医保费一并缴纳。

2. 退休人员随重大疾病医疗补助资金一并缴纳。

3. 灵活就业人员、协缴人员在缴纳职工医保费时一并缴纳；其中在领取失业保险金期间，由失业保险基金支付。

4. 六级及以上残疾军人由财政全额补贴。

5. 持有效期内“低保证”、“救助证”、“残保证”或二级及以上“残疾证”的人员，由市财政全额补贴。

（三十八）医疗困难救助对象：参加建德市基本医疗保险的以下参保人员。

1. 第一类救助对象：在敬老院、福利院集中供养的农村“五保”和城镇“三无”人员（含户院挂钩人员）。

2. 第二类救助对象：持有有效期内“低保证”、“残保证”及“救助证”、“低收入农户证”的城乡居民。

3. 第三类救助对象：非持证参保人员，因患重大疾病住院治疗个人自负医疗费用2万元以上（其中企业和参照企业退休的人员为15000元）的城乡居民。

4. 第四类救助对象：因患规定病种进行治疗，其个人自负医疗费用1万元以上且造成家庭生活困难的城乡居民。

5. 第五类救助对象：0-14周岁（含14周岁）城乡儿童，因患儿童白血病、儿童先天性心脏病住院诊治，个人自负医疗费用1万元以上，且造成家庭生活困难的。

（三十九）医疗困难救助条件。已参加各类基本医疗保险的救助对象在医保医保定点医疗机构发生的医疗费用，在一个自然年度累计自负医药费，经下列一项或几项报销（赔偿、补助）后超过规定起报额度的：

1. 经职工医保报销；

2. 经城乡居民医保报销；

3. 经符合优抚法律法规和政策补助；

4. 经商业医疗保险机构赔付；

5. 经社会和组织捐赠、补助；

6、经个人、单位经济赔偿。

（四十）救助对象在一个自然结算年度内发生的符合医保开支范围的医疗费中个人负担部分，可按以下标准享受医疗困难救助：

1. 救助最高标准：救助对象每户每年累计医疗困难救助额度最高为8万元，其中普通门诊不超过3000元。

2. 救助分类标准（起报额度内不计入救助范围）：

第一类救助对象不设起报额，救助标准为100%。

第二类救助对象中的持《低保证》、《残保证》的家庭不设起报额，实行零起点救助，救助标准为50%。持《救助证》的家庭起报额度为2000元，《低收入农户证》的家庭起报额度为1.5万元（不包括普通门诊费用），救助标准均为50%。

第三类救助对象起报额度为2万元，其中企业和参照企业退休的人员为1.5万元（不包括普通门诊费用），救助标准为50%。

第四类救助对象起报额度为1万元（不包括普通门诊费用），救助标准为50%。

第五类救助对象起报额度为1万元（不包括普通门诊费用），救助标准为50%。

（四十一）医疗困难救助的程序：

1. 即时救助：持证救助对象在建德市内已实施即时救助的医保定点医疗机构就医时发生的医疗费，符合上述救助规定的，享受有关惠民政策后，可在医疗费结算时直接享受医疗困难救助。

2. 事后救助：救助对象发生的符合救助标准的医疗费，未能享受即时救助的，需按以下程序申请医疗困难救助。

（1）申请。符合条件的救助对象，应向所在镇乡（街道）民政办公室（科）呈交书面申请，填写《建德市医疗困难救助申请表》，并根据不同情况提供下列证明材料：

① 对属于本细则规定的第一类和第二类救助对象，需提供相关证件的原件和复印件；

② 救助时需提供身份证和市民卡（医疗保险卡）复印件、医疗费支出原始凭证及费用清单；

③ 其他有关部门、单位的报销或赔偿凭证；

④ 单位无力给予补助或补助不足的人员，须提供单位困难证明。

(2)审核。镇乡(街道)收到申请后应在7个工作日内完成对申请人的医疗费支出和家庭经济状况等相关材料的调查核实，由村(社区)填写医疗费用支出总金额、各类基本医疗保险按规定已领取的补助金额并在申请表上签署调查意见，镇乡(街道)签署核实意见，并附申请对象的相关材料报社会保险经办机构审批。

(3)审批。社会保险经办机构对镇乡(街道)上报的申请表和有关材料进行复查审核。符合医疗困难救助条件的，将批准意见通知镇乡(街道)，并由镇乡(街道)落实村(社区)对准予医疗困难救助的对象及确定的救助额度公示七天，接受群众监督。不符合医疗困难救助条件的，将有关材料退回镇乡(街道)，由镇乡(街道)通知村(社区)及申请者本人，并说明理由。

镇乡(街道)将公示结果及时反馈给社会保险经办机构。

(4)救助。经公示无异议者，社会保险经办机构以镇乡(街道)为单位下拨医疗困难救助金，镇乡(街道)在收款后5个工作日内负责将医疗困难救助金发放到户。

(5)医疗困难救助在正常工作日即时受理，及时拨付。当年度的医疗困难救助申报工作截至次年的3月底。

(四十二)持证人员自办理相关证件登记手续后，在证件有效期内享受相应医疗困难救助待遇。

(四十三)医疗费原始发票已作为有关部门或单位报销凭证的，可由相关部门或单位出具原始凭证分割单，并加盖财务专用章，再按医疗困难救助规定申请救助。

(四十四)建立由市人力资源和社会保障局牵头，市民政局、卫生局、财政局、总工会等部门参加的医疗困难救助联席会议制度，研究解决医疗困难救助工作中的重大问题，医疗困难救助联席会议办公室设在市人力资源和社会保障局。

对已按第四十条标准给予救助后，仍存在严重就医困难，或因患严重慢性疾病、重大疾病导致家庭特别困难，以及遭遇其他突发性就医困难等特殊情况的人员，由个人提出申请，经社会保险经办机构审核上报，市医疗困难救助联席会议讨论同意后再给予救助。

四、医疗保险险种转换

(四十五)符合参保条件的人员，在同一时期内只能参加一种基本医疗保险，但可以在连续参保的情况下按规定转换不同的医疗保险险种。险种转换后，原已缴纳的医疗保险费和已享受的医保待遇不予清算。

(四十六)险种转换类型包括高待遇险种转低待遇险种(以下简称高转低)和低待遇险种转高待遇险种(以下简称低转高)两种。

高转低是指职工医保转城乡居民医保，低转高是指城乡居民医保转职工医保。因入学或在单位就业，以及停保后超过3个月变更险种的，不视作险种转换。由高转低的，从缴费的当月开始享受低待遇险种的医保待遇；由低转高的，须在缴费满6个月后方可享受高待遇险种的医保待遇，等待期内仍按低待遇险种的基金支付标准享受待遇。参加职工医保的人员转为参加城乡居民医保后，3个月内要求再次转为参加职工医保的，可补缴此期间的职工医保费，并从次月起享受职工医保待遇。

(四十七)转换险种的参保人员，在医保定点医疗机构和医保定点零售药店结算费用时，统筹基金列支渠道按享受待遇所对应险种的规定执行。

(四十八)转换险种的参保人员，一个结算年度内应承担的门诊起付标准额度，从变更之日起按变更后险种的标准确定，已承担的门诊起付标准额度超过变更后标准的，不予清算。在一个结算年度内，多次变更医保险种的，其门诊起付标准按首次变更险种时核定的门诊起付标准额度确定。

五、规定病种管理

(四十九)规定病种是指各类恶性肿瘤、系统性红斑狼疮、血友病、再生障碍性贫血、儿童孤独症、精神分裂症、情感性精神病，以及慢性肾功能衰竭的透析治疗和器官移植后的抗排异治疗。

规定病种范围可由杭州市社会保险行政部门根据实际情况调整，经杭州市政府核准后公布执行。

（五十）患规定病种疾病的参保人员，可持建德市二级及以上医保定点医疗机构出具的《建德市基本医疗保险规定病种门诊治疗建议书》（长住外地人员可凭当地二级及以上医保定点医疗机构出具的相关证明）、病历和有关检查、化验报告等资料，其中患有精神分裂症、情感性精神病、儿童孤独症的，须持有精神病专科医院或三级医疗机构的精神病专科出具的有关医疗证明，至社会保险经办机构办理登记备案手续，经社会保险经办机构核准后的相关门诊费用按照规定病种门诊政策报销。

（五十一）患慢性肾功能衰竭需进行门诊透析治疗的参保人员，在按规定办理登记备案手续的同时，可选择一家门诊透析特约医保定点医疗机构，并可根据本人需要每3个月调整一次，透析费用按照相关规定结算。具体管理办法由社会保险行政部门另行制定。

（五十二）在一个结算年度内，规定病种门诊医疗费按住院医疗费结算，但不设住院起付标准。

六、费用征缴与基金管理

（五十三）基本医疗保险基金（以下简称医保基金）包括统筹基金、个人账户基金、重大疾病医疗补助资金和医疗困难救助资金。其中，统筹基金包括职工医保、城乡居民医保统筹基金；重大疾病医疗补助资金包括职工医保和城乡居民医保重大疾病医疗补助资金。

医保基金的来源包括单位和个人缴纳，财政补贴，基金的存款利息，公民、法人及其他组织的捐赠和其他收入。

（五十四）职工医保费由地税部门负责征收；城乡居民医保个人缴纳部分由各镇乡（街道）负责征收。

（五十五）医保基金纳入社会保障基金财政专户管理，单独核算，任何单位和个人不得挤占挪用。社会保险经办机构应建立相应的财务管理制度，对各类医保基金进行分账核算，专款专用。

（五十六）建立基本医疗保险市级风险调剂金，具体按照《杭州市基本医疗保险市级风险调剂金管理实施办法》的规定执行。

（五十七）医保基金产生赤字时，按下列规定办理：

1. 职工医保统筹基金历年结余不足支付当年赤字时，不足部分由杭州市级风险调剂金和建德市财政专项补助资金各承担50%。

2. 城乡居民医保统筹基金产生赤字时，不足部分由建德市财政负担。

3. 重大疾病医疗补助资金和医疗困难救助资金产生赤字时，由市财政全额补贴。

（五十八）社会保险经办机构应当定期向社会公布基本医疗保险参保情况以及医保基金的收入、支出和结余情况。

七、就医管理

（五十九）参保人员的就医凭证包括社保卡和证历本。其中社保卡由市民卡服务机构负责制发；证历本由社会保险经办机构按照杭州市统一的标准和格式制发。

（六十）社会保险行政部门应根据参保人员的需求并结合本统筹地医保运行情况，确定医保定点医疗机构（含“一卡通”医保定点医疗机构）和医保定点零售药店，并向社会公布。

社会保险经办机构应与医保定点医疗机构和医保定点零售药店签订医保服务协议，明确双方的权利和义务。

（六十一）参保人员在医保定点医疗机构和医保定点零售药店范围内选择就医、购药时，应主动出示就医凭证。医保定点医疗机构和医保定点零售药店应当予以校验，并在证历本上如实记载诊疗和购药情况。

（六十二）参保人员发生的符合国家基本药物目录和浙江省社会保险行政部门公布的基本医疗保险药品目录、医疗服务项目的医疗费列入医保开支范围。

经食品药品监督管理部门注册、物价部门核价后的医保定点医疗机构治疗性自制制剂，须报杭州市社会保险行政部门审核同意后，方可列入医保开支范围。

（六十三）医保定点医疗机构和医保定点零售药店应为参保人员选择安全有效、价格合理的药品，并根据病情按以下原则掌握药量：急性病不超过3天量；一般慢性病不超过15天量；纳入规定病种的疾病及高血压、冠心病、糖尿病、肺结核、慢性肝炎及其他长期慢性病和住院患者出院需带治疗药品的不超过1个月量。

（六十四）参保人员因病需要使用基本医疗保险药品目录中的乙类药品和医疗服务项目目录中的乙类项目的，先由个人承担一定比例费用后，再纳入医保开支范围。

（六十五）参保人员因病确需使用浙江省社会保险行政部门规定的抗肿瘤放疗或化疗辅助用药、限定支付有疗程和品种数量规定的药品和医疗服务项目时，应在就医的医保定点医疗机构或就医地的社会保险经办机构事先办理登记备案手续。

（六十六）参保人员不得强行要求住院或拒绝出院。不符合住院条件而强行要求住院的，其发生的医疗费不列入医保开支范围；符合出院条件而拒绝出院的，在医保定点医疗机构开具出院通知单后停止记账，发生的医疗费不列入医保开支范围。

（六十七）长住外地3个月以上的职工医保参保人员，应持《建德市基本医疗保险长住外地人员登记表》（单位在职职工须加盖单位公章，其他参保人员由居住地社区盖章确认）至社会保险经办机构办理登记备案手续，并于办理手续后生效。在已办理备案的医保定点医疗机构发生的医疗费，由个人全额支付后，至社会保险经办机构按建德市内同等级医保定点医疗机构的规定结算。

职工医保参保人员办理长住外地登记手续生效后，暂停其在建德市内医保定点医疗机构、医保定点零售药店结算普通门诊医疗费或购药费。参保人员临时回建德市，因病需普通门诊就医或购药的，可至社会保险经办机构办理临时回建就医购药登记手续。

（六十八）已办理长住外地登记手续的职工医保参保人员，须在办理登记手续的3个月后，方可撤销登记手续。登记手续撤销后，可在建德市内医保定点医疗机构和医保定点零售药店就医、购药并直接结算医疗费。

（六十九）职工医保参保人员临时外出期间在当地医疗机构就医的，发生的符合医保开支范围的医疗费由个人全额支付后，至社会保险经办机构按以下规定结算：

急诊发生的医疗费，在报销时提供急诊证明的，可按规定结算，其中在省外医疗机构发生的，先由个人自理10%。

非急诊在当地医保定点医疗机构诊治发生的医疗费，已在社会保险经办机构办理备案手续，并在报销时提供备案材料的，可按规定结算，其中在省外医保定点医疗机构发生的，先由个人自理10%；未在社会保险经办机构办理备案手续的，在省内医保定点医疗机构发生的，先由个人自理10%，在省外医保定点医疗机构发生的，先由个人自理20%，再按规定结算。

非急诊治疗需要，在当地非医保定点医疗机构发生的医疗费不予支付。

（七十）职工医保参保人员因病情需要，转到省内建德市医保定点医疗机构的，无须办理登记备案手续。

职工医保参保人员因患疑难疾病，经二级及以上医保定点医疗机构检查后无法确诊，或确诊后无治疗条件的，可由该医保定点医疗机构提出转外诊治建议，并经社会保险经办机构登记备案后，可转上海、北京二级及以上医保定点医疗机构就医。其中，长住外地人员应由当地二级及以上医保定点医疗机构提出转诊意见，方可转当地上级医保定点医疗机构或上海、北京二级及以上医保定点医疗机构就医。转外治疗发生的符合医保开支范围的医疗费由个人全额支付后，至社会保险经办机构按规定结算。其中转上海、北京发生的医疗费，须先由个人自理10%后，再按规定结算。

（七十一）患慢性疾病的职工医保参保人员，在出国（出境）期间，需携带药品持续治疗的，可持本人社保卡（或身份证）、证历本、签证原件、医保定点医疗机构出具的《建德市基本医疗保险出国、出境带药备案单》至社会保险经办机构登记备案后，可配取最多不超过3个月的用于治疗慢性疾病的药量。

出国（出境）期间，暂停该参保人员在医保定点医疗机构、医保定点零售药店的医疗费结算。回建德市后，其应持本人社保卡（或身份证）、签证原件和复印件，及时至社会保险经办机构办理撤销手续。

八、费用结算管理

（七十二）基本医疗保险的结算年度为1月1日至12月31日。

（七十三）参保人员的住院医疗费采用出院结算制，其医保待遇按医疗费结算时可享受险种的规定执行，待遇中断期间发生的医疗费不列入医保开支范围。参保人员连续住院满一年（365天）的，应结算一次。住院期间，因病情需其他医保定点医疗机构门诊治疗的，须经住院的医保定点医疗机构同意后，方可至其他医保定点医疗机构就诊，发生的医疗费至住院医疗机构按规定结算。

（七十四）在直接联网的医保定点医疗机构（含“一卡通”医保定点医疗机构）和医保定点零售药店发生的，应由参保人员个人支付的医疗费和购药费，由参保人员直接与医保定点医疗机构和医保定点零售药店按规定结算；应由医保基金支付的医疗费和购药费，由医保定点医疗机构和医保定点零售药店与社会保险经办机构按规定结算。

（七十五）在非直接联网的医保定点医疗机构发生的应由医保基金支付的医疗费或因急诊、医保网络故障等原因未能在直接联网的医保定点医疗机构按规定结算的医疗费，由参保人员全额支付后再由社会保险经办机构按规定结算。

（七十六）参保人员办理本结算年度医疗费报销手续的，应在下一结算年度3月底前，持本人社保卡（或身份证）、就医凭证、本人银行卡、相关登记表、医疗费原始发票、医疗费汇总明细清单、出院小结和病历等医疗文书（复印件）、就诊医疗机构等级证明等办理，其中委托他人代办的，应同时提供代办人社保卡（或身份证）。

在异地就诊不能提供医疗机构等级证明的，按三级医疗机构的结算标准执行。

参加职工医保的人员，由本人或委托人直接到社会保险经办机构办理报销手续；参加城乡居民医保的人员，将相关资料交户口所在地镇乡（街道）管理机构，经镇乡（街道）管理机构初审后，再由镇乡（街道）管理机构报社会保险经办机构办理报销手续。

超过结算年度3个月以上未报销的，医保基金不予支付。

（七十七）基本医疗保险“一卡通”的费用结算，按有关规定执行。

（七十八）参保人员在救护车上发生的医疗费，符合医保开支范围的，按照相应医疗机构普通门诊的标准结算。

参保人员在医保定点零售药店发生的购药费，符合医保开支范围的，按照二级医疗机构普通门诊的标准结算。

（七十九）因大规模暴发性传染病或受大规模自然灾害影响造成的医疗费，由市政府研究解决。

（八十）参保人员因下列情形发生的医疗费，不列入医保开支范围：

1. 在国家基本药物目录和浙江省社会保险行政部门规定的基本医疗保险药品目录、医疗服务项目范围以外的。

2. 在境外就医的。

3. 应当由第三人负担的。

4. 应当从工伤、生育保险基金中支付的。

5. 应当由公共卫生负担的。

6、其他违反基本医疗保险规定的。

（八十一）医疗费依法应当由第三人负担，第三人不支付或者无法确定第三人的，由基本医疗保险基金先行支付。基本医疗保险基金先行支付后，有权向第三人追偿。具体办法由杭州市社会保险行政部门另行制定。

（八十二）参保人员参加了除本市基本医疗保险以外的其他保险的，应按本市基本医疗保险的规定先行结算。如已按其他保险规定先行赔付的，已赔付的医疗费部分，在医保结算时应予以扣除。

九、其他

（八十三）本办法最高支付限额是指进入医保报销范围的金额。

（八十四）用人单位可建立职工补充医疗保险，用于提高职工医疗保障水平，所需经费按国家有关规定列支。

（八十五）社会保险经办机构负责本市医保经办管理工作，开展医保管理服务工作。人社、民政、农办、残联等部门应及时提供各类持证人员变动信息。

（八十六）社会保险经办机构应当及时、完整、准确地记录参加医疗保险的个人缴费和用人单位为其缴费，以及享受医保待遇等个人权益。

社会保险经办机构应当及时为用人单位建立档案，完整、准确地记录参加医疗保险的人员、缴费等医疗保险数据，妥善保管登记、申报的原始凭证和支付结算的会计凭证。

用人单位和个人可以按规定免费向社会保险经办机构查询、核对其缴费和享受医疗保险待遇记录，要求社会保险经办机构提供医疗保险咨询等相关服务。

（八十七）用人单位、医保定点医疗机构、医保定点零售药店、社会保险经办机构及其工作人员、参保人员和其他人员的违规行为，按照《杭州市基本医疗保障违规行为处理办法》的有关规定处理。

（八十八）参保人员按规定已缴纳的医疗保险费（含一次性补缴费用）不予退回。

（八十九）与医疗保险费征缴和个人账户划账有关的基数等，由社会保险行政部门在每年年底前公布执行。

（九十）新中国成立前参加革命工作的老工人、一至六级残疾军人、杭州市级及以上劳动模范，以及参照享受劳动模范医疗待遇的人员在享受基本医疗保险待遇的基础上，享受医疗照顾待遇，其医疗照顾待遇及经费渠道，按相关规定执行。

（九十一）本实施细则自2014年1月1日起施行。

关于印发建德市“普惠金融工程”实施意见的通知

建政函〔2014〕83号

各镇、乡人民政府，各街道办事处，市政府各部门、单位：

《建德市“普惠金融工程”实施意见》已经市政府研究同意，现印发给你们，请认真遵照执行。

建德市人民政府

2014年6月13日

建德市“普惠金融工程”实施意见

为贯彻落实党的十八届三中全会全面深化金融改革、发展普惠金融和《中共建德市委关于全面深化改革再创体制机制新优势的决定》有关精神，进一步扩大全市金融服务广度和深度，提高金融服务覆盖面，提升城乡一体化和金融服务均衡化水平，增强金融服务的公平性，让现代金融服务更多惠及广大人民群众和经济社会发展薄弱环节，助推建德经济社会转型发展，特制定本实施意见。

一、指导思想

以科学发展观为指导，围绕“支农支小，扶贫扶弱，普惠金融，惠及民生”，坚持立足建德，强化金融创新，优化金融生态环境，搭建服务平台，建立金融服务长效机制，扩大金融服务覆盖面，改善金融基础建设，加大金融服务供给力度，推动建立价格合理、竞争适度、发展持续、广覆盖、低风险、高效率的建德普惠金融体系，着力加大对新型城镇化、“三农”、小微企业、城乡居民和社会弱势群体的金融支持，为广大群众提供更为广泛、便捷、高效的金融服务，促进全市金融业转型发展、创新发展、科学发展。

二、主要目标

一是信贷投放平稳增长。3年内实现全市各项贷款年均增速高于全省平均增速。金融机构对小微企业、涉农贷款实现两个“不低于”：增速不低于全部贷款平均增速，每年新增贷款不低于上年。

二是组织体系更加完善。政策性金融导向性更加明显，商业性金融服务重心进一步下沉，建设主体多元、业态丰富、适度竞争、功能互补的金融服务组织体系。

三是服务水平显著提升。金融基础设施更加完善,农村支付服务环境得到改善,辖内县域建立更多金融综合服务站点,实现现代支付终端覆盖所有行政村,推广应用新型电子支付工具。流通现金券别结构更加合理、整洁度明显提升。金融服务机制得到有效改善,金融产品和服务方式创新得到更多推广和应用。

四是一行一品特色彰显。金融机构针对建德实际开展"一行一品"建设,充分结合建德地域、经济、产业发展的重点,充分运用自身优势,结合不同主体的差异化金融需求,开发具有自身特色的产品和金融服务,每家金融机构至少有一项以上的工作在杭州地区系统内领先。

五是金融生态环境持续改善。探索建立覆盖全社会的征信体系,信用产品、信用信息广泛应用,实现企业和个人信用信息采集和查询服务全覆盖。金融机构内控体系和风险防范、处置机制进一步完善,行业自律水平有效提升,金融监管协调机制初步建立。

三、主要内容

(一)注重金融转变发展方式,增强金融服务的可获得性

1. 促进信贷结构优化,推动经济结构调整。各金融机构要紧紧围绕我市"美丽江城、幸福建德"建设部署,结合产业升级、结构调整的各项要求,优化金融资源配置,加快金融改革创新,全力做好信贷的配套支撑。加大对全市重点产业、特色产业、优势产业的金融支持,优先满足重大质优、辐射范围广、带动能力强的项目资金需求。发展绿色金融,鼓励采用多种产业链融资模式,加大科技创新产业、高新技术产业、战略性新兴产业的金融支持,着力提升新兴产业融资在融资总量中的比重,推动经济结构战略性调整。

2. 发展农村小额信贷,支持"三农"发展与改革。在农村地区大力发展小额贷款和"阳光信贷"。积极开展农户建档、评级和授信工作,提高农户小额贷款的覆盖面。推广农户小额贷款"一站式"服务,推进农户授信评议和授信公示制度,努力实现农户贷款流程公开化、透明化、阳光化。进一步扩大农村抵押担保物范围,继续推广林权、农用生产设备、农业订单、保单等抵质押贷款,积极稳妥推进农村土地承包经营权、农民住房财产权抵押试点。加大对家庭农场、农民专业合作社、种养大户、农业产业化龙头企业等新型农业经营主体的信贷扶持,创新发展"新型农业经营主体+农户"的农业产业链融资模式。依托政策性农业保险,推广信贷与保险相结合的金融产品,提升农业抗风险能力。

3. 创新金融产品,支持小微企业发展与转型升级。进一步深化小微企业金融产品和服务方式创新,鼓励开展小微企业信用贷款,扩大信用贷款覆盖面。推广动产、仓单、应收账款、股权、知识产权、商位使用权抵质押贷款业务。积极开展循环贷款、年审制贷款、分段式、宽限期等小微企业还款方式创新。大力发展科技金融,加强银行机构与股权投资、风险投资机构的合作,积极扶持科技型小微企业发展。加强小微企业信贷专营机构建设,进一步下沉服务重心,推广小微企业"信贷工厂"模式,实现小微企业贷款审批标准化、流程化和批量化操作,提高授信审批效率。探索利用互联网技术,提升小微企业金融服务效率。进一步扩大跨境人民币结算业务覆盖面,积极推动个人跨境贸易人民币结算试点,提升小微企业和个体工商户贸易便利化程度。

4. 推广个人创业贷款,支持城乡居民创业促就业。进一步推动金融服务向社区和基层下沉,大力发展个人小额信贷,推广适合小额信贷的差异化信贷技术、业务流程和评审标准,加强面向社区和基层的小额信贷网点和队伍建设,加大对基层小额信贷业务的引导激励力度,着力扩大个人创业贷款覆盖面,支持创业富民。加强金融部门与就业管理部门的合作,完善创业培训和小额担保贷款联动机制,积极推广针对高校毕业生、失地农民、进城务工人员、大学生村官等的小额担保贷款业务,扩大小额担保贷款支持范围和覆盖面。

5. 加大金融扶贫力度,服务贫困地区与弱势群体。坚持开发式扶贫方针,促进贫困地区不断增强造血功能,扩大小额扶贫贷款支持范围,支持经

济薄弱村发展物业经济。积极支持山区农户下山脱贫、扶贫搬迁、农房改造等项目建设。完善金融服务方式,更好地满足弱势群体的金融服务需求。

6. 推进支付体系建设,促进金融服务便利化。深化推进农村"易(e)支付工程",大力发展网上支付、手机支付等电子支付业务,进一步提高社会大众支付便利化水平。规范发展银行卡助农服务,持续推进小额取款、代理转账等业务的应用,实现"基础支付服务不出村"。深化"刷卡无障碍示范街、示范镇、示范市"创建工作,加大POS机具投放力度,推动银行卡在商贸、旅游、公共服务等领域的应用,改善银行卡受理环境,便利大众消费。鼓励并引导支付机构开展面向城乡居民、小微企业、电子商务、公共服务等领域的支付业务创新,提高支付服务的便捷化程度。

7. 持续优化人民币流通环境。建立和完善小面额现金供应长效机制,完善小面额人民币备付金、小面额人民币主办网点和主办银行制度,增加小面额现金投放量,在银行业金融机构营业网点设立硬币兑换窗口,缓解硬币供求矛盾。优化流通现金券别结构,提升票面整洁度。加强现金清分能力建设,推进银行对外支付现金全额机械清分工作;推进人民币冠字号码查询工作,解决银行涉假币纠纷的举证和责任认定,维护金融消费者权益。

(二)构建多元化金融组织体系,增强金融服务的竞争性

1. 优化金融机构网点布局,推动农村基础金融服务全覆盖。稳定银行县域网点,增强网点服务功能,支持其在乡镇布设网点。在完善财政补贴政策、合理补偿成本风险的基础上,推动偏远乡镇基础金融服务全覆盖工作,提供简易便民金融服务。在具备条件的行政村,开展金融服务点"村村通"工程,采取定时定点服务、自助服务终端。对暂不具备设立网点的偏远山村,推动银行机构采用流动服务的方式,提供流动驻点的存、取、汇款服务。

2. 深化金融组织体系改革,促进金融市场的适度竞争。继续开展金融招商,积极引进管理先进、资产业务发展优先的银行到建德设立机构。鼓励会计、法律事务所,评级、评估等中介机构发展,完善金融中介服务体系。信用联社要着力落实建德农信普惠金融工程三年行动计划(建政办函〔2013〕169号),积极研究改制可行性。农业发展银行建德市支行要改进服务方式和范围,加大对城镇化建设、农业特色产业、基础设施建设等信贷支持力度。农业银行建德市支行要不断深化"三农金融事业部"改革。鼓励支持具有融资功能的非金融机构的发展,支持村镇银行、小额贷款公司、资金互助社规范发展,促进金融市场的适度竞争。

3. 发展多元化的融资模式,拓宽企业的融资渠道。积极培育企业上市资源,推动符合条件的企业首次公开发行股票以及再融资。鼓励境内外资本通过融资租赁、股权投资、创业投资、风险投资等各种方式为企业提供融资。加快推动中小企业在"新三板"和区域性股权托管交易中心挂牌。鼓励和支持符合条件的中小企业通过发行短期融资券、中期票据、中小企业集合票据等债务融资工具以及由证券交易所备案的企业(公司)债券、中小企业私募债等,积极争取发行区域集优票据,不断拓宽企业的融资渠道。

(三)优化金融发展的生态环境,增强金融服务的可持续性

1. 完善城乡信用体系,优化社会信用环境。鼓励村镇银行、资金互助社、小额贷款公司、融资性担保公司加快接入征信系统,完善管理措施。持续深化国家级小微企业信用体系试验区、浙江省农村信用体系试点县市建设,深入开展"信用户、信用村(社区)、信用乡(镇、街道)"创建工作,建立完善农户信用档案和"三信"创建成果的转化机制,将其作为贷款额度提高、利率优惠等支农惠农措施的重要依据,并探索推广"整村批发、集中授信"等信贷支农新模式。有条件的地方,可探索建立合作性的村级融资担保基金。进一步加强信用知识宣传,不断增强农户、居民和小微企业等经济主体的诚信意识,坚决打击骗贷和恶意逃债行为,持续改善城乡金融生态环境。

2. 落实农村金融税收政策,加大对普惠金融的定向支持。根据上级相关政策要求,落实农户小额贷款税收优惠政策。探索建立对新型农村金融机构和基础金融服务薄弱地区的银行业金

融机构(网点)的定向费用补贴政策。对涉农贷款占比高的法人机构实行弹性存贷比,优先支持开展"三农"金融产品创新。切实落实县域银行业法人机构一定比例存款投放当地的政策。灵活运用再贷款、再贴现、差别准备金动态调整等货币政策工具,加大对普惠金融的定向支持。支农再贷款向涉农贷款比例高、资金相对不足的法人金融机构倾斜。落实好对农业银行建德市支行"三农金融事业部"优惠存款准备金率政策。完善农业贷款、小微企业贷款风险补偿以及小额担保贷款等政策,进一步增强政策的引导作用。

3. 普及金融产品与金融知识,强化金融消费权益保护。各金融机构要建立健全金融消费权益保护工作制度,制定个人金融信息保护工作操作规程,完善金融消费投诉受理、处理工作机制。要进一步规范收集、保存、使用和对外提供个人金融信息行为,加强对金融产品和服务的信息披露和风险提示,依法合规提供公平合理服务,切实维护金融消费者的合法权益。加强金融产品的宣传推广和金融知识的教育普及,着力解决金融信息不对称问题。通过宣传培训、专题讲座、集中设摊、媒体广告、热线电话等多种形式,推动金融知识进农村、进社区,为城乡居民提供金融普及教育,将金融政策、知识、产品、服务"送上门、送进家、送到手",促进城乡居民分享普惠金融成果。依托互联网工具,加强信息报送与经验交流,建立普惠金融网络宣传平台。

(四)加强金融风险宏观审慎管理,增强金融服务的稳健性

1. 全面构建风险缓释机制。建立健全风险分担及补偿的风险缓释机制,推动设立风险补偿基金、小微企业信用合作担保基金,提高金融风险抵御能力。鼓励保险机构增加基层服务网点,进一步提高保险密度和深度。继续加大农业保险支持力度,创新农业保险险种,扩大农业保险覆盖面,积极探索"贷款+保险"的信贷机制。

2. 认真开展系统性金融风险监测。高度关注影子银行体系和实体经济风险对金融体系的影响,防范非正规金融及其他相关领域风险向金融体系传导。增强风险监测评估的前瞻性和有效性,强化对银行、证券、保险业日常风险监测。对法人金融机构经营状况和风险状况以及跨行业交叉性金融工具开展持续监测。各金融机构要切实加强风险防范,及时报送各类重大事项与重要信息。加强贷前审查和贷后管理,强化资金用途监管,切实防范信贷资金违规进入民间借贷、股市等领域。密切监测各类政府融资平台的运行情况,及时开展金融风险压力测试。

3. 建立健全金融管理工作机制。进一步完善"两综合、两管理"金融管理机制,推进金融稳定协调机制和金融生态环境建设机制建设,适时开展金融综合执法检查和对金融机构综合评价,继续将综合评价结构纳入到市政府对金融机构考核奖励办法。市人民银行要进一步完善评估框架和指标体系,继续做好银行机构稳健性现场评估,将压力测试等方法运用到信用风险以及流动性风险的管理以及各个重点评估内容中。结合对金融机构的全面评估与专项评估,从宏观视角把握潜在的系统性风险。市发改局、市经信局等部门按照监管规则和要求,负责对辖内小额贷款公司、担保公司、典当行的监管,落实突发金融风险事件处置的组织职责,制定完善风险应对预案,守住底线。

四、主要活动

辖内各金融机构要把发展普惠金融作为今后一段时期贯彻落实十八大会议精神的一项重要工作,总体谋划、分步实施,在全市构建起广覆盖、高效率、可持续的普惠金融服务体系。

各金融机构要按照实施意见要求,结合各自实际,积极开展形式多样、丰富有效的主题活动,落实普惠金融各项措施。全市金融机构要重点开展好以下活动:

(一)开展全市金融干部"进百村入千企访万户"活动

全市金融机构要结合党的群众路线教育实践活动,组织干部深入基层走访乡村、企业、农户,坚持"一对一""面对面"的服务方式,全面、客观、准确地了解"三农"、中小微企业生产经营状况,及时梳理和分析实际信贷需求,通过金融产品推介或咨询,组织形式多样的银农、银企对接活动,切实加强信息交流和资金支持。

（二）开展"开展金融服务村村通"活动

继续推动偏远乡村基础金融服务全覆盖工作。在具备条件的行政村，开展金融服务"村村通"工程，采取定时定点服务、自助服务终端、流动服务车，以及深化助农取款、汇款、转账服务和手机支付等多种形式，提供简易便民金融服务。信用联社要率先建立农村金融指导员派驻制度，选派政治素质好、业务能力强的业务骨干进驻各行政村（社区）担任农村金融指导员，为群众提供零距离一站式服务。

（三）开展"金融服务创新百村示范"活动

充分利用我市作为全省农村信用体系试点县市的创建成果，采取金融机构"一行（社）一村"结对的形式，集成各类农村金融创新产品，通过"整体批发、集中授信"小额农贷模式，为农户提供高效、简便、优惠的金融服务。各金融机构至少要结对1个村，其中涉农银行机构结对5个以上，在示范村集中推广"农村三权"抵押贷款产品，并同步推进村级担保组织建设。5年内实现银行机构结对服务的示范村达到100个以上。农业银行建德市支行要率先推进农村金融自治试点。

（四）开展"小微企业金融服务绿色通道"建设活动

各金融机构要充分利用我市作为全国小微企业信用体系试验区的创建成果，结合自身实际，采取"专设机构（部门）、专设产品、专设额度"方式，在辖内分支机构全面建设"小微企业金融服务绿色通道"。要设置"小微企业金融服务绿色通道"标识，并通过电子屏、标识牌、手册等形式向小微企业介绍相关服务方式和内容，积极推行小微企业信贷服务标准化、透明化。

（五）开展"创业普惠""金融扶贫"活动

各金融机构要关注城乡居民创业需求，会同劳动就业等部门、工青妇等组织，广泛开展针对高校毕业生、农民工、大学生村官、农村党员、妇女、个体工商业主等群体的"创业普惠"金融服务行动。着力增强金融扶贫的"造血"功能，有效满足贫困地区和弱势群体的金融服务需求。

（六）开展金融知识宣传普及活动

各金融机构要通过宣传培训、集中设摊、媒体广告、金融知识"五进"（进社区、进乡村、进企业、进校园、进机关）等多种形式，将金融知识"送上门、送进家、送到手"。要制定金融知识宣传计划，结合不同时期宣传重点，有针对性地开展征信、反假币、反洗钱、反非法金融活动等宣传。鼓励金融机构在设有农村金融服务站的行政村，设置长期性的金融知识宣传窗、宣传架、宣传台。

五、工作要求

（一）精心组织，协同推进

辖内各金融机构要切实加强组织领导，在系统内广泛宣传动员，制定广泛参与、上下联动的计划方案，完善工作机制，整合系统内资源，结合实际扎实开展"普惠金融工程"活动。加强沟通交流，充分运用报纸、电视、电台、网络等新闻媒体，以及通过金融机构营业场所，加大活动宣传力度，及时将好的经验、做法宣传推广，营造浓厚的活动氛围，为金融业发展创造良好环境。各乡镇（街道）、部门要将开展"普惠金融工程"作为一项民生工程，积极支持、配合金融机构开发和推广符合当地实际的普惠金融特色产品，落实支持政策。

（二）一行一品，务求实效

坚持转变作风、求真务实，增强活动的针对性和实效性，把改进作风的要求贯穿于活动始终。辖内各金融机构要按照"一行一品"的总体思路，开发和推广符合当地实际的普惠金融特色产品，将普惠金融的各项措施落到实处。

（三）深入基层，进村入企

辖内金融机构要深入基层、贴近群众，精心组织形式多样、内容丰富的"进百村入千企访万户"活动，推动金融服务"进乡村、进社区、进小微企业"。

（四）强化指导，认真总结

辖内各金融机构要加强活动开展情况的总结评估，加强对分支机构的督促指导，建立相应的激励机制，切实提升分支机构参与活动的主动性和积极性。人民银行建德市支行、建德银监办要加强对活动开展情况的跟踪指导，及时总结推广好的经验和做法，引导和推动活动扎实开展。活动开展情况，将作为金融机构信贷政策导向效果评估的重要依据。

编辑：杨忠平

索 引

Index

说明：

一、本索引设主题索引和图表索引2个分目。

二、主题索引采用分析索引法，按索引条目第一字汉语拼音(同音字按声调)顺序排，首字相同按第二字音序排，依次类推。类目、分目分别用红色、黄色黑体字标注。标引词后的阿拉伯数字表示内容所在的页码。

三、本年鉴的“特载”、“大事记”、“重要文件选录”均未作索引。

四、图表按序号排列，所在位置标注方法同上。

主题索引

阿拉伯数字

A

B

C

D

F

G

H

J

K

L

M

N

P

Q

R

S

T

W

X

Y

Z

图表索引

图书在版编目(CIP)数据

建德年鉴．2015 /《建德年鉴》编纂委员会编．-- 北京 ：方志出版社，2016.1
ISBN 978-7-5144-1922-1

Ⅰ．①建… Ⅱ．①建… Ⅲ．①建德市—2015—年鉴 Ⅳ．①Z525.54

中国版本图书馆CIP数据核字(2016)第013786号

建德年鉴（2015）

编　　者：《建德年鉴》编纂委员会
责任编辑：罗滔
出 版 人：冀祥德
出 版 者：方志出版社
地址　北京市朝阳区潘家园东里9号(国家方志馆4层)
邮编　100021
网址　http://www.fzph.org
发　　行：方志出版社发行中心
电话（010）67110500
经　　销：各地新华书店
印　　刷：杭州五象印务有限公司
开　　本：889×1194　　1/16
印　　张：30.25
字　　数：758千字
版　　次：2016年1月第1版　　2016年1月第1次印刷
印　　数：0001～1200册

ISBN 978-7-5144-1922-1　　**定价**：188.00元